Das Wasser

Wir kochen auch nur mit Wasser? Na, und wie. Wir machen sogar noch viel mehr damit: Pochieren, dämpfen, dünsten und schmoren, wir löschen ab und brühen auf, wir weichen ein und waschen Salat damit. Es wird in Nudelteig geknetet, klebt Teigtaschen zu und lässt Brotlaibe glänzen. Es streckt Suppen und verwässert Saucen, ist die Basis für Brühe, Milch, Wein und erweckt Brühwürfel, Brausepulver, Instant-Kaffee zu Lebensmitteln. Dank ihm haben Steaks ihren Saft, Tomaten ihre Frische und wir was zu trinken. Ohne Wasser würde alles verdursten, vertrocknen, verhungern. Und das Geschirr würde auch dreckig bleiben. Mehr basic geht nicht.

Das Kochbuch

Ein gutes Basic-Kochbuch fängt dort an, wo man gerade steht – also am besten in der Küche. Es schaut erst mal, was da ist und macht das Beste daraus. Es sagt einem dabei, was gut und was schlecht ist und was man besser machen kann. Es besteht nicht darauf, dass ab jetzt nur noch Perlhuhn im Rolls-Royce-Bräter oder die Bio-Kartoffel am Lagerfeuer gegart wird. Es verschweigt nicht, dass Kochen Arbeit ist. Es zeigt, dass es eine der schönsten Arbeiten ist. Es spricht über das Wichtige und weiß dazu das Wichtigste. Es hat eine Meinung und gibt Orientierung. Es ist voller Lieblingsrezepte. Es sieht gut aus. Es hat uns so wirklich noch gefehlt.

Der Essig

Wie entsteht Essig? Wein aufmachen, stehen lassen und bald polen Bakterien seinen Alkohol in Essigsäure um. Auf simplen Schnaps werden sie bei Branntweinessig angesetzt – der ist höchstens was für Sauerbraten. In Wein-Branntweinessig muss ein Viertel Weinessig stecken, was besser ist und für rustikalen Salat geht. Echte Salatfans steigen erst beim Weinessig ein, wenn der aus gutem Wein gemacht ist. Ausgewogener Aceto balsamico – aus Traubenmost über Jahre aufwändig gereift – taugt auch für Saucen zu Fisch und Fleisch. Weitere Typen: Sherryessig, Apfelessig, Himbeeressig, Estragon- und andere Kräuteressige, Reisessig. Essigessenz? Ab in den Putzschrank.

Das Öl

Küchen ohne Butter soll es geben. Aber Kochen ohne Öl, das geht nicht. Womit sonst lassen sich zugleich Steaks marinieren, braten, Salate machen, Mayo rühren, Pilze konservieren, Pasta vollenden und Suppe beträufeln? Wobei es schon so ist, dass ein Öl für das alles nicht reicht. Eher zwei: eins für alle Tage, das neutral schmeckt und bei Hitze nicht gleich schlappmacht – raffiniertes Sonnenblumen-, Soja- oder Rapsöl, einfaches Olivenöl. Und ein pures, geschmackvolles fürs Verfeinern – natives Olivenöl, Traubenkernöl, kaltgepresstes Sonnenblumenöl. Noch eins? Dann ein hocharomatisches zum Ergänzen und Krönen – z. B. Kürbiskern-, Walnuss- oder Sesamöl.

Das Mehl

Kochen mit Mehl, darf man das noch? Gar mit Mehlschwitze? Lange stand die nur für schwere Pampen. Dann kam die Sahne-Butter-Welle, die Sauce schien gerettet. Doch als nur noch Sahne und Butter auf die Teller schwappten, wurde die »Roux« wieder entdeckt. Weil mit ihr auch ohne viel Zubuttern aus einem guten Ansatz eine gute Sauce wird. Der Trick ist, dass das Mehl im Fett in Hitze klebrig werden kann, ohne zu verbrennen. So bindet es, ohne zu klumpen. Beim Teigmachen gibt Mehl durch seine Klebrigkeit den Zutaten Halt und hält später im Ofen alles zusammen. Am besten geht das mit Weizenmehl. Und das ist in Big basic cooking mit »Mehl« gemeint.

Die Butter

Sie wird in der Molkerei aus von der Milch getrennter Sahne gemacht. Wird die gesäuert, wird Sauerrahmbutter draus – gut fürs Brot und für Aroma beim Fischbraten, Steak-Finish oder Kräuterbuttermachen. Bleibt die Sahne wie sie ist, gibt das neutralere Süßrahmbutter. Sie ist im Heißen stabiler und bindet so Hollandaise oder den Kuchenteig besser. »Mild gesäuerte Butter« ist nach der Herstellung gesäuerte aus Süßrahm. Geprüfte Molkerei- und (besser bewertete) Markenbutter sind aus pasteurisierter Milch. Landbutter nicht, und sie muss auch nicht auf Marke geprüft werden. Was einige ausnutzen und andere nutzen, um ohne Markenzwang bessere Butter zu machen.

Big basic cooking

Die Autoren

Sebastian Dickhaut
Der Autor mit Schwerpunkt Kochen & Essen ist Mitbegründer der Basic-Reihe und hat bei allen Titeln mitgewirkt – als Autor, Berater oder Redakteur. Dabei kam ihm die Idee zu diesem Buch: »Basic cooking hat die Leute ohne Umwege zum Kochen gebracht. Big basic cooking will nun, dass wir direkter auf unsere Lebensmittel zugehen. Denn ob etwas gut ist, kann man sehen, riechen, spüren, schmecken, wissen. Und ist es gut, lässt sich damit auch ohne Nährstofftabelle etwas Schönes kochen.« Diese Idee ist auch Basis der Kochkurse, die der gelernte Koch und Journalist in seiner Wahlheimat München gibt.

Cornelia Schinharl
Die Autorin mit dem Schwerpunkt Essen (und immer mehr auch Trinken) lebt und arbeitet bei München. Sie ist von Anfang an Mitglied des Basic-Teams, bei der Nr. 1 noch als Lektorin, seit Nr. 2 als Autorin – wegen ihrer vielen tollen Rezeptideen. So stammt von ihr der ganz große Teil der über 600 Basic-Gerichte aus den bereits erschienenen sechs Titeln: »Daraus haben wir nun die größten Hits ausgesucht. Und weil sowohl die Fans wie auch wir trotzdem noch Lieblingsrezepte vermisst haben, habe ich für Big basic cooking noch viele, viele neue Gerichte dazugekocht – vom Apfel-Rucola-Salat bis zur Zwiebelsuppe. Und hoffe, dass jetzt alle wunschlos glücklich sind.«

Big basic cooking

Lieblingsrezepte von Apfel bis Zwiebel und alles, was man dazu braucht

Cornelia Schinharl   Sebastian Dickhaut

Big basic cooking
Inhalt

Teil I:
Big basic Know How — Seite 6

17 schnelle Kicks fürs Big basic cooking — Seite 8
Big Basics auf Vorrat — Seite 12
17 Tüchtige fürs Big basic cooking — Seite 14
Kochen, Dünsten & Dämpfen — Seite 18
Braten & Schmoren — Seite 20
Wokken, Grillen & Frittieren — Seite 22
17 Drinks, die gut zum Essen passen — Seite 24

Teil II:
Die 54 Basics und ihre Rezepte — Seite 28

Äpfel — Seite 30
Artischocken — Seite 38
Auberginen — Seite 42
Avocado — Seite 46
Beeren — Seite 50
Blattsalat — Seite 56
Blumenkohl & Brokkoli — Seite 64
Bohnen — Seite 68
Brot — Seite 74
Bulgur, Couscous & Polenta — Seite 82
Curry — Seite 86
Eier — Seite 90
Ente & Gans — Seite 98
Erbsen & Zuckerschoten — Seite 102
Fenchel — Seite 106
Fische — Seite 110
Fischfilet — Seite 116
Garnelen & Scampi — Seite 126
Gurken — Seite 130
Hackfleisch — Seite 134
Hähnchen — Seite 140
Kalbfleisch — Seite 148
Kaninchen & Hase — Seite 156
Kartoffeln — Seite 160
Käse — Seite 168
Kichererbsen — Seite 176
Knoblauch — Seite 180
Kohl — Seite 184
Kräuter — Seite 190
Kürbis — Seite 196
Lammfleisch — Seite 200
Lauch — Seite 208
Linsen — Seite 212
Möhren — Seite 218
Muscheln — Seite 222
Nudeln — Seite 226
Nüsse & Kerne — Seite 236
Obst — Seite 242
Orangen — Seite 248
Paprika — Seite 252
Pilze — Seite 256
Reis — Seite 262
Rindfleisch — Seite 268
Sahne — Seite 276
Schokolade — Seite 282
Schweinefleisch — Seite 286
Spargel — Seite 294
Spinat & Mangold — Seite 298
Tintenfisch — Seite 302
Tofu — Seite 306
Tomaten — Seite 310
Zitronen & Limetten — Seite 318
Zucchini — Seite 322
Zwiebeln — Seite 326

Register — Seite 330
Impressum — Seite 336

Ganz vorne: 9 Big Basics
Ganz hinten: 9 No Basics

Big. Bigger. Basic.

Alle mögen Tomaten. Aber keiner will immer nur Tomatensuppe essen. Und manche mögen sowieso lieber Paprika. Wie wär's dann mal mit Paprikamarmelade? Andere überlegen sich erst im Laden, was ihnen schmeckt. Garnelen etwa. Bloß: Was macht man damit? Und wie? Dann doch eher mit dem kochen, was die Küche hergibt. Nudeln und Bohnen wären da. Kennt nicht jemand ein gutes Rezept für Nudelsuppe mit Bohnen? Vielleicht sogar mit Tomaten?

Big basic cooking weiß mehr dazu. Mehr für Gerne-Köche, Garnelen-Neugierige und Koch-Ratlose. Und sogar mehr als seine Geschwister von Basic cooking bis Asian Basics. Denn für dieses Buch haben wir den Einkaufswagen richtig voll gepackt mit den rund 50 Basic-Zutaten, die in der Küche von heute zählen. Mit Gutem von Apfel bis Zwiebel samt Bulgur und Roquefort minus Hummer und Tütensauce. Dann haben wir geschmeckt, gehackt, gekocht und genossen, bis wir es wussten: wie eine gute Gurke sein muss, welche Linsen es gibt, wie Himbeeren frisch bleiben, was die Ente knusprig macht. Dabei haben wir zu jeder Zutat Lieblingsrezepte gesammelt, die besten aus den Basic-Büchern und viele, viele neue – vom Kerbelsüppchen über Moussaka bis zum Spargel aus dem Wok.

Und das ist es nun: das Nachschlagewerk für alle Essenslagen samt Nachschlag für alle Basic-Fans, unser Führer auf dem Weg vom Ladenregal zum Küchentisch, der große Ergänzungsband zur Basic-Reihe. Kurz: das dicke Ding. Aber ohne ein Gramm zu viel. Big basic cooking eben!

Big basic

Jetzt geht's los. Ohne die alten Römer.

Know How

Auf der nächsten Seite geht's los. Nicht bei den alten Römern und ihren Kochbräuchen, sondern in unserer Küche. Wo wir vielleicht gerade ein Rührei machen. Wie wär's, da mal ein bisschen Sojasauce reinzurühren? Am Anfang ein paar Kapern anzubraten? Oder am Ende etwas Pesto darüber zu träufeln? Ist ja alles da. Haben wir so nur noch nie probiert und kombiniert.

Und schon sind wir mittendrin im Big basic cooking. Durchkämmen den Küchenschrank nach mehr Inspiration und misten dabei gleich mal aus. Auch beim Werkzeug. Lesen deswegen nach, was eigentlich beim Kochen, Braten, Schmoren, Frittieren und Wokken genau passiert. Und machen uns zwischendurch öfter was zu trinken. Bis wir dann endlich bereit sind für die 54 Basics und ihre Rezepte. Doch Moment, die kommen ja erst ab Seite 28. Jetzt geht's hier erst mal los. Vielleicht mit Rührei?

Gewürz

Sardelle

Chili

Keks

17 schnelle Kicks
fürs
Big basic cooking

Olive

Wurst

Vanille

Senf

Rosine

engl.: raisin; franz.: raisin; ital.: uva passa
Wer Rosinen sagt, meint streng genommen oft Sultaninen, die größer, heller, saftiger und weiter verbreitet sind als die kleinen, schwarzen Korinthen, die ebenfalls auf Rosine hören. Aus Trauben werden sie alle getrocknet (Kalifornien, Griechenland), und das passiert oft noch traditionell in der Sonne. So erhält man aus 1 Pfund Trauben 100 g Rosinen voll konzentriertem Zucker, die Kuchen saftig halten und aromatisch süßen, besonders wenn sie vor dem Backen eingeweicht wurden. Auch gut zu Pikantem wie Käse, Knoblauch, Kraut, Speck, Huhn.

Ingwer

engl.: ginger; franz.: gingembre; ital.: zenzero
Kein Aroma steht mehr für Asien als seines. Es hat was von der Schärfe der Chili und vom Zitruston der Limette, ist ein Muss in Currypaste und zu Kokosmilch, hilft bei Übelkeit und Erkältung. Und der Ingwer war mal nach dem Pfeffer das bekannteste Gewürz der Welt. So findet man ihn auch in deutscher Wurst (als Pulver), Limonade aus England oder modernen Fusions-Gerichten. Er wird nach dem Schälen gerieben, geraspelt oder gehackt und dann meist mitgegart. Tipp: Ingwer geschält in Folie einfrieren und nach Bedarf weiter verarbeiten.

Honig

engl.: honey; franz.: miel; ital.: miele
Honig ist natürliche Süße mit viel Aroma, das je nach Herkunft unterschiedlich ist – von der harzigen Note des Waldhonigs bis zum neutralen Basic-Honig von der Kleewiese, bei Kaltgeschleudertem ist es intensiver. Wer den nun kocht, ist selber schuld (Aromaverlust). Lieber eine Schoko-Honig-Sauce zu Vanilleeis daraus machen. Oder Rotkrautsalat damit süßen. Oder gebackenen Ziegenkäse mit Speck damit beträufeln. Oder ihn in Chili-Chicken-Wings-Marinade rühren. Und nicht wegwerfen, wenn er fest wird – in warmem Wasser schmilzt er wieder.

Kaper

engl.: caper; franz.: caper; ital.: cappero
Kapern werden gehasst oder geliebt, nur das. Wer die Knospen des Kapernstrauches mag, weiß, was Glück ist: In ihrer Lake halten sie ewig ihre spezielle Würze bereit, die Edles (z. B. Lachstatar, Sahnesauce) etwas animalisch und Einfaches (z. B. Kopfsalat, Tomatensuppe) besonders schmecken lässt. Je kleiner die Kaper, desto feiner ist sie: Winzige »Nonpareilles« sind fast Kaviar, würzige Kapernäpfel mit Stiel taugen für den Tapas-Teller. Und werden Kapern nur in Salz eingelegt statt in Essig oder Öl, schmecken sie besonders rein – abbrausen, einweichen, kochen.

Pesto

intern.-ital.: pesto; dt.: Basilikumpaste
Einst würzten nur die Mammas Liguriens mit der Paste aus Basilikum, Knoblauch, Pinienkernen, Olivenöl, Parmesan und/oder Pecorino, heute ist sie Kult von Hamburg bis Sydney. Je mehr die Zutatenliste von Fertig-Pesto dem Original entspricht, desto besser und teurer ist es. Klassisch wird es mit Pasta serviert, fein ist's auch an Kartoffelsalat, als Dip zu Grillgemüse, als Würze fürs Hähnchen oder als Aufstrich auf Röstbrot. Die provenzalische Spielart ohne Käse heißt Pistou und wird in Bauernküchen in die Suppe, in Szene-Küchen über alles Mögliche geträufelt.

Kokosnuss

engl.: coconut; franz.: noix de coco; ital.: noce di cocco
Für Basic-Bäcker und Asia-Köche sind sie Grundzutaten: getrocknete Kokosraspel zum Plätzchenbacken, Panieren oder Vollenden von Pfannengerührtem. Die aus dem frischen Fruchtfleisch gepresste Kokosmilch, die es zum Anrühren oder in Dosen gibt (nicht verwechseln mit gesüßter Kokoscreme). Sie verleiht Südostasiens Curries, Suppen, Reisgerichten und Desserts diesen feinen samtig-exotischen Geschmack, der auch manch europäischen Gerichten bekommt – Spargelsuppe, Kartoffelpüree oder Milchreis z. B.

Sojasauce

engl.: soya sauce; franz.: sauce soui; ital.: salsa soia
Das Extrakt aus mit Getreide vergorenen Sojabohnen ist das Salz Asiens, macht sich aber auch gut zu Pilzrührei oder Steak. Helle chinesische Sojasauce ist jünger und salziger (zu Fisch, hellem Fleisch, Nudeln) als die gereifte dunkle (zum Schmoren, für Dips). Japans Saucen sind milder und so für viele Zwecke gut. Indonesische Kecap manis ist mit Palmzucker verkocht (für Dips). Übrigens: Einmal offen, schmeckt Sojasauce schon nach 1–2 Monaten anders, aber nie besser.

Brühe

engl.: stock; franz.: fond, bouillon; ital.: brodo
Ob Bouillon, Geflügelbrühe, Fischfond oder Gemüsesud – ein bis zwei Lieblingsbrühen sollten Basic-Köche immer im Haus haben. Ideal ist selbst gekochter TK-Vorrat in Boxen oder als konzentrierter Kick in Eiswürfelform. Zweitbeste Lösung sind Brühen aus Gläsern und Dosen, die drittbeste sind für gut befundene Pasten, Würfel oder Pulver (in dieser Reihenfolge). Mit all dem lassen sich Dressings abrunden, Gemüse würzig dünsten oder schnelle Saucen in der Pfanne kochen.

Speck

engl.: bacon; frz.: lard; ital.: pancetta
Er stammt aus Bauch, Keule oder Rücken vom Schwein und wird gepökelt und geräuchert. Guter Speck ist fest, nicht zu fett und schmeckt nach Fleisch, Rauch und erst dann nach Salz. Mag man ihn auf Brot essen, ist er richtig gut. Oder er gehört zur feineren, weil weniger fetten Schinken-Verwandtschaft. Beide Speckarten können gewürfelt oder in Streifen geschnitten Saucen und Suppen im Ansatz wie im Abschluss das gewisse Etwas geben, Salate, Nudeln und Kartoffeln kräftig bereichern oder mageres Fleisch und Fisch umhüllen.

17 schnelle Kicks fürs Big basic cooking

Gewürz

engl.: spice; franz.: épice; ital.: spezia
Gewürz kaufen: stets lichtdicht verpackt, sonst Klarsichtüten von ganz hinten nehmen. Gewürz wählen: ganzes, wenn es mitkochen soll (z. B. Zimtstange), Mitessen gut und gesund ist (Kümmel) oder Mahlen leicht fällt (Pfeffer); gemahlenes wenn Mahlen mühsam (Curry) oder unmöglich (Paprika) ist. Gewürz verarbeiten: ganzes vor dem Garen trocken anrösten, bei Bedarf in Mörser oder Mühle mahlen; gemahlenes kurz in Fett dünsten oder im Gericht erhitzen, damit das Aroma geweckt wird. Gewürze lagern: trocken und dunkel und kühl, nicht länger als 1 Jahr.

Sardelle

engl.: anchovy; franz.: anchois; ital.: acciuga
Was den Thais die Fischsauce ist, war den alten Römern ihr Liquamen bzw. Garum – die Universalwürze ihrer Küche, bestehend aus dem vergorenen Sud eingesalzener Fische. Womit wir bei den Sardellen bzw. Anchovis wären. Am pursten schmecken eingesalzene Filets, die fürs Würzen abgebraust werden. Sardellen in Öllake sind milder und haben weniger Aroma. Beide geben sie wie einst Garum Mittelmeergerichten Salz und Aroma: im Ansatz von Gemüsesaucen und Fleischragouts, im Fischbratsatz, im Salatdressing. Säure, Schärfe und Süße passen gut zu ihr.

Chili

engl.: chilli; franz.: chile; ital.: peperoncino
Wer jetzt nur »scharf« denkt, denkt zu kurz. Chilis können auch noch nussig oder fruchtig schmecken, vor allem ohne die besonders scharfen Kerne und Häute. So geben sie Tex-Mex-Salsa, spanischen Tapas, italienischer Pasta oder Thai-Curries den Kick. Rote Chilis sind voller im Aroma als grüne, was letztere öfters schärfer scheinen lässt. Eine stärkere Rolle spielen beim Feuer aber Sorte, Größe (je kleiner, desto heftiger) und Form – getrocknete Schoten sind schärfer als frische. Wichtig: Nach der Arbeit mit Chilis die Finger und Geräte waschen, sonst brennt's überall.

Keks

engl.: cookie; franz:. bisquit; ital.: biscotto
Warum immer alles selber machen, wenn andere etwas auch gut können? Löffelbiskuits fürs Tiramisubacken z. B. Oder Kekse für den Kalten Hund. Oder Amaretti zum Füllen von Bratäpfeln. Oder Chocolat Cookies zum Bebröseln von Vanilleeis. Das gibt es doch auch alles zu kaufen, was einem Zeit fürs schönere Kochen bringt. Dabei gilt allerdings wie bei allen Fertigprodukten: Je größer die Rolle des Kaufgebäcks, desto besser muss es ausgesucht sein. Denn nur Erdbeerkuchen mit Biskuit vom Lieblingsbäcker schmeckt fast wie selbst gebackener Lieblingskuchen.

Olive

engl.: olive; franz.: olive; ital.: oliva
Ein Optimist muss einst auf die Idee gekommen sein, Oliven einzulegen. Roh schmecken sie nämlich so bitter, dass jeder Gedanke ans Essen Unsinn scheint. Vielleicht half die Natur ja nach und ließ von grün zu schwarz gereifte Oliven in Meerwassertümpel fallen, wo dann unter Sonne geschah, was bis heute beim »Pökeln« von Oliven in Salzlake passiert: Sie wurden lecker statt bitter. Mittlerweile reichern sie Salate, Saucen und Ragouts an oder werden einfach zum Wein vom Stein gelutscht. Sind sie schrumpelig, sind es Oliven, die trocken eingesalzt wurden.

Wurst

engl.: sausage; franz.: saucisse; ital.: salsiccia
Wurst ist nicht nur was fürs Brot, sondern auch ideal zum Würzen und Anreichern von Gerichten – und dazu manchmal eine der edelsten Konserven der Welt. Besonders gilt das für die aus der Salami-Familie, in der rohes Fleisch mit feinem Fett und diversen Gewürzen in eine Hülle kommt und darin luftgetrocknet, geräuchert oder auch mal gebrüht wird. Damit lassen sich kräftige Saucen ansetzen oder deftige Salate schärfen. Milde Brühwürste wie Frankfurter oder Lyoner sind fein im Rührei oder in der Gemüsepfanne, Bratwurst kann zur Bratenfüllung werden.

Vanille

engl.: vanilla; franz.: vanille; ital.: vaniglia
Nein, sie wächst nicht in Tütchen – Vanilleschoten sind gebeizte Blütengefäße einer Orchidee. Um ans Aroma heranzukommen, werden sie längs aufgeschlitzt und zwischen Daumen und Messerrücken durchgezogen, wobei das Mark herausgeschabt wird. Dieses wird samt Schote ausgekocht (für Cremes) oder mit Zucker gemischt (für Gebäck). Der Vanillin-Zucker dagegen enthält künstliches Aroma aus Nelkenöl, Fichtenharz und Resten der Zellstoffgewinnung. Dann lieber selber machen: Schote aufschlitzen, ausschaben, in 1 kg Zucker 1 Woche ziehen lassen.

Senf

engl.: mustard; franz.: moutarde; ital.: mostarda
Beim Senf gibt's viele Spielarten mit wenigen Grundtönen. Basis sind gemahlene Senfsamen, die mit Wasser angerührt (Engländer machen das selbst mit Senfpulver) und meist später aromatisiert werden. Basic ist der mittelscharfe Würstchen-Senf aus hellen bzw. gelben Senfsamen, reiner und kraftvoller ist (extra)scharfer Senf aus braunen bzw. schwarzen Samen, der trotzdem gelb sein kann. Der Süße aus dem Süden ist was für Leberkäse-Liebhaber, grobkörniger Senf veredelt vor allem kalte Sachen.

Big Basics auf
Vorrat

»Ich hab mal wieder nix zum Essen!« Aber, aber, alle Schränke sind doch voll: Nudeln im Küchenschrank, Sahne im Kühlschrank und Zitrone auf dem Flurschrank. Wie wär's mit Zitronenspaghetti?

Es soll Leute geben, die täglich zum Supermarkt hetzen und dann doch wieder nur TK-Pizza essen. Faultiere und Genießer wie wir legen sich lieber den erweiterbaren Big-basic-Küchenschrank zu, als Basis fürs Frischkochen. Standardgröße M wie »Muss sein«: mit allem, was man zum Überleben braucht. Größe L wie »Lust und Laune«: alles, was dem Leben Würze gibt. XL wie »Extra lecker«: alles, was wir sonst noch mögen. Und weil wir Asien sehr mögen, gibt's noch Größe XL-Asia. Dieser Schrank steht in der Küche. Wegen der warmen Dünste nicht stets optimal, aber am praktischsten. Alles, was nicht aus Kühltheke und Gemüseecke kommt, hält's so eine Weile aus – wenn es trocken (in gut verschlossenen Gefäßen), lichtgeschützt (hinter Dosenwand, dunklem Glas, Tür) und nicht zu warm (in Unterschränken abseits von Herd und Heizung) gelagert wird. Manches muss nach dem Öffnen trocken verpackt bzw. gekühlt werden – steht dann rechts extra dabei. Und ab und an gelüftet werden – meint Deckel auf, etwas schütteln und rütteln, Deckel drauf.

Und dann ist da noch der Kühlschrank. In dem ist es hinten und unten kälter als vorne und oben. Ausnahme: Gemüsefach (für Kraut & Rüben, Salat & Kräuter), weil die Platte darüber die Kälte stoppt. Daher Fisch, Fleisch, Wurst draufstellen und nach hinten schieben. In der Mitte: Milchprodukte, Reste. Oben: Angebrochenes sowie Käse, Eier, Butter – das ist aber auch was für die Tür, wo es am wenigsten kühl ist.

Alles, was man zum Überleben mit Genuss braucht

MHD: Mindesthaltbarkeitsdatum.
Hält bis ...: So lange schmeckt's.
Hält fast ewig: ist auch nach 1 Jahr o.k.

M wie »Muss sein«

Salz, Zucker: halten trocken fast ewig.

Weizenmehl, Stärke, Langkornreis: halten trocken (aber öfter lüften) und lichtgeschützt 1 Jahr.

Grieß, Semmelbrösel: wie Mehl, aber nur 8 Monate.

Toastbrot: hält bis MHD, offen 1 Woche, offen und gekühlt 1–2 Wochen.

Kleine Vorratsetikette
Was Herstellerhinweise bedeuten

Mindesthaltbarkeitsdatum (MHD): Bis dahin ist's garantiert in Ordnung, danach oft auch noch – je kürzer die Haltbarkeit, desto kürzer die Nachfrist bis zum Verfallsdatum. Mit dem ist dann Schluss.

Gekühlt aufbewahren: im Kühlschrank.

Kühl: maximal 18 Grad (Keller, kühler Flur, zur Not Gemüsefach).

Bei Zimmertemperatur: 18–22 Grad, also Küchenschrank.

Trocken: in einem luftdichten Gefäß gut verschlossen, nicht über dem Herd.

Lichtgeschützt: in Dosen, dunklen Gläsern, hinter Türen.

Vor Wärme schützen: fern von Herd und Heizung, aber nicht kühlen.

Spaghetti, Bandnudeln, Fusilli oder andere Kompaktnudeln: halten trocken und lichtgeschützt 1–2 Jahre.

Linsen, Erbsen, Bohnen getrocknet: halten lichtgeschützt und trocken (aber öfter lüften) fast ewig.

Curry, Paprika, Pfeffer, Zimt gemahlen: halten lichtgeschützt und trocken 1 Jahr.

Lorbeer, Majoran, Oregano, Rosmarin, Thymian getrocknet: halten trocken und lichtgeschützt 6–8 Monate und länger.

Gemüse- und Hühnerbrühe: halten als Pulver fast ewig, Würfel 6–8 Monate.

Keim- oder Pflanzenöl: halten lichtgeschützt 1 Jahr, offen etwas kürzer.

Wein-/Branntweinessig, Obstessig: halten lichtgeschützt fast ewig.

Ketchup, Tomatenmark, Senf: halten bis MHD, offen gekühlt mehrere Wochen bis Monate.

Japanische oder chinesische Sojasauce: hält lichtgeschützt knapp 1 Jahr, offen gekühlt 2–3 Monate.

Pesto: hält bis MHD, offen mit Öl bedeckt und kühl 2–3 Wochen.

Kapern, Oliven: halten bis MHD, offen gekühlt mehrere Wochen.

Gewürzgurken, Sauerkraut: halten bis MHD, offen gekühlt etwa 2 Wochen.

Dosentomaten: halten bis MHD und länger, offen gekühlt 1 Woche.

Tunfisch, Würstchen, Bohnenkerne, Mais in Dosen: halten bis MHD, offen gekühlt 2–3 Tage.

Apfelmus, Obst in Gläsern oder Dosen: halten bis MHD, offen gekühlt 1–2 Wochen.

Erdbeer-, Aprikosekonfitüre: halten bis MHD, offen gekühlt 1–4 Wochen.

Milder Honig: hält lichtgeschützt fast ewig, kristallisiert aber aus.

Dunkle und helle Kuvertüre, Kakao: halten bis MHD und länger.

Mandeln, Haselnüsse: halten lichtgeschützt und trocken bis MHD, offen in einer Box kühlen, schnell verbrauchen.

Rosinen: halten lichtgeschützt und trocken 1 Jahr.

Puddingpulver: hält bis MHD und länger.

Vanillezucker: bleibt 1 Jahr lang aromatisch, hält trocken fast ewig.

Backpulver: hält trocken bis MHD und länger.

Kaffee, schwarzer Tee: halten bis MHD, offen lichtgeschützt, trocken 1–2 Monate.

Wein: hält licht- und wärmegeschützt bis mindestens ins Jahr nach der Abfüllung, offen fest verschlossen 1 Tag–1 Woche.

L wie »Lust und Laune«

Meersalz, brauner Zucker: halten trocken fast ewig.

Vollkornmehl, Polenta-Grieß: halten lichtgeschützt und trocken (öfter lüften) 6–8 Monate.

Risotto-, Basmati- und Duftreis: halten lichtgeschützt und trocken (öfter lüften) 1 Jahr.

Lasagne-Nudelblätter, chinesische Eiernudeln, Reisnudeln, Spätzle: halten trocken lichtgeschützt 1–2 Jahre.

Rote Linsen, Kichererbsen: halten lichtgeschützt und trocken (lüften) fast ewig.

Amaretti, Butterkekse, Löffelbiskuits: halten bis MHD, offen trocken 1–2 Wochen.

Kümmel, Muskat, Nelken, Wacholder ganz, Cayennepfeffer, Ingwer gemahlen: halten lichtgeschützt und trocken 1 Jahr (gemahlen) und länger (ganz).

Bohnenkraut, Estragon, Chilischoten getrocknet: halten lichtgeschützt und trocken 6–8 Monate und länger.

Fischfond, Kokosmilch: halten bis MHD, offen gekühlt 1–2 Wochen.

Olivenöl: hält lichtgeschützt je nach Art 6 (erstklassiges)–12 Monate (normales), offen jeweils halb so lang.

Aceto balsamico, Weinessig: halten lichtgeschützt je nach Art 6 Monate bis fast ewig.

Fischsauce, Worcestersauce, Chilisauce, Currypaste: halten lichtgeschützt fast ewig, offen gekühlt 1 Jahr bis fast ewig.

Meerrettich im Glas, Sardellen und getrocknete Tomaten in Öl, Sardellenpaste: halten bis MHD, offen gekühlt mehrere Wochen.

Peperoni, Rotkraut: halten bis MHD, offen gekühlt etwa 2 Wochen.

Garnelen in Salzlake, Kichererbsen in Dosen: halten bis MHD, offen gekühlt 2–3 Tage.

Waldhonig: hält lichtgeschützt fast ewig, kristallisiert aber aus.

Weiße Kuvertüre, Marzipan: hält bis MHD und länger.

Pinienkerne, Kokosraspel: halten lichtgeschützt und trocken bis MHD, offen in einer Box kühlen, bald verbrauchen.

Aprikosen, Feigen, Pflaumen getrocknet: halten bis MHD, offen lichtgeschützt und trocken bis 1 Jahr.

Vanilleschote: hält bis MHD, gekühlt länger, in Zucker fast ewig.

Trockenhefe: hält bis MHD, offen gekühlt 2–3 Tage.

Espresso, grüner Tee: halten bis MHD, offen 1 Monat, dabei lichtgeschützt und möglichst trocken lagern.

Sekt und Prosecco: halten lichtgeschützt, nicht zu warm 1 Jahr, nach dem Öffnen verschlossen 1 Tag.

XL wie »Extra lecker«

Bulgur, Couscous, Hirse, Graupen, Edel-Risotto: halten lichtgeschützt und trocken (öfter lüften) 8 Monate–1 Jahr.

Puy-Linsen, Flageolet-Bohnen: halten lichtgeschützt und trocken (öfter lüften) mindestens 1 Jahr.

Anis, Fenchel, Safran ganz: halten lichtgeschützt und trocken 1 Jahr und länger, Safran 6 Monate.

Kürbiskernöl, Walnussöl: halten lichtgeschützt je nach Art 6 (erstklassiges)–12 Monate (normales), offen 2–3 Monate.

Aceto balsamcio tradizionale: hält lichtgeschützt und trocken ewig.

Sherry-, Himbeer-, Estragonessig: halten lichtgeschützt je nach Art 6 Monate bis fast ewig, offen 3–6 Monate.

Kürbiskerne, Pistazien, Walnüsse: halten lichtgeschützt und trocken bis MHD, offen kühlen und bald verbrauchen.

Getrocknete Morcheln, Steinpilze: halten lichtgeschützt und trocken fast ewig, eingeweicht gekühlt 1–2 Tage.

Weiße und Edel-Kuvertüre: halten bis MHD und länger.

Champagner, Cidre: halten lichtgeschützt, nicht zu warm 1 Jahr, nach dem Öffnen verschlossen und gekühlt 1 Tag (Champagner) und länger.

XL of Asia

Japanische Nudeln (Ramen, Soba, Somen, Udon), Reispapier: halten lichtgeschützt und trocken 1–2 Jahre.

Kardamom, Kreuzkümmel, Sichuan-Pfeffer, Sternanis ganz, Garam masala, Fünfgewürz gemahlen: halten trocken und lichtgeschützt 1 Jahr und länger (ganz).

Getrocknete Limettenblätter: halten lichtgeschützt und trocken 1–2 Monate.

Instant-Dashi (japanischer Fisch-Algen-Fond): hält bis MHD und länger, angerührt gekühlt 1–2 Tage.

Sesamöl: hält lichtgeschützt bis MHD, geöffnet gekühlt 2–3 Monate.

Reisessig: hält lichtgeschützt fast ewig.

Austernsauce, Kejap manis: halten bis MHD, geöffnet gekühlt 1 Jahr.

Mango-Chutney, Sushi-Ingwer, Wasabi: halten bis MHD, geöffnet gekühlt 1 (Ingwer)–3 Monate.

Miso-Paste, Sambals, Tamarindenpaste: halten bis MHD, geöffnet gekühlt 1 Jahr (Tamarinde) und länger.

Brett

Waage

Sieb

Schöpfer

17 Tüchtige
fürs
Big basic
cooking

Wok

Topf

Pfanne

Pfeffermühle

Messer

Da sind wir mal streng: Wer glaubt, mit dem 19,90-Messerblock der King in der Küche zu sein, hat sich geschnitten. Zu billig, um gut zu sein, und das bringt beim wichtigsten Werkzeug nur Ärger. Besser: drei Messer, die ihr Leben lang was taugen. Ein kleines für Kleinkram wie Zwiebeln schälen, ein größeres mit langer, schmaler Klinge für alles vom Steakschneiden bis zu Brokkoliputzen, eins mit großer und so breiter Klinge, dass beim Schneiden von Möhren oder Hacken von Kräutern die Faust nicht ans Brett stößt. Jedes wird so viel wie der ganze Küchenkingblock kosten. Dafür halten sie auch.

Schneebesen

Da gibt es ja schicke Dinger zum Saucenvollenden, Sahneschlagen und Topfeckenauskehren. Im Grunde reicht aber einer, wenn er zwei gute Dinge hat: reichlich elastische »Speichen«, damit das Schlagen nicht zur Schwerstarbeit wird, sowie viel Luft ins Geschlagene kommt. Und einen handlichen Stiel, der auch nach längerem Gebrauch nicht lästig wird. Wer nun viel bäckt und dabei vor allem mit Ei, hebt auch viel unter. Eischnee etwa. Auch wenn es da »stets mit dem Kochlöffel« heißt: Hier bietet sich Besen Nr. 2 an: starkdrahtiger und luftiger zwischen den Speichen. Sozusagen der Eischneebesen.

Korkenzieher

Für ihn gilt: Je weniger Hirn und Hand gefragt sind, desto besser. Die simple Spirale mit Quergriff obenauf ist very basic, aber nur was für geschickte Kraftpakete. Weil die selten sind, gibt's eine Menge Alternativen. Alle lassen sich dann am leichtesten in den Korken treiben, wenn sich dabei eine echte Spirale dreht statt nur eine bessere Schraube. Lässt sich dabei das Gerät sicher auf der Flasche halten, wird das Risiko noch kleiner. Zum Rausziehen wird entweder gehebelt (meist zweiarmig) oder »gegengedreht«. Wenn das ohne Umschalten automatisch passiert, kann eigentlich nichts schief gehen.

Schüssel

Wer kocht und bäckt, kann nie genug Schüsseln haben. Aber nur wer gerne spült, sollte mehr als genug haben. Für den Rest empfiehlt sich beschränkte Vielfalt. Ein Muss ist die »Mutterschüssel« fürs Salatputzen, Teigkneten, Gemüsesammeln, Sahneschlagen usw. Passen 3 l hinein, passt das. Ist sie schwer, rund, stabil, wird sie auch beim Backen eine gute Mutter sein. Aus Metall? Fein. Aus festem Kunststoff? Auch fein. Der Rest der Sippe: zwei bis drei kleinere Abbilder der Mutter für Kleingemüse, Reste, Eischnee oder Abfall. Eine hohe Schüssel mit Ausgießer zum Mixen und für Flüssiges. Billigschüsselchen sind gut für kleine Jobs.

Maß

Wer Abmessen bürokratisch findet, ist entweder Profi oder zu locker, um lässig zu sein. Da kann der aus der Hand gekochte Vanillepudding schnell stressig werden. Mit dem Litermaß – am besten durchsichtig – lässt sich das vermeiden. Je feiner die Einteilung, desto besser. Am besten ist es, wenn das Maß bis zum 1/8 l und auch noch bis 100 ml runtergeht. Was darunter liegt, misst sich mit dem Esslöffel (einer fasst 10 ml Wasser) genauer. Ganz Fixe loten mit dem Sektglas (100 ml), Weinglas (200–250 ml) oder Bierkrug (1/2–1 l) die Menge aus.

Reibe

Wir sagen nur: Parmesan. Weil er frisch gerieben so ziemlich alles ziemlich lecker macht, ist alleine wegen ihm die Küchenreibe schon absolut basic. Das einfachste Stück ist oft das beste, nämlich die gelochte Schaufel mit Stiel. Macht sich mit einem Stück Käse gut bei Tisch, taugt aber auch schon mal für den Hauch Muskatnuss in der Brühe und die Zitronenschale zum Kuchen. Oder man greift gleich zur Vierkantreibe, die auch noch Möhren raspeln, Gurken hobeln und ganz fein (noch besser für Muskat und Zitrone) reiben kann. Sechskantreiben können noch mehr, aber nichts richtig, weil ihre Flächen zu klein sind.

Löffel

Koch- oder Rührlöffel sind eigentlich eher was für Kuchenbäcker. Die rühren damit Teige zur Vollendung sowie Glasuren und Tortenguss glatt, wo der Schneebesen nur Bläschen machen würde. Den wiederum haben Köche gern, um Suppen und Saucen schaumig zu rühren. Doch wenn sie mit dem Besen nicht hinkommen (in die Ecken vom Topf), nicht weiterkommen (festere Pürees) oder hängen bleiben (Eintopf), ist der Kochoder Rührlöffel gefragt. Ob er als Holz- oder Plastiklöffel rührt, ist Geschmackssache – besonders beim Holzmodell, das Aromen gerne annimmt wie weitergibt.

Zitruspresse

Jeder Haushalt hat mindestens zwei davon – eine an jedem Arm der Bewohner. Aber für den letzten Tropfen reicht das Auspressen mit der bloßen Hand kaum aus. Standardwie Designerpresse haben eins gemeinsam: die schnittige Kuppel, die ein wenig an die Spitze einer Comic-Rakete erinnert. Sie treibt den Saft aus der Frucht und lässt ihn nach unten rinnen. Ist da nichts, was Kerne und Fleisch vom Saft trennt, ist das nichts. Besser: Der Saft kann ohne Kerne durch ein Sieb in ein Schälchen darunter tropfen. Und da beim Pressen rohe Kräfte walten, sollte die Presse stabil sein – Metall oder Panzerglas wählen.

Geräte

Kochen ist sinnliches Handwerk. Aber manche Maschinen geben einem mehr Zeit fürs Wichtige. Etwa das Handrührgerät. Mit 300 Watt (ideal: 500) kann es mit Rührbesen und Knethaken viel bewegen. Mehr bewegt die Küchenmaschine mit Rührschüssel und Kraftarm, der von oben in 4 Stufen in alle Winkel schlagen, rühren, kneten sollte. Ein Power-Mixstab nützt beim Shakemixen, Suppepürieren, Sauceaufschlagen. Ein Wecker ist auch gut – am besten mobil, damit man ihn mit aufs Sofa nehmen kann. Und: Küchen ohne Radio sind wie Sommer ohne Sonne – nicht lustig. Viel Spaß also.

17 Tüchtige fürs Big basic cooking

Brett

Tomaten auf dem Küchentisch schneiden ist zwar Landhausstil pur, aber auf Dauer Sauerei. Also muss ein Brett in die Basic-Küche. Und am besten noch ein Extrabrett für Extremes wie Knoblauch, damit der Obstsalat nicht knofelt. Wenn sich auf dem Basic-Brett Eisbergsalat ohne Verluste schneiden lässt, passt auch sonst fast alles drauf. Ist es aus Plastik, ist es praktisch, kann aber Macken bekommen. Ist es aus Holz, ist es schön, aber anspruchsvoll. Schrubben und Einölen ist da Ehrensache, Geschirrspüler Verrat. Unfug sind: Saftrinne (bleibt alles hängen), bizarre Formen (fällt alles runter).

Waage

Kochen ohne Waage ist wie Autofahren ohne Kucken: Es geht. Vor allem schief. Und wer ohne Waage bäckt, ist Geisterfahrer – geht immer schief (außer man spricht Englisch – siehe »Maß«). Nun braucht es hier nicht das Turbo-Digital-Modell, das öfter eher verwirrt. Reicht die Skala in 10-g-Schritten bis zu 1 kg oder noch besser auf 2–5 kg, ist das gut. Findet eine entsprechende Schüssel problemlos auf der Waage Halt, ist das besser. Lässt sich das Gewicht dann immer noch leicht ablesen, ist es perfekt. Wichtig: Waage nicht ständig belasten (z. B. unter Nudeltopf im Schrank), denn das macht sie ungenau.

Sieb

Das Wichtigste daran sind die Löcher darin. Standard 1 ist das grobe Haarsieb zum schnellen Durchgießen oder zum Durchdrücken von weichen Kartoffeln. 1 a ist das feinmaschigere, durch das feine Suppen gegossen und Mehle gesiebt werden. Standard 2 ist das Salat- oder Nudelsieb mit vielen großen Löchern, durch die sich auch Spätzleteig drücken lässt. Muss nicht aus Metall sein; manche Küchen werden jahrelang von einem Plastiknudelsieb zu 1,99 Euro bewohnt. Ein Muss für Salatfans: die Salatschleuder (mit Original-U-Bahn-Sound).

Schöpfer

Steht hier fürs Topf- und Pfannwerkzeug außer Löffel und Besen. Kann man aus ihm eine Tasse Kaffee trinken, ist er auch gut, um Suppenteller auf einmal zu füllen. Hat er einen kleinen Bruder für Sauce, reicht das schon. Um Gemüse oder große Stücke aus wallendem Wasser/Fett zu holen, braucht es die Schaumkelle (mit der auch der Schaum von der Brühe kommt). Die Wok-Schaufel aus Metall mit runder Kante ist ideal fürs nahtlose Wok-Wirbeln. Pfannenwender aus Kunststoff sind für beschichtete Pfannen, metallige für heiße Metallpfannen. Und die Fleischgabel ist nur was zum Wenden von großen Braten – Steaks lässt sie bloß bluten.

Wok

Der Boden, der keiner ist, macht den Wok so stabil auf der Herdplatte, die keine ist – denn mit der Wölbung nach unten sitzt er im Herdloch des asiatischen Feuerofens so fest wie im Ring über der Gasflamme. Damit liegt genau in der Beuge des Woks das Energiezentrum, in das die Zutaten beim Pfannenrühren stets zurückgleiten. Dünne asiatische Eisenblech-Woks sind ideal dafür, sie werden wie die gusseisernen Schmor-Woks nur mit Wasser gereinigt und eingeölt. Euro-Woks mit kleinem Flachboden sind eine gute Alternative für E-Herde. Beschichtete jedoch können bei starker Hitze schlappmachen.

Topf

Fürs Nudelkochen muss er nicht teuer sein. Weil's aber kaum dabei bleibt, sollte er auch nicht die erstbeste Blechbüchse sein. Edelstahl ist immer gut, auch ein emaillierter Topf kann lange halten. Schwerer Boden ist auch gut, der kriegt nicht so schnell Macken, die beim Garen für Brennpunkte sorgen. Wichtig ist, dass der Topf auf die Platte passt, weil zu große sich da verbiegen und zu kleine falsch leiten. Gute Griffe halten lange, bleiben kühl und vertragen den Backofen. Gute Deckel sitzen fest, damit die Hitze im Topf bleibt. Basic: verschiedene Größen bis 5 l Inhalt. Mehr dazu auf Seite 18–21.

Pfanne

Zwei Pfannen braucht es für die Basic-Küche. Für Empfindliches wie Fisch oder Ei ist eine beschichtete gut. Da gibt es viele Modelle mit demselben Ziel: Was reinkommt, soll auch wieder rauskommen. Das klappt, wenn in einer nicht allzu billigen Pfanne mit relativ schwerem Boden nicht mit Metall gerührt oder geputzt (gibt Kratzer) und sie nicht zu stark erhitzt wird (mehr als mittlere Stufe oder 220 Grad schwächen den Haftschutz). Fürs Steakbraten sind schwere Pfannen aus Eisen-, Edelstahl- oder anderen Legierungen optimal. Spülmittel macht sie klebrig, also nur klar spülen, trocknen und leicht einölen.

Pfeffermühle

Pfeffer frisch gemahlen oder aus der Tüte? Wem das egal ist, der hält Heimatromane auch für leidenschaftlich. Direkt aus der Mühle schmeckt das Korn nämlich viel mehr als nur scharf, dafür aber längst nicht so muffig wie Tütenwerk. Und weil viel Effekt mit nur einem kurzen Dreh echt basic ist, gehört eine ordentliche Pfeffermühle in jede Basic-Küche. Ordentlich heißt nicht unbedingt toll im Design. Also lieber das Eichenholzmodell mit verstellbarem Mahlgrad wählen als die schicke Plexiglaspyramide, die stets aus den Händen flutscht und beim Auffüllen so sperrig wie ein Pharaonengrab ist.

Kochen, Dünsten & Dämpfen

Hier geht es ums Garen mit Wasser und Hitze. Mal ist mehr von dem einen im Topf, mal mehr von dem anderen. Kommt ganz drauf an, was gar werden soll. Und das kann fast jede Zutat aus diesem Buch sein.

Stark kochen

Gemeint ist hier das wahre Kochen in 100 Grad heißem, sprudelndem Wasser. Das Ziel: durch und durch Gegartes mit Biss und ohne Kruste. Der Weg: sehr nass, recht heiß und möglichst kurz. Was passiert: Bei Nudeln quillt und verkleistert die Stärke bis zum richtigen Biss, beim Gemüse lockert sich die Zellulosestruktur, bei beidem schließt die Hitze Aromen auf und Salzwasser sorgt für durchgängigen Geschmack. Und wer zu lange kocht, macht Gutes schlecht und Festes zu weich. Außer beim Ei: das wird beim Kochen fest und bleibt's dann auch.

Ein Nachteil beim starken Kochen ist, dass sich Nährstoffe und Aromen im Wasser verlieren können. Daher immer viel Wasser kochen, so dass es beim Einwerfen nur kurz zu sprudeln aufhört und die Sache schnell erledigt ist. Dafür ist auch wichtig, dass alle Garstücke die gleiche Größe haben und so nicht eins aufs andere warten muss. Damit's ganz rasch geht, ein Trick: Wasser aufkochen, Rohzeug rein und erst dann das Salz – so kocht alles schneller wieder. Stark gekocht wird fast immer in Salzwasser, denn für feinen Fond ist die Garzeit zu kurz, um sich z. B. Nudeln mitzuteilen. Vor allem beim fixen Blanchieren (siehe Kasten rechts unter »Gemüse kochen«) muss viel Salz in den Topf, damit das Gargut auch in kurzer Zeit genug davon abbekommt. Aber auch nicht zu viel, sonst dauert es länger.

Fürs starke Kochen reichen im Grunde zwei Töpfe: Einer für die kleine Platte, in den gut 1 l Wasser passt (zum Eierkochen, für Single-Gemüse), und einer mit 4–5 l Platz für die große Platte zum Nudelkochen etc. Wer öfter kocht und weniger gern spült, wird zwei Zusatztöpfe schätzen: den hohen Kleinen für 2 l Suppe und den flachen Großen für 3 l voller Kartoffeln.

Sanft Kochen

»Kochen ohne zu kochen« hat einst Auguste Escoffier (der erste Star-Küchenchef der Welt) poetisch das sanfte Kochen genannt, das sich irgendwo zwischen Wallen, Simmern und Sieden bewegt, stets unter der 100-Grad-Grenze bleibend. Pochieren sagt der Profi heute, wenn zarte Stücke wie Fischfilet so gegart werden. Garziehen heißt es bei großen Teilen wie dem Suppenfleisch.

Die Temperatur liegt dabei zwischen 80 und 95 Grad. Drunter wird nichts richtig gar, drüber ist's gefährlich nah am Siedepunkt. Und wenn z. B. Fleisch stark kocht, wo es doch sanft garen soll, löst sich das Bindegewebe zwischen den Fleischfasern sofort auf, diese werden auseinander gezerrt und ausgelaugt – am Ende hat man nur noch fad-zähe Faserigkeit im Mund. Noch ärger ist das bei Fisch, der in kochendem Wasser sofort strohtrocken zerfällt. Es zählt also, schnell die richtige Temperatur zu erreichen und dann zu halten. Großes, das länger gart wie Suppenfleisch, wird in Wasser angesetzt und erst im Laufe der Zeit kommen Gewürze, Kräuter und Suppengrün dazu. Dafür hat man am Ende auch noch einen guten Sud. Für einen kurzen Garprozess ist es besser, diesen schon vorher zu kochen. Für Fisch z. B. aus Wasser, Wein, Zwiebeln, Suppengrün, Lorbeer, ein paar Pfefferkörnern sowie Saft und Schale der Zitrone.

Sanftes Kochen funktioniert in den gleichen Töpfen wie starkes Kochen. Nur passen sollten die. Das heißt, die Garstücke sollten sich weder an den heißen Topfrand drängen noch im Sud verlieren. Für 1 Hähnchenbrust reicht so der Litertopf, für 20 Knödel braucht's schon einen ab 5 l aufwärts. Fischfilet gart am allerbesten im flachen Topf oder in der Pfanne, so dass man später gut an es herankommt. Wer öfter einen ganzen Fisch sanft zubereiten will, ist mit dem länglichen Fischtopf gut bedient – auch beim Dämpfen oder Spargelkochen.

Dünsten

Ist Dünsten nun mehr ein Kochen oder ein Dämpfen, am Ende gar ein Schmoren? Be basic: Der Witz ist, dass hier mit wenig Flüssigkeit und oft etwas Fett länger und sanfter gegart wird. Ein paar Vitamine und Aromen verkraften das zwar nicht, doch dafür gibt es den Dünstsud mit dazu. Und der hat es in sich, dank dem regen Austausch im Topf: Die Flüssigkeit gibt dem Gargut Hitze und meistens Aroma, das Gargut gibt dafür ans Flüssige Nährstoffe und immer Aroma zurück. Je intensiver die Flüssigkeit dabei ist, desto größer ist am Ende der Genuss. Da kann Leitungswasser drin sein, aber auch Mineralwasser (Snobs haben ihre Hausmarke), Brühe, Wein, Sahne oder gar Sauce.

Beim Dünsten ist der Deckel wichtiger als der Topf. Er muss so gut schließen, dass ihm praktisch nichts auskommt und so im ständig feuchtwarmen Klima darunter die Aromen zueinander finden. Der Topf selber? Einer aus dem Basic-Set, der weit genug ist, damit das Gargut niedrig gestapelt werden und so gleichmäßig durchgaren kann. Eine Pfanne mit Deckel geht auch.

Dämpfen

Dämpfen gilt als eine der schonendsten Gartechniken. Zwar kocht dabei heftig Wasser, aber die Zutaten bekommen nur den heißen Dampf ab. Der Vorteil: purer Geschmack, nichts geht im Kochwasser verloren. Für Aromafreaks ist das allerdings eher ein Nachteil. Und wenn nicht im Drucktopf gedämpft wird, dauert es länger als Kochen. Trotzdem: Was der längeren Garzeit und starker Hitze zum Opfer fällt, ist weniger als das, was beim Kochen im Sud verschwindet. Das Wasser unterm Dämpfkorb ist Standard, aber intensive Kräuter, Gewürze und Aromen können Zartem noch mehr Geschmack geben.

Gedämpft nach westlicher Art wird entweder im Basic-Kochtopf mit passendem Dämpfeinsatz, im Schnellkochtopf mit normal aufgesetztem Deckel oder im Profi-Dampftopf-Set mit flachem Topf als Basis, auf den exakt ein zweiter mit Löchern im Boden und einem fest sitzenden Deckel passt. Fürs Garen nach asiatischer Art gibt es Bambusdämpfer im Asia-Laden, die in den Wok, einen weiten Topf oder eine Pfanne gesetzt werden. Ganz simpel dämpft es sich mit einem hitzebeständigen Teller, der im Topf über dem brodelnden Wasser auf einer Schale ruht – dabei sammelt sich auch noch etwas feiner Saft im Teller.

Gemüse kochen: Gleichmäßige Stücke (z. B. Bohnen, Spargelstangen) in reichlich kochendes Salzwasser werfen und je nach Sorte bissfest garen. Herausheben, kurz abtropfen lassen und vielleicht noch in Butter schwenken. Profis »blanchieren« Gemüse, indem sie es knackig kochen und in Eiswasser abschrecken. Der Kälteschock lässt die Farben strahlen, stoppt das Nachgaren, kostet aber Aroma. Trotzdem wichtig, z. B. fürs Vorgaren fester Gemüse für Aufläufe.

Fisch pochieren: Sud (siehe unter »Sanft kochen«) aufkochen und vom Herd ziehen. Ganzen Fisch, Kotelett oder Filet einlegen – nicht aufeinander oder zu eng und nur so viel, dass der Sud nicht zu sehr abkühlt. Wieder auf den Herd damit und pochieren. Dabei tut sich zwar was im Sud, aber nur unter der Oberfläche, die selbst ganz ruhig ist. Je nach Gargutdicke kann nach 2–5 Minuten gegessen werden; bei Forelle noch 5 Minuten länger warten. (Auch Zartes wie Hähnchenbrust oder Rinderfilet kann so gegart werden.) Große Fische wie Karpfen werden im kalten Sud aufgesetzt und brauchen ab dem Sieden je nach Größe 10–20 Minuten.

Fleisch gar ziehen: Für 2 kg Rindfleisch (aus Brust, Rippe, Schulter, Keule) 4 l Wasser mit 1 Zwiebel aufkochen (für eine gute Brühe zuvor 500 g Rinderknochen 1 Stunde darin kochen). Fleisch rein und bis unter den Siedepunkt erhitzen – es tut sich was, blubbert aber nicht. 2–3 Stunden gar ziehen lassen (nach 1 Stunde Suppengrün und Gewürze zugeben), bis das Fleisch außen auf Fingerdruck nachgibt und innen zart und saftig ist. Bei Geflügel: Wasser aufkochen, Topf vom Herd ziehen und Geflügel reingeben (so reißt die Haut nicht). Topf wieder auf die Platte stellen und Geflügel je nach Größe 1–1 1/2 Stunden gar ziehen lassen.

Gemüse dünsten: Das Prinzip – gleich große Stücke werden in Fett angegart, gewürzt und dann unterm Deckel mit so viel Flüssigkeit bei schwacher Hitze sanft gedünstet, bis sich am Ende bissfestes Gemüse mit konzentrierter Essenz verbindet. Möhren werden dazu knapp mit Wasser bedeckt, Spinat kommt tropfnass vom Waschen in den Topf, bei Pilzen oder Zucchini reicht der austretende Saft vom Angaren.

Fisch dämpfen: Dämpfeinsatz mit Pergamentpapier oder Salatblättern auslegen, darauf Filet oder ganzen Fisch mit leicht eingeschnittenen Seiten geben. In Topf, Pfanne oder Wok Wasser aufkochen und den Dämpfeinsatz darüber setzen, ohne dass das Gargut in dem Wasser liegt. Gut verschließen. Nach 15–20 Minuten ist ein Fisch von 600 g gar, Filets brauchen 5–6 Minuten.

Braten & Schmoren

Wer ein kleines gutes Stück rasch knusprig haben will, brät es sich kurz in der Pfanne. Wer ein großes Stück erst mal nur gut haben will, brät es länger im Ofen. Wer vor allem Sauce will und viel Zeit hat, der schmort sich was Kleines oder was Großes im Topf oder im Ofen.

Kurz braten

Was passiert beim kurzen Braten? Das Stück bekommt direkt intensive Hitze. In der Außenschicht verdampft Wasser und Eiweiß gerinnt, wobei sich eine schützende Haut bildet, die später zur Kruste werden kann. Im Inneren gart es so langsam und gleichmäßig. Und am Ende liegt ein würziges Steak mit rosa Kern auf dem Teller.

Aber Achtung: In einer zu heißen Pfanne raucht's schnell, weil das Fett verbrennt. Und wird zu kalt gebraten, kann sich die schützende Haut nicht bilden, Saft läuft in die Pfanne, es kocht statt zu braten und alles wird trocken. Drum die Pfanne trocken erhitzen und dann erst das Fett reingeben. Das ist dann schnell heiß und schon können Fleisch oder Fisch hinein. Zischt es satt und sanft zugleich, ist es gut. Liegt nun zu wenig in der Pfanne, raucht es bald wieder. Und ist zu viel drin, kocht es gleich wieder. Also die Pfanne großzügig mit Bratgut auslegen bzw. passend zum Stück auswählen.

Auch wichtig: das richtige Bratfett. Eier, Fischfilet oder Schnitzel braten gut und sanft in Butter. Butterschmalz ist ohne Molke und hält schon mehr Hitze aus, gut für Scholle, Geschnetzeltes, Kalbssteaks. Wird richtig heiß gebraten, ist simples Öl besser, weil es nicht so schnell verbrennt wie Butter oder sehr aromatisches bzw. natürliches Öl. Dann lieber zum Schluss etwas Butter oder bestes Olivenöl zuschießen. Wird dabei mit Wender oder Löffel gedreht statt mit der Gabel gestochen (denn dann fließt der Fleischsaft, zerfällt der Fisch), ist alles bestens. Am allerbesten wird es mit der richtigen Pfanne. Zwei reichen – eine beschichtete Pfanne mit nicht zu dünnem Boden fürs sanfte Braten, eine schwere unbeschichtete aus Eisen, Gusseisen oder Edelstahl für die heftigeren Sachen. Mehr dazu auf Seite 17.

Lange braten

Beim langen Braten gilt wie immer beim Essen machen: je heißer, je schneller. Aber beim Fleisch lässt sich das nur bei edlen Stücken aus wenig beanspruchten Partien des Tiers anwenden (Filet, Roastbeef). Weil die so zart in ihrer Struktur sind, dass sie gerade so lange stärkere Hitze vertragen, bis sie gar sind – also innen blutig bis rosa, außen schön krustig. Beim Bratenfleisch aus aktiverem Muskelfleisch (Schulter, Haxe) sieht das nach der Behandlung zwar genauso gut aus – doch wegen seiner gröberen Fasern hat es sich dann noch nicht locker gemacht. Wird es aber nach dem Anbraten sanfter und länger gegart, wird es durch und durch saftig. Einheitliche Garzeiten zu nennen, geht da kaum, auch weil das gleiche Stück vom anderen Tier anders gart.

Dabei passiert Ähnliches wie im Steak, nur im großen Stil: Beim Anbraten tritt erhitzter Fleischsaft aus und trocknet draußen zur Kruste an. Weil der übrige heiße Saft durch diese Versiegelung nur noch schwer raus kann, macht er sich nach innen zum Kern des Bratens auf und gart dabei unterwegs das Fleisch. Dabei tut er sich in Fleisch mit zarten Fasern leichter. Je näher schließlich beim Anschneiden der Saft dem Kern gekommen ist, desto weniger blutig ist das Fleisch.

Wer sich die Zeit leistet, lange zu braten, der geht schon mal in die Vollen. Lädt eine Reihe netter Menschen ein, packt die Schweineschulter in den Ofen und legt sich dann noch mal ins Bett. Da braucht es dann ein wenig mehr als den Basic-Kochtopf. Aber das Rolls-Royce-Modell zum Preis eines Ofens muss es nicht sein. Gut genug ist ein länglicher schwerer Bräter mit Deckel und stabilem Boden, in dem ein Braten Platz hat. Gibt's schon für den Preis einer frischen Weihnachtsgans.

Schmoren

Beim Schmorbraten lockert nach dem Anbraten zugegossene Flüssigkeit die Kruste und durchzieht dann blubbernd und dampfend das ganze Stück, das wiederum ein gutes Teil seiner Kraft an die Schmorflüssigkeit weitergibt. Am Ende steht ein mürbes Meisterwerk mit schön viel guter Sauce auf dem Tisch. Und wenn statt einem großen viele kleine Stücke geschmort werden, dann heißt das zum Schluss Gulasch oder Ragout. Das Prinzip ist aber dasselbe. Und immer gilt wie auch bei »Lange Braten« (Seite 20): je nach Tier und Fleischstück ist die Garzeit sehr unterschiedlich. Also am besten bei den Rezepten nachschauen.

Das Beste beim Schmoren ist für viele die Sauce, und die gewinnt durch das, was außer Fleisch noch in den Topf kommt. Fast immer dabei sind Zwiebeln, die geben Farbe und Grundgeschmack. Zusätzliche Klassiker sind Wurzelgemüse in Würfeln. Mit Tomaten geht's in Richtung Mittelmeeraroma, und da sind wir auch schon beim Flüssigen angekommen. Wasser ist der beste Partner für kraftvolles Fleisch wie Rind, Schwein oder Lamm. Wein und Brühe geben milderem Fleisch wie Geflügel Aroma – ein bisschen Wasser dabei nimmt dem die Strenge, die es beim Einschmurgeln bekommen kann. Den Kick verleihen ganze Gewürze von Anfang an und Kräuter gegen Ende – je zarter, je später.

Auch für Schmorbraten ist der Bräter (mehr dazu unter »Lange braten«) optimal. Für kleinere Stücke und Ragouts tut es ein passender schwerer Topf, der nichts so leicht anbrennen lässt. Denn auf dem Herd zu schmoren, ist auch möglich. Kann man den Topf aber auch noch in den Ofen stellen (Metallgriffe!), ist damit alles machbar. Und: Schöpfkelle und feines Sieb zum Durchgießen und -drücken bereithalten!

Fischfilets braten: Fett in beschichteter Pfanne auf mittlerer Stufe erhitzen. Filet trockentupfen (frisches muss man nicht waschen, nimmt nur Aroma) und salzen. Das Filet mit der schönen Seite nach unten 1 knappe Minute braten, bis es gebräunt ist, wenden. 1 Minute braten, dabei etwas Fett drüberschöpfen. Gibt das Filet auf Fingerdruck nach, raus damit. Denkt man, es könnte noch ein bisschen: trotzdem raus. Fisch brät immer schneller als man meint. Nur dickere Stücke oder Koteletts brauchen etwas länger.

Steaks braten: Unbeschichtete Pfanne stark erhitzen, dann Fett heiß machen, ohne dass es raucht. Steaks – mindestens 2 cm dick, Filetsteak 3–4 cm – salzen und pfeffern. Wird klassisch nach dem Braten gemacht, praktisch aber meistens so. Rein ins zischende Fett und auf jeder Seite knapp 1 Minute braten. 3–5 Minuten raus zum Entspannen, dann auf mittlerer Stufe unter Wenden weiterbraten. Das geht bei dickeren Steaks auch im 225 Grad heißen Ofen (am besten in der Mitte). Nach 6–8 Minuten in der Pfanne ist ein 150-g-Schweinesteak durch, ein 200-g-Rindersteak rosa. Nun noch einige Minuten abgedeckt ruhen lassen.

Braten braten: Fleisch würzen und in heißem Fett auf dem Herd (schneller) oder im 250 Grad heißen Ofen (gleichmäßiger) anbraten. Dann in der Ofenmitte bei 180 (schneller), 150 (sanfter & langsamer) oder 80 Grad (Niedrigtemperaturgaren, für magere Stücke zum Rosabraten) garen. Fettes nicht zu sanft braten, sonst wird das Fett schwammig. Wichtig: Braten öfter mit Bratfett beschöpfen, damit die Kruste nicht verbrennt, und nach dem Garen etwa 15 Minuten entspannen lassen, damit er zarter wird.

Braten schmoren: Magere Braten würzen und anbraten wie beim »Braten braten«. Dann Gemüse mitbräunen und je nach Garzeit entsprechend viel Flüssigkeit samt Gewürzen dazu, ohne Braten zu bedecken – sonst kocht er nur. Deckel drauf und sanft schmoren lassen – professionell und gleichmäßig im 150–180 Grad heißen Ofen oder bei schwacher Hitze auf der Herdplatte unter öfterem Wenden. Den fertigen Braten in Folie ruhen lassen, die Sauce durch ein feines Sieb gießen und nach Wunsch vollenden.

Ragout schmoren: Fleischwürfel im großen Topf in heißem Fett bei mittlerer bis starker Hitze anbraten – bei größeren Menge portionsweise, sonst kocht es. Fleisch raus, Gemüse (meist Zwiebeln) glasig braten, Fleisch wieder rein und alles würzen. (Nur beim Gulasch kommt das rohe Fleisch zu den angebratenen Zwiebeln.) Langschmoriges wie das Rindsragout wird nun bei schwacher Hitze im eigenen Saft mit ein paar Schluck Wasser zwischendurch mürbe gegart und erst kurz vor Schluss mit noch etwas mehr Wasser aufgefüllt. Kurzschmoriges wie Hähnchen wird gleich mit aller Flüssigkeit gegart.

Wokken, Grillen & Frittieren

Ganz starke Hitze in ganz kurzer Zeit, das ist der Weg beim Wokken, Frittieren und Grillen. Unter 180 Grad läuft da nichts, weswegen flinke Hände und ein bisschen Gefühl gefragt sind. Das Ziel ist viel Eigengeschmack mit dem gewissen Brataroma - nichts für allzu zarte Pflänzchen.

Wokken

Beim Pfannenrühren liegt das Energiezentrum in der Bodenwölbung, hier bekommen Gemüse wie Fleisch ruck, zuck Kruste, unter der sofort die Säfte brodeln statt im Wok zu köcheln. Kleine Stücke werden so rasant schnell gar. Weil Sekunden und Millimeter zählen, muss fürs Pfannenrühren alles vorgeschnitten sein. Dabei gilt: je fester die Konsistenz, desto feiner der Schnitt. Also Spinat höchstens grob hacken aber Möhren ganz fein und dünn schneiden. Und gleichmäßig, damit es auch gleichmäßig gart. Wenn der Wok einmal brennt und rennt, ist keine Zeit mehr für nichts – auch nicht fürs Sojasaucesuchen. Also alles vorher tun, was getan werden kann.

Wichtig ist beim Braten, dass alles in Bewegung bleibt, weil es sonst anbrennt. Wirbeln ist angesagt. Profis in Sachen Wok nutzen die mit der Steigung kühler werdenden Wok-Wände, um Angegartes warm zu halten und zum Schluss wieder in den heißen Wirbel zu stürzen. Drei Sachen braucht jeder echte Wok-Koch zum Bratstart: Knoblauch, Ingwer und Frühlingszwiebeln, Asiens scharfe Würzdreieinigkeit, Basis vieler fernöstlicher Gerichte. Zum Abschluss geben oft Würzsaucen und -pasten den Kick, wie Soja-, Fisch- oder Austernsauce, Curry- oder Shrimpspaste, aber auch Brühe und Kokosmilch.

Das Wichtigste zur Wahl zwischen Original-Blech-Wok zum Pfannenrühren, flachem E-Wok (E wie Europa, Elektroherd, Edelstahl) oder schwerem Gusseisen-Wok fürs Schmoren steht auf Seite 17. Bei allen ist die Wok-Schaufel mit runder Kante zum Rühren und Wenden ein Muss, am besten ergänzt durch eine Drahtkelle zum Herausheben. Gibt's überall da, wo es gute Woks gibt. Ein Deckel ist dann nötig, wenn am Ende gedünstet oder von Anfang an geschmort wird.

Frittieren

Frittieren ist nichts anderes als Kochen in Fett. Weil das aber bei rund 180 Grad passiert, gibt's beim Frittierten schnell eine knusprige Kruste, unter der wie beim Wokken die Säfte steigen. Damit es gut wird, müssen zwei Dinge stimmen. Erstens: je größer ein Stück, desto schneller muss es gar werden, weil sonst die Kruste verbrennt und es innen noch kalt ist. Also Großes vorgaren oder einfach kleiner schneiden. Garnelen, Fisch, mundgerecht geschnittenes Gemüse mögen eine Hülle aus flüssigem Teig zum Schutz im heißen Fett.

Bedingung Nr. 2: die richtige Hitze. Ist das Fett zu kalt, kommt die Kruste zu spät und alles saugt sich voll. Ist es zu heiß und raucht, wird alles knusprig, bevor es gar ist, und schwarz, wenn es gar ist. Test: Holzlöffelstiel ins Fett stecken. Perlt es gleich lebhaft, ist es heiß genug. Beim Frittieren darf außer dem Frittiergut nichts ins Fett, weil es sofort verbrennen und das Frittierte verderben würde. Also keine Gewürze, Kräuter und gar keine Marinade rein, weil jeder Tropfen Flüssigkeit höllisch spritzt. Klar, dass das Fett selbst auch was aushalten muss. Normales raffiniertes Keimöl oder Pflanzenfett ohne viel Geschmack kann das am besten.

Man braucht fürs Frittieren nicht unbedingt die Fritteuse, auch wenn sie komfortabel ist: Sie zeigt einem, wann das Fett heiß genug ist, und erspart Gestank, wenn es eine moderne ist, oder wenn man sie draußen einstöpseln kann. Wer selten frittiert, für den tut es ein großer Kochtopf, der gut zur Hälfte mit Fett gefüllt wird. Ideal ist der Wok. Wegen seiner Wölbung bietet er bei wenig Fett viel Platz zum Ausbacken und ein am Rand eingeklinktes Gitter ist gut dafür, Gegartes ohne Verluste abtropfen zu lassen und dabei warm zu halten. Mit einem passenden Drahtkorb oder -sieb lässt sich Robustes auf einmal aus dem Topf oder Wok heben, die Schaumkelle ist für empfindlichere Teile da.

Aber Achtung!

Stichwort Benzyprene & Acrylamid

Wir sind nicht streng bei Nähr- wie Schadstoffen. Aber das sollte man nicht verschweigen: Benzyprene gelten als Krebs erregend. Sie bilden sich, wenn beim Grillen Fett in die Glut tropft oder zu viel Hitze ans Fett kommt, und werden dann eingeatmet oder mitgegessen. Was schützt: Elektrogrill, weniger Fett, Alu-Grillschalen.

Stichwort Nr. 2: Acrylamid, auch Krebs erregend. Wurde Ende 2002 in großen Mengen in Chips sowie Pommes aus Laden und Imbiss entdeckt. Laut Untersuchungen gehen Stärke, hohe Hitze und eine Aminosäure eine miese Verbindung ein. Was zu Hause schützt: Frittierfett nie über 175 Grad erhitzen. Und Pommes frites erstmal bei 150 Grad goldgelb garen, dann nur kurz bei 175 Grad knusprig werden lassen. Oder selten essen.

Grillen

Beim Grillen ist der Ablauf ähnlich wie beim Wokken und Frittieren: viel Hitze, schnell Kruste, rasantes Garen. Weil aber beim Grillen die Stücke größer sind, dauert alles etwas länger. Auch hier spielt Fett eine große Rolle, denn nur mit ihm halten die Stücke es lange genug über der Glut aus. Von Natur aus Fettes braucht hier wenig Hilfe, Mageres wird mit Öl bepinselt oder mit Fettem kombiniert, etwa auf einem Spieß mit Speck. Dabei zählt außerdem, wie zart das Stück ist und ob es durchgebraten werden muss. Ein edles Steak aus dem Roastbeef ist schnell rosa gebraten (siehe auch Seite 21 unter »Steak braten«), kann also lang genug mit wenig Fett heiß grillen, um noch zart zu bleiben. Das Schweinesteak braucht länger und zusätzliches Fett.

Und was für ein Grill? Holz und Kohle sorgen für Lagerfeuerromantik. Aber fluchende Feuermacher, beißende Rauchschwaden und keifende Nachbarn können diese schnell wieder zerstören. Daher grillen viele inzwischen lieber mit Strom, manche mit Gasflamme. Bei jedem Grill zählt, dass genug Platz auf dem Rost ist, also mehr als für zwei Würstchen und zwei Steaks. Der Rost selbst sollte sich ohne Gewackel zumindest auf zwei Stufen verstellen lassen und nicht zu viel Platz zwischen den Stäben haben. Beim E-Grill ist dazu wichtig, dass die Heizschlange die Hitze gleichmäßig verteilt, damit es keine Zebrasteaks gibt – halbroh und halbverbrannt zugleich. Sehr gut: eine weniger heiße Ruhezone und ein Spritzschutz. Sehr wichtig: die Grillzange aus Metall und ein Pinsel für Marinaden.

Gemüse wokken: Wok kräftig einheizen. Wenn ein Wassertropfen darin Steptanz macht, ist's richtig. Verzicht er nur, braucht es noch Feuer. Wok mit Öl ausschwenken, dann 1 EL reingeben. Ingwer, Knoblauch, Frühlingszwiebeln fein gehackt 30 Sekunden unter Rühren darin braten, dann rein mit dem ersten Gemüse – und zwar das, was am längsten dauert. Sofort mit der Wok-Schaufel rühren und wenden, bis Zeit für die nächste Ladung Gemüse ist – und zwar das, was nicht ganz so lange braucht. Rühren, wenden. Hat am Ende alles den gleichen Biss, war das Timing perfekt. Sonst sagt man, das sei nun mal Yin und Yang und weiß es beim nächsten Mal besser. Gegen Ende können noch Saucen, Brühen usw. dazu. Oder man macht's wie die Profis: Starten wie oben, das erste gewokkte Gemüse am Rand hochschieben und das nächste in die heiße Mitte. Wokken, Gemüse Nr. 1 zurück ins Zentrum, rühren und dann beides hochschieben. Nächstes Gemüse, nächste Runde. Wichtig ist so oder so, dass es nicht zu eng wird – 500 g sind Maximum im Wok.

Tempura frittieren: Was viel Stärke hat wie Kartoffeln oder Nudeln lässt sich solo frittieren. Zartes, Wasserhaltiges wie Zuckerschoten oder Fisch braucht zusätzliche Stärkung durch eine Teighülle. Toll ist der japanische Tempura-Teig, der ganz frisch sein muss. Also bevor der gemacht wird, alles in mundgerechte Stücke schneiden bzw. Festes knackig vorgaren. Fett erhitzen und 400 ml eiskaltes Wasser vorsichtig mit 2 Eigelben und dann mit 200 g Mehl verrühren. Kleine Klumpen schaden nichts, langes Rühren schon. Nun gleich die Frittierstücke würzen, in Mehl wenden, in Teig tauchen und ins heiße Fett geben, so dass dessen Oberfläche locker bedeckt ist. Sonst wird es zu kalt. Nach 1–2 Minuten (evtl. einmal wenden) ist alles fertig. Auf Küchenpapier abfetten lassen und mit Sojasauce genießen.

Steaks grillen: Ein Grillsteak darf schon ein bisschen dicker sein, allerdings nicht so dick wie beim Braten, weil die Hitze stärker ist. 3–5 cm gehen in Ordnung, ein Schweinesteak kann aber auch dünner sein, weil es länger braucht. Fleisch 1 Stunde vor dem Garen aus dem Kühlschrank nehmen, damit es auf dem Grill ganz entspannt ist und sofort zu garen beginnt. Fettrand auf 1 cm Dicke zu- (bei stark durchwachsenen Teilen auch dünner) und einschneiden. Jetzt Fleisch würzen und dann sehr heiß etwa 1 Minute auf jeder Seite angrillen, 6–8 cm über der Glut. Nun das Steak je nach Art noch an einer weniger heißen Stelle (Randzone, höhere Roststufe) fertig garen. Ein 3 cm dickes Rindersteak ist so je nach Zartheit nach 4 (Filet)–6 (Huft) Minuten rosa. Jetzt noch 2–3 Minuten am Rand ruhen lassen.

17 Drinks,
die gut zum Essen passen

Aperitif · Kaffee · Bowle · Rotwein · Milch · Digestif · Wasser · Schokolade

Punsch

Die Briten haben den »punch« aus Indien mitgebracht und ihn nach dem Hindi-Wort für »fünf« benannt. Gemeint sind die fünf Grundzutaten Wasser, Tee, Rum, Zitrone, Zucker. Wir haben aus Wasser Wein und damit einen Rieslingpunsch gemacht: Schale und Saft von 1 unbehandelten Zitrone mit 350 g Zucker und 1/4 l Rum verrühren. 5 TL schwarzen Tee und 1/2 TL Anissamen mit 1 l heißem Wasser aufbrühen, 3 Minuten ziehen lassen. 3 Flaschen erhitzten trockenen Riesling mit abgegossenem Tee und durchs Sieb gegossener Zuckerlösung verrühren. Fertig zum Genießen. Aber Vorsicht, löst die Sitten.

Tee

Grobheiten wie Spülmittel und Kirscharoma mag Tee nicht. Aber nun bei seiner Zubereitung nur zu flüstern, ist auch Blödsinn. So ist's normal: 1 TL schwarzen oder grünen Tee pro Tasse (ab dem 1/2 l noch 1 TL pro Kanne) in Filter oder Kanne geben. »Kanne nie spülen«, flüstern Puristen, »und immer vorwärmen.« Ab und zu ein Schwung frisches Wasser gegen fuselnde Patina ist trotzdem recht. Nun Wasser aufkochen und Tee gleich (grünen 10 Minuten später) überbrühen. Nach 2–3 Minuten regt er an (für grünen Tee ist da schon Schluss), dann macht er ruhiger, ab 6 Minuten ist er nur noch bitter.

Weißwein

Er ist anregender, leichter als sein dunkler Bruder, dem auch viel Gutes nachgesagt wird. Wine Basics schwört für Gedankenflüge auf trockenen Riesling, Grünen Veltliner, Muscadet, geerdet mit Salzigem wie Räucherschinken oder Mild-Süßlichem wie Meeresfrüchten, Risotto, Kalbsschnitzel. Zu hellem Fleisch und Fisch in Rahmsauce passt buttriger Übersee-Chardonnay nach dem Motto »Fettes zu Fettem«, zu Asia-Gerichten mit Sojasauce oder Currypulver nicht zu trockene Mosel-Rieslinge, Chablis reichen. Leichtere Weine im Kühlschrank auf 8–10 Grad und schwerere auf 12 Grad kühlen (nicht zu lang).

Saft

Nektar – klingt doch herrlich! Ist's aber nicht, wenn es um Obstsaft geht. Denn »Fruchtnektar« darf zur Hälfte aus Wasser bestehen und gezuckert sein. So schmeckt er auch – was noch nichts ist gegen Fruchtsaftgetränk, bei dem der Fruchtanteil von 30–10 % runtergehen kann. Anders der wahre »Saft« mit 100 % Frucht. Da gibt es den feinen Direktsaft, der ohne Umweg in die Flasche kommt, und den üblichen Konzentrat-Saft, für den z. B. frisch gepresstem O-Saft im Pflückland das Wasser entzogen wird und das TK-Konzentrat im Kaufland wieder mit Trinkwasser zu Saft wird. Pasteurisiert, also mit Sekundenhitze haltbar gemacht, sind alle Säfte.

Sekt

Steht hier für alles aus Wein, das perlt. Der simple Sekt wird im Tank vergoren, der bessere zum Teil in der Flasche (»Flaschengärung«) wie der ganz gute (»traditionelle Flaschengärung«) – wie Champagner. Dessen Herkunft ist auf die Champagne begrenzt, was ihn schon alleine teuer macht. Besser als billiger Schampus sind da fürs gleiche Geld flaschenvergorene Weine aus Restfrankreich (Crémant), Spanien (Cava) oder Italien (Franciacorta). Spumante heißt Sekt in Italien, die bekanntesten sind der Prosecco (auch als weniger perlender Frizzante) und süßer Asti. Alle werden wie leichter Weißwein serviert.

Cidre

Außer der Traube hat nur der Apfel es geschafft, aus sich was für Weintrinker zu machen. Sogar Franzosen trinken »Cidre«, und das nicht nur, weil er aus ihrer Normandie kommt. Da er nicht durchgegoren ist, stecken in ihm noch Kohlensäure, Restzucker und maximal 5 % Alkohol. Gut gemacht fängt Cidre die Herbe, Säure, Süße von Rasseäpfeln ein. Der trockenste (sec) ist sektkühl eine Erfrischung – auch als Aperitif und Begleiter zu Rustikalerem wie Gepökeltem, Quiche oder edlem Rotschmierkäse. Der süße Rest (demi-sec, doux) passt nicht zum Essen, sauer durchgegorener Apfelwein ist was für Hessen und andere Frohnaturen.

Limonade

Limo kommt von »Limonade«, was französisch ist und von »limone« kommt, was auf deutsch Zitrone heißt. Zitronenlimonade ist auch die Ur-Limonade, gut für Zwischendurch, nicht so gut zu gutem Essen, weil Süße, Säure und Aroma dem keine Chance mehr lassen. Echte Limonade braucht Saft und Fruchtschale als Basis, mit Süß-, Farb- und künstlichen Aromastoffen wird sie zur Brause und trägt dann Fantasienamen. Trotzdem sagen wir auch zu ihr Limonade. Die gute kriegen wir vor allem aus Frankreich, Italien oder England. Schmeckt bei 8–10 Grad am besten.

Bier

Bier geht immer – zu Deftigem (ob das nun deutsch, österreichisch, französisch oder italienisch ist) und zu Asiatischem (im Zweifel besser als Wein), beim Grillen und zur Brotzeit, vor dem Schlafengehen und zum Frühschoppen. Hauptsache, es ist kalt genug, wobei die Vorlieben von kellerkühl bis arktisch kalt reichen. Ebenso uneindeutig sieht es bei den Sorten aus. Ob herbes Pils, süffiges Export, malziges Dunkel, Düsseldorfer Alt, Kölner Kölsch, trübes Hefe- oder klares Kristallweizen – das ist oft mehr eine Frage der Gewohnheit als des Geschmacks. Also, egal wo wir gerade sind: schmecken lassen.

Roséwein

Wie kurz gezogener Schwarztee macht auch der Rosé – gekeltert aus kurz vergorenen Rotweintrauben – quicklebendig. Prima für Terrassenfeste, zur Schinkenbrotzeit oder zu Meeresfrüchten, wenn er wie leichter Weißer gekühlt wird. Aber nicht zu viel von diesem simplen Lebenselixier trinken, weil er stur bis streitsüchtig machen soll. Wer mag, kann das an den Quellen nachprüfen: in Baden mit seinem Weißherbst, in der Steiermark (Schilcher), in Südtirol (Kretzer), der Toskana (Cipresseto) oder der Provence (Côtes de Provence). Die sind doch eigentlich alle ganz nett da. Dann trinken wir halt noch einen.

…

17 Drinks, die gut zum Essen passen

Aperitif

Das ist doch schön: vor dem Essen einen Schluck zur Einstimmung nehmen. Das kann Sekt oder ein leichter Weißwein sein. Noch schöner ist ein Gläschen mit Duftendem drin, da fühlt man sich gleich wie in der Bar Italia oder der Brasserie – eben willkommen. Sinnvoll ist am Aperitif, dass er die Sinne öffnet und die Verdauung anwirft. Am besten kann das ein kleiner, kühler, leichter, etwas bitterer, nicht zu süßer Schluck: trockener Sherry (Fino, Manzanilla) und Wermut (auch auf Eis, gemixt), Bitters (auf Eis, mit Soda), würzige Kräuter- oder Anisliköre, die mediterran mit Soda oder Wasser gestreckt werden.

Kaffee

In Italien gibt es ihn hinterher und zwischendurch, in Holland rund um die Uhr und in Österreich ist er Kulturgut. Aber der Kaffee zum Kuchen wird in Deutschland gebrüht, wo man »Kaffeetrinken geht«, wenn man Kuchen essen will. Dazu passt am besten handgebrühter Filterkaffee. So geht's: Pro 150-ml-Tasse 1 TL mit 8–10 g grob gemahlenem Pulver (beim Kauf sagen, wofür man's will) in den Filter, plus 1 TL für die Kanne. Zuerst zum Quellen ein kleiner Schluck Kochwasser darauf. Dann Filter vollgießen, alles durchlaufen lassen und das so oft machen, bis die Kanne so voll wie geplant ist.

Bowle

Wein und Sekt, dazu noch ein paar frische, oft fruchtige Aromen – was Besseres als Bowle kann es zum Gartenfest kaum geben. Der Klassiker ist die Kalte Ente: dünn abgeschälte Schale von 1 Bio-Zitrone ins Bowlengefäß geben. 3 Flaschen kalten halbtrockenen, aber guten Moselwein dazu, 10 Minuten stehen lassen. Schale raus und 1 Flasche trockenen Sekt rein. Trinken. Zutaten für die rote Version: Schale von 1 unbehandelten Orange, 2 Flaschen eiskalten jungen, fruchtigen Rotwein (Beaujolais, Novello rosso oder Rosé und Rot gemischt) sowie je 1 Flasche Rosésekt und Mineralwasser.

Rotwein

Mittags nie rot? So ein fruchtig-leichter Pinot Noir geht doch. Etwa zu gegrilltem Fisch? Auch das geht, weil im Zweifel zählt Zubereitung statt Zutat. Kommt von Grill/Pfanne Dunkles wie Rindersteak, passt dazu Tanninreiches wie junger Cabernet-Sauvignon, Chianti, Rioja. Zu Lamm sind Côtes du Rhone oder australischer Shiraz fein. Ist der besonders üppig, passt er wie Bordeaux zu Schwerem wie Räucherfleisch, dunklem Ragout. Tunfisch oder Kalbsragout mögen Barbera oder burgenländischen Blaufränkischen. Leichte Rotweine schmecken bei 14 Grad, üppigere bei 16–18 Grad.

Milch

Mit Milch ging es uns gut, als wir noch klein waren. Das prägt ein Leben lang, weswegen wir sie nicht einfach so trinken. Wir schwören jeder für sich auf Vollmilch (mind. 3,5 % Fett) für reinen Genuss, fettarme Milch (1,5–1,8 %) und Magermilch (höchstens 0,3 %) zum Schlankbleiben, H-Milch (sekundenschnell auf 150 Grad erhitzt) für Notfälle, Bio-Milch (von nach Öko-Richtlinien gehaltenen Kühen) fürs Körperbewusstsein. Sie alle werden homogenisiert (abgesetzter Rahm und Milch werden unter Druck vereint) und pasteurisiert (gefährliche Keime werden in 15–30 Sekunden bei rund 70 Grad zerstört). Gekühlt hält Milch mind. bis zum MHD, offen 3–5 Tage.

Digestif

Nach schönem Essen noch mal was Schönes zu trinken, das ist noch schöner. Dann wird der Stuhl zum weichen Sessel, in den man sich satt kuscheln und dem Magen etwas Entlastung gönnen kann. Mit süßem Sherrry (Amontillado, Oloroso, Cream), Port, Madeira, Vin Santo, ungarischem Tokaji, Likören – passt alles zu ähnlich süßem Nachtisch. Edle süße Weine wie (Trockenbeer-)Auslesen, Sauternes, Eisweine lieber solo trinken, wie auch Whisk(e)y, Wein- und Obstbrände, Grappa. Mancher Obstler mag's kühl (je besser, je weniger), Spritiges wie Aquavit, Korn, Kümmel, Kräuterbitter mag's kalt bis sehr kalt.

Wasser

Täglich 3 l rät der Arzt, und Kenner schwören auf 2 Glas Wasser pro Glas Wein, damit der Kopf nie dick wird. Wasser passt zu jedem Essen, und in Europa kommt das wohl beste der Welt aus vielen Felsen, Seen und Hähnen. Da sind Bars mit 20 Wassern zu 3,50 Euro das Glas ebenso affig wie Leute, die nur das eine Minerale trinken. Also einschenken, was aus dem Hahn kommt? Italiener und Franzosen tun es. Aber von ihnen kommen auch Edelsprudel, die durch unsere stillen (kohlensäurearmen), salzarmen (nicht mehr als 200 mg Natrium) Mineralwasser gut ersetzt werden können – bei idealen 10–12 Grad.

Schokolade

Danke, ihr lieben modernen Kaffeehausbesitzer. Danke dafür, dass ihr euch so um ordentlichen Cappuccino bemüht. Schade nur, dass eure heiße Schokolade zu oft noch aus Fertigpulver und Wasser besteht. Da kochen wir uns lieber selber welche: Für eine Tasse Schokolade 200–250 ml Milch mit 1 Prise Salz aufkochen. 2–3 Rippen bzw. 1/4 Tafel Zartbitterschokolade fein hacken und mit 5–6 EL heißer Milch in der heißen Tasse glatt rühren. Übrige Milch mit dem Schneebesen kräftig schaumig schlagen, in die Tasse gießen und sanft mit der Schokolade verrühren. Regt an und macht ruhig zugleich.

Die 54 Basics

Alles dazu, was mit guten Sachen geht.

und ihre Rezepte

Wie kocht man heute? So, wie es der Kaufmann will? Oder wie wir mögen? Vielleicht ist es von beidem ein bisschen: Wir gehen einkaufen und sehen wunderschöne Auberginen. Die nehmen wir mit heim, aber da wartet schon Blumenkohl im Kühlschrank. Stimmt ja, den wollten wir mit Curry probieren. So wie beim Inder. Aber wie geht das bloß? Und ist der Kohl überhaupt noch gut? Und die Auberginen? Mit dazu? Oder aufheben? Wie lange denn dann? Und wo?

Ab der nächsten Seite kommen Antworten. Alles dazu, was mit Aubergine und Blumenkohl geht. Was das ist, wie lange es frisch bleibt, wann es gut ist und wann nicht. Und vor allem, wozu alles gut ist – die besten Rezepte mit den wichtigsten Basics aus der Obst- und Gemüseküche, von Fleisch- und Fischtheke, aus den Regalen für Käse, Eier, Nudeln, Brot. Nur dass das jetzt alles von A bis Z geordnet ist. Damit man gleich sehen kann, was geht und was nicht.

So steht auf Seite 64, wie guter Blumenkohl sein muss, und kurz dahinter, wie man damit Curry macht. Und hier der Tipp, der sonst nirgends zu finden ist: Auberginen in dünne Scheiben schneiden, frittieren und übers fertige Curry streuen. Big, big basic cooking!

Äpfel

engl.: apples; franz.: pommes; ital.: mele;
span.: manzanas; hess.: Ebbel

Der Apfel ist einer der bekanntesten Geheimnisträger der Welt. Im Westen ist er Nummer 1 bei den Obstessern, im Osten hält sein Heimatland China den Ernteweltrekord. Millionen Menschen beißen täglich in Äpfel, aus Äpfeln werden ständig Mus, Saft, Wein, Essig und natürlich Kuchen gemacht. Gut. Aber noch nicht gut genug für uns. Darum jetzt der Geheimtipp: Man kann mit Äpfeln auch kochen. Oma machte das früher oft, und es scheint, als ob der Apfel gerade als Zutat wieder entdeckt wird. Weil er so praktisch ist. Weil er (wieder) schmeckt. Und weil er mehr ist als Mus.

Äpfel können so vieles. Sie können je nach Sorte und Reife knackig sein oder fein mürbe, sie können säuerlich sein oder angenehm süß, sie können würzig, duftig oder spritzig sein, sie können erfrischen (im Müsli), anregen (die Verdauung) oder beruhigen (für die Nacht). Sie werden mit Sellerie zum Waldorf Salat geraspelt, bei Leber Berliner Art mitgebraten, mit Meerrettich zum Tafelspitz gereicht, in Weihnachtsgänse gesteckt oder als Bratäpfel in den Ofen geschoben. Soweit die gute Tradition. Aber sie können auch edle Herbstsalate und exotische Wok-Gerichte verfeinern, sie können mit Chili geschärft oder mit Lauch gratiniert werden. Dabei gilt: Nur mit Äpfeln kochen und backen, die man solo essen würde. Das Problem: So manche Äpfel schmecken pur nicht oder plötzlich ganz anders als sonst – und selbst wenn einer schmeckt, taugt er nicht immer zum Kochen und Backen. Versuchen wir's zu klären.

Rund 20.000 Apfelsorten gibt es und jährlich entstehen neue – früher durch Zufall in der Natur, heute vor allem durch Züchtung in der Plantage. Zugleich verschwinden Sorten – manche, weil sie keiner benötigt, viele, weil sie für den Supermarkt nicht zu gebrauchen sind. Es ist ein Phänomen, das fast für alle frischen Zutaten in diesem Buch gilt: Nach vorne ins Regal kommen immer die, die es vielen recht machen können. Beim Apfel heißen die Pop-Stars z. B. Jonagold, Elstar oder Gloster. Die sehen gut aus (rotbackig), sind gut gebaut (gleichmäßig rund), können was wegstecken (Rempelei) und sind stets präsent (gibt's fast das ganze Jahr). Ideal für den Handel und wohl auch für uns, sonst würden wir sie nicht kaufen. Und sie schmecken wirklich besser als die Äpfel aus jener Zeit, als Langweiler wie Red Delicious oder Morgenduft die Stars waren. Da kommen unsere drei dem guten Apfel schon viel näher.

Wie der schmecken kann, lässt sich mit Beginn der mitteleuropäischen Apfelsaison ab Juli/August testen, wenn Spezialitäten wie Kläräpfel oder Gravensteiner auf den Märkten zu haben sind. Ab September kommt das Mittelfeld mit guten Äpfeln zum Kochen und Backen (Cox orange), Schnäppchen für Raritätensammler (Goldparmäne) und vielen Top-Stars auf den Markt. Auch die sind da noch voller Jugend und Aroma, was sie aber über die Monate in Kühlhäusern und kontrollierten CO_2-Lagern verlieren. Die Zeit der echten Lageräpfel wie Glockenapfel oder Ingrid Marie kommt im Oktober/November. Sie wurden früher als Vitaminreserve und gute Backfrüchte in den Keller gelegt, wobei viele wie guter Wein im Aroma reiften. Im Frühjahr war dann auch ihre Zeit vorbei. Puristen warten noch heute wieder bis August mit dem Apfelessen. Wer das nicht will, greift weiter zu den Langlebigen aus den Handelslagern oder zu Braeburn oder Pink Lady von der südlichen Halbkugel, von wo ab Februar/März die neue Ernte kommt.

Aufheben

Früher wurden frühe Äpfel entweder gleich gegessen oder verarbeitet. Die späteren kamen für die nächsten Monate in den dunklen, kühlen, gut durchlüfteten Keller. Wer so was heute noch hat, kann dort seine Lieblingssorte oder die Ernte vom Vertrauenshändler gut bunkern. Dabei gilt das Gleiche wie in der Obstschale – nicht stoßen, nicht stapeln und darauf achten, was daneben liegt. Denn Äpfel verströmen das Gas Ethylen, das sie reifen lässt, Zitrusfrüchte, reife Bananen, Kartoffeln oder Blumensträuße aber welk macht. Liegen Äpfel im Kühlschrank, passiert das dort auch mit Gurke und Blumenkohl. Aber hier ist sowieso kein Platz für gute Äpfel, auch wenn sie da viele Wochen halten. Lieber öfter essen und wieder einkaufen gehen.

Die Typen

15–20 Apfelsorten kann man übers Jahr bei uns im Laden entdecken, wenn man nicht nur im Supermarkt kauft. Wer in der Saison auf Märkte und zum Bauern geht, bekommt noch ein paar Namen dazu. Hier die wichtigsten, geordnet nach der Zeit, in der sie in Mitteleuropa zu haben sind.

Der blassgrüne **Klarapfel** (Juli–August) kommt als Erster mit duftigem, saftigem, sehr lockerem Fleisch. Gleich essen, da er schnell verdirbt – und herrlich schmeckt.

Etwas haltbarer ist der **Gravensteiner** (August–Oktober) in seiner grüngelben Schale mit roten »Flammen«. Er gilt mit seinem edel-süßen, würzigen, angenehm säuerlichen Aroma als Delikatesse.

Der bekannteste **Gala** (August–April; Übersee Februar–August) ist der gelbrot marmorierte Royal Gala, der zum Mittelstand zählt: süß, manchmal fast schon parfümiert. Anfangs aromatisch, schmeckt mit der Zeit »leer«.

Goldparmäne (August–November) mit hellem Gelb und roten Stellen ist eine alte Sorte und begehrtes Sammlerstück bei Kennern. Feines, süßsäuerliches Aroma in Fülle, gut zum Kochen und Backen.

Das passt zu Äpfeln

Anis, Curry, Ingwer, Knoblauch, Nelke, Vanille, Zimt

Basilikum, Majoran, Melisse, Minze, Salbei, Schnittlauch

Apfel- und Weißwein, Calvados, Kapern, Meerrettich, Obstessig, Senf

Ananas, Bananen, Orangen, Pflaumen, Rosinen, Trauben

Fenchel, Lauch, Möhren, Kartoffeln, Kohl, Paprika, Sellerie, Zwiebeln

Gekochtes Rindfleisch, gebratene Innereien, Geräuchertes, Ente, Gans, Matjes

---

Der gelbgrüne **Cox Orange** (August–November; Neuseeland April–Juli) mit rot-orangen Wangen stammt aus der edlen Renetten-Familie und gehört zu den besten unter den Top-Äpfeln. Würzig-fein und ausgewogen in Süße und Säure, wird er beim Reifen mürbe. Toll für Desserts und Gebäck.

Der meist grasgrüne **Granny Smith** (September–Juli, ab März aus Übersee) ist zwar sauer, saftig, knackig, aber dahinter steckt oft relativ wenig Aroma. Lässt sich lange einlagern, was ihn aber nicht besser macht.

Der blassgelbe, zum Teil rot getönte **Golden Delicious** (Ende September–August; aus Übersee ab März) hat mit milder Süße und feiner Substanz das Zeug zum erstklassigen Apfel – kann aber (vor allem nach langem Lagern) auch fad sein. Sehr gut fürs Kochen und Backen.

Braeburn (September–April; aus Neuseeland Mai–September) ist reichlich rot auf gelbem Grund und in Bestform fest, knackig, fast spritzig.

Gute Äpfel…

…sehen aus, wie es sich für ihre Sorte gehört, ohne immer gleich auszusehen
…können Kanten, rauhe Stellen oder »Nasen« haben
…lassen sich gerne in Bio- und Bauernläden kaufen
…duften intensiv
…sind ausgewogen in Süße und Säure

Schlechte Äpfel…

…haben Löcher, Druckstellen
…glänzen verdächtig (gewachst)
…sind kühlhauskalt
…sind in Kisten gehäuft oder Beutel gestopft
…schmecken nur sauer bzw. nach Stärke (nicht reif)
…schmecken nur süß bzw. mehlig (zu reif)
…sind nicht die richtigen zum Kochen oder Backen

Der gelbgraue **Boskop** (September–Juni) kommt groß, gedrungen und mit rauher Schale daher. Er schmeckt kräftig, saftig und säuerlich-herb, wird aber bald mürbe. Prima zum Backen und Kochen (Pikantes!).

Der gelbe **Elstar** (September–Juli) mit rötlicher Sonnenseite ist eine Kreuzung aus Golden Delicious und Ingrid Marie. Eher süß, saftig, mild. Verliert mit der Zeit Aroma.

Ein idealer Lager-, Koch- und Backapfel ist der rote bis violette **Ingrid Marie** (Anfang Oktober–März). Er hat ein mürbes Fleisch und schmeckt mild-säuerlich.

Der gelbgrüne **Glockenapfel** (Ende Oktober–Juni) mit leichter Sonnenröte und in Glockenform, ist ein ganz später. Herb und fruchtig, gut fürs Kochen und Backen.

Apfelsauce mit Gurke
BBQ-Klassiker

Für 4 dazu:
1 säuerlicher Apfel
1 EL Zitronensaft
1 Zwiebel
1–2 Gewürzgurken
200 g saure Sahne
2–3 EL Mayonnaise
2 EL Meerrettich (aus dem Glas)
Salz, Pfeffer aus der Mühle
1/2 Bund Schnittlauch oder Dill

1 Den Apfel vierteln, schälen, entkernen und in kleine Würfel schneiden, mit dem Zitronensaft beträufeln. Die Zwiebel schälen und fein hacken. Die Gurken ebenfalls klein würfeln.

2 Die saure Sahne mit Mayonnaise und Meerrettich verrühren. Mit Salz und Pfeffer würzen, Apfel, Zwiebel und Gurken untermischen. Schnittlauch oder Dill abbrausen, trockenschütteln, fein schneiden und unter die Sauce rühren.

So viel Zeit muss sein: 10 Minuten
Das schmeckt dazu: Fondue, gegrilltes Fleisch, Buletten
Kalorien pro Portion: 150

Apfelkren
Der gehört zum Tafelspitz

Für 4 dazu:
2 säuerliche Äpfel
2 EL Zitronensaft oder Weißweinessig
1 Stück frischer Meerrettich (etwa 2 cm)
2 TL Zucker
Salz

1 Die Äpfel vierteln, schälen und entkernen. Die Viertel fein reiben und gleich mit dem Zitronensaft oder Weinessig mischen, damit sie schön hell bleiben.

2 Das Meerrettichstück schälen und ebenfalls fein reiben. Mit dem Zucker unter die Äpfel mischen und mit 1 Prise Salz abschmecken.

So viel Zeit muss sein: 15 Minuten
Das schmeckt dazu: Tafelspitz, gekochtes oder rohes Kasseler, Bratwürste und gegrilltes Fleisch, Fondue
Kalorien pro Portion: 45

TIPP:
Die geputzten Äpfel klein würfeln und bei schwacher Hitze mit Zitronensaft oder Essig und dem Zucker weich kochen. Dann pürieren und mit dem frisch geriebenen Meerrettich mischen.

Marinierte Apfelscheiben
Apfel mal anders

Für 4 als Vorspeise:
4 große säuerliche Äpfel
1 unbehandelte Limette
1 EL Apfelessig
3 EL Walnussöl
3 TL Kapern
4 Stängel Kerbel
Pfeffer aus der Mühle

1 Die Äpfel waschen und das Kernhaus aus der Mitte rausstechen. Die Äpfel quer in sehr dünne Scheiben schneiden. Limette heiß waschen und die Schale sehr dünn abschälen. Die Limette auspressen und den Saft mit Essig, Öl und Kapern verrühren. Die Apfelscheiben damit vermischen und abgedeckt etwa 3 Stunden marinieren.

2 Den Kerbel abbrausen, trockenschütteln und die Blättchen abzupfen. Apfelscheiben mit etwas Pfeffer und den Kerbelblättchen würzen. Die Limettenschale in hauchfeine Streifen schneiden und drüberstreuen.

So viel Zeit muss sein: 20 Minuten
(+ 3 Stunden Marinierzeit)
Kalorien pro Portion: 125

Apfel-Rucola-Salat
Schmeckt auch mit Feldsalat

Für 4 als Vorspeise oder Beilage:
2 EL milder Essig (Balsamico bianco, Cidre- oder Apfelessig)
1 Messerspitze mittelscharfer Senf
Salz, Pfeffer aus der Mühle
1 Prise Zucker
4 EL Öl (ganz fein: 1 EL davon Walnussöl)
2–3 säuerliche Äpfel (kommt auf die Größe an)
2–3 Bund Rucola (kommt auch auf die Größe an)
1 Hand voll Walnusskerne
50 g Pecorino am Stück

1 Essig mit Senf, Salz, Pfeffer und Zucker verrühren. Das Öl nach und nach mit einer Gabel oder einem kleinen Schneebesen unterschlagen. Die Äpfel vierteln, schälen und entkernen. Die Viertel in feine Schnitze schneiden und gleich mit der Sauce vermischen, damit sie schön hell bleiben.

2 Vom Rucola die dicken Stiele abknipsen und welke Blätter aussortieren. Übrige Blätter waschen und trockenschleudern. Mit den Äpfeln und der Sauce mischen und auf Tellern verteilen.

3 Walnusskerne in kleine Stücke brechen, drüberstreuen. Den Käse mit dem Gurkenhobel oder dem Sparschäler in feine Späne hobeln und über den Salat streuen.

So viel Zeit muss sein: 20 Minuten
Das schmeckt dazu: frisches Brot, z. B. Walnuss- oder Olivenbrot
Kalorien pro Portion: 250

Vorbereiten
Früher haben wir regelrechte Wettbewerbe veranstaltet: Wer schafft es, die Apfelschale in einem Stück als Spirale abzuschälen? Geht auch heute noch. Viel einfacher: Den Apfel erst in Viertel schneiden, dann schälen. Von den Apfelvierteln kommt dann der Stielansatz weg und auch das Kerngehäuse in der Mitte. Und am Rand alle Stellen, die angeschlagen und braun sind.

Säure
Je mehr Vitamin C der Apfel enthält, desto schneller wird er nach dem Schälen braun. Gute Abhilfe schafft Zitronensaft, der lässt den Apfel länger schön frisch aussehen.

Apfel-Sellerie-Cremesuppe
Arabisch gewürzt

Für 4 als kleines Essen:
1 Zitrone
2 säuerliche Äpfel
1 mittelgroße Kartoffel (mehlig kochende Sorte)
500 g Knollensellerie
3 EL Rapsöl
etwa 600 ml Gemüsebrühe
100 g Crème fraîche
Salz, Pfeffer aus der Mühle
1 TL gemahlener Kreuzkümmel

1 Die Zitrone auspressen. Die Äpfel vierteln, schälen, entkernen und mit dem Zitronensaft beträufeln, damit sie nicht braun werden.

2 Die Kartoffel und den Sellerie schälen, mit den Apfelvierteln grob raspeln und im heißen Öl bei mittlerer Hitze andünsten. Mit 400 ml Wasser und der Brühe ablöschen, etwa 15 Minuten köcheln lassen, bis Kartoffeln und Sellerie weich sind. Alles pürieren.

3 Die Crème fraîche unter die Suppe rühren. Wenn die Suppe zu dick ist, noch etwas Brühe dazugeben. Zum Schluss mit Salz, Pfeffer und Kreuzkümmel würzen.

So viel Zeit muss sein: 40 Minuten
Das schmeckt dazu: Fladenbrot mit Sesam
Kalorien pro Portion: 210

Apfel-Lauch-Gratin mit Gorgonzola
Frisch und würzig

Für 4 zum Sattessen:
600 g Lauch
Salz
4 große säuerliche Äpfel
4–6 Zweige Thymian
Pfeffer aus der Mühle
150 g Gorgonzola
100 g Sahne
1–2 EL Mandelblättchen oder
Pistazien oder Sonnenblumenkerne oder Pinienkerne
(was gerade da ist)

1 Vom Lauch die Wurzelbüschel und die schlappen oberen Teile abschneiden. Den Rest der Stangen mit einem kleinen Messer längs aufschlitzen, gründlich unter fließendem kaltem Wasser waschen und in knapp 1 cm dicke Stücke schneiden.

2 Salzwasser im Topf aufkochen und den Lauch darin 2 Minuten vorgaren. Im Sieb gut abtropfen lassen.

3 Den Backofen schon mal auf 180 Grad vorheizen. Die Äpfel vierteln und schälen, die Kerngehäuse rausschneiden. Die Äpfel in schmale Schnitze schneiden und mit dem Lauch in einer hitzebeständigen Form mischen. Thymian abbrausen und trockenschütteln, Blättchen abstreifen und untermischen. Mit Salz und Pfeffer würzen. Gorgonzola in Würfel schneiden und auf dem Gemüse verteilen, Sahne seitlich angießen. Die Mandelblättchen, Pistazien oder Kerne darüber streuen.

4 Die Form in die Mitte des Ofens (Umluft 160 Grad) schieben und das Gratin etwa 35 Minuten backen – bis der Käse zerlaufen und ein bisschen braun ist.

So viel Zeit muss sein: 25 Minuten
(+ 35 Minuten Backzeit)
Das schmeckt dazu: Kartoffeln
Kalorien pro Portion: 315

Variante:
Apfel-Kürbis-Gratin mit Chili

1 Stück Kürbis von etwa 800 g schälen und die Kerne herauslösen. 4 Äpfel vierteln, schälen, entkernen und mit dem Kürbis in feine Scheiben schneiden. 2 rote Chilischoten waschen, vom Stiel befreien und in Ringe schneiden. Alles in eine hitzebeständige Form füllen und salzen. 150 ml Gemüse- oder Hühnerbrühe mit 2 EL Zitronensaft mischen, angießen. Mit gut 2 EL Butter in kleinen Flöckchen belegen und im 180 Grad heißen Backofen (Umluft 160 Grad) 35 Minuten backen, bis die Oberfläche leicht braun ist. Schmeckt besonders gut zu gebratenen Lammkoteletts oder geschmorten Hühnerbeinen.

Apfel-Zwiebel-Gemüse mit Salbei
Einfach und gut

Für 4 als Beilage:
400 g Zwiebeln
3 säuerliche Äpfel
4 Zweige Salbei
2 EL Butter
Salz, Pfeffer aus der Mühle
1 Schuss Weißwein, Calvados
oder auch Fleischbrühe

1 Die Zwiebeln schälen und je nach Größe vierteln oder achteln. Die Äpfel achteln, schälen und entkernen. Salbei abbrausen und gut trockenschütteln. Die Blättchen abzupfen und in feine Streifen schneiden.

2 Die Butter bei mittlerer Hitze im Topf schmelzen, aber nicht braun werden lassen. Zwiebeln dazu und 5 Minuten braten, dabei immer gut rühren. Salbei und Äpfel untermischen und noch ungefähr 3 Minuten braten. Salzen, pfeffern und den Schuss Flüssigkeit dazugeben. Hitze klein schalten, Deckel auflegen und alles noch 5 Minuten ziehen lassen.

So viel Zeit muss sein: 30 Minuten
Das schmeckt dazu: Schweine- oder Lammkoteletts und Kartoffeln oder Brot
Kalorien pro Portion: 115

Apfelkompott mit Ingwercreme
Bayrisch-französisch-asiatische Verbindung

Für 4 als Dessert:
etwa 750 g säuerliche Äpfel (auf 50 g mehr oder weniger kommt es nicht an)
1 unbehandelte Zitrone
70 g Zucker
1 EL Rosinen (kann man auch weglassen)
1 Stück frischer Ingwer (etwa 2 cm)
auch gut: zusätzlich 1 Stück kandierter Ingwer (ebenfalls etwa 2 cm)
200 g Crème fraîche
2 EL Sahne
1 Päckchen Vanillezucker

1 Äpfel vierteln, schälen und das Kernhaus rausschneiden. Äpfel in Schnitze schneiden. Zitrone heiß waschen und die Schale fein abreiben, die Hälfte davon zugedeckt zur Seite stellen. Den Saft auspressen.

2 Äpfel mit 1/2 l Wasser, Zitronensaft und der Hälfte der Zitronenschale, Zucker und Rosinen in einem Topf zum Kochen bringen. Bei mittlerer Hitze 10–20 Minuten zugedeckt köcheln lassen, bis die Schnitze leicht zerfallen. Wie lang das dauert, hängt ganz stark von der Apfelsorte ab. Also immer mal wieder nachschauen – und dabei auch gleich umrühren.

3 Apfelkompott in eine Schüssel füllen und lauwarm oder kalt werden lassen.

4 Den frischen Ingwer schälen und ganz fein hacken oder reiben. Falls auch kandierter Ingwer mit in die Creme kommt, diesen ebenfalls fein zerkleinern.

5 Crème fraîche mit Sahne und Vanillezucker gut verrühren. Ingwer und restliche Zitronenschale untermischen. Die Ingwercreme zum Kompott essen.

So viel Zeit muss sein: 40 Minuten
Das schmeckt dazu: Löffelbiskuits oder anderes Gebäck
Kalorien pro Portion: 340

TIPP:
Apfelmus macht man ganz ähnlich: 1 kg Äpfel vierteln, schälen, vom Kerngehäuse befreien und in feine Schnitze schneiden. Mit 80 g Zucker und 2 EL Zitronensaft in einen Topf füllen und erhitzen. Hitze klein schalten, den Deckel drauf und die Äpfel 20–25 Minuten kochen, bis sie schön weich sind. Immer mal wieder umrühren und ein bisschen Wasser dazugießen, wenn das Ganze zu trocken aussieht. Dann mit dem Kochlöffel gut durchrühren, bis die Äpfel zu Mus zerfallen oder kurz mit dem Pürierstab durcharbeiten. Wer mag, kann noch ein bisschen Zimt dazugeben. Abkühlen lassen. Schmeckt echt klasse zu Kaiserschmarrn, Kartoffelpuffern oder Kartoffelschmarrn (Seite 167).

Bratäpfel
Aus Omas Kochbuch

Für 4 oder auch für 8 – je nach Appetit:
2 EL Rosinen
1/8 l Apfelwein oder Apfelsaft
8 kleine feste säuerliche Äpfel
2 EL Saft und 1–2 TL abgeriebene Schale einer unbehandelten Zitrone
2 EL Butter
50 g Mandelblättchen
1–2 EL Honig
1/4 TL Zimtpulver

1 Die Rosinen im Apfelwein oder -saft einweichen. Backofen auf 180 Grad (Umluft 160 Grad) vorheizen.

2 Die Äpfel waschen und die Kerngehäuse ausstechen oder mit einem Messer herausschneiden. Schnittflächen mit Zitronensaft beträufeln. Eine hitzebeständige Form mit 1 TL Butter ausstreichen. Die Rosinen abtropfen lassen, den Wein oder Saft in die Form gießen. Mandeln grob hacken, mit übriger Butter, Rosinen und Honig verrühren, mit Zimt und Zitronenschale würzen.

3 Die Äpfel in die Form setzen, mit der Mischung füllen. Knapp 20 Minuten im Ofen (Mitte) braten. Warm oder lauwarm essen.

So viel Zeit muss sein: 25 Minuten
(+ 20 Minuten Backzeit)
Das schmeckt dazu: Vanilleeis oder -sauce
Kalorien pro Portion (bei 8): 120

Versunkener Apfelkuchen
Mit Knusper-Trick!

Für 12 Stück Kuchen:
1 unbehandelte Zitrone
750 g säuerliche Äpfel
100 g Marzipanrohmasse
200 g weiche Butter + ein bisschen mehr
100 g Zucker
1 Päckchen Vanillezucker, 4 Eier
3 EL Calvados oder Grappa oder Milch
200 g Mehl + ein bisschen mehr
1 TL Backpulver
2 EL Mandelblättchen
2 EL Puderzucker + ein bisschen mehr

1 Die Zitrone unter dem heißen Wasserstrahl waschen, die Schale fein abreiben. Zitrone durchschneiden und aus einer Hälfte den Saft pressen. Die Äpfel achteln, schälen und entkernen, die Achtel mit dem Zitronensaft mischen. Das Marzipan in kleine Würfel schneiden.

2 Den Backofen auf 180 Grad vorheizen. Eine Springform (26 oder 28 cm Ø) mit ein bisschen Butter fetten und ein bisschen Mehl ausstreuen.

3 Die übrige Butter in einer Rührschüssel mit den Quirlen des Handrührgeräts cremig rühren, sie wird dabei viel heller. Zucker, Vanillezucker und Zitronenschale unterschlagen, dann nach und nach die Eier. Und zwar immer gerade so lang, bis keine Spuren mehr davon zu sehen sind.

4 Calvados, Grappa oder die Milch unterrühren. Übriges Mehl mit dem Backpulver mischen, wenn's bröckelig ist, besser durchsieben. Mit den Marzipanwürfeln unter die Buttercreme rühren.

5 Den Teig in die Form füllen und mit dem Löffelrücken glatt streichen. Wenn der Teig zu sehr klebt, den Löffel unters fließende kalte Wasser halten. Die Äpfel nur auf den Teig legen (sie sinken beim Backen ein).

6 Kuchen im Ofen (Mitte, Umluft 160 Grad) ungefähr 45 Minuten backen, dann herausnehmen. Und jetzt kommt der Knusper-Trick: Backofengrill einschalten und heiß werden lassen. Mandelblättchen und 2 EL Puderzucker mischen, auf den Kuchen streuen und noch mal kurz unter die heißen Grillschlangen stellen. Aber wirklich nur für 1–2 Minuten und nur, bis der Zucker schmilzt und leicht braun wird. Immer im Auge behalten, weil er schnell zu dunkel werden kann. Und wer keinen Grill hat, schaltet den Ofen nach den 45 Minuten auf höchste Stufe und lässt den Kuchen ein bisschen länger drin. Ganz so knusprig wird er nicht, aber auch gut.

7 Den Kuchen in der Form 10 Minuten stehen lassen, dann rauslösen und auf dem Kuchengitter erkalten lassen. Kurz vor dem Anschneiden ein bisschen Puderzucker darauf sieben.

So viel Zeit muss sein: 35 Minuten
(+ 45 Minuten Backzeit)
Kalorien pro Stück: 345

Liebe Basics…

Gib vier Leuten das gleiche Backrezept und du kannst sicher sein, dass jeder Kuchen ein bisschen anders schmeckt. Und so bekommen wir zu unseren Backrezepten die allermeisten Anfragen. Backen ist eben einfach einen Tick schwieriger als kochen. Ist der Teig erst mal in der Form, hat man keinen Einfluss mehr aufs Ergebnis. Keinen? Nicht ganz. Dass jeder Backofen anders heizt – der eine mehr vorne, der andere eher hinten und mancher bringt erst gar nicht die Hitze, die er anzeigt –, kann man bedenken und sich nicht sklavisch an die Backzeiten halten. Lieber per Stäbchenprobe immer wieder testen, ob der Kuchen nicht doch schon fertig ist, und ihn rechtzeitig aus dem Rohr holen. Oder zum gleichmäßigen Bräunen, die Form während des Backens ein- oder zweimal drehen. Aber nicht nur nach dem Kuchenzubereiten, sondern bereits vorher kann jeder aufs Backresultat positiv einwirken – z. B. statt billigem lieber etwas teureres Mehl nehmen. Wir wollen ja nun wirklich keine Namen nennen, aber wir haben schon mal bei einem Discounter Mehl gekauft – und der Kuchen ist echt nichts geworden.

Apple Crumble
Knusperspaß für kleine und große Kinder

Für 4 zum Sattessen oder für
6–8 als Dessert:
100 g kalte Butter + ein bisschen mehr
175 g Mehl, 100 g weißer Zucker
1 TL Zimtpulver, 100 g Rosinen
600 g säuerliche Äpfel
5 EL brauner Zucker
2 TL Zitronensaft

1 Für die Streusel 100 g Butter fein würfeln und Mehl, weißen Zucker und 1/2 TL Zimt dazugeben. Alles zwischen den Fingern zerreiben und zu nicht zu kleinen Streuseln formen, kühl stellen.

2 Den Backofen auf 200 Grad vorheizen. Die Rosinen heiß waschen und trockentupfen. Die Äpfel vierteln, schälen und entkernen. Viertel in dünne Scheiben schneiden und mit braunem Zucker, Zitronensaft, Rosinen und übrigem Zimt mischen.

3 Eine Gratinform mit ein bisschen Butter ausstreichen und die Apfelmischung reingeben. Streusel darauf verteilen und etwas hineindrücken. Apple Crumble im Ofen (Mitte, Umluft 180 Grad) 25–30 Minuten backen. Warm essen.

So viel Zeit muss sein: 25 Minuten
(+ bis 30 Minuten Backzeit)
Das schmeckt dazu: Vanilleeis
Kalorien pro Portion (bei 8): 325

Noch mehr Rezepte mit Äpfeln (Seite)

Arme-Ritter-Auflauf (80)
Feines Sauerkraut (189)
Gänsebraten mit Äpfeln (101)
Hähnchen-Lauch-Salat mit Curry (209)
Heringssalat (118)
Rosa Matjessalat (118)
Rotkohl, Rotkraut, Blaukraut (188)
Scharfe Paprikakonfitüre (253)
Süßer Reisauflauf (267)

Artischocken

engl.: artichokes; franz.: artichauts;
ital.: carciofi; span.: alcachofas

Ein Artischockenessen ist etwas sinnlos und ziemlich sinnlich. Sinnlos, weil es hungrig statt satt macht und weil dabei verschwendet wird. Womit es das ideale Essen für Verliebte ist, bei denen unstillbarer Hunger und verschwenderische Gefühle normal sind. Dass Artischocken auch noch mit Fingern gegessen werden und dabei was von der feinen großen Welt haben – sinnlicher geht's kaum.

Gemeint ist hier erstmal das klassische Artischockenessen, bei dem die Blätter der gekochten Distelknospe gezupft, in Sauce getaucht und »abgelutscht« werden. Bei uns fühlt man sich dabei gerne französisch und nimmt die dicken, gedrungenen, bis zu 500 g schweren Artischocken aus der Bretagne dazu – weil einfach mehr dran ist. Typischer ist diese Art zu essen für den Mittelmeerraum, wo pro Person ein paar der im Süden eher üblichen kleineren, länglichen, um die 150 g schweren Sorten in den Topf kommen. Sind diese jung und klein genug (und wiegen dann um die 50 g), können sie im Ganzen gebraten, geschmort oder frittiert werden. Hier gibt es aber keinen Sud, aus dem sich sonst eine feine Suppe kochen ließe.

Gemeinsam ist allen Artischocken der Boden, der besonders intensiv nach dieser typischen Mischung aus Sellerie, Nuss und Avocado schmeckt (und nach dessen Genuss alles ein wenig süßer wirkt – kurios beim Wein). Bei den großen Sorten wächst »ungenießbares« Heu darauf, das nach dem Entfernen der letzten zarten Blättchen mit Löffel oder Messer gekappt wird. Diese Böden können gefüllt, für Ragouts klein gewürfelt oder frittiert werden. Bei kleinen Sorten werden sie mit den jungen Blättern und dem zarten Heu (wenn überhaupt was da ist) zusammen gegart – eingelegte Artischockenherzen sind das bekannteste Produkt daraus. Die äußerlich der Kartoffel etwas ähnelnde Topinambur schmeckt nach Artischocke und wird deswegen auch Erd- oder Jerusalem Artischocke genannt, hat aber botanisch nichts mit ihr zu tun.

Artischocken werden von Nordfrankreich bis Israel angebaut und kommen deswegen mehr oder weniger übers ganze Jahr zu uns in die Läden. Das beste Angebot gibt es im Mai / Juni (vor allem aus dem Süden) und um Oktober / November (Mitteleuropa).

Aufheben

Je frischer, desto besser – Artischocken welken relativ schnell und verlieren dabei rasch an Geschmack. Luftdicht in Folie oder Plastiktüte gepackt halten sie es jedoch ganz gut 1 Woche im Kühlschrank aus.

Gute Artischocken…

…werden vor der Blüte geerntet, wenn sie zart und nicht bitter sind
…sind prall, fest und geschlossen (vor allem große)
…haben noch etwas Stiel

Schlechte Artischocken…

…wirken strohig, haben sehr trockene Blattspitzen und trockene Anschnitte
…sind braun, grau, schwarz oder stark gefleckt

Artischocken mit Saucen
Mit den Fingern essen ist erwünscht

Für 4 zum Sattessen:
8 fleischige Artischocken (die dicken französischen), Salz
Für die Paprika-Mayo:
1 rote Paprikaschote
1 rote Chilischote
1 EL Olivenöl
100 g Mayonnaise
Salz, Pfeffer aus der Mühle
1 TL Zitronensaft
Für die Olivencreme:
200 g saure Sahne
1 EL Olivenpaste (aus dem Glas)
1 TL Tomatenmark
Salz, Pfeffer aus der Mühle
Für die Vinaigrette:
1 Bund gemischte Kräuter
1 kleine Zwiebel
4 EL Essig
2 TL mittelscharfer Senf
Salz, Pfeffer aus der Mühle
6 EL Olivenöl

1 Von den Artischocken die äußeren Blätter abzupfen, die Blattspitzen der verbliebenen Blätter abschneiden – am besten mit der Küchenschere. Die Stiele abbrechen. Reichlich Salzwasser zum Kochen bringen, 4 Artischocken hineinlegen, den Deckel halb drauf und das Gemüse 20–30 Minuten kochen. Wenn sich eins der äußeren Blätter leicht rausziehen lässt, sind sie fertig. Die nächsten 4 genauso garen.

2 Für die Paprika-Mayo: Paprika und Chili waschen, putzen, würfeln und bei mittlerer Hitze im Öl anbraten. Zugedeckt 10 Minuten dünsten, mit dem Stabmixer pürieren, abkühlen lassen. Mit der Mayonnaise mischen, mit Salz, Pfeffer und Zitronensaft würzen.

3 Für die Olivencreme: Saure Sahne mit Olivenpaste und Tomatenmark mischen, salzen und pfeffern.

4 Für die Vinaigrette: Kräuter abbrausen, trockenschütteln und ganz fein hacken. Die Zwiebel schälen und auch ganz fein schneiden. Essig mit Senf, Salz, Pfeffer und 4 EL warmem Wasser verrühren. Das Öl unterschlagen, Kräuter und Zwiebel untermengen.

5 Die gegarten Artischocken umgedreht im Sieb abtropfen lassen. Und die fertigen mit den Fingern essen: Blatt für Blatt abzupfen, mit dem unteren fleischigen Teil in eine der Saucen tunken und auszuzeln. Zum Schluss kommt das »Heu« zum Vorschein, einfach abschneiden. Drunter liegt der (sehr feine) Artischockenboden, auch mit den Saucen essen.

So viel Zeit muss sein: gut 1 Stunde
Das schmeckt dazu: Weißbrot und Weißwein
Kalorien pro Portion: 500

Artischocken mit Vinaigrette und Parmesan
Feines aus dem Glas

Für 4 als Vorspeise oder Imbiss:
200 g feste Tomaten
1/2 Bund Basilikum
2 EL milder Weißweinessig
Salz, Pfeffer aus der Mühle
1 Prise Zucker
4 EL Olivenöl
12 eingelegte Artischockenherzen (vom Feinkost-Italiener oder aus dem Glas)
50 g Parmesan am Stück

1 Tomaten waschen und in sehr kleine Würfel schneiden, dabei den Stielansatz entfernen. Die Basilikumblättchen von den Zweigen zupfen und in Streifen schneiden.

2 Essig mit Salz, Pfeffer und Zucker verrühren, das Öl unterquirlen. Tomaten und Basilikum untermischen.

3 Artischockenherzen abtropfen lassen und auf Teller verteilen, Vinaigrette drüberlöffeln. Den Parmesan mit dem Gurkenhobel oder dem Sparschäler in feinen Spänen über die Artischocken hobeln. Fertig!

So viel Zeit muss sein: 15 Minuten
Das schmeckt dazu: knuspriges Weißbrot
Kalorien pro Portion: 185

Gebratene Artischocken
Geht nur mit kleinen!

Für 4 als Beilage:
6 kleine Artischocken (die italienischen, ungefähr 600 g)
1 EL Zitronensaft
1/2 Bund Petersilie
2 Knoblauchzehen
2 EL Olivenöl
Salz, Pfeffer aus der Mühle

1 Die Artischocken waschen und putzen (siehe Kasten), den Stiel nach unten spitz zulaufend schälen. Artischocken der Länge nach achteln, mit Zitronensaft mischen. Die Petersilie abbrausen und trockenschütteln. Knoblauch schälen und mit den Petersilienblättchen ganz fein schneiden.

2 Öl in einer großen Pfanne warm werden lassen. Artischocken rein, Hitze auf mittlere Stufe schalten und das Gemüse ungefähr 5 Minuten unter Rühren braten.

3 Petersilie und Knoblauch dazurühren, Artischocken mit Salz und Pfeffer würzen und noch mal ungefähr 2 Minuten braten, bis sie bissfest sind. Gleich auf Teller geben und mit Messer und Gabel essen.

So viel Zeit muss sein: 30 Minuten
Das schmeckt dazu: Nudeln, toskanischer Schweinebraten oder Lamm
Kalorien pro Portion: 80

Vorbereiten
• Ob große oder kleine Artischocken, die äußeren Blätter kommen weg – einfach abzupfen. Bei den kleinen, die man im Ganzen isst, so viele abreißen, bis sich ein Blatt an der hellen Seite leicht beißen lässt.
• Die Blattspitzen der verbliebenen Blätter mit der Schere kürzen, den Stiel abschneiden oder abbrechen.
• Beim Füllen von größeren Artischocken muss jetzt auch noch das »Heu« vor dem Garen weg: Blätter auseinander biegen, die kleinen Blätter in der Mitte rauszupfen und das darunter liegende »Heu« wegschneiden.
• Wird nur der Boden der größeren Sorten benötigt, geputzte Artischocken garen, Blätter und »Heu« entfernen.

Pizza mit Paprika und Artischocken
Die Vegetarische

Für 4 Gemüsefans:
Für den Teig:
300 g Mehl
Salz
4 EL Olivenöl + Öl fürs Blech
1/2 Würfel frische Hefe (21 g)
Für den Belag:
1 große Dose Tomaten (800 g Inhalt)
2 Knoblauchzehen
Salz, Pfeffer aus der Mühle
2 gelbe Paprikaschoten
250 g eingelegte Artischockenherzen (vom Feinkost-Italiener oder aus dem Glas)
250 g Mozzarella
1 TL getrockneter Oregano oder Thymian
2 EL Olivenöl

1 Mehl in einer Schüssel mit etwas Salz und dem Olivenöl gründlich verrühren. Die Hefe zerkrümeln, in knapp 150 ml lauwarmem Wasser glatt rühren.

2 Alles kurz durchmischen, dann auf der Arbeitsfläche kräftig durchkneten. So lang, bis der Teig schön geschmeidig und glatt ist. Teig in die Schüssel legen, mit einem Tuch abdecken und an einem warmen Ort 30–45 Minuten ruhen lassen, bis sich das Volumen verdoppelt hat. Dann das Blech leicht ölen, den Teig kurz durchkneten und direkt auf dem Blech ausrollen.

3 Die Tomaten abtropfen lassen, leicht ausdrücken. Den Saft brauchen wir für die Pizza nicht, also trinken oder weggießen. Tomaten sehr fein hacken oder einmal mit dem Stabmixer durcharbeiten. Knoblauch schälen und durch die Presse dazudrücken. Salzen, pfeffern und die Tomaten auf dem Teig verstreichen.

4 Den Backofen auf 220 Grad vorheizen (auch schon jetzt: Umluft 200 Grad). Die Paprikaschoten waschen, den Deckel abschneiden und den Stielansatz rausbrechen. Aus dem Inneren der Schoten auch die Trennwände mit den Kernen rauszupfen. Paprika vierteln und in Streifen schneiden. Artischockenherzen abtropfen lassen und ebenfalls vierteln, den Mozzarella würfeln.

5 Das Gemüse auf der Tomatensauce verteilen, mit Salz, Pfeffer und Oregano oder Thymian bestreuen. Mozzarella drübergeben, Olivenöl drautträufeln. Die Pizza im Ofen (Mitte) ungefähr 25 Minuten backen, bis der Käse zerlaufen ist. Zu braun soll er nicht werden. Rausholen, die Pizza in Stücke schneiden und bald essen.

So viel Zeit muss sein: 45 Minuten
(+ 45 Minuten Ruhezeit und
25 Minuten Backzeit)
Das schmeckt dazu: grüner Salat oder Rucolasalat und ein frischer Weißer oder ein leichter Roter
Kalorien pro Portion: 635

Gefüllte Artischocken
Warm, lauwarm oder kalt essen

Für 4 als Vorspeise:
4 große dicke Artischocken
Salz, 1 EL Zitronensaft
2 Scheiben italienisches Weißbrot (etwa 60 g)
2–3 Knoblauchzehen
1 kleines Bund Basilikum
8 getrocknete, in Öl eingelegte Tomaten
2 TL Kapern
50 g frisch geriebener Parmesan
3 EL Olivenöl
Pfeffer aus der Mühle
1/8 l trockener Weißwein

1 Die Artischocken waschen und putzen (siehe Kasten). In einem großen Topf reichlich Wasser mit Salz und Zitronensaft erhitzen. Artischocken darin etwa 30 Minuten sprudelnd kochen lassen, in einem Sieb kalt abschrecken und abtropfen lassen. Das »Heu« in der Mitte entfernen (siehe auch Kasten).

2 Den Backofen auf 220 Grad vorheizen (auch schon jetzt: Umluft 200 Grad). Die Rinde vom Weißbrot abschneiden, das Innere zerkrümeln. Den Knoblauch schälen und durch die Presse drücken. Die Basilikumblättchen abzupfen und fein hacken. Die Tomaten und die Kapern fein schneiden. Die vorbereiteten Zutaten mit Parmesan und Öl mischen, salzen und pfeffern.

Noch mehr Rezepte mit Artischocken (Seite)

Nudelauflauf (235)
Ravioli (233)

3 Die Brotmasse in die Artischocken füllen (da hinein, wo das Heu war). Artischocken nebeneinander in eine hitzebeständige Form setzen, den Wein drumrum gießen. Die Artischocken im Ofen (Mitte) etwa 20 Minuten backen. Und so isst man sie: Die Blätter abzupfen und das fleischige Ende mit den Zähnen abstreifen, bis der Artischockenboden auf dem Teller liegt. Und den mit der Füllung mit Messer und Gabel essen.

So viel Zeit muss sein: 30 Minuten
(+ 50 Minuten Gar- und Backzeit)
Das passt dazu: ein leichter Weißwein und ofenfrisches Brot
Kalorien pro Portion: 240

Auberginen

engl.: eggplants; franz.: aubergines;
ital. & österr.: melanzane; span.: berenjenas

Wer heute alles Karriere macht! Etwa dieses dunkle Unikum, das zwischen Tomate und Paprika im Laden liegt. Sein Fleisch ist roh wie Pappe, gegart eher neutral, sensibel ist das Früchtchen dazu. Und doch hat sich die Aubergine in den Küchen der Welt einen Stammplatz gesichert. Zu Recht!

Denn die Aubergine ist die Nudel unter den Gemüsen. Solo unaufdringlich, gibt sie in Verbindung mit starken Aromen und Gartechniken vielen Gerichten Substanz – französischem Ratatouille, griechischer Moussaka oder orientalischen Dips etwa. Und Olivenöl, Zitronensaft, Knoblauch, mediterrane Kräuter, Curry (sowie dessen einzelne Gewürze) verleihen der Aubergine Charakter, der durch Schmoren, Braten, Grillen oder Frittieren noch verstärkt wird.

Einst hatte die Aubergine etwas Bitteres an sich, das ihr aber von Züchtern fast ausgetrieben wurde. Trotzdem hält sich der Brauch, sie vor dem Garen einzusalzen, damit mit dem Saft Bitterstoffe davonfließen. Da dabei auch »gute« Aromastoffe mitziehen, ist das eher was für Sonderfälle: Beim Braten kommen auf diese Weise behandelte und ausgedrückte Auberginen nicht ins Kochen, beim Frittieren nehmen sie weniger Fett auf.

Gute Auberginen…

…haben eine gleichmäßige Schale mit mattem Glanz und frischem Grün
…geben auf Druck ein wenig nach und sind innen weiß mit zarten hellen Samen

Schlechte Auberginen…

…haben dunkle, braune Flecken oder Verfärbungen
…haben braune, feste Samen und löchriges verfärbtes Fleisch (zu alt) oder sind noch fest (unreif; solche unbedingt in der Küche nachreifen lassen)

Die bekannteste Aubergine ist die länglich-ovale violettschwarze – gut zum Braten, Dünsten, Füllen und Backen für Püree. In Asia- und Orient-Läden kann man auf kleine schmale, eiförmige oder faustgroße runde Auberginen in Weiß, Grün, Gelb, Orange, hellem Violett sowie mit Streifen stoßen, die intensiver schmecken.

Auberginen brauchen reichlich Sonne und Wärme, um wirklich gut zu werden. Freiland-Auberginen kommen ab dem Frühsommer aus der Türkei und Marokko, im Laufe des Sommers vor allem aus Italien und Spanien, ab August auch aus Teilen Mitteleuropas zu uns. Unter Folie wird die Saison bis in den späten Herbst verlängert und im zeitigen Frühjahr gestartet, die restlichen Monate sorgt Treibhausware für teuren Nachschub.

Aufheben

Am liebsten mag sie es keller- bis flurkühl bei 10 Grad. Dann hält sie in Folie 1 gute Woche lang. Aber nur dann, wenn keine Tomaten oder Äpfel daneben liegen, die mit ihren Reifegasen die empfindlichen Früchte schnell verderben lassen. Im Kühlschrank werden sie nach einigen Tagen fleckig.

Ratatouille
Sommer, Sonne, Ratatouille...

Für 4 zum Sattessen:
1 kg vollreife Tomaten
2 Auberginen (500 g)
500 g kleine Zucchini
je 1 rote, grüne und gelbe Paprikaschote
2 frische oder eingelegte Chilischoten
250 g Zwiebeln, 3–4 Knoblauchzehen
100 ml Olivenöl
Salz, Pfeffer aus der Mühle
1 Zweig Rosmarin

1 Aus den Tomaten den Stielansatz rausschneiden. Tomaten kurz in kochendes Wasser legen, abschrecken und häuten. Tomaten halbieren, die Kerne entfernen und das Fruchtfleisch grob hacken.

2 Auberginen waschen, putzen, in 1 cm dicke Scheiben, dann in Würfel schneiden. Zucchini waschen, putzen und in 1/2 cm breite Scheiben schneiden. Die Paprikaschoten waschen, putzen und in 1–2 cm große Stücke schneiden.

3 Die Chilischoten längs aufschlitzen, Stiele und Kerne entfernen, Schoten klein schneiden. Die Zwiebeln schälen, halbieren, in Scheibchen schneiden. Den Knoblauch schälen und hacken.

4 Im großen Topf 3–4 EL Öl heiß werden lassen. Zwiebeln und Knoblauch bei mittlerer Hitze glasig dünsten. Dann nacheinander Paprika, Auberginen, Zucchini und Chilischoten dazugeben. Dazwischen immer wieder Öl nachgießen.

5 Alles kräftig salzen und pfeffern, zum Schluss die gehackten Tomaten rein. Rosmarinzweig abbrausen, trockenschütteln und dazugeben. Deckel drauf, Gemüse 45 Minuten schmoren lassen. Vorm Essen noch mal mit Salz und Pfeffer abschmecken.

So viel Zeit muss sein: 1 1/2 Stunden
Das schmeckt dazu: knuspriges Baguette
Kalorien pro Portion: 250

Gegrillte Auberginen
Ganz einfach zu machen

Für 4–6 als Vorspeise:
10–12 EL Olivenöl
2 Auberginen (etwa 500 g)
Salz, Pfeffer aus der Mühle
2 Stangen Staudensellerie
1/2 unbehandelte Zitrone
1/2 Bund Petersilie
4 in Öl eingelegte Sardellenfilets
2 TL kleine Kapern
50 ml trockener Weißwein

1 Den Backofengrill vorheizen. Backblech mit 2 EL Öl auspinseln. Restliches Öl in ein Schälchen gießen. Auberginen waschen und putzen. (Ganz fein werden sie, wenn man sie auch noch schält.) Auberginen in ungefähr 1/2 cm dicke Scheiben schneiden, ob längs oder quer ist egal. Mit Salz und Pfeffer bestreuen und die Hälfte nebeneinander aufs Backblech legen, mit etwas Öl einpinseln. Im Ofen (Mitte) etwa 10 Minuten grillen, zwischendurch umdrehen. Dann die zweite Portion auch genauso grillen.

2 In der Zeit den Sellerie waschen, Enden und welke Teile abschneiden. Rest ganz klein würfeln. Zitrone heiß waschen und die Schale mit dem Sparschäler dünn abschälen – vom Weißen soll nichts dran sein, sonst wird das Gemüse bitter. Schale fein hacken, Saft auspressen. Die Petersilie abbrausen, trockenschütteln und auch fein hacken. Die Sardellen mit der Gabel zerdrücken, mit Zitronensaft und dem restlichen Öl verrühren. Sellerie, Zitronenschale, Petersilie und Kapern untermischen.

3 Auberginen aus dem Backofen holen und in eine flache Schale legen. Bratansatz auf dem Blech mit dem Wein ablösen und unter die Sardellensauce mischen. Über die Auberginen gießen, mindestens 4 Stunden marinieren lassen.

So viel Zeit muss sein: 35 Minuten
(+ 4 Stunden Marinierzeit)
Das schmeckt dazu: Brot und sonst nix
Kalorien pro Portion (bei 6): 205

Auberginen-Moussaka
Griechischer Urlaubsgruß

Für 4 mit eher großem Hunger:
600 g Auberginen
Salz
300 g Kartoffeln (mehlig kochende Sorte)
2 große Zwiebeln
600 g Tomaten
10 EL Olivenöl
500 g Rinder- oder Lammhackfleisch
Pfeffer aus der Mühle
1 kräftige Prise Zimtpulver
2 EL Butter
2 EL Mehl
3/4 l heiße Milch
2 Eier
200 g Schafkäse (Feta)

1 Die Auberginen waschen, putzen und längs in dünne Scheiben schneiden. Salzen und 10 Minuten ziehen lassen. Inzwischen Kartoffeln schälen, waschen und ebenfalls in dünne Scheiben schneiden oder sogar hobeln. Zwiebeln schälen und fein würfeln. Die Tomaten waschen und in ganz kleine Würfel schneiden, dabei den Stielansatz entfernen. (Wer will, kann sie auch häuten, nötig ist das aber nicht.)

2 In einer Pfanne 1 EL Olivenöl erhitzen, die Zwiebeln bei mittlerer Hitze kurz darin braten. Hackfleisch dazurühren und braten, bis es nicht mehr rot und schön krümelig ist. Tomaten dazugeben, mit Salz, Pfeffer und Zimt abschmecken. Die Hitze kleiner schalten und die Hacksauce offen etwa 15 Minuten köcheln lassen.

3 Inzwischen in einer zweiten Pfanne nach und nach das restliche Öl erhitzen und die trockengetupften Auberginenscheiben bei mittlerer Hitze von beiden Seiten anbraten und wieder herausnehmen. Dann auch die Kartoffelscheiben braten.

4 Für eine Bechamelsauce die Butter in einem Topf bei schwacher Hitze schmelzen lassen. Das Mehl mit dem Schneebesen einrühren. Nach und nach die Milch dazugießen und immer gut weiterrühren. Die Sauce salzen, pfeffern und etwa 10 Minuten köcheln lassen. Topf vom Herd ziehen und die Sauce kurz abkühlen lassen, dann die Eier kräftig unterrühren.

5 Den Käse fein zerkrümeln. Den Backofen auf 180 Grad vorheizen. Eine große hitzebeständige Form lagenweise mit Auberginen, Kartoffeln und Hackfleisch füllen. Dabei jede Lage mit etwas Käse bestreuen und mit etwas Sauce begießen. Restliche Sauce obendrauf verteilen.

6 Die Moussaka im Ofen (Mitte, Umluft 160 Grad) etwa 1 Stunde backen, bis sie schön gebräunt ist. Kurz stehen lassen, dann auf den Tisch stellen.

So viel Zeit muss sein: 1 Stunde
(+ 1 Stunde Backzeit)
Das schmeckt dazu: Rotwein und Sesam-Fladenbrot
Kalorien pro Portion: 950

Auberginen-Kaviar
Fruchtig und frisch

Für 4 als Vorspeise oder Beilage:
2 Auberginen (etwa 500 g)
2–3 Zwiebeln
2 Knoblauchzehen
je 1 kleine rote und gelbe
Paprikaschote
2 Tomaten
4 EL Olivenöl
1 EL Zitronensaft
1 Prise Zucker
Salz, Pfeffer aus der Mühle
1 Hand voll Petersilienblättchen

1 Den Backofen auf 230 Grad vorheizen (auch schon jetzt: Umluft 210 Grad). Die Auberginen aufs Blech legen und in den Ofen (Mitte) schieben. Etwa 30 Minuten drin lassen, bis sie weich sind.

2 In der Zeit schon mal Zwiebeln und Knoblauch schälen, Zwiebeln fein hacken. Paprika waschen, putzen und in kleine Würfel schneiden. Aus den Tomaten den Stielansatz rausschneiden. Tomaten mit kochend heißem Wasser begießen und kurz stehen lassen. Abschrecken, häuten, entkernen und klein würfeln.

3 In einer großen Pfanne bei mittlerer Hitze 2 EL Öl warm werden lassen. Die Zwiebeln darin kurz anbraten, die Paprika dazugeben und etwa 5 Minuten andünsten, Knoblauch dazupressen.

4 Die Auberginen der Länge nach durchschneiden. Das weiche Fleisch mit dem Löffel von den Schalen ablösen und mit der Gabel zerdrücken. Mit den Tomaten und dem übrigen Öl zu den Paprika geben.

5 Die Hitze klein stellen, Deckel drauf und den Gemüsebrei ungefähr 1 Stunde garen. Immer mal wieder durchrühren. Wenn der Brei zum Schluss noch feucht ist, kurz offen weitergaren. Den Auberginenkaviar mit Zitronensaft, Zucker, Salz und Pfeffer abschmecken. In eine Schüssel füllen, abdecken und mindestens 1 Tag kühl stellen. Mit Petersilienblättchen bestreuen.

So viel Zeit muss sein: 40 Minuten
(+ 1 Stunde Garzeit und 1 Tag Kühlzeit)
Das schmeckt dazu: ofenfrisches Fladenbrot, Hühnerfleisch, Lamm
Kalorien pro Portion: 125

Vorbereiten
Da gibt es bei diesem Gemüse fast nichts zu tun. Waschen und beide Enden abschneiden reicht. Soll es ein besonders feines Gericht werden, zudem die Schale abschneiden. Das geht am besten mit dem Sparschäler.

Einsalzen
Früher wurden Auberginen eingesalzen, um enthaltene Bitterstoffe zu entziehen. Heute dient es lediglich zur Reduzierung des Wassergehalts. Sie saugen dann beim Braten etwas weniger Fett auf. Wirklich nötig ist es aber nicht mehr, die Bitterstoffe wurden mittlerweile weggezüchtet.

Noch mehr Rezepte mit Auberginen (Seite)

Couscous mit Fleisch und
  Gemüse (84)
Gebratener Reis (263)
Gemüse und Tofu in Kokos-
  milch (309)
Lamm mit roten Linsen (206)

Avocado

engl.: avocado; franz.: avocat; ital.: avocado; span.: aguacate

Seit gut 20 Jahren bereichert die Avocado unsere Küche mit ihren feinen Ölen, die ihr tolles Aroma tragen: grasig, nussig, buttrig, an grünen Spargel und Pilze erinnernd.

Und wie es sich für erfolgreiche Exoten aus Mittelamerika gehört, hat sie sich mit der richtigen Mischung aus Überraschendem und Praktischem bei uns beliebt gemacht. An der Avocado verblüfft, dass sie eine Frucht ist, mit ihrem Aroma aber eher zum Gemüse taugt. Das Patente dabei ist, dass sie wie fast jedes Obst gleich nach dem Schälen ein Genuss ist. Etwas zerdrückt, gewürzt, fertig ist der Aufstrich. Dass Nüsse, Spargel, Pilze gut mit der Avocado können, wissen wir nun: Zusammen ergeben sie einen köstlichen Salat, der durch kräftige Blätter gewinnt – von Chicorée bis Rucola oder Dill bis Koriander. Letzterer ist bei Guacamole dabei, dem mexikanischen Avocado-Dip mit Zwiebeln, Tomaten, Chili und Limette. Klassisch ist die Kombination von Avocado und Garnelen in Cocktails. Auch gut dazu: helles Fleisch, Geräuchertes, Käse. In warme Gerichte gerät Avocado allenfalls zum Schluss, wenn nichts mehr kocht. Zu viel Hitze macht sie fad und bitter.

Avocados können dick- oder dünnschalig, rauh oder glatt, flaschengrün bis schwarzbraun sein. Wichtig für Europa sind zwei Sorten: die mexikanische mit selten mehr als 300 g schweren Früchten, die eine dünne grüne Schale hat und deren cremiges Fleisch bis zu 30 % Fett enthält. Dazu gehört die Gourmet-Sorte Hass, deren Schale dunkel wird, wenn sie reif ist. Avocados vom Guatemala-Typ sind runder, dunkelgrün mit dicker Schale wie die ab 300 g gehandelte Reed oder die schwerere Nabal. Am populärsten sind Kreuzungen wie Fuerte (grün mit dünner, rauher, leicht zu lösender Schale) oder Ettinger (hellgrüne, glatte, dünne Schale). Die Saison startet im August mit Früchten aus Mexiko, ab September/Oktober liefern Israel und Spanien bis in den Mai. Südafrika und Kenia füllen schon ab März das Sommerloch, doch die Herbstfrüchte sind die besseren.

Aufheben

Avocados reifen erst aus, wenn sie nicht mehr am Baum hängen. Gute Händler geben ihnen Zeit dazu, bevor sie ins Regal kommen, die meisten tun es nicht. Zum Nachreifen die Avocados bei Zimmertemperatur mehrere Tage liegen lassen, beschleunigt wird das in einer Papiertüte zusammen mit Äpfeln oder Bananen. Reife Avocados halten im Gemüsefach des Kühlschranks für einige Tage. 1 Stunde vor dem Servieren herausnehmen.

Gute Avocados…

…sind gleichmäßig gefärbt
…haben reif ein weiches, gelbgrünes Fleisch, das von außen auf Druck nachgibt bzw. sind unreif durchgehend fest

Schlechte Avocados…

…haben außen dunkle Flecken oder Verfärbungen
…sind innen sehr hell und fest (unreif) oder braun und glitschig (überreif)

Rucolasalat mit Avocado und Feta
Schmeckt nach Urlaub

Für 4 als Vorspeise:
1 großes Bund Rucola
12 Kirschtomaten
1 EL Zitronensaft
3 EL gutes Olivenöl
1 EL Weißweinessig
1 Knoblauchzehe
Salz, Pfeffer aus der Mühle
200 g Schafkäse (Feta)
1 vollreife Avocado

1 Welke Blätter vom Rucola aussortieren und lange Stiele abschneiden. Die übrigen Blätter waschen und trockenschleudern. Die Tomaten waschen und vierteln und mit dem Rucola auf Tellern verteilen.

2 Zitronensaft mit Öl und Essig verrühren. Den Knoblauch schälen und durch die Presse dazudrücken, mit Salz und Pfeffer würzen. Die Hälfte der Sauce über Rucola und Tomaten träufeln.

3 Den Feta in kleine Würfel schneiden. Die Avocado längs halbieren, entsteinen, schälen und ebenfalls klein würfeln. Feta- und Avocadowürfel sofort mit dem Rest der Sauce vermengen und über den Salat geben.

So viel Zeit muss sein: 15 Minuten
Das schmeckt dazu: Oliven-Ciabatta
Kalorien pro Portion: 250

Vorbereiten
Die Avocado längs rundum einschneiden, bis das Messer auf den Stein stößt. Die Hälften gegeneinander drehen und trennen. Den Stein mit der Messerspitze anheben und herauslösen. Beide nun steinlose Hälften schälen – ebenfalls mit dem Messer oder mit dem Sparschäler.

Schön halten
- Nach dem Schälen verfärbt sich das Avocadofleisch nach einiger Zeit braun. Deshalb mit Zitronensaft beträufeln, das stoppt diesen Vorgang.
- Avocadocremes sehen länger frisch aus, wenn man den Kern hineinlegt, sie zudeckt und kühl stellt.

Nicht kochen
Avocados beim Erhitzen nie zu heiß werden lassen oder sogar kochen, sie schmecken sonst bitter.

Guacamole
Tex-Mex für Einsteiger

Für 4–6 dazu:
2 vollreife Avocados, 6–7 EL Zitronensaft
1 Zwiebel, 2 Knoblauchzehen
1–2 Chilischoten, 2 Tomaten
2 EL Olivenöl
1 gute Prise gemahlener Koriander
Salz, Pfeffer aus der Mühle
1 Bund Koriander

1 Avocados längs halbieren, entsteinen und schälen. Wenn das Avocadofleisch weich genug ist, mit der Gabel zerdrücken, ansonsten mit dem Stabmixer pürieren. Den Zitronensaft sofort untermischen. Zwiebel und Knoblauch schälen und sehr fein hacken. Die Chilis waschen und längs aufschlitzen, Kerne und Stiele entfernen, die Schoten fein hacken.

2 Aus den Tomaten den Stielansatz rausschneiden. Tomaten mit kochend heißem Wasser überbrühen, abschrecken, häuten, entkernen und fein würfeln. Mit Öl, Zwiebel, Knoblauch und Chilis unter das Avocadopüree mischen. Mit Korianderpulver, Salz und Pfeffer würzen. Das Koriandergrün abbrausen und trockenschütteln, die Blättchen fein hacken und untermischen.

So viel Zeit muss sein: 25 Minuten
Das schmeckt dazu: gedünsteter Fisch, gegrilltes Fleisch, kalter Braten, Bratkartoffeln, Brot und natürlich Tortilla-Chips
Kalorien pro Portion (bei 6): 100

Nudeln mit Avocadosauce
Fix fertig

Für 4 zum Sattessen:
8 getrocknete, in Öl eingelegte Tomaten
2 TL Kapern
1/2 Bund Basilikum
2 vollreife Avocados
2–3 EL Zitronensaft
Salz
Cayennepfeffer
400 g Spaghetti, Penne oder feine Bandnudeln

1 Die Tomaten mit den Kapern ganz fein hacken. Die Basilikumblättchen von den Stängeln zupfen und in Streifen schneiden. Die Avocados längs halbieren, entsteinen und schälen, das Fruchtfleisch mit einer Gabel zerquetschen. Mit dem Zitronensaft, Tomaten, Kapern und Basilikum vermengen und mit Salz und Cayennepfeffer würzig abschmecken.

2 Für die Nudeln mindestens 4 l Wasser zum Kochen bringen. Das Wasser salzen und die Nudeln darin ungefähr 8 Minuten kochen, bis sie bissfest sind. Aber nach 7 Minuten schon mal eine Nudel rausfischen und probieren.

3 Die Nudeln in ein Sieb abgießen, kurz abtropfen lassen und in einer vorgewärmten Schüssel gründlich mit dem Avocadopüree mischen. Sofort auf Teller – ebenfalls vorgewärmt – verteilen und servieren.

So viel Zeit muss sein: 20 Minuten
Das schmeckt dazu: Rucolasalat
Kalorien pro Portion: 555

TIPP:
Käse passt zu den Avocadonudeln übrigens überhaupt nicht! Also lieber ohne gehobelten oder geriebenen Parmesan essen.

Variante:

Avocadosuppe
Die zerquetschten Avocados mit dem Zitronensaft, 1/2 l Brühe (am besten Gemüsebrühe und eher mild als würzig) und 200 g süßer oder saurer Sahne mit dem Stabmixer pürieren. Mit Salz, Pfeffer und Cayennepfeffer abschmecken und zugedeckt ungefähr 2 Stunden in den Kühlschrank stellen. Mit Schnittlauch oder mit fein gehacktem Kerbel und – für ganz feine Stunden – ein paar Streifen Räucherlachs oder gepulten Nordseekrabben bestreuen.

Avocado-Fisch-Salat im Wrap
Rollsandwich

Für 4 zum Sattessen:
2 Dosen Tunfisch naturell (je 150 g)
1/2 Bund Koriander
1 rote Chilischote
1 Stück frischer Ingwer (etwa 2 cm)
2 TL helle Sesamsamen
2 vollreife Avocados
2 EL Limetten- oder Zitronensaft
5 EL Crème fraîche oder saure Sahne
Salz
8 schöne Salatblätter
8 Tortillas (fertig gekauft)

1 Tunfisch abtropfen lassen und mit zwei Gabeln zerpflücken. Koriander abbrausen und trockenschütteln. Die Blättchen von den Stängeln zupfen und ganz lassen oder nur grob hacken. Chilischote waschen, entstielen, entkernen und fein hacken. Ingwer schälen und fein hacken.

2 Den Backofen auf 200 Grad (auch schon jetzt: Umluft 180 Grad) vorheizen. Die Sesamsamen bei mittlerer Hitze in einer Pfanne ohne Fett leicht anrösten, bis sie fein duften. Die Avocados längs halbieren, entsteinen und schälen, das Fruchtfleisch würfeln. Mit dem Limetten- oder Zitronensaft mischen.

3 Avocados, Tunfisch, Koriander, Chili, Ingwer und Sesam mit Crème fraîche oder saurer Sahne mischen und mit Salz ab-

schmecken. Salatblätter waschen und trockenschütteln. Die dicken Rippen in der Mitte mit einem Messer flacher schneiden.

4 Tortillas auf ein Backblech legen und in etwa 4 Minuten im Ofen (Mitte) erwärmen. Auf Servietten legen und mit einem Salatblatt belegen. Je ein Achtel vom Avocado-Fisch-Salat darauf verteilen. Tortilla am unteren Rand 3 cm nach oben klappen, dann eine Seite nach innen schlagen und fest aufrollen. Mit der Serviette in die Hand nehmen und essen.

So viel Zeit muss sein: 35 Minuten
Kalorien pro Portion: 530

TIPP:
Wer ganz frischen Tunfisch bekommt, kann diesen statt des Dosentunfischs roh in winzig kleine Würfel schneiden und unter den Salat mischen. Und wer lieber vegetarisch isst, nimmt etwas Käse (z. B. milden Schafkäse oder Mozzarella), geräucherten Tofu oder auch gebratene Zucchiniwürfel anstelle von Tunfisch.

Avocado-Zitronen-Creme
Schneller geht's fast nicht

Für 4 als Dessert:
1 unbehandelte Zitrone
2 vollreife Avocados
3 EL Zucker
200 g Naturjoghurt
200 g saure Sahne

1 Die Zitrone heiß waschen und die Schale mit dem Sparschäler ganz dünn abschälen, dann mit dem Messer in sehr feine Streifen schneiden. Zitrone auspressen.

2 Avocados längs halbieren, entsteinen und schälen. Das Fruchtfleisch mit allen anderen Zutaten (außer der Zitronenschale) in den Mixer füllen. Pürieren. Die Creme in Gläser füllen, Zitronenschale draufstreuen.

So viel Zeit muss sein: 15 Minuten
Kalorien pro Portion: 380

TIPP:
Statt der Zitrone schmeckt Limette fast noch feiner. Kräftiger im Aroma wird die Creme mit rosa Grapefruitsaft.

Noch mehr Rezepte mit Avocados (Seite)

Rucola mit Avocado und Garnelen (61)

Beeren

engl.: berries; franz.: baies; ital.: bacche; span.: bayas

So schmeckt der Sommer: vormittags Stachelbeeren in Tante Ilses Schrebergarten ernten, auf dem Weg nach Hause Brombeeren am Bahndamm naschen, mittags bei Himbeereis vor der Eisdiele sitzen, später Blueberry Muffins bei der Tante, dann Grillfest mit Erdbeerbowle und Cassis. Echt beerig!

Ist das wichtig, dass für den Botaniker nicht alles Beere ist, was so genannt wird? Sondern nur jenes mit Haut rund ums Fruchtfleisch wie die Heidel-, Johannis- oder Stachelbeere? Uns Köchen und Bäckern ist so was genauso egal wie es uns die über 1.000 Erdbeersorten sind, unter denen Gärtner wählen können. Dieses Buch ist für die Küche gedacht, und da heißen auch »Him« und »Brom« mit Nachnamen »Beere«.

Wie Bonbons in verschiedenen Rottönen liegen sie im Hochsommer im Laden, und wie Bonbons können sie zum Naschen direkt in den Mund gesteckt werden. Sind sie dann auch noch reif, schmecken sie voll, süß und je nach Art erfrischend spritzig, angenehm sauer oder duftig herb und manchmal so betörend, dass sie fast besoffen machen. Kein Wunder, dass Weinkenner gerne in Beeren-Aromen fabulieren und dass Beerenbrände, -bowlen, -essige so was Feines sind. Außerdem stecken vor allem in den dunklen Sorten so viele gute Stoffe, dass die schon fast Medizin sind.

Kommen wir zum wahren Genuss. Der ist bei Beeren pur plus pur am höchsten, wie etwa bei Erdbeeren mit Schlagsahne, Himbeeren mit Vanilleeis. Schritt 2 ist die Kombination von süßen und sauren Beeren in Salaten, gefolgt von Desserts (oft mit Milchprodukten), Gebackenem sowie Eingemachtem wie Konfitüre, Sirup. Fans mögen sie auch in Saucen zu Wild oder im Salat.

Ende Juni–August ist in Mitteleuropa die beste Zeit für Freiland-Beeren. Beeren aus Südeuropa gibt's schon ab Frühjahr, aus Osteuropa trudelt Nachschub bis in den Herbst ein. Und ab November kommen sie aus Übersee. Wer's braucht – der Sommer kommt davon trotzdem nicht wieder.

Aufheben

Selbst geerntete Beeren halten am besten, wenn sie nach dem Morgentau und vor der Mittagshitze lose ins Körbchen kommen. Für sie wie für gekaufte Beeren gilt: die Schlechten aussortieren, den Rest lose auf Tellern mit Küchenpapier drunter und Folie drüber in den Kühlschrank stellen. So halten sie je nach Art 1 Tag–1 Woche. Zum Einfrieren Beeren einzeln auf Bleche setzen und erst gefroren in Tüten packen.

Gute Beeren…

…duften nach Sommer
…sind selbst geerntet oder frisch vom Markt/Bauern
…sind glänzend, gleichmäßig gefärbt mit frischem Grün
…kommen 30 Minuten vor dem Essen aus dem Kühlschrank

Schlechte Beeren…

…riechen vergoren
…sind matschig, zerdrückt
…haben graue, weiße oder grüne Stellen
…verstecken sich in dunklen Körbchen

Die Typen

Erdbeeren (1) gibt es fast nur gezüchtet, selten als wilde Walderdbeeren. Gut für Obstkuchen, Torten, Desserts, Pikantes. Erste kommen aus Spanien ab Januar, aus Italien ab März. Freiland-Hauptsaison Ende Juni–August. Erdbeeren aus Israel von November–Februar. Halten gekühlt 2–3 Tage.

So fein das Aroma von **Himbeeren** (2) ist, so sensibel sind sie: daher Waschen nur im Notfall, schlechte Beeren fix aussortieren. Fein: Himbeeren zu säuerlichen Früchten sowie als Sirup, Sauce, Essig, Obstbrand. Hauptsaison Juli–August, aus Übersee November–Mai. Halten gekühlt 1–2 Tage.

Johannisbeeren (3) teilen sich in die sauersüßen roten (helle sind selten) für Gelee, Torten, Rote Grütze, Cumberlandsauce und die herb-würzigen schwarzen für Pikantes, Cassis und als Hausmittel für Probleme mit Herz, Lunge, Kreislauf, Verdauung. Hauptsaison ab Juni (rote), Juli (schwarze) bis August, aus Osteuropa bis September. Gekühlt 2–4 Tage haltbar.

Saftig-würzige **Brombeeren** (4) wachsen wild oder kultiviert, am besten sind sie 1 Woche nach dem Verfärben. Für Kuchen, Mehlspeisen, Kompotte, Pikantes und Likör. Hauptsaison Juli–Oktober mit Schwerpunkt August. Zuchtbeeren aus Übersee November–April. Halten gekühlt 2–3 Tage.

Bei **Heidelbeeren** (5) gibt es dunkle, aromatische Waldbeeren und größere, robustere Kulturbeeren, bei denen Farbe, Nährstoffe, Geschmack in der mit hellem »Reif« überzogenen Schale sitzen (und erst nach dem Garen richtig wirken). Für Kuchen, Mehlspeisen, Saucen, Pikantes, Likör, als Hausmittel. Hauptsaison ist Juni–September, im Winter Kulturbeeren aus Übersee. Gekühlt 1–2 Tage haltbar, Kulturbeeren bis 1 Woche.

Stachelbeeren (6) schmecken am vollsten in Desserts und Gebäck (besonders mit Baiser), wenn sie golden bzw. rotgolden ausgereift sind; grasgrün geerntet eignen sie sich für Eingemachtes (sie gelieren gut) und pikante Gerichte. Hauptsaison ab Mai, ausgereift ab Juli. Halten gekühlt 3–4 Tage, grüne auch etwas länger.

Topfenknödel mit Kompott
Österreichische Liebeserklärung an den Quark

Für 4 zum Sattessen oder für 8 als Dessert:
Für das Kompott:
750 g Rhabarber
500 g Erdbeeren
1/8 l ungesüßter Apfelsaft
100 g brauner Zucker
1 kleine Stange Zimt
Für die Topfenknödel:
750 g Topfen (Magerquark geht auch)
2 EL Crème fraîche
2 Eier
1 Eigelb
Salz
3 EL weißer Zucker
1 EL Vanillezucker
50 g Mehl
abgeriebene Schale und 1 EL Saft von 1/2 unbehandelten Zitrone

Für die Bröselbutter:
100 g Butter
50 g weißer Zucker
75 g Semmelbrösel
1 TL Zimtpulver

1 Für das Kompott den Rhabarber waschen und putzen, aber die Stangen nicht abziehen. In 3 cm lange Stücke schneiden. Die Erdbeeren waschen, Stiele samt den Blättern rauszupfen. Größere Beeren halbieren oder vierteln.

2 In einem Topf Apfelsaft, braunen Zucker und die Zimtstange zum Kochen bringen. Den Rhabarber dazugeben und zugedeckt bei schwacher Hitze etwa 5 Minuten dünsten. Rhabarber in eine Schüssel umfüllen und mit den Erdbeeren vermischen. Das Kompott erkalten lassen, dann die Zimtstange herausfischen.

3 In der Zwischenzeit für die Knödel den Topfen portionsweise auf ein sauberes Küchentuch geben, darüber zusammendrehen und den Topfen gut ausdrücken.

4 Crème fraîche, Eier, Eigelb, 1 Prise Salz, Zucker und den Vanillezucker drunterrühren. Danach Mehl, Zitronenschale und Zitronensaft untermischen. Die Masse etwa 20 Minuten in den Kühlschrank stellen.

5 Reichlich Salzwasser in einem breiten Topf zum Kochen bringen. Einen Eisportionierer oder zwei Esslöffel in heißes Wasser tauchen und vom Topfenteig insgesamt 10–12 Knödel abstechen. Ins kochende Wasser geben und in 12–15 Minuten gar ziehen lassen – nicht mehr kochen!

6 Zwischendrin für die Bröselbutter in einer Pfanne die Butter aufschäumen und den Zucker darin schmelzen lassen. Brösel und Zimt untermischen, bei mittlerer Hitze unter Rühren 4–5 Minuten anrösten.

7 Die Knödel mit einer Schaumkelle auf Teller heben und mit den Butterbröseln krönen. Das Kompott dazuessen.

So viel Zeit muss sein: 1 Stunde
Kalorien pro Portion (bei 8): 395

Blueberry Muffins
Schwer im Kommen

Für 12 Stück:
12 Papierbackförmchen und 1 Muffinblech
oder 24 Papierbackförmchen
250 g Mehl
3 TL Backpulver
200 g Heidelbeeren (aus dem Glas oder
auch frische oder tiefgekühlte)
1 Ei (Größe L)
150 g Zucker
1 Päckchen Vanillezucker
8 EL Sonnenblumenöl
150 g Buttermilch (Milch, Naturjoghurt
oder saure Sahne gehen auch)

1 Die 12 Papierbackförmchen in die Vertiefungen des Muffinblechs setzen. Wer kein Muffinblech hat, setzt jeweils 2 der 24 Papierförmchen ineinander und stellt sie auf ein Backblech. Den Backofen auf 180 Grad vorheizen (auch schon jetzt: Umluft 160 Grad).

2 Das Mehl mit dem Backpulver mischen. Die Heidelbeeren in ein Sieb schütten und gut abtropfen lassen (Saft gleich trinken oder aufheben – den braucht man für unser Rezept nicht).

3 Das Ei in einer Rührschüssel verquirlen. Dann Zucker, Vanillezucker, Öl und Buttermilch untermischen, alles gut verrühren. Mehl nach und nach untermischen, dann die abgetropften Heidelbeeren dazugeben.

4 Den Teig in die Förmchen füllen und im Ofen (Mitte) 20–25 Minuten backen. Den Herd ausschalten und die Muffins noch kurz ruhen lassen. Dann aus den Förmchen lösen, warm oder abgekühlt essen.

So viel Zeit muss sein: 20 Minuten
(+ bis 25 Minuten Backzeit)
Das schmeckt dazu: Sahne oder
Vanillesauce
Kalorien pro Stück: 210

Rote Grütze
Macht auch Coole schwach

Für 8 als Dessert:
500 g rote Johannisbeeren
125 g Sauerkirschen
125 g Himbeeren (oder 250 g von
einer der anderen Obstsorten)
250 g Erdbeeren
325 ml roter Beerensaft (z. B. Johannisbeer- oder Sauerkirschsaft)
3 EL Zucker
1 Stange Zimt
30 g Speisestärke (ungefähr 6 TL)

1 Johannisbeeren waschen, die Beerchen abstreifen. Kirschen waschen und die Steine rauslösen (dafür gibt's ein Spezialgerät, aber man kann das auch mit einem kleinen scharfen Messerchen bewältigen). Die Himbeeren besser nicht waschen, sondern nur die auslesen, die nicht mehr frisch und schön sind. Erdbeeren waschen, Stiele rauszupfen, große Erdbeeren halbieren oder vierteln.

2 200 ml Saft, 2 EL Zucker und die Zimtstange in einem großen Topf aufkochen. Johannisbeeren und Kirschen dazugeben und 2–3 Minuten bei mittlerer Hitze sanft köcheln lassen.

3 Mit dem übrigen Saft die Speisestärke glatt rühren, in den großen Topf gießen und alles unter Rühren kochen lassen, bis die Mischung dicklich wird. Erst jetzt die Erd- und Himbeeren untermischen und mit dem übrigen Zucker abschmecken. Vom Herd ziehen und abkühlen lassen, Zimtstange rausnehmen. Die rote Grütze im Kühlschrank richtig gut kalt werden lassen.

So viel Zeit muss sein: 45 Minuten
Das schmeckt dazu: Vanillesauce oder -eis
Kalorien pro Portion: 95

Beeren mit Balsamico
Echt fein

Für 4, die's nicht so süß mögen:
2 Stängel Basilikum
2 EL Aceto balsamico
2 EL Zucker
400 g Beeren (am besten Himbeeren und Brombeeren gemischt, Erdbeeren schmecken aber auch)
Pfeffer aus der Mühle

1 Die Basilikumblättchen abzupfen und in Streifen schneiden. Den Balsamessig mit dem Zucker verrühren, bis sich der Zucker gelöst hat.

2 Beeren verlesen, besser nicht waschen. Falls sie aber schmutzig sind, nur kurz in stehendem kaltem Wasser hin und her schwenken. Gut abtropfen lassen.

3 Die Beeren mit dem Balsamico und dem Basilikum mischen und den Pfeffer grob drübermahlen.

So viel Zeit muss sein: 15 Minuten
Das schmeckt dazu: Mascarpone mit Vanille und Zucker, Vanilleeis oder Löffelbiskuits
Kalorien pro Portion: 65

Erdbeermarmelade
Ein Muss fürs Sonntagsfrühstück

Für 3 Gläser à 1/2 l Inhalt –
entweder für Puristen:
1 1/2 kg Erdbeeren
1 Zitrone
500 g Super-Gelierzucker 3:1
(1.500 g Frucht auf 500 g Gelierzucker)
2 Vanilleschoten
oder für Säurefans:
1 kg Erdbeeren
500 g Rhabarber (oder andere säuerliche Früchte, z. B. Stachelbeeren, rote Johannisbeeren)
1 Zitrone
500 g Super-Gelierzucker 3:1
(1.500 g Frucht auf 500 g Gelierzucker)

1 Für die Puristen: Die Erdbeeren in einer Schüssel mit Wasser kurz waschen und in einem Sieb abtropfen lassen, dann den Stielansatz keilförmig rausschneiden oder mit einer leichten Drehung rauszupfen. Die Hälfte der Erdbeeren vierteln oder halbieren, die übrigen Beeren zu Mus zerdrücken – am besten geht's mit einem Holzstampfer. Erdbeerpüree und Fruchtstückchen in einen großen Topf füllen. Zitrone auspressen und den Saft mit dem Gelierzucker unterrühren. Fruchtmasse bei starker Hitze aufkochen, dabei ständig rühren. Nach Packungsangabe 3–4 Minuten sprudelnd kochen lassen, dann den Topf schnell von der Herdplatte ziehen.

2 Die Vanilleschoten längs aufschlitzen, das Mark rauskratzen und untermischen. Die Marmelade bis zum Rand in heiß ausgespülte Gläser füllen, sofort mit Twist-Off-Deckeln verschließen. Für etwa 5 Minuten auf den Kopf stellen, damit zwischen Deckel und Marmelade ein Vakuum entstehen kann, dann wieder umdrehen und auskühlen lassen.

3 Für die Säurefans: Die Erdbeeren waschen und putzen wie es bei Punkt 1 steht. In einen großen Topf füllen und mit einem Holzstampfer oder mit dem Stabmixer gründlich zerkleinern. Rhabarber waschen, die Endstücke abschneiden, die Stangen aber nicht abziehen. Die Stangen in kleine Stückchen schneiden, zu den Erdbeeren geben. Zitrone auspressen und den Saft mit dem Gelierzucker unterrühren. Bei starker Hitze unter ständigem Rühren aufkochen. Nach Packungsangabe 3–4 Minuten sprudelnd kochen lassen. Sofort in die vorbereiteten Gläser füllen und gut verschließen. Kurz auf den Kopf stellen, dann umdrehen und auskühlen lassen.

So viel Zeit muss sein: je 30 Minuten
Das schmeckt dazu: fast alles, worauf man Marmelade streichen kann – Brot, Brötchen, Knäcke, Waffeln, Pfannkuchen; prima auch als Aroma für Joghurt, Quark und Eis
Kalorien pro Glas: 825 (Puristen), 795 (Säurefans)

Pikante Stachelbeersauce
Lecker zu Fleisch, Wild und Geflügel

Für 4 dazu:
250 g Stachelbeeren
1 Schalotte
1 Stück frischer Ingwer (etwa 2 cm)
1/2 unbehandelte Zitrone
100 ml trockener Weißwein oder leichte Gemüsebrühe
100 g Zucker
1/2 EL mittelscharfer Senf
Salz, Pfeffer aus der Mühle

1 Die Stachelbeeren waschen, Stielreste abknipsen. Schalotte und Ingwer schälen und ganz fein hacken. Zitronenhälfte heiß waschen und die Schale fein abreiben, den Saft auspressen.

2 Stachelbeeren mit Schalotte, Ingwer, Zitronensaft und -schale, Wein oder Brühe und Zucker heiß werden lassen. Hitze auf mittlere Stufe schalten, den Deckel drauf und die Beeren ungefähr 20 Minuten garen, bis sie gut weich sind.

3 Stachelbeeren samt dem entstandenen Saft pürieren, mit Senf, Salz und Pfeffer abschmecken und abkühlen lassen.

So viel Zeit muss sein: 30 Minuten
Das schmeckt dazu: dunkles Fleisch, Ente, Kaninchen, Lamm und Wild
Kalorien pro Portion: 140

Trifle
So sweet, so fine

Für 4 als Dessert:
1 Päckchen TK-Himbeeren (300 g, frische sind natürlich noch feiner!)
200 g Sandkuchen (in Kastenform)
4 EL Himbeerkonfitüre
4 EL trockener Sherry
2 ganz frische Eier
1 Vanilleschote
1/2 l Milch
4 EL Zucker
20 g Speisestärke (ungefähr 4 TL)

1 Die Himbeeren in ein Sieb schütten, über eine Schüssel hängen und auftauen lassen. (Frische Beeren nur verlesen und entstielen. Nicht waschen, sonst werden sie matschig.)

2 Den Sandkuchen der Länge nach in knapp 1 cm dicke Scheiben schneiden. Die Konfitüre mit dem Sherry verrühren und die Scheiben damit bestreichen. Jetzt wieder zu einem Kuchen zusammensetzen und ganz normal (also quer) in Scheiben schneiden und vier Dessertschälchen damit auslegen.

3 Eier trennen. Die Vanilleschote längs aufschlitzen und das Mark rausschaben. Vanillemark und -schote mit der Milch aufkochen. Zucker, Eigelbe und Speisestärke gut verquirlen. Vanilleschote aus der Milch fischen, die Eigelbmasse unter die Milch rühren. Immer kräftig rühren. Einmal aufpuffen lassen, gleich vom Herd ziehen und abkühlen lassen. Dann erst die Eiweiße steif schlagen und mit dem Schneebesen vorsichtig unter die Masse ziehen. Noch besser: ein paar Löffel unterrühren, den Rest ganz locker unterziehen.

4 Die Himbeeren auf den Kuchenscheiben in den Dessertschälchen verteilen. Wenn sich in der Schüssel Himmbeersaft gesammelt hat, diesen darüber träufeln. Vanillecreme drauf und gleich essen oder noch für ein paar Stunden kühl stellen.

So viel Zeit muss sein: 50 Minuten
Kalorien pro Portion: 465

Noch mehr Rezepte mit Beeren (Seite)

Hühnersalat mit Obst und leichter Mayo (143)

Blattsalat

engl.: green salad; franz.: salade verte;
ital.: lattuga; span.: ensalada verde

Zurück zu den Blättern! Zurück zu Kopfsalat, der nach Feld und Wiese schmeckt und kaum mehr braucht als Zitrone oder Joghurt. Zurück zu Endivie, die etwas bitter sein darf, um sich optimal mit Zwiebel, Essig. und Bratensaft zu verbinden. Zurück zu gemischtem Salat, der nicht nur in der Farbe, sondern auch in Biss und Aroma Abwechslung bietet.

Ein guter Salat bringt Frische, Farbe, Leben ins Essen. Gute Köchinnen und Köche erkennt man an guten Salaten. Handgroße, tropfnasse, kühlschrankkalte Blätter vermischt und übergossen mit abgestandenem oder gekauftem Dressing – das ist schlechter Salat. Und der wird einem fast in jedem zweiten Lokal serviert. Das können wir zu Hause besser machen. Frisch klein gezupfte Blätter, angemacht mit einem simplen, aber guten Dressing – fertig ist was Feines, das je nach Land und Leuten vor, nach oder zum Hauptgang genossen wird. Die Steigerung ist der Salatteller: eine Blattsalat-Mischung von zart bis knackig, von mild bis herb, plus Kräuter (von allem, was zart ist) und Gemüse (von allem, was man roh isst).

Zur Hauptsache wird dieser Teller durch Käse, Früchte, Speckstreifen, Brotwürfel, Garnelen, Räucherfisch, Kurzgebratenes oder Gekochtes. Wichtig ist da, den Salat nicht zu überfrachten und möglichst frisch zu mischen. Und: Man kann mit Salat auch dünsten, braten, schmoren, gratinieren (Radicchio, Endivien, Chicorée), wokken (Chinakohl) oder würzen (Rucola).

Freiland-Salat ist bei uns ab April zu haben, am besten und nährstoffreichsten ist er von Juni–Oktober. Herbst- und Wintersalate kommen von August/September bis in den Dezember hinein vom Feld. Den Rest des Jahres wird das Regal mit Importen aus Südeuropa (nicht immer sommerfrisch!) und vor allem mit Treibhaus-Salat gefüllt, der mangels Sonne weicher, geschmackloser und reicher an Nitrat ist. Das nimmt dem Blut den Sauerstoff und uns die Kraft. Daher im Winter eher auf Kraut und Rüben statt aufs Blatt setzen.

Aufheben

Zarte Köpfe und Blätter halten im Kühlschrank in großen luftdichten Dosen oder Plastiktüten 1–3 Tage. Festere Salatköpfe bleiben im feuchten Tuch im Gemüsefach 1–2 Wochen frisch. Geputzter Salat hält in Dose, Tüte (vor dem Verschließen aufblasen) oder Tuch 1–2 Tage. Nachreifende Gemüse wie Tomaten machen ihn welk.

Guter Blattsalat…

…kommt vom nahen Acker, gerne vom Bio-Bauern
…riecht »grün« und frisch
…hat feste, geschlossene Köpfe bzw. feste, eher kleine, unversehrte Blätter

Schlechter Blattsalat…

…kommt geschnitten aus der Tüte
…ist ohne Außenblätter (also auf »jung« geputzt)
…ist blass, lappig, lose
…hat matschige, geknickte, fleckige, vergilbte Blätter

Die Typen

Kopfsalat (1) steht hier für zarte, milde Sorten wie auch **Eichblatt** oder **Lollo rosso.** Dickere Außenblätter liegen um den Kopf mit hellem, zartem Herz, das weniger Nährstoffe enthält. Schmeckt ideal »milchig«, leicht bitter. Freiland-Kopfsalat von April–Oktober, hält 1–3 Tage; Eichblatt (rotbraun, sensibel, nussig), Lollo (kraus) ab Mai, halten 1–2 Tage.

Romana (2) ist typisch für feste milde Salate zum Schneiden. Knackig herber Südländer, der mediterrane Aromen mag und im Hochsommer die beste Zeit hat. Wird auch gegart. Hält 1–2 Wochen. **Eisbergsalat** ist kompakter als der mit Kopfsalat gekreuzte rotbraune **Batavia**. Beide haben knackige, mürbe, saftig-süße Blätter, können aber auch leer schmecken. Ab Frühsommer vom Feld, hält 1–2 Wochen.

Radicchio (3) ist der populärste im Trio mit **Endivie** und **Chicorée,** denen ihr bitteres Aroma immer mehr ausgetrieben wird. Gut geputzt (warm waschen, feste Rippen raus), gemischt mit milderen Salaten oder heiß serviert, ist ihr Bitterton ein Gewinn. Typische Herbst- und Wintersalate, zum Teil auch im Sommer zu haben. Halten 2–3 Tage (Chicorée), 1 Woche (Radicchio) oder bis zu 2 Wochen (Endivie).

Rucola (Rauke; 4) besitzt ein herb-scharfes Kräuteraroma, das ihn zur Würze macht und mit ihm gemischten Salaten Kraft verleiht. Gibt's rund und gezackt. Treibhausware und große Blätter können grasig-bitter sein. Ab Juni aus Freiland, hält 2–3 Tage.

Feldsalat (5) ist ein Wintersalat, dem Kälte noch Aroma gibt, daher am besten von Oktober–Dezember. Sein nussiger Geschmack ist bei geschlossenen Sträußchen und nicht zu langen Blättern intensiver. Kenner lassen den Wurzelstummel dran. Hält 2–3 Tage.

Der gelb- bis grünweiße **Chinakohl** (6) ist als Salat (etwas durchziehen lassen) und Gemüse (geschmort, gratiniert, gewokkt) beliebt – dank seiner Knackigkeit und der milden Süße sowie seiner Leichtigkeit und einer Haltbarkeit von 1 Woche und mehr. Schwarze Flecken bei zu warmer Lagerung.

Vinaigrette
Echt basic

Für einen 4-Personen-Salat:
1 TL Senf (ausprobieren mit Dijon-Senf!)
2–3 EL Weinessig (weißer oder roter)
Salz, Pfeffer aus der Mühle
6 EL Öl (Sonnenblumenöl, Olivenöl und etwas Nussöl)

1 Senf, Essig, Salz und Pfeffer mit dem Schneebesen kräftig verquirlen. Das Öl einlaufen lassen und alles zu einer leicht cremigen Sauce rühren. Abschmecken.

So viel Zeit muss sein: 2 Minuten
Das schmeckt dazu: fast alles, was sich Salat nennt
Kalorien pro Portion: 110

Varianten:

Tomaten-Vinaigrette
1 Tomate blanchieren, häuten, entkernen, in winzige Würfel schneiden und untermischen. Toll zu gekochtem Rindfleisch, lauwarmen Linsen und Mozzarellascheiben.

Kräuter-Vinaigrette
1 Bund Kräuter abbrausen, trockenschütteln, sehr fein hacken und untermischen. Mit Petersilie z. B. zu Artischocken, mit Schnittlauch zu lauwarmem Spargel, mit Dill zu Gurkensalat oder zum Marinieren von gedünstetem Fischfilet.

Zwiebel-Vinaigrette
1 Bund Frühlingszwiebeln putzen, waschen und in feine Streifen schneiden. 1 Bund Schnittlauch abbrausen, trockenschütteln, in Röllchen schneiden. Untermischen. Passt gut zu Eiern, Wurstscheiben, kaltem Braten und zu Bohnen.

Putzen
• Vom ganzen Salatkopf kommen immer die äußeren Blätter weg. Die übrigen ablösen und in stehendem kaltem Wasser durchschwenken, bis sie sauber sind.
• Bei einzelnen Blättern (Rucola, Feldsalat usw.) die welken aussortieren und dicke Stiele bzw. Wurzeln abknipsen. Genauso waschen.
• Aus Radicchio und Chicorée den Strunk keilförmig herausschneiden, Blätter abtrennen. Genauso waschen.
• Größere Blätter in mundgerechte Stücke teilen.

Trocknen
Eine Salatschleuder macht es am gründlichsten. Alternative: In einem Sieb abtropfen lassen oder in ein Küchentuch packen und darin hin- und herschwenken.

Chili-Dressing
Weckt Lebensgeister

Für 4 dazu:
1 unbehandelte Limette oder kleine Zitrone
2 EL Weißweinessig
1/2–1 TL Sambal oelek
Salz
1 Prise Zucker
6 EL Soja- oder Erdnussöl
1 kleine rote Chilischote (oder ein paar Spritzer Chiliöl)

1 Limette oder Zitrone heiß waschen und die Schale fein abreiben. 2 EL Saft auspressen. Schale und Saft mit Essig, Sambal oelek, Salz und Zucker gründlich verrühren. Öl nach und nach dazugießen und alles mit dem Schneebesen cremig schlagen.

2 Die Chilischote waschen, längs aufschlitzen und die Kerne rausschaben, Stiel abschneiden. Die Schote in winzig kleine Würfel schneiden und untermischen. Oder das Dressing mit ein paar Tropfen Chiliöl abschmecken.

So viel Zeit muss sein: 10 Minuten
Das schmeckt dazu: kräftiges Gemüse wie Rettich, Spinat, Weißkohl oder zum Marinieren von rohem Rinder- oder Lammfilet
Kalorien pro Portion: 135

Oliven-Vinaigrette
Offenes Geheimnis vom Mittelmeer

Für 4 dazu:
je 4 schwarze und grüne Oliven
(oder 2 TL Tapenade, also fertige
Olivenpaste aus dem Glas)
1 Zitrone
2 TL Aceto balsamico
Salz, Pfeffer aus der Mühle
6 EL Olivenöl (am besten kaltgepresst)

1 Das Olivenfleisch vom Stein schneiden und winzig klein schneiden. (Oder gleich die fertige Olivenpaste nehmen.)

2 Den Saft der Zitrone auspressen, in eine Schüssel gießen. Aceto balsamico, Salz und Pfeffer dazu, mit dem Schneebesen gründlich verquirlen. Das Öl nach und nach unterrühren, zum Schluss die Olivenstückchen (oder eben die Paste) unterheben.

So viel Zeit muss sein: 10 Minuten
Das schmeckt dazu: Fruchtgemüse wie Zucchini, Paprika und Tomaten, gemischter Sommersalat; fein auch zu Carpaccio von dunklem Fleisch wie Rinder- und Lammfilet
Kalorien pro Portion: 140

Eier-Dressing
Fast schon ein kleiner Salat

Für 4 dazu:
2 hart gekochte Eier
einige Basilikumblätter
3 EL Weißweinessig
1 TL mittelscharfer Senf
1 EL saure Sahne
Salz, Pfeffer aus der Mühle
5 EL Öl (Sonnenblumenöl, Olivenöl)

1 Die Eier schälen und sehr klein würfeln. Die Basilikumblätter in möglichst feine Streifen schneiden.

2 Erstmal den Essig mit Senf, saurer Sahne, Salz und Pfeffer verquirlen. Dann das Öl löffelweise unterrühren, zuletzt die Eierwürfel und Basilikumstreifen rein.

So viel Zeit muss sein: 10 Minuten
Das schmeckt dazu: lauwarmer Spargel, Feldsalat, frische Champignonscheibchen, Brunnenkresse-Salat; aber auch als Sauce zu gekochtem Rindfleisch, kaltem Braten, saftigem Schinken
Kalorien pro Portion: 135

Käse-Dressing
Von ziemlich stark bis ziemlich zart

Für 4 dazu:
bei Drang zum Kräftigen:
50 g Roquefort ohne Rinde
50 g Sahne
1–2 EL Weißweinessig
Pfeffer aus der Mühle
2 EL Sonnenblumenöl
für mild Gestimmte:
50 g Frischkäse
50 g Naturjoghurt
1–2 EL Zitronensaft
Salz, Pfeffer aus der Mühle
1 EL Sonnenblumenöl

1 Für die mit dem Drang zum Kräftigen: Den Roquefort mit einer Gabel zerdrücken und mit der Sahne schön cremig verrühren. Essig dazu, leicht pfeffern und zuletzt das Öl untermischen.

2 Für die mild Gestimmten: Frischkäse mit Joghurt und Zitronensaft verrühren, leicht salzen und pfeffern. Das Öl unterrühren.

So viel Zeit muss sein: je 5 Minuten
Das schmeckt dazu: zum Roquefort-Dressing kräftige Blätter wie römischer Salat, Spinat oder Chicorée, zum Frischkäse-Dressing geraspelte Möhren, Kresse, Bohnenkeimlinge, Radieschen
Kalorien pro Portion: 510 (kräftiges Dressing), 260 (mildes Dressing)

Feldsalat mit Speck und Champignons
Immer wieder gut

Für 4 Hungrige als Vorspeise:
150 g durchwachsener Räucherspeck
200 g Feldsalat
250 g Champignons
2 EL neutrales Öl zum Pilzebraten
Salz, Pfeffer aus der Mühle
1 Schuss trockener Weißwein (oder Sherry oder Cognac oder Aceto balsamico)
1–2 EL Rotweinessig
2–3 EL Sonnenblumenöl

1 Räucherspeck ohne Schwarte in kleine Würfel schneiden, ohne Öl in einer Pfanne bei mittlerer Hitze knusprig braten.

2 Feldsalat in viel Wasser waschen, am besten zwei- bis dreimal, damit später kein Sand zwischen den Zähnen knirscht. Den Salat verlesen, putzen, trockenschleudern und auf Tellern verteilen.

3 Champignons trocken – z.B. mit Küchenpapier – abreiben, auf keinen Fall waschen. Schmutzige Stiele abschneiden, Pilze vierteln oder halbieren. Neutrales Öl in einer großen Pfanne (mit passendem Deckel) knallheiß werden lassen. Pilze rein, kurz schwenken, salzen und pfeffern. Dann den Schuss Wein (großzügig!) angießen und sofort den Deckel drauf. 1 Minute Geduld – und fertig sind die köstlich mit Aroma vollgesogenen Dampf-Pilze.

4 Essig salzen, pfeffern und mit Sonnenblumenöl verquirlen. Pilze mit dem Bratsaft auf dem Feldsalat verteilen, mit dem Speck bestreuen. Die Vinaigrette darüber träufeln, sofort servieren.

So viel Zeit muss sein: 30 Minuten
Das schmeckt dazu: ofenfrisches Brot
Kalorien pro Portion: 330

Rucola, immer wieder Rucola
Rasant & auch ein bisschen elegant

Für 4 als Vorspeise:
3–4 Bund Rucola (mindestens 300 g)
2 EL Aceto balsamico
Salz, Pfeffer aus der Mühle
4 EL gutes Olivenöl
10 getrocknete, in Öl eingelegte Tomaten und 1–2 EL von diesem Öl
2 Scheiben Weißbrot
1 Knoblauchzehe
1–2 EL Kapern

1 Den Rucola verlesen und dicke Stiele abzwicken, Blätter waschen und trockenschleudern. Aceto balsamico, Salz, Pfeffer, Olivenöl kräftig verquirlen.

2 Die Tomaten in Streifen schneiden, das Weißbrot klein würfeln. Das Tomatenöl in der Pfanne heiß werden lassen, Brotwürfel darin bei mittlerer Hitze knusprig rösten. Knoblauch schälen und dazupressen.

3 Rucola und Dressing vermischen, mit Tomaten, Brot und den Kapern bestreuen.

So viel Zeit muss sein: 25 Minuten
Das schmeckt dazu: leichter trockener Weißwein, toskanisches Weißbrot oder Olivenbrot oder anderes tolles Weißbrot
Kalorien pro Portion: 150

Varianten:

Mit Käse und Nüssen
Statt Tomaten und Brot 2 EL Pinienkerne (ohne Fett anrösten – superlecker!) und 2 EL grob geraspelten Parmesan draufstreuen. Dressing drüber. Fertig.

Mit Pilzen und Schinken
150 g Champignons mit Küchenpapier trocken abreiben, Stielenden entfernen. Die Champignons in dünne Scheibchen schneiden, mit 1 EL Zitronensaft beträufeln. 4–6 hauchdünne Scheiben Parmaschinken in feine Streifen schneiden, 1 Kugel Mozzarella klein würfeln. Mit Rucola anrichten, salzen, pfeffern, mit Dressing begießen.

Mit Avocado und Garnelen
1 vollreife Avocado längs rundum bis zum Kern einschneiden, Hälften gegeneinander drehen und trennen. Stein entfernen und die Hälften schälen. Das Fruchtfleisch quer in dünne Scheiben aufschneiden, mit 1–2 EL Zitronensaft beträufeln. 150 g kleine geschälte Garnelen abbrausen und gut abtropfen lassen. 100 g Kirschtomaten waschen und halbieren. Avocado, Garnelen und Tomaten mit dem Rucola anrichten, mit dem Dressing beträufeln.

Caesar's salad
Very trendy – direkt aus Kalifornien

Für 4 Hungrige als Vorspeise oder Imbiss:
1 großer Kopf Romana-Salat
100 g Bacon (Frühstücksspeck in Scheiben)
2 Scheiben Toastbrot oder Kastenweißbrot
3 EL Sonnenblumenöl
2 Knoblauchzehen
2 ganz frische Eier
3–4 EL Zitronensaft
100 ml Olivenöl
2–3 TL Worcestersauce
Salz, Pfeffer aus der Mühle
2 in Öl eingelegte Sardellenfilets
50 g Parmesan am Stück

1 Salatkopf putzen, waschen und trockenschleudern. Bacon in Streifen schneiden, in einer heißen Pfanne bei mittlerer Hitze knusprig ausbraten. Brotscheiben klein würfeln. Speck aus der Pfanne nehmen, Sonnenblumenöl in die Pfanne geben und Brotwürfel darin zu goldbraunen Croûtons braten. Knoblauch schälen, fein hacken und zum Schluss kurz mitbraten.

2 Die Eier anstechen und 1 Minute (nicht länger!) in kochendes Wasser legen. Kalt abschrecken, aufschlagen und das noch fast flüssige Innere mit einem Löffel in eine Schüssel befördern. Mit Zitronensaft, Olivenöl und Worcestersauce verquirlen, bis die Sauce cremig ist (sonst bleibt sie zu flüssig und der Salat wird nicht wie im Original), salzen und pfeffern.

3 Salatblätter quer in 2 cm breite Streifen schneiden, die Sauce untermischen. Die Sardellenfilets abbrausen, trockentupfen und klein schneiden. Mit dem Bacon und den Brotcroûtons auf den Salat streuen. Den Parmesan grob drüberraspeln.

So viel Zeit muss sein: 30 Minuten
Das schmeckt dazu: ofenfrisches Weißbrot
Kalorien pro Portion: 450

Geschmorter Radicchio
Für alle, die's würzig mögen

Für 4 als Vorspeise oder Beilage:
2–3 Köpfe Radicchio (600 g; am besten der längliche, aber die runden gehen auch)
4 Knoblauchzehen
1–2 rote Chilischoten (kommt auf die Größe an, siehe Seite 11)
4 EL Olivenöl
1 kräftiger Schuss trockener Rotwein
Salz, Pfeffer aus der Mühle
2 TL Honig, 2 EL Pinienkerne

1 Vom Radicchio die äußeren Blätter ablösen. Radicchio waschen und längs halbieren. Die Hälften dann noch ein- bis zweimal durchschneiden, wieder durch den Strunk – der hält die einzelnen Blätter zusammen. Den Knoblauch schälen und in dünne Scheiben schneiden. Chilis waschen, entstielen und samt den Kernen in Ringe schneiden. (Wer vorsichtig schärfen will, kratzt die Kerne lieber raus.)

2 Öl in einer Pfanne (mit Deckel) erhitzen. Radicchiostücke darin bei starker bis mittlerer Hitze rundherum gut anbraten. Knoblauch und Chili dazu, kurz mitbraten. Rotwein angießen und mit Salz, Pfeffer und Honig würzen.

3 Hitze klein stellen, Deckel auflegen. Den Radicchio ungefähr 10 Minuten schmoren. In der Zeit die Pinienkerne in einer anderen Pfanne goldgelb rösten – bei mittlerer Hitze und ohne Fett. Vor dem Servieren über den Radicchio streuen. Und der schmeckt heiß, lauwarm und sogar kalt gut.

So viel Zeit muss sein: 25 Minuten
Das passt dazu: frisches Brot
Kalorien pro Portion: 160

Liebe Basics...

Beim Rezepteschreiben planen wir oft Mengen für 'ne Viererrunde am Tisch ein. Wobei wir auch daran denken, dass der eine mehr und der andere weniger Hunger hat. Manchmal flattern nun Zuschriften ins Haus mit der Beschwerde: Was aufgetischt wurde, hat nie und nimmer für vier, sondern nur für zwei gereicht! Was bei einer Einladung natürlich peinlich sein kann. Deshalb unser Tipp: Wenn man die Gäste nicht richtig gut kennt, lieber mehr machen – 1 1/2-mal oder sogar 2-mal so viel, wie im Rezept steht. Das meiste kann man schließlich gut aufheben – bis zum nächsten Tag oder länger.

Gratinierter Chicorée
Macht satt oder begleitet

Für 4 zum Sattessen oder
für 6 dazu:
6 Stauden Chicorée (ungefähr 1 kg)
Salz, 1 Prise Zucker
1 Bund Petersilie
2 Schalotten, 1 EL Butter
3 Eigelbe
250 g Sahne
100 g frisch geriebener Käse (das kann ein Emmentaler sein, ein Bergkäse oder auch ein Pecorino)
Pfeffer aus der Mühle
frisch geriebene Muskatnuss

1 Vom Chicorée die äußeren Blätter abtrennen. Die Stauden waschen und längs halbieren, den Strunk wie einen Keil rausschneiden. In einem Topf Wasser mit Salz und dem Zucker zum Kochen bringen. Den Chicorée hineinlegen, Deckel drauf und 10 Minuten bei mittlerer Hitze zugedeckt kochen lassen.

2 Derweil die Petersilie abbrausen und trockenschütteln. Die Blättchen abzupfen und ganz fein hacken. Schalotten schälen und auch ganz fein schneiden. Die Butter in einer Pfanne zerlassen und Petersilie und Schalotten darin bei mittlerer Hitze kurz andünsten. Vom Herd ziehen. Den Backofen auf 200 Grad vorheizen (auch schon jetzt: Umluft 180 Grad).

3 Eigelbe mit der Sahne gut verquirlen, den Käse unterrühren. Den Chicorée mit dem Schaumlöffel aus dem Wasser fischen und nebeneinander in eine hitzebeständige Form legen. Mit Salz, Pfeffer und Muskat würzen. Zuerst Schalottenmischung drauf verteilen, dann die Eigelbsahne.

4 Chicorée im Ofen (Mitte) 25 Minuten backen, bis er an der Oberfläche schön braun wird. Fertig.

So viel Zeit muss sein: 30 Minuten
(+ 25 Minuten Backzeit)
Das schmeckt dazu: Salzkartoffeln
Kalorien pro Portion (bei 4): 405

TIPP:
Schinkenfreunde würfeln ungefähr 200 g gekochten Schinken und braten ihn mit den Schalotten und der Petersilie. Durchwachsener Räucherspeck geht auch, den aber sehr gut ausbraten.

Kopfsalat mit Ei und Krabben
Altmodisch gut

Für 4 als kleines Essen:
4 Eier
1 Kopfsalat
1 Bund Schnittlauch
2 EL heller Essig (z. B. Cidre- oder Apfelessig)
Salz, Pfeffer aus der Mühle
2 TL mittelscharfer Senf
3 EL saure Sahne
4 EL Öl (z. B. Distelöl)
150 g geschälte Nordseekrabben

1 Eier hart kochen (dauert 10–12 Minuten), unter dem kalten Wasserstrahl abschrecken und leicht abkühlen lassen.

2 Während die Eier kochen, den Salat putzen, waschen und trockenschleudern. Blätter in leicht essbare Stücke zupfen. Den Schnittlauch abbrausen, trockenschütteln und in Röllchen schneiden.

3 Die Eier schälen. 2 Eier halbieren, die Eigelbe auslöffeln und mit einer Gabel zerdrücken. Mit Essig, Salz, Pfeffer, Senf und saurer Sahne verrühren. Öl gründlich untermischen. Restliche Eier und die Eiweißhälften in winzig kleine Würfel schneiden.

4 Salatblätter mit der Salatsauce und dem Schnittlauch locker mischen und auf Tellern verteilen. Eiwürfel und die Krabben draufstreuen. Auf den Tisch stellen.

Noch mehr Rezepte mit Blattsalat (Seite)

Apfel-Rucola-Salat (33)
Avocado-Fisch-Salat im Wrap (48)
Bohnencreme (71)
Eiersalat mit Kresse (93)
Fenchelgemüse mit Rucola (108)
Gedämpfter Ingwerfisch (114)
Gemüse-Risotto (264)
Grünes Gemüse (105)
Hühnersalat mit Obst und leichter Mayo (143)
Italienische Kichererbsensuppe (179)
Italienischer Rindfleischsalat (270)
Kohlrabi-Möhren-Rohkost (187)
Krabbencocktail (128)
Kräuter-Relish (193)
Lachstramezzini (118)
Panini mit Mozzarella (173)
Reispapierröllchen (307)
Rindergeschnetzeltes mit Rucola (271)
Rucolasalat mit Avocado und Feta (47)
Salat aus gegrillten Tomaten (316)
Spinat-Pesto (193)
Tacos mit Rindfleischfüllung (270)
Toskanischer Brotsalat (79)

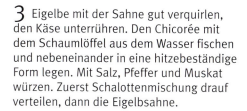

So viel Zeit muss sein: 30 Minuten
Das schmeckt dazu: mitteldunkles Bauernbrot (getoastet ist es besonders fein), Radieschen und Gurkenscheiben
Kalorien pro Portion: 215

TIPP:
Es muss nicht unbedingt Kopfsalat sein, Romana-, Eisberg- oder sogar Endiviensalat (in feine Streifen geschnitten) passen auch sehr gut zu Ei und Krabben. Und wer keine Nordseekrabben – das sind die winzigen, etwas dunkler gefärbten – bekommt, kann auch Garnelen nehmen. Davon die kleineren Exemplare bevorzugen.

Blumenkohl & Brokkoli

engl.: cauliflower & green broccoli;
franz.: chou-fleur & broccoli;
ital.: cavolfiore & broccolo; span.: coliflor & broccolo

Sie sind die Zurückhaltenden unter den »Kohls«, und doch geht in der Beziehung zu ihnen wenig unter Liebhaberei oder Ablehnung. Das mag daran liegen, dass beide schnell grob und muffig werden, sobald sie nur etwas zu lange wachsen, lagern oder garen.

Und Kindheitserinnerungen wie Blumenkohlgestank in allen Zimmern oder Suppe aus verkochtem Brokkoli können sich fürs Leben festsetzen. Welche Wonne dagegen, wenn frischer Blumenkohl in Röschen gedünstet wird – für knackigen Salat oder Käsegratin. Oder im Ganzen bissfest gekocht und mit Bröselbutter abgeschmolzen wird. Und aus dem Rest dann eine cremige Suppe mit Namen »Dubarry« entsteht. Von da ist es dann nur noch ein kleiner Schritt zur Entdeckung von Blumenkohlcurry, vollendet mit seinen jungen Blättern.

Bei uns ist vor allem weißer, im Schutz seiner Deckblätter gebleichter Blumenkohl beliebt, den es auch im Miniformat gibt. In Südeuropa und Frankreich schätzt man ähnlich wie beim Spargel grüne, violette oder gelbe Sorten, die mehr Sonne bekommen haben und damit mehr Nährstoffe und Geschmack besitzen – und weniger Nitrat. Das gilt auch für den Romanesco mit seinen spitzen, geometrisch wirkenden Röschen.

Gut ist, wenn…

…beide feste, geschlossene Köpfe haben
…Anschnitte und Blätter frisch und grün sind
…Blumenkohl angenehm und Brokkoli »grün« duftet
…Blumenkohl hell und glatt ist

Schlecht ist, wenn…

…Anschnitte trocken und Blätter gelb sind
…Blumenkohl stinkt, vor allem am Anschnitt
…die Röschen locker sitzen
…gelbe oder dunkle Flecken zu sehen sind
…Brokkoli gelb blüht

Brokkoli, der italienische Vetter des Blumenkohls, schmeckt ein wenig wie dieser, aber auch nach grünem Spargel (die jungen, geschält gegarten Stiele) und Blattgemüse wie Spinat (die zarten Blättchen). Wird Brokkoli wie diese Gemüse nach mediterraner Art zubereitet, ist er ein Genuss: gedünstet, geschmort, frittiert, mit Knoblauch, Sardellen, Chili, Kräutern, ergänzt durch Schinken, Käse, Nüsse. Aber auch Curry oder Sojasauce schmeckt zu ihm.

Angeboten werden die Hauptstämme mit großer Blüte und die nach deren Ernte ausgewachsen Seitentriebe des Brokkolis. Es gibt auch blaue und violette Sorten sowie asiatischen Brokkoli mit viel Stiel und Blatt, aber wenig Blüte – gut zum Wokken.

Freilandsaison ist bei uns von Mai (Blumenkohl) bzw. Juli/August (Brokkoli) bis Oktober. Beide Gemüse werden stark importiert und sind so das ganze Jahr über zu haben.

Aufheben

In Folie bleiben sie 2–3 Tage (Brokkoli) bis zu 1 knappen Woche (Blumenkohl) im Gemüsefach (Kühlschrank) frisch. Nicht neben nachreifende Gemüse wie Tomaten legen.

Brokkoli in Vinaigrette
Simpel

Für 4 als Vorspeise oder sommerliche Beilage:
600 g Brokkoli
Salz
1 rote Zwiebel
1/2 Bund Petersilie
3 EL milder heller Essig (z. B. Weißwein-, Cidre- oder Apfelessig)
Pfeffer aus der Mühle
1 Prise Zucker
6 EL Öl (uns schmeckt Olivenöl besonders gut, aber anderes geht auch)
2 EL Mandelstifte oder -blättchen

1 Den Brokkoli waschen, putzen und in die einzelnen Röschen teilen. Große Röschen halbieren oder vierteln. Die Stiele schälen und in Scheiben schneiden.

2 In einem Topf 1/2 l Wasser mit Salz zum Kochen bringen. Brokkoli rein, Deckel drauf und das Gemüse etwa 5–6 Minuten kochen, bis es bissfest ist.

3 Inzwischen schon mal eine Schüssel mit kaltem Wasser und Eiswürfeln vorbereiten. Zwiebel schälen und ganz fein schneiden. Die Petersilie abbrausen, trockenschütteln und die Blättchen fein hacken.

4 Brokkoli mit dem Schaumlöffel aus dem Wasser heben, ins Eiswasser legen. Durch die Schockbehandlung bleibt er schön grün.

5 Den Essig mit 3 EL Gemüsekochwasser, Salz, Pfeffer und Zucker verrühren. Öl nach und nach mit unterschlagen, bis die Sauce cremig wird. Zwiebel und Petersilie unterrühren. Mandeln in eine Pfanne schütten und ohne Fett bei mittlerer Hitze leicht anrösten. Dabei immer mal wieder rühren, damit sie gleichmäßig braun werden.

6 Den Brokkoli abtropfen lassen und auf eine Platte legen. Die Sauce darauf löffeln und die Mandeln darüber streuen.

So viel Zeit muss sein: 25 Minuten
Das schmeckt dazu: Oliven-Ciabatta oder auch Fladenbrot
Kalorien pro Portion: 185

Blumenkohlsalat mit Kapern
Italienisch!

Für 4 als Imbiss oder Vorspeise:
1 mittelgroßer Blumenkohl (etwa 750 g; kann auch ein grüner Romanesco sein)
Salz
1 großes Bund Basilikum oder Petersilie
2 Knoblauchzehen, 4 Tomaten
2–3 EL Rotweinessig
4–5 EL Olivenöl
Pfeffer aus der Mühle
2 EL Kapern

1 Blumenkohl waschen, putzen und in die einzelnen Röschen teilen. Reichlich Salzwasser im Topf zum Kochen bringen. Wenn es richtig sprudelt, die Röschen reinwerfen und 5–7 Minuten darin kochen lassen, bis sie bissfest sind. Zwischendurch mal eins rausfischen und probieren. Kocht man sie zu weich, wird der Salat nämlich matschig.

2 Blumenkohl vorsichtig ins Sieb schütten und reichlich kaltes Wasser drüberlaufen lassen. Abkühlen lassen.

3 Das Basilikum nicht waschen, höchstens mit Küchenpapier abwischen oder die Petersilie abbrausen und trockenschütteln. Die Basilikum- oder Petersilienblätter fein schneiden. Knoblauch schälen und durch die Presse drücken. Tomaten waschen und klein würfeln, dabei den Stielansatz wegschneiden.

4 Essig mit Öl, Salz und Pfeffer verrühren und mit den bereits vorbereiteten Zutaten mischen. Salat in eine Schüssel füllen. Erst kurz vor dem Essen die Kapern draufstreuen.

So viel Zeit muss sein: 20 Minuten (ohne die Abkühlzeit)
Das schmeckt dazu: Weißbrot
Kalorien pro Portion: 135

Frühlingsgemüse
Gute-Laune-Gemüse für Gute-Laune-Wetter

Für 4 zum Sattessen:
300 g Brokkoli
3 Stangen Staudensellerie
250 g grüner Spargel
250 g Zuckerschoten
1 Bund Frühlingszwiebeln
500 g kleine Tomaten
Salz
Saft von 1 Zitrone
2 EL Butter
Pfeffer aus der Mühle
frisch geriebene Muskatnuss
2 EL Aceto balsamico
1 Bund Basilikum
2 EL frisch geriebener Parmesan

1 Alles Gemüse waschen. Den Brokkoli putzen und in die einzelnen Röschen teilen. Die halbwegs zarten Stiele schälen und in Scheibchen schneiden.

2 Vom Sellerie alles wegschneiden, was nicht frisch aussieht, Stangen in Stücke schneiden. Vom Spargel die holzigen Enden abschneiden, die Stangen klein schneiden.

3 Von den Zuckerschoten die Enden abschneiden. Von den Frühlingszwiebeln die Wurzelbüschel und welken grünen Teile wegschneiden. Zwiebelköpfe mit 2–3 cm Grün abschneiden, alles restliche Zwiebelgrün in feine Ringe schneiden.

4 Den Stielansatz der Tomaten rausschneiden. Die Tomaten kurz in kochend heißes Wasser legen, abschrecken, häuten und in Achtel schneiden.

5 In einem großen Topf 2–3 Liter Salzwasser aufkochen, den Zitronensaft dazugießen. Erst die Spargelstücke in den Topf geben, dann jeweils 1 Minute später die Selleriestücke, dann die Brokkoliröschen und zuletzt die Zuckerschoten. Alles zusammen noch mal 2 Minuten heftig kochen lassen. Gemüse ins Sieb abgießen, den Sud dabei in einer Schüssel auffangen. Gemüse kalt abbrausen und gut abtropfen lassen.

6 Eine große Pfanne auf den Herd stellen und die Butter darin schmelzen lassen. Die Zwiebelköpfe und Brokkolistiele darin bei mittlerer Hitze 2–3 Minuten dünsten. Dann das gegarte Gemüse dazugeben und einige Löffel Sud angießen, die Tomatenachtel unterrühren.

7 Alles noch etwa 10 Minuten weiterdünsten. Mit Salz, Pfeffer, Muskat und Aceto balsamico würzen. Basilikumblätter von den Stängeln zupfen und mit Zwiebelringen und Parmesan über das Gemüse streuen.

So viel Zeit muss sein: 50 Minuten
Das schmeckt dazu: Bandnudeln, Reis oder Kartoffeln
Kalorien pro Portion: 155

Blumenkohlcurry
Indisch gut

Für 4 zum Sattessen:
1 mittelgroßer Blumenkohl (etwa 750 g)
250 g Kartoffeln (fest kochende Sorte)
3 Tomaten
1 grüne Chilischote
3 EL Butterschmalz oder Öl
2 TL Kreuzkümmelsamen
1 TL gemahlene Kurkuma
1 EL gemahlener Koriander
1 TL Cayennepfeffer
150 g TK-Erbsen, Salz
ein paar Stängel Koriander

1 Den Blumenkohl waschen, putzen und in die einzelnen Röschen teilen. Den Strunk und die Kartoffeln schälen und etwa 3 cm groß würfeln. Tomaten waschen und ganz klein schneiden, dabei den Stielansatz entfernen. Chilischote waschen, entstielen und mit den Kernen in feine Ringe schneiden.

2 Schmalz oder Öl in einer großen Pfanne mit Deckel oder einem Topf erwärmen. Alle Gewürze reinwerfen und bei starker Hitze ungefähr 1 Minute braten, immer rühren. Dann Blumenkohl, Kartoffeln und Chili ein paar Minuten mitbraten.

3 Tomaten, die Erbsen und knapp 1/4 l Wasser dazuschütten und aufkochen, salzen. Hitze auf mittlere Stufe schalten, Deckel drauf und alles etwa 20 Minuten schmurgeln lassen, bis Blumenkohl und

Kartoffeln bissfest sind. Immer mal wieder nachschauen, ob genug Flüssigkeit drin ist und noch Wasser nachgießen, wenn es nötig wird. Zum Schluss noch mal abschmecken. Korianderstängel abbrausen und trockenschütteln, die Blättchen abzupfen und auf das Curry streuen.

So viel Zeit muss sein: 40 Minuten
Das schmeckt dazu: Reis (am besten mit Kurkuma, gerösteten Mandelblättchen und Rosinen), Naturjoghurt und Garam Masala zum Bestreuen
Kalorien pro Portion: 160

Blumenkohlauflauf mit Schinken
Aus Bayern und Österreich

Für 4 zum Sattessen:
1 großer Blumenkohl (ungefähr 1,3 kg)
Salz, 2 EL Butter
2 EL Mehl
200 g gekochter Schinken
200 g Sahne
100 g frisch geriebener Käse (z. B. Bergkäse oder Emmentaler)
Pfeffer aus der Mühle
frisch geriebene Muskatnuss
4 EL Semmelbrösel
Butterflöckchen zum Belegen

1 Den Blumenkohl waschen, putzen und in die einzelnen Röschen teilen. Größere Röschen sogar noch mal durchschneiden. In einem großen Topf Wasser mit Salz zum Kochen bringen. Blumenkohlröschen darin 3 Minuten vorgaren. Mit dem Schaumlöffel herausheben und abtropfen lassen. Die Garflüssigkeit aufheben.

2 Für die Sauce die Butter bei mittlerer Hitze zerlaufen lassen und das Mehl gut unterrühren. Vom Blumenkohlwasser 1/4 l abmessen und nach und nach dazugießen. Dabei immer mit dem Schneebesen rühren. Hitze klein schalten, die Sauce 10 Minuten leicht kochen lassen. Vom Herd ziehen. Den Backofen auf 180 Grad vorheizen.

3 Inzwischen Schinken in kleine Würfel schneiden und mit dem vorgegarten Blumenkohl in einer hitzebeständigen Form mischen. Die Sahne mit dem Käse unter die Sauce rühren und den Käse schmelzen lassen. Sauce mit Salz, Pfeffer und Muskat abschmecken und über den Blumenkohl gießen. Die Semmelbrösel darüber streuen und obendrauf ein paar Butterflöckchen platzieren.

4 Den Auflauf im Ofen (Mitte, Umluft 160 Grad) ungefähr 30 Minuten backen, bis er schön braun ist.

So viel Zeit muss sein: 40 Minuten
(+ 30 Minuten Backzeit)
Das schmeckt dazu: Salzkartoffeln
Kalorien pro Portion: 300

Noch mehr Rezepte mit Blumenkohl & Brokkoli (Seite)

Gemüseplatte mit Aioli (182)
Indischer Kartoffelsalat (162)

TIPP:
Den Schinken kann man auch weglassen. Gut schmecken stattdessen ein paar Tomatenwürfel oder reichlich gemischte Kräuter als Ergänzung zum Blumenkohl. Und Kapern passen auch ganz gut mit rein.

Bohnen

engl.: beans; franz.: haricots; ital.: fagioli;
span.: judías, habas; österr.: Fisolen

Der Mensch lebt zwar nicht von Bohnen allein, aber zur Not könnte er's damit schon eine Zeit lang schaffen. Denn kaum ein Gemüse ist so vielseitig und ergiebig wie dieses. Es gibt gelbe und grüne Bohnen, runde und breite, nadeldünne, daumendicke und schlangenlange. Es gibt Bohnenkerne in Rot, Weiß, Gelb, Grün, Schwarz, Braun oder mit Muster. Und es gibt sie getrocknet – lange haltbar und voller Gutem, so dass sie in Asien, Afrika sowie halb Amerika Volksnahrung sind.

Wieder mal ist es Mexiko (die Kartoffeln kommen auch von dort), das die Welt mit dieser Basic-Zutat beglückt hat. Bei uns kannte man nur die als Schweinefutter und Arme-Leute-Essen genutzten Dicken Bohnen, bis Seeleute all die bunten Samen aus der Neuen Welt mitbrachten. Aber dann ging's los: Die Franzosen schoben Cassoulets mit Lamm und Bohnenkernen in den Ofen und machten später die feinen Haricots verts zum Symbol der Nouvelle cuisine. Die Italiener kochten Minestrone mit bunten Borlotti- oder grünen Stangenbohnen, die Norddeutschen vereinten Brechbohnen mit Birnen und Speck. Engländer wärmten sich Baked Beans zum Frühstück und Inder stampften sich ihren Dhal aus geschälten Trockenbohnen. Und während die Bohne so um die Welt reiste, kochte man in ihrer mittel- und südamerikanischen Heimat täglich Chili con carne mit roten Kidneybohnen – wohl wissend, dass ordentlich Würze und gut Schärfe die reichlich mit Nähr- und Ballaststoffen ausgestatteten Bohnenkerne bekömmlicher machen.

Dieser Reichtum an Gutem macht die preiswerte Bohne bei armen wie bei bewussten Essern so beliebt. Gerade die Kerne sind mit ihrer zum Teil hochprozentigen Nährstoffmischung aus wertvollem Eiweiß, Kalzium, Kalium, Magnesium, Eisen und zahlreichen B-Vitaminen ein guter Ersatz für alle, die nichts vom Tier haben wollen bzw. können. Das gilt noch mehr, wenn Bohnenkerne mit Reis, Nudeln oder anderen Getreideprodukten kombiniert werden. Für Rohköstler sind grüne Bohnen und viele frische Kerne aber nichts – ungegart enthalten sie Phasin, das den Magen verderben bis vergiften kann. Nach 7–15 Minuten Garen (je nach Dicke der Hülsen) ist das Phasin aber völlig verschwunden.

Angebaut werden meistens Buschbohnen, die an Sträuchern wachsen und sich relativ leicht ernten lassen. Vor allem in Gemüsegärten kann man noch Stangenbohnen entdecken, die sich an Holzgestellen in die Höhe ranken und oft intensiver als Buschbohnen schmecken – doch weil sie mühsam mit der Hand geerntet werden müssen, sind sie im Laden nur selten zu finden. Fast alle hier genannten Bohnentypen können sowohl am Busch wie an der Stange wachsen.

Frische Bohnen vom freien Land gibt es bei uns ab Frühsommer – zuerst meist die breiten Sorten für Schnippelbohnen (fast immer von der Stange) und die einheimischen Dicken Bohnen (Sau-, Puffbohnen). Hauptsaison ist Juli–September, Schluss ist im Oktober. Von April–Dezember kommen Bohnen aus dem Treibhaus oder werden importiert – vor allem aus dem Mittelmeerraum und aus Holland. Afrika baut das ganze Jahr über grüne Bohnen an, die besonders im »Winterloch« von Januar–März bei uns gefragt sind.

Um Trockenbohnen zu erhalten, lassen die Bauern die Hülsen über die optimale Reife hinaus hängen, so dass sie langsam hart und die Blätter gelb werden. Falls nötig, werden die Hülsen nach der Ernte noch nachgetrocknet, um schließlich die harten Kerne »ernten« zu können. Werden diese noch geschält, teilen sie sich in zwei Hälften. So garen sie schneller, zerfallen dabei leicht, sind aber am Ende auch leichter verdaulich. Übrigens: Bio-Bauern schätzen Bohnen und andere Hülsenfrüchte auch deswegen, weil ihr Grün den Boden auf ganz natürliche Art fruchtbarer macht und man Bohnenstroh daraus herstellen kann.

Aufheben

So haltbar getrocknete Hülsenfrüchte sind, so sensibel sind sie als Frischgemüse. Nässe, Druck und Enge mögen sie gar nicht. Werden frische Bohnen trocken und locker in einer verschließbaren Plastikdose oder -tüte (vor dem Verschließen aufblasen) im Gemüsefach des Kühlschranks gelagert, bleiben sie dort je nach Feinheit 1–3 Tage frisch. Ein Bad in kaltem Wasser kann leicht schlappe Hülsen wieder aufrichten. Für Bohnenkerne frisch aus der Hülse gelten 1–2 Tage. Getrocknete Bohnenkerne halten dunkel und luftdicht verpackt (ab und zu belüften) fast ewig. Je älter sie sind, um so länger dauert es, bis sie gar gekocht sind.

Die Typen

Bohnen können nach ihrem Anbau, ihrem Ursprung, ihrer Familie, ihren Farben unterschieden werden. Hier geht's ums Kochen, weswegen wir sie nach ihrem Charakter für die Küche einteilen.

Rund-ovale Bohnen wie **Brech-, Bobby-, Zucker-** oder **Speckbohnen** werden oft für (Misch-)Gemüse, Eintopf oder Salat in Stücke geschnitten bzw. gebrochen. Mit gelber Schote und mildem, buttrigem Geschmack heißen sie **Wachsbohnen** – ideal für Salate.

Feine Bohnen wie **Haricot verts** und **Kenia-Bohnen** sowie die etwas dickeren **Prinzess-** und **Delikatessbohnen** werden meistens im Ganzen gegart – gerne mit Butter, Olivenöl oder Speck.

Breite Bohnen haben gut fingerbreite, flache, bis zu 20 cm lange Hülsen. In Stücken herzhaft gegart, serviert man sie oft als »Schnippelbohnen« – traditionell werden sie dazu aber in feine Streifen geschnitten und wie Sauerkraut eingemacht.

Lange Bohnen – **Spargel-** oder **Schlangenbohnen** – sind dünn, bis zu armlang und schmecken süßlich-intensiv. Typisch für Südostasien, wo man sie in Stücken im Wok rührt und schmort. Gibt's mehr oder weniger frisch in Asia-Läden.

Frische Bohnenkerne für Salate, Suppen und Gemüse kann man im Sommer kaufen – z.B. die der einheimischen, eher mehligen **Dicken Bohnen** (Sau-, Puffbohnen; Kerne schälen und garen; jung auch mit Schale und Hülse genießbar), Italiens braune gesprenkelte **Borlotti-** oder weiße **Canellini-Bohnen** sowie die kleinen feinen graugrünen **Flageolets** aus Frankreich.

Getrocknete Bohnenkerne gibt es von den meisten der obigen frischen Sorten. Außerdem kocht man in Asien – speziell in Indien – mit **Adzuki-** (klein, rot, süßlich), **Urd-** (mit Schale grüngrau, geschält hell, für Dhal) und **Mungobohnen** (ähnlich wie Urdbohnen, werden gekeimt als »Sojabohnensprossen« verkauft), wobei die Übergänge zwischen Bohne und Erbse fließend sind. Gute Kaufquellen sind Asia- und Orient-Läden. Typisch für die süd- und mittelamerikanische Küche sind rote **Kidney-** und **Schwarze Bohnen** (nicht verwechseln mit schwarzen Aisa-Bohnen – das sind vergorene Sojabohnen.)

Fertigbohnen gibt es im Tiefkühlpack (grüne Brechbohnen, frische Bohnenkerne) sowie in Glas und Dose: Brechbohnen, ganze feine Bohnen und vor allem vorgegarte Kerne von weißen Bohnen und Flageolet- oder Kidney-Bohnen, die keine schlechte Alternative für Eilige sind.

Gute grüne Bohnen…

…wurden früh genug geerntet, um noch zart zu sein
…duften nach Gras, Sonne
…sind grün und glatt
…brechen knackig, sind im Anschnitt saftig

Schlechte grüne Bohnen…

…haben harte Häutchen in den Schoten und riechen nach altem Heu, Stroh
…sind grau, haben gelbe oder dunkle Flecken bzw. Spitzen
…sind welk, runzlig, weich mit hervortretenden Kernen

Das passt zu grünen Bohnen

Bohnenkraut, Dill, Estragon, Koriander, Lorbeer, Minze, Oregano, Salbei, Thymian

Chili, Curry, Ingwer, Knoblauch, Kreuzkümmel, Paprika

Butter, Olivenöl, Schmalz, Pesto, Senf, Sojasauce, Oliven, Rosinen, Sardellen

Auberginen, Mais, Paprika, Pilze, Rüben, Tomaten, Zwiebeln, Äpfel, Birnen

Fetter Fisch wie Aal, Lachs, Tunfisch, Räucherfisch, Matjes, Garnelen, Tintenfisch

Steaks und Koteletts sowie Braten und Geschmortes von Rind, Lamm, Schwein, Innereien, Geräuchertes

Getreide, Kartoffeln, Nudeln, Reis

Sahniges, aromatischer Käse

Grüner Bohnensalat
Unschlagbar aus dem eigenen Garten

Für 4 als Vorspeise oder Beilage:
750 g grüne Bohnen
Salz
einige Zweige Bohnenkraut
2 Zwiebeln
50 g durchwachsener Räucherspeck
3–4 EL Apfel-, Weißwein- oder Cidreessig
Pfeffer aus der Mühle
2–3 EL Sonnenblumenöl

1 Die Bohnen waschen, die Enden knapp abschneiden – und falls sich dabei ein feiner Faden löst, diesen ganz abziehen.

2 In einem Topf 2 l Wasser aufkochen, salzen, das Bohnenkraut waschen und reingeben. Bohnen auch dazugeben und darin 10–12 Minuten zugedeckt kochen, kalt abbrausen, abtropfen lassen. Große Bohnen quer halbieren. Die Zwiebeln schälen und hacken, zu den Bohnen geben.

3 Den Speck klein würfeln, bei mittlerer Hitze knusprig braten. Essig dazugießen und den Salat damit anmachen. Salzen und pfeffern, das Öl untermischen.

So viel Zeit muss sein: 30 Minuten
Das schmeckt dazu: Brot, Bratkartoffeln, Braten
Kalorien pro Portion: 190

Weißer Bohnensalat
Schneller geht's nicht

Für 4 als Vorspeise oder für 2 als Imbiss:
240 g weiße Bohnen
(aus der Dose oder dem Glas)
1 rote Zwiebel
2 Tomaten
1/2 Bund Basilikum
2 TL Kapern
1 EL Weißweinessig
Salz, Pfeffer aus der Mühle
2–3 EL bestes Olivenöl

1 Die Bohnen in ein Sieb schütten und so lang kaltes Wasser drüberlaufen lassen, bis der dickflüssige Sud, in dem sie gelegen haben, weggewaschen ist. Bohnen gut abtropfen lassen.

2 Zwiebel schälen, einmal der Länge nach halbieren, quer in feine Streifen schneiden. Die Tomaten waschen und klein würfeln, dabei die Stielansätze wegschneiden. Die Basilikumblätter von den Stängeln zupfen und in Streifen schneiden.

3 Bohnen mit Zwiebel, Tomaten, Basilikum und den Kapern mischen. Den Essig mit Salz, Pfeffer und Öl gut verrühren und unter den Bohnensalat mischen. Gleich essen oder noch kurz zum Durchziehen in den Kühlschrank stellen.

So viel Zeit muss sein: 15 Minuten
Kalorien pro Portion (bei 4): 235

Variante:
Bohnensalat mit Tunfisch
Statt der Tomaten oder auch zusätzlich 1 Dose Tunfisch naturell (185 g Inhalt) abtropfen lassen, Tunfischstücke auseinander lösen und mit den übrigen Zutaten mischen. Eventuell statt der Zwiebel 1–2 Stangen fein geschnittenen Sellerie untermengen.

Getrocknete Bohnen
Es gibt sie gekocht in der Dose oder im Glas, man kann sie aber auch selber garen. Dazu die Hülsenfrüchte mit Wasser bedecken und über Nacht einweichen. Dann am nächsten Tag mit frischem Wasser zum Kochen bringen und 1–2 Stunden garen, bis sie weich sind.
- Beim Kochen am Anfang kein Salz und keine Säure wie Essig dazugeben, sonst werden sie nicht weich.
- Je älter sie sind, desto länger müssen sie garen.
- Nicht nur weiße Bohnen – ob groß oder klein –, sondern auch mal Borlottibohnen, braune oder rote Bohnen ausprobieren.

Bohnensuppe mit Nudeln
Mahlzeit!

Für 4 zum Sattessen:
300 g getrocknete weiße Bohnen
(für Lernwillige; sonst Punkt 1 lesen
und 2 kleine Dosen Bohnen kaufen,
abgetropft 500 g)
100 g Pancetta (italienischer Speck, durchwachsener Räucherspeck geht auch)
1 Zwiebel, 2 EL Olivenöl
1 1/2 l Gemüse- oder Fleischbrühe
1 kleine Dose Tomaten (400 g Inhalt)
oder 200 g frische Tomaten
200 g kurze Nudeln (Penne oder Fusilli)
1/2 Bund Petersilie
Salz, Pfeffer aus der Mühle

1 Wer immer schon mal wissen wollte, wie man getrocknete Bohnen kocht, weicht sie über Nacht in Wasser ein. Wer partout keine Lust hat, sich schon einen Tag vorher zu überlegen, was er am nächsten Tag essen will, der kauft einfach die gekochten Bohnen aus Dose oder Glas. Und braucht dann zum Garen der anderen Zutaten nur noch 1 l Brühe.

2 Aber zurück zu den Lernwilligen: nach der Einweichzeit Bohnen abgießen und Einweichwasser wegschütten.

3 Für alle gilt: Pancetta klein würfeln. Zwiebel schälen und ganz fein schneiden. Beides mit 1 EL Öl in einem großen Topf bei mittlerer Hitze warm werden lassen. So lange weiterrühren und -braten, bis das Fett vom Speck schön glasig ausschaut. Jetzt kommen die eingeweichten Bohnen und 1 1/2 l Brühe dazu. Das Ganze muss 1–2 Stunden leise köcheln, bis die Bohnen weich sind. (Dosenbohnen-Köche brausen ihre Bohnen einfach nur im Sieb ab und erhitzen sie mit Pancetta, Zwiebel und 1 l Gemüse- oder Fleischbrühe.)

4 Die Dosentomaten abtropfen lassen und klein schneiden. Oder die frischen waschen und ganz fein schneiden, dabei den Stielansatz entfernen. Tomaten unter die Suppe mischen. Zwei Kellen mit Suppe in einen hohen Behälter schöpfen und mit dem Stabmixer pürieren. Wieder in den Topf damit, das Püree macht die Suppe schön sämig. Jetzt kommen die Nudeln rein und alles wird noch mal so lange gekocht, bis die Pasta bissfest ist (auf der Packung nachschauen).

5 In der Zeit die Petersilie abbrausen und trockenschütteln. Die Blättchen ganz fein hacken. Die Suppe vorsichtig mit Salz und großzügig mit Pfeffer abschmecken, Petersilie drüberstreuen, restliches Öl darauf träufeln. Im Topf oder einer vorgewärmten Suppenschüssel auf den Tisch stellen.

So viel Zeit muss sein: 30 Minuten
(+ 12 Stunden Einweichzeit und
2 Stunden Garzeit bei den Lernwilligen)
Das schmeckt dazu: geröstete Brotscheiben und ein Schuss Olivenöl (einfach eine kleine Flasche auf den Tisch stellen)
Kalorien pro Portion: 645

Bohnencreme
Schmeckt auf Crostini und zum Italo-BBQ

Für 4 auf Brot oder als Beilage:
240 g weiße Bohnen
(aus der Dose oder dem Glas)
2 Knoblauchzehen
5 getrocknete, in Öl eingelegte Tomaten
1 kleines Bund Rucola
1 EL Kapern
2 EL Olivenöl
Salz, Pfeffer aus der Mühle

1 Bohnen in ein Sieb schütten und so lang kaltes Wasser drüberlaufen lassen, bis der dickflüssige Sud, in dem sie gelegen haben, weggewaschen ist. Die Bohnen abtropfen lassen und mit 3 EL Wasser mit dem Stabmixer pürieren. Den Knoblauch schälen und dazupressen.

2 Die Tomaten klein hacken. Alle welken Blätter vom Rucola aussortieren und die dicken Stiele abknipsen. Rest waschen, trockenschleudern und fein schneiden. Die Kapern auch etwas zerkleinern.

3 Alles mit dem Olivenöl unters Bohnenpüree mischen. Salzen, pfeffern.

So viel Zeit muss sein: 10 Minuten
Das schmeckt dazu: geröstete Weißbrotscheiben, gegrilltes Lamm- oder Schweinefleisch oder auch gegrillte Gemüse
Kalorien pro Portion: 340

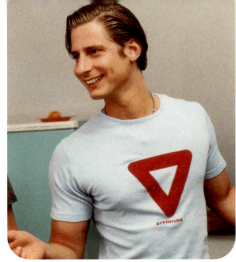

Birnen, Bohnen und Speck
Ziemlich norddeutsch

Für 4 zum Sattessen:
500 g durchwachsener Räucherspeck
Salz, Pfeffer aus der Mühle
700 g grüne Bohnen, 4 Zweige Bohnenkraut
1 Stück unbehandelte Zitronenschale
4 feste Birnen (z. B. Kaiser Alexander)
1 Bund Petersilie

1 Speck in vier gleich dicke Scheiben schneiden. Mit 3/4 l Wasser in einen Topf geben, zum Kochen bringen. Die Hitze klein schalten, Speck 15 Minuten ziehen lassen. Mit Salz und Pfeffer würzen.

2 Bohnen waschen und putzen. Die Hitze wieder größer schalten. Bohnenkraut abbrausen und mit Bohnen und Zitronenschale zum Speck geben und zugedeckt 8 Minuten garen. Birnen schälen, aber ganz lassen. Hitze wieder klein schalten. Birnen einlegen, Deckel drauf, 8–10 Minuten garen. Die Birnen dürfen nicht zerfallen!

3 Petersilie abbrausen, trockenschütteln, Blättchen sehr fein hacken. Bohnen und Birnen salzen und pfeffern. Mit dem Speck und wenig Brühe in eine Schüssel füllen, Petersilie draufstreuen. Fertig.

So viel Zeit muss sein: 35 Minuten
Das schmeckt dazu: Salz- oder Bratkartoffeln
Kalorien pro Portion: 775

Putzen
• Früher hatten grüne Bohnen seitlich feine Fäden, die man beim Putzen abziehen musste. Kommt bei den neuen Züchtungen heute selten vor. Man wäscht die Bohnen und schneidet die beiden Enden ab. Sollten die Bohnen doch Fäden haben, merkt man das beim Abschneiden der Enden. Dann einfach mit abziehen.
• Bei Dicken Bohnen Schote an den seitlichen »Nähten« zusammendrücken, bis sie an einer Stelle aufplatzen. Beide Schotenteile auseinander ziehen und die Bohnenkerne rauslösen.

Kochen nötig?
• Grüne Bohnen enthalten ungegart ein natürliches Pflanzengift. Nach etwa 8–10 Minuten Kochzeit, ist es verschwunden.
• Junge Dicke Bohnen kann man auch roh essen. Ganz fein mit Pecorinospänen und bestem Olivenöl.

Baked beans
Brauchen Zeit

Für 6–8 zum Sattessen:
400 g getrocknete weiße Bohnen (die kleinen)
2 große Zwiebeln
150 g nicht zu fetter Räucherspeck oder Kasseler in dünnen Scheiben
5 EL Melasse (man kann auch Ahornsirup nehmen)
1 EL mittelscharfer Senf
3 EL Malzessig (Apfelessig geht auch)
Salz, Pfeffer aus der Mühle

1 Die Bohnen über Nacht in Wasser einweichen und quellen lassen. Am nächsten Tag in ein Sieb abgießen und in einen Topf geben. Bohnen mit frischem Wasser bedecken und zum Kochen bringen. Zugedeckt 15 Minuten köcheln lassen, dann abgießen.

2 Den Backofen auf 130 Grad vorheizen. Die Zwiebeln schälen und fein hacken. Die Bohnen abtropfen lassen, mit den Zwiebeln mischen.

3 Eine hitzebeständige Form mit Deckel mit der Hälfte der Speck- oder Kasselerscheiben auslegen. Die Hälfte der Bohnen draufschütten, dann wieder Speck oder Kasseler und die übrigen Bohnen.

4 1/2 l Wasser mit Melasse, Senf, Essig, Salz und Pfeffer erhitzen, bis sich der Zucker gelöst hat. Die Flüssigkeit über die Bohnen gießen, den Deckel auflegen.

5 Die Bohnen in den Ofen (Mitte, Umluft 110 Grad) schieben und 3 1/2 Stunden darin backen. Dabei immer wieder mal den Deckel abheben und nachschauen, ob noch genug Flüssigkeit im Topf ist. Eventuell ein wenig Wasser nachgießen. Zum Schluss sollen die Bohnen jedenfalls weich, feucht, aber nicht wie eine Suppe sein.

So viel Zeit muss sein: 25 Minuten
(+ 12 Stunden Einweichzeit und
3 1/2 Stunden Backzeit)
Das schmeckt dazu: wer die Bohnen wie manche Amerikaner zum Frühstück isst, serviert Spiegeleier, gebratenen Speck und Tabascosauce dazu; ansonsten passen sie zu Fleisch oder einfach dunklem Brot
Kalorien pro Portion (bei 8): 290

Variante:

Schnelle Baked beans
Speck und Zwiebeln klein würfeln und in einer Pfanne bei mittlerer Hitze glasig und leicht braun braten. 2 kleine Dosen weiße Bohnen (abgetropft 500 g) dazugeben und erhitzen. Mit Ahornsirup, Pfeffer und Salz würzen. Ist natürlich nicht das Gleiche, aber auch sehr gut.

Nudeln mit Dicken Bohnen und Salami
Ungewöhnlich

Für 4 zum Sattessen:
300 g enthülste Dicke Bohnen (frisch oder TK oder 1 kg in den Schoten)
1 rote Zwiebel
1 getrocknete Chilischote
2 Zweige Bohnenkraut
100 g italienische Salami in dünnen Scheiben
1 EL Olivenöl
150 ml Fleischbrühe oder trockener Weißwein
Salz
400 g Tagliatelle oder Rigatoni

1 Wer frische Dicke Bohnen noch in den Schoten gekauft hat: Hülsen aufbrechen und die Bohnenkerne rauslösen.

2 Zwiebel schälen und vierteln, in feine Streifen schneiden. Chilischote zerkrümeln. Bohnenkraut abbrausen, trockenschütteln und die Blättchen grob hacken. Salamischeiben in Streifen schneiden. Für die Nudeln in einem großen Topf mindestens 4 l Wasser zum Kochen bringen.

3 Öl in einem Topf erwärmen. Zwiebel und Chili einrühren und bei mittlerer Hitze kurz braten. Salami mitbraten, dann die Bohnen dazugeben. Mit Brühe oder Wein aufgießen. Deckel drauf und zugedeckt 10 Minuten schmoren.

Noch mehr Rezepte mit Bohnen (Seite)

Chili con carne (137)
Gado Gado (238)
Gemüseplatte mit Aioli (182)
Gemüse-Risotto (264)

4 Das Nudelwasser salzen und die Nudeln reingeben. Nach Packungsangabe – ungefähr 8 Minuten – garen, bis sie bissfest sind. Nudeln abgießen, mit der Sauce mischen und servieren.

So viel Zeit muss sein: 15 Minuten
(mit Bohnen enthülsen 25 Minuten)
Das schmeckt dazu: Oliven, frisch geriebener Pecorino und natürlich ein kräftiger Rotwein
Kalorien pro Portion: 555

Brot

engl.: bread; franz.: pain; ital.: pane; span.: pan

In Asien und Afrika spielt es kaum ein Rolle, Amerika und Australien spielen für seine Fans keine Rolle – die wahre Heimat des Brotes liegt in Europa, wo man es so hoch schätzt wie anderswo Reis, Mais oder Hirse. In diesem Buch ist nicht oft von Kultur die Rede, doch hier muss es sein: Brot ist für uns Kult. Warum sonst gibt es in Deutschland Hunderte Arten von Roggenbrot, warum sonst ist der Gang zum Baguettebäcker französisches Ritual, warum sonst kennen Briten wie Italiener so viele Gerichte mit Brot?

Die Brotkultur begann mit einem Rezept, das im Wesen bis heute gilt: gemahlenes Getreide, Wasser und Gewürz wurden verknetet und dann auf heißen Steinen am Lagerfeuer zu dünnen Fladen gebacken oder in der Sonne auf Vorrat getrocknet. In Teilen des Orients und der Alpen macht man das noch heute so. Manchmal wurde aber nicht gleich gebacken, und da passierte es, dass sich das rohe Mehl-Wasser-Gemisch ein paar Pilze und Bakterien aus der Luft einfing. Was schlimmer klingt, als es das bis heute ist – zumindest wenn sich dabei wilde Hefepilze und Milchsäurebakterien im Teig vereinen. Denn so entsteht Sauerteig. Und der treibt und reift mit der Zeit zu einer Masse heran, aus der im Ofen ein sauber aufgegangenes Brot mit kraftvollem Geschmack wird. Findige Bäckerinnen und Bäcker haben diesen eher zufälligen Vorgang inzwischen so weit verfeinert, dass damit in einem Prozess über mehrere Tage und Stufen Delikatessen voller wichtiger Nährstoffe entstehen. Ein gutes, gereiftes Natursauerteigbrot mit fester Kruste, saftig-säuerlicher Krume und lang anhaltendem Geschmack – dafür fahren Feinschmecker ewig und danach sehnen sich Auslandsdeutsche jahrelang.

Aber nicht jedes Sauerteigbrot ist Natur pur. Die meisten werden heute in der Backfabrik genauso wie beim Bäcker nebenan mit »Kunstsauer« gebacken, der unter anderem Zitronensäure enthält und seine Arbeit streng nach Plan in ein paar Stunden macht – aber nicht die ganze Arbeit. So passiert es, dass in der kurzen Reifezeit einige »Störer« im Teig nicht gebremst werden und später die Kraft der Nährstoffe im Körper gestört ist.

Wo man nicht Deutsch spricht und trotzdem Brot isst, wird von Anfang an der leichtere Weg beim Backen gesucht – mittels Hefeteig, aus dem Baguette, Ciabatta, Fladenbrot und Toast gemacht werden. Das Mehl-Wasser-Gemisch (fast immer Weizenmehl) geht hier dank gezüchteter Hefe auf, wobei der Teig zuvor fürs natürliche Säuern schon mal stehen gelassen werden kann. Aber auch dann ist Hefeteig der unkompliziertere Brotteig, vor allem wenn er nach Basic-Art gleich in einem Gang gemacht wird. Die Ergebnisse reichen bei uns vom fluffigen Rosinenbrot übers klassische Kastenweißbrot bis zur krachigen Laugenbreze(l). Weltweit ist Hefeteiggebäck klar die Nummer 1, auch als Zutat für Rezepte. Es ist Basis für Sandwiches, überbackene Baguettes, Bruschette, bindet Saucen und Suppen, lockert Hacksteaks und Bratenfüllungen, gibt Aufläufen, Salaten und Semmelknödeln Substanz. Und wenn gar nix mehr geht, kann man es immer noch zu Panade reiben.

Aufheben

Der beste Platz für Brot (in Papier oder Tüte) ist ein gut schließender, aber nicht luftdichter Brotkasten oder ein Brottopf aus durchlässigem Material – frei von zuckrigem

Das passt ins und zum Brot

Anis, Fenchel, Kümmel, Kerne, Körner (im Sauerteigbrot), Oliven, Zwiebeln, Nüsse, Trockenfrüchte (im Hefeteigbrot)

Buttermilch, Molke, Joghurt, saure Sahne, Olivenöl, Bier (statt Wasser im Teig)

Butter, Schmalz, Quark, Schnittkäse, Aufschnitt, Geräuchertes, Getrocknetes und Eingelegtes von Fleisch, Fisch und Gemüse, Ei in jeder Form, Cremes und Dips aller Art, Konfitüre, Marmelade, Honig

Tomaten, Gurken, Basilikum, Petersilie, Schnittlauch

Gutes Brot…

…trägt einen klaren Namen
…lässt den Bäcker gerne aus der Backstube erzählen
…enthält nicht viel mehr als Mehl, Wasser und natürliches Treibmittel
…ist aus gut gereiftem Teig (auch bei Hefeteig)
…ist so handgemacht wie es aussieht
…ist als helles, leichtes Brot tagfrisch
…ist als dunkles, schweres Brot vom Vortag
…schmeckt schon pur gut

Schlechtes Brot…

…hat Fantasienamen, die auf Fertigetiketten stehen (Backmischung!) oder wird aus TK-Rohlingen gebacken (Tipp: Kruste bröckelt!)
…wird mit Kunstsauer angesetzt, mit Karamell/Malz gefärbt, mit Enzymen gebräunt, mit Emulgatoren aufgeblasen
…lässt den Bäcker schweigen
…sieht immer gleich aus
…schwitzt als Sauerteigbrot, bröselt als Hefebrot
…ist fest oder schwammig
…schmiert beim Schneiden oder ist kaum zu schneiden
…hält kürzer als es sollte (1-Stunden-Baguette, 3-Tage-Sauerteigbrot)
…schmeckt pur nach nichts

Gebäck oder Krümeln in Massen, da dies Feuchtigkeit und Schimmel fördert. Im Kühlschrank wird Brot schnell altbacken. Das Gleiche geschieht mit Baguette, Ciabatta, Fladenbrot sowie Laugengebäck, wenn es nicht am gleichen Tag gegessen wird. Dunklere Brote bleiben je nach Typ mehrere Tage bis 1 Woche relativ frisch, manche Natursauerteig- bzw. Vollkornbrote noch länger. Sind die noch ofenwarm, sollten sie erst zum Ausdampfen 1 Tag in der Küche liegen, bevor sie in den Kasten kommen.

Die Typen

Weizen- bzw. **Weißbrot** wird mit mindestens 90 % Weizenmehl (oft 100 %) gebacken und meist mit Hefe angetrieben, was es luftig und mild im Geschmack macht. Dazu zählen Baguette, Ciabatta, Focaccia, Fladenbrot, Toast sowie Kleingebäck wie helle Brötchen, Breze(l)n, Croissants, Bagels. Am besten frisch essen, maximal 2 Tage haltbar. Toast hält im Kühlschrank 1 Woche.

Roggenbrot wird mit mindestens 90 % Roggenmehl (der Rest kann Weizenmehl sein, bei Roggenbrötchen darf es auch mehr davon sein) und Sauerteig angesetzt. Es ist eher schwer und dunkel, dabei voll im Geschmack mit säuerlich-würzigem Ton. Super als belegtes Brot, optimale Beilage zu Deftigem und beste Zutat für regionale Spezialitäten wie die Brotsuppe. Roggenbrot hält 1–2 Wochen.

In den beliebten **Mischbroten** stecken zwei Mehlsorten, von denen die namensgebende (Weizenmischbrot, Roggenmischbrot) mehr als die Hälfte und die andere mindestens 10 % ausmachen muss. Je größer die Mehrheit des bestimmenden Mehls ist, desto mehr geht das Brot bei Triebmittel, Geschmack, Verwendung und Haltbarkeit in Richtung Weizen- oder Roggenbrot.

Mehrkornbrot besteht aus mindestens 3 Getreidearten, wobei von jeder mehr als 5 % dabei sein müssen. In solchen Drei- bis Unendlich-Kornbroten können neben Weizen oder Roggen noch Dinkel, Hafer, Grünkern, Leinsamen oder Exoten wie Kamut und Amaranth stecken. Oft ergänzt durch aufbereitete Körner und Kerne, z.B. Sonnenblumen- oder Kürbiskerne.

Vollkornbrot kann auch Weizenbrot sein, aber nicht jedes Mehrkornbrot muss eins sein und Vollkornbrot ist längst nicht immer Bio- oder Körnerbrot. Denn: Wird Mehl für Brot aus dem vollen Korn samt Schale und Keimling gemahlen, kommt Vollkornbrot aus dem Backofen – basta. Das ist etwas dunkler und schwerer als gewohnt, was z.B. bei Baguette nicht gerade klassisch, bei Roggenmischbrot aber ein echter Gewinn ist.

Spezialbrote schließlich werden in speziellen Regionen nach speziellen Verfahren mit speziellen Zuaten gemacht. Z.B. **Pumpernickel** (westfälisch; aus geschrotetem Roggen, in der Form mit Dampf gebacken), **Knäckebrot** (skandinavisch; aus erhitztem, flach aufgestrichenem Teig trocken gebacken), **Maisbrot** (amerikanisch; süßliches Hefebrot mit Maismehl), **Chapatis** (indisch; gewürztes hauchdünnes Fladenbrot).

Fertigbrote gibt es in Kühltheke und Tiefkühler vorgebacken zum Aufbacken (Baguettes, Sonntagsbrötchen, Brezen) oder vorgeschnitten im Brotregal in Tüten. Vorteil: Auf der Packung steht drauf, was drin ist. Nachteil: das, was drin ist, z.B. Konservierungsstoffe.

Dinkel-Sonnenblumen-Brot
Besser geht's kaum, einfacher auch nicht

Für 1 großen Laib (etwa 40 Scheiben):
125 g Sonnenblumenkerne
500 g Dinkelvollkornmehl
500 g helles Dinkelmehl
1 TL gemahlener Kümmel
2 TL gemahlener Koriander
1 EL Salz
1 Würfel frische Hefe (42 g)
150 g Sauerteig (im Beutel, aus dem Supermarkt oder Reformhaus)

1 Am Abend vorher 1 Minute investieren: Sonnenblumenkerne in einer Schüssel mit Wasser bedecken und über Nacht stehen lassen. So werden sie schön weich und nehmen dem Brot keine Feuchtigkeit weg.

2 Am nächsten Tag beide Mehlsorten mit Kümmel, Koriander und Salz mischen. Die Hefe zerkrümeln, in einem großen Gefäß mit 600 ml kaltem Wasser verrühren. Den Sauerteig auch untermischen.

3 Mehl zur Hefe-Sauerteig-Mischung geben. Sonnenblumenkerne abtropfen lassen, dazugeben. So lange kneten, bis alles gut gemischt ist. Der Teig ist weich und behält seine Form noch nicht ganz.

4 Teig zudecken und 1–2 Stunden stehen lassen, bis er deutlich größer geworden ist. Das Backblech mit Backpapier auslegen.

5 Teig nochmals kurz durchkneten, auf dem Blech zu einem Laib formen. Wieder 15 Minuten gehen lassen. Den Backofen auf 200 Grad vorheizen. Zwei bis drei hitzebeständige Gefäße mit kaltem Wasser füllen und unten in den Ofen stellen.

6 Brot im Ofen (Mitte, Umluft 180 Grad) ungefähr 55 Minuten backen. Jetzt kommt der Hörtest. Brot mit einem doppelt oder dreifach gefalteten Tuch anfassen (das Brot ist heiß!!) und umdrehen. Mit den Fingerknöcheln draufklopfen. Fertig gebackenes Brot klingt hohl. Auf ein Kuchengitter legen und abkühlen lassen.

So viel Zeit muss sein: 20 Minuten
(+ 12 Stunden Einweichzeit und
1–2 Stunden Gehzeit und 55 Minuten Backzeit)
Kalorien pro Scheibe (bei 40): 110

TIPP:
Die Hefe wird übrigens kalt angerührt, weil sie dann langsamer aufgeht – was den Teig feiner werden lässt.
Wer nicht allzu viel Brot isst, formt aus dem Brotteig besser zwei Laibe. Sie haben eine etwas kürzere Backzeit (Klopftest machen!). Dann den einen Laib frisch essen und den zweiten gleich nach dem Backen und Auskühlen einfrieren. Nach dem Auftauen kurz aufbacken und das Brot schmeckt fast wie frisch gebacken.

Baguette
Echt französisch

Für 2 Baguettes (etwa 50 Scheiben):
50 g Weizen- oder Dinkelvollkornmehl
600 g helles Weizen- oder Dinkelmehl
knapp 1 EL Salz
1/2 Würfel frische Hefe (21 g)
2 TL Honig

1 Vollkornmehl mit 50 ml Wasser verrühren, mit Klarsichtfolie abdecken und bei Zimmertemperatur 24 Stunden stehen lassen. Das wird sozusagen ein selbst gemachter leichter Sauerteig, der dem Brot ein besonderes Aroma gibt.

2 Nach der Ruhezeit den angesetzten Teig mit dem restlichen hellen Mehl und Salz in einer Schüssel mischen. Hefe zerkrümeln und mit dem Honig in etwa 300 ml kaltem Wasser verrühren. Dazugeben und alles sehr gründlich miteinander verkneten.

3 Den Teig zudecken und ungefähr 30 Minuten in Ruhe gehen lassen. Dann den leicht aufgegangenen Teig halbieren und 10 Minuten liegen lassen.

4 Beide Teigstücke auf etwas Mehl zu einer langen Rolle formen, die diagonal auf das Backblech passen. Flach drücken und eine Längsseite etwas nach innen klappen. Die andere drüberklappen und festdrücken. Das gibt dem Brot dann die typische Form.

5 Backblech mit Backpapier auslegen. Ein Baguette drauflegen, noch mal etwa 1 Stunde gehen lassen. Das andere Baguette auch schon auf ein Stück Backpapier legen, dann lässt es sich später besser aufs Blech heben.

6 Den Backofen auf 220 Grad vorheizen (auch schon jetzt: Umluft 200 Grad). Die Baguettes im Abstand von ungefähr 5 cm schräg leicht einritzen – mit einem wirklich scharfen Messer.

7 Auf den Backofenboden 1/2 Tasse Wasser schütten, Blech in den Ofen (Mitte) schieben, Ofen gleich schließen und das Baguette im Dampf ungefähr 30 Minuten backen, bis es goldgelb ist. Das andere Baguette genauso backen. Abkühlen lassen und den Franzosen Glauben schenken: Baguette darf nicht älter als einen halben Tag werden. Aber wir wissen's noch besser: nach dem halben Tag noch mal kurz bei 180 Grad aufbacken. Oder gleich einfrieren und nach dem Auftauen auch aufbacken.

So viel Zeit muss sein: 30 Minuten
(+ 24 Stunden für den Teigansatz
und 1 3/4 Stunden Gehzeit und
1 Stunde Backzeit)
Kalorien pro Scheibe (bei 50): 45

Bruschetta
Gute Tomaten, gutes
Öl – gute Bruschetta

Für 4 gegen den ersten Hunger:
4 vollreife Tomaten
8 Basilikumblättchen
4 große Brotscheiben (toskanisches Weißbrot oder Bauernbrot aus Sauerteig)
4 Knoblauchzehen
8 EL bestes Olivenöl
Salz, Pfeffer aus der Mühle

1 Tomaten waschen und sehr klein würfeln, dabei den Stielansatz wegschneiden. Basilikum in feine Streifen schneiden.

2 Die Brotscheiben quer halbieren und im Toaster oder im heißen Backofen (höchste Stufe oder Grill) anrösten.

3 Den Knoblauch schälen und halbieren. Die gerösteten Brotscheiben damit kräftig einreiben, jeweils 1 EL Olivenöl auf jede Hälfte träufeln. Tomaten darauf verteilen, salzen und pfeffern, mit Basilikumstreifen bestreuen.

So viel Zeit muss sein: 20 Minuten
Das schmeckt dazu: Prosecco oder Weißwein
Kalorien pro Portion: 275

Crostini mit Olivencreme
Schnell gemacht

Für 4 als Vorspeise oder zum Wein:
1 Bund Basilikum
100 g entsteinte grüne Oliven
1 getrocknete Chilischote
1 EL Pinienkerne
2 EL Olivenöl
12 dünne Scheiben Weißbrot

1 Basilikumblättchen von den Stängeln zupfen. Mit Oliven, Chili, Pinienkernen und Öl fein pürieren (Mixer oder Stabmixer). Salz braucht's eher nicht, weil die Oliven schon genug davon haben.

2 Die Brotscheiben im Toaster oder im heißen Backofen (höchste Stufe oder Grill) anrösten. Mit der Creme bestreichen und bald essen.

So viel Zeit muss sein: 15 Minuten
Das schmeckt dazu: geröstete Pinienkerne obendrauf
Kalorien pro Portion: 155

Variante:

Schwarze Olivencreme
100 g entsteinte schwarze Oliven mit je 1 EL Kapern und Pinienkernen, 2 EL Tomatenmark, 2 EL Olivenöl und 1 TL Aceto balsamico pürieren und pfeffern.

Spaghetti mit gerösteten Brotbröseln
Süditalienische Resteverwertung

Für 4 zum Sattessen:
150 g Weißbrot
4 Knoblauchzehen
1/4 Bund Thymian
10 in Öl eingelegte Sardellenfilets
1/2 unbehandelte Zitrone
400 g Spaghetti
Salz
6 EL Olivenöl
2 getrocknete Chilischoten

1 Vom Brot die Rinde abschneiden und das Innere in ganz kleine Stücke zupfen. Knoblauch schälen und in feine Stifte schneiden. Den Thymian abbrausen und trockenschütteln, die Blättchen von den Zweigen abzupfen. Die Sardellenfilets grob hacken. Die Zitronenhälfte heiß waschen und die Schale dünn (ohne das Weiße!) abschneiden und in sehr feine Streifen schneiden. Oder die Schale mit einem Zestenreißer abziehen.

2 Für die Nudeln in einem großen Topf reichlich Wasser zum Kochen bringen und salzen. Die Nudeln darin nach Packungsaufschrift al dente kochen.

3 In einer Pfanne 3 EL Öl erhitzen. Brotbrösel darin bei mittlerer Hitze knusprig braten. Rausnehmen. Restliches Öl in der Pfanne erhitzen. Sardellen, Thymian und zerkrümelte Chili dazugeben und braten, bis die Sardellen fast zerfallen. Zitronenschale untermischen, leicht salzen.

4 Die Nudeln rasch abgießen und sofort zu den Sardellen in die Pfanne geben. Mit den Brotbröseln mischen und auf vorgewärmten Tellern auf den Tisch stellen.

So viel Zeit muss sein: 20 Minuten
Das schmeckt dazu: Tomaten- oder Rucolasalat und ein kräftiger Rotwein
Kalorien pro Portion: 615

Variante:

Nudeln mit Tomatenbröseln
100 g altbackenes Weißbrot in Stücke brechen und mit den Blättern von 1/2 Bund Petersilie im Mixer fein zerkleinern. Die Sardellenfilets in Stücke schneiden. 150 g Kirschtomaten waschen und halbieren. Brotbrösel in der Hälfte vom Öl braten, rausnehmen. Sardellen im übrigen Öl zerkleinern. Tomaten kurz mitbraten, mit Salz und Chilipulver abschmecken. Beides mit frisch gekochten Nudeln mischen und gleich auf den Tisch stellen.

TIPP:
Wer häufiger Weißbrot übrig hat, sollte es nicht immer wegwerfen. Besser in Scheiben schneiden und ganz trocken werden lassen. Dann in der Küchenmaschine zu feinen Bröseln zerkleinern, in einem Schraubglas aufbewahren und statt Semmelbröseln verwenden.

Toskanischer Brotsalat
Lässt Brot garantiert nicht alt aussehen

Für 4 als Sommeressen:
150 g altbackenes Weißbrot (mindestens vom Vortag, noch besser 2–3 Tage alt)
1 milde weiße Zwiebel
1 Knoblauchzehe
200 g feste vollreife Tomaten
1/2 Salatgurke (ungefähr 200 g)
1 gelbe Paprikaschote
1 Bund Rucola, 1/2 Bund Petersilie
2–3 EL Rotweinessig
Salz, Pfeffer aus der Mühle
5–6 EL bestes Olivenöl
1 EL kleine Kapern

1 Brot in Würfel schneiden. Wenn die noch weich sind, in einer Pfanne ohne Fett bei mittlerer Hitze leicht anrösten. Die Zwiebel schälen und in feine Streifen schneiden. Den Knoblauch schälen und fein hacken.

2 Tomaten, Gurke und Paprika waschen, bzw. schälen und putzen. Das Gemüse in kleine Würfel schneiden. Vom Rucola die welken Blätter aussortieren, dicke Stiele abknipsen. Rucola und Petersilie waschen, trockenschleudern und hacken. Essig, Salz, Pfeffer und Öl gut verrühren.

3 Brot, Gemüse, Kräuter und Sauce mischen, mindestens 1 Stunde stehen lassen, bis das Brot weicher ist. Noch mal durchrühren, mit den Kapern bestreuen.

So viel Zeit muss sein: 25 Minuten
(+ 1 Stunde Ruhezeit)
Kalorien pro Portion: 210

Brot- oder Brezensuppe mit Bier
Ganz was Bayerisches

Für 4 als Vorspeise oder kleines Essen:
150 g dunkles Bauernbrot oder altbackene Brezen (vom Vortag)
1 Zwiebel
2 EL Butter
3/4 l Fleisch- oder Gemüsebrühe
gut 1/4 l dunkles Bier
1 Bund Schnittlauch
Salz, Pfeffer aus der Mühle
2 EL süße oder saure Sahne

1 Das Bauernbrot in kleine Würfel oder die Brezen in dünne Scheiben schneiden. Die Zwiebel schälen, halbieren und in ganz feine Streifen schneiden.

2 Die Butter in einem großen Topf zerlassen. Zwiebelstreifen einrühren und bei mittlerer Hitze 2–3 Minuten braten. Brot dazu, noch mal 2 Minuten braten. Brühe und Bier dazugeben, aufkochen und alles 5 Minuten köcheln lassen. Immer wieder mal gut durchrühren, damit Brotwürfel oder Brezenscheiben leicht zerfallen.

3 Den Schnittlauch abbrausen, trockenschütteln und in feine Röllchen schneiden. Suppe mit Salz und Pfeffer abschmecken, Sahne dranrühren. Mit dem Schnittlauch bestreut servieren.

So viel Zeit muss sein: 25 Minuten
Kalorien pro Portion: 215

TIPP:
Die Brezen sind salziger als das Brot. Wurde die Suppe also mit Brezen zubereitet, eher vorsichtig salzen. Zudem besser die groben Salzstücke vor dem Schneiden der Brezen mit einem Messer abkratzen.

Liebe Basics...

Ein paar von euch haben uns geschrieben und gebeten, dass wir genauere Angaben machen sollen, wie viel Salz und Pfeffer die Gerichte brauchen. Wir haben darüber nachgedacht und uns schließlich doch dagegen entschieden (außer z. B. beim Brotbacken, denn da sind konkrete Mengenhinweise wichtig). Zum einen sind die Geschmäcker einfach sehr unterschiedlich. Der eine mag es mehr, der nächste weniger salzig. Zum anderen – und das ist kein Witz! – hängt es auch davon ab, welches Salz man zum Würzen nimmt. Meersalz, vor allem reines, salzt oft stärker als Salz aus dem Salzbergwerk. Beim Pfeffer ist es ganz ähnlich. Der eine liebt es scharf, der andere bevorzugt milde Gerichte. Wir bitten somit um Nachsicht. Probiert die Gerichte einfach vor dem Essen und würzt ganz nach eigenem Gusto, dann passt es immer. Es ist sowieso besser, während der Zubereitung erstmal mit Salz und Pfeffer sparsam umzugehen. Oftmals reduziert sich während des Kochens die Flüssigkeit und das Gericht wird dadurch intensiver im Geschmack. Nachsalzen kann man immer, Versalzenes zu retten, ist hingegen meistens ziemlich schwierig. Also: Salz und Pfeffer stets mit auf den Tisch stellen!

Arme-Ritter-Auflauf
Macht schwer was her

Für 3–4 zum Sattessen oder
für 6–8 als Dessert:
6 EL Butter
50 g Rosinen
6 altbackene Brötchen (vom Vortag,
oder Weißbrot oder Brioches)
6 EL Zucker
4 mittelgroße feste säuerliche Äpfel
(z. B. Boskop)
1 unbehandelte Zitrone
1/2 l Milch
3 Eier
1 Prise Salz
1 Päckchen Vanillezucker
1/2 TL Zimtpulver
2 EL Pinienkerne

1 Den Backofen auf 200 Grad vorheizen (auch schon jetzt: Umluft 160 Grad). Eine große hitzebeständige Form mit 1 EL Butter einfetten. Die Rosinen waschen und trockentupfen.

2 Brötchen in dünne Scheiben schneiden. 3 EL Butter mit 2 EL Zucker unter Rühren schmelzen. Die Brotscheiben damit bestreichen und auf dem Blech im Ofen (Mitte) 6 Minuten backen. Äpfel vierteln, schälen, entkernen und in Spalten schneiden. Brot- und Apfelscheiben dachziegelartig in die Form einschichten.

3 Die Zitrone heiß waschen und die Schale fein abreiben. Die Milch mit Zitronenschale, Eiern, Salz, Vanillezucker und dem übrigen normalen Zucker mit dem Schneebesen kräftig verquirlen.

4 Die Eiermilch über Äpfel und Brot gießen, mit Rosinen und Zimt bestreuen. Im Ofen (Mitte) 30 Minuten überbacken. Dann die Pinienkerne aufstreuen, restliche Butter in Flöckchen auf der Oberfläche verteilen und alles noch 10–15 Minuten weiter backen.

So viel Zeit muss sein: 30 Minuten
(+ bis 45 Minuten Backzeit)
Kalorien pro Portion (bei 8): 265

Semmelknödel mit Pilzsahne
Geniale Brotverwertung

Für 4 zum Sattessen:
6 altbackene Brötchen (Semmeln) vom Vortag oder 200 g trockenes Weißbrot
200 ml Milch
2 Zwiebeln
3 EL Butter
1 Bund Petersilie
600 g Pilze (z.B. Champignons, Egerlinge; oder besonders edel: frische Waldpilze wie Steinpilze oder Pfifferlinge)
3 EL Zitronensaft
2 Möhren
3 Eier
Salz, Pfeffer aus der Mühle
frisch geriebene Muskatnuss
2 TL Mehl
1/4 l Gemüsebrühe
200 g Sahne

1 Brötchen oder Brot in dünne Scheiben schneiden, in eine große Schüssel legen. Milch fast kochen lassen, drübergießen und zugedeckt 30 Minuten quellen lassen.

2 In der Zwischenzeit Zwiebeln schälen, fein würfeln und die Hälfte davon in 1 EL Butter glasig dünsten. Vom Herd nehmen. Petersilie abbrausen, trockenschütteln und erst mal nur die Hälfte fein hacken. Die Pilze putzen, in dünne Scheiben schneiden und sofort mit 2 EL Zitronensaft beträufeln. Die Möhren schälen und schräg in dünne Scheiben schneiden.

3 Gedünstete Zwiebeln, gehackte Petersilie und Eier zu den Semmeln geben. Mit Salz, Pfeffer und Muskat kräftig würzen und alles mit den Händen ordentlich verkneten.

4 In einem großen Topf 2 l Salzwasser aufkochen. Die Hände nass machen und aus der Semmelmasse 8 große oder 16 kleine Knödel formen. Ins kochende Wasser legen und etwa 20 Minuten bei schwacher Hitze ziehen, aber nicht kochen lassen.

5 Übrige Butter in einer großen Pfanne zerlassen. Übrige Zwiebelwürfel darin bei mittlerer Hitze glasig dünsten. Möhrenscheiben kurz mitbraten, Pilze einrühren und 5 Minuten braten. Mit Salz und Pfeffer würzen. Mit Mehl bestäuben, Brühe und Sahne angießen und alles 10 Minuten leise köcheln lassen. Mit Salz, Pfeffer und etwas Zitronensaft abschmecken.

6 Die Knödel aus dem Wasser heben, abtropfen lassen und auf der Pilzsahne anrichten. Jetzt übrige Petersilie hacken und obendrauf streuen.

So viel Zeit muss sein: 1 Stunde
Das schmeckt dazu: grüner Salat
Kalorien pro Portion: 500

Brot-Kirsch-Kuchen
Supereasy, supersaftig

Für 1 Kastenkuchen (etwa 20 Stück):
1 Glas Schattenmorellen (680 g Inhalt)
150 g Schwarzbrot (nicht ganz frisch)
1 EL Butter
1–2 EL Semmelbrösel
4 Eier (Größe L), 150 g Zucker
1 TL Zimtpulver
1/4 TL gemahlene Nelken
2–3 EL Puderzucker

1 Die Kirschen abtropfen lassen, das Brot fein zerkrümeln. Backofen auf 180 Grad vorheizen (Umluft ohne Vorheizen 160 Grad). Eine Kastenform von 30 cm Länge mit der Butter ausfetten, mit den Semmelbröseln ausstreuen.

> ### Noch mehr Rezepte mit Brot (Seite)
>
> Caesar's salad (61)
> Käsefondue (174)
> Lachstramezzini (118)
> Linsensuppe (214)
> Maultaschen (232)
> Muscheln aus dem Ofen (223)
> Panini mit Mozzarella (173)
> Pilz-Crostini (259)
> Roggenbrot mit Pilzkaviar (259)
> Rucola, immer wieder Rucola (61)
> Zwiebelsuppe (328)

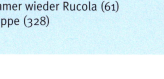

2 Die Eier mit dem Zucker cremig rühren. Zimt, Nelken und Brot unterheben. Den Teig in die Form füllen und die Kirschen gleichmäßig darauf verteilen.

3 Den Kuchen im Ofen (Mitte) ungefähr 50 Minuten backen. In der Form 10 Minuten stehen lassen, rauslösen und kalt werden lassen. Puderzucker darüber stäuben.

So viel Zeit muss sein: 15 Minuten
(+ 50 Minuten Backzeit)
Kalorien pro Stück (bei 20): 85

Bulgur, Couscous & Polenta

auf Deutsch: Weizengrieß & Maisgrieß

Hier geht es um »Grießprodukte« - grob gemahlenes Getreide fürs Kochen. Doch wer denkt da an orientalische Basare, ans Mittelmeer und an Italiens genussvollen Norden? Dorthin entführen uns erst so klangvolle Namen wie eben Bulgur, Couscous und Polenta.

Was sich dahinter im Einzelnen verbirgt, wird gleich verraten. Viel wichtiger ist erstmal die Gemeinsamkeit des Trios: die beim Verarbeiten flockig bis cremig aufquellende Stärke, die alle Aromen in sich vereinigt, mit denen sie in den Topf und auf den Teller kommt. Für Bulgur werden Hartweizenkörner gedämpft, getrocknet und zu Grieß gemahlen. Da reicht Quellen in kaltem Wasser, um das nussig schmeckende Getreide bissfest zu machen – z. B. für einen Salat mit viel Petersilie, Zitrone und Olivenöl oder Kibbeh, eine rohe oder gebratene arabische Vorspeise mit Lammhack.

Auch Couscous besteht aus Hartweizen, doch der wird erst gemahlen und dann vorgequollen, vorgegart und getrocknet. Anschließend dämpft man ihn im Norden Afrikas aufwändig und langwierig über feiner Brühe. Der bei uns üblichere Instant-Couscous quillt in wenigen Minuten in der kochenden Flüssigkeit auf. Doch wer ihn luftiger, leichter und leckerer mag, gönnt der Blitz-Variante noch 10–20 Minuten zum Ausquellen oder gart ihn nach altem Brauch im Einsatz über dem Aromadampf. Couscous macht sich gut als Suppeneinlage oder Beilage. Er ist Basis für arabische Gemüseeintöpfe mit Fisch oder Fleisch und wird dank der scharfen Harissa-Paste zum Feuerwerk. Mit Früchten in Milch gekocht, und mit Kardamom, Zimt, Nelken, Honig oder Sirup abgeschmeckt, verwandelt sich Couscous auch in 1001-Nachspeisen.

Als der Mais zusammen mit Amerika entdeckt wurde, erfand Italien kurz darauf die aus Maisgrieß gekochte Polenta und startete damit einen erfolgreichen Grießbrei-Remake: einfach langsam cremig köcheln lassen (geht nach Basic-Art auch ohne viel Rühren), Parmesan druntermischen, etwas Butter oder Olivenöl drüber – und das Leben ist schön! Fester gekocht, glatt gestrichen und abgekühlt lässt sich Polenta in schnittige Eckchen teilen, die gebraten gut zu Kaninchen oder zu Pilzen schmeckt, aber eigentlich zu fast allem passt. Zumal man sie auch mit Sahne und Käse über- oder in etwas Öl ausbacken kann.

Den Maisgrieß dazu gibt's einmal als groben Kukuruz (gut für den polentaähnlichen Türkensterz aus der Steiermark oder Tortillas aus Mittel- und Südamerika) und einmal fast so fein wie Mehl gemahlen. Zwar macht solch ein feiner Grieß die Polenta weicher, doch er verleiht ihr nicht die beliebte Körnigkeit. Wir empfehlen daher zum dritten, dem mittelfeinen Grieß zu greifen – und echten Polenta-Profis, einfach mal alle Alternativen von grob bis fein zu testen. Nur bei Instant-Polenta kennen wir kein Pardon. Was man dabei an Zeit spart, geht voll auf Kosten von Cremigkeit und Geschmack.

Aufheben

Bulgur, Couscous und Polenta bestehen aus geschroteten Getreidekörnern und halten sich daher nicht ewig. Ihr Fett kann verderben. Die drei gehören deshalb an einen trockenen, dunklen und nicht zu warmen Platz. Also raus aus ihren angebrochenen Tüten in gut verschließbare, lichtundurchlässige Dosen. Doch selbst die beste Lagerung ist kein perfektes Anti-Aging-Mittel. Nach etwa 1/2 Jahr verändert sich allmählich der Geschmack. Und spätestens dann sollten diese Grießprodukte aufgebraucht werden.

Arabischer Bulgur-Salat
Frisch & easy

Für 4 zum Sattessen:
200 g Bulgur
1 großes Bund Frühlingszwiebeln
500 g Tomaten, 5–6 EL Zitronensaft
Salz, Pfeffer aus der Mühle
etwa 1/2 TL Chilipulver
1 kräftige Prise gemahlener Kreuzkümmel
1 TL getrocknete grüne Minze (einige gehackte frische Minzeblätter gehen auch)
6 EL gutes Olivenöl
1 Bund Petersilie

1 Den Bulgur in einer Schüssel mit kaltem Wasser bedecken und ungefähr 1 Stunde quellen lassen, bis die Körnchen weich, aber noch bissfest sind.

2 Die Frühlingszwiebeln waschen und alles Welke und die Wurzelbüschel wegschneiden, den Rest fein hacken. Tomaten waschen und in kleine Würfel schneiden, dabei den Stielansatz entfernen.

3 Eingeweichten Bulgur in ein Sieb abgießen, mit einem Löffel kräftig rühren und pressen, damit möglichst viel Wasser abtropft. Bulgur mit Frühlingszwiebeln und Tomaten in eine Schüssel geben und gründlich durchmischen.

4 Zitronensaft mit Salz, Pfeffer, Chili, Kreuzkümmel und Minze verquirlen, unter den Salat mischen. Olivenöl einrühren, scharf abschmecken. Petersilie abbrausen, trockenschütteln, grob hacken und untermischen. Gekühlt schmeckt der Salat am allerbesten.

So viel Zeit muss sein: 20 Minuten
(+ 1 Stunde Quellzeit und eventuelle Kühlzeit)
Das schmeckt dazu: gegrilltes Lammfleisch oder Entenbrust
Kalorien pro Portion: 330

Tabouleh
Auch aus Arabien

Für 4 als üppiger Imbiss:
150 g Instant-Couscous
2 große Bund glatte Petersilie
1/2 Bund Minze
1 hellgrüne Spitzpaprika (als Ersatz eine kleine dunkelgrüne oder rote nehmen)
5 EL Zitronensaft
5 EL Olivenöl
Salz, Pfeffer aus der Mühle
ein paar Zitronenschnitze zum Drauflegen

1 Den Couscous mit etwa 100 ml Wasser beträufeln und in 15–30 Minuten fast weich werden lassen.

2 In der Zeit schon mal die Kräuter abbrausen und trockenschütteln, die Blättchen abzupfen und ganz fein hacken. Die Paprika waschen, halbieren und die Kerne und Trennwände rauszupfen. Die Schote ebenfalls klein würfeln.

3 Zitronensaft mit Öl, Salz und Pfeffer gründlich verrühren, mit der Paprika und den Kräutern unter den Couscous mischen. Alles noch etwa 15 Minuten ziehen lassen, bis der Couscous weich ist. Ein Löffelchen probieren und eventuell nachwürzen. In eine schöne Schüssel füllen, Zitronenschnitze drauflegen.

So viel Zeit muss sein: 20 Minuten
(+ bis 45 Minuten Ziehzeit)
Das schmeckt dazu: Sesamfladen und Tomaten
Kalorien pro Portion: 200

TIPP:
Wer gerne scharf isst, hackt 1–2 Chilischoten klein und mischt sie unter das Tabouleh. Oder streut vor dem Servieren Paprikaflocken aus dem türkischen Laden auf den Salat. Auch sehr gut: eingelegte Peperoni dazu servieren.

Couscous mit Fleisch und Gemüse
Festessen – wahlweise mit Lamm oder Huhn

Für 4 mit viel Hunger:
1 Hähnchen (etwa 1,4 kg) oder 1 kg Lammfleisch (aus der Keule ohne Knochen)
2 Zwiebeln, 4 Knoblauchzehen
1 Bund Petersilie
1 Bund Koriander
10 EL Olivenöl
1 l Hühnerbrühe
1 Döschen Safranpulver
1 TL gemahlener Kreuzkümmel
1 TL edelsüßes Paprikapulver
1 TL Harissa (scharfe Chilipaste, ersatzweise Sambal oelek)
400 g Möhren
2 Zucchini (etwa 300 g)
1 Aubergine (etwa 300 g)
300 g Instant-Couscous
Salz, Pfeffer aus der Mühle

1 Das Hähnchen in 12 Teile schneiden oder das Lammfleisch von größeren Fettstücken befreien und in 2–3 cm große Würfel schneiden. Zwiebeln und Knoblauch schälen, die Zwiebeln in Ringe schneiden, den Knoblauch in Scheiben. Die Kräuter abbrausen, trockenschütteln und fein hacken.

2 In einem großen Schmortopf 4 EL Öl erhitzen. Huhn oder Lamm portionsweise bei starker Hitze gut braun braten und wieder rauslöffeln. Wenn alle Stücke angebraten sind, Zwiebeln und Knoblauch im Fett anbraten. Mit der Hälfte der Brühe aufgießen, mit Safran, Kreuzkümmel, Paprika und Harissa und den Kräutern würzen und das Fleisch wieder in die Brühe legen. Hitze klein schalten, Deckel drauf und alles etwa 1 Stunde schmoren.

3 Zeit für das Gemüse: Möhren schälen und der Länge nach vierteln, dann in 5 cm lange Stücke schneiden. Zucchini und Aubergine waschen, putzen und der Länge nach vierteln. Die Viertel quer in etwa 1 cm dicke Scheiben schneiden.

4 Die restliche Brühe erhitzen. Möhren etwa 12 Minuten, das übrige Gemüse etwa 8 Minuten drin kochen lassen. Inzwischen Couscous mit übrigem Öl mischen und bei mittlerer Hitze unter Rühren 3 Minuten anrösten. Vom Herd nehmen, 3/8 l Salzwasser untermischen, zugedeckt 5 Minuten quellen lassen. Nach Bedarf noch weiteres Wasser dazugeben, mit einer Gabel auflockern.

5 Das Gemüse mit dem Schaumlöffel aus der Brühe fischen und zum Fleisch geben. Salzen und pfeffern. Couscous auf einer großen Platte wie einen kleinen Berg aufhäufen. Die Spitze etwas flach formen. Fleisch und Gemüse darauf verteilen und gleich auf den Tisch stellen. Die Brühe vom Gemüse kann man dazu servieren.

So viel Zeit muss sein: 1 1/2 Stunden
Das schmeckt dazu: Fladenbrot und noch mehr Harissa
Kalorien pro Portion: 1410

Couscous-Eintopf mit Erdnüssen
Fixe Suppennummer dank Couscous

Für 4 zum Sattessen:
3 Möhren
1 zarter Kohlrabi
1 mitteldicke Stange Lauch
1 Zwiebel
1 Knoblauchzehe
1 EL Olivenöl, Salz
2 TL rosenscharfes Paprikapulver
100 g Instant-Couscous
1 l Gemüsebrühe
Pfeffer aus der Mühle
200 g Erdnüsse (mit Schale)
1 Bund Petersilie
1–2 EL Zitronensaft

1 Möhren und Kohlrabi schälen und klein würfeln. Lauch putzen, längs aufschlitzen, gründlich waschen und in sehr feine Streifen schneiden. Die Zwiebel schälen und fein hacken. Den Knoblauch schälen und durch die Presse drücken.

2 Im Suppentopf das Öl erhitzen. Zwiebel und Knoblauch mit Salz und Paprika darin glasig dünsten. Portionsweise das Gemüse einrühren, dann den Couscous, alles kurz dünsten. Die Brühe dazugießen, Salz und Pfeffer dazu. Einmal aufkochen, dann zugedeckt bei mittlerer Hitze etwa 10 Minuten köcheln lassen.

3 Zwischendrin Erdnüsse aus der Schale knacken, braune Häutchen abrubbeln. Nüsse in einer Pfanne ohne Fett und nicht zu heiß goldbraun rösten. Die Petersilie abbrausen, trockenschütteln und die Blättchen hacken.

4 Erdnüsse in den Eintopf rühren, mit Salz, Pfeffer und Zitronensaft abschmecken. Die Petersilie zum Schluss drüberstreuen.

So viel Zeit muss sein: 30 Minuten
Das schmeckt dazu: Sesam-Fladenbrot oder Brötchen
Kalorien pro Portion: 350

Bulgur mit Feigen
Was Besonderes

Für 4 als überraschende Beilage:
100 g getrocknete Feigen
1 Zwiebel
2 Knoblauchzehen
1 Chilischote (wer mag)
2 EL Olivenöl
250 g Bulgur
2 grüne Kardamomkapseln
Salz, 1 EL Butter
1 EL Mandelstifte

1 Die Feigen in kleine Würfel schneiden und mit 1/4 l lauwarmem Wasser übergießen. Feigen 30 Minuten quellen lassen.

2 Die Zwiebel und den Knoblauch schälen und fein hacken. Wer sich für die Chilischote entschieden hat: Chili waschen, entstielen und fein hacken.

3 Das Öl im Topf warm werden lassen. Zwiebel, Knoblauch und eventuell Chili bei mittlerer Hitze kurz braten. Bulgur dazu, mit etwa 300 ml Wasser und dem Einweichwasser von den Feigen begießen. Kardamom einrühren, leicht salzen und die Hitze klein schalten. Den Deckel drauf und den Bulgur ungefähr 20 Minuten sanft garen lassen.

4 Butter zerlaufen lassen, Mandeln darin bei mittlerer Hitze goldgelb anrösten. Mit den Feigen unter den Bulgur mischen, abschmecken, fertig.

Noch mehr Rezepte mit Bulgur, Couscous & Polenta (Seite)

Überbackene Polenta-Schnitten (137)

So viel Zeit muss sein: 15 Minuten (+ 30 Minuten Quellzeit und 20 Minuten Garzeit)
Das schmeckt dazu: Lammfleisch, würziger Fisch oder auch Geflügel und ein gut gekühlter Joghurt, mit Kreuzkümmel gewürzt
Kalorien pro Portion: 460

Curry

aus dem tamilischen »karri« für Gewürzsauce;
Gewürzmischung

Curryhuhn, Currynudeln, Currywurst – all das kann aromatisch scharf, scheußlich scharf oder schlicht schlecht schmecken. Kommt ganz auf die Gewürzmischung an, denn nichts anderes ist Curry. Dabei gilt bei Paste wie Pulver: Eine wirklich gute Mischung zeigt, dass »scharf« viele Aromen hat.

So genanntes Currypulver gibt's kaum in Indien, aber Gewürzmischungen so viele wie Köche. Die Mischungen werden auf Märkten verkauft, speziell komponiert für Hühnchen oder Hülsenfrüchte oder, oder. Doch jeder Koch, der was auf sich hält, mischt, mörsert und röstet sich dort seine Gewürze selbst zusammen: Bockshornklee, Cassiazimt, Koriander, Kardamom, Chili, Pfeffer, Nelken, Muskatnuss, Kreuzkümmel, Senfsamen, getrocknete Ingwer- oder Kurkumawurzel.

Europäer lassen wählen. Und kaufen am liebsten fertiges Currypulver, das immer das gelbe Kurkuma und die meisten der oben genannten Gewürze in unterschiedlicher Mischung enthält. Viel Chili und Pfeffer stecken im sehr scharfen Madras-Curry und dem roten, dunkel gerösteten Ceylon-Curry. Milder schmecken Bengal-Curry oder »englische« und »indische« Mischungen.

Auch Currypaste wird in ihrer Heimat Südostasien meist selbst gemacht. Doch man kann auch Fertigpasten kaufen – von bräunlich grün über feuerrot bis kurkumagelb, von mild-scharf bis superhot, mit nussiger, säuerlicher, süßer, brennend-würziger Note. Basis sind zerstoßene Chilischoten in Rot oder Grün, aromatisiert mit Knoblauch, Schalotten, Korianderwurzel, Zitronengras, Garnelenpaste und/oder anderen Gewürzen. Bei uns gibt's vor allem die rote Allround-Paste, klassisch zu Shrimps und dunklem Fleisch, und die grüne (mit vielen Kräutern), die als die schärfste gilt. Kurkuma färbt gelbe Pasten, die zu Geflügel passen. Dann gibt's noch die sehr scharfe Panang- und die mildere Mussaman-Paste.

Aufheben

Pulver/Paste werden nicht leicht schlecht, können allerdings ihre Wirkung verlieren. Pulver bleibt dunkel, trocken und nicht zu warm gelagert 1 Jahr aromatisch. Geöffnete Paste hält luftdicht verpackt 1 Jahr im Kühlschrank (mit sauberem Löffel entnehmen!).

Gute Currys…

…duften aromatisch (Pulver) und angenehm voll (Paste)
…gibt's im Asia-Laden in authentischer Vielfalt (aber nicht immer sauber)
…gibt's im Supermarkt nach europäischem Geschmack
…gibt's im Bio-Laden ungestreckt und unbelastet
…sind selbst gemacht (feine Rezepte dafür auf Seite 89)

Schlechte Currys…

…sind quietschgelb und bitter (zu viel Kurkuma), nur scharf (zu viel Chili) oder von einem Gewürz geprägt (Kreuzkümmel, Nelke)
…riechen muffig (Pulver) oder ranzig (Paste)

Currysahne
Die Sauce für alle Fälle

Für 4 dazu:
1 kleine Zwiebel
1 EL Butter
1 EL Currypaste (rot, gelb oder grün – ganz nach Belieben) oder 2 EL Currypulver
1/8 l trockener Weißwein
1/8 l Hühnerbrühe
200 g Sahne
Salz, Pfeffer aus der Mühle
vielleicht Zitronensaft

1 Die Zwiebel schälen und so fein wie möglich hacken. In einem breiten Topf oder in einer Pfanne die Butter zerlassen und die Zwiebel darin bei schwacher Hitze andünsten, bis sie glasig aussieht.

2 Currypaste oder -pulver einrühren und gut mit Fett und Zwiebel vermischen. Den Wein angießen, Hitze auf mittlere Stufe schalten, alles kurz einköcheln lassen. Die Brühe und die Sahne dazugießen und cremig einköcheln lassen, das dauert gute 10–15 Minuten. Dabei ab und zu umrühren, damit nichts am Topfboden hängen bleibt. Jetzt nur noch mit Salz und Pfeffer und vielleicht Zitronensaft abschmecken, fertig!

So viel Zeit muss sein: 25 Minuten
Das schmeckt dazu: Putenschnitzel, Hühnerbrustfilet, gedünsteter Fisch, Reis und Gemüse, Nudeln
Kalorien pro Portion: 190

Variante:

Scharfe Currysauce
Wie scharf die Sauce schmeckt, hängt natürlich vom verwendeten Curry ab, also beim Einkauf schon darauf achten. Wer's unbedingt scharf haben will, kann mit der Zwiebel 1–2 zerquetschte Chilischoten, etwas durchgepressten Knoblauch und gehackten frischen Ingwer andünsten – das gibt ein herrlich asiatisches Aroma. Gut zu Reisgerichten mit oder ohne Fleisch.

Currysuppe mit Garnelen
Ganz schön schnell und fein

Für 4 als kleines Essen:
300 g Kartoffeln (am besten eine mehlig kochende Sorte)
1 Möhre
1 Stange Lauch
2 Stangen Staudensellerie
1 Zwiebel
2 Knoblauchzehen
1 EL Butter
1 l Gemüse- oder Hühnerbrühe
2–4 TL Currypulver
Salz, Pfeffer aus der Mühle
100 g Sahne
150 g kleine gegarte geschälte Garnelen
1/4 Bund Dill

1 Kartoffeln und Möhre schälen und würfeln. Wurzelbüschel und dunkelgrüne Teile vom Lauch abschneiden. Die Stange längs aufschlitzen, gründlich waschen und grob zerschneiden. Den Sellerie waschen, putzen und in Scheiben schneiden. Zwiebel und Knoblauch schälen und fein hacken.

2 Die Butter im Suppentopf zerlassen, vorbereitete Zutaten einrühren und bei starker Hitze anbraten. Die Brühe dazugießen und zum Kochen bringen.

3 Deckel drauf, Hitze auf mittlere Stufe schalten und alles ungefähr 15 Minuten garen, bis Kartoffeln und Gemüse weich sind. Im Topf mit dem Stabmixer pürieren und mit Currypulver, Salz und Pfeffer abschmecken.

4 Die Sahne und die Garnelen einrühren und heiß werden lassen. Dill abbrausen und trockenschütteln, die Spitzen abzupfen und auf die Suppe streuen.

So viel Zeit muss sein: 35 Minuten
Das schmeckt dazu: knuspriges Brot
Kalorien pro Portion: 250

Entencurry
Zum Reinsetzen gut

Für 4 zum Sattessen:
1/2 Bund Koriander
5 Knoblauchzehen
2 EL Honig
2 EL Sojasauce
Salz, Pfeffer aus der Mühle
2 Entenbrustfilets (etwa 700 g, mit Haut)
5 EL Öl, 200 g Kirschtomaten
1 kleine Dose Ananasstücke
(abgetropft 140 g)
2 EL rote Currypaste
1 Dose Kokosmilch (400 ml)
3 EL Fischsauce
1 Bund Basilikum

1 Den Koriander abbrausen und trockenschütteln, die Blättchen abzupfen. Den Knoblauch schälen und mit dem Koriander hacken. Beides im Mörser zerdrücken. Mit Honig, Sojasauce, Salz und Pfeffer verrühren. Entenbrustfilets damit einreiben und mindestens 2 Stunden ziehen lassen.

2 In einer Pfanne 2 EL Öl warm werden lassen. Entenbrüste zuerst auf der Hautseite, dann auf der Fleischseite jeweils etwa 5 Minuten braten – bei mittlerer Hitze. In der Pfanne abkühlen lassen.

3 Die Tomaten waschen, die Ananas in einem Sieb abtropfen lassen (Saft trinken oder wegschütten). Entenfilets mit einem sehr scharfen Messer in möglichst feine Scheiben schneiden.

4 Wok oder Pfanne auf den Herd stellen und richtig gut heiß werden lassen. Übriges Öl hineingeben, die Currypaste einrühren, dann die Kokosmilch. Kurz bei starker Hitze köcheln lassen. Ente, Tomaten, Ananas und die Fischsauce dazuschütten, kurz köcheln lassen. Basilikumblätter von den Stängeln zupfen und untermischen. Servieren.

So viel Zeit muss sein: 40 Minuten
(+ 2 Stunden Marinierzeit)
Das schmeckt dazu: Reis
Kalorien pro Portion: 520

 Basic Tipp
Auf die gleiche Zubereitungsart kann auch ein Curry mit Huhn oder Fisch gezaubert werden. Dann entfällt das Ziehenlassen in der Honig-Soja-Marinade. Hühnerfleisch wird in Streifen geschnitten und nur im Öl angebraten, Fisch in kleinen Würfeln zieht in der fertigen Sauce gar.

Currynudeln mit Kokosmilch
Ein bisschen süß, ein bisschen scharf

Für 4 zum Sattessen:
1 Stück frischer Ingwer (etwa 2 cm)
4 Knoblauchzehen
2 Stangen Zitronengras
2 TL Sambal oelek
1 TL gemahlene Kurkuma
1 TL gemahlener Koriander
1 TL gemahlener Kreuzkümmel, Salz
250 g chinesische Eiernudeln
1 Stange Lauch, 100 g Austernpilze
1 rote Paprikaschote
250 g Tofu
1/2 l Öl zum Frittieren und Braten
1 Dose Kokosmilch (400 ml)
2–3 EL Kecap manis (süße Sojasauce)

1 Ingwer und Knoblauch schälen und fein hacken. Das Zitronengras waschen und die oberen und unteren Enden abschneiden. Den Rest fein schneiden und mit Ingwer und Knoblauch im Mörser fein zerdrücken. (Wer keinen hat, hackt gründlich mit dem Messer). Die Paste mit Sambal, Kurkuma, Koriander, Kreuzkümmel und Salz mischen.

2 Nudeln in kochendem Wasser in etwa 2 Minuten bissfest garen. Kalt abschrecken, abtropfen lassen. Vom Lauch die Wurzeln und die welken Teile abschneiden. Lauch längs aufschlitzen, gut waschen und in 5 cm lange Stücke, dann in feine Streifen schneiden. Pilze mit Küchenpapier trocken

Indisches Hühnercurry
Geduld! Geduld!

Für 4 zum Sattessen:
1 fleischiges Hähnchen (etwa 1 1/2 kg)
Salz, 2 Zwiebeln
1 Stück frischer Ingwer (etwa 2 cm)
1 große Tomate
4 EL Öl
1 Stück Zimtstange
4 grüne Kardamomkapseln
1 TL Anis- oder Fenchelsamen
2 getrocknete Chilischoten (oder mehr)
1 TL gelbe Senfsamen
3 TL gemahlene Kurkuma
2 TL gemahlener Kreuzkümmel
4 Zitronenblätter (frisch oder getrocknet)

1 Das Hähnchen waschen und trocknen. Mit einem scharfen Messer und der Geflügelschere in acht Stücke schneiden, mit Salz einreiben. Die Zwiebeln und den Ingwer schälen und fein hacken. Tomate waschen und klein würfeln, dabei den Stielansatz wegschneiden.

2 Öl in einem größeren Schmortopf heiß werden lassen. Die Hühnerstücke in zwei Portionen darin bei mittlerer Hitze anbraten. Jeweils wieder rausholen. Alle Gewürze, Zitronenblätter, Zwiebeln und Ingwer im Öl braten, dann die Tomate und 300 ml Wasser dazuschütten. Aufkochen und salzen.

3 Die Hühnerstücke einlegen, die Hitze klein schalten und den Deckel auflegen. Hühnercurry etwa 3 Stunden schmurgeln lassen, bis das Fleisch so weich ist, dass es von den Knochen fällt. Wenn die Flüssigkeit dabei zu stark einkocht, Wasser nachgießen. Und immer mal umrühren.

So viel Zeit muss sein: 30 Minuten
(+ 3 Stunden Schmorzeit)
Das passt dazu: Safranreis mit Rosinen
Kalorien pro Portion: 405

abreiben, die Stiele abschneiden, die Hüte in Streifen schneiden. Die Paprika waschen, halbieren, putzen und in Streifen schneiden.

3 Tofu in 1 cm große Würfel schneiden. Das Öl im Wok oder einer großen Pfanne erhitzen. Den Tofu mit Küchenpapier trockentupfen, im Öl knusprig frittieren und mit dem Schaumlöffel wieder herausholen. Öl bis auf einen dünnen Film ausgießen.

4 Würzpaste bei starker bis mittlerer Hitze 2 Minuten braten. Gemüse und Pilze dazu und noch 3–4 Minuten braten. Die Kokosmilch dazuschütten, aufkochen. Nudeln und Tofu untermischen, heiß werden lassen. Mit Kecap manis abschmecken, servieren.

So viel Zeit muss sein: 40 Minuten
Das schmeckt davor: Gurkensalat mit Frucht (Seite 131)
Kalorien pro Portion: 385

Currypulver
6 getrocknete Chilis, je 2 TL Koriander- und Kreuzkümmelsamen, je 1 TL gelbe Senfsamen, Bockshornklee und Pfeffer bei starker Hitze in einer Pfanne kurz anrösten. Dann in der Gewürzmühle mahlen oder im Mörser fein zerreiben und mit 2 EL gemahlener Kurkuma mischen.

Rote Currypaste
6 getrocknete Chilis 15 Minuten in Wasser einweichen, abtropfen lassen. 2 frische rote Chilis waschen, putzen und hacken. 1 EL Koriandersamen, 1 TL Kreuzkümmelsamen und 1 TL Garnelenpaste kurz rösten, im Mörser zerstoßen. 1 Zwiebel, 6 Knoblauchzehen und 2 cm frischen Ingwer schälen, hacken. Schale von 1 Limette abreiben. Alles mit je 1 TL frisch geriebener Muskatnuss, gemahlener Kurkuma und Paprikapulver pürieren. Passt zu dunklem Fleisch und festem Gemüse.

Grüne Currypaste
Zubereitung wie oben, aber mit 8 großen und 2 kleinen frischen grünen Chilis. Gemahlene Gewürze weglassen. Dafür Blätter von je 1 Bund Koriander und Basilikum hacken und mit pürieren. Passt zu Geflügel, Fisch und zartem Gemüse.

Noch mehr Rezepte mit Curry (Seite)

Colombo (293)
Curryreis mit Huhn (266)
Gefüllte Eier mit Mango (95)
Hähnchen-Lauch-Salat mit Curry (209)
Hühnersalat mit Obst und leichter Mayo (143)
Muschelsuppe mit Curry (223)
Pilzpfanne mit Currykartoffeln (260)
Scharfe Möhren-Ingwer-Sauce (219)
Überbackener Rosinenlauch (211)

Eier

engl.: eggs; franz.: œufs; ital.: uova; span.: huevos

Was war zuerst da – Buch oder Ei? Sagen wir mal so: Kaum war die Idee zu diesem Buch da, war schon das Ei auf dem Titel. Weil es perfekt aussieht. Weil fast in jedem Haus eins in der Küche liegt. Weil es für sich ein Gericht sein kann. Weil es sehr viele Gerichte möglich macht. Weil es pur ist. Weil es eins der besten Werke Gottes ist. Weil es das Ur-Basic ist.

Fleisch muss geschlachtet, Gemüse geerntet, Milch gemolken werden. Das Ei ist einfach da und schon fertig. Früher holte man es sich aus dem Hühnerstall (hier geht's nur ums Hühnerei), heute steht es in Vierer-, Sechser-, Zehner-, Zwölfer- und 36er-Packs beim Kaufmann. Und unter jeder Eierschale liegt ein Universum voller Wunder. Das kommt vom wertvollen Eiweiß (Proteine, nicht das Eiklar), das vor allem im Eigelb steckt. Durch Schlagen und Erhitzen lösen diese Proteine ihre im Ei gemachten Verbindungen auf und gehen neue ein. Dabei können sie Luft einfangen wie beim Eischnee, Flüssiges oder Fettes einbinden wie das Eigelb in der Suppenlegierung oder in der Mayonnaise. Zusammen mit Mehl bildet Ei in Teigen und Massen ein elastisches Netz, das beim Backen zum stabilen Gerüst für Biskuit oder Sandkuchen wird. Seine bindende Kraft wird auch für Hackmassen, Aufläufe und Nudeln sowie zum Klären von Brühe und Verkleben von Teigtaschen genutzt. Und einem Omelett verleiht das Ei Bindung und Luft zugleich.

Womit wir beim Wesentlichen wären, bei den Gerichten nur mit Ei. Relativ simpel: das gekochte Ei – weich fürs Frühstück oder hart für Eiersalat und gefülltes Ei. Weniger simpel: das ohne Schale in heißer Flüssigkeit pochierte »verlorene« Ei. Dazwischen liegt das Ei im Glas – mittelweich gekocht und heiß ins Glas gepellt. Nächste Stufe: Eier braten – pur als Spiegelei, gerührt als Rührei oder Omelett. Außerdem: frittierte Eier (in siedendem Fett gegart), Eier im Näpfchen (im Wasserbad gegart), Eierpfannkuchen (mit Milch und Mehl), Hollandaise und viel mehr Gutes.

Ist also alles gut am Ei? Leider nicht, wie jeder weiß, der isst und liest. Aber so schlimm wie oft beschrieben, ist es auch nicht. Cholesterin z. B.: davon hat das Eigelb einiges, aber unser Körper auch. Und nicht jedes Cholesterin ist schlecht für den Körper. Ist es schlecht (beim Ei immer wieder in der Diskussion) und hat man zu viel davon im Blut, macht es die Arterien eng. Wer nicht mehr als 1–2 Eier am Tag isst (die in Kuchen, Saucen, Salaten usw. mitgerechnet) und auch sonst vernünftig lebt, muss sich darüber wenig Sorgen machen.

Dann Salmonellen. Diese Bakterien kommen übers Huhn auf und ins Ei, besonders wenn das Huhn mit anderen im dreckigen Käfig oder Stall gehalten wird. Zeit und Wärme lassen ihre Zahl wachsen, weswegen alte, nicht gekühlte Eier und lange im Warmen stehende Gerichte mit rohen Eiern (beim Garen werden Salmonellen zerstört) gefährlich viele davon enthalten können. Sogar lebensgefährlich viele für Kinder, kranke und alte Menschen. Was nicht sein muss, wenn man frische Eier aus gesunder Haltung kauft, diese erst kurz vor dem Aufschlagen aus dem Kühlschrank nimmt und gleich verwendet. Alles, was dabei mit Ei und Schale (sofort wegwerfen!) in Berührung kommt, sogleich waschen – vor allem die Hände. Und Teige usw. mit rohem Ei so schnell wie möglich garen. Rohe bis halbrohe Eiergerichte (Tiramisu, Spiegelei, Spaghetti Carbonara) nur mit ganz frischen Eiern zubereiten und gleich essen oder maximal 1 Tag kühlen.

Aber auch das frische, saubere, nährstoffreiche Ei hat oft noch ein Problem: seine Herkunft. Gut 90 % der deutschen Eier kommen aus Legebatterien, was ihnen nicht unbedingt schadet, in denen aber das Hühnerleben oft eine Qual ist. Aber auch andere Haltungsformen garantieren nicht immer, dass es Huhn und Ei gut geht. Wer ganz sicher gehen will, sucht sich einen Vertrauensbauern oder -händler in seiner Nähe und fragt ihn nach allem, was er nicht ausgeschrieben hat. Tipp: Eier im Laden tragen einen Code. Der beginnt mit der Zahl für die Haltungsform. 0: Öko-Haltung. 1: Freiland. 2: Bodenhaltung. 3: Käfighaltung. Dann folgen das Länderkennzeichen (z. B. DE für in Deutschland gelegte Eier) und die Betriebsnummer. Ab 2004 ist diese Kennzeichnung Pflicht in der EG, in Deutschland machen es die meisten Betriebe schon jetzt so.

Aufheben

Ab dem dritten Tag nach dem Legen ist ein Ei ausgereift, vorher schmeckt es leer und lässt sich schlecht verarbeiten. Bis zum neunten Tag ist es »A-Extra«, ab dann Güteklasse »A« (siehe Typen) und noch etwa 1 Woche lang optimal. Nach 18 Tagen muss es gekühlt werden, nach drei Wochen muss es verkauft sein (sonst wird's zum B-Ei für die Industrie). Offiziell Schluss ist nach 4 Wochen, wenn das Mindesthaltbarkeitsdatum (MHD) erreicht ist. Da dies als einziges auf der Packung stehen muss, lässt sich im Notfall nur damit das Legedatum feststellen: MHD minus 28 Tage = Legetag.

Zu Hause kommen die Eier möglichst luftdicht verschlossen in den Kühlschrank, da sie schnell andere Gerüche annehmen. Ideal ist eine spezielle Eierbox aus Kunststoff, denn der Eierkarton ist hier nicht mehr hygienisch. Und: Eier mit der Spitze nach unten lagern, sonst liegt der Dotter auf der Luftkammer des Eis und trocknet an. Ist das Ei aus der Schale, kann es in einer Tasse direkt mit Folie (ganzes Ei, Eiklar) oder mit Wasser (ganzes Eigelb) bedeckt 2–3 Tage aufbewahrt werden. Eiklar lässt sich 3 Monate lang einfrieren.

Die Typen

Die Güteklasse: Die meisten Eier sind Klasse A – heile Schale, ungewaschen, unbebrütet, maximal 21 Tage alt, Luftkammer (sitzt am dicken Ende, füllt sich mit der Zeit mit Luft) nicht größer als 6 mm. A-Extra-Eier sind höchstens 9 Tage alt mit einer Luftkammer bis 4 mm. Eier direkt vom Bauern oder Markt werden nicht darauf geprüft.

Die Gewichtsklasse: In Deutschland werden Eier von S bis XL eingeteilt. Größe M mit 53–63 g ist die gängige und gilt im Normalfall für dieses Buch. Eier der Größe S sind unter 53 g schwer, L steht für 63–72 g, XL-Eier wiegen 73 g und mehr.

Die Haltung: Der Großteil europäischer Eier kommt aus Käfighaltung, in der Schweiz ist sie verboten. Vorteil: relativ saubere Eier. Nachteil: Dem Huhn geht es sein kurzes Leben lang dreckig – ihm fehlt es an Platz (pro Huhn so viel wie diese Buchseite) und an Möglichkeiten zum lebensnotwendigen Picken, Scharren, Flattern, Nesthocken, Zurückziehen. Würden wir uns 2 Wochen zu fünft bei Wasser und Müsli ins Klo sperren, würde es uns ähnlich gehen. Eier aus Bodenhaltung kommen oft aus Ställen ohne Tageslicht, in denen die Hühner auf dem Boden laufen und Eier in Nester legen. Vorteil: mehr Platz fürs Huhn. Nachteil: Hühner picken oft im eigenen Kot und erkranken. Eier aus Freilandhaltung stammen von Hühnern, die auf die hoffentlich grüne Wiese dürfen. Im Stall wird gelegt und Futter gefressen, vom Grün eher genascht. Vorteil: viel Luft und Platz fürs Huhn, Eier können (müssen nicht) besser schmecken. Nachteil: Schmutz von außen im Stall. Stichproben zeigen, dass nicht jedes Freiland-Ei auch tatsächlich eins ist. Bio-Eier kommen nie aus Käfighaltung, in den übrigen Haltungsformen wird bei ihnen mehr aufs Leben fürs Huhn geachtet – das Futter ist zu 85 % öko ohne Tiermehl, künstliche Farb- und Powerstoffe, Antibiotika.

Das passt zu Eiern

Dill, Estragon, Kerbel, Kresse, Liebstöckel, Petersilie, Salbei, Sauerampfer, Schnittlauch, Chili, Curry, Knoblauch, Kümmel, Paprika, Pfeffer, Essig, Senf, Soja-, Tabasco- und Worcestersauce

Blumenkohl, Bohnen (grün), Erbsen, Frühlingszwiebeln, Paprika, Pilze, Spargel, Spinat, Tomaten, Zucchini, Gewürzgurken, Kapern, Oliven

Kaviar, Krabben, Räucherfisch, Sardellen, Kalbfleisch, Geflügel, Speck und Schinken, Butter, Reibekäse

---

Gute Eier…

… stammen von glücklichen Hühnern – am ehesten aus Freiland- und Bio-Haltung
… haben zwei Wochen oder mehr Zeit bis zum MHD
… verraten viel – Legetag, Herkunft, Haltung, Fütterung
… sinken in Salzwasser zu Boden (frisch), richten sich etwas auf (1 Woche alt)
… haben einen gewölbten Dotter mit festem Eiklar und wässrigem Ring darum

Schlechte Eier…

… stammen aus Käfighaltung
… sind angeknackst, sehr dreckig oder gewaschen
… gluckern beim Schütteln (nicht mehr so frisch)
… richten sich in Salzwasser auf (über 2 Wochen alt), steigen auf (zu alt)
… haben flaches Eigelb, wässriges Eiklar, Blutreste
… schmecken nach Fisch (krankes Huhn, Fütterung)

Hollandaise
Nicht nur für Profis!

Für 4 dazu:
200 g Butter, 3 Eigelbe
Salz, Pfeffer aus der Mühle
2–3 EL Zitronensaft

1 Zuerst Wasserbad vorbereiten: einen großen Topf zur Hälfte mit Wasser füllen, zum Sieden bringen (also nicht aufkochen, sondern nur so heiß werden lassen, dass Bläschen aufsteigen). Eine Metallschüssel, die in den Topf passt, bereitstellen.

2 Dann die Butter in einem anderen Topf bei schwacher bis mittlerer Hitze langsam flüssig werden lassen, dabei oben immer den weißen Schaum abschöpfen, der sich abtrennt.

3 Die Eigelbe in die Metallschüssel geben und mit 1 EL Wasser verquirlen. Schüssel ins heiße Wasser vom Wasserbad setzen. Nun die flüssige Butter zuerst nur tropfenweise, dann in ganz feinem Strahl zu den Eigelben gießen und dabei mit dem Schneebesen oder den Quirlen vom Handrührgerät kräftig schlagen. Wenn's nach einer schaumigen Sauce aussieht, ist das Werk vollbracht – jetzt nur noch mit Salz, Pfeffer und Zitronensaft abschmecken.

So viel Zeit muss sein: 20 Minuten
Das schmeckt dazu: weißer Spargel, Steaks oder gedünsteter Fisch
Kalorien pro Portion: 430

Mayo – hausgemacht!
Macht schwer was her

Für 4 dazu:
1 ganz frisches, zimmerwarmes Eigelb
Salz, 1 TL mittelscharfer Senf
1/2–1 EL Zitronensaft
1/8 l Sonnenblumenöl
Pfeffer aus der Mühle

1 Eigelb, 1 Prise Salz, Senf und knapp 1/2 EL vom Zitronensaft in eine Schüssel geben und mit der Gabel kräftig verrühren.

2 Dann mit dem Schneebesen oder mit den Quirlen vom Handrührgerät weitermachen: Erstmal nur einige Tropfen vom Öl dazuträufeln und kräftig unterschlagen. Dann darf's schon ein dünner Ölstrahl sein – und immer fleißig weiterquirlen. Immer nur so viel Öl nachgießen, dass es sich nicht als kleiner See oben absetzt, sondern gleich in der weichen Masse verschwindet.

3 Allmählich wird aus der Eigelbsauce eine dickliche, cremige Mayonnaise. Wenn das gesamte Öl verbraucht ist, nur noch kurz weiterrühren, bis die gewünschte Konsistenz erreicht ist. Mit Salz, Pfeffer und noch mehr Zitronensaft abschmecken.

So viel Zeit muss sein: 15 Minuten
Das schmeckt dazu: von Pommes frites bis Artischocken so ziemlich alles
Kalorien pro Portion: 170

Kräuteromelett
Schnell und leicht

Für 4, die nacheinander essen müssen:
1 großes Bund gemischte Kräuter (Kerbel, Petersilie, Schnittlauch), 8 Eier (Größe L)
Salz, Pfeffer aus der Mühle, 4 EL Butter

1 Kräuter abbrausen, trockenschütteln und die Blätter sehr fein hacken. Den Schnittlauch in kleine Röllchen schneiden.

2 Die Omeletts nacheinander braten, damit sie schön flaumig bleiben. Also 2 Eier in einen Teller aufschlagen, salzen, pfeffern. Mit der Gabel kräftig verrühren, aber nur so lange, bis Eiweiße und Eigelbe vermischt sind. Ein Viertel der Kräuter unterrühren.

3 In einer Pfanne bei schwacher bis mittlerer Hitze 1 EL Butter schmelzen und leicht bräunen. Eiermasse reingießen und mit der Gabel kurz durchrühren, bis die Eier anfangen fest zu werden. Die Pfanne so schwenken, dass alles noch Flüssige mit dem Pfannenboden in Berührung kommt. Die Eiermasse stocken und an der Unterseite leicht braun werden lassen. Mit dem Pfannenwender zusammenklappen, auf einen vorgewärmten Teller rutschen lassen und am besten gleich essen. Die anderen Omeletts genauso backen.

So viel Zeit muss sein: 30 Minuten
Das schmeckt dazu: Salat oder Gemüse
Kalorien pro Portion: 225

Rührei
Kinderspiel mit Variationen

Für 4 zum Sattessen:
8 Eier, 4 EL Milch, Salz, 2 EL Butter

1 Die Eier in eine Schüssel aufschlagen. Milch und 1 kräftige Prise Salz dazugeben. Mit einer Gabel so lang verschlagen, bis Eiweiße und Eigelbe gut verbunden sind.

2 Butter in einer Pfanne schmelzen lassen, Hitze klein stellen. Eiermasse in die Pfanne gießen. Unter Rühren garen, bis die Masse stockt, aber noch schön weich und feucht ist. Die Hitze nicht zu hoch stellen, sonst werden die Rühreier zäh. Und man darf sie nicht zu lang garen, sonst werden sie trocken. Gleich auf Teller verteilen.

So viel Zeit muss sein: 15 Minuten
Das schmeckt dazu: Spinat und gebratener Leberkäse oder Kartoffeln oder Mischsalat
Kalorien pro Portion: 190

Varianten:

- Fein gehackte Kräuter, klein gewürfelten Schinken oder geriebenen Käse unter die Eiermasse rühren.
- 500 g Champignons putzen, klein schneiden, in Butter 10 Minuten braten. Eiermasse aus 6 Eiern und 3 EL Milch dazugeben und fertig braten.

Kochen
Die Eier an der spitzen Seite mit einem Eierpiekser oder einer Nadel anstechen. Mit einem Löffel vorsichtig in kochendes Wasser legen. Weiche Eier je nach Vorliebe 3-4 Minuten kochen, mittelweiche 5-6 Minuten und harte 10-12 Minuten. Nach dem Garen kalt abschrecken, damit sie nicht weitergaren. Harte Eier lassen sich dann auch leichter schälen.

Pochieren
Das heißt die Eier ohne Schale kochen. 1 l Wasser mit 1 EL Salz und 3 EL Essig zum Kochen bringen. Die Eier einzeln in einen Suppenschöpfer aufschlagen, vorsichtig ins Wasser gleiten lassen. Mit einem Löffel das Eiklar möglichst kompakt ums Eigelb formen. 3-4 Minuten leise kochen lassen und mit der Schaumkelle rausholen.

Eiersalat mit Kresse
Imbiss zum Mitnehmen

Für 4 als Zwischenmahlzeit:
8 Eier
500 g feste Tomaten
1 kleine Salatgurke
4-6 Blätter Romana-Salat, Eisbergsalat oder Radicchio
1 Kästchen Gartenkresse
150 g saure Sahne
2 EL süße Sahne
1 TL mittelscharfer Senf
1 EL milder Essig (z. B. Apfelessig)
Salz, Pfeffer aus der Mühle

1 Die Eier in etwa 10 Minuten hart kochen. Eier abschrecken und abkühlen lassen. Die Eier schälen und klein würfeln.

2 Die Tomaten und die Gurke waschen (Gurke nach Belieben auch schälen), beides klein würfeln. Die Salatblätter abbrausen, trockenschütteln und grob hacken. Kresse mit der Küchenschere abschneiden.

3 Saure mit süßer Sahne, Senf und Essig verrühren, salzen und pfeffern. Eier, Tomaten, Gurke und Salat mit der Sauce locker mischen, abschmecken und die Kresse draufstreuen. Fertig.

So viel Zeit muss sein: 20 Minuten
Das schmeckt dazu: knuspriges Bauernbrot
Kalorien pro Portion: 230

Pfannkuchen
Von wegen dick und fett

Für 2 zum Sattessen:
150 g Mehl
1/8 l Milch
4 Eier
1 Prise Salz
2 EL Butterschmalz

1 Das Mehl in eine Schüssel schütten, mit dem Schneebesen nach und nach Milch und Eier mit Salz unterquirlen. Der Teig soll zähflüssig und glatt sein (Klümpchen sind unerwünscht!), 20 Minuten quellen lassen.

2 Eine Pfanne mit wenig Schmalz ausstreichen und heiß werden lassen, dann die Hitze auf mittlere Stufe runterschalten. Eine kleine Portion vom Teig einfüllen, die Pfanne in alle Richtungen schwenken, damit sich der Teig gleichmäßig dünn verteilt.

3 Wenn die Unterseite knusprig gebraten ist, die Pfanne kurz rütteln, damit sich der Pfannkuchen löst. Dann mit dem Pfannenwender umdrehen und fertig backen.

4 Danach die Pfanne wieder hauchdünn fetten, die nächste Teigportion einfüllen und genauso backen. Pro Pfannkuchen dauert das immer nur wenige Minuten, aber wenn der letzte dann endlich gebacken ist, liegt der erste trotzdem schrumpelig und kalt auf dem Teller. Also: Alle Pfannkuchen sofort frisch aus der Pfanne essen – oder im vorgeheizten Backofen (180 Grad / Umluft 160 Grad) warm halten.

So viel Zeit muss sein: 1 Stunde
Das schmeckt dazu: Salat, Pilzsauce, Hackfleischsauce, Gemüseragouts aller Art – und Süßes wie Zwetschgenmus, Kirschkompott, Marmelade, Obstsalat
Kalorien pro Portion: 540

TIPP:
Besonders lecker und schnell zubereitet: Pfannkuchen noch in der Pfanne mit Käse belegen, aufrollen und dem Käse kurz Zeit zum Schmelzen lassen.

Gefüllte Eier mit Mango
Hit der Fifties – neu gecovered

Für 4 als Imbiss:
8 Eier
1/2 Bund Basilikum
1 EL Mango-Chutney
1 EL Salatmayonnaise
1 TL Currypulver
Salz, Pfeffer aus der Mühle

1 Die Eier in 10–12 Minuten hart kochen, abschrecken und abkühlen lassen. Basilikumblättchen von den Stängeln zupfen und ganz fein hacken. Chutney, falls nötig, auch fein schneiden.

2 Die Eier schälen und der Länge nach halbieren. Die Eigelbe rauslöffeln, mit der Gabel zerdrücken und mit der Mayonnaise verrühren.

3 Basilikum und Chutney unterrühren, mit Curry, Salz und Pfeffer abschmecken. Die Mischung mit einem Teelöffel in die Vertiefungen der Eierhälften füllen. Wer's ganz perfekt machen will, nimmt einen Spritzbeutel. (Den kann man übrigens auch fix selber machen. Die Eigelb-Mayo-Masse in einen Gefrierbeutel füllen, an einer Ecke ein kleines Eck abschneiden und die Masse aus der Tüte in die Eihälfte drücken.)

So viel Zeit muss sein: 40 Minuten
Kalorien pro Portion: 190

Spargelfrittata
Mehr als nur ein Omelett

Für 6–8 als Vorspeise oder Snack:
400 g grüner Spargel
2 Zwiebeln
2 Knoblauchzehen
1 Bund Rucola
4 EL Olivenöl
8 Eier
Salz, Pfeffer aus der Mühle

1 Spargel waschen und abtropfen lassen, holzige Enden wegschneiden. Die Stangen in etwa 1 cm breite Scheiben schneiden. Zwiebeln und Knoblauch schälen und in ganz kleine Würfel schneiden. Vom Rucola alle welken Blätter aussortieren und die dicken Stiele abknipsen. Blätter waschen, trockenschleudern und grob hacken.

2 In einer größeren Pfanne 2 EL Öl warm werden lassen. Zwiebeln und Knoblauch rein und unter Rühren bei mittlerer Hitze anbraten, bis sie glasig aussehen. Spargel dazu, alles etwa 5 Minuten weiterbraten und dabei häufig umrühren. Rucola untermischen und nur zusammenfallen lassen.

3 Die Eier in eine Schüssel aufschlagen und mit einer Gabel nur verrühren, aber nicht schaumig schlagen. Spargel-Rucola-Mischung dazugeben und unterrühren, mit Salz und Pfeffer würzen.

4 Die Pfanne wieder auf den Herd stellen (Saubermachen nicht nötig!) und das übrige Öl darin erwärmen. Eiermasse reingießen, Temperatur auf schwache Stufe stellen und ungefähr 10 Minuten warten, bis die Eiermasse in der Pfanne fest wird.

5 Mit dem Pfannenwender oder mit einem biegsamen Messer zwischen Pfannenrand und Frittata fahren und die Frittata ablösen. Einen Teller an den Pfannenrand halten und die Frittata darauf rutschen lassen. Einen zweiten Teller drauflegen, alles zusammen umdrehen und die Frittata mit der blassen Seite nach unten wieder in die Pfanne zurückgleiten lassen. Noch mal ungefähr 3 Minuten backen.

6 Die Frittata endgültig aus der Pfanne holen und abkühlen lassen. Zum Servieren schneidet man sie wie eine Torte in Stücke.

So viel Zeit muss sein: 30 Minuten
Das passt dazu: Ciabatta und Weißwein
Kalorien pro Portion (bei 8): 175

Spaghetti alla carbonara
Saftig und deftig

Für 4 zum Sattessen:
Salz, 500 g Spaghetti
100 g Pancetta (italienischer Speck, durchwachsener Räucherspeck geht auch)
1 Knoblauchzehe
1 EL Olivenöl
3 ganz frische Eier
5–6 EL Sahne
50 g frisch geriebener Parmesan
Pfeffer aus der Mühle

1 4–5 l Wasser mit Salz aufkochen. Die Spaghetti reingeben und bissfest kochen – dauert ungefähr 8 Minuten, besser vorher schon probieren. Eine Schüssel und vier Spaghettiteller in den Backofen stellen – bei ungefähr 50 Grad.

2 Inzwischen Pancetta oder Speck in kleine Würfel schneiden. Den Knoblauch schälen und durch die Presse drücken. Öl erhitzen und die Speckwürfelchen darin warm und leicht knusprig werden lassen – immer mal umrühren.

3 Die Eier, die Sahne und den Käse in der angewärmten Schüssel verrühren. Nudeln abgießen, sofort mit dem heißen Speck zur Eiermasse schütten, pfeffern, gut durchrühren und gleich in Teller verteilen.

So viel Zeit muss sein: 15 Minuten
Kalorien pro Portion: 750

Zabaione
Der Schaum ist ein Traum!

Für 4 Schnelle:
1/2 unbehandelte Zitrone
4 ganz frische Eigelbe
40 g Zucker
100 ml trockener Marsala oder Weißwein
etwas Kakaopulver

1 Als Erstes das Wasserbad vorbereiten: einen großen Topf zur Hälfte mit Wasser füllen und zum Sieden bringen (also nicht kochen, sondern nur so heiß werden lassen, dass winzige Bläschen aufsteigen). Eine passende Metallschüssel – der Boden soll später gute 2–3 cm im Wasser hängen – bereitstellen.

2 Zitronenhälfte heiß waschen und die Schale fein abreiben. Den Saft auspressen. Eigelbe und Zucker in die Schüssel geben. Mit den Quirlen vom Handrührgerät schön schaumig schlagen. Marsala oder Weißwein und die Zitronenschale untermischen.

3 Schüssel in den Topf hängen und die Creme so lang weiterschlagen, bis sie schaumig und dickflüssig und warm ist. Das dauert 3–5 Minuten. Mit 1–2 TL Zitronensaft abschmecken. Die Zabaione in Gläser füllen, mit wenig Kakao bestäuben und ganz schnell auf den Tisch stellen.

So viel Zeit muss sein: 15 Minuten
Kalorien pro Portion: 130

Crème caramel
Jeder liebt sie

Für 6 als Dessert:
8 EL Zucker
1/2 l Milch
1 Prise Salz
1 Vanilleschote
4 Eier

1 Zuerst Karamellsirup kochen: In einem kleinen Topf 4 EL Zucker bei schwacher Hitze schmelzen und braun werden lassen. 2 EL Wasser einrühren (Vorsicht, es zischt ziemlich!), dann den wieder fest gewordenen Karamell unter Rühren erneut auflösen.

2 Nun den Karamellsirup sofort auf sechs kleine hitzebeständige Förmchen (150 ml Creme sollten jeweils reinpassen) verteilen, die Förmchen schwenken.

3 Den Backofen auf 180 Grad vorheizen (Umluft ohne Vorheizen 160 Grad). Das tiefe Blech vom Backofen (Fettpfanne) mit Wasser füllen und unten einschieben.

4 Die Milch mit der Prise Salz und dem restlichen Zucker in einen Topf geben und langsam erhitzen. Vanilleschote längs aufschlitzen, das Mark rauskratzen und mit der Schote in die Milch geben. Kurz aufkochen, Topf dann schnell vom Herd nehmen.

5 Die Eier in einer Schüssel verquirlen. Die Vanilleschote aus der Milch fischen, einige Löffel von der heißen Vanillemilch

mit den Eiern verrühren. Dann nach und nach die übrige Milch ebenfalls einlaufen lassen, dabei mit dem Schneebesen kräftig unterrühren.

6 Eiermilch in die vorbereiteten Förmchen mit dem Karamellboden gießen. Ins Wasserbad (in der Fettpfanne) stellen, ungefähr 20 Minuten garen, bis die Masse fest wird. Dann die Förmchen rausnehmen, erstmal abkühlen lassen und dann im Kühlschrank richtig gut durchkühlen lassen (am besten über Nacht).

7 Zum Servieren die Förmchen mit der Unterseite kurz in heißes Wasser tauchen, die Creme außerdem mit einem heiß abgespülten Messer rundum vom Förmchenrand lösen und auf Teller stürzen.

So viel Zeit muss sein: 30 Minuten
(+ 20 Minuten Garzeit und die Abkühlzeit)
Das schmeckt dazu: Espresso
Kalorien pro Portion: 190

Variante:

Crème brûlée
Hier sitzt der Karamell nicht unten im Förmchen, sondern ganz oben auf der Crème – als knusprige Schicht. Wie in Punkt 4 bis 6 beschrieben aus 1/2 l Sahne (oder Milch), der Prise Salz, 4 EL Zucker, der Vanilleschote und den Eiern die Eiersahne anrühren. In hitzebeständige Förmchen (ohne Karamell) füllen, im heißen Wasserbad garen. Abkühlen lassen. Vorm Essen die Förmchen in ein eiskaltes Wasserbad stellen (Fettpfanne vom Backofen mit kaltem Wasser und Eiswürfeln füllen). Jede Portion mit 1 EL Zucker bestreuen. Blech in den Ofen (oben) schieben und den Zucker unterm Backofengrill (oder den Ofen bei Oberhitze auf höchster Stufe vorheizen) schnell karamellisieren und knusprig werden lassen. Kurz abkühlen lassen (die Karamellkruste ist sehr heiß!) und servieren.

Liebe Basics…

Wer im Besitz der ersten Auflage von Basic cooking ist und den Karamellsirup nachkochen wollte, hatte vielleicht wie Sabine, Judith und Peter etwas Schwierigkeiten damit. Der Zucker wurde gleich mit dem Wasser geschmolzen und wollte nicht immer und bei jedem so richtig braun werden. Jetzt haben wir die feine Creme noch mal ausprobiert und den Zucker solo geschmolzen und das Wasser danach dazugegeben. So gelingt der Sirup jetzt wirklich jedes Mal und ist kinderleicht.

Noch mehr Rezepte mit Eiern (Seite)

Aprikosen-Quark-Auflauf (245)
Arme-Ritter-Auflauf (80)
Brot-Kirsch-Kuchen (81)
Buttermilch-Speck-Pfannkuchen (278)
Caesar's salad (61)
Crêpes Suzette (251)
Double Chocolate Mud Cake (285)
Eierblumensuppe mit Tomaten (312)
Eier-Dressing (59)
Fetter Nusskuchen (240)
Gado Gado (238)
Gemüseplatte mit Aioli (182)
Gratinierter Chicorée (62)
Grüne Sauce (192)
Hühnersalat mit Obst und leichter Mayo (143)
Japanische Nudelsuppe (230)
Joghurt-Kokos-Eis (279)
Kaiserschmarrn mit Mascarpone (278)
Kartoffelschmarrn (167)
Käsekuchen (175)
Käsesoufflé (173)
Käsespätzle (174)
Kopfsalat mit Ei und Krabben (63)
Maultaschen (232)
Möhren-Sellerie-Bratlinge (221)
Mousse au chocolat (283)
Muscheln aus dem Ofen (223)
Nudelauflauf (235)
Pumpkin Pie (199)
Ravioli (233)
Rüeblichueche (221)
Rührei (93)
Salsa verde (192)
Sauerbraten vom Lamm (204)
Schinkennudeln (231)
Schnittlauchsauce (194)
Schupfnudeln (164)
Semmelknödel mit Pilzsahne (81)
Süßer Reisauflauf (267)
Tortilla (166)
Überbackener Rosinenlauch (211)
Zitronentarte (320)
Zucchinikuchen (325)
Zwiebelkuchen (328)

Ente & Gans

engl.: duck & goose; franz.: canard & oie;
ital.: anatra & oca; span.: pato & ganso

Ente und Gans sind nicht nur was fürs weihnachtliche Festmenü, denn heutzutage gibt es sie frisch oder tiefgekühlt fast jederzeit – egal, um welchen »Typ« es sich handelt.

Pekingente heißt nicht nur ein Gericht beim Chinesen, sondern ist dazu der Name des bei uns gängigsten und fettreichsten Ententyps, auch schlicht Haus- oder Bauernente genannt. Ihr Idealgewicht liegt bei 1,5–2 kg, wobei das Fett unter der Haut sitzt. Dann gibt's noch die Flugenten mit der Barbarie-Ente als populärster Vertreterin. Sie haben eine kräftige Flugmuskulatur und damit mehr mageres Brustfleisch und weniger Fett – was sie in der klassischen und neuen Küche so beliebt macht. Noch magereres und dunkleres Fleisch liefern Wildenten, die aber auch schon mal vom Hof kommen können. Bis zu 1 Jahr schmecken Wildenten aromatisch, ältere sind zäh. Jagdsaison ist von Anfang September–15. Januar. Eine junge von knapp 1 kg reicht für zwei Hungrige. Haus- und Flugenten bekommt man auch in Teilstücken. Entenbrüste kann man mit oder ohne Haut und Knochen kaufen. Besonders fleischig sind die Filets der Barbarie-Ente. Kräftiger im Geschmack: Keulen.

Gänse sind Festtagsbraten, die man sich ohne Blick auf Cholesterinwerte ruhig mal gönnen kann. Frühmastgänse wiegen nach 10 Wochen Mast 3–4 kg. Einige Monate alt und 4–6 kg schwer sind junge Gänse, die es hauptsächlich im November (St. Martin) und Dezember (Weihnachten) gibt. Wer Lust auf Gans hat, muss nicht gleich die Großfamilie zum Essen einladen. Im Supermarkt bekommt man Keulen und auch Brust (mit Knochen und Haut oder als Filet) frisch und tiefgekühlt. Und manchmal sogar auch halbe Gänse. Was für Spezialisten: Gänseklein (Innereien zum Füllen, Schmoren).

Aufheben

Ob Brust, Keule oder ganzer Vogel: das frische Geflügel nicht länger als 2 Tage und im Kühlschrank aufbewahren. Ganze Enten oder Gänse aus der Verpackung nehmen, Gänseklein rausholen. Die Tiere waschen, trocknen und im Bräter zugedeckt oder in Klarsichtfolie gewickelt in den Kühlschrank stecken. Wenn sie nicht reinpassen, bei entsprechender Außentemperatur ins Freie stellen. Sonst beim Händler reservieren und auf die Stunde genau abholen. TK-Geflügel ist länger haltbar (steht auf der Packung) und muss immer im Kühlschrank auftauen.

Gute Vögel …

… stammen aus »Freilandhaltung« oder »bäuerlicher Auslaufhaltung« (nicht nur »Aufzucht«) frisch vom Bauern, Markt oder Metzger
… haben straffe, helle Haut und einen weichen bis biegsamen Brustbeinfortsatz

Schlechte Vögel …

… sind alt, riechen auch so
… haben fleckige, schlaffe, stoppelige, rissige Haut
… haben einen harten, starren Brustbeinfortsatz
… haben gefroren Schnee auf der Haut oder Gefrierbrand (ausgetrocknete, dunkle Stelle unterm Tütenloch)

Die 80-Grad-Entenbrust
Super basic

Für 2 zum Sattessen:
2 Entenbrustfilets (je etwa 200 g, mit Haut)
Salz, Pfeffer aus der Mühle

1 Den Backofen (Ober- und Unterhitze) auf 80 Grad einstellen, unbedingt mit einem Backofenthermometer kontrollieren.

2 Die Haut und die Fettschicht der Entenbrustfilets gitterförmig einritzen (aber nicht ins Fleisch schneiden). Rundum mit Salz und Pfeffer einreiben.

3 Eine ofentaugliche Pfanne auf der Herdplatt heiß werden lassen. Entenbrüste mit der Hautseite nach unten hineinlegen und bei starker Hitze scharf anbraten. Dann wenden und auch die Fleischseite kurz und scharf anbraten.

4 Jetzt die Pfanne in den Backofen stellen (Mitte) – und 30–45 Minuten nix mehr tun. In dieser milden Hitze gart die Entenbrust völlig sanft und wird innen gleichmäßig rosa, zart und saftig.

So viel Zeit muss sein: 10 Minuten
(+ bis 45 Minuten Garzeit)
Das schmeckt dazu: Brot, Mango-Chutney
Kalorien pro Portion: 450

Entenpastete
Feines für Leute, die sich gern Zeit nehmen

Für 14 als feine Vorspeise:
150 g Butter
350 g Mehl
1 Eiweiß, Salz
1 Ente (etwa 2,2 kg)
250 g Hähnchenbrustfilet (ohne Haut)
1 EL gemahlener Koriander
1 EL Pfeffer aus der Mühle
3 EL Calvados
1/2 Bund Thymian
2 Eier
200 g Sahne
2 EL gehackte Pistazien
1 Eigelb, 1 EL Milch

1 Zuerst geht's um den Teig: Butter in kleine Stücke schneiden und mit Mehl, Eiweiß und 1 TL Salz in eine Schüssel geben. 6–8 EL kaltes Wasser dazu und alles mit den Knethaken des Handrührgeräts oder mit den Händen durchkneten, bis ein glatter Teig in der Schüssel liegt. 1 Stunde kühlen oder auch länger.

2 Ente in Stücke schneiden, von jedem Stück die Haut abtrennen. 1 Brustfilet vom Knochen schneiden und klein würfeln, beiseite legen. Das übrige Fleisch auch so gut wie möglich ablösen und ganz klein hacken. Hähnchenfilet ebenfalls fein hacken. Gehacktes Fleisch mit Koriander, Pfeffer und Calvados mischen und für etwa 30 Minuten ins Gefrierfach stellen.

3 Dann das gehackte Fleisch mit dem Stabmixer oder in der Küchenmaschine pürieren. Den Thymian abbrausen, trockenschütteln und die Blättchen abstreifen. Mit Eiern, Sahne, Pistazien und den Entenbrustwürfeln untermischen. Mit etwa 2 TL Salz gut abschmecken, kühl stellen.

4 Jetzt braucht man eine Pasteten- oder Kastenform (30 cm Länge). Und die muss mit Teig ausgekleidet werden. Teig also knapp 1/2 cm dick ausrollen und Stücke ausschneiden – als Schablone dient die Form. Deckel nicht vergessen. Unter- und Seitenteile in die Form legen, andrücken. Füllung nach und nach darin verstreichen. Immer mal wieder auf den Tisch klopfen, damit die Luft entweicht. Zum Schluss ein paar Löcher in den Deckel schneiden, aufsetzen. Aus den Teigresten beliebige Verzierungen formen, auf die Pastete legen.

5 Backofen auf 230 Grad einstellen (Umluft auch schon jetzt: 210 Grad). Pastete in der Mitte einschieben, 20 Minuten backen. Dann mit Eigelb und Milch bepinseln, Ofen auf 180 (160) Grad zurückschalten und noch mal etwa 35 Minuten backen. Die Garprobe machen: Mit einer langen Nadel durch ein Deckelloch stechen. Warten, bis Saft ausläuft. Und der muss klar sein. Pastete in der Form abkühlen lassen.

So viel Zeit muss sein: 2 1/2 Stunden
(+ 55 Minuten Backzeit)
Das schmeckt dazu: Apfelkren, Preiselbeermarmelade und Brot
Kalorien pro Portion: 530

Entenbrust auf Peking Art
Kaiserküche für Einsteiger

Für 4 zum Verwöhnen:
Für die Ente:
2 EL Melasse (gibt es im Naturkostladen, ersatzweise Honig nehmen)
1 gehäufter TL Salz
2 Entenbrustfilets (je etwa 350 g, mit Haut)
Für die Pfannkuchen:
250 g Mehl
Sesamöl zum Braten
Zum Servieren und für die Saucen:
2 Bund Frühlingszwiebeln
1 kleine Salatgurke
4 EL rote Bohnenpaste (Asia-Laden)
2 EL Sesamöl
Pflaumensauce (aus dem Glas)

1 Etwa 8 Stunden vor dem Essen die Melasse mit 100 ml Wasser und Salz aufkochen. Entenbrüste in einer Schüssel mit dem Sirup begießen, 15 Minuten ziehen lassen. Dann abtropfen und auf einem Brett mit der Hautseite nach oben etwa 1 Stunde trocknen lassen. Anschließend wieder mit Sirup bestreichen und noch mal ungefähr 7 Stunden im Kühlschrank trocknen lassen. Länger ist in jedem Fall besser als kürzer. Die Haut soll schön trocken sein.

2 Dann an die Pfannkuchen denken. Das Mehl mit 1/8 l lauwarmem Wasser gut verkneten, in ein feuchtes Küchentuch wickeln und mindestens 20 Minuten ruhen lassen.

3 Den Backofen auf 200 Grad vorheizen (auch schon jetzt: Umluft 180 Grad). Entenbrüste mit der Haut nach oben auf den Rost legen und im Ofen (Mitte) etwa 30 Minuten braten, bis sie schön knusprig sind.

4 Von den Frühlingszwiebeln die Wurzelbüschel und die welken Teile abschneiden. Frühlingszwiebeln waschen und in 5 cm lange Stücke, dann in dünne Streifen schneiden. Gurke waschen und der Länge nach halbieren. Die Kerne mit einem Löffel rauskratzen. Die Gurkenhälften quer in möglichst feine Scheiben schneiden.

5 Für die Pfannkuchen den Teig nochmals durchkneten und in etwa 20 Stücke teilen. Jeweils zur Kugel rollen und auf wenig Mehl dünn und rund ausrollen. Eine Pfanne erhitzen, mit wenig Sesamöl einpinseln und die Pfannkuchen nacheinander je ungefähr 1 Minute pro Seite backen. Pfannkuchen in ein Tuch wickeln und kurz zum Warmhalten zur Entenbrust in den Ofen legen.

6 Die fertigen Entenbrüste aus dem Ofen holen und in ganz feine Scheiben schneiden. Dann aber gleich wieder zum Heißhalten in den Ofen schieben. Für die Sauce Bohnenpaste mit Sesamöl verrühren und wie die Pflaumensauce in Schüsselchen füllen, auf den Tisch stellen. Die Zwiebelstreifen und Gurkenscheiben auch.

7 Entenscheiben auf kleine Teller geben und mit den Pfannkuchen ebenfalls auf den Tisch stellen. Pfannkuchen dünn mit einer der Saucen bestreichen. Mit Ente belegen, Gurke oder Zwiebeln darüber streuen, aufrollen – und jetzt nur noch abbeißen.

So viel Zeit muss sein: 1 Stunde
(+ Ruhezeit von ungefähr 8 Stunden)
Das schmeckt dazu: Bier oder Reiswein
Kalorien pro Portion: 715

TIPP:
In China kommt immer eine ganze Ente in den Ofen, und die wird vorher speziell behandelt. Damit die Haut nach dem Braten knusprig wie Pergament ist, massiert man die Ente und pumpt Luft zwischen Haut und Fleisch. Früher wurde das mit einem feinen Halm (ähnlich unserem Strohhalm) gemacht, heute mit Hilfe einer Luftpumpe. Ganz schön kompliziert, dachten wir, und haben uns diese einfache Version ausgedacht. Und wir waren sehr zufrieden damit.

Variante

Teriyaki-Ente
Haut von 2 Entenbrustfilets gitterförmig einschneiden. Pfanne heiß werden lassen. Brüste auf der Hautseite etwa 5 Minuten braten. Umdrehen und 2–3 Minuten weiterbraten. Fett abgießen. 4 EL Sake mit 4 EL Mirin (süßer Reiswein), 1 EL Zucker und 8 EL Sojasauce verrühren, über die Ente gießen. Deckel drauf, bei schwacher Hitze 5 Minuten schmoren. Umdrehen, noch mal 5 Minuten schmoren. In Scheiben schneiden. Dazu schmeckt Reis und gebratener Lauch.

Gänsebraten mit Äpfeln
Klassiker für kalte Tage

Für 6–8 als Festessen:
1 Gans (etwa 6 kg)
Salz, Pfeffer aus der Mühle
400 g kleine Zwiebeln
3 säuerliche Äpfel
1 EL Butter, 1/2 EL Zucker
1 Hand voll Walnusskerne
1 Bund Majoran
1 großes Bund Suppengrün
1/4 l dunkles Bier

1 Schon am Vorabend die Gans unter dem kalten Wasserstrahl innen und außen waschen, trockentupfen. Salz und Pfeffer in einem Schälchen mischen und die Gans gründlich damit einreiben – wieder innen und außen. Abgedeckt in den Kühlschrank und bis zum nächsten Tag in Ruhe lassen.

2 Am nächsten Tag die Zwiebeln schälen und halbieren. Die Äpfel vierteln, schälen und die Kerngehäuse raustrennen, dann die Viertel noch achteln. Butter erhitzen und den Zucker darin bei mittlerer Hitze schmelzen lassen. Die Äpfel und Zwiebeln darin anbraten, salzen, pfeffern und abkühlen lassen. Die Walnusskerne grob zerbrechen. Majoran abbrausen und trockenschütteln, die Blättchen abzupfen und mit den Walnüssen unter die Apfelmischung rühren. Suppengrün schälen oder waschen und in eher grobe Stücke schneiden.

3 Den Backofen auf 220 Grad (auch schon jetzt: Umluft 200 Grad) vorheizen. Die Apfelmischung in den Bauch der Gans füllen und die Öffnung mit Küchengarn zunähen oder mit Rouladennadeln oder Zahnstochern zustecken. Die Gans mit der Brustseite nach unten in die Fettpfanne (das tiefe Blech) des Ofens legen, Suppengrün auch dazu. 1/4 l Wasser aufkochen und rundum angießen.

4 Die Gans auf dem Blech in den Ofen schieben (unten) und 1 1/2 Stunden garen. Nach etwa 1 Stunde immer mal wieder mit der Flüssigkeit vom Blech begießen.

5 Die Temperatur auf 190 Grad (Umluft 170 Grad) zurückschalten, das Bier dazugießen und die Gans noch einmal etwa 1 1/2 Stunden braten. Häufig begießen und eventuell Fett abschöpfen. Falls die Gans nach der Garzeit noch nicht knusprig ist, in Stücke zerteilen und auf dem Rost (Hautseite nach oben) noch einmal in den Ofen (oben) schieben. Kurz grillen.

6 Die Sauce etwas entfetten, abschmecken und zur Gans und der Füllung servieren.

So viel Zeit muss sein: 35 Minuten
(+ 3 Stunden Bratzeit)
Das schmeckt dazu: Kartoffelknödel (aus fertigem Teig aus der Kühltheke), Rotkraut (Seite 188) oder Krautsalat
Kalorien pro Portion (bei 8): 1720

Noch mehr Rezepte mit Ente & Gans
(Seite)

Entencurry (88)

Basic Tipp

Eine ganze Ente (um die 1,8 kg) braucht 1–1 1/2 Stunden im 220/200 Grad heißen Ofen (Umluft 200/180 Grad). Mit Füllung ungefähr 30 Minuten länger. Eine Gänsebrust (etwa 400 g) wird in der Pfanne auf der Hautseite gut angebraten und muss dann bei 180 Grad (Umluft 160 Grad) etwa 25 Minuten in den Ofen, um gar zu werden. Hautseite nach oben! Enten- und Gänsekeulen (280–500 g) werden am besten rundum angebraten und dann bei schwacher Hitze auf dem Herd geschmort. Sie brauchen 45–60 Minuten.

Erbsen & Zuckerschoten

engl.: peas & peapods;
franz.: pois & pois mange-tout; ital.: piselli & taccole;
span.: guisante & guisantes en raina

Erbsen mit Möhren zu Kasseler oder Kotelett – jeder kennt diesen Klassiker der Beilagen. Die Hauptrolle übernimmt die Erbse, sämigweich geköchelt, in Pürees und Eintöpfen oder die frisch-knackig gegarte Zuckerschote im Asia-Wok.

Weltweit kullert das grüne Kleinstgemüse über alle Küchengrenzen hinweg: Mit Risotto-Reis werden Erbsen zum italophilen Risi e bisi, gepaart mit Kopfsalat nennt sich die Erbse »französisch« und getrocknet hat sie bei uns Geschichte als Erbswurst geschrieben. Mit diesem Vorgänger der Fertigsuppe wurden Kriege gewonnen und der Hunger bekämpft. Heute kennt die Erbse jeder aus der Tiefkühltruhe.

Im Juli/August sind die Chancen, frische Erbsen zu bekommen, am besten. Meist sind das die süßeren Markerbsen, die gut zur Asia-Küche oder ins Leipziger Allerlei passen. Schalerbsen gleichen ihnen äußerlich wie eine Erbse der anderen, sind aber stärkehaltiger – das lässt Eintöpfe, Suppen und Pürees besonders cremig schmecken. Also den Händler nach der Erbsensorte fragen. Er weiß es nicht? Dann darf man sicher probieren. Schmecken sie süß, sind es Markerbsen. Die Zuckererbsen bzw. -schoten machen es uns leichter, ihre Hülsen kann man mitessen.

Jederzeit gibt's Erbsen ohne Mühe und Verluste aus der Tiefkühltruhe. Blanchieren und schnelles Einfrieren lässt die gefrosteten Erbsen – meist Markerbsen – genauso grün leuchten und (fast) so lecker schmecken wie ihre knackfrischen Kollegen. Dosenerbsen aber werden durch die Hitzekonservierung blass und fade.

Gute Erbsen…
…sind einheitlich grün
…fühlen sich fest an
…lassen sich gut auspalen

Schlechte Erbsen…
…haben helle Stellen auf der Hülse
…sind welk, strohig oder schrumpelig

Ebenso immer zu haben sind Trockenerbsen, die in der Regel aus ausgereiften Schalerbsen bestehen. Besonders beliebt: die großen Victoria-Erbsen mit wenig Schale und viel Stärke, damit geben sie jedem Püree Geschmack und Geschmeidigkeit.

Aufheben

Frische Erbsenschoten mögen keine lange Lagerzeit: 3 Tage Kühlschrank sind das Maximum. Zuckererbsen bauen sogar schon vorher ihren Zucker zu Stärke ab. Ausgepalt sollten die schutzlosen Erbsen sofort in den Topf, sonst schmecken sie mehlig, verlieren Aroma und Süße. Wer sie nicht sofort kocht, blanchiert sie in Salzwasser. Dann ab damit ins Eiswasser, abtropfen lassen, einfrieren. Der Kälteschock stoppt den Aromaabbau, und die Erbsen munden auch noch nach 1 Jahr. Trockenerbsen dagegen brauchen als Naturkonserven das Älterwerden nicht zu fürchten. An einem trockenen dunklen Ort halten sie 1 Jahr und länger.

Frische Erbsensauce
Flott & lecker

Für 4 dazu:
1 kleine Zwiebel
1 EL Butter, 300 g TK-Erbsen
1/8 l trockener Weißwein
125 g Sahne
Salz, Pfeffer aus der Mühle
1/2 Bund Basilikum
einige Spritzer Zitronensaft

1 Zwiebel schälen und sehr fein hacken. In einem Topf die Butter schmelzen lassen und die Zwiebel darin bei mittlerer Hitze glasig dünsten.

2 Dann die tiefgekühlten Erbsen unter die Zwiebel mischen. Den Wein und die Sahne angießen, mit Salz und Pfeffer würzen. Den Deckel drauf, zum Kochen bringen. Basilikumblättchen von den Stängeln zupfen und einige Blättchen gleich mit in den Topf geben, 5 Minuten zugedeckt köcheln lassen.

3 Den Topf vom Herd nehmen, übriges Basilikum dazu, alles mit dem Stabmixer pürieren. Die Sauce mit Salz, Pfeffer und dem Zitronensaft abschmecken.

So viel Zeit muss sein: 15 Minuten
Das schmeckt dazu: wachsweich gekochte, noch warme Eier, Tafelspitz, Rippchen, Lachs, Schweinefilet
Kalorien pro Portion: 190

Zuckerschoten mit Zitronenbutter
Schnell & gut

Für 4 als Beilage:
500 g Zuckerschoten
2 EL Butter
abgeriebene Schale von 1 unbehandelten Zitrone und 1–2 EL Saft
Salz, Pfeffer aus der Mühle
1 Prise Zucker

1 Die Zuckerschoten waschen und putzen. In einer Pfanne die Butter zerlassen und die Hälfte der Zitronenschale einrühren. Die Zuckerschoten reingeben und in der Zitronenbutter schwenken und wenden. Schoten 8–10 Minuten bei mittlerer Hitze dünsten, sie sollen noch schön knackig zu beißen sein.

2 Die Schoten mit Salz, Pfeffer, Zitronensaft und dem Zucker abschmecken. Mit der übrigen Zitronenschale bestreuen.

So viel Zeit muss sein: 20 Minuten
Das schmeckt dazu: Fisch, Kalbfleisch
Kalorien pro Portion: 100

TIPP:
Statt Schale und Saft von der Zitrone, mal Limetteschale und -saft nehmen. Das gibt ein noch feineres Aroma.

Frisch kaufen
- Wer Erbsen frisch in der Schote kauft, muss damit rechnen, dass von der vollen Tüte nicht viel übrig bleibt: 1 kg Schoten ergeben nach dem Palen etwa 300 g kugelige Erbsen.
- Frische Erbsen müssen ein bisschen länger garen als TK-Erbsen (tiefgekühlte etwa 5 Minuten, frische 8–10 Minuten, ganz feine frische aber nur wenige Minuten).

Putzen
- Erbsenschoten drückt man an der Nahtstelle ein, bis die beiden Hälften sich auseinander lösen. Aufklappen und die kugeligen Erbsen rauspalen.
- Zuckerschoten waschen und an beiden Enden ein kleines Stück abschneiden. Löst sich dabei an einer Seite ein Faden, einfach mit abziehen.

Erbsensuppe
Gut für den Geldbeutel

Für 4 zum Sattessen:
200 g getrocknete Erbsen
1 Stange Lauch
1 Stück Knollensellerie
2 Möhren
einige Petersilienstängel
1 EL Butter
Salz, Pfeffer aus der Mühle
frisch geriebene Muskatnuss
2 EL Kürbiskerne
1–2 EL Kürbiskernöl

1 Die Erbsen in eine Schüssel schütten, mit 1 1/2 l Wasser begießen und bis zum Abend oder über Nacht einweichen.

2 Vom Lauch Wurzelbüschel und dunkelgrüne welke Teile abschneiden. Rest längs aufschlitzen, gut waschen und in grobe Stücke schneiden. Sellerie und Möhren schälen und würfeln. Petersilie abbrausen, trockenschütteln und grob schneiden.

3 Die Butter im Suppentopf zerlassen. Gemüse und Petersilie darin bei mittlerer bis starker Hitze anbraten. Erbsen mit der Einweichflüssigkeit dazugeben und aufkochen. Die Hitze kleiner stellen und den Deckel auflegen. Alles 1–1 1/2 Stunden garen, bis die Erbsen weich sind. Wenn dabei zu viel Flüssigkeit verkocht, noch mal etwas Wasser (oder auch Gemüsebrühe) nachschütten.

4 Die Suppe im Topf mit dem Stabmixer pürieren, mit Salz, Pfeffer und Muskat abschmecken. Kürbiskerne in einer Pfanne ohne Fett rösten, bis sie fein duften. Suppe auf Teller oder Schalen verteilen und ein paar Kürbiskerne draufstreuen. Mit Kürbiskernöl beträufeln und auf den Tisch stellen.

So viel Zeit muss sein: 20 Minuten
(+ die Einweichzeit und
bis 1 1/2 Stunden Garzeit)
Das schmeckt dazu: Bauernbrot
Kalorien pro Portion: 255

Variante:

Erbsenpüree
400 g getrocknete Erbsen nehmen und in ein bisschen weniger Wasser (so etwa 1 l) genauso kochen und pürieren. Dann entweder arabisch mit Harissa (scharfe Chilipaste), gemahlenem Kreuzkümmel, ein paar Spritzern Zitronensaft und Olivenöl würzen oder ganz fein mit etwas Crème fraîche und viel frischer Gartenkresse abschmecken.

TIPP:
Im Laden stehen meistens Erbsen und Schälerbsen – beides getrocknet – im Regal. Letztere haben keine Schale mehr und können deshalb ohne Einweichen sofort gekocht werden. Nur die Erbsen mit der Schale müssen eingeweicht werden. Die Kochzeit bleibt gleich, der Geschmack ist auch derselbe. Also nehmen, worauf man Lust hat oder was gerade da ist.

Spaghetti mit Zitronenerbsen
Ganz schön frisch!

Für 4 zum Sattessen:
Salz, 500 g Spaghetti
2 Knoblauchzehen
2 unbehandelte Zitronen, 1 EL Butter
200 g gepalte zarte Erbsen
250 g Sahne
Pfeffer aus der Mühle

1 4 l Wasser mit Salz aufkochen. Die Nudeln darin nach Packungsaufschrift bissfest kochen.

2 In der Zeit den Knoblauch schälen und in feine Scheiben schneiden. Die Zitronen heiß waschen, die Schale dünn abschälen (vom Weißen soll nichts mit abgeschnitten werden, weil das bitter schmeckt). 1 Zitrone durchschneiden und den Saft auspressen.

3 Butter zerlassen. Knoblauch, Erbsen und Zitronenschale darin bei mittlerer Hitze andünsten. Sahne dazuschütten und leicht cremig einköcheln lassen, 2 EL Zitronensaft untermischen. Salzen und pfeffern.

4 Nudeln ins Sieb abgießen und zurück in den Topf geben. Kurz mit den Zitronenerbsen mischen, Schalen rausfischen. Auf tiefe Teller verteilen und schnell aufessen.

So viel Zeit muss sein: 15 Minuten
Kalorien pro Portion: 710

Grünes Gemüse
Schön und gut

Für 4 als Beilage:
1 Bund Frühlingszwiebeln
150 g Zuckerschoten
400 g Blattspinat oder 1 kleiner Kopfsalat
2 Knoblauchzehen
1/2 Bund Minze
2 EL Olivenöl
150 g TK-Erbsen
100 ml trockener Weißwein (ersatzweise Gemüsebrühe)
Salz, Pfeffer aus der Mühle
1 Prise frisch geriebene Muskatnuss

1 Die Wurzelbüschel und die welken Teile von den Frühlingszwiebeln abschneiden. Den Rest waschen und in 1/2 cm breite Ringe schneiden. Zuckerschoten waschen und die Enden knapp abschneiden. Vom Spinat alle welken Blätter aussortieren und die dicken Stiele abknipsen. Spinatblätter in kaltem Wasser gründlich waschen und trockenschleudern. Wer Kopfsalat nimmt: die Blätter ablösen, waschen, trockenschleudern, in breite Streifen schneiden.

2 Den Knoblauch schälen und in dünne Scheiben schneiden. Minze abbrausen und trockenschütteln, die Blättchen abzupfen.

3 Öl im Topf erwärmen. Zwiebeln und Knoblauch darin bei starker Hitze kurz anbraten. Zuckerschoten und Erbsen dazu und ebenfalls kurz braten. Spinat oder Kopfsalat und Minze dazu und rühren, bis die Blätter zusammenfallen.

Noch mehr Rezepte mit Erbsen & Zuckerschoten
(Seite)

Blumenkohlcurry (66)
Frühlingsgemüse (66)
Gemüse und Tofu in Kokosmilch (309)
Muschelsuppe mit Curry (223)
Paella (265)

4 Wein dazugießen, Gemüse mit Salz, Pfeffer und Muskat würzen. Die Hitze auf mittlere Stufe stellen, Deckel auflegen. Das Gemüse 6–8 Minuten dünsten, bis die Zuckerschoten bissfest sind.

So viel Zeit muss sein: 30 Minuten
Das schmeckt dazu: Lammkoteletts, gebratenes Huhn oder Kaninchen oder Fisch
Kalorien pro Portion: 150

Fenchel

engl.: fennel; franz.: fenouil; ital.: finocchio; span.: hinojo

Die Fenchelknolle hat Biss und einen eigenen Geschmack – leicht scharf, etwas süß, dabei zwischen Anis und Dill. Ein Gemüse mit Charakter, das nicht jedem schmeckt, für Aromafreaks aber das Höchste ist.

Wer sich beim Fenchel noch nicht sicher ist, sollte ihn mal mit anderem Mittelmeergemüse wie Tomaten, Paprika oder Oliven probieren. Mit Fisch und Meeresfrüchten kombiniert ist er auch was für Einsteiger, ergänzt durch Weißwein und Safran. Oder gedünstete Fenchelscheiben mit Parmesan überbacken – einfach fein. Wahre Fenchelfreunde knabbern ihren Liebling roh zu altem Gouda oder Parmesan oder löffeln mit den von der Knolle gelösten »Blättern« Dips. Immer gut: Fenchelsalat mit Zitrusfrüchten und dem gefiederten Fenchelgrün, das nicht nur optisch an Dill erinnert.

Zu Fenchel passt Anis oder der vom Frankreich-Urlaub noch übrig gebliebene Anislikör. Noch besser: ein paar Fenchelsamen mitgaren. Die kleinen, braunen Samen findet man im Gewürzregal, in Fenchelteebeuteln und auch im chinesischen Fünf-Gewürz-Pulver. Sie passen überall dazu, wozu auch Anis schmecken würde: Gurken, eingekochtes Gemüse, würzige Fischgerichte. In deftigen Brotteigen, Suppen und Saucen sind Fenchelsamen ebenfalls herrlich. Und pur gekaut sorgen sie für frischen Atem. Gut nach dem Genuss von Knoblauch, der übrigens auch gut mit Fenchel kann.

Der Fenchel hat seine beste Zeit von Juli/August–November, wenn auch die einheimische Saison ist. Vom Herbst bis zum Frühsommer kommt er besonders aus Italien und anderen Mittelmeerländern zu uns, im Sommer liefern die Holländer. Es gibt unterschiedliche Fenchelsorten, darunter den kleinen, zarten Florentiner und den großen, süßeren Neapolitaner. In Italien wird auch Wilder Fenchel gesammelt, der diesen Namen zu Recht trägt: Seinem süß-scharfen, leicht beißenden Aroma sind keinerlei Zügel angelegt. Auf seinen getrockneten Blütenzweigen, dem Fenchelstroh, garen Gourmet-Köche gerne Fisch.

Aufheben

In der dunklen Papiertüte kann Fenchel 2–3 Tage in der kühlen Vorratskammer liegen bleiben. 1–2 Wochen im Gemüsefach des Kühlschranks sind auch o.k., wenn er in ein angefeuchtetes Küchentuch gewickelt wird. Im Tiefkühler hält er bis zu 8 Monate. Dazu die Knolle vierteln, 1 Minute in kochendes Zitronenwasser (wegen der Farbe) geben und ab in die Kälte. Kein Platz mehr dort? Dann gedünstete Fenchelscheiben wie Essiggurken einlegen, dabei mit Fenchel- und Senfsamen würzen. Nach 2 Monaten schmeckt das toll zu Fisch, aber auch mit Schweinefleisch und Bratkartoffeln.

Guter Fenchel …

… duftet leicht nach Anis
… ist leuchtend weiß bis hellgrün, hat eine feste Knolle und frisches Grün

Schlechter Fenchel …

… hat braune Stellen und trockene Anschnitte
… verrät sich durch strohig-harte Außenblätter

Orangen-Fenchel-Salat
Der kommt aus Sizilien

Für 4 als Vorspeise:
2 kleinere oder 1 große Knolle Fenchel
4 saftige Orangen
16 schwarze Oliven
1 Zweig Rosmarin oder 2 Stängel Petersilie
1 EL Rotweinessig
Salz, Pfeffer aus der Mühle
6 EL bestes Olivenöl

1 Den Fenchel waschen, putzen und das Grün abzupfen und beiseite legen. Dann Fenchel längs vierteln und quer in möglichst dünne Scheiben schneiden.

2 Von den Orangen oben und unten eine Scheibe abschneiden. Auf eine der so abgeflachten Seiten stellen. Jetzt die Schale streifenweise von oben nach unten abschneiden und dabei auch die weiße Haut entfernen. Die Orangen dann quer in dünne Scheiben schneiden, zwischendurch den ablaufenden Saft in eine Schale gießen.

3 Orangen und Fenchel auf Tellern auslegen, Oliven darauf verteilen. Kräuter abbrausen, trockenschütteln und die Nadeln oder Blättchen fein hacken. Kräuter und Fenchelgrün über den Salat streuen. Essig, Salz, Pfeffer, Öl und O-Saft verquirlen, über den Salat gießen.

So viel Zeit muss sein: 20 Minuten
Kalorien pro Portion: 210

TIPP:
Den Salat kann man statt mit Fenchel auch mit Zwiebeln zubereiten. Milde rote oder weiße Zwiebeln schälen, in ganz feine Ringe schneiden und auf die Orangen streuen. Auch gut: Radicchio oder Rucola als Unterlage für den würzigen frischen Salat.

Fenchelsalat mit Oliven
Ziemlich lecker

Für 4 als Vorspeise oder Imbiss:
3 Knollen Fenchel (etwa 800 g)
Salz
1 kleine rote Paprikaschote
70 g schwarze Oliven
80 g Schafkäse (Feta)
2 EL Zitronensaft
Pfeffer aus der Mühle
4 EL Olivenöl
Zitronenschnitze zum Servieren

1 Den Fenchel waschen, putzen und das Grün abzupfen und beiseite legen. Dann Fenchel längs achteln. In einen Topf ungefähr 5 cm hoch Wasser füllen und mit Salz zum Kochen bringen.

2 Fenchel ins kochende Wasser legen und zugedeckt 4 Minuten garen, bis er bissfest ist. Mit dem Schaumlöffel rausfischen und auf Teller oder eine größere Platte legen. Lauwarm abkühlen lassen.

3 Inzwischen Paprika waschen, halbieren und Stiel und Trennhäutchen rauslösen. Die Schotenhälften klein würfeln. Olivenfleisch vom Stein schneiden und ebenfalls würfeln, den Schafkäse zerkrümeln. Paprika, Oliven und Käse miteinander mischen. Fenchelgrün grob hacken.

4 Den Zitronensaft mit Salz, Pfeffer und 2 EL Fenchelsud verrühren, Öl unterquirlen. Käsemischung auf den Fenchel streuen, alles mit Sauce beträufeln und mit Fenchelgrün bestreuen. Lauwarm essen. Zitronenschnitzen dazu servieren.

So viel Zeit muss sein: 25 Minuten
Das schmeckt dazu: Ciabatta
Kalorien pro Portion: 205

TIPP:
Statt Paprika schmecken auch Tomatenwürfel oder Zucchini, ebenfalls gewürfelt und kurz in Olivenöl gebraten.

Fenchelsuppe mit Anis und Pernod
Ganz schön lecker

Für 4 als Vorspeise oder kleines Essen:
2 Knollen Fenchel (etwa 600 g)
2 Knoblauchzehen
2 EL Butter
1 TL Anissamen
3/4 l Gemüsebrühe, 100 g Sahne
Salz, Pfeffer aus der Mühle
3 TL Zitronensaft
2 EL Pernod

1 Den Fenchel waschen, putzen und das Grün abzupfen und beiseite legen. Dann Fenchel längs vierteln und in feine Würfel schneiden. Den Knoblauch schälen und fein schneiden.

2 Die Butter im Suppentopf zerlassen. Fenchel, Knoblauch und Anis darin bei starker Hitze anbraten. Brühe dazugießen und heiß werden lassen. Fenchel zugedeckt bei mittlerer Hitze etwa 15 Minuten kochen.

3 Aus dem Topf 2 EL Fenchelwürfel fischen, den Rest im Topf mit dem Stabmixer pürieren. Sahne dazu, mit Salz, Pfeffer, Zitronensaft und Pernod abschmecken. Das Fenchelgrün fein hacken, mit Fenchelwürfeln auf die Suppe streuen. Gleich servieren!

So viel Zeit muss sein: 30 Minuten
Das schmeckt dazu: gerösteter Toast
Kalorien pro Portion: 205

Fenchelgemüse mit Rucola
Fein, fein, fein

Für 4 als Beilage:
3 Knollen Fenchel (etwa 800 g)
1 Zwiebel
2 Knoblauchzehen
1 großes Bund Rucola
1 EL Butter
1/8 l Gemüsebrühe
2 EL Crème fraîche
2 TL Kapern (wer mag)
Salz, Pfeffer aus der Mühle
2 TL Zitronensaft

1 Den Fenchel waschen, putzen und das Grün abzupfen und beiseite legen. Dann Fenchel längs vierteln und quer in dünne Scheiben schneiden. Zwiebel und Knoblauch schälen und fein schneiden. Vom Rucola alle welken Blätter aussortieren und dicke Stiele abknipsen. Rucola waschen, trockenschleudern und grob hacken.

2 Butter im Topf zerlassen, Zwiebel und Knoblauch einrühren und bei starker Hitze anbraten. Fenchel dazu, kurz mitbraten. Mit der Brühe ablöschen, die Hälfte vom Rucola untermischen. Die Hitze auf mittlere Stufe schalten, Deckel drauf und das Gemüse 6–8 Minuten dünsten, bis es bissfest ist.

3 Crème fraîche, Kapern (wer mag) und übrigen Rucola untermischen, alles mit Salz, Pfeffer und Zitronensaft abschmecken. Sofort noch ganz heiß essen.

So viel Zeit muss sein: 30 Minuten
Das schmeckt dazu: gedünstetes und gebratenes Huhn, Fisch oder Kartoffelpuffer
Kalorien pro Portion: 100

Putzen
Nach dem Waschen das zarte Grün abzupfen. Das kann man über die fertigen Gerichte streuen. Dann die grünen Stiele und unten den Strunkansatz wegschneiden. Wenn die äußeren Schichten schön sind, kann alles so bleiben. Ist das äußere »Blatt« aber welk, kommt es ganz weg. Sind nur ein paar Stellen unschön, diese wegschneiden.

Schneiden
Fenchelknolle zuerst längs halbieren. Der Strunk in der Mitte muss nicht weg, er kann in jedem Fall mitgegessen werden. Schneidet man den Fenchel längs in Viertel oder Achtel, hält der Strunk so die Blattschichten zusammen. Soll der Fenchel dann in feine Scheiben geschnitten werden, macht man das quer statt längs. So kann sich das Aroma besser entfalten.

Gratinierter Fenchel
Kostet ganz wenig

Für 4 als Beilage oder
für 2 als ganzes Essen:
2 Knollen Fenchel (etwa 700 g)
Salz, 2 Tomaten
4 EL Semmelbrösel
4 EL frisch geriebener Parmesan
Pfeffer aus der Mühle
2 EL Butter

1 Den Fenchel waschen, putzen und das Grün abzupfen und beiseite legen. Dann Fenchel längs vierteln. In einen Topf ungefähr 5 cm hoch Wasser füllen und mit Salz aufkochen. Die Fenchelviertel hineinlegen, Deckel drauf und das Gemüse ungefähr 5 Minuten kochen lassen.

2 Die Zeit nutzen und schon mal die Tomaten waschen und ganz klein würfeln, dabei den Stielansatz wegschneiden. Das Fenchelgrün ganz fein schneiden. Gegarten Fenchel in ein Sieb schütten, kurz kaltes Wasser drüberlaufen und abtropfen lassen.

3 Den Backofen auf 200 Grad vorheizen (auch schon jetzt: Umluft 180 Grad). Eine hitzebeständige Form raussuchen, in der die Fenchelviertel nebeneinander Platz haben. Fenchel einschichten und Tomaten drüberstreuen, salzen. Die Semmelbrösel mit Käse, Pfeffer und Fenchelgrün mischen und auch drüberstreuen. Butter in kleine Stücke schneiden, drauflegen.

4 Den Fenchel im Ofen (Mitte) ungefähr 20 Minuten backen. Die Bröselmischung soll schön braun werden.

So viel Zeit muss sein: 30 Minuten
(+ 20 Minuten Backzeit)
Das schmeckt dazu: gegrillter Fisch oder Fleisch als Hauptgericht, Kartoffeln oder Brot, wenn man den Fenchel warm oder lauwarm als Vorspeise isst
Kalorien pro Portion (bei 2): 250

Variante:

Zwiebeln aus dem Ofen
500 g Zwiebeln schälen, in Salzwasser etwa 10 Minuten kochen, kalt abschrecken und abtropfen lassen. Zwiebeln in 2 cm dicke Scheiben schneiden, nebeneinander in eine große hitzebeständige Form legen. 1 Bund Petersilie und 8–10 Salbeiblättchen ganz fein schneiden. Mit Salz und Pfeffer über die Zwiebeln streuen. 4 EL Olivenöl drüberträufeln. Die Zwiebeln im Ofen bei 200 Grad (Mitte, Umluft 180 Grad) etwa 40 Minuten backen, bis sie gebräunt sind.

Noch mehr Rezepte mit Fenchel (Seite)

Gemüseplatte mit Aioli (182)
Kaninchen mit Fenchel (158)
Provenzalische Kartoffelsuppe (163)

Fische

engl.: fishes; franz.: poissons; ital.: pesci; span.: pescados

»Das komplette Tier kommt mir nicht auf den Teller«, sagen die einen, »nur ein ganzer Fisch ist ein echter Fisch«, die anderen. Die einen wünschen wenig Arbeit und Gräten – bitte zum nächsten Kapitel blättern. Den anderen geht's um den vollen Geschmack – bitte weiterlesen.

Denn eins ist klar: die Haut um den unzerteilten Fisch gibt nicht nur Aromabonus, sie schützt sein zartes Fleisch beim Blaukochen, Braten, Grillen oder Dämpfen vor dem Austrocknen. Und wer wirklich frisches Filet will, schneidet es sich lieber aus dem ganzen Fisch. Ihm sieht man nämlich eher als dem »Fertigteil« ohne Haut und Gräten an, wie alt er ist. So, jetzt heißt es aber rechnen: Ein Fisch, der 300–500 g wiegt, macht mit seinem Fleisch einen Menschen satt, ein 1-kg-Fisch reicht für zwei bis drei, ein 1,5–2-kg-Fisch für mindestens vier.

Aber woher kommt jetzt unser Fisch? Aus See und Fluss, der allergrößte Teil aus dem Meer. Allerdings ist der bärtige Fischer, der seinen Morgenfang auf dem Fischmarkt feilbietet, heute eine Rarität. Die Realität:

Gute Fische…

…riechen nach einer frischen Meeresbrise
…haben glänzende Haut, klare Augen, rote Kiemen, festes Fleisch und wirken prall

Schlechte Fische…

…stinken nach Fisch
…haben trübe Augen, dunkle Kiemen, weiches Fleisch und wirken schlaff

Große Fischschwärme im Meer werden von riesigen Fischtankern mit allen Schikanen geortet, gefangen und gleich an Bord aufbereitet. Und weil der Bedarf weltweit wächst, wird immer mehr und öfter gefischt. Umweltbewusste wie Feinschmecker schlagen Alarm: Es bleiben zu wenig Fische, um für den Nachwuchs sorgen zu können. Was eindeutig gegen kulinarische Liebhabereien wie den Baby-Steinbutt spricht!

Weniger aus ethischen als aus geschäftlichen Gründen kommen heute vor allem zahlreiche Süßwasserfische (Forelle, Zander) von Zuchtfarmen bzw. Aquakulturen. Diese können aber ähnliche Probleme bereiten wie Hühnerfarmen: Zu viele Tiere werden auf viel zu engem Raum untergebracht, erkranken eher und brauchen deswegen eine große Menge Medikamente. Bei Bio-Fischzuchten wird verstärkt auf genügend Platz, besseres Futter und weniger Medizin geachtet. Am besten beim Fischhändler nachfragen, wie der Fisch gelebt hat und woher er kommt.

Aufheben

Den ganzen Fisch von der Verkaufstheke gleich nach Hause bringen und dort sofort auspacken, auf einen Teller oder eine Platte legen, mit Teller oder Folie abdecken und in den Kühlschrank stellen – ganz unten aufs Gemüsefach. Da ist es am kältesten, somit optimal für den Fisch. Dort kann das gute Stück 1 Tag, maximal 2 Tage bleiben. Gut zu wissen: In den meisten unserer Städte kommen am Dienstag und am Freitag ganz frische Fische in die Läden – und sind damit am Donnerstag und Montag am ältesten.

Die Typen

Die **Forelle** (1) ist der bekannteste Fisch aus See und Fluss, dicht gefolgt von **Renke, Saibling, Lachsforelle, Schleie** und dem **Karpfen.** Diese Süßwasserfische kommen heute fast immer aus dem Fischteich. Sie haben ein festes aromatisches Fleisch und Gräten, die man leicht zupfen kann. Sehr gut fürs Pochieren bzw. Blaukochen, Dämpfen sowie fürs Braten.

Die **Rotbarbe** (2) und auch die **Sardine** zählen zu den kleinen Mittelmeerfischen, die sich gerne auf gemischten Fischplatten versammeln und oft aus dem Tiefkühler kommen. Am besten schmecken diese Aromafische gegrillt, gebraten oder im Ofen gegart – und zwar immer samt Haut. Gräten haben sie nicht wenige, doch die sind bei ganz kleinen Fischen (vor allem Sardinen) so weich, dass man sie mitessen kann. Kenner lieben das sogar!

Die Plattfische **Scholle** (3), **Seezunge** und **Steinbutt** sind fein, mager, zart und im Ganzen sehr aromatisch. Diese Meeresfische haben eine dunkle und helle Seite. Die Filets auf der hellen Seite sind dünner. Plattfische im Ganzen werden am besten gebraten, gegrillt oder im Ofen gegart.

Red Snapper (4) und die vielen verschiedenen **Brassen** aus allen Weltmeeren haben alles, was sich ein Fischfan erträumt. Schön festes Fleisch mit ganz viel Aroma und nur ein paar Gräten – alle so groß, dass man sie sofort orten und vor allem leicht entfernen kann. Außerdem sind Snapper wie Brassen mit einem Gewicht von bis zu 2 kg ideal zum Backen im Ofen, zum Einpacken in Salzteig oder auch mal zum Grillen.

Was Besonderes ist der **Aal.** Er sieht eher aus wie eine Schlange und hat eine feste Haut, die man an einem Stück abzieht oder noch besser abziehen lässt. Der fette Fisch schmeckt geschmort und gegrillt am allerfeinsten. Ebenfalls gut fett und der ideale Steckerlfisch ist die **Makrele.** Ihr würziges Fleisch kommt am besten zur Geltung, wenn sie gegrillt oder im Ofen gebacken wird. Aber Achtung: frische Makrelen werden schnell schlecht, also ganz fix garen.

Ganzer Fisch im Salzmantel
Hammerhart!

Für 4 zum Sattessen:
1 große Lachsforelle (etwa 1,2 kg; oder
2 kleinere Exemplare oder Wolfsbarsch
oder Meerbrasse nehmen)
1 Bund gemischte Kräuter (z. B. Dill,
Petersilie, Basilikum)
2 1/2 kg Salz, 2 Eiweiße
75 g Butter, 1–2 Zitronen
Pfeffer aus der Mühle

1 Den Fisch schon vom Händler schuppen und ausnehmen lassen. Zu Hause dann kalt waschen und trockentupfen.

2 Kräuter abbrausen, trockenschütteln und in den Bauch des Fischs legen. Bauchlappen wieder übereinanderschlagen, damit die Lachsforelle später nur mit der Haut auf dem Salzbett liegt. Den Backofen auf 250 Grad vorheizen (auch schon jetzt: Umluft 220 Grad).

3 Eine große Schüssel rausholen und das Salz hineinschütten. Eiweiße und ungefähr 200 ml kaltes Wasser dazu und alles schön gleichmäßig vermischen.

4 Eine hitzebeständige Form, in die der Fisch gut reinpasst (ersatzweise ein Backblech) ungefähr 2 cm hoch mit Salzmasse füllen. Den Fisch darauf legen und rundum dick mit der restlichen Salzmasse bedecken, gut andrücken.

5 Rein in den Ofen (Mitte) damit und etwa 30 Minuten dort lassen. Dann Ofen ausschalten und den Holzkochlöffel mit der Ofentüre einklemmen, damit sie einen Spalt offen bleibt. Fisch im Salzmantel noch 10 Minuten drin lassen.

6 In einem Töpfchen die Butter heiß und flüssig werden lassen. Zitronen vierteln. Jetzt die harte Salzkruste vorsichtig aufklopfen und den zarten aromatischen Fisch aus seinem Korsett befreien – und von der salzverkrusteten Haut, die wird nicht mitgegessen. Vom saftigen Fischfleisch jedem eine Portion auf den vorgewärmten Teller legen. Jeder bedient sich selbst bei Butter, Zitronensaft oder einem Hauch Pfeffer.

So viel Zeit muss sein: 1 Stunde
Das schmeckt dazu: Kartoffeln, Blattsalat, trockener Weißwein
Kalorien pro Portion: 465

Liebe Basics…

Gut geschmeckt hat Celia der Fisch. Aber das Backblech sauber zu kriegen, hat ihr nicht gefallen. Wir schlagen vor: Das Blech mit Backpapier auslegen und dann erst den Salzteig darauf häufen. Sorry fürs Schrubbenmüssen! Als Entschädigung gibt es aber das Rezept für die Gans (Seite 101), das Celia sich gewünscht hat.

Gebratene Rotbarben
Richtig schnell

Für 4 zum Sattessen:
8 kleine Rotbarben (je etwa 100 g)
2 Knoblauchzehen
4 EL Butter
Salz, Pfeffer aus der Mühle
2 EL Zitronensaft
8–10 Salbeiblättchen

1 Die Rotbarben schon vom Händler schuppen und ausnehmen lassen. Zu Hause kalt waschen und trockentupfen.

2 Knoblauch schälen und fein hacken. In der größten Pfanne des Hauses die Butter zerlassen. Mit Salz und Pfeffer würzen, den Zitronensaft und den Knoblauch und die Salbeiblättchen einrühren.

3 Die Fische in die heiße Würzbutter legen und bei mittlerer Hitze 4–5 Minuten braten. Vorsichtig wenden, noch mal 5 Minuten von der anderen Seite braten. Frisch aus der Pfanne essen.

So viel Zeit muss sein: 20 Minuten
Das schmeckt dazu: Brot und Weißwein
Kalorien pro Portion: 215

Sardinen aus dem Ofen
Günstig und gut

Für 4 zum Sattessen:
1 kg Sardinen, 2 unbehandelte Zitronen
1 Bund Petersilie, 2 Knoblauchzehen
1 TL Fenchelsamen, 4 EL Pinienkerne
4 EL Semmelbrösel, 4 EL Olivenöl
Salz, Pfeffer aus der Mühle

1 Sardinen waschen und trockentupfen, die Köpfe abschneiden. Fische am Bauch aufschneiden und auseinanderklappen. Mittelgräte mit den Fingern anheben und ganz abziehen. Die Zitronen heiß waschen und in dünne Scheiben schneiden.

2 Den Backofen auf 250 Grad vorheizen (auch schon jetzt: Umluft 220 Grad). Petersilie abbrausen und trockenschütteln, Blättchen abzupfen. Den Knoblauch schälen, mit Petersilie, Fenchelsamen und Pinienkernen fein hacken. Semmelbrösel und Olivenöl unterrühren, salzen und pfeffern.

3 Eine hitzebeständige Form mit Zitronenscheiben auslegen. Die Fische innen salzen und pfeffern, auf die Zitronen legen und mit den Bröseln bestreuen. Im Ofen (Mitte) etwa 15 Minuten backen.

So viel Zeit muss sein: 45 Minuten
(+ 15 Minuten Backzeit)
Das schmeckt dazu: ofenfrisches Weißbrot und Blattsalat mit Tomatenwürfeln
Kalorien pro Portion: 460

Gegarten Fisch filetieren

Da liegt er also, schön gegart und einladend. Aber er ist halt immer noch ein ganzer Fisch. Und wie rückt man dem jetzt zu Leibe? Zuerst Kopf und Schwanz abschneiden. Dann am Rücken mit einem scharfen Messer die Haut einschneiden. Die obere Haut mit dem Messer vom Fleisch abheben und abziehen (außer man will sie mitessen wie z.B. bei den Rotbarben - die schmecken mit Haut viel intensiver). Wieder vom Rücken her entlang der Gräten mit einem breiten Messer unter das Fischfleisch fahren und es möglichst in einem Stück abheben. Wenn es dabei nicht ganz bleibt, kein Problem. Sieht zwar nicht mehr so schön aus, schmeckt aber genauso gut. Jetzt liegt die dicke Mittelgräte mit den Seitengräten auf dem unteren Filet. Diese am Schwanzende anheben und vorsichtig hochziehen. Unteres Filet vorsichtig von der unteren Haut lösen.

Gedämpfter Ingwerfisch
Ein ganzer Kerl

Für 4 zum Sattessen:
1 großer Fisch oder 2 kleinere (insgesamt ungefähr 1 kg, das kann ein Barsch, ein Red Snapper, eine Lachsforelle oder auch ein Schwanzstück vom Seeteufel sein)
2–3 Blätter Chinakohl
Salz
1 großes Stück frischer Ingwer (etwa 60 g)
1 Bund Frühlingszwiebeln
2 EL Hühnerbrühe
2 EL Sojasauce
2 EL Reiswein
1 EL Sesamöl
1 TL Zucker
Basilikum-, Minze- oder Korianderblättchen zum Bestreuen

1 Den oder die Fisch(e) unter den kalten Wasserstrahl halten und innen und außen waschen. Dann mit Küchenpapier abtupfen. Die Chinakohlblätter waschen und einen Dämpfeinsatz damit auslegen. Fisch(e) innen und außen mit Salz einreiben und auf die Blätter in den Dämpfeinsatz legen.

2 Ingwer schälen und zuerst in dünne Scheiben schneiden, dann in ganz feine Streifen – je feiner desto besser. Von den Frühlingszwiebeln die Wurzelbüschel abschneiden und die welken Teile auch. Die Zwiebeln waschen, in 5 cm lange Stücke schneiden und dann auch in feine Streifen. Ingwer- und Zwiebelstreifen vermischen und auf den oder die Fisch(e) streuen.

3 In einen großen Topf (der Dämpfeinsatz muss reinpassen) 2–3 cm hoch Wasser füllen und erhitzen. Den Einsatz in den Topf stellen. Hühnerbrühe, Sojasauce, Reiswein, Sesamöl und Zucker verrühren und über Fisch oder Fische löffeln.

4 Deckel drauf, Hitze ganz hoch drehen und den Fisch dämpfen. Ist es ein großer, ungefähr 15 Minuten garen. Sind es zwei kleinere, ungefähr 10 Minuten dämpfen.

5 Fisch(e) an einer Stelle einschneiden und leicht aufklappen. Wenn der Fisch gar ist, darf das Fischfleisch nicht mehr glasig sein und es muss sich leicht von der Mittelgräte ablösen lassen. Fisch filetieren und ein paar Löffel vom Sud (den Rest sieben und am nächsten Tag eine Suppe daraus kochen) über die Filets geben, die Kräuterblätter draufstreuen. Servieren.

So viel Zeit muss sein: 30 Minuten
Das schmeckt dazu: Reis und zum Würzen eine Mischung aus gehacktem Ingwer, Reisessig und Sojasauce
Kalorien pro Portion: 175

Variante:

Folienfisch

Am besten pro Person 1 Fisch kaufen, der ungefähr 300 g wiegt. Das kann eine Forelle sein, ein Saibling oder auch eine kleine Makrele. 2 dicke Stangen Lauch putzen, längs einritzen, waschen und in Streifen schneiden. 250 g Champignons trocken abreiben und in Scheiben schneiden. 2 dicke Möhren schälen und in sehr dünne Scheiben schneiden. 1 unbehandelte Zitrone waschen und ebenfalls in dünne Scheiben schneiden. 1 Bund Petersilie abbrausen und trockenschütteln. Die Fische waschen und trockentupfen. Innen und außen mit Salz und Pfeffer würzen und ein paar Petersilienstängel in die Fischbäuche füllen. Von der restlichen Petersilie die Blättchen abzupfen. Vier große Stücke Alufolie mit der glänzenden Seite nach oben auf die Arbeitsfläche legen. Gemüse und Petersilienblättchen mischen, die Hälfte davon auf den Folienstücken verteilen. Die Fische drauf, dann übriges Gemüse. Je 1 EL Butter in kleinen Flöckchen darauf verteilen. Päckchen verschließen, auf dem Rost oder dem Blech in den 220 Grad heißen Backofen (Mitte, Umluft 200 Grad) schieben und 20 Minuten garen. In der Folie hat sich ein aromatischer Sud gesammelt. Den kann man einfach pur mit dem Gemüse zum Fisch servieren. Oder aber in einem Topf mit 100 g Crème fraîche mischen, etwas einkochen lassen und dann zu Fisch und Gemüse reichen.

Forellen in Weißwein
Einfach, schnell, gut

Für 4 zum Fummeln:
4 Forellen (jede ungefähr 300 g)
1/2 unbehandelte Zitrone
Salz, Pfeffer aus der Mühle
1 Möhre
1 Stange Staudensellerie
2–3 Knoblauchzehen
1/2 Bund Petersilie
je einige Zweige Rosmarin, Thymian und Majoran
3–5 EL Olivenöl
1/2–3/4 l trockener Weißwein

1 Die Forellen unter den kalten Wasserstrahl halten und gut waschen. Die leicht glitschige Schicht kann dabei ruhig abgespült werden. Die Fische mit Küchenpapier trockentupfen, vor allem außen, innen ist es nicht so wichtig.

2 Die Zitronenhälfte heiß waschen und die Schale fein abreiben, den Saft auspressen. Die Schale und den Saft mit Salz und Pfeffer vermischen und die Fische damit würzen, diesmal vor allem innen.

3 Möhre schälen, Sellerie waschen und das untere Stangenende abschneiden. Wenn sich dabei Fäden lösen, abziehen. Oberes Ende der Stange nur abschneiden, wenn es welk ausschaut. Die Möhre und den Sellerie in kleine Würfel schneiden.

4 Den Knoblauch schälen und ganz fein schneiden. Die Kräuter abbrausen, trockenschütteln und die Blättchen bzw. Nadeln ganz klein schneiden.

5 Und jetzt kommt die große Frage: Ist eine Pfanne im Schrank, in der alle Fische Platz haben, und zwar nebeneinander? Wenn ja, wunderbar. Wenn nein, braucht man zwei Pfannen und dann auch etwas mehr Öl und Wein.

6 Also in der einen oder in zwei Pfannen gleichzeitig Öl warm werden lassen. Knoblauch, Möhre, Sellerie und Kräuter mischen und darin (eventuell gerecht verteilt) bei starker Hitze anbraten. Die Fische reinlegen und von jeder Seite ebenfalls gut anbraten.

7 Jetzt den Wein dazugießen – wenn man zwei Pfannen hat, braucht man schon die ganze Flasche. Damit die Sauce einkocht, werden die Fische jetzt ohne Deckel und bei etwas mehr als mittlerer Hitze gegart. Und zwar etwa 15 Minuten. Zwischendurch sollen sie einmal gedreht werden. Und damit sie dabei nicht auseinander brechen, fährt man mit dem Bratenwender jeweils unter einen Fisch, hält oben mit einem Löffel fest und wendet ihn dann ganz vorsichtig. Wenn der Fisch doch bricht: Schmecken tut er trotzdem! Und zwar mit dem schön würzigen Sud, den man nur noch salzen und pfeffern muss. Aber erst zum Schluss, sonst wird er vielleicht durchs Einkochen zu salzig. Und jetzt auf den Tisch damit, wo jeder seinen Fisch selbst von Haut und Gräten befreit.

So viel Zeit muss sein: 40 Minuten
Das schmeckt dazu: ofenfrisches Weißbrot, eventuell Spinat und der Wein, der auch mit in der Sauce ist (aber bitte gekühlt!)
Kalorien pro Portion: 420

Fischfilet

engl.: fillet of fish; franz.: filet des poissons;
ital.: filetto di pesce; span.: prendedero de pescados

Das Filet macht es einem leichter, den feinen Fisch zu essen. Kein Forellenauge blickt einen vorwurfsvoll an, kein Kampf um Kopf und Gräte. Das nimmt einem alles der Fischhändler ab. Nur was ist eigentlich ein Fischfilet genau?

Anders als beim Kalb ist damit nicht der feinste Teil des Tieres gemeint. Im Grunde hat so ein Fisch nur zwei essbare Teile: eins auf der einen und eins auf der anderen Seite der Mittelgräte. Also links und rechts bei Rundfischen wie Zander, oben und unten bei Plattfischen wie Seezunge. Bei kleineren Fischen sind das die Filets, die zusammen (z.B. Scholle, Makrele) oder für sich (z.B. Rotbarsch) eine Portion von 150–200 g ergeben. Bei größeren Fischen (Lachs) werden diese »Seiten« noch zu kleineren Stücken portioniert. Beim Seelachs macht man das oft zu Hause. Tipp: Schräg zum Brett schneiden – so gibt es die schöneren Schnitzel.

Solch ein Seelachs-Schnitzel ist was fürs Braten, die beliebteste Art Fischfilet zuzubereiten. Gut zu braten sind auch aromatische Filets von Kabeljau, Seeteufel, Red Snapper, Waller, Zander sowie von fetteren Fischen wie Lachs, Rotbarsch, Tunfisch. Fürs Pochieren, Dämpfen, Dünsten eignen sich magere Filets von Kabeljau, Seelachs, Zander, Scholle und Koteletts von Heilbutt, Schellfisch und Waller. Gut für Ragout und Wok: Rotbarsch, Scholle, Seelachs, Seeteufel und Zander.

Aufheben

30 Minuten im Warmen ist für Fischfilet wie 1/2 Tag im Kühlschrank. Also erst am Ende des Einkaufs in den Korb damit. Zu Hause kommt es auf einen Teller unter Folie und gleich in den Kühlschrank nach hinten übers Gemüsefach, wo es am kältesten ist. Dann am selben Tag das Fischfilet essen, spätestens am nächsten und allerspätestens am übernächsten. Einfrieren bringt's nicht, weil das die Struktur zerstört und so beim Garen trocken macht. Fertiger Tiefkühlfisch wird nach dem Fang schockgefrostet, was schonender ist als es klingt. Theoretisch ist er so nach dem Auftauen (stets im Kühlschrank!) superfrisch. Doch da im Auftauwasser die Nährstoffe und die Saftigkeit davonlaufen, ist tiegekühlter gegenüber gutem Frischfisch klar die zweitbeste Lösung.

Gutes Filet…

…riecht frisch wie Seeluft
…hat elastisches, transparent wirkendes Fleisch
…ist gleichmäßig gefärbt, rötliche Töne und silbrige Flecken sind erlaubt
…hat oft nur eine Grätenreihe zum Kopf hin (Kabeljau, Rotbarsch, Seelachs, Zander) oder keine (Seeteufel, Scholle, Waller)
…ist gleichmäßig geschnitten

Schlechtes Filet…

…riecht stark nach Fisch
…ist schwammig, schleimig oder angetrocknet
…hat Flecken, Streifen, Risse, Schnitte im Fleisch oder Hautreste dran
…ist schlecht portioniert
…ist im Eis der Fischtheke vergraben

Die Typen

Das typische **Portionsfilet** ist eher flach und lässt sich so auch in Butter saftig braten sowie gut dämpfen und dünsten. Der Klassiker ist Kabeljau (1) mit aromatisch festem, doch locker blättrigem Fleisch. Auch sehr gut: Seelachs, Rotbarsch (Salzwasser) oder Zander, Wels (Süßwasser).

Die **Tranche** ist typisch für Lachs (2): ein gerade aus der dicken Seite (am besten aus der Mitte) geschnittenes Stück zum längeren Braten, meist in Öl. Eine gute Lachstranche ist marmoriert ohne Knorpel oder Gräten. Bleibt die Haut fürs Braten dran, gibt das mehr Aroma und Kruste. Immer an der Theke zeigen, was man will – niemals das Schwanzstück, es gart zu trocken.

Für 2–3 cm dicke, bis zu 200 g schwere **Steaks** braucht es große Fische mit eher fettem Fleisch, das nicht ganz durchgebraten wird. Ideal: Tunfisch (3), ein bis zu mehreren 100 kg schwerer Warmblüter mit Fleisch, das je nach Sorte, Herkunft, Alter des Tiers in Farbe und Aroma an Kalb bis Rind erinnert. Fein mit Marmorierung, nicht fein mit schwarz-roten Flecken (braten trocken). Auch gut: Schwertfisch, Bonito.

Medaillons zum Braten, Dünsten und Dämpfen lassen sich perfekt aus den länglichen grätenfreien Filets des Seeteufels (4) schneiden. Sein Fleisch schmeckt nussig, kann an Hummer erinnern (auch im Preis), sollte ohne Haut und rote Flecken sein. Auch gut dafür: Kabeljaurückenstücke.

Koteletts (5) sind ideal zum Pochieren, Dünsten, Dämpfen, da Gräte und Haut Halt und Aroma geben. Werden aus dem ganzen Fisch geschnitten, am besten aus dem Mittelteil eines nicht zu großen Tieres. Klassisch vom Heilbutt, auch von Kabeljau oder Seelachs. Fettere Lachskoteletts sind besser fürs Braten und Grillen.

Für **Matjesfilets** (6) wird das zarte, fette Fleisch von noch nicht geschlechtsreifen Heringen eingesalzen, bis es aromatisch mild ist zum Pur-Essen, für Salate, Dips. »Heringsfilets nach Matjesart« stammen von bereits geschlechtsreifen Fischen, sind stärker gesalzen – zur Not kurz wässern.

Lachstramezzini
Passen auch aufs Buffet

Für 4 als Imbiss:
200 g Räucherlachs
1 kleiner junger Zucchino
1/2 Bund Dill
100 g cremiger Ricotta oder Frischkäse
50 g Salatmayonnaise
Salz, Pfeffer aus der Mühle
4 Salatblätter
8 Scheiben Sandwichbrot

1 Den Lachs klein würfeln. Den Zucchino waschen, putzen und ebenfalls in kleine Würfel schneiden. Den Dill abbrausen und trockenschütteln, Spitzen abzupfen und ganz fein schneiden.

2 Den Ricotta oder Frischkäse mit der Mayonnaise verrühren. Lachs, Zucchini und Dill darunter rühren, mit Salz und Pfeffer würzen. Salatblätter waschen und trockentupfen, die dicken Rippen flach schneiden.

3 Die Hälfte der Brote mit Salat belegen, Lachsmischung darauf verstreichen. Übrige Brote drauflegen und leicht andrücken. Mit dem scharfen Messer in etwa 2 cm große Würfel schneiden. Nach Belieben in jeden ein Spießchen stecken.

So viel Zeit muss sein: 25 Minuten
Kalorien pro Portion: 350

Rosa Matjessalat
Nichts einfacher als das!

Für 4 als Imbiss:
1 Kartoffel (etwa 200 g; fest kochende Sorte)
1 TL gelbes Senfpulver
1 Glas Rote Bete (abgetropft 220 g)
1 kleiner säuerlicher Apfel
200 g gekochter Schinken am Stück
200 g Matjesfilets (das sind 2 doppelte)
2 Essiggurken
200 g saure Sahne
Salz, Pfeffer aus der Mühle

1 Die Kartoffel in der Schale in ungefähr 30 Minuten weich kochen, abkühlen lassen. (Man kann gut auch 1 gekochte Kartoffel vom Vortag nehmen.) Senfpulver mit 1 EL warmem Wasser verrühren, 10 Minuten quellen lassen.

2 Die Rote Bete in einem Sieb abtropfen lassen. Apfel vierteln, schälen und das Kernhaus rausschneiden. Beides mit dem Schinken, den Matjes und den Essiggurken in kleine Würfel schneiden. Die kalte Kartoffel schälen und auch klein würfeln.

3 Den Senf mit saurer Sahne verrühren, salzen, pfeffern und unter die Würfel mischen. Nochmals abschmecken, fertig!

So viel Zeit muss sein: 35 Minuten
Kalorien pro Portion: 415

Variante:
Heringssalat
6 Bismarkheringe (oder auch Matjes) in kleine Stücke schneiden. 2 Gewürzgurken aus dem Glas fischen und in Scheiben schneiden. 2 kleine Zwiebeln schälen und in feine Ringe schneiden. 1 Apfel waschen, vierteln, entkernen und quer in Scheibchen schneiden. Mit 2 EL Zitronensaft mischen. 150 g saure Sahne mit 100 g Naturjoghurt, 1 EL geriebenem Meerrettich (frisch oder aus dem Glas), 4 EL Weißweinessig und 3–4 EL Sonnenblumenöl gut verrühren. Leicht salzen und pfeffern. Fisch, Gurken, Zwiebeln und Apfel mit der Sauce mischen und 1–24 Stunden ziehen lassen. Vor dem Essen 1 Bund Dill, Schnittlauch oder Petersilie abbrausen und trockenschütteln. Die Blättchen abzupfen und fein hacken oder den Schnittlauch in Röllchen schneiden. Auf den Heringssalat streuen.
Der schmeckt übrigens am besten mit dunklem (getoastetem!) Brot. Und mit Bier!

Tunfischdip
Rasant

Für 4 dazu:
1 Dose Tunfisch naturell (185 g Inhalt)
2 Knoblauchzehen
2 EL Kapern
2 EL Zitronensaft
1 Schuss trockener Weißwein
2 EL Olivenöl
2 EL Crème fraîche
Salz, Pfeffer aus der Mühle

1 Den Tunfisch im Sieb abtropfen lassen. Den Knoblauch schälen und halbieren. Beides mit Kapern, Zitronensaft, Wein und dem Öl im Mixer oder mit dem Pürierstab pürieren.

2 Die Crème fraîche unterrühren, den Dip mit Salz und Pfeffer abschmecken.

So viel Zeit muss sein: 10 Minuten
Das schmeckt dazu: Weißbrot, Grissini, rohes Gemüse zum Knabbern, Kalbfleisch, heiße Ofenkartoffeln
Kalorien pro Portion: 150

Gebeizter Lachs
Einfach & de luxe

Für 7 Gäste und 1 Gastgeber als Vorspeise:
1 TL weiße Pfefferkörner
4 EL grobes Salz
3 EL Zucker
2 Lachsfilets (mit Haut, etwa 1 kg schwer – am idealsten aus der Mitte, weil sie dann schön gleichmäßig dick sind)
2 Bund Dill

1 Eine passende Form für die Lachsfilets suchen – eine flache Auflaufform oder Schale. Pfefferkörner im Mörser zerdrücken oder so grob wie möglich aus der Pfeffermühle drehen. Mit Salz und Zucker mischen.

2 Die Lachsfilets entgräten. Filets von beiden Seiten mit der Salz-Zucker-Pfeffer-Mischung bestreuen. Eines der Filets mit der Haut nach unten in die Form legen. Den Dill abbrausen, trockenschütteln und fein schneiden. Zwei Drittel davon auf dem Lachsfilet in der Form verteilen, dann das zweite Filet mit der Haut nach oben drauflegen. Den restlichen Dill drüberstreuen.

3 Den Lachs mit Alufolie abdecken. Ein Holzbrett darauf legen und beschweren – am besten mit ein paar Konservendosen. In den Kühlschrank damit und 2 Tage dort stehen lassen. Jeden Tag den Lachs 1–2-mal in der Form wenden, damit beide Filets mal unten liegen und gut durchziehen können.

Die Gräten
Hat man sie erst im Mund, beginnt das unliebsame Drumherumkauen und Ausspucken. Besser vorher lösen. Mit den Fingern über das rohe Fischfilet fahren, bis man die Gräten spürt. Mit einer Pinzette vorsichtig rausziehen.

4 Das war's! Schwieriger als das Zubereiten ist eigentlich das Aufschneiden und Servieren. Wer ein richtiges Lachsmesser besitzt, hat gut lachen – wegen der langen, schmalen und elastischen Klinge, mit der man superdünne Scheibchen hinkriegt. Aber es geht auch mit einem anderen, möglichst langen scharfen Messer.

5 Die Filets mit der Hautseite nach unten auf ein Brett legen. Messer fast waagrecht zum Schnitt ansetzen, beim Schneiden flach am Fisch entlangführen und mit echt dünnen Lachsscheibchen glänzen.

So viel Zeit muss sein: 15 Minuten
(+ 2 Tage Marinierzeit)
Das schmeckt dazu: Zitronenachtel, Sahnemeerrettich, Senfsauce (grobkörnigen Senf mit Zucker, Weißweinessig oder Zitronensaft und Öl und Dill verrühren), Brot, Bratkartoffeln oder Kartoffelpuffer
Kalorien pro Portion: 260

Sushi
Bastelei für allerbeste Freunde

Für 8 Nigiri-Sushi und 16 Maki-Sushi:
250 g Sushi-Reis (am besten japanischer Rundkornreis; wenn's den nirgends gibt, Risotto-Reis aus Italien nehmen)
3 EL Reisessig
Zucker, Salz
8 TL Wasabi aus der Tube (japanischer Meerrettich)
Für die 8 Nigiri-Sushi mit rohem Fisch:
150 g superfrisches Tunfischfilet (oder genauso frisches Lachsfilet)
Für die 16 Maki-Sushi mit Gemüse:
100 g Salatgurke
100 g Möhren
3 EL Reiswein oder Reisessig
2 geröstete Nori-Blätter (getrockneter Seetang – roasted muss draufstehen)
Zum Garnieren und Dazuessen:
Schnittlauch, Frühlingszwiebelröllchen, Avocadoschnitze, eingelegter Ingwer, Sojasauce

1 Reis in einem Sieb kalt abbrausen, bis das Wasser klar bleibt. Im Sieb 30 Minuten abtropfen und trocknen lassen. Dann in einen Topf füllen, 300 ml Wasser dazu und zugedeckt bei starker Hitze zum Kochen bringen. Kurz aufkochen lassen, dann die Hitze runterschalten, Deckel drauf, Reis 20 Minuten bei ganz schwacher Hitze ausquellen lassen. Falls nötig, noch etwas Wasser angießen.

2 Den Reis vom Herd nehmen, mit einem Holzkochlöffel durchrühren und in eine Schüssel geben, gut abkühlen lassen.

3 Reisessig mit 1 EL Zucker und 1 TL Salz nur einmal kurz aufkochen, dann abkühlen lassen. Über den kalten Reis träufeln und mit dem Holzkochlöffel untermischen.

4 Nigiri-Sushi: Lachsfilet entgräten (beim Tunfisch ist's nicht nötig), die Ränder vom Filet glatt schneiden. Dann den Fisch quer zur Faser in 8 etwa gleich große Scheiben schneiden (Reststreifen später mit in die Maki-Sushi einrollen). Eine Seite jeweils sehr dünn mit Wasabi bestreichen.

5 Etwa die Hälfte vom Reis für die Nigiri in Form bringen: Nacheinander mit einem Esslöffel 8 kleine Portionen abstechen (die Größe soll ungefähr einem Bissen entsprechen), Hände kurz unters kalte Wasser halten und die Reisportionen zu Nocken formen. Nun immer ein Fischstück mit der Wasabi-Seite nach oben in die Hand nehmen, Reisnocke darauf legen und andrücken. Umdrehen, den Fisch von oben festdrücken. Auf eine Platte setzen.

6 Maki-Sushi: Gurke und Möhren schälen, Gurke längs halbieren und die Kerne mit einem Löffel rauskratzen. Beide Gemüse in etwa 5 cm lange und 1/2 cm dicke Stifte schneiden. Den Reiswein oder Reisessig mit 2 EL Wasser, 1/2 TL Zucker und 1/4 TL Salz aufkochen. Möhrenstreifen darin 1 Minute köcheln lassen, vom Herd nehmen. Gurken hineinlegen und im Sud abkühlen lassen.

7 Nori-Blätter mit der Küchenschere in der Mitte durchschneiden. Eines der halbierten Blätter mit der glänzenden Seite nach unten so auf eine Bambus-Rollmatte legen, dass der Rand vorne mit der Matte abschließt. Nori-Blatt ganz dünn mit Wasabi bestreichen. Eine Portion Reis etwa 1/2 cm dick darauf streichen, an den beiden Längsseiten einen 1 cm breiten Rand frei lassen. Im vorderen Drittel eine Längs-Rille eindrücken, die Gemüsestifte oder übrig gebliebenen Fischstreifen hineinlegen.

8 Die Matte anheben und das Blatt samt Füllung aufrollen. Matte fest andrücken, dann weg damit und die Rolle mit einem sehr scharfen Messer halbieren. Die Hälften parallel nebeneinander legen, beide Rollen gleichzeitig noch mal halbieren – dann werden sie gleichmäßig groß. Übrige Blätter genauso füllen, rollen und schneiden.

9 Mit Schnittlauch, Zwiebeln, Avocado und Ingwer servieren. Restlichen Wasabi mit Sojasauce verrühren, dazustellen.

So viel Zeit muss sein: 2 Stunden
Kalorien pro Sushi: 100 (Nigiri), 35 (Maki)

Tunfisch mit Wasabi-Sauce
Schön und gut

Für 4 als Vorspeise:
1 Stück Rettich (etwa 6 cm lang)
1 EL helle Sesamsamen, 4 EL Sojasauce
1/2–1 TL Wasabi aus der Tube (japanischer Meerrettich)
1 geröstetes Nori-Blatt (getrockneter Seetang – roasted muss draufstehen)
250 g ganz frisches rotes Tunfischfilet

1 Den Rettich schälen und in ganz dünne Scheiben schneiden oder hobeln. Vier kleine Teller damit auslegen.

2 Den Sesam in einer Pfanne ohne Fett unter Rühren bei mittlerer Hitze anrösten, bis er würzig duftet. In den Mörser geben und mit dem Stößel so gut wie möglich zerdrücken. In einem Schälchen mit Sojasauce und Wasabi verrühren. Das Nori-Blatt mit der Schere in feinste Streifen schneiden.

3 Den Tunfisch erst in dünne Scheiben, dann in ganz feine Streifen schneiden. Auf dem Rettich aufhäufeln und die Nori-Streifen drauflegen. Beim Essen ein wenig von der Wasabisauce darüber träufeln.

So viel Zeit muss sein: 20 Minuten
Das schmeckt dazu: Brot, auch wenn das nicht asiatisch ist
Kalorien pro Portion: 255

Variante:

Tunfisch mit Sesamsauce

In Korea bereitet man Tunfisch ähnlich zu: 1 kleine Salatgurke waschen und in feine Streifen schneiden. 2 Frühlingszwiebeln waschen, putzen und in Ringe schneiden. Beides mit 1 EL gehackten, gerösteten gesalzenen Erdnüssen mischen. 300 g ganz frisches Tunfischfilet in winzig kleine Würfel schneiden. Mit der Gurkenmischung auf Tellern verteilen. 3 EL Sojasauce mit 8 EL Hühnerbrühe, 1 EL Sesamöl, 1 EL gerösteten hellen Sesamsamen, 2 TL Zucker und 2 durchgepressten Knoblauchzehen verrühren. Über den Tunfisch träufeln.

Ofenfisch mit Tomaten
Sommeressen

Für 4 zum Sattessen:
700 g Fischfilet (das kann jedes sein, nur aus dem Meer sollte es unbedingt kommen)
Salz, Pfeffer aus der Mühle
400 g Tomaten
2–3 Knoblauchzehen
1 rote Zwiebel
1/2 Bund Basilikum
1/2 Bund Petersilie
ein paar Zweige Rosmarin
1/2–1 getrocknete Peperoni
3 EL Olivenöl

1 Den Backofen auf 200 Grad vorheizen (auch schon jetzt: Umluft 180 Grad).

2 Das Fischfilet in gleich große Portionsstücke schneiden, mit Salz und Pfeffer von beiden Seiten würzen und nebeneinander in eine hitzebeständige Form legen.

3 Die Tomaten waschen, halbieren und dann in feine Streifen schneiden, dabei den Stielansatz wegschneiden. Den Knoblauch und die Zwiebel schälen und ganz fein schneiden.

4 Kräuter abbrausen (bis aufs Basilikum), trockenschütteln und die Blätter bzw. die Nadeln ganz fein schneiden. Die Peperoni im Mörser möglichst klein zerstampfen oder mit den Fingern zerkrümeln.

5 Zwiebel, Knoblauch, Kräuter und die Peperoni mischen und auf die Fischstücke streuen. Tomatenstreifen drauflegen, salzen und pfeffern. Über das Ganze noch das Öl träufeln, dann ab damit in den Ofen (Mitte). Und da bleibt der Fisch 15–20 Minuten.

So viel Zeit muss sein: 15 Minuten
(+ 20 Minuten Garzeit)
Das schmeckt dazu: Zitronenschnitze, Rosmarinkartoffeln oder Brot
Kalorien pro Portion: 220

Varianten:

Mit ganzen Fischen
Für besondere Gelegenheiten mal ganze Fische backen, z. B. Sardinen oder kleinere Rotbarben. Da bleibt die Garzeit gleich. 1 großer Fisch, der für alle reicht, braucht allerdings etwa 40 Minuten. Am besten immer den Fischhändler fragen.

Mit Goldbrasse
Für die Orata alla pugliese (Brasse mit Kartoffeln) 1 Goldbrasse kaufen (so um die 1 kg schwer). Waschen, trockentupfen, salzen, pfeffern und mit etwa 2 EL Zitronensaft beträufeln. 500 g Kartoffeln schälen und in dünne Scheiben hobeln. 1 Peperoni mit 1 Bund Petersilie und 2 geschälten Knoblauchzehen ganz fein hacken. Eine hitzebeständige Form mit Olivenöl auspinseln, eine Schicht Kartoffeln wie Schuppen reinlegen. Salzen, pfeffern, Fisch draufgeben und mit übrigen Kartoffeln abdecken. Petersilienmischung draufstreuen, mit 5 EL Olivenöl beträufeln. Im 180 Grad heißen Ofen (Mitte, Umluft 160 Grad) etwa 50 Minuten backen.

Der schnellste Lachs der Welt
Echt basic

Für 4 zum Sattessen:
800 g Lachsfilet
5 EL Olivenöl
Salz, Pfeffer aus der Mühle
1 Zitrone

1 Den Backofen knallheiß vorheizen – am besten mit Ober- und Unterhitze auf 250 Grad (oder Umluft auf 220 Grad).

2 Lachsfilet in etwa 1 cm dünne Scheibchen schneiden. Ein Backblech mit 2 EL Öl einpinseln, die Lachsscheiben darauf verteilen – und zwar nebeneinander, nicht übereinander, sonst funktioniert's nicht.

3 Mit Salz, Pfeffer, Zitronensaft würzen, restliches Öl darüber träufeln.

4 Jetzt in den wirklich heißen Backofen schieben (Mitte) und 2–3 Minuten braten. Das war's!

So viel Zeit muss sein: 15 Minuten
Das schmeckt dazu: Weißbrot oder Kartoffeln und Salat, trockener leichter Weißwein
Kalorien pro Portion: 495

Gebackenes Rotbarschfilet
Kantinen-Klassiker, mal richtig lecker

Für 4 zum Sattessen:
4 Rotbarschfilets (jedes knapp 200 g)
2 EL Zitronensaft
Salz, Pfeffer aus der Mühle
3 EL Mehl
2 Eier
100 g Semmelbrösel
5–6 EL Butterschmalz

1 Die Fischfilets mit dem Zitronensaft beträufeln. Auf beiden Seiten mit Salz und Pfeffer würzen.

2 Filets im Mehl wenden und ein wenig schütteln, damit nicht zu viel davon hängen bleibt. Die Eier in einem Teller verquirlen, Semmelbrösel in einen zweiten Teller füllen. Die Fischfilets erst durch das Ei ziehen und dann in den Semmelbröseln wenden. Die Panade etwas andrücken.

3 Das Butterschmalz in einer großen Pfanne erhitzen. Die Filets darin von jeder Seite bei mittlerer Hitze 3–4 Minuten goldbraun backen.

So viel Zeit muss sein: 25 Minuten
Das schmeckt dazu: Zitronenschnitze und Kartofelsalat
Kalorien pro Portion: 470

Fischfilets mit Kokos
Macht fast keine Arbeit

Für 4 zum Sattessen:
1 Schalotte, 2 Knoblauchzehen
1 Stück frischer Ingwer (etwa 2 cm)
2 rote Chilischoten, 2 EL Sojasauce
2 EL Reiswein, 2 EL Limettensaft
1/2 TL gemahlener Koriander
Pfeffer aus der Mühle
8 dünne Fischfilets (zusammen ungefähr 700 g, z. B Scholle oder Forelle)
50 g Kokosraspel, 3 EL Öl

1 Schalotte, Knoblauch und Ingwer schälen und ganz fein hacken. Die Chilis waschen, putzen und ganz fein schneiden. Die Sojasauce mit Reiswein, Limettensaft, Koriander und Pfeffer verrühren. Schalotte, Knoblauch, Ingwer und Chilis untermischen.

2 Die Fischfilets in die Marinade legen, abdecken. Den Fisch im Kühlschrank mindestens 2 Stunden marinieren.

3 Dann die Fischfilets in den Kokosraspeln wälzen. Öl in einer beschichteten Pfanne erhitzen. Die Fischfilets darin bei mittlerer Hitze 2 Minuten braten. Vorsichtig umdrehen und noch mal 2 Minuten braten. Fertig!

So viel Zeit muss sein: 25 Minuten
(+ 2 Stunden Marinierzeit)
Das schmeckt dazu: Kokosreis
Kalorien pro Portion: 315

Fischfilets mit Senfsauce
Schnell und gut

Für 4 zum Sattessen:
4 Fischfilets (z. B. von Kabeljau, Viktoriabarsch, Waller, Seelachs oder ein anderes Filet, das einen im Fischladen anlacht; jedes so um die 180 g)
Salz, Pfeffer aus der Mühle
2 EL Zitronensaft
1 Glas Fischfond (400 ml)
4 EL Butter
2 EL mittelscharfer Senf
200 g Sahne

1 Fischfilets auf beiden Seiten salzen und pfeffern und in einen Teller legen. Zitronensaft darüber träufeln.

2 Den Fischfond mit 1/4 l Wasser in einem breiten Topf aufkochen. Hitze klein stellen, Fischfilets in den Sud legen, Deckel drauf. Die Filets etwa 6 Minuten ziehen lassen.

3 Zeit genug für die Sauce: Die Butter in kleine Würfel schneiden und mit dem Senf und der Sahne erwärmen. Dann bei starker Hitze kurz kochen lassen. Aber Achtung, die Sauce wird schnell dicklich! Mit Salz und Pfeffer würzen. Fisch aus dem Sud heben, abtropfen lassen und mit der Sauce essen.

So viel Zeit muss sein: 15 Minuten
Das schmeckt dazu: Salzkartoffeln
Kalorien pro Portion: 620

Zander im Zitronendampf
Gut und gesund

Für 4 zum Sattessen:
700 g Zanderfilet
Salz, Pfeffer aus der Mühle
2 unbehandelte Zitronen
1 Bund Petersilie
400 g zarter junger Blattspinat
200 g Champignons
4 EL bestes Olivenöl

1 Zanderfilet in etwa 3 cm breite Streifen schneiden, leicht salzen und pfeffern.

2 Zitronen heiß waschen und die Schale fein abreiben, den Saft auspressen. Die Petersilie abbrausen, trockenschütteln und die Blätter sehr fein hacken. Petersilie mit der Zitronenschale mischen. Zitronensaft mit 1/4 l Wasser in einen Topf (mit passendem Siebeinsatz) geben.

3 Spinat in viel kaltem Wasser hin und her schwenken, dann trockenschleudern oder im Sieb abtropfen lassen. Falls kleine harte Stiele dran sind, einfach abknipsen. Die Spinatblätter grob hacken und in den Siebeinsatz füllen. Pilze trocken abreiben und die Stiele abschneiden, Hüte in Scheiben schneiden, auf den Spinat legen.

4 Zuletzt die Fischstreifen auf das Spinatbett legen und die Zitronen-Petersilien-Mischung darüber streuen. Mit 2 EL Öl beträufeln.

5 Den Siebeinsatz in den Topf stellen, Deckel auf den Topf. Das Zitronenwasser bei starker Hitze zum Kochen bringen und im nach oben steigenden Dampf Fisch und Gemüse etwa 5 Minuten (ab dem Moment des Brodelns) dämpfen.

6 Fisch und Gemüse auf Teller verteilen, mit Salz und Pfeffer würzen und mit dem restlichen Olivenöl beträufeln.

So viel Zeit muss sein: 45 Minuten
Das schmeckt dazu: Kartoffeln
Kalorien pro Portion: 260

Fischsuppe
Suppe zum Sattessen

Für 4 als ganze Mahlzeit:
600 g gemischte Fischfilets (unbedingt von Fischen, die aus dem Meer kommen)
100 g geschälte rohe Garnelen
250 g Venusmuscheln
(oder 100–150 g Tintenfisch)
1 Bund Petersilie
3 Knoblauchzehen
1 rote Chilischote
1 kleine Dose Tomaten (400 g Inhalt)
1 EL Olivenöl
1/8 l trockener Weißwein
3/8 l Fischfond (aus dem Glas)
4 große Scheiben Weißbrot
Salz, Pfeffer aus der Mühle

1 Die Fischfilets in ungefähr 4 cm große Stücke schneiden. Garnelen am Rücken längs leicht einschneiden und den dunklen Faden (Darm) rauslösen, waschen. Die Muscheln waschen und die, die sich dabei nicht geschlossen haben, wegwerfen.

2 Petersilie abbrausen, trockenschütteln, die Blättchen abzupfen. 2 Knoblauchzehen schälen. Die Chili waschen und entstielen. Alles ganz fein hacken und mischen. Die Tomaten in der Dose mit dem Messer klein schneiden.

3 Öl im großen Topf erwärmen. Die Knoblauchmischung darin verrühren, Tomaten, Wein und Fond dazugießen und bei starker Hitze offen 15 Minuten köcheln lassen.

4 Muscheln in den Topf geben, einmal aufkochen lassen. Zugedeckt 5 Minuten garen. Muscheln, die sich nicht geöffnet haben, rausfischen. Jetzt Fisch und Garnelen in den Topf, Hitze klein stellen, Deckel drauf und alles 6–8 Minuten ziehen lassen.

5 Inzwischen Brotscheiben im Toaster (oder im Backofen bei 250 Grad / Umluft 220 Grad) rösten. Übrigen Knoblauch schälen. Brotscheiben damit einreiben, halbieren und in tiefe Teller legen. Fischsuppe mit Salz und Pfeffer abschmecken und über die Brotscheiben schöpfen.

So viel Zeit muss sein: 45 Minuten
Das schmeckt dazu: der Wein, der als Kochwein verwendet wird
Kalorien pro Portion: 350

Fischfilets im Wurzelsud
Leicht und lecker

Für 4 zum Sattessen:
2 Möhren
100 g Knollensellerie
1 Stange Lauch
1 Bund Petersilie
1/8 l trockener Weißwein
2 Lorbeerblätter
Salz, Pfeffer aus der Mühle
2 EL Zitronensaft
ungefähr 700 g schöne Fischfilets (z. B. Scholle, Kabeljau, Waller oder Lachs)

1 Die Möhren und den Sellerie schälen und erst in dünne Scheiben, dann in feine Stifte schneiden. Wurzelbüschel und welke Teile vom Lauch abschneiden, Stange längs aufschlitzen und gut waschen. Lauch in feine Streifen schneiden. Die Petersilie abbrausen und trockenschütteln, die Blättchen abzupfen (Stängel aufheben!).

2 Den Wein mit 1/4 l Wasser und Petersilienstängeln in einem Topf zum Kochen bringen. Lorbeerblätter und Gemüse dazu, mit Salz, Pfeffer und dem Zitronensaft würzen und offen bei mittlerer Hitze etwa 10 Minuten kochen lassen.

3 In der Zeit die Fischfilets auf beiden Seiten mit Salz und Pfeffer würzen. Hitze klein schalten, Filets in den Sud legen. Deckel drauf und die Filets je nach Dicke 5–10 Minuten im Sud ziehen lassen.

Noch mehr Rezepte mit Fischfilet (Seite)

Avocado-Fisch-Salat im Wrap (48)
Avocadosuppe (48)
Fisch in Knoblauchöl (183)
Fisch mit Zitrussauce (249)
Fisch-Carpaccio (202)
Fischfilets mit Zitronen-Kapern-Butter (319)
Hummus mit Tunfischsteaks (178)
Schmandfisch aus dem Ofen (277)
Weißer Bohnensalat (70)

4 Inzwischen die Petersilienblättchen fein hacken. Und Teller vorwärmen. Fischfilets mit dem Schaumlöffel aus dem Sud heben, auf die Teller legen. Das Gemüse auch rausfischen und auf dem Fisch verteilen. Mit der Petersilie bestreuen und mit wenig Sud beschöpfen. Gleich auf den Tisch stellen.

So viel Zeit muss sein: 30 Minuten
Das schmeckt dazu: Salzkartoffeln und frisch geriebener Meerrettich oder auch Crème fraîche oder saure Sahne, mit Zitronenschale und Kräutern gewürzt
Kalorien pro Portion: 160

Garnelen & Scampi

engl.: prawns/shrimps & norway lobsters;
franz.: crevettes & langoustines; ital.: gamberi & scampi;
span.: gambas & cigale/langustinos

Letzte Woche gab's beim Italiener Scampi vom Grill, am Wochenende Krabbencocktail zum Frühstück und gestern im Asia-Imbiss rot geschmorte Tiger Prawns. Sahen sich alle recht ähnlich. Wie auch Shrimps, Gambas, Langostinos, Crevetten. Ist das am Ende alles das Gleiche? Na ja, Zoologen trennen sie schon, vor allem die Scampi vom Rest. Doch auf dem Weg vom Meer in die Küche verwischen die Grenzen, so dass am Ende der Name eher unwichtig ist.

Garnele ist der Familienname für fast alle eben genannten Meerestiere – außer den Scampi. Da die verschiedenen Arten in den verschiedenen Ländern verschiedene Titel tragen und Händler sich die schönsten als Markenname herauspicken, herrscht weltweit ziemliche Verwirrung. Grundsätzlich: Garnelen haben einen gebogenen Rücken, Fühler statt Scheren und können bläulich-grünlich, weißlich, rosa, rot oder braun sein. Die größten werden auch Riesengarnelen, King Prawns oder Hummerkrabben genannt, haben aber mit Hummer gar nichts zu tun. Unsere Nordseekrabbe ist die kleinste Garnele der Welt und kommt gegart und fast immer »gepult« (so heißt das Schälen) in den Laden. Am gängigsten ist bei uns die Mittelklasse mit etwa fingerdicken und -langen Schwänzen, wie sie die Tiger Prawns bzw. Tigergarnelen haben.

> ### Gute Garnelen…
>
> …sind eingefroren lose statt im Block
> …sind roh transparent-leuchtend, duften nach Meer
> …sind gegart gekauft rot und feucht
>
> ### Schlechte Garnelen…
>
> …sind roh schwammig, stumpf, mit schwarzem Kopf oder Saft
> …sind gegart gekauft trocken und fleckig
> …riechen streng

Klar davon getrennt sind die Scampi (auch Kaisergranat oder Langoustine): heller, eher gerader Panzer mit leuchtend roten Tönen, Scheren statt Fühlern und einer breiten Schwanzflosse. Ohne Schale kaum von Garnelen zu unterscheiden.

Alles klar? Sicher nicht. Muss auch nicht sein, weil mal abgesehen von Scampi fürs Kochen anderes zählt als der Name: Größe, Zustand, Herkunft. Für Cocktails nimmt man kleinere Garnelen als zum Grillen, für den Wok können es aber die gleichen sein wie für die Suppe – mittelgroße Exemplare. Während sich die Frage »frisch oder tiefgefroren« nicht wirklich stellt (im normalen Fischladen gibt's fast nur gefrorene Garnelen, die für die Theke aufgetaut werden), kann man zumindest zwischen mit und ohne Schale (mit Schale gegart schmecken sie kraftvoller) und roh oder gegart (macht man lieber selbst) wählen. Da bleibt einem dann wahrscheinlich am Ende nicht mehr viel Auswahl zwischen Arten und Ländern.

Garnelen werden immer mehr gezüchtet. Dabei geht es ihnen in ihren Becken meistens nicht so gut. Besonders in Asien, wo sie gerne in Reisfeldern »angebaut« werden und dabei oft Pestizide, Hormone und Antibiotika zu schlucken bekommen – nix mit

Yin und Yang. Da lohnt es sich, nach der Herkunft zu fragen oder darauf zu hoffen, dass die Bio-Welle noch stärker in die Zuchtbecken schwappt.

Aufheben

Rohe Garnelen und Scampi gleich zu Hause aus der Tüte holen, in einer abgedeckten Schüssel aufs Gemüsefach vom Kühlschrank stellen und am selben, allerspätestens am nächsten Tag zubereiten. Nicht mehr einfrieren, da sie fast immer schon tiefgekühlt waren. Die gekochten Garnelen halten zur Not 1 Tag länger.

Die Typen

Kaltwassergarnelen (1) sind geschmacklich top. Sie stammen z. B. aus norwegischen Gewässern, aber auch aus dem tiefen Mittelmeer. Bekannt ist die (schon roh) rote Tiefseegarnele, Gambero rosso. Andere Kaltwassergarnelen kommen etwa aus Chile und heißen dann Langostinos oder Pazifische Tiefseegarnelen.

Warmwassergarnelen (2) kommen aus den Tropen und Subtropen zu uns. Sie sind eher groß und schmecken nicht ganz so fein. Roh ist ihre Schale grünlich bis bräunlich. Bekannt ist die Tiger Prawn, die fast immer in Schale, aber ohne Kopf angeboten wird.

Mini-Garnelen für Cocktails usw. heißen bei uns entweder Shrimps (3; wie in den USA fast alle Garnelen) oder sind Nordseekrabben. Sie werden gleich auf dem Schiff in Salzwasser kurz gekocht – was ihren Geschmack gut erhält – und tiefgefroren. Angeboten werden sie lose aufgetaut, tiefgefroren sowie in Lake oder Öl konserviert.

Der **Scampo** (4) ist mit dem Hummer verwandt, wie Scheren und Körper zeigen. Er schmeckt feiner als die Garnele, wird immer in Schale angeboten und ist manchmal frisch zu haben (nur gut, wenn er wirklich frisch ist). Und Scampi sind teuer. Deshalb beim Händler darauf achten, ob es auch wirklich welche sind.

Sauerscharfe Garnelensuppe
Tom Yam Gung heißt die in Thailand

Für 4 als erster Gang:
400 g rohe Garnelen (unbedingt ungeschält)
2 Stangen Zitronengras
1 EL getrocknete Garnelen (falls man sie bekommt, sonst einfach weglassen)
2 EL Öl
1/2 Bund Koriander
2 Knoblauchzehen
4 schwarze Pfefferkörner
4–6 Shiitake- oder Austernpilze
1 Stück frischer Galgant (etwa 1 cm, ersatzweise Ingwer)
4 rote Chilischoten
4 EL Limettensaft
4 Limettenblätter
4 EL Fischsauce, 1 TL Zucker
2 Frühlingszwiebeln
Salz

1 Die Garnelen schälen und den Darm entfernen. Garnelen waschen, trockentupfen und in 1 cm breite Stücke schneiden. Die Garnelenschalen ebenfalls waschen. 1 Zitronengrasstange waschen und in grobe Stücke schneiden.

2 Garnelenschalen und die getrockneten Garnelen bei mittlerer bis starker Hitze im Öl anrösten. Zerkleinertes Zitronengras und 1 l Wasser dazugeben und alles zum Kochen bringen. 15 Minuten kochen lassen.

3 Koriander abbrausen, trockenschütteln und die Blättchen von den Stängeln zupfen. Den Knoblauch schälen und mit Koriander und Pfeffer grob hacken. Dann alles im Mörser zu einer feinen Paste verarbeiten.

4 Die Pilze mit Küchenpapier trocken abreiben, Stiele abschneiden, Hüte in Streifen schneiden. Den Galgant schälen und in feine Scheiben schneiden. Chilis waschen, entstielen und in dünne Ringe schneiden. Das übrige Zitronengras waschen, Stielansatz und oberen harten Teil abschneiden, den Rest in feine Ringe schneiden.

5 Die Brühe durch ein Sieb gießen und wieder in den Topf füllen. Chilis, Gewürzpaste, Limettensaft, Zitronengrasringe, Limettenblätter, Fischsauce und Zucker dazugeben, alles noch einmal aufkochen.

6 Galgant, Pilze und rohe Garnelen reinrühren und 1–2 Minuten bei mittlerer Hitze ziehen lassen. Die Wurzelbüschel und die welken Teile von den Frühlingszwiebeln abschneiden, die Zwiebeln waschen und in sehr feine Ringe schneiden. Suppe mit Salz abschmecken und mit den Zwiebelringen bestreut servieren.

So viel Zeit muss sein: 35 Minuten
Kalorien pro Portion: 170

Krabbencocktail
Narrensicher

Für 4 als Vorspeise:
8 schöne, knackig frische Kopfsalatblätter
150 g Naturjoghurt
4 EL saure Sahne
2–3 EL Zitronensaft
Salz, Pfeffer aus der Mühle
1 Bund Dill oder Schnittlauch
300 g gegarte geschälte kleine Garnelen

1 Die Salatblätter waschen und trockenschleudern. Jeweils 2 davon in ein Kelchglas oder eine kleine Schüssel legen.

2 Den Joghurt mit der sauren Sahne und dem Zitronensaft verquirlen, leicht salzen und pfeffern. Den Dill oder Schnittlauch abbrausen und trockenschütteln, fein schneiden und die Hälfte davon unter die Joghurtsauce rühren.

3 Garnelen kurz abbrausen und im Sieb gut abtropfen lassen. Dann so gerecht wie möglich auf die Salatbetten verteilen, mit der Sauce begießen und mit den restlichen Kräutern bestreuen.

So viel Zeit muss sein: 15 Minuten
Das schmeckt dazu: knuspriges Baguette
Kalorien pro Portion: 115

Shrimps in Gemüse-Sahne-Sauce
Ganz fein

Für 4 zum Sattessen:
600 g Shrimps (am besten roh)
500 g kleine Zucchini
1 kleine rote Paprikaschote
2 Tomaten
2 Schalotten
2 Knoblauchzehen
3 EL Öl
Salz, Pfeffer aus der Mühle
150 g Sahne
1/2 Bund Petersilie
2 TL Zitronensaft

1 Die Shrimps schälen und den Darm entfernen, waschen und trockentupfen.

2 Die Zucchini waschen, putzen und in knapp 1 cm breite Scheiben schneiden, dann in genauso breite Stifte. Die Paprika waschen, halbieren, das Innenleben rauszupfen. Paprika klein würfeln. Aus den Tomaten den Stielansatz rausschneiden. Tomaten mit kochend heißem Wasser überbrühen, abschrecken, häuten, entkernen und klein würfeln.

3 Schalotten und Knoblauch schälen und fein hacken. Öl in einer größeren Pfanne erhitzen. Shrimps darin bei mittlerer Hitze braten, bis sie gleichmäßig rötlich werden. In eine Schüssel füllen, mit einem Teller bedecken und warm halten.

4 Schalotten, Knoblauch und Zucchini im Bratfett etwa 2 Minuten braten. Paprika und Tomaten hinzufügen, weitere 2 Minuten braten. Salzen, pfeffern, Sahne angießen, Shrimps untermischen und zugedeckt ziehen lassen, bis sie wieder ganz heiß sind.

5 Die Petersilie abbrausen und trockenschütteln, Blättchen abzupfen und fein hacken. Shrimps und Gemüse-Sahne-Sauce mit Zitronensaft abschmecken. Eventuell noch mit Salz und Pfeffer würzen. Petersilie draufstreuen und auf den Tisch stellen.

So viel Zeit muss sein: 35 Minuten
Das schmeckt dazu: Bandnudeln oder Reis
Kalorien pro Portion: 325

Variante:

Knoblauchgarnelen
600 g Garnelen schälen und den Darm entfernen. Garnelen waschen und trockentupfen. 2 Knoblauchzehen schälen, 1 Bund Petersilie und 1 Zweig Rosmarin abbrausen und trockenschütteln. Petersilienblättchen mit dem Knoblauch fein hacken. 200 g Kirschtomaten waschen und halbieren. 3 EL Butter zerlassen, die Garnelen darin 1–2 Minuten braten. In eine hitzebeständige Form umfüllen. Knoblauch, Petersilie, Tomaten und Rosmarin unter die Garnelen mischen, Butter draufträufeln. Garnelen für 8 Minuten in den 200 Grad heißen Ofen (Mitte, Umluft 180 Grad) schieben. Mit ofenfrischem Baguette essen.

Putzen
Falls der Kopf noch dran ist (bei Scampi eventuell), diesen zuerst abdrehen. Dann vom Bauch her den Panzer Stück für Stück aufbrechen und ablösen. Den Rücken längs leicht einschneiden und den feinen dunklen Faden (das ist der Darm) rausziehen. Garnelen waschen und trockentupfen.

Noch mehr Rezepte mit Garnelen & Scampi (Seite)

Avocadosuppe (48)
Currysuppe mit Garnelen (87)
Fisch in Knoblauchöl (183)
Fischsuppe (124)
Gurkensalat mit Frucht (131)
Kopfsalat mit Ei und Krabben (63)
Nudeln mit Spargel und Garnelen (295)
Paella (265)
Rucola mit Avocado und Garnelen (61)

Gurken

engl.: cucumbers; franz.: concombres;
ital.: cetrioli; span.: pepinos

An heißen Tagen ist Gurke zum Reinbeißen gut mit ihrem saftig-frischen Fruchtfleisch. Dann noch etwas Salz darauf – fertig für den nächsten Biss!

Klar, aus diesem Gemüse lässt sich mehr machen! Gurkenscheiben plus der Säure und Cremigkeit von Buttermilch, saurer Sahne oder Schmand, dazu reichlich Dill ergibt die frischeste Sommersuppe. Mit Joghurt und Knoblauch wird aus der Gurke Tzatziki. Dazu ist sie in zahlreichen Salaten dieser Welt zu Hause, etwa im griechischen mit Tomaten, Zwiebeln, Paprika, Oliven und Feta. In Israel kennt man Gurkensalat mit Avocado und Sesampaste. Thailänder machen ihn mit Zwiebeln, Chili, Fischsauce, Zucker und viel Zitrone zu Schweinefleisch und Fisch, in Indonesien kommen Früchte sowie Ingwer hinein.

Da sage noch einer, Gurken seien langweilig. Zumal es ganz verschiedene Sorten gibt: Die langen, dünnen Schlangen- oder Salatgurken – inzwischen auch im Mini-Format mit Maxi-Geschmack erhältlich –, sind ganzjährige Supermarkt-Standards, weil sie wetterunabhängig unter Glas oder Folie wachsen. Nur am Mittelmeer ist es warm genug fürs Freiland. Bei uns reicht die Sonne aber immerhin für mittelgroße, hellgrüne bis gelbe Schäl- und kleinere Gartengurken aus. Deren Haut ist dicker, ihr Fleisch fester, das Aroma intensiver, nur kaufen kann man sie seltener. Ihre Saison läuft vom August bis in den Herbst hinein. Die Bitterstoffe hat man ihnen – anders als bei Salatgurken – noch nicht ganz weggezüchtet. Betroffen davon ist ohnehin vor allem der Stielansatz, und der lässt sich gut abschneiden.

Gute Gurken…

…fassen sich fest an
…sind gleichmäßig grün als Salatgurken, können als Schäl- und Einlegegurken auch ins Gelbe gehen

Schlechte Gurken…

…sind schrumpelig
…haben weiche Stellen

Die meisten Gartengurken landen im Einmachsud von Konserven. Kleinere wie Cornichons (so groß wie ein kleiner Finger) oder Delikatess-Gurken (eher Mittelfingergröße) kommen ganz, die größeren Schälgurken gestückelt ins Glas. Geschmacksbestimmend ist, wie und worin die Gurken eingelegt werden. Da gibt es Senf-, Zucker- oder Gewürzgurken in Essiglake. Hingegen reifen Salz- oder Saure Gurken durch Milchsäuregärung ähnlich wie Sauerkraut. Von Essig keine Spur, umso mehr vom salzig-süßen Aroma. Milchsauer vergorene Gurken werden meist noch zusätzlich pasteurisiert. Schade, denn würziger, frischer und knackiger schmecken sie natürlich im Ur-Zustand – zu suchen auf Märkten und in manchen Reformhäusern und Feinkostabteilungen.

Aufheben

Der Kühlschrank ist für frische Gurken tabu, kühle, dunkle Keller sind optimal. Hier halten sie bis zu 3 Wochen, wenn sie nicht neben Äpfeln oder Tomaten liegen, deren Ausdünstungen sie ins Verderben schicken. Fehlt der Keller, empfehlen sich Gurken in Folie eingeschweißt (schützt vorm Austrocknen) – oder gute Rezepte zum Einmachen.

Gurkensalat
Klassisch, knackig, gut

Für 4 als Beilage:
1 große Salatgurke
1 Zwiebel
3–4 EL Naturjoghurt
2–3 EL Weißweinessig
Salz, Pfeffer aus der Mühle
3 EL Sonnenblumenöl
1 Bund Dill

1 Die Gurke waschen oder schälen und in Scheiben hobeln oder grob raspeln. Zwiebel schälen, halbieren und dünn aufschneiden.

2 In einer Salatschüssel den Joghurt mit Essig, Salz und Pfeffer verrühren, Öl unterschlagen. Dill abbrausen, trockenschütteln, fein schneiden und in die Sauce rühren. Gurke und Zwiebel untermischen und den Salat kurz marinieren lassen.

So viel Zeit muss sein: 10 Minuten
(+ die Marinierzeit)
Das schmeckt dazu: Schnitzel, Braten, Fischgerichte, andere Salate
Kalorien pro Portion: 95

Gurkensalat mit Frucht
Für die Asia-Party

Für 4 als Vorspeise oder Beilage:
2 EL getrocknete Garnelen
1 Salatgurke
1 kleine Ananas
1 Mango
2 Schalotten
4 Knoblauchzehen
4 rote Chilischoten
1 EL Öl
1 EL Palmzucker (als Ersatz geht auch brauner Zucker)
2 TL Fischsauce
4 EL Limettensaft, Salz
Korianderblättchen zum Bestreuen

1 Die Garnelen mit 50 ml warmem Wasser überschütten und etwa 30 Minuten quellen, dann abtropfen lassen.

2 Inzwischen die Gurke waschen oder schälen, längs vierteln, entkernen und quer in 1/2 cm dicke Scheiben schneiden. Die Ananas schälen und zuerst in Scheiben, dann in kleine Stücke schneiden. Mango schälen und das Fruchtfleisch in kleinen Stücken vom Kern schneiden. Alles mischen.

3 Dann Schalotten und Knoblauch schälen und fein hacken. Chilis waschen, putzen und in dünne Ringe schneiden. Schalotten und Knoblauch bei mittlerer Hitze unter Rühren im Öl 2–3 Minuten braten. Garnelen, Chilis und Zucker dazugeben und weiterbraten, bis der Zucker geschmolzen ist. Fischsauce dazu und mit dem Stabmixer pürieren und abkühlen lassen.

4 Die pürierte Sauce mit dem Limettensaft mischen, salzen und unter Gurke und Früchte heben. Den Salat etwas marinieren. Dann mit den Korianderblättchen bestreuen und servieren.

So viel Zeit muss sein: 45 Minuten
(+ die Marinierzeit)
Das schmeckt dazu: Fisch und Fleisch – gebraten oder gegrillt
Kalorien pro Portion: 150

 Basic Tipp

Zu dem fruchtigen Salat schmeckt Krupuk – das knusprige Krabbenbrot aus Indonesien – besonders fein. Zu kaufen gibt es das im Asia-Laden bereits essfertig oder als Plättchen, die noch frittiert werden müssen. Letztere zu Hause einfach in heißem Öl ausbacken, auf Küchenpapier abtropfen lassen und noch heiß zum kalten Salat essen.

Tzatziki
Ohne geht's nicht!

Für 4 dazu:
600–700 g Naturjoghurt (am besten echter griechischer Schafmilchjoghurt)
1 Salatgurke
Salz
3 Knoblauchzehen
1 EL Weißweinessig
1–2 EL Olivenöl

1 Der Joghurt soll etwas fester werden, als er aus dem Becher kommt – also muss er eine Weile abtropfen. Das geht ganz gut in einem Sieb mit Kaffeefiltertüte. Also: Joghurt hineinlöffeln und abtropfen lassen.

2 Die Gurke dünn schälen, grob raspeln, in eine Schüssel geben und mit 1 TL Salz mischen und 10 Minuten Wasser ziehen lassen. Dann in ein Sieb umfüllen und mit Hilfe eines Löffels möglichst viel Wasser auspressen. Gurke mit Joghurt mischen.

3 Knoblauch schälen und durch die Presse dazudrücken. Essig und Öl unterrühren, nochmals mit Salz abschmecken.

So viel Zeit muss sein: 30 Minuten
Das schmeckt dazu: Sesamfladen, Lammfleisch, Gemüse, Kartoffeln
Kalorien pro Portion: 270

Gurken-Raita
Tzatziki auf Indisch

Für 4 dazu:
1 kleinere Salatgurke
1/2 Bund Minze
300 g Naturjoghurt
je 1/2 TL gemahlener Kreuzkümmel und Koriander
Salz

1 Die Gurke dünn schälen, der Länge nach halbieren, entkernen und in winzige Würfel schneiden. Die Minze abbrausen, trockenschütteln und die Blättchen fein hacken.

2 Gurke, Minze und Joghurt verrühren. Das Raita mit Kreuzkümmel, Koriander und Salz pikant würzen.

So viel Zeit muss sein: 15 Minuten
Das passt dazu: Fladenbrot, indische Gerichte, Tortilla-Chips
Kalorien pro Portion: 55

Gurken-Dill-Gemüse
Sommerfreude

Für 4 als Beilage:
2 Salatgurken (ungefähr 800 g)
1 große Zwiebel, 1 EL Butter
1/2 EL Zucker
1/8 l Fleisch- oder Gemüsebrühe
1 Bund Dill, 100 g Crème fraîche
2 TL Zitronensaft oder Weißweinessig
Salz, Pfeffer aus der Mühle

1 Die Gurken dünn schälen, der Länge nach halbieren, entkernen und in knapp 1 cm breite Stücke schneiden. Zwiebel schälen, klein würfeln.

2 Die Butter bei mittlerer Hitze schmelzen, aber nicht braun werden lassen. Zucker einstreuen und schmelzen lassen. Zwiebel dazu und kurz anbraten, dann die Gurken untermischen und kurz braten. Mit der Brühe aufgießen, Hitze klein stellen, Deckel drauf und die Gurken in etwa 15 Minuten bissfest schmoren.

3 Dill abbrausen und trockenschütteln. Dickere Stiele abknipsen, den Rest fein schneiden. Gemüse mit Crème fraîche und Zitronensaft oder Essig verfeinern, mit Dill, Salz und Pfeffer abschmecken.

So viel Zeit muss sein: 30 Minuten
Das schmeckt dazu: gebratener oder gedünsteter Fisch, Fleisch und Kartoffelpüree
Kalorien pro Portion: 150

Gefüllte Gurken
Schmeckt auch mit Zucchini

Für 4 zum Sattessen:
1 altbackenes Brötchen (vom Vortag)
1 Zwiebel, 1 Bund Dill
1/2 unbehandelte Zitrone
100 g gekochter Schinken
200 g Hackfleisch (Rind oder halb Schwein, halb Rind), 1 Ei
Salz, Pfeffer aus der Mühle
1 Prise gemahlener Kümmel
2 dicke Salatgurken, 2 EL Butter
400 ml Fleisch- oder Gemüsebrühe
6 EL Sahne, 2 EL Tomatenmark

1 Brötchen in einer Schüssel mit Wasser begießen und weich werden lassen. Die Zwiebel schälen und ganz fein hacken. Dill abbrausen und trockenschütteln, die dicken Stiele abknipsen. Etwas vom Dill weglegen, Rest fein schneiden. Zitronenhälfte heiß waschen und die Schale fein abreiben. Von dem Schinken den Fettrand abschneiden, Rest klein würfeln. Brötchen ausdrücken und mit den Händen fein zerdrücken.

2 Hackfleisch mit Brötchen, Zwiebel, Dill, Schinken, Zitronenschale und Ei gut verkneten. Mit Salz, Pfeffer und Kümmel würzen. Gurken schälen und längs halbieren, großzügig entkernen und salzen. Die Hackmasse in die ausgehöhlten Gurkenhälften füllen und diese wieder zusammensetzen. Mit Küchengarn zusammenbinden.

3 Butter in einem großen Topf erwärmen. Wenn er nicht groß genug ist, dass die Gurken im Ganzen reinpassen, die Gurken quer halbieren. Jedenfalls die Gurken in der Butter bei mittlerer Hitze kurz anbraten. Brühe dazu, Hitze klein schalten und Deckel auflegen. Die Gurken ungefähr 30 Minuten vor sich hin schmurgeln lassen.

4 Gurken rausheben und warm halten. Sahne und Tomatenmark in die Sauce rühren, leicht einkochen lassen. Mit Salz und Pfeffer abschmecken, übrigen Dill fein schneiden und einrühren. Gurken in Stücke schneiden und mit der Sauce servieren.

So viel Zeit muss sein: 25 Minuten + (30 Minuten Garzeit)
Das schmeckt dazu: Reis oder Kartoffelpüree
Kalorien pro Portion: 315

Schälen: ja/nein?
Kommt darauf an, ob die Gurke aus dem Bio-Anbau stammt. Wenn ja, die Schale für den Salat dranlassen. Gegart schmecken Gurken ohne einfach besser. Schale am besten mit dem Sparschäler abschälen.

Entkernen
Die Enden abschneiden und die Gurke längs halbieren. Die Kerne mit dem weichen Fruchtfleisch rauskratzen – am besten mit einem Löffel.

Noch mehr Rezepte mit Gurken (Seite)

Apfelsauce mit Gurke (32)
Colombo (293)
Eiersalat mit Kresse (93)
Entenbrust auf Peking Art (100)
Gado Gado (238)
Gazpacho (313)
Gebratene scharfe Nudeln (231)
Heringssalat (118)

Nudelsalat (228)
Rosa Matjessalat (118)
Schweinefleisch süß-sauer (292)
Sushi (120)
Toskanischer Brotsalat (79)
Tunfisch mit Sesamsauce (121)
Türkische Pizza (139)

Hackfleisch

engl.: mince, hash; franz.: hachis; ital.: carne tritata;
span.: carne picoda; österr.: Faschiertes

Einst war es Königsspeise. Wenn der Hofkoch Fleisch per Messer hackte, nahm er nur das zarteste. Und die Gäste ehrte schon der Aufwand. Der Fleischwolf hat »Hack« zum Allerweltsessen gemacht. Gut für uns Bürgerliche – wenn mehr als ein Burger draus wird.

Das lässt sich alles mit Hackfleisch machen: Man kann es roh als feines Rindstatar oder Schweinemett genießen. Man kann das Hack formen und braten – pur als Burger, Beefsteak, Cevapcici, mit Brötchen oder Bröseln und Ei als Frikadelle, Hacksteak, Fleischlaberl, Meatballs, Hackbraten. Oder man füllt es in Krautroulade, Paprikaschote, Hähnchen. Man kann es zu Haschee oder zur Bolognese schmoren und in Lasagne oder Moussaka packen.

Leider kann man auch Schlechtes mit Hackfleisch anstellen – etwa alles reinpacken, was weg muss. Manche Köche machen das, Metzger lieber nicht, weil es ihnen per »Hackfleischverordnung« verboten ist. Und die ist streng, da Hackfleisch rasant schlecht wird und vergiften kann – die beim Zerkleinern zerstörten Fleischstrukturen und die größere Oberfläche des Fleischs machen es schnell zum Spielplatz für Bakterien. Festgelegt ist, wer wann wie Hackfleisch herstellen und verkaufen darf. In deutscher Gründlichkeit, was hier ein Gewinn ist.

Das garantiert auch, dass man nicht die »Katze im Hack« kaufen muss, also im Tatar oder Schabefleisch nur mageres Rindfleisch steckt mit nicht mehr als 6 % Fett. Köstlich, wenn der Metzger dafür ganz zartes Fleisch nimmt. Vorgeschrieben ist ihm nur Fleischart und Fettgehalt. Maximal 20 % darf der in reinem Rinderhack betragen, weswegen es lange schmoren muss und beim Braten durch Zugaben wie Ei saftiger wird. Das Schweinehack hat maximal 35 % Fett – gart schneller, brät saftiger und deftiger. »Halb und halb« steht für zu gleichen Teilen gemischtes Rinder- und Schweinehack, es darf auch eine Fleischart überwiegen, die andere muss dann aber zu mindestens 30 % enthalten sein. Aus diesem Hackfleisch kann fast alles gebrutzelt werden. Auf Bestellung gibt's Kalbs- und Lammhack, Wild und Geflügel muss man selbst hacken.

Aufheben

Hackfleisch darf nur am Herstellungstag verkauft werden. Gute Metzger zerkleinern das Fleisch auf Anfrage. Dann fix nach Hause damit, raus aus der Folie und abgedeckt auf dem Teller in den Kühlschrank stellen. Und auf jeden Fall am gleichen Tag garen! Fettes Hack kann man bis zu 3 Monate einfrieren, mageres bis zu 6 Monate. Im Kühlschrank auftauen und gleich garen. Durchgegart hält Hackfleisch 2–3 Tage im Kühlschrank.

Gutes Hack…

…ist vom guten Stück (gute Metzger kennen den Inhalt)
…hat nicht zu viel, gut sichtbares weißes Fett
…riecht angenehm, ist locker, wirkt sauber

Schlechtes Hack…

…besteht eher aus Resten
…schmiert, wirkt zerfetzt
…ist angetrocknet, stumpf
…riecht streng

Lasagne
Fleißarbeit mit Erfolgsgarantie!

Für 6 zum Sattessen:
Für die Fleischsauce:
1 Möhre, 1 Stange Staudensellerie
50 g Pancetta (italienischer Speck, durchwachsener Räucherspeck geht auch)
1 Zwiebel, 2 Knoblauchzehen
1 EL Butter, 1 EL Olivenöl
300 g gemischtes Hackfleisch
1 kleine Dose Tomaten (400 g Inhalt)
300 ml trockener Rotwein und Fleischbrühe gemischt oder nur Brühe
Salz, Pfeffer aus der Mühle
Für die Bechamelsauce:
50 g Butter
50 g Mehl
3/4 l heiße Milch
Salz, Pfeffer aus der Mühle
frisch geriebene Muskatnuss
Außerdem zum Einschichten:
Salz, etwa 250 g Nudelplatten (siehe Tipp)
200–250 g Mozzarella
100 g frisch geriebener Parmesan
1 EL Butter

1 Für die Fleischsauce die Möhre schälen, den Sellerie waschen und putzen, beides ganz fein würfeln. Pancetta ebenfalls in kleine Würfel schneiden. Zwiebel und Knoblauch nach dem Schälen auch.

2 Die Butter und das Öl im Topf warm werden lassen. Pancetta, Gemüse, Zwiebel und Knoblauch dazurühren und bei mittlerer Hitze andünsten. Das Hackfleisch untermischen und weitergaren und -rühren, bis es krümelig ist. Größere Fleischstücke dabei mit der Kochlöffelrückseite auseinander drücken, bis sie zerfallen.

3 Tomaten in der Dose klein schneiden, mit dem Wein und der Brühe dazuschütten, leicht salzen und pfeffern. Zugedeckt bei schwacher Hitze etwa 1 Stunde schmurgeln lassen. Dann erst abschmecken.

4 Jetzt zur Bechamelsauce: Die Butter in einem Topf bei schwacher bis mittlerer Hitze zerlassen, braun soll sie aber nicht werden. Mit dem Kochlöffel fleißig rühren und das Mehl drüberstäuben. Weiterrühren, bis alles glatt ausschaut. Nach und nach die Milch dazugießen. Jetzt am besten mit dem Schneebesen rühren, damit sich keine Klümpchen bilden. Die Sauce 10 Minuten sanft köcheln lassen, mit Salz, Pfeffer und Muskat würzen.

5 Wer sich bei den Nudeln für das bisschen Mehrarbeit entschieden hat: In einem großen Topf 5 l Wasser mit Salz aufkochen. Nudelplatten darin 4–5 Minuten kochen, bis sie biegsam sind. Mit kaltem Wasser abschrecken.

6 Mozzarella würfeln. Den Backofen auf 200 Grad vorheizen. Eine große rechteckige und hitzebeständige Form aus dem Schrank holen. (Die ovale nehmen nur Bastelfreaks.) Etwas Bechamel reingießen. Nudelplatten drauf, Fleischsauce, Bechamel, Mozzarella und wieder Nudeln. So fortfahren, bis alles in der Form ist. Zum Schluss die restliche Bechamel drauf, mit Parmesan bestreuen und mit Butter in Flöckchen belegen. Ab in den Ofen (Mitte, Umluft 180 Grad) damit. Jetzt bleiben 40 Minuten Zeit, um die Küche aufzuräumen, den Tisch zu decken und sich ein bisschen Ruhe zu gönnen.

So viel Zeit muss sein: 1 Stunde 20 Minuten (+ 40 Minuten Backzeit)
Das schmeckt dazu: Rotwein und viel Salat
Kalorien pro Portion: 720

TIPP:
• Für Faule ist der Klassiker bestimmt nicht gemacht. Und weil's da auf ein bisschen Mehrarbeit auch nicht mehr ankommt – mit Nudelplatten, die man vorkochen muss (gibt's beim Feinkost-Italiener), wird die Lasagne noch mal so gut! Ehrlich! Trotzdem zu faul? Na, dann halt doch die ohne Vorkochen nehmen.
• Das Hackragout gehört in Italien nicht nur in die klassische Lasagne. Es ist auch eine tolle Sauce zu Tagliatelle oder Spaghetti und wird dann Ragù alla bolognese genannt. Die Menge reicht für 500 g Nudeln und 4 Leute mit ausreichend Hunger. Unbedingt mit frisch geriebenem Parmesan servieren!

Frikadellen, Pflanzerl, Buletten...!
Jedem das Seine!

Für 4 zum Sattessen:
1 altbackenes Brötchen (vom Vortag)
2 Zwiebeln, 2 Knoblauchzehen
1 Bund Petersilie, 1 EL Olivenöl
500 g gemischtes Hackfleisch, 2 Eier
1 EL abgeriebene unbehandelte
Zitronenschale
Salz, Pfeffer aus der Mühle
1 TL edelsüßes Paprikapulver
1/2 TL getrockneter Majoran
1 EL mittelscharfer Senf oder 1 EL Ketchup
vielleicht ein paar Löffel Semmelbrösel
3 EL Butterschmalz

1 Brötchen in dünne Scheiben schneiden, in einer Schüssel mit heißem Wasser begießen und aufweichen lassen. Zwiebeln und Knoblauch schälen, fein hacken. Die Petersilie abbrausen, trockenschütteln und fein hacken. Das Olivenöl erhitzen, Knoblauch, Zwiebeln und die Hälfte der Petersilie darin andünsten. Abkühlen lassen.

2 Brötchen kräftig mit der Hand ausdrücken und mit Hackfleisch, Eiern und Zwiebel-Petersilien-Mischung sehr gut verkneten. Kräftig mit Zitronenschale, Salz, Pfeffer, Paprika und Majoran würzen. Senf oder Ketchup unterkneten, restliche Petersilie untermischen.

3 Aus dem Fleischteig kleine oder auch größere Portionen (von tischtennisball- bis tennisballgroß) abnehmen und zu Kugeln rollen (dafür immer mal wieder die Hände unter kaltes Wasser halten). Wenn der Fleischteig zum Rollen noch zu weich ist, ein paar Löffelchen Semmelbrösel untermischen. Die Kugeln flach drücken.

4 In einer großen Pfanne das Schmalz erhitzen, Frikadellen darin bei mittlerer Hitze pro Seite in 5–7 Minuten knusprig braten.

So viel Zeit muss sein: 1 Stunde
Das schmeckt dazu: Senf, geriebener Meerrettich, Gewürzgurken, Bratkartoffeln, Bier
Kalorien pro Portion: 530

Chili con carne
Party-Renner

Für 4–6 zum Sattessen:
2–3 Zwiebeln, 3 Knoblauchzehen
2–3 Möhren, 200 g Knollensellerie
je 1 kleine rote und grüne Paprikaschote
1 große Dose Tomaten (800 g Inhalt)
4 EL Öl, 500 g mageres Rinderhackfleisch,
1/2 l Fleischbrühe (oder 1/4 l Brühe und
1/4 l kräftiger Rotwein)
1 EL Thymianblättchen
1/2–1 TL Sambal oelek
Salz, Pfeffer aus der Mühle
1 Dose Kidney-Bohnen (400 g Inhalt)

1 Zwiebeln und Knoblauch schälen und fein hacken. Möhren und Sellerie schälen, die Paprikaschoten waschen, halbieren, putzen. Alles in kleine Würfel schneiden. Die Tomaten in der Dose grob schneiden.

2 Das Öl in einem großen und am besten schweren Topf heiß werden lassen. Erst das Hackfleisch bei starker Hitze allein anbraten, damit es schön anbrutzelt und etwas braun wird. Dann Zwiebeln und Knoblauch untermischen und kurz mitbraten. Danach kommen Möhren, Sellerie, Paprika und zum Schluss die Tomaten mit Saft dazu.

3 Die Brühe (oder den Wein und die Brühe) dazugießen, mit Thymian, Sambal oelek, Salz und Pfeffer kräftig würzen. Deckel drauf und alles 1–1 1/2 Stunden bei mittlerer Hitze schmoren lassen.

4 Bohnen aus der Dose in ein Sieb gießen und kurz abbrausen. Mit in den Topf geben und 15 Minuten weiterschmurgeln lassen. Danach das Chili unbedingt noch mal abschmecken und schön scharf machen.

So viel Zeit muss sein: 45 Minuten
(+ bis 1 1/2 Stunden Garzeit)
Das schmeckt dazu: Brot
Kalorien pro Portion (bei 6): 345

Überbackene Polenta-Schnitten
Deftig, saftig, würzig

Für 4 zum Sattessen:
Salz, 300 g Polenta (Maisgrieß)
1 große Zwiebel, 2 Knoblauchzehen
2 Möhren, 2 Stangen Staudensellerie
100 g italienische Salami
3 EL Olivenöl
400 g gemischtes Hackfleisch
1 kleine Dose Tomaten (400 g Inhalt)
1/8 l trockener Rotwein
1–2 getrocknete Chilischoten
1 TL getrockneter Thymian
100 g frisch geriebener Parmesan

1 In einen großen Topf 1 l Wasser mit 1 TL Salz aufkochen. Polenta reinrieseln lassen, gut unterrühren. Hitze ganz klein stellen, sonst blubbert die Polenta so, dass sie die Küche verspritzt. Gleich den Deckel drauf und die Polenta 10 Minuten garen.

2 Polenta aus dem Topf auf ein großes Brett häufen und mit dem Teigschaber (zwischendurch unter dem Wasserstrahl anfeuchten) 1–2 cm dick verstreichen. Abkühlen und fest werden lassen.

3 Zwiebel und Knoblauch schälen und ganz fein schneiden. Möhren schälen, Sellerie waschen und putzen. Beides mit der Salami ganz fein schneiden.

4 1 EL Öl warm werden lassen. Zwiebel und Knoblauch darin andünsten. Gemüse und Salami untermischen und auch kurz dünsten. Hackfleisch bei starker Hitze mitbraten und dabei zerkleinern, bis es ganz krümelig und nicht mehr rot ist. Tomaten in der Dose klein schneiden und mit dem Saft und dem Rotwein dazugießen.

5 Die Chilis im Mörser zerstoßen oder zerreiben. Die Hacksauce salzen, Thymian und Peperoni untermischen und das Ganze jetzt so etwa 15 Minuten offen bei mittlerer Hitze langsam vor sich hin schmurgeln lassen. Den Backofen auf 200 Grad vorheizen. Eine längliche hitzebeständige Form leicht mit 1 EL Öl einpinseln.

6 Ein langes Messer unter den kalten Wasserstrahl halten und die Polenta damit in Streifen schneiden, knapp 2 cm breit. Und das Messer immer anfeuchten, dann tut man sich beim Schneiden leichter.

7 Die Polenta-Schnitten und die Hacksauce Schicht für Schicht in die Form füllen. Zum Schluss kommt noch der Käse drauf. Darüber das übrige Öl träufeln. Im Ofen (Mitte, Umluft 180 Grad) etwa 35 Minuten backen.

So viel Zeit muss sein: 45 Minuten
(+ 35 Minuten Backzeit)
Das schmeckt dazu: Salat und ein kräftiger Rotwein
Kalorien pro Portion: 830

Griechischer Hackbraten
Simpel und gut

Für 4–6 zum Sattessen:
1 altbackenes Brötchen (vom Vortag)
1 Bund Frühlingszwiebeln
1 Zucchino
1 rote Paprikaschote
3–4 Knoblauchzehen
1–2 eingelegte Peperoni
1/2 Bund frischer oder 1 TL getrockneter Thymian
200 g Schafkäse (Feta)
2 Eier
1 EL Tomatenmark
500 g Hackfleisch (gemischt oder vom Lamm)
Salz, Pfeffer aus der Mühle
edelsüßes Paprikapulver
8 kleinere Tomaten
2 EL Olivenöl

1 Das Brötchen in eine Schüssel legen und lauwarmes Wasser darüber gießen, weich werden lassen.

2 Die Frühlingszwiebeln von den Wurzelbüscheln und den welken Teilen befreien, waschen und sehr fein schneiden. Den Zucchino und die Paprikaschote waschen, putzen und klein würfeln. Knoblauchzehen schälen und mit den Peperoni fein hacken. Den frischen Thymian abbrausen, trockenschütteln und die Blättchen abstreifen. Backofen auf 200 Grad vorheizen (auch schon jetzt: Umluft 180 Grad).

Garen
• Hackfleisch unbedingt ganz durchgaren, da nur dann eventuell vorhandene Salmonellen abgetötet werden können.
• Bei einem Hackbraten mit dem Stäbchen in die dickste Stelle stechen. Es muss klarer Saft rauslaufen. Bei Frikadellen einfach eins auseinander schneiden.

3 Feta in kleine Würfel schneiden. Brötchen mit den Händen ausdrücken und zerpflücken. Beides mit Gemüse, Knoblauch, Kräutern, Eiern und Tomatenmark zum Hackfleisch geben. Mit Salz, Pfeffer und Paprikapulver kräftig würzen, alles gründlich verkneten.

4 Aus dem Hackfleischteig in einer hitzebeständigen Form ein längliches Brot formen. Die Tomaten waschen und daneben legen. Olivenöl über den Braten gießen, in den Ofen (Mitte) schieben und ungefähr 1 Stunde braten.

So viel Zeit muss sein: 30 Minuten (+ 1 Stunde Bratzeit)
Das schmeckt dazu: Bratkartoffeln oder Kartoffelpüree (am besten mit Knoblauch)
Kalorien pro Portion (bei 6): 710

Hackklößchen in Rotwein
Kost' nicht viel

Für 4 zum Sattessen:
4 Scheiben Toastbrot, 100 ml Milch
50 g roh geräucherter Schinken
1 kleines Bund Petersilie oder Basilikum
600 g Hackfleisch (halb Rind, halb Kalb)
1 EL Kapern (wer mag)
2 EL frisch geriebener Parmesan
Salz, Pfeffer aus der Mühle
1 Zwiebel, 1 Möhre
1 Stange Staudensellerie
2 EL Olivenöl
1 kleine Dose Tomaten (400 g Inhalt)
200 ml trockener Rotwein
etwa 10 Salbeiblättchen

1 Die Rinde vom Toastbrot abschneiden, die Brote in einen tiefen Teller legen und mit Milch beträufeln. Vom Schinken den Fettrand abtrennen, den Rest schön klein schneiden. Die Petersilie abbrausen und trockenschütteln (Basilikum nicht waschen), Kräuterblättchen fein schneiden.

2 Das weiche Toastbrot mit den Händen ausdrücken und ganz fein zerkrümeln. Mit Hackfleisch, Schinken, Kräutern, Kapern und dem Käse in eine Schüssel füllen. Salz und Pfeffer dazu und alles mit den Händen so lang durchkneten, bis der Teig gut zusammenhält. Kleine Stückchen – ungefähr so groß wie ein Tischtennisball – abnehmen und zwischen den Händen zu runden Klößchen formen.

3 Die Zwiebel schälen und sehr fein schneiden. Die Möhre schälen, den Sellerie waschen und putzen und beides ganz klein würfeln. Das Öl in einer großen Pfanne warm werden lassen. Das Gemüse darin bei starker bis mittlerer Hitze kurz anbraten. Dann auf die Seite schieben und die Klößchen in die Pfanne geben. So lange braten, bis sie rundherum braun sind.

4 Die Tomaten mit dem Rotwein pürieren (Pürierstab oder Mixer) und in die Pfanne schütten. Salbei dazurühren, Hitze kleiner schalten, Deckel drauf und alles ungefähr 30 Minuten schmurgeln lassen. Die Sauce mit Salz und Pfeffer abschmecken, gleich in der Pfanne auf den Tisch stellen.

So viel Zeit muss sein: 35 Minuten
(+ 30 Minuten Schmorzeit)
Das schmeckt dazu: Polenta oder Risotto
Kalorien pro Portion: 600

Türkische Pizza
Schön würzig

Für 4 Hungrige:
300 g Mehl, Salz
1/2 Würfel frische Hefe (21 g)
1 Bund Frühlingszwiebeln
2 Knoblauchzehen
1 großes Bund Petersilie
1/2 TL gemahlener Kreuzkümmel
1 Prise Chilipulver
2–3 EL Naturjoghurt
1 EL Tomatenmark
400 g Rinderhackfleisch
2–3 EL Öl
Für die Gurkensauce:
1/2 Salatgurke, Salz
2 Knoblauchzehen
1/2 Bund Dill
400 g Naturjoghurt
1 TL Zitronensaft, 1 EL Olivenöl

1 Mehl mit 1 TL Salz mischen. Hefe zerkrümeln und in 1/8 l lauwarmem Wasser anrühren. Zum Mehl gießen, gründlich durchkneten. Teig zugedeckt 45 Minuten gehen lassen, bis er doppelt so groß ist.

2 Für die Sauce die Gurke dünn schälen, der Länge nach halbieren, entkernen und grob raspeln, mit Salz mischen und ziehen lassen. Nach etwa 10 Minuten das Wasser abgießen. Knoblauch schälen und durch die Presse zur Gurke drücken. Dill abbrausen, trockenschütteln und die Spitzen abzupfen. Mit Joghurt, Zitronensaft und Olivenöl dazugeben und verrühren. Salzen, kühl stellen.

3 Für den Belag die Frühlingszwiebeln waschen, putzen und in Ringe schneiden. Knoblauch schälen und fein hacken. Petersilie abbrausen, trockenschütteln und hacken. Alles mit Kreuzkümmel, Chili, Joghurt und Tomatenmark unter das Hackfleisch mischen, salzen.

4 Zwei Backbleche mit Öl ausstreichen. Den Backofen auf 250 Grad vorheizen (auch schon jetzt: Umluft 220 Grad). Den Teig halbieren. Jede Hälfte auf wenig Mehl zu einem länglichen Fladen ausrollen, auf ein Blech legen. Hackmischung drauf verteilen. Die Fladen nacheinander im Ofen (Mitte) ungefähr 12 Minuten backen, bis sie gebräunt sind. Die Gurkensauce auf dem Fladen oder daneben anrichten.

So viel Zeit muss sein: knapp 1 1/2 Stunden
Kalorien pro Portion: 590

Noch mehr Rezepte mit Hackfleisch (Seite)

Chinesische Hühnerbrühe mit Fleischbällchen und Nudeln (143)
Gefüllte Gurken (133)
Gefüllte Paprikaschoten (255)
Gefüllte Zwiebeln (329)
Glasnudelsalat mit Hack und Pilzen (228)
Jiaozi (234)
Laucheintopf mit Kartoffeln und Hack (210)
Maultaschen (232)
Moussaka (44)
Tofu auf Art der Ma Po (308)
Wirsingrouladen (187)

Hähnchen

engl.: chicken; franz.: poulet;
ital. & span.: pollo; österr.: Hendl

Ja früher, da hatte jeder Bauer ein Huhn. Nicht, um es sonntags in den Topf zu stecken, wie es Frankreichs Heinrich IV. gerne gehabt hätte. Sondern um täglich Eier zu haben. Und weil dafür die Hennen so wichtig waren, kamen höchstens die Hähne auf den Teller. Am liebsten die jungen natürlich, die damals im Frühjahr schon groß und noch zart genug waren. Hähnchen also. Ja früher.

Und heute? Heute kommen die Eier aus dem Sechserpack und fürs gewöhnliche Grillhähnchen ist es egal, ob es Männlein oder Weiblein ist, ob wir Frühling oder Herbst haben. Hähnchen gibt es heute immer und überall. Was eigentlich gut ist. Denn so ein Huhn ist leicht bekömmlich, lässt sich für ein ganzes Tier recht unkompliziert verarbeiten, ist relativ schnell gegart und macht gerade vier Leute satt. Deswegen ist es das Lieblingstier der einfachen Bauernküchen vom nahen Frankreich bis zum Fernen Osten. Gerade die Franzosen und Chinesen haben für das Huhn eine Reihe genial einfacher Zubereitungen entwickelt, die das Beste aus ihm und seinen Stücken herausholen. Im Coq au vin etwa schmort ein schon reiferes und damit aromatischeres Huhn zur Vollendung. Legendär ist das chinesische »Bettlerhuhn« das – heute luxuriös – im Tonmantel butterweich gart. Ähnliches geschieht im Römertopf.

Als ganzes Huhn vom Spieß mit Petersilie im Bauch ist das Grillhendl auf dem Münchner Oktoberfest der Klassiker zum Bier, und Basic-Fans schieben es nur mit einer Zitrone im Bauch in den Ofen. Gekocht wird aus dem jungen ein zartes »Samthuhn« und aus einem alten Suppenhuhn eine herrliche Brühe. Schenkel oder Keulen können mariniert, paniert, frittiert oder gegrillt werden – kommen nur die Unterschenkel aufs BBQ, sagt man in vielen Ländern »Drumsticks« dazu. Die Brust ist meist ohne Haut und nur manchmal mit Knochen fein zum Pochieren, Dünsten oder Schnetzeln, mit allem Drum und Dran prima fürs Braten, Schmoren, Grillen. Alle Teile zusammen finden sich in Klassikern wie Coq au Vin sowie Frikassee, Wiener Backhendl, spanischem Sherryhuhn oder indischem Tandoori-Huhn – manchmal traditionell ergänzt durch Herz, Leber und Magen. Die Flügel gibt es meist extra, und dann am liebsten als knusprige Chicken Wings gegrillt oder frittiert.

Das Hähnchen ist also ein kleiner Star in den Küchen der Welt. Und weil sein Fleisch so zart, fein und bekömmlich ist, wurde es auch dann noch geschätzt, als man von Rind und Schwein immer weniger wissen wollte. Was dem Huhn nicht unbedingt bekommen ist – kein Nutztier wurde so ausgenutzt wie dieses. Es ist leicht und günstig in Massen zu halten, kann relativ früh geschlachtet werden und lässt sich dann recht unkompliziert verarbeiten. In den großen Geflügelzuchten, aus denen der ganz große Teil unser Hähnchen kommt, leben bis zu 5.000 Hühner auf bis zu 2.000 m² ohne je Tageslicht zu sehen, bis nach 5–6 Wochen auch schon wieder Schluss mit leben ist. Und dann wird später »Auslaufhaltung« aufs Etikett geschrieben (Käfighaltung gibt es fast nur bei Legehennen). Wird so ein Massenhähnchen krank, merkt man es erstens nicht so leicht, weswegen zweitens lieber im Voraus im großen Stil Medikamente ins auf Leistung gemischte Futter kommen. Weil dazu beim Huhn die Generationen so schnell wechseln, können die Züchter sich ihr »Wunschtier« viel schneller schaffen als bei Schwein oder Rind. Dabei war lange nur Zuchtziel, dass das Huhn viel frisst, schnell wächst und optimal Fleisch ansetzt. Das ist dann zwar leidlich zart, aber fade und schnell trocken.

Doch inzwischen wollen immer mehr Leute davon nichts mehr wissen und essen. Und nicht nur Bio-Bauern kümmern sich darum, »Hähnchen wie früher« zu erzeugen. Was gar nicht so einfach ist, weil das Gute – langsameres Wachsen, ruhigeres Gemüt, natürliches Fressen und Verhalten – so gründlich aus dem Huhn rausgezüchtet wurde, dass man das ideale neue alte Huhn lange suchen muss. Eine gute Quelle ist da Frankreich, wo man immer noch mehr Wert auf ein gutes altes Rassehuhn legt wie z. B. das Bressehuhn. Hält unser Hühnerbauer seine Tiere in »extensiver Bodenhaltung«, so ist das schon besser für sie und uns. Noch besser: »bäuerliche Auslaufhaltung« oder gar »bäuerliche Freilandhaltung« bzw. »bäuerliche Aufzucht« (siehe Typen).

Aufheben

»Frische« ganze Hähnchen oder auch Hähnchenteile kann man 1–2 Tage nach dem Schlachten kaufen. Zu Hause gleich aus der Verpackung nehmen und in einer gut schließenden Tüte (wegen der Salmonellen) oder Plastikbox über dem Gemüsefach kühlen. Ganze Hähnchen halten so 3–4 Tage, Teile 2 Tage. Tiefgekühlte Hähnchen immer in Box oder Tüte im Kühlschrank auftauen (1/2–1 Tag bei 1–2 kg), sich bildende Flüssigkeit wegschütten und am selben Tag völlig aufgetaut zubereiten. Alles, was mit dem rohen Huhn in Berührung kommt, sofort sorgfältig spülen – vor allem Hände und Brett (Salmonellen!).

Die Typen

Hähnchen sind zum größten Teil Hahn oder Henne, die vor der Geschlechtsreife mit 5–6 Wochen geschlachtet wurden. Früher gab es noch eine Unterteilung nach Gewicht in Masthuhn bzw. Grillhähnchen (um die 1 kg schwer), Poularde (bis 1,2 kg) und jungen Hahn (1,7 kg). 1,5–1,7 kg sind das Idealgewicht, bei dem das übliche Hähnchen zu schmecken beginnt und vier Leute satt macht.

Hähnchen »aus bäuerlicher Aufzucht« stammen von langsam wachsenden Rassen, die vor allem mit Körnerfutter ohne Tiermehl und mit möglichst wenig Kraftstoffen und Medikamenten ernährt werden. Sie kommen nach 6 Wochen ins Freie und haben im weder zu großen noch zu engen Stall Tageslicht. Geschlachtet wird frühestens nach knapp 3 Monaten bei 2–3 kg Gewicht. (Kenner schwören fürs Schmoren auf bis zu 6 Monate alte Tiere.) Noch besser kann's dem **Bio-Huhn** gehen. Ergebnis: dunkleres, gereiftes Fleisch, nicht ganz so zart, aber dafür saftig mit vollem Aroma.

Das **Suppenhuhn** ist mindestens 1 Jahr alt bzw. eine ausgediente Suppenhenne. Zum Braten ist es zu zäh, doch ergeben Fleisch und Knochen ertklassige Brühen und Saucen. Manche Köche bevorzugen sie sogar für lange und sanft schmorende Gerichte.

Stubenküken werden besonders junge, kleine Hühner genannt, die heute maximal 700 g schwer sind und nach spätestens 4 Wochen geschlachtet wurden. Früher waren das die ersten Küken des Jahres, die in der warmen Stube aufgezogen und nach 1 Monat mit knapp 500 g eine kleine Delikatesse waren. Ja früher.

Das passt zu Hähnchen

Basilikum, Dill, Estragon, Koriander, Oregano, Petersilie, Rosmarin, Thymian

Chili, Curry, Ingwer, Knoblauch, Kreuzkümmel, Paprika, Safran, Zimt

Butter, Olivenöl, Pesto, Senf, Wein, Sojasauce, Kapern, Oliven, Sardellen

Auberginen, Erbsen, Fenchel, Hülsenfrüchte, Lauch, Mais, Paprika, Pilze, Spargel, Spinat, Weißkohl, Zucchini

Ananas, Mango, Pfirsiche, Trauben, Zitrusfrüchte

Garnelen, Geräuchertes

Joghurt, Sahniges, Mozzarella, Parmesan

Pasta, Reis

Mandeln, Pinienkerne

Gute Hähnchen…

…kommen aus bäuerlicher Aufzucht oder vom Bio-Hof
…durften auch nach draußen
…sind langsam gewachsen (2–3 Monate), wiegen dann 2 kg und mehr
…wurden nach dem Schlachten einzeln luftgekühlt
…haben volles, festes Fleisch, glatte helle Haut

Schlechte Hähnchen…

…kommen aus Bodenhaltung
…sind zum »Reifen« viel zu schnell gewachsen
…werden nach dem Schlachten in Eiswasser gekühlt
…wirken schlaff, trocken
…sind schlecht proportioniert (braten unregelmäßig)
…haben ledrige, grobporige Haut, Quetschungen, Frostbrand, Risse, gelbe bis dunkle Stellen
…können dann zu Hähnchenteilen, Fertiggerichten oder Pressfleisch werden

Chinesische Hühnerbrühe
Mal was anderes

Für 2 l Brühe:
1 küchenfertiges Hähnchen oder Suppenhuhn (etwa 1,3 kg)
1 Stück roh geräucherter Schinken (etwa 150 g, am besten mit Schwarte; es kann auch magerer Räucherspeck sein)
1 Stange Lauch
1 Stück frischer Ingwer (etwa 4 cm)
1 unbehandelte Orange oder Mandarine
4–5 getrocknete Shiitake-Pilze
1 Sternanis, 1 TL Sichuan-Pfeffer
2 EL Reiswein, Salz

1 Hähnchen innen und außen waschen, abtropfen lassen und in einen großen Topf geben. Schinken daneben legen und beides mit etwa 2 l Wasser begießen. Topf auf den Herd stellen und den Inhalt erhitzen.

2 Vom Lauch die Wurzeln und die ganz dunkelgrünen Teile abschneiden. Die Stange längs aufschlitzen, waschen und grob schneiden. Den Ingwer schälen und in Scheiben schneiden. Zitrusfrucht waschen, Orangenschale dünn abschneiden oder die Mandarine abschälen (die Frucht gleich aufessen, für die Suppe ist nur die Schale gefragt). Alles mit Pilzen, Anis und Pfeffer in den Topf werfen. Mit Reiswein und Salz abschmecken und den Deckel halb auflegen (einen Kochlöffel dazwischenklemmen). Die Brühe bei schwacher Hitze 1 1/4 Stunden sanft kochen lassen.

3 Huhn in der Brühe erkalten lassen, dann rausheben und einen Salat draus machen oder einen Teil davon gleich für eine Suppe (Rezepte nebenan) verwenden. Brühe durch ein Sieb gießen und auskühlen lassen. Das Fett, das sich oben absetzt, mit dem Löffel wegschöpfen. Einen Teil der Hühnerbrühe auch gleich weiterverwenden (Rezepte auch nebenan), den Rest einfrieren.

So viel Zeit muss sein: 25 Minuten
(+ 1 1/4 Stunden Garzeit)
Kalorien pro 1/4 l Brühe: 62

Brühe-Einlagen:

Gemüse und Pilze
4–6 Shiitake-Pilze abreiben, Stiele entfernen, Hüte in ganz feine Streifen schneiden. 1/4 Chinakohl putzen, waschen und in Streifen schneiden. 2 Möhren schälen und zuerst längs in dünne Scheiben, dann in feine Stifte schneiden. 100 g Bambussprossen (aus der Dose) auch klein schneiden. 3/4 l Brühe mit 1 EL Sojasauce und 1 EL Reiswein aufkochen, alles Vorbereitete darin in etwa 5 Minuten bissfest kochen. 1 TL Speisestärke mit 1 EL kaltem Wasser verquirlen, in die Suppe rühren und einmal aufkochen lassen. Mit China-Schnittlauch oder Korianderblättchen bestreuen.

Nudeln und Huhn
100 g chinesische Eiernudeln in gut 3/4 l Brühe nach Packungsaufschrift kochen. Etwas vom gegarten Huhn (Menge je nach Hunger) klein schneiden und dazugeben. Mit Sojasauce und dunklem Reisessig würzen. 1 Bund Frühlingszwiebeln putzen, waschen, in feine Ringe schneiden und draufstreuen. Mit wenig Sesamöl beträufeln.

Huhn und Spinat
2 Hand voll Blattspinat waschen, abtropfen lassen und die Stiele abknipsen. 200 g Tofu und 200 g gegartes Hühnerfleisch würfeln. Alles mit 3/4 l Brühe aufkochen, bis der Spinat zusammenfällt. Mit 2 EL dunklem Reisessig und Zucker abschmecken und mit Sesamöl beträufelt servieren. Nach Belieben mit ein paar Frühlingszwiebelringen oder etwas Chiliöl verfeinern.

Fleischbällchen und Nudeln
250 g Schweinehackfleisch mit 2 fein gehackten Frühlingszwiebeln, 1 EL fein gehacktem Ingwer, 2 durchgepressten Knoblauchzehen, 1 EL Reiswein, Salz, Pfeffer und etwas Sesamöl verkneten und zu kleinen Bällchen formen. 150 g chinesische Eiernudeln nach Packungsaufschrift in Wasser garen, abschrecken. 2 Tomaten überbrühen, häuten und achteln. 1 l Brühe zum Kochen bringen. Die Bällchen hineinlegen und 5 Minuten bei schwacher Hitze darin ziehen lassen. Nudeln und Tomaten in die Brühe geben, noch etwa 2 Minuten erhitzen.

Kokossuppe mit Huhn
Thaiküche ganz easy

Für 4 als Vorspeise:
350 g Hähnchenbrustfilet (ohne Haut)
4 EL Fischsauce
1 Stück frischer Galgant (etwa 2 cm, ersatzweise Ingwer)
2 Stangen Zitronengras
1 rote Chilischote, 4 feste Tomaten
1 Dose Kokosmilch (400 ml)
1/2 l leichte Hühnerbrühe oder Wasser
3 EL Limetten- oder Zitronensaft
1 TL Zucker, 3–4 Stängel Koriander

1 Das Hähnchenfleisch waschen, trockentupfen und in kleine Würfel schneiden. Mit 2 EL Fischsauce mischen.

2 Galgant schälen und in dünne Scheiben schneiden. Zitronengras waschen und in 2–3 cm lange Stücke schneiden. Die Chili waschen, entstielen und in feine Ringe schneiden. Tomaten waschen und achteln, dabei die Stielansätze wegschneiden.

3 Kokosmilch mit Brühe oder Wasser im Topf mischen und heiß werden lassen. Galgant, Zitronengras und Chili dazugeben, übrige Fischsauce, Zitrussaft und Zucker auch. Alles etwa 5 Minuten kochen lassen.

4 Die Hähnchenwürfel und die Tomaten dazugeben und alles weitere 5 Minuten leise köcheln lassen. Inzwischen Koriander abbrausen und trockenschütteln, die Blättchen abzupfen. Suppe abschmecken und mit Koriander bestreut servieren.

So viel Zeit muss sein: 25 Minuten
Kalorien pro Portion: 185

Hühnersalat mit Obst und leichter Mayo
Partytauglich

Für 4 als größerer Imbiss:
400 ml Hühnerbrühe
500 g Hähnchenbrustfilet (ohne Haut)
2 Stauden Chicorée oder 2 Köpfe Radicchio
1 saftige Birne, 1 EL Zitronensaft
100 g Zwetschgen oder Brombeeren
100 g grüne Weintrauben, 100 g Naturjoghurt, 50 g Salatmayonnaise
2 EL Apfelsaft, 1 TL Currypulver
Salz, Pfeffer aus der Mühle
1 Bund Schnittlauch

1 Brühe aufkochen, Hitze zurückschalten. Hühnerfleisch waschen, trockentupfen und in die Brühe legen. Den Deckel drauf, das Filet 10 Minuten gar ziehen lassen. Herdplatte ausschalten und das Fleisch in der Brühe abkühlen lassen.

2 Von Chicorée oder Radicchio äußere Blätter entfernen, Strunk keilförmig rausschneiden. Übrige Blätter ablösen, waschen, trockenschleudern, in Streifen schneiden.

3 Birne längs vierteln, entkernen, schälen und in Schnitze schneiden. Mit dem Zitronensaft mischen. Zwetschgen waschen, bis zum Kern einschneiden und auseinander klappen. Den Kern rauslösen, Zwetschgen in Streifen schneiden. Oder Brombeeren verlesen, entstielen und vorsichtig waschen. Trauben waschen, abzupfen und halbieren. Nach Wunsch die Kerne mit einer Messerspitze rauspulen.

4 Joghurt mit Mayonnaise und Apfelsaft verrühren und mit Curry, Salz und Pfeffer würzen. Das Hühnerfleisch aus dem Sud nehmen und in dünne Streifen schneiden, mit Blattsalat, Früchten und der Sauce mischen. Salzen und pfeffern. Den Schnittlauch abbrausen und trockenschütteln, in Röllchen schneiden und draufstreuen.

So viel Zeit muss sein: 25 Minuten
Das schmeckt dazu: Brot und ein paar Cocktailtomaten
Kalorien pro Portion: 280

Chicken-Wings
Ganz easy vom Blech

Für 4 zum Sattessen:
12 große Chicken-Wings (Hühnerflügel)
3 EL flüssiger Honig
3 EL Zitronensaft
4 EL Sojasauce
1 EL Sesamöl
4 Knoblauchzehen
1–2 TL Tabasco
2 EL helle Sesamsamen (wer mag)
eventuell Salz

1 Die Chicken-Wings waschen, trockentupfen und in eine Form legen, die so groß ist, dass sie problemlos nebeneinander Platz haben.

2 Honig mit Zitronensaft, Sojasauce und Sesamöl verrühren. Knoblauch schälen und dazupressen, mit Tabasco abschmecken. Salz noch nicht dazugeben.

3 Die Sauce über die Wings gießen und zugedeckt über Nacht in den Kühlschrank stellen. Und wer nicht gleich ins Bett geht, kann sie auch noch mal umdrehen.

4 Am nächsten Tag den Backofen auf 220 Grad vorheizen (auch schon jetzt: Umluft 200 Grad). Backblech mit Backpapier belegen, Chicken-Wings mit der Hautseite nach unten drauflegen. Im Ofen (Mitte) etwa 10 Minuten garen. Umdrehen. Wer mag, streut jetzt den Sesam drauf. Und die Chicken-Wings noch mal ungefähr 10–15 Minuten backen – bis die Flügel wunderbar knusprig sind. Vielleicht kann man zum Schluss noch kurz mit dem Grill nachhelfen. Wenn die Sojasauce nicht würzig genug war, die Wings noch leicht salzen.

So viel Zeit muss sein: 10 Minuten
(+ 12 Stunden Marinierzeit und
25 Minuten Backzeit)
Kalorien pro Portion: 300

Variante:

Hühnerbeine
4 Hühnerbeine (mit Schlegelteil) waschen und trockentupfen. Die Haut rundum so massieren, dass sie sich vom Fleisch lösen lässt, ohne zu reißen. Den Stiel einer Gabel zwischen Haut und Fleisch schieben und die Haut noch weiter vom Fleisch lösen. Sie soll aber noch dranbleiben, weil die Beine unter der Haut gefüllt werden. 1 Bund Petersilie abbrausen, trockenschütteln und fein hacken. 2 Knoblauchzehen schälen und durch die Presse drücken. 100 g Schafkäse mit einer Gabel zerdrücken. Käse mit 2 EL Sahne, Petersilie und Knoblauch verrühren, pfeffern. Creme mit den Fingern zwischen Haut und Fleisch der Hühnerbeine verstreichen. 2 EL Zitronensaft mit 2 EL Olivenöl verrühren, mit Tabasco und Salz würzen. Die Hühnerbeine damit einpinseln, in einer hitzebeständigen Form im 220 Grad heißen Backofen (Mitte, Umluft 200 Grad) ungefähr 40 Minuten garen. Dabei ein- bis zweimal umdrehen.

Zitronen-hähnchen
Herrlich zitronig

Für 2–3 zum Sattessen:
1 küchenfertiges Hähnchen (etwa 1,4 kg)
Salz, Pfeffer aus der Mühle
3 EL Olivenöl
1 große unbehandelte Zitrone
2–3 Zweige Thymian oder
1 Zweig Rosmarin

1 Das Hähnchen waschen, trockentupfen und erstmal nur innen salzen und pfeffern. Backofen auf 220 Grad vorheizen (auch schon jetzt: Umluft 200 Grad). Eine hitzebeständige Form mit 1 EL Öl auspinseln.

2 Die Zitrone heiß waschen und mit einer Gabel von oben bis unten und rundum mehrmals einstechen (damit später der Saft rausfließen kann und das Hähnchen von innen frisch und würzig macht). Die Kräuter abbrausen, trockenschütteln und mit der Zitrone in die Bauchhöhle des Hähnchens stopfen. Die Beine über Kreuz legen und mit Küchengarn zusammenbinden. Hähnchen jetzt auch außen salzen und pfeffern, mit dem übrigen Öl rundrum einreiben.

3 Das gefüllte Hähnchen in Seitenlage in die Form legen, in den Ofen (2. Schiene von unten) schieben und 20 Minuten braten. Dann auf die andere Seite drehen, noch mal 20 Minuten braten. Sobald sich Bratfett in der Form sammelt, immer mal wieder mit einem Löffel abschöpfen und über das

Garen
- Hühnerfleisch braucht Sorgfalt: immer gut mit kaltem Wasser waschen und mit Küchenpapier trockentupfen. Und auch das Durchgaren ist ganz wichtig – wegen der Salmonellen, die nur dann abgetötet werden.
- Mit einem Spießchen in die dickste Stelle stechen, wenn noch rötlicher Saft ausläuft, unbedingt weiterbraten. Ist der Saft klar, ist das Hähnchen durch und kann auf den Tisch.

Hähnchen gießen. Zum Schluss das Hähnchen auch noch auf den Rücken drehen (Brust nach oben) und 25 Minuten weiterbraten, dabei ab und an begießen.

So viel Zeit muss sein: 15 Minuten
(+ gut 1 Stunde Bratzeit)
Das schmeckt dazu: Salat und Brot zum Tunken
Kalorien pro Portion (bei 3): 370

Tandoori-Huhn
Schön rot muss es sein

Für 4 zum Sattessen:
800 g Hähnchenbrustfilet
Saft von 2 Zitronen
1 Tube rote Lebensmittelfarbe, Salz
1 Stück frischer Ingwer (etwa 2 cm)
3 Knoblauchzehen
je 1 TL gemahlener Kreuzkümmel und Koriander sowie rosenscharfes Paprikapulver, frisch geriebene Muskatnuss und gemahlene Kurkuma
je 1/2 TL Chilipulver und Pfeffer aus der Mühle
400 g Naturjoghurt

1 Hähnchenbrustfilet waschen, trockentupfen und in Abständen von ein paar Zentimetern immer wieder etwa 1/2 cm tief einschneiden. In eine Schüssel legen. Zitronensaft mit der Lebensmittelfarbe verrühren und über die Filets gießen. Salzen und etwa 30 Minuten ziehen lassen.

2 Den Ingwer und Knoblauch schälen. Beides durch die Knoblauchpresse drücken und mit allen Gewürzen unter den Joghurt mischen. Sauce übers Fleisch gießen, gut durchmengen, abdecken und über Nacht im Kühlschrank marinieren lassen.

3 Am nächsten Tag Backofen auf 180 Grad vorheizen (Umluft ohne Vorheizen 160 Grad). Ein Backblech mit Alufolie auslegen. Das Hühnerfleisch aus der Marinade nehmen und nebeneinander auf das Blech legen. In den Ofen (Mitte) schieben und ungefähr 35 Minuten braten. Dabei nach der Hälfte der Zeit das Blech immer wieder rausziehen und das Fleisch mit der Marinade bepinseln und zwischendurch auch mal umdrehen.

So viel Zeit muss sein: 15 Minuten
(+ Marinierzeit von 30 Minuten und über Nacht sowie 35 Minuten Bratzeit)
Das schmeckt dazu: Reis
Kalorien pro Portion: 290

Basic Tipp

In Indien – von dort kommt dieses Rezept – stellt man so ein Huhn nicht einfach nur mit Reis auf den Tisch, da gibt es auch noch ein paar Saucen dazu. Sehr gut schmeckt Joghurt, mit reichlich gehackter Minze und eventuell ein bisschen Chili gemischt, oder auch ein Chutney. Chutneys gibt es im Asia-Laden oder im gut bestückten Supermarkt fix und fertig. Oder nach dem Rezept auf Seite 244 selber machen, was natürlich noch mehr Eindruck schindet.

Wiener Backhendl
Ohne Schmäh

Für 4 zum Sattessen:
1 küchenfertiges Hähnchen (etwa 1,2 kg)
Salz
2 Eier
50 g Mehl
130–150 g Semmelbrösel
gut 1/4 l Öl zum Frittieren
ein paar Zitronenschnitze

1 Wer einen freundlichen Geflügelhändler hat, bittet diesen, das Tier in 8–10 Stücke zu schneiden. Alle anderen müssen es selber machen. Mit dem Messer und der Geflügelschere – und zwar immer am besten an einem Gelenk teilen.

2 Und jetzt kommt auch die Haut weg. An einer Stelle drunterfahren – mit dem Finger oder mit einem Löffelstiel – und Haut ablösen, abziehen. Die Hähnchenteile salzen.

3 Eier in einen Teller aufschlagen und leicht verquirlen. Mehl und Semmelbrösel jeweils in andere Teller füllen. Das Öl in einer tiefen Pfanne heiß werden lassen. Und den Backofen auf 100 Grad vorheizen (auch schon jetzt: Umluft 80 Grad).

4 Jedes Hähnchenstück zuerst im Mehl wenden. (Wenn zu viel dran hängt, kurz abklopfen.) Dann durchs Ei, zum Schluss durch die Brösel ziehen, die Panade nicht zu fest andrücken. Die Stücke portionsweise ins heiße Öl legen und bei mittlerer Hitze 15–20 Minuten (je nach Dicke) backen. Dabei mehrmals umdrehen. Jeweils rausholen, auf Küchenpapier legen zum Abfetten und in den Backofen zum Warmhalten. Wenn alle Teile schön knusprig sind, Zitronenschnitze dazulegen und auf den Tisch damit.

So viel Zeit muss sein: 1 1/4 Stunden
Das schmeckt dazu: Kartoffelsalat
Kalorien pro Portion: 780

Coq au vin
Ein Wein fürs Kochen und Trinken

Für 4–6 zum Sattessen:
1 küchenfertiges Hähnchen (etwa 1,6 kg)
100 g durchwachsener Speck, 1 Zwiebel
2 EL Butter, 2 EL Öl
Salz, Pfeffer aus der Mühle
1/2 EL Mehl, 1/2 l trockener Rotwein
1/2 Bund Petersilie
1/2 Bund Thymian
2 Lorbeerblätter
2 Bund Frühlingszwiebeln
500 g kleine Champignons
Für die Croûtons:
1 großes Bund Petersilie
2–3 Knoblauchzehen
4 EL Olivenöl
12 Scheiben Weißbrot

1 Auch dieses Huhn soll in 8–12 Stücke geschnitten werden: 2 Keulen, 2 Flügel sowie jeweils 2–3 Brust- und Rückenstücke. Der Speck wird gewürfelt. Und die Zwiebel nach dem Schälen auch.

2 Weil Coq au vin ein typisches Schmorgericht ist, braucht es dafür am besten auch einen Schmortopf. In den kommt jetzt die Hälfte von der Butter und vom Öl. Die Hähnchenstücke mit Salz und Pfeffer bestreuen und dann nach und nach im Fett schön anbraten und wieder rausholen.

3 Im verbliebenen Bratfett den Speck auslassen und auch die Zwiebel kurz mitbraten. Mehl drüberstäuben und kurz braten. Das gibt der Sauce nachher den nötigen Halt. Wein dran, aufkochen. Kräuter abbrausen, trockenschütteln und mit in den Topf. Huhn hineinlegen, Deckel drauf und alles bei mittlerer Hitze etwa 30 Minuten schmoren.

4 In der Zeit von den Frühlingszwiebeln Wurzelbüschel und ganz dunkelgrüne Teile abschneiden. Die Zwiebeln waschen und in Stücke schneiden. Pilze mit Küchenpapier trocken abreiben, Stielansätze abschneiden. Rest von Öl und Butter erhitzen. Pilze und Zwiebeln darin bei mittlerer Hitze ungefähr 5 Minuten braten, dann zum Huhn mischen, noch mal ungefähr 30 Minuten schmoren.

5 Für die Croûtons Petersilie abbrausen, trockenschütteln und die Blättchen ganz fein hacken. Den Knoblauch schälen und hacken. Beides mit dem Olivenöl verrühren und auf die Brotscheiben träufeln. Backofen auf 250 Grad vorheizen (auch schon jetzt: Umluft 220 Grad). Kurz vor dem Essen Brote aufs Backblech legen und im Ofen (oben) 5 Minuten rösten. Zum Coq au vin reichen.

So viel Zeit muss sein: 40 Minuten
(+ 50 Minuten Garzeit)
Das schmeckt dazu: noch mehr Brot oder Reis
Kalorien pro Portion (bei 6): 750

Variante:

Sherryhuhn
Die vorbereiteten Hähnchenteile mit Salz, Pfeffer und edelsüßem Paprikapulver einreiben und in 3 EL Öl 10 Minuten braten. 2 Zwiebeln schälen, 1 rote Paprikaschote waschen und putzen. Beides in Streifen schneiden. 2 Knoblauchzehen schälen und hacken. Zwiebel, Paprika und Knoblauch mitbraten. 1/4 l trockenen Sherry und 1/8 l Hühnerbrühe angießen, 10–12 Minuten bei mittlerer Hitze schmurgeln lassen, dann zugedeckt 10 Minuten auf der ausgeschalteten Herdplatte ziehen lassen.

Noch mehr Rezepte mit Hähnchen (Seite)

Couscous mit Fleisch und Gemüse (84)
Curryreis mit Huhn (266)
Entenpastete (99)
Gebratene scharfe Nudeln (231)
Hähnchen-Lauch-Salat mit Curry (209)
Indisches Hühnercurry (88)
Japanische Nudelsuppe (230)
Paella (265)
Ravioli (233)

Kalbfleisch

engl.: veal; franz.: veau; ital.: vitello; span.: ternera

Fleisch essen? Geht von uns aus in Ordnung, wenn's nicht jeden Tag sein muss. Aber Kalbfleisch essen? Sind doch noch so kleine Rinder, und trotzdem sollen sie schon… Muss das denn sein? Na gut, Schweineschnitzel braucht es nicht unbedingt. Und Kalbsleber schmeckt besser als Rindsleber, schon richtig. Dazu macht der Kalbsfond die feinsten Saucen, ganz klar. Na ja, warum darf es nicht auch mal uns Menschen beim Essen am allerbesten gehen? Denn manchmal soll Essen einfach nur Genuss sein. Gutes Kalbfleisch eben.

Und es ist ja nicht so, dass sich der Mensch in Europa ursprünglich aus purer Lust am Kalb vergriffen hat. Grund war eher der Geschäftssinn der Alpenmilchbauern, die ihre Milchproduktion während der kargen und kalten Jahreszeit nach dem Almabtrieb aufrechterhalten wollten. Also schauten sie darauf, dass ihre Kühe über Winter Kälber warfen und so die Milchproduktion angeregt wurde. Kam dann der Frühling und ging es wieder hinauf ins Grün, durften die weiblichen Kälbchen (neue Milchkühe) mit auf die Alm, die männlichen blieben »übrig«. Manche taugten zum Züchten, aber wozu den Rest durchfüttern? Schließlich war man ja Milchbauer und nicht Fleischhändler. So wurden die Kälber zu Kalbfleisch.

Richtig berühmt machten das Kalbfleisch aber erst die Köche aus den Städten der Alpenländer – als Wiener Schnitzel, Zürcher Geschnetzeltes, Münchner Weißwurst oder als Ossobuco mit Risotto milanese. Wobei die Mailänder auch gerne noch das Wiener Schnitzel als ihre Erfindung ausgeben. Könnte schon sein, da vor allem die Norditaliener wahre Kalbfleisch-Extremisten sind. Sie braten es mit Schinken und Salbei als Saltimbocca oder mit Zitrone oder Süßwein als Scaloppine (also Schnitzel), sie pochieren es und legen es in Tunfischsauce ein (Vitello tonnato), sie sägen seine Haxen in Scheiben, schmoren sie mit Tomaten und kochen dazu noch einen Risotto mit dem Mark der Kalbsknochen – Ossobuco mit Risotto milanese eben. Ein Wiener Rahmbeuschel mit Lunge und Herz allerdings oder Berliner Kalbsleber sind auch nicht ohne.

Dass gerade das Kalb Köchinnen und Köche zu solchen Derbheiten treibt, liegt an seiner Feinheit. Kalbfleisch ist im idealen Fall dank seiner Jugend und dank guter Milch-Gras-Kost noch ganz zart und mild. Deswegen sind Kalbsbraten, -kotelett, -medaillons, -rouladen, -frikassee solche Köstlichkeiten. Und deswegen schmecken auch Innereien vom Kalb so delikat animalisch, während die vom Rind oder Schwein oft nur streng bis tierisch sind. Ganz fein werden sie, wenn sie mit normalem Kalbfleisch wie im Kalbsnierenbraten kombiniert werden. Und dann ist da noch ein Grund, warum ursprünglich Zunge, Kopf samt Hirn und Wachstumsdrüse sowie selbst der Schwanz vom jungen Rind auf den besten Karten standen (doch heute wegen BSE eher tabu sind): Ein Kalb ist teuer und muss gut genutzt werden. Auch wenn am Ende manchmal nur gilt, was teuer ist, das muss auch gut sein.

Nach diesem Motto war Kalbfleisch das erste Fleisch, das einen echten Skandal auslöste. Dazu muss man erst mal wissen, was ein Kalb eigentlich ist – nämlich ein junges Rind, das bevor es richtig zu futtern beginnt und sein Fleisch wie normales Rindfleisch schmeckt, nach 3–4 Monaten geschlachtet wird. Idealerweise lebt es in seinen ersten 6 Wochen nur von Mutter- bzw. Kuhmilch und dürfte dann als Milchkalb geschlachtet werden – mit mildem, butterzartem Fleisch. Soll es aber ein richtiges Kalb werden, gibt man ihm nun was zu beißen – am besten fürs Tier ist selbstgerupftes Weidegras, fürs bessere Fleisch ergänzt durch etwas Zufutter. Wiegt ein auf diese Weise aufgewachsenes Kalb am Ende 150 kg bzw. als Milchkalb höchstens die Hälfte, so ist das schon viel.

Manchen großen Kälbermästern war das zu wenig, als die neue französische Küche das Kalb in den 70er- und 80er-Jahren des letzten Jahrhunderts immer gefragter und teurer werden ließ. Mit Kraftfutter, Milchersatz und damit höherer Eiweißdosis begannen sie, die Tiere aufzublasen. Als dann auch noch Wachstums-Östrogene ins Futter und damit ins Fleisch kamen, war der Skandal da und das Kalbfleisch schon längst versaut: wässrig, geschmacklos und nach dem Garen trocken – keine Spur von Delikatesse. Ein Modell für alle folgenden Skandale: Ein Produkt ist gut. Immer mehr wollen es, aber nicht plötzlich mehr dafür bezahlen. Also werden Produktionstempo und -menge gesteigert, was die Qualität senkt. Und wenn das lange so geht, wird's schon fast kriminell. Selbst wenn es legal ist. Stichwort BSE (siehe Seite 268). Das Gute daran: danach passen alle besser auf. Die Esser und damit auch die Händler und Macher. So kann man jetzt bei einem guten Metzger wieder richtig gutes Kalbfleisch bekommen. Das kostet allerdings auch was. Was gut so ist, denn damit ist es wieder etwas für besondere Anlässe – dafür darf's dann auch mal das junge Rind sein.

Das passt zu Kalbfleisch

Estragon, Kerbel, Petersilie, Salbei, Sauerampfer, Thymian

Curry, Fenchel, Ingwer, Muskat, Paprika, Safran

Butter, Senf, Weiß- und Süßwein, Sojasauce, Zitrone, Kapern, Sardellen

Erbsen, Fenchel, Frühlingszwiebeln, Möhren, Kohlrabi, Sellerie, Pilze, Spargel, Spinat, Tomaten, Zucchini

Äpfel, Birnen, Mangos, Pfirsiche, Trauben, Zitrusfrüchte

Mandeln, Pinienkerne, Kokos

Garnelen, Tunfisch, Geräuchertes

Sahniges, Blauschimmelkäse, Pasta, Reis

Gutes Kalbfleisch…

…ist beim Milchkalb cremig weiß bis zart rosa
…ist sonst von einem frischen Rosa bis blassem Rot
…ist elastisch, aber nicht zu fest mit mattem Glanz
…hat wenig, aber feines Fett – immer dranlassen
…duftet sehr frisch
…stammt von einem mit viel Weidegras und wenig Zusatzfutter gemästeten Tier
…ist selten »bio« – ausgewachsene Rinder sind wertvoller für Öko-Höfe

Schlechtes Kalbfleisch…

…ist blassgrau oder rot
…ist fest oder schwammig
…ist feucht, schmierig
…stammt vom Turbo-Kalb
…riecht unangenehm
…zieht sich beim Garen zusammen

Aufheben

Erst nach 2–3 Tagen Reifung – ein paar Tage mehr fürs Kotelettstück – sollte Kalbfleisch in den Handel kommen. Zu Hause sollte es dann in einer Schale mit umgedrehter Untertasse darin (damit es nicht im Saft liegt) mit Deckel oder Folie abgedeckt werden. So hält es über dem Gemüsefach im Kühlschrank 2–4 Tage, Fetteres auch etwas länger. Geschnetzeltes, Hackfleisch oder Innereien noch am selben Tag garen. Und tiefkühlen kann man Kalbfleisch problemlos 8–10 Monate.

Die Typen

Die zartesten **Steaks** und die typischen **Medaillons** zum Kurzbraten werden aus dem Kalbsfilet geschnitten. Steaks aus dem Kalbsrücken schmecken kräftiger, mit Knochen geschnitten sind es Kalbskoteletts. Nicht ganz so zart, aber auch gut: Steaks aus Nuss/Kugel, Oberschale.

Das echte **Schnitzel** wird aus der in der Keule gelegenen Oberschale geschnitten, auch aus der ihr nahen Nuss/Kugel.

Zartes **Geschnetzeltes** fürs Kurzbraten kommt vom Filet (meist die von Medaillons und Steaks übrig gelassenen Spitzen), in Ordnung ist es von der Huft.

Für **Braten** eignen sich Kalbsrücken, Huft, Nuss/Kugel, Oberschale (eher zart und rosa) sowie Unterschale, Schulterstücke (durchgebraten und saftig). Spezialitäten sind Kalbsbrust (gefüllt), Unterbauch (Rollbraten), Kalbshaxen.

Feinere **Ragouts** werden eher kurz aus Huft oder Unterschale geschmort, würzigere aus Nacken, Schulter, Querrippe, Unterbauch.

Hackfleisch wird meist aus dem Fleisch von Nacken, Schulter und Querrippe gemacht.

An **Innereien** können vom Kalb Leber (Kurzbraten), Zunge (Pökeln, Kochen), Herz und Nieren (Braten, Schmoren), Lunge (Kochen) und Bries (nach Wässern Pochieren, Braten, Frittieren) genutzt werden – am besten in Maßen, bei BSE-Angst lieber gar nicht.

Kalbfleischragout mit Trauben
Wenn's Herbst wird

Für 4 zum Sattessen:
800 g Kalbfleisch zum Schmoren
(aus Schulter oder Nacken)
1 Zwiebel
2 Knoblauchzehen
einige Zweige Salbei
4 EL Olivenöl
150 ml Vin santo
Salz, Pfeffer aus der Mühle
200 g grüne Weintrauben
1 EL Butter
1 EL Zitronensaft

1 Das Fleisch in mundgerechte Stücke schneiden und dabei große Fettstücke wegschneiden. Ein bisschen Fett darf dran bleiben. Komplett weg müssen aber alle Sehnen, das sind die zähen Teile, die wie ein Gummiband aussehen.

2 Die Zwiebel und den Knoblauch schälen und fein hacken. Den Salbei abbrausen, trockenschütteln, Blätter abzupfen und in Streifen schneiden.

3 Das Öl in einem großen Schmortopf heiß werden lassen. Die Hälfte vom Fleisch darin bei mittlerer bis starker Hitze schön braun werden lassen. Immer mal wieder durchrühren. Würfel mit dem Schaumlöffel rausholen, die zweite Fleischportion in den Topf geben und anbraten.

4 Wenn auch diese Portion schön braun ist, die angebratenen Fleischwürfel mit Zwiebel, Knoblauch und Salbei wieder untermischen. Vin santo angießen, salzen, pfeffern und die Hitze auf schwache Stufe stellen. Deckel drauf und 20 Minuten was anderes machen.

5 Trauben dann waschen und abzupfen. Butter in einer kleinen Pfanne warm werden lassen, Trauben unterrühren. Mit Salz, Pfeffer und Zitronensaft abschmecken und unter das Fleisch mischen. Noch mal etwa 10 Minuten schmoren. Vielleicht muss noch Salz und Pfeffer dazu, aber dann kann das Ragout auf den Tisch.

So viel Zeit muss sein: 30 Minuten
(+ 30 Minuten Schmorzeit)
Das schmeckt dazu: ofenfrisches Weißbrot, Nudeln oder Gnocchi und ein trockener Weißer
Kalorien pro Portion: 430

TIPP:
Trauben gibt's ja leider nur im Herbst, zumindest, wenn sie preislich erschwinglich sein sollen. In der übrigen Zeit stattdessen kleine Zwiebeln oder Schalotten und grüne Oliven nehmen.

Vitello tonnato
Schmeckt Klasse, hat Klasse

Für 6–8 als Vorspeise:
1 Stück Kalbfleisch aus der Keule (etwa 600 g; Nuss, Hüfte oder Oberschale gehen auch, aber in jedem Fall in einem kompakten Stück und ohne Knochen)
1 Zwiebel
2 Gewürznelken
2 Stangen Staudensellerie
2 Möhren
1 Bund Petersilie
1/4 l trockener Weißwein
2 Lorbeerblätter, Salz
1 Dose Tunfisch naturell (185 g Inhalt)
4 in Öl eingelegte Sardellenfilets
1 ganz frisches Eigelb
100 ml kaltgepresstes Olivenöl
1 EL Zitronensaft
Pfeffer aus der Mühle
2 EL kleine Kapern

1 Kalbfleisch von größere Fettstücken befreien. Die Zwiebel schälen und halbieren. Gewürznelken in eine der Zwiebelhälften stecken.

2 Sellerie waschen und putzen, Möhren schälen, beides in grobe Stücke schneiden. Petersilie abbrausen und trockenschütteln, mit Gemüse, Zwiebelhälften, Wein und 1 1/4 l Wasser in einen großen Topf füllen. Lorbeerblätter dazu, kräftig salzen und alles zum Kochen bringen.

3 Das Fleisch ins kochende Wasser legen – so schließen sich die Poren schnell und das Fleisch bleibt schön saftig. Aus dem gleichen Grund die Hitze jetzt drastisch reduzieren – eventuell den Topf kurz vom Herd ziehen. Das Fleisch bei schwacher Hitze und halb aufgelegtem Deckel – Kochlöffel dazwischenlegen – etwa 45 Minuten ziehen lassen. Im Sud abkühlen lassen.

4 1/8 l Sud abmessen. Den Tunfisch abtropfen lassen und im Mixer oder mit dem Pürierstab mit dem Sud pürieren. Sardellen abtropfen lassen, in eine Schüssel legen und mit einer Gabel fein zerdrücken. Eigelb dazurühren. Nach und nach ganz wenig Öl dazutröpfeln lassen und mit dem Schneebesen immer gut durchrühren. Wenn das Ganze anfängt, wie Mayonnaise auszusehen, kann man etwas mutiger werden mit dem Ölfluss.

5 Den Tunfisch untermischen, die Sauce mit Zitronensaft, Salz und Pfeffer würzen. Die Kapern unterrühren.

6 Das Fleisch aus dem Sud heben, mit einem superscharfen Messer oder mit der Aufschnittmaschine in feine Scheiben schneiden. Scheiben auf einer großen Platte auslegen. Sauce großzügig drüberlaufen lassen und genießen!

So viel Zeit muss sein: 30 Minuten
(+ 45 Minuten Garzeit)
Das passt dazu: Zitronenschnitze, Weißbrot und ein spritziger Weißwein
Kalorien pro Portion (bei 8): 205

Kalbsgeschnetzeltes
Schön zart und sahnig

Für 4 zum Sattessen:
700 g Kalbsfilet
200 g Champignons oder Egerlinge
1 EL Zitronensaft
2 Zwiebeln
1 EL Öl
1 EL Butter
1 EL Mehl
1/8 l Fleischbrühe
100 ml trockener Weißwein (ersatzweise Fleischbrühe)
100 g Sahne
Salz, Pfeffer aus der Mühle
1/2 Bund Petersilie

1 Das Kalbsfilet erst in dünne Scheiben, dann in Streifen schneiden. Champignons oder Egerlinge mit Küchenpapier trocken abreiben, die Stielenden abschneiden. Die Pilze in dünne Scheiben schneiden, mit dem Zitronensaft mischen. Die Zwiebeln schälen und fein würfeln.

2 Öl und Butter in einer großen Pfanne erwärmen. Ein Sieb über eine Schüssel hängen. Die Hälfte vom Fleisch bei starker Hitze in der Pfanne gut anbraten, dann in das Sieb löffeln. Das übrige Fleisch ebenso braten und ins Sieb geben.

3 Pilze in die Pfanne geben und unter Rühren gut anbraten. Zwiebeln dazu und glasig werden lassen. Mehl drüberstreuen und auch kurz braten. Brühe, Fleischsaft aus der Schüssel und Wein dazugießen und 5 Minuten köcheln lassen. Jetzt die Sahne dazu und leicht einkochen lassen. Das Fleisch wieder untermischen, mit Salz und Pfeffer abschmecken, heiß werden lassen.

4 Petersilie abbrausen, trockenschütteln und die Blättchen sehr fein hacken. Auf das Geschnetzelte streuen und servieren.

So viel Zeit muss sein: 30 Minuten
Das schmeckt dazu: Rösti, Kartoffelpüree, Reis oder Nudeln
Kalorien pro Portion: 390

Tipp:
Wem Kalbsfilet etwas zu teuer ist, kann auch ein billigeres Fleischstück (z. B. aus Hüfte, Rücken oder Nacken) kaufen. In kleine Würfel schneiden und mit den Zwiebeln anbraten. Mit etwas mehr Flüssigkeit aufgießen und bei schwacher Hitze 45 Minuten schmoren lassen. Pilze extra braten und zum Schluss mit der Sahne untermischen.

Kalbsröllchen mit Spinat
Ein Gruß aus Italien

Für 4 zum Sattessen:
4 Kalbsschnitzel (jedes etwa 125 g)
Salz, Pfeffer aus der Mühle
250 g Blattspinat
4 getrocknete, in Öl eingelegte Tomaten
100 g Frischkäse
2 EL frisch geriebener Parmesan
1 EL Olivenöl
1 EL Butter
1/4 l Kalbsfond (aus dem Glas) oder Hühnerbrühe
125 g Sahne

1 Die Kalbsschnitzel nebeneinander auf den Tisch legen, mit dem Handballen sehr dünn ausstreichen und jeweils in 2 gleich große Stücke schneiden. Auf beiden Seiten leicht salzen und pfeffern.

2 Einen Topf mit 1 l gesalzenem Wasser füllen und zum Kochen bringen. Vom Spinat welke Blätter aussortieren, harte Stiele abknipsen. Spinatblätter waschen, für etwa 30 Sekunden ins kochende Wasser tauchen. Ins Sieb gießen, sofort kalt abschrecken, abtropfen lassen und leicht ausdrücken.

3 Tomaten in feine Streifen schneiden. Fleischstücke mit Frischkäse bestreichen, dann mit Spinat belegen. Tomatenstreifen darauf verteilen und mit je 1/2 EL Parmesan bestreuen. Das Ganze zu Rouladen aufrollen und mit Holzstäbchen feststecken.

4 Eine schwere Pfanne auf den Herd stellen, Olivenöl und Butter darin zischend heiß erhitzen. Die Kalbfleischröllchen darin bei starker Hitze rundherum ungefähr 2 Minuten goldbraun anbraten.

5 Den Fond oder die Brühe angießen und aufkochen lassen. Deckel drauf und die Röllchen bei schwacher bis mittlerer Hitze 10–12 Minuten schmoren lassen.

6 Die Kalbsröllchen aus der Pfanne holen, auf einen Teller legen und mit Alufolie abdecken, warm halten. Die Sahne in die Pfanne gießen, aufkochen und bei starker bis mittlerer Hitze etwa 8 Minuten einköcheln lassen. Sauce pfeffern, aber nur eventuell salzen. Zu den Röllchen servieren.

So viel Zeit muss sein: 1 Stunde
Das schmeckt dazu: Tagliatelle, Bratkartoffeln oder Reis, Salate
Kalorien pro Portion: 310

Saltimbocca
Rasant

Für 4 zum Sattessen:
8 Kalbsschnitzel (jedes etwa 75 g)
8 dünne kleine Scheiben roher Schinken
8 mittelgroße Salbeiblätter
3–4 EL Butter
Salz, Pfeffer aus der Mühle
1/8 l trockener Weißwein

1 Wie beim Wiener Verwandten (rechts) zuerst die Schnitzelchen flach klopfen. Auf jede Fleischscheibe 1 Schinkenscheibe und 1 Salbeiblatt legen und mit Zahnstochern oder Fleischspießchen feststecken. In einer großen Pfanne 2 EL Butter zerlassen und darin das Fleisch bei schwacher Hitze von jeder Seite 2 Minuten braten, mit Salz und Pfeffer würzen.

2 Fleisch auf einen Teller legen und kurz warm halten (Deckel oder Alufolie drüber). Den Wein in die Pfanne gießen, aufkochen lassen und mit dem Pfannenwender alles vom Pfannenboden abkratzen, was da vom Schnitzelanbraten noch klebt – das nämlich macht den guten Geschmack der Sauce aus. Übrige Butter dazu, mit dem Schneebesen rühren, bis sie geschmolzen ist. Die Schnitzel nochmals in der Sauce kurz heiß werden lassen – fertig!

So viel Zeit muss sein: 25 Minuten
Das schmeckt dazu: trockener Weißwein aus Italien, Weißbrot, Erbsengemüse
Kalorien pro Portion: 315

Wiener Schnitzel
Nur echt vom Kalb

Für 4 zum Sattessen:
4 Kalbsschnitzel (jedes etwa 180 g)
3 EL Mehl, 2 Eier, 150 g Semmelbrösel
Salz, Pfeffer aus der Mühle
3 EL Sonnenblumenöl
2 EL Butter, 1 Zitrone

1 Schnitzel mit Klarsichtfolie abdecken und mit dem Fleischklopfer (oder einem anderen stumpfen kräftigen Werkzeug, z. B. dem Kartoffelstampfer) schön flach klopfen.

2 Drei große tiefe Teller rausholen. In den ersten das Mehl füllen, im zweiten die Eier mit einer Gabel verquirlen, in den dritten die Semmelbrösel streuen. Schnitzel leicht salzen und pfeffern. Im Mehl wenden und etwas abklopfen. Dann von beiden Seiten durchs Ei ziehen und zuletzt in den Bröseln wenden, Panade nicht zu fest andrücken.

3 In einer großen Pfanne das Öl erhitzen und die Butter darin aufschäumen lassen. Schnitzel rein, bei mittlerer Hitze auf einer Seite goldbraun anbraten, dann wenden und fertig braten – pro Seite dauert das 2–3 Minuten. Die Zitrone aufschneiden und zu den Schnitzeln servieren.

So viel Zeit muss sein: 30 Minuten
Das schmeckt dazu: Kartoffelsalat oder Bratkartoffeln oder einfach nur Blattsalat
Kalorien pro Portion: 485

Ossobuco
Unübertroffen

Für 4 zum Sattessen:
Für das Fleisch und die Sauce:
4 Scheiben Kalbshaxe (mit dem Markknochen in der Mitte, jede ungefähr 200 g)
3 Möhren, 2 Zwiebeln
3 Knoblauchzehen
3 Stangen Staudensellerie
1 Bund Petersilie
2 EL Butter, 1 EL Olivenöl
Salz, Pfeffer aus der Mühle
1 kleine Dose Tomaten (400 g Inhalt)
etwa 1/4 l Fleischbrühe
Für die Gremolata:
1 unbehandelte Zitrone
1 großes Bund Petersilie
2 Knoblauchzehen

1 Fleischscheiben kurz abbrausen, damit alle Knochensplitter weggespült werden. Mit Küchenpapier gut trockentupfen.

2 Möhren, Zwiebeln und Knoblauch schälen, Sellerie waschen und putzen. Alles ganz fein schneiden. Petersilie abbrausen, trockenschütteln, die Blättchen hacken.

3 Einen großen Schmortopf oder Bräter auf den Herd stellen, Butter und Öl rein und erhitzen. Fleischscheiben bei starker Hitze kräftig anbraten, bis sie sich leicht vom Boden lösen lassen, dann ist die Kruste braun genug und die Poren sind geschlossen. Von der anderen Seite auch gut anbraten. Rausnehmen, salzen und pfeffern.

4 Klein geschnittenes Gemüse mit der Petersilie in den Schmortopf rühren und kurz andünsten. Die Tomaten in der Dose klein schneiden und mit der Brühe in den Topf schütten. Alles mit Salz und Pfeffer würzen, die Hitze auf mittlere Stufe zurückschalten, die Flüssigkeit 20–30 Minuten leicht einkochen lassen.

5 Jetzt kommen die Fleischscheiben wieder in den Topf, am besten nebeneinander. Über jede Scheibe etwas Sauce löffeln. Deckel drauf, Hitze auf schwache Stufe stellen und das Fleisch 1 1/2 Stunden schmoren lassen.

6 Für die Gremolata die Zitrone heiß waschen und die Schale dünn abschneiden. Petersilie abbrausen, trockenschütteln und die Blättchen abzupfen. Den Knoblauch schälen. Das alles fein hacken. In ein Schälchen füllen und mit auf den Tisch stellen. Die Gremolata wird über das Ossobuco gestreut und macht es wunderbar frisch!

So viel Zeit muss sein: 30 Minuten
(+ 2 Stunden Garzeit)
Das schmeckt dazu: Polenta, Rosmarinkartoffeln oder einfach Weißbrot
Kalorien pro Portion: 310

Gefüllte Kalbsbrust
Festtagsbraten

Für 4–6 zum Sattessen:
2 altbackene Brötchen (vom Vortag)
2 Eier
100 ml Milch
Salz, Pfeffer aus der Mühle
1 kg Kalbsbrust (vom Metzger eine Tasche zum Füllen einschneiden lassen!)
1 großes Bund Petersilie
2 Zwiebeln
3 EL Butterschmalz
1 Möhre
200 g Knollensellerie
1 Stange Lauch
1/2 l Fleischbrühe (noch besser: 1/4 l Brühe und 1/4 l Bier)

1 Die Brötchen in kleine Würfel schneiden. Eier aufschlagen und mit Brötchenwürfeln und Milch in einer Schüssel mischen, salzen und pfeffern.

2 Die Kalbsbrust innen und außen mit Salz und Pfeffer einreiben. Die Petersilie abbrausen, trockenschütteln und die Blättchen fein hacken. Zwiebeln schälen und fein würfeln.

3 In einer kleinen Pfanne 1 EL Schmalz erhitzen, Zwiebeln darin kurz braten. Petersilie dazu und weiterbraten, bis die Blättchen zusammenfallen. Unter die Brötchenmasse mischen und noch mal leicht salzen und pfeffern.

4 Brötchenmischung in die Kalbsbrust füllen. Die Öffnung mit Rouladennadeln zustecken oder mit Küchengarn zubinden oder -nähen. (Man kann statt Küchengarn auch einen doppelt oder dreifach gelegten Bindfaden nehmen.)

5 Möhre und Sellerie schälen und in grobe Stücke schneiden. Wurzelbüschel und welke Teile vom Lauch abschneiden, die Stange längs aufschlitzen und gründlich unter dem kalten Wasserstrahl waschen und in grobe Stücke schneiden.

6 Den Backofen auf 220 Grad vorheizen (Umluft ohne Vorheizen 200 Grad). Einen großen Bräter auf dem Herd heiß werden lassen und übriges Butterschmalz darin zerlaufen lassen. Kalbsbrust rein und bei starker Hitze kräftig anbraten — von allen Seiten. Das Gemüse drumrum verteilen, die Flüssigkeit angießen.

7 Den Bräter in den Ofen (Mitte) schieben und die Kalbsbrust ungefähr 1 1/2 Stunden braten. Dabei ab und an mit der Flüssigkeit beschöpfen. Aus dem Ofen nehmen, etwa 10 Minuten in Ruhe lassen, dann in Scheiben schneiden und mit dem Bratfond und dem -gemüse auf den Tisch stellen.

So viel Zeit muss sein: 35 Minuten
(+ 1 1/2 Stunden Bratzeit)
Das schmeckt dazu: Kartoffelsalat mit Gurken und ein frisches Bier
Kalorien pro Portion (bei 6): 520

Noch mehr Rezepte mit Kalbfleisch (Seite)

Kalbsschnitzel mit Zitronensauce (319)
Maultaschen (232)
Ravioli (233)

Kalbsleber mit Zwiebeln
Ziemlich italienisch

Für 4 zum Sattessen:
500 g rote oder weiße Zwiebeln
2 EL Butter, 2 EL Olivenöl
700 g Kalbsleber
1/2 Bund Petersilie
1 Schuss Marsala oder trockener Weißwein
Salz

1 Zwiebeln schälen und in feine Ringe schneiden. In einer großen Pfanne Butter und Öl erhitzen, aber nicht zu heiß werden lassen. Zwiebeln dazu, Hitze auf kleine Stufe schalten. Zwiebeln 20 Minuten garen, bis sie weich und leicht braun sind. Immer mal wieder durchrühren.

2 Inzwischen die Kalbsleber in dünne Scheiben schneiden. Petersilie abbrausen, trockenschütteln und die Blättchen ganz fein schneiden.

3 Die Hitze wieder hochstellen, Zwiebeln zur Seite schieben. Leber unter ständigem Rühren etwa 5 Minuten braten, mit Marsala oder Wein ablöschen und salzen. Mit den Zwiebeln mischen und auf eine warme Platte häufen. Mit der Petersilie bestreuen.

So viel Zeit muss sein: 35 Minuten
Das schmeckt dazu: Polenta oder einfach nur Brot und eventuell Blattspinat
Kalorien pro Portion: 345

Kalbsbraten
Fein mariniert

Für 6 zum Sattessen:
1 Stange Lauch
4 Knoblauchzehen
je 4 Zweige Rosmarin, Thymian und Salbei
1 unbehandelte Zitrone
2 Wacholderbeeren
3/8 l trockener Weißwein (der gibt den guten Geschmack)
4 EL Olivenöl
Salz, Pfeffer aus der Mühle
1 1/2 kg Kalbsschulter (ohne Knochen)
1 Bund gemischte Kräuter (z. B. Zitronenmelisse, Basilikum, Petersilie, Borretsch und Schnittlauch)
2–3 EL Crème fraîche (kann man aber auch weglassen)

1 Vom Lauch das Wurzelbüschel und die welken Teil wegschneiden. Lauch der Länge nach aufschlitzen, gut waschen und ganz fein hacken. Knoblauch schälen und ebenfalls fein schneiden. Rosmarin, Thymian und Salbei abbrausen und trockenschütteln, Nadeln bzw. Blättchen abzupfen. Zitrone heiß waschen und die Schale fein abreiben. Wacholderbeeren im Mörser zerdrücken.

2 Lauch, Knoblauch, vorbereitete Kräuter, Zitronenschale und Wacholderbeeren mit Wein und 2 EL Öl verrühren, salzen und pfeffern. Fleisch mit dieser Marinade in eine Schüssel geben und gut 24 Stunden darin marinieren. Dazu in den Kühlschrank stellen und das Fleisch öfter mal umdrehen.

3 Einen großen Schmortopf auf den Herd stellen und erhitzen. Das übrige Öl reingeben. Den Braten aus der Marinade nehmen, trockentupfen. Salzen, pfeffern und im heißen Öl bei mittlerer bis starker Hitze rundherum gut anbraten, Marinade angießen. Die Hitze auf etwas mehr als kleine Stufe schalten, den Deckel auflegen. Kalbsbraten knapp 2 Stunden schmoren lassen. Zwischendurch das Fleisch umdrehen. Wenn die Flüssigkeit zu stark einkocht, noch etwas Wein oder Brühe dazu.

4 Den Braten aus dem Topf nehmen und in Alufolie wickeln. Gemischte Kräuter abbrausen, trockenschütteln und sehr fein hacken. Die Sauce mit der Crème fraîche mischen und aufkochen. Eventuell etwas einkochen lassen, die Hälfte der gemischten Kräuter dazugeben und mit dem Pürierstab durchmixen. Restliche Kräuter dazu, in eine kleine Schüssel oder ein Kännchen gießen. Braten aus der Folie wickeln, in dünne Scheiben schneiden und mit der Sauce auf den Tisch stellen.

So viel Zeit muss sein: 30 Minuten
(+ 24 Stunden Marinierzeit und 2 Stunden Schmorzeit)
Das schmeckt dazu: Nudeln oder Spätzle oder Rosmarinkartoffeln
Kalorien pro Portion: 450

Kaninchen & Hase

engl.: rabbit & hare; franz.: lapin & lièvre;
ital.: lepre & coniglio; span.: conejo & liebre

Die beiden sehen sich ja ganz schön ähnlich, dabei sind sie nicht mal miteinander verwandt. Und jetzt sehen auch wir's: Nur der Hase hat richtig lange Löffel mit schwarzer Spitze, rotbraunes Fell und einen weißen Bauch. Größer ist er auch und liebt einsame Touren durch Wald und Flur. Das kleinere Kaninchen dagegen ist eher grau, mag es gesellig und lebt am liebsten im unterirdischen Bau.

Reden wir vom Essen. Feld- oder Waldhasen sollten im jungen Alter von 3–8 Monaten erjagt werden, wenn ihr rotbraunes, aromatisches Fleisch noch zart ist. Rücken und Keulen sind mit einer fruchtig-würzigen Sauce ein Genuss, Schulter, Rippen und Bauchlappen ideal für Ragouts. Hasen gibt's im Ganzen und vor allem in Stücken wie Keulen und Rücken. Frisch ist er am besten, zum Teil kann man aber auch gute TK-Ware kaufen (dürre Rücken mit dickem Speck drin taugen eher zum Saucekochen).

Weil man nie wissen kann, wo der Hase was frisst: Innereien besser nicht essen. Schadstoffe aus Wald und Flur lagern sich darin ab. Einheimischen Wildhasen gibt's von Oktober–Januar, doch er macht sich rarer. So wird er immer öfter z. B. aus Argentinien importiert und ist dann das ganze Jahr über beim Wild- und Geflügelhändler zu haben.

Kaninchen werden im großen Stil oft in Riesenfarmen gezüchtet, wo die Tiere im Alter von rund 3 Monaten mit etwa 1,5 kg geschlachtet werden. Zu kaufen gibt es sie im Ganzen, aber auch in Teilstücken wie Keulen mit hellem, zartem Fleisch, das etwas an Huhn erinnert – zum Braten und Schmoren. Seltener bekommt man Wildkaninchen, deren Fleisch süßlich würziger ist.

Hase und Kaninchen sind viel zu aktiv, um fett zu werden. Damit ihr Fleisch beim Garen nicht austrocknet, schützt man Zartes wie den Rücken mit einer Speckschicht, die nicht mitgegessen wird. Von Italienern und Franzosen haben wir gelernt, wie man Kaninchen richtig gut schmort: mit viel Gemüse in feiner Sauce. Damit dabei alles schön saftig bleibt, das Kaninchen vom Händler in kleine Stücke hacken lassen (so etwa 12 können das schon sein), dann nimmt jedes beim Garen genügend Flüssigkeit auf und kann gar nicht trocken werden.

Gut ist, wenn…

…das Fleisch angenehm und leicht säuerlich riecht
…es schön saftig und frisch aussieht

Schlecht ist, wenn…

…das Fleisch stark nach Wild riecht
…es angetrocknete Ränder hat und es dunkel und fleckig ist

Aufheben

Das Fleisch zu Hause gleich auspacken und in einer Schüssel zugedeckt in den Kühlschrank stellen. Will man es länger als 1 Tag aufheben, besser marinieren. Zwingend wie einst beim Wildhasen ist das aber nicht mehr. Das Einlegen diente früher nur dazu, allzu kräftig riechendes oder auch älteres Wild genießbar zu machen.

Kaninchen-Saté-Spießchen
Kleine Verlockungen des Lebens!

Für 4 als Vorspeise oder Zwischengang:
1 Zwiebel
1 Stück frischer Ingwer (etwa 3 cm)
1/2 TL Sambal oelek
1 EL Zitronensaft
1/2 TL Salz
1 TL gemahlener Koriander
1 EL Sojasauce
2 TL Zucker
6 Kaninchenrückenfilets (500 g; oder Kaninchen- und Hähnchenbrustfilet gemischt oder nur Hähnchenbrustfilet)
12 Bambusspießchen (aus dem Asia-Laden oder der Asia-Abteilung des Supermarkts)
etwas Öl zum Bepinseln

1 Die Marinade vorbereiten: Die Zwiebel schälen und grob würfeln. Den Ingwer auch schälen, aber fein würfeln. Beides mit Sambal oelek, Zitronensaft, Salz, Koriander, Sojasauce und dem Zucker gut zerkleinern. Das geht ganz fix mit dem Pürierstab, im elektrischen Zerhacker oder auch im Mixer. Die Marinade in eine Schüssel gießen.

2 Die Kaninchenfilets in kleine Würfel von etwa 1 1/2 cm Größe schneiden. Die Würfel zur Marinade geben und darin wenden, bis sie von der Sauce überzogen sind. Zudecken und mindestens 1 Stunde, am besten aber über Nacht, im Kühlschrank marinieren.

3 Die Bambusspießchen mindestens 1 Stunde in eine Schüssel mit kaltem Wasser legen, damit sie sich voll Wasser saugen können, so dass sie später nicht anbrennen. Für noch mehr Aroma: in Zitronenwasser einweichen!

4 Jeweils so viele Fleischstücke auf die Spieße stecken, dass man diese noch gut anfassen kann. Entweder über der Glut des Holzkohlengrills oder unter dem vorgeheizten Backofengrill – im Abstand von etwa 10 cm zu den Grillstäben – oder auf dem Tischgrill grillen. Es dauert 8–10 Minuten, bis das Fleisch knusprig und braun ist. Zwischendrin wenden und auf jeder Seite mit etwas Öl einpinseln.

So viel Zeit muss sein: 30 Minuten
(+ mindestens 1 Stunde Marinierzeit)
Das schmeckt dazu: unbedingt Erdnusssauce (Rezept Seite 239), Gurken- und Tomatenscheiben, Reis oder Weißbrot
Kalorien pro Portion: 215

Basic Tipp

Wer sich dem verführerischen Duft der Saté-Spießchen nicht entziehen kann, sollte gleich eine Grillparty veranstalten. Z.B. mit weiteren Spießchen von Schweinefilet oder Rinderlende. Mit Entenbrust oder Lammrückenfilet. Mit rohen Garnelen oder Tunfischfilet. Die Marinade lässt sich beliebig variieren mit Curry und Zitronengras, Fischsauce und Tamarindensaft.

Kaninchen mit Fenchel
Der Fenchel macht's

Für 4 zum Sattessen:
1 ganzes Kaninchen (wer schlau ist, kauft das nicht im Supermarkt, sondern beim Metzger und lässt es sich dort auch gleich in 8 Stücke schneiden)
Salz, Pfeffer aus der Mühle
2 Knollen Fenchel (etwa 700 g)
50 g Pancetta (italienischer Speck, durchwachsener Räucherspeck geht auch)
1 Zwiebel, 2 Knoblauchzehen
ein paar Zweige Salbei
3 EL Olivenöl
100 g schwarze Oliven
1/4 l trockener Weißwein

1 Wenn das Kaninchen noch ganz ist, muss man mit einem scharfen Messer und einer Geflügelschere ran: Keulen bis zum Gelenk einschneiden, abtrennen, Rücken halbieren, Brust (das ist die fleischigere Seite) in 4 Stücke schneiden. Alle Stücke mit Salz und Pfeffer einreiben.

2 Fenchel waschen und das zarte Grün abzupfen und beiseite legen. Grüne Stiele, Strunkansatz und unschöne Stellen wegschneiden. Die Knollen längs vierteln oder achteln, den Strunk schräg so abschneiden, dass die Schichten noch zusammenhalten. Pancetta klein würfeln. Zwiebel und Knoblauch schälen und ganz fein schneiden. Den Salbei abbrausen, trockenschütteln und die Blättchen in Streifen schneiden.

3 Jetzt brauchen wir mal wieder den großen Schmortopf. Auf den Herd stellen und Öl darin heiß werden lassen. Die Kaninchenteile so reinlegen, dass sie gut nebeneinander Platz haben und bei mittlerer bis starker Hitze gründlich anbraten – eventuell also in mehreren Portionen. Wieder rausnehmen.

4 Jetzt Pancetta mit Zwiebel, Knoblauch und Salbei rein, Fenchel dazu und auch leicht anbraten. Dann kommen die Kaninchenteile wieder in den Topf – zusammen mit den Oliven und dem Wein. Hitze auf schwache Stufe zurückschalten, Deckel drauflegen, 45 Minuten lang entspannen. Vor dem Essen nur noch das Fenchelgrün draufstreuen.

So viel Zeit muss sein: 30 Minuten
(+ 45 Minuten Schmorzeit)
Das schmeckt dazu: Rosmarinkartoffeln (Seite 195) oder Brot
Kalorien pro Portion: 800

Nudeln mit Kaninchenragout
Superfeine Sache

Für 4 zum Sattessen:
400 g Kaninchenfleisch (ohne Knochen; entweder im Supermarkt kaufen und selber ablösen oder beim Metzger bestellen)
50 g Pancetta (italienischer Speck, durchwachsener Räucherspeck geht auch)
1 Zwiebel, 2 Knoblauchzehen
2 Stangen Staudensellerie
3 Tomaten
4–5 Zweige Rosmarin
2 EL Olivenöl
100 ml trockener Weißwein
Salz, Pfeffer aus der Mühle
500 g Pappardelle, Tagliatelle oder Makkaroni

1 Das Kaninchenfleisch in kleine Stücke schneiden. Pancetta ganz klein würfeln. Zwiebel und Knoblauch schälen und sehr fein schneiden. Sellerie waschen und putzen und schön klein würfeln. Die Tomaten waschen und ganz klein würfeln, dabei den Stielansatz wegschneiden. Den Rosmarin abbrausen, trockenschütteln und die Nadeln zerkleinern.

2 Das Öl in einem großen Schmortopf heiß werden lassen. Pancetta und Fleisch hineingeben, bei mittlerer Hitze umrühren, bis das Fleisch hell ist. Zwiebel, Knoblauch, Sellerie und Rosmarin dazurühren und ebenfalls kurz mitbraten.

3 Tomaten und Wein dazuschütten, umrühren, salzen, pfeffern und das Ragout offen bei schwacher Hitze vor sich hin schmurgeln lassen – mindestens 30 Minuten. Länger schadet nicht, vorausgesetzt, die Hitze ist wirklich nicht hoch.

4 Dann wird es Zeit für die Pasta. Im großen Topf 5 l Wasser mit Salz aufsetzen. Wenn es kocht, die Nudeln rein, umrühren und nach Packungsangabe bissfest kochen. Nach ungefähr 7 Minuten schon mal eine Nudel rausfischen und probieren, damit Pappardelle, Tagliatelle oder Makkaroni nicht doch zu weich werden.

5 Fertige Nudeln ins Sieb abgießen, abtropfen lassen und auf Teller verteilen. Das Kaninchenragout noch mal abschmecken, Mutige tun auch noch eine Prise Zimt dran. Kaninchenragout auf die Nudeln häufen, schmecken lassen.

So viel Zeit muss sein: 40 Minuten
(+ 30 Minuten Schmorzeit)
Das passt dazu: drübergestreute, geröstete Pinienkerne, knuspriges Weißbrot, Weißwein, Wasser, Rucolasalat
Kalorien pro Portion: 750

Hasenrücken mit Wacholdersahne
Ganz was Feines

Für 4 zum Sattessen:
2 EL Öl, 8 Wacholderbeeren
2 Hasenrücken mit Knochen (jeder ungefähr 400 g)
Salz, Pfeffer aus der Mühle
4 dünne Scheiben fetter oder durchwachsener Speck
150 ml trockener Rotwein
1 EL Orangenkonfitüre (gut schmecken auch Wildpreiselbeeren aus dem Glas)
125 g Sahne

1 Den Backofen auf 250 Grad vorheizen (auch schon jetzt: Umluft 220 Grad). Einen Bräter mit dem Öl auspinseln. Die Wacholderbeeren mit einem großen Messer auf dem Brett oder im Mörser andrücken und in den Bräter geben. Hasenrücken mit Salz und Pfeffer würzen und mit der Knochenseite nach oben in den Bräter legen.

2 Die Hasenrücken im Ofen (Mitte) etwa 10 Minuten braten, dann die Hitze auf 200 Grad (Umluft 180 Grad) zurückschalten. Rücken wenden, mit Speck belegen. Wein und Konfitüre verrühren, rund um den Rücken angießen. Noch etwa 20 Minuten weiterbraten.

3 Die Hasenrücken dann in Alufolie wickeln und im abgeschalteten Ofen nachziehen lassen. Jetzt geht es um die Sauce:

Noch mehr Rezepte mit Kaninchen & Hase (Seite)

Ravioli (233)

Die Flüssigkeit aus dem Bräter durch ein Sieb in einen Topf umfüllen und erwärmen. Die Sahne dazu und die Sauce bei starker Hitze etwas einkochen lassen, bis sie ein bisschen dicker wird. Mit Salz und Pfeffer würzen.

4 Das Fleisch der beiden Hasenrücken mit einem langen scharfen Messer erstmal vom Knochen abschneiden, dann quer in gut 1 cm dicke Scheiben schneiden. Mit der Sauce servieren.

So viel Zeit muss sein: 20 Minuten
(+ 30 Minuten Bratzeit)
Das schmeckt dazu: Spätzle oder Bandnudeln
Kalorien pro Portion: 590

Kartoffeln

engl.: potatoes; franz.: pommes (de terre); ital.: patate;
span.: patatas; österr.: Erdäpfel

Für die einen ist die Kartoffel nur ein weiterer Sattmacher. Für die anderen ist sie die unscheinbarste Delikatesse der Welt. Sogar besser als Pasta, Brot und Reis, weil vielseitiger (schon mal Spaghetti püriert?), pur (da muss nichts gemahlen, geknetet, gegangen und gebacken werden) und frischer (wozu trocknen – sie halten auch so). Und ja doch, deutscher sind sie auch.

Was ja wirklich nichts Schlimmes ist, gerade beim Thema Kartoffeln. Vielleicht haben die Franzosen mehr feine Gerichte aus dem Erdapfel gemacht, bestimmt essen die Iren mehr davon, ganz sicher stammen sie aus Amerika. Aber das Zentrum der Kartoffelkultur liegt inzwischen in Deutschland. Hier wird sie schlicht mit etwas Kümmel in der Schale gekocht – als Pellkartoffel zum Matjes oder für die Petersilienkartoffel zur Scholle, hier wird sie in den Ofen geschoben und mit Quark oder Sauerrahm serviert, hier wird sie als Salzkartoffel zur Grünen Sauce, als Bratkartoffel zum Spiegelei, als Püree zu Kasseler und als Knödel zum Schweinebraten serviert. Hier gibt es Himmel und Erde, Würstchen und Kartoffelsalat, Kartoffelsuppe und Würstchen. Und trotzdem ist noch genug Platz für Pommes frites und Gratin Dauphinois, griechische Kartoffelcreme und italienische Gnocchi, Schweizer Rösti und Wiener Erdäpfelgulasch. Womit wir gerade noch die Kurve weg von zu viel Kartoffelpatriotismus bekommen haben.

Eins wird dabei klar – die Kartoffel ist für einiges zu haben. Doch nicht jede Kartoffel ist für alles gut. Denn irgendwie hat es die Knolle geschafft, sich ein paar Eigenheiten zu bewahren – trotz aller Kreuzungen und Zuchtversuche über all die in den Jahrhunderten auftauchenden und wieder verschwindenden Sorten hinaus. Schließlich ist sie ein richtiges Gemüse und nicht nur eine Portion totgetrockneter Kohlenhydrate. Ganz im Gegenteil: Ihr Gehalt an Stärke ändert sich je nach Sorte und Saison und das geht nach der Ernte auch weiter so. Deswegen zuerst die schlechte Nachricht: die Allzweck-Allzeit-Kartoffel gibt's nicht und wird's nie geben. Aber es gibt fest, vorwiegend fest und mehlig kochende Typen, frühe und späte Sorten, frische und Lagerkartoffeln. Daher nun die gute Nachricht: Die richtige Kartoffel zur richtigen Zeit fürs richtige Gericht – die hat's schon immer gegeben. Und wer immer wieder die Sorten der Saison ausprobiert, der kriegt ein Händchen dafür. Wenn nicht, dann fragen wir nach der geeigneten Sorte oder nach Alternativen. Wir werden nicht immer eine Antwort erhalten. Aber manchmal ist ja eine immer wieder gestellte Frage schon eine Antwort – und dann wird's vielleicht einmal auch in unserem Laden mehr als die in vielen Geschäften üblichen zwei, drei Sorten geben.

Was man nicht unbedingt wissen muss – wie bei fast allen Gemüsen und Früchten –, das sind die Handelsklassen. Denn die sagen vor allem was über den praktischen Wert der Kartoffeln für den Handel aus – wie haltbar, robust, sauber sie sind, Geschmack ist in diesem Fall kein Kriterium. Interessanter ist schon der Kochtyp, der immer auf dem Etikett steht – fest kochend für Salate, mehlig kochend für Püree, vorwiegend fest kochend für Salzkartoffeln. Fortgeschrittene können das am ebenfalls vermerkten Sortennamen erkennen. Mehr zu Kochtyp und Sorten unter »Typen«. Noch weiter Fortgeschrittene kennen auch noch die Saison von Kartoffeln, zumindest die ihrer Lieblingssorten. Davon hängt nicht selten der Kochtyp ab – so sind neue Kartoffeln meist vorwiegend fest kochend und späte fast immer mehlig kochend. Dann kann man noch mittelfrühe und mittelspäte Ernten sowie Importkartoffeln kaufen. Auch dazu mehr unter den Typen.

In größeren Supermärkten gibt es lose und verpackte Kartoffeln. Die in Plastiksäcken sollte man liegen lassen. Darin schwitzen die Knollen, was sie schnell verderben lässt. Und sie bekommen darin zu viel Licht ab, was sie auf Dauer grün und ungenießbar macht. In Kartoffelnetze kommt zwar noch mehr Licht, aber da hier keiner ins Schwitzen gerät, sind sie die bessere Wahl. Am allerbesten: in Papiertaschen abgepackte Kartoffeln – kein Schwitzen, kein Licht. Lose Ware ist eine Alternative, wenn sie stets aufgefrischt und sortiert wird, was besonders am Markt und beim Bauern passiert. Dort gibt es dann auch richtig »knubbelige« Knollen jenseits der EG-Norm, die sich zwar nicht so leicht verarbeiten lassen, dafür aber oft viel Aroma bieten, wie etwa die Bamberger Hörnchen. Auch über die Erde am Erdapfel darf man sich da freuen, denn sie macht ihn auf natürliche Weise haltbarer.

Aufheben

Der beste Platz für Kartoffeln liegt unter der Erde, deswegen fühlen sie sich in dunklen, trockenen, luftigen und kühlen Kellern oder im Flurschrank am längsten wohl – je später geerntet, desto länger (Details dazu bei den Typen). Dunkelheit bremst das Keimen und Grünen, Trockenheit bewahrt vor dem Faulen, bei 3–6 Grad reift die Kartoffel nur langsam nach. Bei Zimmertemperatur hält sie es nicht länger als 3–4 Wochen aus, in der warmen Küche eher kürzer. Um den Nullpunkt verwandelt sich ihre Stärke in Zucker, die Knollen werden süß. Dann hilft Küchenwärme, den Prozess umzukehren.

Die Typen

Fest kochende Kartoffeln sind eher länglich und nach dem Garen »speckig« – kernig im Biss, saftig mit feiner Struktur. Gut für Salz-, Pell- und Bratkratoffeln sowie Salate. Zu ihnen zählen: Cilena, Exquisa, Forelle, Linda, Hansa, Nicola, Selma, Sieglinde und die aromatischen, raren Bamberger Hörnchen.

Vorwiegend fest kochende Kartoffeln kochen eher speckig, aber locker, sind relativ fein in der Struktur und nicht mehlig. Gut für Salz- und Pellkartoffeln, Aufläufe, Rösti, Puffer. Doch ein richtig guter Salat oder feines Püree wird aus ihnen nicht. Zu ihnen zählen: Agria, Arkula, Christa, Desirée, Granola, Liu, Quarta, Sekura, Ukama, Alwara und Rosara.

Mehlig kochende Kartoffeln haben meist eine runde Form und kochen eher weich und trocken, dafür locker. Gut für Püree, Knödel, Kroketten, Küchlein, Puffer, Aufläufe, Suppen, Eintöpfe. Zu ihnen zählen: Aula, Datura, Irmgard und die besonders geschätzten Sorten Adretta und Likaria.

Neue Kartoffeln reifen 80–100 Tage und werden von Mai/Juni–10. August geerntet. Meist vorwiegend fest kochend (spätere auch fest kochend) von feinem, typischem Kartoffelgeschmack. Typische Sorten sind: Akula, Christa, Gloria, Rosara und Ukama sowie Cilena, Forelle und Sieglinde. Halten nur 1 Woche.

Gute Kartoffeln …

… haben den richtigen Kochtyp fürs Gericht
… sind fest und trocken mit unverletzter Schale
… können knollig sein
… haben noch Erde an der Schale
… sind in Papiertüten abgepackt

Schlechte Kartoffeln …

… haben grüne Stellen, Augen oder Keime, Risse, schwarze Flecken und Löcher
… sind schrumpelig, weich, feucht
… sind gewaschen
… stecken in Plastiksäcken

Das passt zu Kartoffeln

Basilikum, Dill, Kerbel, Majoran, Petersilie, Rosmarin, Schnittlauch, Thymian

Chili, Curry, Knoblauch, Kreuzkümmel, Meerrettich, Muskat, Paprika

Butter, Kürbiskernöl, Olivenöl, Senf, Wein, Kapern, Kaviar, Sardellen

Hülsenfrüchte, Auberginen, Erbsen, Kohl, Kürbis, Lauch, Möhren, Rüben, Paprika, Pilze, Spargel, Spinat, Tomaten, Zwiebeln

Geräuchertes, Gepökeltes sowie alle Sorten von Fleisch, Meeresfrüchten und Milchprodukten, Eier

Äpfel, Birnen, Trockenfrüchte, Nüsse und Kerne

Mittelfrühe Ernten gibt's ab dem 10. August. Viele haben einen ausgeprägten Geschmack und lassen sich gut verarbeiten. Zu ihnen zählen: Adretta, Agria, Exquisa, Hansa, Likaria. Sie lassen sich 2–4 Monate einlagern.

Mittelspäte und **sehr späte Ernten** sind meist mehlig kochende Kartoffeln, Ernte: September–Oktober. Ideal zum Einlagern, wobei ihre Stärke noch reifen kann. Werden immer rarer – Aula ist eine der letzten Sorten.

Importkartoffeln sind ein Grund fürs Verschwinden der Mehligen, da sie bereits im Feburar als »Neue« aus dem Mittelmeerraum kommen. Manchmal sind das nur Knollen, die den Winter im Boden verbracht haben. Ab Mai auf einheimische »Neue« setzen, da die importierten nun schon eher alte sind. Und: gleiche Namen stehen nicht immer für gleiche Sorten.

Kartoffelsalat
The one and only?

Für 4 als Beilage:
1 kg Kartoffeln (fest kochende Sorte)
Salz, 1/4 l Fleischbrühe
4 EL Weißweinessig
1 TL mittelscharfer Senf
Pfeffer aus der Mühle
1 Zwiebel, 1 Bund Schnittlauch
3–4 EL Sonnenblumenöl

1 Die Kartoffeln waschen, in einen Topf geben und knapp mit Wasser bedeckt aufkochen. 1 TL Salz dazugeben, zugedeckt bei mittlerer Hitze in 20–35 Minuten gar kochen. Abgießen, nur kurz abkühlen lassen und noch ziemlich heiß schälen.

2 Zwischendurch schon mal die Brühe erhitzen und mit Essig, Senf, Salz und Pfeffer würzen. Zwiebel schälen und fein hacken. Schnittlauch abbrausen, trockenschütteln und in Röllchen schneiden.

3 Kartoffeln noch warm in Scheibchen schneiden – ohne Angst, dass sie zerfallen, denn das tun sie später sowieso. Gleich mit der warmen Brühe begießen, abschmecken, kurz durchziehen lassen. Dann Öl, Zwiebel, Schnittlauch untermischen. Und vielleicht noch mal mit Salz und Essig abschmecken.

So viel Zeit muss sein: 45 Minuten
Das schmeckt dazu: Schweinebraten und Fischfilet, Grillwürstchen und Backhuhn – sowie vieles mehr
Kalorien pro Portion: 260

Indischer Kartoffelsalat
Würzig & gut

Für 4 als Beilage oder Imbiss:
500 g Kartoffeln (fest kochende Sorte)
Salz, 1 kleiner Blumenkohl
1 Tomate, 1 Bund Minze
250 g Naturjoghurt
je 1 TL gemahlener Kreuzkümmel und Koriander
je 1/2 TL Chilipulver und gemahlene Kurkuma
1 EL Zitronensaft, 1 EL Öl

1 Kartoffeln wie im Rezept links kochen und schälen. Blumenkohl putzen, waschen und in die einzelnen Röschen teilen. Salzwasser in einem Topf erhitzen. Röschen reinwerfen und 4–6 Minuten garen, bis sie bissfest sind. Gleich ins Sieb schütten, abschrecken und abtropfen lassen.

2 Tomate waschen und würfeln, dabei den Stielansatz wegschneiden. Minze abbrausen und trockenschütteln. Blätter abzupfen, ein paar für später weglegen, die anderen ganz fein hacken. Gehackte Minze mit Joghurt, Gewürzen, Zitronensaft und Öl verrühren. Salzen nicht vergessen!

3 Kartoffeln würfeln und mit Kohl, Tomate und Joghurtsauce mischen. Abschmecken, die ganzen Minzblättchen draufstreuen.

So viel Zeit muss sein: 40 Minuten
Kalorien pro Portion: 160

Griechische Kartoffelcreme
Schmeckt nach Sommer

Für 4 als Vorspeise:
300 g Kartoffeln (mehlig kochende Sorte)
2 Knoblauchzehen
1–2 EL schwarze Oliven
1/2 kleines Bund Petersilie
2 EL Zitronensaft
3 EL Olivenöl
Salz, Pfeffer aus der Mühle

1 Die Kartoffeln wie im Rezept ganz links kochen und schälen. Dann mit der Gabel fein zerdrücken.

2 Den Knoblauch schälen und durch die Presse drücken. Das Fleisch der Oliven von den Steinen schneiden. Die Petersilie abbrausen, trockenschütteln und die Blättchen fein hacken. Alles mit 6–8 EL heißem Wasser, Zitronensaft und Öl zum Kartoffelpüree geben, umrühren, salzen, pfeffern, fertig.

So viel Zeit muss sein: 20 Minuten
(+ bis 35 Minuten Kochzeit)
Das passt dazu: Sellerie, Fenchel, Grissini
Kalorien pro Portion: 125

Kartoffelsuppe
Kost' fast nix und schmeckt immer

Für 4 zum Sattessen:
750 g Kartoffeln (mehlig kochende Sorte)
2 Zwiebeln
1 Stange Lauch, 2 Möhren
100 g durchwachsener Räucherspeck
1 EL Butterschmalz
1 1/2 l Fleischbrühe
1 Lorbeerblatt
Salz, Pfeffer aus der Mühle
frisch geriebene Muskatnuss
1 TL Majoranblättchen

1 Kartoffeln schälen, waschen und klein würfeln. Zwiebeln schälen, fein hacken. Lauch putzen, längs aufschlitzen, waschen, in feinste Scheibchen schneiden. Möhren schälen, klein würfeln. Speck auch würfeln.

2 Im Suppentopf das Schmalz zerlassen. Speck und Zwiebeln darin glasig dünsten. Gemüse in Portionen einrühren und kurz dünsten. Brühe angießen, Lorbeerblatt, Salz und Pfeffer dazu. Bei mittlerer Hitze zugedeckt 30 Minuten köcheln lassen.

3 Die Suppe im Topf mit dem Stabmixer etwas pürieren. Mit Salz, Pfeffer, Muskat abschmecken und mit Majoran bestreuen.

So viel Zeit muss sein: 1 Stunde
Das schmeckt dazu: Würstchen und Brot
Kalorien pro Portion: 340

Provenzalische Kartoffelsuppe
Die Sommerliche

Für 4 zum Sattessen:
500 g Kartoffeln (fest kochende Sorte)
1 Knolle Fenchel, 2 kleine Zwiebeln
2 Knoblauchzehen, 1/2 Bund Thymian
1 Zweig Lavendel, 1 EL Olivenöl
1 TL Fenchelsamen, 3/4 l Gemüsebrühe
1 Döschen gemahlener Safran
1 kleine Dose Tomaten (400 g Inhalt)
1/4 l trockener Weißwein
Salz, Pfeffer aus der Mühle

1 Kartoffeln schälen und waschen, längs halbieren und quer in dünne Scheiben schneiden. Fenchel waschen, putzen, vierteln und in schmale Streifen schneiden. Schalotten und Knoblauch schälen und hacken. Thymian und Lavendel abbrausen, trockenschütteln und die Blättchen hacken.

2 Öl im Topf erhitzen. Schalotten, Knoblauch, Fenchel und Kartoffeln reinrühren, kurz anbraten. Fenchelsamen und Kräuter dazu, Brühe und Safran auch. Deckel drauf, alles etwa 10 Minuten bei mittlerer Hitze kochen, bis die Kartoffeln bissfest sind.

3 Tomaten im Sieb abtropfen lassen und fein hacken, mit dem Wein dazuschütten, noch mal 5–10 Minuten köcheln lassen. Mit Salz und Pfeffer abschmecken.

So viel Zeit muss sein: 35 Minuten
Kalorien pro Portion: 210

TIPP:
Auch gut zur Suppe: abgeriebene Orangenschale drüberstreuen. Oder in die Teller geröstete Brotscheiben legen. Übrigens: Wer Lavendel nicht mag oder bekommt, kann ihn auch weglassen.

Waschen
Dreckige Kartoffeln sollte man vorm Schälen unter dem Wasserstrahl abbürsten. Sind sie sauber, ist das nicht nötig. Nach dem Schälen müssen sie ohnehin noch mal kurz unter den Strahl.

Schälen
• Ob man rohe Kartoffeln mit einem Sparschäler mit fester oder beweglicher Klinge schält, ist Geschmackssache. In jedem Fall die Schale dünn abschälen und alle braunen Stellen mit der Spitze vom Schäler rausbohren.
• Bei frisch gegarten, noch heißen Kartoffeln verbrennt man sich beim Pellen mit dem Messer schon leicht die Finger. Deswegen lieber mit einer speziellen Kartoffelgabel (Dreizack) halten.

Kartoffel-gnocchi
Ein Gedicht aus Italien

Für 4 zum Sattessen mit Sauce nach Wahl:
1 kg Kartoffeln (mehlig kochende Sorte)
Salz, 150 g Mehl, 100 g Hartweizengrieß

1 Die Kartoffeln waschen, in einen Topf geben und knapp mit Wasser bedeckt aufkochen. 1 TL Salz dazugeben, zugedeckt bei mittlerer Hitze in 20–35 Minuten gar kochen. Tipp von Profis: Kartoffeln müssen mit kaltem Wasser aufgesetzt werden, damit sie richtig mehlig werden. Wer's nicht glaubt: ausprobieren.

2 Kartoffeln abgießen, nur kurz abkühlen lassen und noch heiß schälen und durch die Kartoffelpresse drücken. (Aber bitte nicht pürieren, sonst gibt's Kleister statt Püree.) Püree lauwarm abkühlen lassen. Dann mit Mehl, Grieß und 1 TL Salz mit den Händen verkneten.

3 Den Kartoffelteig zu gut fingerdicken Rollen formen. Davon 3 cm lange Stücke abschneiden. Stücke in Mehl wälzen, dann einzeln mit dem Gabelrücken sanft eindrücken. Die Kartoffelstückchen sollen leicht rillig aussehen. Gnocchi danach auf bemehlten Küchentüchern ausbreiten und 1 Stunde ruhen lassen oder auch länger.

4 Im großen Topf reichlich Wasser mit Salz aufsetzen. Wenn es kocht, die Gnocchi reingeben. Wenn sie nach oben steigen, Hitze zurückdrehen. Gnocchi 10 Minuten im heißen Wasser ziehen lassen. Kochen darf das Wasser nicht!

5 Gnocchi mit dem Schaumlöffel rausholen, auf Teller verteilen. Und nun einfach zerlaufene Butter und Parmesan drübergeben. Oder Tomatensauce (Seite 314), Hackfleischsauce (Seite 135) oder Pesto (Seite 193) dazu servieren.

So viel Zeit muss sein: 45 Minuten
(+ 1 Stunde Ruhezeit)
Kalorien pro Portion: 380

Variante:

Schupfnudeln
Die Kartoffeln wie beschrieben kochen, schälen, durch die Kartoffelpresse drücken. Lauwarm abgekühlt mit etwa 150 g Mehl, 2 kleinen Eiern, Salz, Pfeffer aus der Mühle und frisch geriebener Muskatnuss verkneten. Falls der Teig an den Fingern klebt, mehr Mehl unterarbeiten. Kleine Portionen abnehmen und zu Rollen formen, die an den Enden spitz werden. Nudeln in kochendem Salzwasser 2 Minuten sanft köcheln lassen. Mit einem Schaumlöffel rausfischen, auf dem Küchentuch 1–8 Stunden – besser 8 als 1 Stunde – trocknen lassen. Danach in 4–5 EL Butterschmalz schön knusprig braten. Schmecken super zu Sauerkraut und anderem Gemüse.

Kartoffelpüree
Feiner kann's keiner

Für 4 als Beilage:
700 g Kartoffeln (mehlig kochende Sorte)
1 TL Salz, 1 Zwiebel
50 g Butter, 150–200 ml Milch
frisch geriebene Muskatnuss

1 Die Kartoffeln schälen, waschen und halbieren, ganz große Knollen vierteln. Die Stücke in warmem Salzwasser aufsetzen. Deckel drauf, schnell aufkochen und gut 15 Minuten bei mittlerer Hitze garen.

2 Die Zwiebel schälen, halbieren und in dünne Spalten schneiden. Butter in einem Topf schmelzen lassen und die Zwiebel darin bei mittlerer Hitze bräunen. Die Milch erhitzen, einmal kurz aufkochen lassen.

3 Kartoffeln abgießen und 1 Minute im Topf ohne Deckel ausdampfen lassen. Dann die Stücke gut stampfen oder durch die Kartoffelpresse zurück in den Topf drücken. Milch dazugießen und gut unterrühren – mit dem Schneebesen, damit das Püree luftig wird. Muskatnuss drüberreiben.

4 Sieb über den Topf hängen, Zwiebel samt Butter reingeben, ablaufen lassen. Die Butter unter das Püree rühren, Zwiebel drüberstreuen. Besser geht's nicht.

So viel Zeit muss sein: 30 Minuten
Das schmeckt dazu: Braten, Rouladen, Bratfisch
Kalorien pro Portion: 250

Pellkartoffeln
Echt basic, echt gut

Für 4 zum Sattessen:
1,2 kg gleichmäßig große Kartoffeln
(fest kochende Sorte), Salz
500 g Speisequark
ein paar EL Milch
Pfeffer aus der Mühle
1 Bund Schnittlauch
1 Stück frischer Meerrettich (etwa 5 cm)
150 g frische Butter

1 Die Kartoffeln unter fließendem Wasser mit einer Bürste kräftig abrubbeln, damit die Schale richtig sauber und zart wird – die kann man dann nämlich mitessen.

2 Die Kartoffeln in einen Topf geben und knapp mit Wasser bedeckt aufkochen. 1 TL Salz dazugeben, zugedeckt bei mittlerer Hitze in 20–35 Minuten gar kochen.

3 Während die Kartoffeln kochen, den Quark mit Milch, Salz und Pfeffer verrühren. Schnittlauch abbrausen, trockenschütteln und in Röllchen schneiden, dazugeben. Meerrettich waschen und schälen, auf der Reibe grob raspeln.

4 Sind die Kartoffeln gar, das Wasser abgießen. Damit die Kartoffeln dabei nicht herausfallen, den heißen Topf samt Deckel mit den Topflappen oder einem Küchentuch gut festhalten, den Deckel nur einen Spalt öffnen, Wasser abschütten. Deckel kurz abnehmen, Kartoffeln ausdampfen lassen, Deckel wieder auflegen.

5 Pellkartoffeln schön heiß und ungeschält auf den Tisch stellen. Am besten gleich im Topf lassen oder in eine Schale füllen und mit einem Tuch zudecken. So kühlen sie nicht so schnell ab. Quark, Meerrettich, Butter und Salz dazu essen.

So viel Zeit muss sein: 45 Minuten
Das schmeckt dazu: Heringssalat, Räucherlachs, Matjes – und verschiedene Saucen und Dips
Kalorien pro Portion: 630

Variante:

Ofenkartoffeln
8 große Kartoffeln (jede 150–200 g schwer, vorwiegend fest kochende oder mehlige Sorte) gut waschen und bürsten. Jede mit einer Gabel mehrmals einstechen und einzeln in Alufolie packen. Im 225 Grad heißen Ofen (Umluft 200 Grad) auf dem Rost ungefähr 1 Stunde garen. Schmecken als Beilage einfach mit Salz und Butter zu gebratenen Steaks oder mit verschiedenen Saucen und Kräuterquark als Hauptsache.

Kartoffelgratin
Macht was her

Für 4 als Beilage, für 2 zum Sattessen:
100 g Sahne
1/8 l Milch
500 g Kartoffeln (mehlig kochende Sorte)
1 EL Butter für die Form und für die Flöckchen
Salz, Pfeffer aus der Mühle
frisch geriebene Muskatnuss
50 g geriebener Emmentaler

1 Die Sahne mit der Milch verrühren. Die Kartoffeln schälen, waschen und in dünne Scheiben schneiden oder hobeln. Den Backofen auf 180 Grad vorheizen (Umluft ohne Vorheizen 160 Grad).

2 Eine hitzebeständige Form mit etwas Butter einfetten. Kartoffelscheiben fächerförmig einschichten, jede Schicht salzen, pfeffern, mit wenig Muskat bestreuen. Sahnemischung an den Seiten angießen, Käse drüberstreuen, mit übriger Butter in kleinen Flöckchen belegen. Im Ofen (Mitte) 50 Minuten garen, bis die Kartoffeln weich und gebräunt sind.

So viel Zeit muss sein: 15 Minuten
(+ 50 Minuten Backzeit)
Das schmeckt dazu: Entenbraten, Rinderfilet – oder auch einfach nur ein toller Salat
Kalorien pro Portion (bei 4): 245

Tortilla
Olé

Für 4 als Vorspeise:
300 g Kartoffeln (fest kochende Sorte)
1 Zwiebel, 6–8 EL Olivenöl
8 Eier, 8 EL Milch, 8 EL Sahne
Salz, Pfeffer aus der Mühle
1 Bund Petersilie

1 Die Kartoffeln schälen, waschen und in Spielwürfelgröße aufschneiden (zuerst dicke Scheiben, dann dicke Streifen, dann Würfel). Zwiebel schälen, fein hacken.

2 In einer Pfanne (mit Deckel) das Öl erhitzen. Die Kartoffeln darin bei mittlerer Hitze 10 Minuten braten, dabei ab und zu durchmischen. Dann die Zwiebel dazugeben und 5 Minuten mitbraten.

3 Eier, Milch und Sahne verquirlen, salzen und pfeffern. Petersilie abbrausen, trockenschütteln, Blättchen hacken, untermischen.

4 Die Eiermischung in die Pfanne über die Kartoffeln gießen. Bei schwacher Hitze stocken lassen, bis die Unterseite stabil ist. Die Tortilla aus der Pfanne auf einen Teller gleiten lassen, mit der Kehrseite wieder in die Pfanne zurückzaubern. Deckel zu, Tortilla in ungefähr 5 Minuten fertig backen. Warm servieren oder abgekühlt in Häppchen schneiden und als Tapa essen.

So viel Zeit muss sein: 45 Minuten
Kalorien pro Portion: 430

Bratkartoffeln
Tolle Beilage
für 4 mit Hunger

Bratkartoffeln
die erste!
800 g Kartoffeln (fest kochende Sorte)
Salz
4–6 EL Butterschmalz oder Öl
Pfeffer aus der Mühle

1 Die Kartoffeln waschen, in einen Topf geben und knapp mit Wasser bedeckt aufkochen. 1 TL Salz dazugeben, zugedeckt bei mittlerer Hitze in 20–35 Minuten gar kochen. Abgießen und abkühlen lassen (am besten über Nacht). Dann schälen, in dünne Scheiben schneiden.

2 In einer Pfanne (keine beschichtete, sondern Gusseisen, Eisen oder Edelstahl) die Hälfte vom Fett erhitzen. Die Kartoffelscheiben darin verteilen – optimal ist es, wenn alle nebeneinander Platz haben. 10 Minuten bei mittlerer Hitze braten lassen, ohne Hand anzulegen. Dann mit Salz und Pfeffer würzen, alle Scheiben wenden und in dem restlichen Fett noch 5–8 Minuten knusprig fertig braten.

Bratkartoffeln
die zweite!
800 g Kartoffeln (fest kochende Sorte)
6 EL Olivenöl
2 EL Butter
Salz, Pfeffer aus der Mühle

1 Die Kartoffeln schälen, waschen und in 1–2 cm große Würfel schneiden. Das Öl in einer großen Pfanne (mit Deckel) gut heiß werden lassen, Kartoffelwürfel hineingeben, wenden und anbraten.

2 Deckel drauf, Kartoffeln bei mittlerer Hitze in 10–15 Minuten goldgelb braten. Deckel weg, die Butter rein, noch weitere 5–10 Minuten knusprig braten, ab und zu wenden. Salzen und pfeffern.

So viel Zeit muss sein:
Nr. 1: 1 Stunde (+ Abkühlzeit),
Nr. 2: 40 Minuten
Das schmeckt dazu: vom Spiegelei bis zum Schweinebraten, vom Räucherlachs bis zur Ratatouille – eigentlich fast alles, was sich mit knusprig und köstlich verträgt
Kalorien pro Portion: 210 (Nr. 1), 270 (Nr. 2)

Kartoffel-schmarrn
Extrem gut

Für 4 zum Sattessen:
800 g Kartoffeln (mehlig kochende Sorte; schneller geht's mit gekochten Kartoffeln vom Vortag)
Salz, 100 g Mehl, 250 g Magerquark
5 EL Hartweizengrieß, 2 Eier
Pfeffer und frisch geriebene Muskatnuss oder ein paar Löffelchen Zucker
4 EL Butterschmalz

1 Die Kartoffeln waschen, in einen Topf geben und knapp mit Wasser bedeckt aufkochen. 1 TL Salz dazugeben, zugedeckt bei mittlerer Hitze in 20–35 Minuten (je nach Größe) gar kochen. Kartoffeln abgießen, heiß schälen, auskühlen lassen. Dann auf der Küchenreibe fein reiben.

2 Kartoffeln mit Mehl, Quark, Grieß und den Eiern gut mischen. Soll der Kartoffelschmarrn pikant werden, mit Salz, Pfeffer und Muskat würzen. Für die süße Variante mit 1 Prise Salz und Zucker abschmecken. Den Teig 30 Minuten ruhen lassen.

3 Die größte Pfanne des Hauses (wenn möglich beschichtet) auf den Herd stellen und die Hälfte vom Schmalz darin zerlaufen lassen. Kartoffelmasse in die Pfanne füllen und gut verteilen. Die Hitze auf mittlere Stufe schalten und den Schmarrn ungefähr 10 Minuten braten, bis er braun wird.

4 Den Schmarrn auf einen Teller rutschen lassen und umgedreht wieder in die Pfanne stürzen. Noch kurz braten. Dann das Ganze wie bei Kaiserschmarrn mit zwei Kochlöffeln zerzupfen. Übriges Schmalz in kleine Bröckchen teilen und dazugeben. Die Schmarrnstücke weiterbraten, bis sie schön goldbraun und knusprig sind.

So viel Zeit muss sein: 1 Stunde
(+ 30 Minuten Ruhezeit)
Das schmeckt dazu: Gemüse, eine große Schüssel Salat oder Apfelkompott
Kalorien pro Portion: 385

Noch mehr Rezepte mit Kartoffeln (Seite)

Auberginen-Moussaka (44)
Blumenkohlcurry (66)
Currysuppe mit Garnelen (87)
Gado Gado (238)
Gemüseplatte mit Aioli (182)
Lammkeule aus dem Ofen (205)
Lamm-Tajine (207)
Laucheintopf mit Kartoffeln und Hack (210)
Pilzpfanne mit Currykartoffeln (260)
Rosa Matjessalat (118)
Rosmarinkartoffeln (195)
Spargel, weiß und grün (296)

Variante:

Rösti
Kartoffeln unbedingt am Tag vorher kochen. Dann die Kartoffeln schälen und fein reiben. In einer großen Pfanne im heißen Schmalz gut durchrühren, salzen. Zu einem Fladen zusammendrücken und die Hitze schwach stellen. Braten, bis die Unterseite schön knusprig ist. Wer sich's zutraut, wendet das Rösti, man kann es aber auch mit nur einer knusprigen Seite servieren. Dann einfach auf einen Teller stürzen. So ist die Knuserseite oben.

Käse

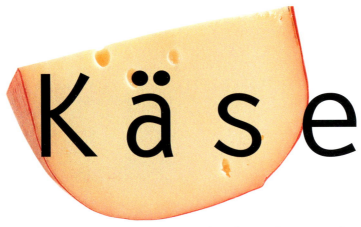

engl.: cheese; franz.: fromage; ital.: formaggio; span.: queso

Hat Gott an den Käse gedacht, als er die Kuh schuf? Zumindest hat er ihr alles mitgegeben, aus dem Käse bis heute gemacht wird: die Milch, das Kalb und den Stall. Gut, bei dem hat der Mensch ein bisschen mitgeholfen, so wie er auch sonst das Werden von Milch und Käse fachmännisch begleitet. Die meiste Arbeit übernimmt aber die Natur – je mehr, desto besser.

Das passiert beim Käsewerden: Die Milch wird gesäuert – früher durch Bakterien im Stall oder das Enzym Lab aus dem Kälbermagen, heute oft durch einen gezüchteten Mix aus Bakterien und Lab. Dabei gerinnt sie und wird dick, wobei die Molke abfließt. Was übrig bleibt, wird zum Bruch zerkleinert – je gröber, desto weicher wird der Käse. Der Bruch kommt zum Abtropfen in Körbchen, zum Teil gepresst. Je nach Dauer und möglichem Druck kann daraus schnell Frischkäse wie Quark oder ein kompakter »Kuchen« für Gouda entstehen. Der kommt in ein Salzbad, wodurch sich erste Rinde bildet. Dann lässt man den Käse reifen – Weichkäse wie den zuvor noch mit Schimmelkulturen benetzten Camembert einige Wochen, Schnittkäse wie Gouda bis zu mehreren Monaten, Hartkäse wie Parmesan bis zu mehreren Jahren. Mit Frisch-, Weich-, Schnitt- (sowie dem weicheren Halbschnittkäse) und Hartkäse haben wir auch schon die wichtigsten Käsegruppen genannt. Außerdem berühmt bis berüchtigt: Blauschimmelkäse wie Gorgonzola (Zugaben von Schimmelkulturen zum Bruch), Rotschmierkäse wie Romadur (mit Bakterien versetzt) oder Munster (behandelte Rinde), Sauermilchkäse wie Harzer oder Tiroler Graukäse, Schafmilchkäse wie der in Lake eingelegte Feta (aber auch Roquefort oder Pecorino) und Ziegenkäse wie der würzigfeste Crottin. Und dann noch der echte Mozzarella aus Büffelmilch, für den der Käsebruch vor dem Formen überbrüht wird.

Fett trägt die Aromen im Käse, weswegen er mager oft nicht schmeckt und dazu schlecht schmilzt. Verwirrende Zahlen und Namen für Fettstufen helfen nicht wirklich weiter, um zu wissen, ob er was taugt. Für die gängigen Käse gilt: 40–50 % Fett in Trockenmasse (i. Tr., also in Käse ohne Wasser) sind ein guter Schnitt. Der wahre Fettgehalt beträgt bei Weich- und Schnittkäse die Hälfte, bei Frischkäse ein Drittel und bei Hartkäse drei Viertel der Prozente auf der Packung. Die Vorbilder der großen Käsesorten wie echter Camembert, Emmentaler oder Parmesan werden traditionell aus Rohmilch gemacht, was sie intensiv schmecken lässt. Der große Rest ist aus pasteurisierter – also sekundenlang auf rund 70 Grad erhitzter – Milch. Einige Klassekäse tragen einen geschützten Namen, ihre traditionelle Herstellung wird kontrolliert, um sie von Kopien abzugrenzen. Auf dem Etikett stehen die Zusätze AOC (F), DOC oder DOP (I, E), g.U. oder g.g.A. (EG).

Guter Käse…

…hat eine geschlossene, trockene Rinde
…ist gleichmäßig fest/weich
…kommt vom informierten Händler

Schlechter Käse…

…ist schmierig, schwitzt
…ist ungleich gereift
…hat zu wenig/zu viel Fett
…ist Schmelzkäse

Aufheben

Käse in strammer Folie auswickeln, gut in Papier oder in Folie mit Luftlöchern einpacken und in einer nicht luftdichten Dose im Kühlschrank ins Gemüsefach geben. Bei Vielessern ist eine ebenso bestückte, nicht luftdichte Käseglocke bei gut kellerkühlen 10–15 Grad für einige Tage ideal. Frischkäse kann kalt gelagert werden.

Die Typen

Emmentaler ist ein typischer Käse zum Brot oder zum Kochen und Backen, wie auch **Bergkäse, Raclette, Greyerzer, Gouda, Edamer, Butterkäse** oder **Appenzeller** (1).

Parmesan (2) der Marke »Parmigiano Reggiano« ist wie auch andere italienische Hartkäse (der nicht so lange gereifte **Grana padano, Pecorino** mit oder aus Schaf- oder Ziegenmilch) ideal für Pasta, Risotto, Polenta, aber auch als Würze für Gemüse, Saucen, Suppen oder zum Naschen. Auch gut: alter **Gouda** oder spanischer **Manchego**.

Camembert (3) ist der berühmteste Weich- und Edelschimmelkäse, »Camembert de Normandie« ist geschützt u. a. in Gewicht (250 g) und Fettgehalt (45 % F. i. Tr.) sowie immer aus Rohmilch – Maßstab für alle Kopien. Verwandt ist der **Brie**. Pur zum Brot, zum Einlegen und sanften Gratinieren.

Gorgonzola (4) ist der mildere Blauschimmel-Klassiker neben dem etwas schärferen **Roquefort**. Beide wie englischer **Stilton** sind ein Genuss mit Brot, Butter und Süßwein. Gut in Salaten, Saucen, Suppen, gut zum zarten Überbacken.

Griechischer **Feta** (5), für Salate, ist der populärste unter den würzig-speziellen Nationalkäsen, zu denen englischer **Cheddar,** französischer **Ziegenkäse** oder deutscher Sauermilchkäse wie **Harzer** gehören.

Mozzarella (6) ist »ein paar Klassen für sich« – zur ersten gehören tagfrische Laibe aus Büffelmilch mit feinem Aroma zum Gleichessen, zur letzten Industrie-Ware in Stangen zum Liegenlassen. Gute Mittelklasse für Salate, Vorspeisen, Pizza, Gratins.

Obatzda
Boarisch guad

Für 4 als Brotzeit:
1 kleine Zwiebel
1/2 Bund Schnittlauch
300 g weicher Camembert (orginal soll's ein bayerischer sein, aber eigentlich ist's egal)
50 g weiche Butter, 3–4 EL helles Bier
1 EL edelsüßes Paprikapulver
eventuell Salz

1 Die Zwiebel schälen und klein würfeln, je feiner, desto besser. Den Schnittlauch abbrausen, trockenschütteln und in kleine Röllchen schneiden.

2 Den Camembert aufschneiden und das weiche Innere von der Rinde abschaben. Oder die Rinde einfach abschneiden, wenn der Käse noch nicht ganz so weich ist. Das Innere mit einer Gabel zerdrücken, die Butter und das Bier am besten gleich mit druntermischen. Zwiebel und Paprika untermengen. Probieren, eventuell noch salzen (Obatzda muss kräftig schmecken).

3 Die Käsecreme in eine Schüssel füllen, Schnittlauch drüberstreuen, fertig.

So viel Zeit muss sein: 30 Minuten
Das passt dazu: Brezen oder ein Bauernbrot – bei beidem gilt immer: Obatzda dick auftragen
Kalorien pro Portion: 330

TIPP:
Weil rohe Zwiebel drin ist, sollte Obatzda nicht länger als 1 Tag aufbewahrt werden. Also nicht nur zu Hause essen, sondern auch gleich noch zum Picknick oder in den Biergarten mitnehmen.

Basic Tipp
Ob der Camembert innen schon schön weich ist, kann man natürlich nicht sehen – aber fühlen. Einfach auf die Packung drücken. Der Käse muss sich an allen Stellen gleich gut eindrücken lassen. Ist das nicht der Fall, lieber Finger davon lassen. Noch besser: Camembert schon ein paar Tage bis 1 Woche vor der geplanten Zubereitung kaufen.

Roquefort-Quark-Dip
Perfekt mit Sellerie

Für 4 als Vorspeise oder Imbiss:
100 g Roquefort
150 g Quark
2 EL Milch oder Sahne
2–3 EL Salatmayonnaise
Salz, Pfeffer aus der Mühle
1 EL Pistazienkerne

1 Den Roquefort mit den Fingern ganz fein in ein Schüsselchen krümeln. Wenn die Krümel zu groß sind, mit einer Gabel zerdrücken.

2 Quark, Milch oder Sahne und die Mayonnaise drunterrühren. Vorsichtig mit Salz und Pfeffer abschmecken. Pistazien fein hacken und drüberstreuen.

So viel Zeit muss sein: 10 Minuten
Das passt dazu: Rohkost, Baguette
Kalorien pro Portion: 170

TIPP:
Von Edelpilzkäse wie Roquefort und Gorgonzola muss man die dünne Rinde nicht abschneiden. Sie kann mitgegessen werden, verstärkt das Aroma sogar.

Marinierter Mozzarella
Einfach gut

Für 4 als Vorspeise oder Imbiss:
250 g Mozzarella (echter Büffelmozzarella schmeckt am besten)
2 Zweige Rosmarin
Saft von 1 Orange
1 EL Zitronensaft, 1 EL Honig
Salz, Pfeffer aus der Mühle
4 Knoblauchzehen, 4 EL Olivenöl

1 Mozzarella in dünne Scheiben schneiden. Auf einer Platte oder gleich auf vier Tellern auslegen. Rosmarin abbrausen, trockenschütteln und die Nadeln fein hacken. Über die Käsescheiben streuen.

2 Orangensaft mit Zitronensaft und Honig gründlich verquirlen, salzen und pfeffern. Über dem Mozzarella verteilen, ziehen lassen – 1–2 Stunden an einem kühlen Ort, aber nicht unbedingt im Kühlschrank.

3 Dann Knoblauch schälen und in feinste Scheiben schneiden. Öl in einer Pfanne warm, aber nicht zu heiß werden lassen. Knoblauch darin braten, bis er goldgelb ist. Dunkel soll er nicht werden. Mit dem Öl über den Käse verteilen, gleich servieren.

So viel Zeit muss sein: 15 Minuten
(+ bis 2 Stunden Marinierzeit)
Das schmeckt dazu: knuspriges Weißbrot oder Oliven-Ciabatta
Kalorien pro Portion: 250

Pizza quattro formaggi
Heizt dem Käse ein

Für 4 als Vorspeise oder
für 2 zum Sattessen:
Für den Teig:
300 g Mehl
Salz
4 EL Olivenöl
1/2 Würfel frische Hefe (21 g)
Für den Belag:
etwa 450 g Käse (milde und würzige Sorten mischen: z. B. Mozzarella, Gorgonzola, Ricotta und Pecorino)
einige Zweige Thymian oder Salbei
4–6 eingelegte grüne Peperoni
4 EL Olivenöl

1 Für den Teig das Mehl in eine Schüssel schütten und mit dem Salz und dem Öl gründlich verrühren. Die Hefe zerkrümeln und in knapp 150 ml lauwarmem Wasser glatt verrühren.

2 Alles kurz durchmischen, dann auf der Arbeitsfläche kräftig durchkneten. So lang, bis der Teig schön geschmeidig und glatt ist. Den Teig in die Schüssel legen, mit einem Tuch abdecken und 30–45 Minuten an einem warmen Ort ruhen lassen, bis er doppelt so groß ist.

3 Dann das Backblech mit 2 EL Olivenöl leicht einfetten. Teig kurz durchkneten und direkt auf dem Blech ausrollen. Die Ränder können ruhig dicker werden.

4 Den Backofen auf 250 Grad vorheizen (auch schon jetzt: Umluft 220 Grad). Den Käse zerkleinern: den Mozzarella und Gorgonzola würfeln, den Ricotta mit der Gabel zerstückeln, den Pecorino reiben. Die Käsesorten mischen und auf den Teig streuen.

5 Thymian oder Salbei abbrausen und trockenschütteln. Die Thymianblättchen von den Zweigen abstreifen. Salbeiblätter ebenfalls abstreifen und in Streifen schneiden.

6 Kräuter auf den Käse streuen. Salz braucht die Pizza nur, wenn hauptsächlich milde Käse in die Auswahl kamen. Peperoni drauflegen, übriges Öl drüberträufeln. Die Pizza in den Ofen (Mitte) schieben und ungefähr 15 Minuten drinlassen. Mittelbraun und schön heiß schmeckt sie am besten.

So viel Zeit muss sein: 25 Minuten
(+ 45 Minuten Ruhezeit und 15 Minuten Backzeit)
Das schmeckt dazu: Tomatensalat und ein kräftiger Rotwein
Kalorien pro Portion (bei 2): 820

Gefüllte Blätterteigtaschen
Zum Anbeißen gut

Für 8 als Vorspeise oder Imbiss:
300 g TK-Blattspinat
300 g TK-Blätterteig (4 Platten)
2 Knoblauchzehen
200 g Schafkäse oder geriebener Hartkäse
1 Bund Petersilie
1 eingelegte Peperoni (für Freunde scharfer Kost)
2 Eier (Größe S)
2 EL Naturjoghurt oder saure Sahne oder Quark
Salz, Pfeffer aus der Mühle
1/2 TL gemahlener Koriander
Mehl zum Ausrollen
1 Eigelb, 1 EL Milch oder Sahne

1 Spinat aus der Packung nehmen, in ein Sieb legen und über eine Schüssel hängen. Auftauen lassen. (Wer doch mal vergessen hat, den Spinat rechtzeitig rauszunehmen, muss ihn nach Packungsangabe garen, abkühlen lassen und sehr gut ausdrücken.)

2 Die Blätterteigplatten auch aus der Packung nehmen, nebeneinander ausbreiten und mit einem Küchentuch bedecken. Ungefähr 15 Minuten auftauen lassen.

3 In der Zeit schon mal den Knoblauch schälen und in feine Scheiben schneiden. Den Schafkäse zerkrümeln. Die Petersilie abbrausen, trockenschütteln und die Blättchen fein hacken. Die Peperoni in dünne Ringe schneiden.

4 Den Backofen auf 200 Grad vorheizen (Umluft ohne Vorheizen 180 Grad). Zwei Backbleche unter den kalten Wasserstrahl halten, nicht abtrocknen.

5 Den aufgetauten Spinat im Sieb gut ausdrücken und grob hacken. Mit Knoblauch, Käse, Petersilie, Peperoni, Eiern und Joghurt, saurer Sahne oder Quark gut verrühren. Mit Salz (wenig, weil der Käse salzig ist), Pfeffer und Koriander abschmecken.

6 Die Blätterteigplatten einzeln auf wenig Mehl ungefähr doppelt so groß ausrollen. Einmal quer durchschneiden. Teigstücke auf einer Seite, aber nicht ganz bis zum Rand, mit Spinatmischung belegen, zusammenklappen. Teigränder mit den Zinken einer Gabel zusammendrücken.

7 Taschen auf die Bleche verfrachten, am besten mit der Kuchenschaufel oder dem Pfannenwender. Eigelb und Milch oder Sahne verrühren, Taschen damit bepinseln.

8 Im Ofen (Mitte) etwa 25 Minuten backen, bis der Teig aufgegangen und schön gebräunt ist. Vor dem Essen leicht (sonst gibt's verbrannte Zungen) oder ganz abkühlen lassen.

So viel Zeit muss sein: 35 Minuten
(+ 25 Minuten Backzeit)
Kalorien pro Stück: 250

Käsesauce
Echt basic

Für 4 als Beilage:
200 g Gorgonzola oder Roquefort
150 ml Milch
Salz, Pfeffer aus der Mühle
2 EL Pinienkerne

1 Den Käse würfeln, mit der Milch in einen Topf geben und bei ganz schwacher Hitze schmelzen lassen. Oft umrühren und immer ein Auge auf die Mischung haben. Sobald die Sauce schön cremig ist, mit Salz und Pfeffer würzen – das war's schon.

2 Lecker dazu: Die Pinienkerne in einer Pfanne ohne Fett bei mittlerer Hitze kurz anrösten, bis sie anfangen gut zu riechen und goldgelb werden. Drüberstreuen.

So viel Zeit muss sein: 10 Minuten
Das schmeckt dazu: Nudeln, Salzkartoffeln, gedünstetes Gemüse wie Lauch, Möhren, Blumenkohl
Kalorien pro Portion: 225

Panini mit Mozzarella
Da wird der Baggersee zum Mittelmeer

Für 4 als Imbiss:
250 g Mozzarella
2 Knoblauchzehen
1 Bund Basilikum
1 EL Zitronensaft
1 EL Olivenöl
Salz, Pfeffer aus der Mühle
4 Tomaten
8 Blätter Radicchio
4 Sandwichbrötchen
4 Scheiben Parmaschinken

1 Den Mozzarella in Scheiben schneiden. Knoblauch schälen und durch die Presse drücken. Die Basilikumblättchen in Streifen schneiden. Knoblauch und Basilikum mit Zitronensaft, Öl, Salz und Pfeffer mischen, über dem Käse verteilen.

2 Die Tomaten waschen und in Scheiben schneiden, dabei den Stielansatz wegschneiden. Die Radicchioblätter waschen und trockenschütteln. Die Brötchen aufschneiden, mit Salat und Tomaten belegen. Mozzarella und je 1 Scheibe Parmaschinken drauf, zusammenklappen. Mitnehmen oder gleich essen.

So viel Zeit muss sein: 20 Minuten
Kalorien pro Brot: 400

Käsesoufflé
Für pünktliche Gäste

Für 4 zum Sattessen:
80 g Butter, 30 g Mehl
1/4 l Milch, 5 Eier, 2 EL Crème fraîche
150 g geriebener Käse (z. B. Bergkäse, Appenzeller, Greyerzer oder mittelalter Pecorino), Salz, Pfeffer aus der Mühle
frisch geriebene Muskatnuss

1 Für die Bechamel 60 g Butter schmelzen, Mehl einrühren und braten, bis es schön gelb aussieht. Mit dem Schneebesen nach und nach die Milch dazurühren. Bei schwacher Hitze 10–15 Minuten köcheln lassen.

2 Den Backofen auf 200 Grad vorheizen (auch schon jetzt: Umluft 180 Grad). Form – rund, breit, hitzebeständig – mit übriger Butter fetten. Eier trennen.

3 Wenn die Bechamel dicklich ist, Crème fraîche untermischen. Den Topf vom Herd ziehen, nach und nach die Eigelbe und den Käse unterrühren. Alles in einer Schüssel lauwarm werden lassen, mit Salz, Pfeffer und Muskat würzen. Eiweiße sehr steif schlagen und unterheben.

4 Masse gleich in die Form füllen, in den Ofen (unten) schieben und 20–30 Minuten backen, bis das Soufflé schön aufgegangen und braun ist.

So viel Zeit muss sein: 30 Minuten
(+ bis 30 Minuten Backzeit)
Kalorien pro Portion: 545

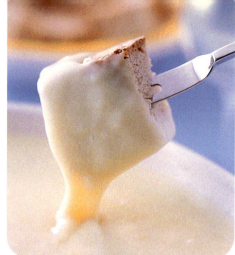

Käsespätzle
Echt basic, echt lecker

Für 4 zum Sattessen:
500 g Mehl, 4 Eier
Salz, 2 Zwiebeln
3 EL Butter
Pfeffer aus der Mühle
200 g frisch geriebener Emmentaler

1 In einer Schüssel das Mehl mit den Eiern, 1–2 TL Salz und ungefähr 1/4 l lauwarmem Wasser mischen und so lange rühren, bis ein glatter Teig entsteht, der nicht so fest ist wie Kuchenteig, nicht so dünn wie Pfannkuchenteig, sondern zäh vom Löffel tropft.

2 Dann einen großen Topf mit 3 l Wasser füllen, 1 EL Salz dazu, Deckel drauf und zum Kochen bringen. Die Zwiebeln schälen und in feine Ringe schneiden. Die Butter in einer kleinen Pfanne schmelzen, die Zwiebeln darin bei mittlerer Hitze goldgelb anbraten, warm halten. Backofen auf 200 Grad vorheizen (auch schon jetzt: Umluft 180 Grad) und eine hitzebeständige Form reinstellen, in der viele Spätzle Platz haben.

3 Das Wasser müsste jetzt kochen, also Deckel drauf, Spätzlehobel, Spätzledrücker oder einfach ein Plastiksieb auf den Topf stellen. Eine gute Portion des Teiges einfüllen und durch die Öffnungen hobeln, drücken oder (bei der Plastiksieb-Variante) mit einem Kochlöffel durchschaben. Die abtauchenden Teigstreifen mehrere Male kurz aufkochen lassen, bis sie freiwillig wieder nach oben kommen. Das dauert pro Fuhre 3–5 Minuten.

4 Dann ist die nächste Portion dran. Die oben schwimmenden Spätzle immer mit dem Schaumlöffel aus dem Wasser holen, gut abtropfen lassen und sofort in die Form im Ofen füllen. Jede Schicht pfeffern und mit Käse bestreuen. Die oberste Schicht mit den Zwiebeln samt der heißen Butter krönen – den Ofen kurz noch heißer stellen (250/220 Grad) und den König der Sattmacher 5 Minuten überbacken.

So viel Zeit muss sein: 1 Stunde
Das schmeckt dazu: superfrischer Blattsalat
Kalorien pro Portion: 735

Käse-Fondue
Ein echter Schweizer

Für 4 zum Sattessen:
300 g Greyerzer
300 g Emmentaler (am besten Schweizer, in jedem Fall würziger)
1 Knoblauchzehe
300 ml trockener Weißwein
4 EL Kirschwasser
2 TL Speisestärke
Pfeffer aus der Mühle
frisch geriebene Muskatnuss
ungefähr 400 g Weißbrot

1 Die Rinde vom Käse abschneiden, Käse würfeln. Den Knoblauch schälen, halbieren und den Fondue-Topf damit ausreiben. Im Original ist das ein glasierter Tontopf, der so genannte Caquelon, aber es geht auch ein anderer Topf.

2 Wein in den Topf schütten und auf den Herd stellen. Erhitzen. Hitze auf schwache Stufe stellen. Den Käse einrühren und jetzt immer weiterrühren, bis der Käse komplett geschmolzen ist.

3 Das Kirschwasser mit der Stärke glatt rühren. Die Mischung in den geschmolzenen Käse rühren, alles noch einmal aufkochen lassen. Käsemasse mit Pfeffer und Muskat würzen und im Fondue-Topf auf den Rechaud stellen.

4 Das Weißbrot in mundgerechte Würfel schneiden. Nun spießt sich jeder ein Brotstück auf die Fondue-Gabel und fährt damit durch die Käsemasse. Kurz abtropfen, essen.

So viel Zeit muss sein: 20 Minuten
Das schmeckt dazu: Essiggurken und Perlzwiebeln, eventuell auch Pellkartoffeln, für Empfindliche danach unbedingt ein Gläschen Kirschwasser
Kalorien pro Portion: 900

Käsekuchen
Klassiker – und niemals out!

Für 12 Stück Kuchen:
Für den Teig:
230 g Mehl
1 Messerspitze Backpulver
1 Prise Salz
50 g Zucker
110 g kalte Butter (in kleine Stückchen geschnitten)
1 Eigelb
1–2 EL saure Sahne oder Naturjoghurt
Für den Belag:
100 g Butter
5 Eier
500 g Quark oder Schichtkäse
100 g Zucker
200 ml Milch
abgeriebene Schale und 4 EL Saft von 1 unbehandelten Zitrone
90 g Hartweizengrieß
1/2 TL Backpulver
1 EL Kirschwasser oder Grappa (wer mag)
Zum Blindbacken:
Butterbrotpapier und getrocknete Hülsenfrüchte (z. B. Bohnen oder Erbsen)

1 Für den Teig alle Zutaten rasch mit den Händen glatt verkneten. Den Teig zur Kugel formen und zwischen zwei Blättern Klarsichtfolie rund ausrollen. Dann kommt er in die ungefettete Springform (26–28 cm Ø), und man drückt rundum einen Rand hoch, ungefähr 3 cm. Die Form für 30 Minuten in den Kühlschrank stellen.

2 In dieser Zeit für den Belag die Butter schmelzen und zwar bei schwacher Hitze. Abkühlen lassen. Eier schon mal trennen.

3 Den Backofen auf 180 Grad vorheizen (auch schon jetzt: Umluft 160 Grad). Nun den Teigboden blindbacken: Boden in der Form mit Butterbrotpapier und einer Lage Hülsenfrüchte beschweren und im Ofen (Mitte) 15 Minuten vorbacken.

4 Inzwischen Quark oder Schichtkäse mit flüssiger Butter, Zucker, Milch und den Eigelben verrühren. Zitronenschale und -saft, Grieß und Backpulver untermischen. Wer mag, gibt auch das Feuerwasser dazu. Wenn der vorgebackene Teig auf den Belag warten muss, macht das gar nichts. Also keinen Stress aufkommen lassen.

5 Die Eiweiße steif schlagen. 1–2 EL vom Eischnee unter die Quarkmasse rühren, den Rest unterheben. Auf den vorgebackenen Teig füllen und glatt streichen. Wieder in den Ofen schieben, diesmal auf die untere Schiene und nochmals 1 Stunde backen, bis der Belag fest und leicht gebräunt ist.

6 Kuchen kurz in der Form stehen lassen. Dann den Rand der Form abnehmen und ein feinmaschiges Kuchengitter auf den Käsekuchen legen, vorsichtig stürzen. (Das hilft gegen traurig eingesunkene Käsekuchenbeläge.) Auskühlen lassen, wieder wenden.

So viel Zeit muss sein: 45 Minuten
(+ 1 Stunde Backzeit)
Kalorien pro Stück: 370

Noch mehr Rezepte mit Käse (Seite)

Apfel-Lauch-Gratin mit Gorgonzola (34)
Apfel-Rucola-Salat (33)
Aprikosen-Quark-Auflauf (245)
Artischocken mit Vinaigrette und Parmesan (39)
Auberginen-Moussaka (44)
Avocado-Fisch-Salat im Wrap (49)
Bärlauch-Pesto (193)
Blumenkohlauflauf mit Schinken (67)
Börek (324)
Cannelloni mit Pilzfüllung (261)
Fenchelsalat mit Oliven (107)
Gefüllte Artischocken (41)
Gefüllte Zucchini (324)
Gefüllte Zwiebeln (329)
Gratinierte Wirsingspalten (187)
Gratinierter Chicorée (62)
Gratinierter Fenchel (109)
Griechischer Hackbraten (138)
Hühnerbeine (144)
Kalbsröllchen mit Spinat (152)
Kartoffelgratin (166)
Käse-Dressing (59)
Käsepaprikas (253)
Lachstramezzini (118)
Lasagne (135)
Lauchquiche (210)
Mangoldgratin (301)
Muscheln aus dem Ofen (223)
Nudelauflauf (235)
Nudelsalat (228)
Pesto (193)
Pizza mit Paprika und Artischocken (40)
Ravioli (233)
Ricotta-Nockerl mit Spinat (300)
Roggenbrot mit Pilzkaviar (259)
Rucola mit Käse und Nüssen (61)
Rucola mit Pilzen und Schinken (61)
Rucolasalat mit Avocado und Feta (47)
Rührei (93)
Spargelquiche (297)
Spinat-Pesto (193)
Tomatensuppe (312)
Tomatentarte (316)
Überbackene Polentaschnitten (137)
Zwiebelsuppe (328)

Kichererbsen

engl.: chickpeas; franz.: pois ciches; ital.: ceci;
span.: garbanzos; arab.: hommos

Wer hat nur dieser Hülsenfrucht diesen lächerlichen Namen gegeben? Und warum? Ist sie doch ein ernst zu nehmendes Grundnahrungsmittel, von dem man in vielen Regionen Asiens und Afrikas praktisch lebt. Dazu und deswegen ist sie eine seriöse Alleskönnerin, die gekocht, frittiert, geröstet, gebacken, püriert oder gemahlen in vielen Klassikern der Weltküche steckt. Was noch nicht die Namensfrage beantwortet. Doch dazu später mehr.

Wie alle Hülsenfrüchte machen Kichererbsen erstmal gut satt – dank ihrer Kohlenhydrate, geben dem Körper dazu viel wertvolles Eiweiß ähnlich wie Fleisch und Milchprodukte und tragen gerne kräftige Aromen, was sie auch bekömmlicher macht. Das schätzt man vor allem im Orient inklusive Indien und Mittelmeerraum. So stecken Kichererbsen in Hummus, Tahini, Falafel (Rezepte folgen) und in Panelle, Panisse, Panizza (alles so was wie frittierte Polenta-Schnitten), in den Eintöpfen Spaniens, Italiens und Nordafrikas und als Mehl im Ausbackteig für indische Pakora. Mit Kichererbsenmehl lässt sich auch ganz wunderbar Süßes backen, z.B. leckere Kuchenböden mit Nussaroma oder Schokokuchen – mit geröstetem Mehl unvergleichlich gut!

Zu Kichererbsen gehören kräftige Gewürze und Kräuter wie Kreuzkümmel, Koriander, Paprika, Knoblauch, Liebstöckel und Petersilie oder Zimt und Nelken. Was noch zur Kichererbse passt, sind kalte Tage, weil die weich gekochten Samen uns dann mit dicken Eintöpfen oder cremigen Pürees wärmen. Nicht zu vergessen die knackig-frischen Kichererbsen-Keimlinge: Sprossen kurz blanchieren und wie Gemüse essen oder kompakte Salate damit aufpeppen. Und in Anbauländern werden Kichererbsen sogar im grün-reifen Zustand roh gegessen.

In Reformhäusern, Naturkost- und Orientläden oder Supermärkten mit guter Auswahl gibt's oft die gelblich-beigen Kichererbsen (Kennern als »Kabuli-Typ« bekannt), angebaut rund ums Mittelmeer und in arabischen Ländern, Mittel- und Südamerika. Die dunklere, kleinere Sorte vom »Desi-Typ« kommt aus dem mittleren Asien, Australien, Süd- und Ostafrika. Weil Kichererbsen 1 Tag zum Einweichen und um die 1–1 1/2 Stunden zum Garen brauchen, sind sie eher nichts für spontane Kochideen. Außer, man findet in seiner Einkaufsquelle auch Dosen oder Gläser mit vorgekochten Kichererbsen – die werden nur noch abgebraust, heiß gemacht und nach Rezept weitergenutzt. Für Anti-Dosen-Dogmatiker ein Graus, für schnelle Rezeptkreative schon mal ein Gewinn – denn anders als anderes Konservengemüse schmecken Hülsenfrüchte aus der Dose gar nicht so schlecht.

Aufheben

Getrocknete Kichererbsen mögen's trocken, dunkel und luftdicht – dann können sie z.B. im Schraubglas 1–2 Jahre überdauern. Zwischendurch aber öfter belüften und prüfen, ob kein kleines Wurmloch in der Erbse steckt. Wer dabei genau auf die kleine Spitze der Erbse schaut, so dass die typische runde Kerbe darunter liegt, wird mit etwas Fantasie von einem Gesicht angelächelt. Angeblich fanden das Hamburger Kaufleute beim ersten Anblick so zum Kichern, dass sie der Hülsenfrucht besagten Namen verpassten. Vielleicht übersetzten sie aber auch nur den englischen oder französischen Namen (»chickpeas« bzw. »pois ciches«) schlampig.

Tahini-Dip
Gut drauf!

Für 4 als Imbiss:
1 Dose Kichererbsen (abgetropft 240 g)
100 g Tahin (Sesampaste, gibt's beim Türken oder Griechen)
Saft von 1 großen Zitrone
2 EL Olivenöl
Salz
1 Messerspitze bis 1 TL Harissa (scharfe Chilipaste, ersatzweise Sambal oelek)
einige Petersilienblättchen

1 Die Kichererbsen in ein Sieb geben, abbrausen und abtropfen lassen. Mit 50 ml Wasser mit dem Pürierstab cremig rühren. Tahin, Zitronensaft und Öl untermischen.

2 Dip mit Salz und Harissa abschmecken und in eine kleine Schüssel füllen. Mit den Petersilienblättchen dekorieren.

So viel Zeit muss sein: 10 Minuten
Das schmeckt dazu: aufgebackenes Fladenbrot, Gemüse, kaltes Huhn, Weintrauben
Kalorien pro Portion: 270

Kichererbsensalat
Macht satt und glücklich

Für 4–6 als Imbiss oder Beilage:
250 g getrocknete Kichererbsen
3–4 EL Weißweinessig
Salz, Pfeffer aus der Mühle
500 g Kirschtomaten
100 g schwarze Oliven
3 Zweige Thymian
1 Zweig Rosmarin
3–4 EL Sonnenblumenöl
1 EL Walnussöl

1 Die Kichererbsen mit kaltem Wasser bedeckt über Nacht einweichen. Am nächsten Tag im Einweichwasser oder mit frischem Wasser zugedeckt in 1–1 1/2 Stunden bei mittlerer Hitze gar, aber nicht zu weich kochen. Abtropfen lassen und sofort mit 2 EL Essig, Salz und Pfeffer vermischen. Abkühlen lassen.

2 Tomaten waschen und halbieren. Das Olivenfleisch von den Steinen schneiden. Kräuter abbrausen, trockenschütteln und die Blättchen und Nadeln fein schneiden.

3 Übrigen Essig mit Salz und Pfeffer verquirlen. Sonnenblumenöl und Walnussöl gründlich unterschlagen. Kichererbsen mit allen Zutaten und der Sauce mischen, etwa 1 Stunde durchziehen lassen. Vor dem Anrichten noch mal probieren, eventuell noch Salz, Pfeffer, Essig zugeben.

So viel Zeit muss sein: 25 Minuten (+ 12 Stunden Einweichzeit, 1–1 1/2 Stunden Garzeit und 1 Stunde Durchziehzeit)
Das schmeckt dazu: Fladenbrot
Kalorien pro Portion (bei 6): 235

TIPP:
So geht es schneller – statt getrockneter einfach 500 g gegarte Kichererbsen aus der Dose oder dem Glas nehmen.

Die Dosenkichererbse – das ist sie

• mit Garflüssigkeit in der Dose oder im Glas
• genauso vitaminreich wie die frisch gekochte
• immer im Vorrat

…und das mag sie

• sehr gut abgebraust werden, bevor man sie verwendet
• püriert als Aufstrich mit Zitronensaft, Kräutern und Schärfe auf dem Brot landen
• eine Suppe oder einen Eintopf anreichern
• zum Salat werden – mit frischem Gemüse, Zitronensaft und Öl

Falafel
So einfach, so gut

Für 4 zum Sattessen:
250 g getrocknete Kichererbsen
1 Zwiebel
1 Knoblauchzehe
1/2 Bund Petersilie
je 1/2 TL gemahlener Koriander, Kreuzkümmel und edelsüßes Paprikapulver
1 EL Zitronensaft, Salz
etwa 1 l Öl zum Frittieren
Für die Sauce:
1 EL Weintrauben (am besten blaue)
300 g Naturjoghurt
1 EL Zitronensaft
1 EL Tahin (Sesampaste), Salz
1 TL Harissa (scharfe Chilipaste, ersatzweise Sambal oelek)

1 Die Kichererbsen mit kaltem Wasser bedeckt über Nacht einweichen.

2 Am nächsten Tag Zwiebel und Knoblauch schälen und grob hacken. Petersilie abbrausen, trockenschütteln und die Bättchen abzupfen. Kichererbsen abtropfen lassen und mit den zerkleinerten Zutaten im Mixer so fein wie möglich pürieren. Mit den Gewürzen, Zitronensaft und Salz abschmecken und zu Bällchen (werden etwa 40 Stück) formen – mehr drücken als rollen.

3 Das Öl erhitzen. Die Bällchen darin bei mittlerer Hitze nach und nach jeweils 4–5 Minuten frittieren. Gut abtropfen und auf Küchenpapier abfetten lassen.

4 Für die Sauce die Trauben waschen und ganz klein schneiden, die Kerne dabei rauspulen. Den Joghurt mit Zitronensaft und Tahin verrühren, Trauben dazu und untermischen. Mit Salz und Harissa abschmecken. Falafel in die Sauce tunken.

So viel Zeit muss sein: 40 Minuten
(+ 12 Stunden Einweichzeit)
Kalorien pro Portion: 340

Hummus mit Tunfischsteaks
Vom östlichen Mittelmeer

Für 4 zum Sattessen:
Für den Hummus:
250 g getrocknete Kichererbsen
1 unbehandelte Zitrone
4 Knoblauchzehen
1 Bund Petersilie
5 TL Olivenöl, Salz
Für den Tunfisch:
1 unbehandelte Orange
1 Knoblauchzehe
200 ml trockener Sherry
4 Tunfischsteaks (jeweils 180 g)
2 EL Olivenöl
Salz, Pfeffer aus der Mühle

1 Für den Hummus die Kichererbsen mit kaltem Wasser bedeckt über Nacht einweichen. Am nächsten Tag im Einweichwasser oder mit frischem Wasser zugedeckt in 1–1 1/2 Stunden bei mittlerer Hitze gar, aber nicht zu weich kochen.

2 Wenn sie gar sind, in einem Sieb abtropfen lassen, die Garflüssigkeit vorsichtshalber noch aufheben. Die Zitrone heiß waschen und die Schale fein abreiben, den Saft auspressen. Knoblauch schälen, die Petersilie abbrausen, trockenschütteln und die Blättchen sehr fein hacken.

3 Kichererbsen mit Zitronensaft, Knoblauch, Petersilie und Öl mit dem Pürierstab zu einer glatten Paste pürieren, salzen. Wenn sie zu fest ist, mit 1–2 EL Kochflüssigkeit cremiger rühren.

4 Für den Fisch die Orange heiß waschen und die Schale fein abreiben, den Saft auspressen. Knoblauch schälen und sehr fein hacken. Mit Orangensaft und dem Sherry mischen und über die Fischsteaks gießen. 30 Minuten in den Kühlschrank stellen.

5 Die Tunfischsteaks trockentupfen. Öl in einer Pfanne erhitzen und die Steaks darin bei mittlerer Hitze von beiden Seiten je 2–3 Minuten braten. Mit der Marinade ablöschen, aus der Pfanne nehmen, salzen und pfeffern. Die Steaks mit dem Hummus schmecken lassen.

So viel Zeit muss sein: 30 Minuten
(+ 12 Stunden Einweichzeit, 1–1 1/2 Stunden Garzeit und 30 Minuten Marinierzeit)
Kalorien pro Portion: 695

Nudelsuppe mit Kichererbsen
Scharfes Doppel

Für 4 zum Sattessen:
1 Bund Petersilie, 1 Zwiebel
3 Stangen Staudensellerie
2 EL Olivenöl
1 l Gemüsebrühe
1 EL Tomatenmark
1/2–1 TL Harissa (scharfe Chilipaste, ersatzweise Sambal oelek)
je 1/2 TL gemahlener Koriander und Kreuzkümmel
1 Dose Kichererbsen (abgetropft 240 g)
150 g Reisnudeln (Nudeln, die wie Reiskörner aussehen)
1 EL Zitronensaft
Salz, Pfeffer aus der Mühle

1 Petersilie abbrausen, trockenschütteln und die Blättchen abzupfen, die Stängel fein hacken. Die Zwiebel schälen und fein hacken. Den Sellerie waschen, putzen und klein würfeln.

2 Das Olivenöl in einem großen Topf heiß werden lassen. Petersilienstängel, Zwiebel und Sellerie darin bei starker Hitze anbraten. Brühe mit Tomatenmark und Harissa dazurühren. Mit Koriander und Kreuzkümmel würzen, aufkochen.

3 Die Kichererbsen in ein Sieb geben, abbrausen und abtropfen lassen. Mit Nudeln in den Topf werfen, 8–10 Minuten bei mittlerer Hitze kochen lassen.

4 Die Petersilienblättchen fein hacken. Die Suppe mit Zitronensaft, Salz und Pfeffer abschmecken. Vor dem Servieren die Petersilie draufstreuen.

So viel Zeit muss sein: 35 Minuten
Das schmeckt dazu: aufgebackenes Fladenbrot – warm aus dem Ofen
Kalorien pro Portion: 520

Varianten:

Italienische Kichererbsensuppe
1/2 Kopf Endiviensalat putzen, waschen, trockenschleudern und in feine Streifen schneiden. 100 g rohen oder gekochten Schinken klein würfeln. 1 Zwiebel und 2 Knoblauchzehen schälen und sehr fein hacken. 1/4 Bund Thymian abbrausen, trockenschütteln und die Blättchen abstreifen. Knoblauch und Zwiebel in 2 EL Olivenöl andünsten. Schinken und Salat dazugeben, mit 1 l Gemüse- oder Fleischbrühe aufgießen. 10 Minuten bei mittlerer Hitze köcheln lassen. 1 Dose Kichererbsen (abgetropft 240 g) in einem Sieb abbrausen, abtropfen lassen und in der Suppe erhitzen. Mit Salz und Pfeffer abschmecken und mit frisch geriebenem Parmesan bestreut servieren.

Pasta mit Kichererbsen
4 Knoblauchzehen schälen, in feine Stifte schneiden und in 2 EL Olivenöl bei mittlerer Hitze andünsten. 1 getrocknete Chilischote zerkrümeln und 1 kleine Dose Tomaten (400 g Inhalt) zerkleinern, beides dazugeben. 15 Minuten köcheln lassen. 1 Dose Kichererbsen (abgetropft 240 g) in einem Sieb abbrausen und abtropfen lassen, untermischen. Gut heiß werden lassen. 1 Bund Petersilie abbrausen und trockenschütteln, die Blättchen fein hacken. 400 g kurze Nudeln (z. B. Penne oder Rigatoni) bissfest kochen, mit Kichererbsensugo und Petersilie mischen.

TIPP:
Dass Kichererbsen und Gemüse wunderbar harmonieren, glaubt jeder aufs Wort. Aber passen sie zu Fisch? Besonders mit Tintenfisch (diesen mit Knoblauch und Chili braten, dann mit den Kichererbsen weich garen) schmecken sie einfach göttlich. Ehrenwort!

Knoblauch

engl.: garlic; franz.: ail ital.: aglio; span.: ajo

Am Pazifik ist er so beliebt wie am Mittelmeer, er steht für Trend wie Tradition, passt zu Tomate und Tintenfisch – Knoblauch gibt das gewisse Etwas. Da ist's wohl eher Neid, dass er manchen stinkt.

Kaum eine Küche der Welt – ob abgehoben oder bodenständig – kommt ohne Knoblauch aus. Weil er ein einzigartiges Aroma liefert und nebenbei auch jede Menge Vitamine, Mineralstoffe und Spurenelemente. Was ihn so speziell und heilsam macht, ist ein stark schwefelhaltiges, ätherisches Öl namens Allicin. Das ist auch schuld daran, dass die alten Griechen ihn »stinkende Rose« nannten. Gegen die Knoblauchfahne ist kaum ein Kraut gewachsen. Denn die für sie verantwortlichen Schwefelverbindungen werden im Blut gelöst und über die Haut »ausgeatmet«. Zähneputzen nutzt da reichlich wenig, heiß duschen schon eher. Noch besser: Petersilienblättchen oder Gewürznelken kauen. Am besten: vorm ersten Date mit Personalchef, Traumfrau, Supermann auf Pesto und Aioli verzichten.

Für Knofel-Power Zehen durch die Presse drücken, in Scheibchen schneiden oder hacken. Für leichtes Aroma Zehen im Ganzen mitgaren und nachher rausfischen. Für einen Hauch Salatschüsseln, Pfannen oder knusprige Brote mit halbierter Knoblauchzehe einreiben. Oder die Methode französischer Gourmet-Köche übernehmen: Zehen zerbeißen und Speisen anhauchen. Nach Knoblauch- und Frühlingszwiebel schmeckt Schnittknoblauch bzw. Knolau, der wie platter Schnittlauch aussieht und nur kurz mitgaren sollte.

Knoblauch braucht Sonne und Hitze, Regen lässt ihn faulen. Deshalb wächst er gut in Südeuropa, Ägypten, Kalifornien. Früher ließ man ihn nach der Ernte zum Trocknen auf dem Feld liegen, mittlerweile sind die Knollen aber so begehrt, dass man ihn am liebsten gleich an die Geschäfte liefert. Kenner kaufen ihn von Juni–August, wenn er frisch aus Italien, Spanien oder Frankreich kommt. Der rosafarbene birgt feineres Aroma. Getrockneten Knoblauch bekommt man rund ums Jahr – in rosa und weiß.

Aufheben

Frischen Knoblauch maximal 2 Wochen im Kühlschrank-Gemüsefach lagern. Wärme lässt ihn sprießen. Auch die getrockneten Knollen möglichst kühl (aber nicht im Kühlschrank), dazu dunkel und luftig aufheben. Zöpfe nicht im Küchendunst aufhängen. Schnittknoblauch hält sich in feuchtem Tuch und Plastik im Kühlschrank 1–2 Tage.

Guter Knoblauch…

…ist erntefrisch elastisch mit prallen, saftigen Zehen, grünem Stiel und leicht feuchter, rosafarbener Haut ohne Flecken

…ist getrocknet fest und trocken, mit seidenpapierdünner weißer oder rosafarbener Hülle ohne Flecken oder Risse

Schlechter Knoblauch…

…ist alt und vertrocknet
…hat runzlige, weiche Zehen
…hat grüne Triebe

Spanische Mojo
Ob rot oder grün – immer richtig scharf

Für 4 dazu:
4 Knoblauchzehen
2–3 rote (oder grüne) Chilischoten
2 TL edelsüßes Paprikapulver (für grüne Mojo: weglassen!)
1/2 TL gemahlener Kreuzkümmel
1/2 TL getrockneter Oregano (für grüne Mojo: 2 EL gehackte Petersilie oder
1 EL gehacktes Koriandergrün)
3 EL Weißweinessig
3 EL Olivenöl
Salz, Pfeffer aus der Mühle

1 Den Knoblauch schälen und grob hacken. Die Chilischoten waschen, entstielen, entkernen und grob zerteilen.

2 Chilistücke mit Knoblauch und den anderen Zutaten im Mixer oder Blitzhacker oder mit dem Pürierstab fein zerkleinern.

3 Die Mojo eventuell mit ganz wenig Wasser verdünnen. Noch mal mit Salz und Pfeffer abschmecken.

So viel Zeit muss sein: 15 Minuten
Das schmeckt dazu: gebackene Kartoffeln, gegrilltes Fleisch, Gemüse – oder einfach eine Portion Reis, gemischt mit 2–3 Löffelchen Mojo, dazu frische Petersilie und angeröstete Pinienkerne
Kalorien pro Portion: 75

Gebackener Knoblauch
Macht Eindruck und kaum Arbeit

Für 4 zum Wein:
4 ganze Knoblauchknollen (am besten frische junge)
4 Zweige Thymian
1 getrocknete Chilischote
4 EL Olivenöl, Salz

1 Den Backofen auf 180 Grad vorheizen (auch schon jetzt: Umluft 160 Grad). Von den Knoblauchknollen oben so viel abschneiden, dass das Fleisch der Zehen zu sehen ist. Mit der Schnittfläche nach oben in eine hitzebeständige Form legen.

2 Thymian abbrausen, trockenschütteln und die Blättchen grob hacken – zusammen mit der Chilischote. Thymian und Chili mit dem Öl mischen, salzen und auf dem Knoblauch verteilen.

3 Den Knoblauch im Ofen (Mitte) etwa 40 Minuten backen, bis er weich und leicht braun ist. Jeder nimmt sich eine Knolle auf den Teller und kratzt das weiche Knoblauchfleisch mit dem Messer heraus.

So viel Zeit muss sein: 10 Minuten
(+ 40 Minuten Backzeit)
Das schmeckt dazu: geröstete Weißbrotscheiben (das Knoblauchfleisch darauf streichen, salzen, mit Olivenöl beträufeln)
Kalorien pro Portion: 230

Knoblauch in Honigmarinade
Zum Verschenken

Für 2 Gläser (jedes ungefähr 1/4 l Inhalt):
300 g Knoblauch (das sind ungefähr 3 ganze Knollen)
1/2 unbehandelte Zitrone
2 Zweige Rosmarin
1 rote Chilischote (muss nicht sein)
1 TL schwarze Pfefferkörner
1 TL Salz, 2 EL Honig
1/4 l trockener Weißwein (ersatzweise Wasser)

1 Einzelne Knoblauchzehen von der Knolle brechen und schälen. Zitronenhälfte heiß waschen und die Schale dünn abschneiden, den Saft auspressen. Rosmarin abbrausen, trockenschütteln und die Nadeln abzupfen. Chili waschen, entstielen, leicht andrücken.

2 Zitronenschale und -saft, Rosmarin, Chili, Pfeffer, Salz, Honig, Wein und 100 ml Wasser in einem Topf aufkochen lassen. Die Knoblauchzehen dazugeben und etwa 3 Minuten darin kochen lassen.

3 Den Knoblauch mit dem Sud in die gründlich gesäuberten Gläser füllen und gleich verschließen. 1 Woche durchziehen lassen. Hält sich mindestens 1/2 Jahr.

So viel Zeit muss sein: 30 Minuten
Das schmeckt dazu: andere Antipasti, Grillfleisch und -fisch oder Fondue
Kalorien pro Glas: 345

Gemüseplatte mit Aioli
Nix für Knoblauch-Muffel

Für 6–8 zum Sattessen:
Für die Aioli:
1 Stück Weißbrot ohne Rinde (ungefähr so groß wie eine mittelgroße Kartoffel)
60 ml Milch
4 Knoblauchzehen (oder mehr oder auch weniger)
1 ganz frisches Eigelb
175 ml Olivenöl
etwas Zitronensaft
Salz, Pfeffer aus der Mühle
Für die Gemüseplatte:
500 g Kartoffeln (fest kochende Sorte)
Salz, 3–4 Eier
500 g grüne Bohnen
2 kleine Knollen Fenchel
4 Möhren
1/2 kleiner Blumenkohl (oder Brokkoli)
2–3 EL Olivenöl
1 Staude Stangensellerie
1–2 Paprikaschoten (rot, grün oder gelb)
1 Bund Frühlingszwiebeln

1 Für die Aioli das Weißbrot erstmal für ein paar Minuten in der Milch einweichen. Dann gut ausdrücken und in eine Schüssel geben. Knoblauch schälen und durch die Presse dazudrücken. Eigelb auch dazu, alles zu einer glatten Masse verrühren. Nun das Öl nicht auf einmal, sondern zunächst tropfenweise, dann in einem dünnen Strahl einfließen lassen, dabei immer kräftig mit den Quirlen des Handrührgeräts rühren. Mit Zitronensaft, Salz und Pfeffer abschmecken.

2 Die Kartoffeln waschen, in einen Topf geben und knapp mit Wasser bedeckt aufkochen. 1 TL Salz dazugeben, zugedeckt bei mittlerer Hitze in 20–35 Minuten gar kochen. Eier mit kaltem Wasser aufsetzen, nach dem Aufkochen noch 7–8 Minuten köcheln lassen. Kalt abschrecken.

3 Bohnen waschen, die Enden knapp abschneiden – und falls sich dabei ein feiner Faden löst, diesen ganz abziehen. In einem Topf 2 l Salzwasser aufkochen, die Bohnen darin in 8–10 Minuten knackig garen. Dann gleich abgießen und kurz kalt abbrausen.

4 Die Fenchelknollen waschen, putzen und längs vierteln oder achteln. Möhren schälen und längs vierteln oder halbieren. Den Blumenkohl waschen, putzen und in die einzelnen Röschen teilen.

5 In einer großen beschichteten Pfanne das Olivenöl erhitzen. Fenchel, Möhren und Blumenkohl darin bei mittlerer Hitze 10–15 Minuten braten, dabei Deckel auflegen und das Gemüse öfter mal wenden (oder Gemüse in wenig Brühe dünsten).

6 Selleriestangen waschen und putzen. Paprikaschoten waschen, halbieren und die Kerne und Trennwände rauszupfen. Die Schoten in breite Streifen schneiden. Frühlingszwiebeln waschen, Wurzelbüschel und welke Teile wegschneiden, die Zwiebeln dann aber nicht kleiner schneiden.

7 Pellkartoffeln abgießen und schälen. Die Eier schälen und längs halbieren. Beides mit dem übrigen Gemüse zusammen dekorativ auf Platten verteilen. Aioli in kleine Schälchen füllen und auf dem Tisch so verteilen, dass jeder zum Dippen von Gemüse, Kartoffeln und Eiern hinlangen kann – denn dafür ist die Aioli da!

So viel Zeit muss sein: 1 1/4 Stunden
Das schmeckt dazu: knuspriges Baguette, frischer leichter Weißwein oder Rosé
Kalorien pro Portion (bei 8): 510

Schälen
Gerade wenn man viele Knoblauchzehen zu schälen hat, wie z.B. für den eingelegten Knoblauch auf Seite 181, dauert das seine Zeit. Die getrocknete Haut sitzt ziemlich fest an der Zehe. Mit einem simplen Trick geht es um einiges schneller: Die Zehen auf den Tisch legen und mit einer breiten Messerseite leicht draufdrücken. So geht die Haut gleich viel leichter ab.

Fisch in Knoblauchöl
Superschnell

Für 4 zum Sattessen:
3–4 Knoblauchzehen, 6 EL Olivenöl
800 g Fischfilet (z. B. Kabeljau, Rotbarsch oder Schwertfisch) oder auch geschälte rohe Garnelen
Salz, Pfeffer aus der Mühle
2 EL Mehl, einige Zitronenschnitze

1 Den Knoblauch schälen und vierteln, 1–2 Zehen in feine Streifen schneiden oder hacken. Das Öl in einer großen Pfanne warm werden lassen. Knoblauchviertel darin bei mittlerer Hitze etwa 5 Minuten braten. Sie sollen bräunen, dürfen aber nicht zu dunkel werden.

2 Inzwischen das Fischfilet oder die Garnelen mit Salz und Pfeffer bestreuen und im Mehl wenden. Mehl dazu in einen großen Teller häufeln, Fischfilet oder Garnelen darin wenden. Etwas Mehl bleibt dann an ihnen haften, und das reicht auch.

3 Knoblauchviertel aus dem Öl fischen. Jetzt kommen das Fischfilet oder die Garnelen rein, den klein geschnittenen Knoblauch drauf und pro Seite 1–2 Minuten braten. Fertig! Uups, die Zitronenschnitze nicht vergessen und noch dazulegen.

So viel Zeit muss sein: 15 Minuten
Das schmeckt dazu: Blattspinat, Weißbrot und ein kräftiger Weißwein oder ein leichter Roter
Kalorien pro Portion: 330

Noch mehr Rezepte mit Knoblauch (Seite)

Arista-Schweinebraten (290)
Börek (324) • Bruschetta (77)
Chicken-Wings (144) • Chili con carne (137)
Colombo (293) • Coq au vin (147)
Couscous mit Fleisch und Gemüse (84)
Currynudeln mit Kokosmilch (88)
Entencurry (88) • Fischsuppe (124)
Geschmorter Radicchio (62)
Griechischer Hackbraten (138)
Gurkensalat mit Frucht (131)
Hummus mit Tunfischsteaks (178)
Kalbsbraten (155)
Koteletts mit Tomatensauce (289)
Kürbis in Tamarindensauce (197)
Lammkeule aus dem Ofen (205)
Lammkoteletts (203) • Lammragout (202)
Laucheintopf mit Kartoffeln und Hack (210)
Marinierte Pilze (258)
Marinierter Mozzarella (171)
Muscheln aus dem Ofen (223)
Muscheln in Weißwein (224)
Ofenfisch mit Tomaten (122)
Ossobuco (153)
Pasta mit Kichererbsen (179)
Ratatouille (43)
Schweinefilet mit Senfkruste (291)
Spaghetti mit gerösteten Brotbröseln (78)
Spaghetti Vongole (225)
Spareribs (289) • Tandoori-Huhn (145)
Tintenfischragout (304)
Türkische Pizza (139) • Tzatziki (132)

Kohl

auch Kraut; engl.: cabbage; franz.: chou;
ital.: cavolo; span.: col

Freiheit für den Kohl! Lasst ihn nicht in Fett ersticken, holt in raus aus großen Töpfen, in denen er viel zu heiß, viel zu lange kocht, um schließlich grau, kohlig und weich zu verenden. Das hat er nicht verdient und wir auch nicht. Weswegen wir ihn lieber mit Liebe kochen: heftig aber kurz, damit er knackig bleibt. Oder ruhig, sanft und lange (dann ist das okay), damit er zart und süß auf der Zunge zergeht. So schmeckt er nicht kohlig, sondern wie Kohl: oft leicht nach Senf und Zitrone mit seiner ihm eigenen Würze.

Wobei: Kohl ist nicht gleich Kohl. Nicht nur dass es viele Sorten gibt, sie unterscheiden sich auch deutlich je nach Erntezeit. Er ist nämlich längst nicht nur Wintergemüse. Was im Frühling auf den Markt kommt, lohnt sich oft ganz besonders. Ob Spitzkohl, Frühwirsing oder der erste grüne Kohlrabi: klein schneiden und nur einige Minuten dünsten, dann gibt's das ganze Kohlaroma auf der Zunge und keinen Kohlgeruch im Haus.

Der Kohl ist immer für eine Füllung gut: Entweder als Roulade aus blanchierten Blättern von Weiß-, Rot- oder Wirsingkohl oder als ausgehöhlter Kohlrabi für feines Innenleben. Was drin steckt, bestimmt der Tagesgeschmack. Hack ist klassisch, Nüsse sind ein guter Begleiter, Lachsstückchen passen zu hellen Kohlsorten, Fleischstücke eher zu dunklen. Auch jeden Versuch wert: Kohlrabi, Weiß- und Rotkohl sowie Pak Choi als Salat zubereiten. Schmeckt frisch und kräftig. Wichtig sind die passenden Zutaten: Leicht sauer dürfen sie sein wie Orangen, Grapefruits, knackige Äpfel, etwas Zitronensaft oder milder Fruchtessig. Dazu dann Kümmel, Koriander, Muskat (vor allem zu Kohlrabi), Petersilie, Kresse, Senf oder Meerrettich.

Kohlrabi aus dem Freiland sind wie der späte Weiß-, Rot- oder Wirsingkohl fester und würziger. Sie müssen länger garen – genau richtig für Suppen und Eintöpfe, kalte Abende und große Runden. Ihre feine Seite zeigen sie als Beilagen: klein geschnitten, sanft geköchelt, mild gewürzt. Rotkohl etwa mit Johannisbeergelee, Rotwein und Nelkenpulver, Wirsing mit Pilzen und Parmesan, Rosenkohl mit Speck, Rahm und Muskat.

Gut ist, wenn…

…Blattkohl feste, ganze Außenblätter hat, die beim Biegen brechen
…Kohlrabi, Weiß- und Rotkohl sowie manche Wirsingsorten wie gewachst aussehen – das ist natürlich

Schlecht ist, wenn…

…Blattkohl ledrige, lappige, gerissene Außenblätter hat
…er dunkle, feuchte Stellen auf der Oberfläche und schwarze Flecken im Inneren hat
…er leicht faulig riecht
…er vorgeputzt und damit überaltert ist
…Kohlrabi welkes oder kein Grün hat und seine Schale verholzt oder geplatzt ist

Die Typen

Weißkohl (1) ist im Frühjahr zart und mild, im Sommer würziger und fester und im Spätherbst am größten mit den dicksten Blättern. Einige Sorten trotzen gar dem Frost, womit die Versorgung fürs ganze Jahr gesichert ist. Je zarter der Kohl, desto kürzer die Lagerzeit: bei Spitz- und Frühkohl rund 10 Tage, bei Herbstkohl mindestens 2 Monate. In Salz eingelegt, wird aus Kohl Sauerkraut für die Ewigkeit. Idealer Ort für Sauerkraut wie Kohlköpfe ist der dunkle, kühle Keller. Angeschnittene Köpfe kommen in ein angefeuchtetes Tuch gewickelt ins Kühlschrank-Gemüsefach.

Rotkohl (2) heißt in manchen Gegenden auch Blaukraut – weil er da ohne Säure zubereitet wird und deswegen »blau kocht«. Sorten und Erntezeiten: siehe Weißkohl.

Wirsing (3) macht es nicht anders als Rot- und Weißkohl: verschiedene Sorten gibt's fast das ganze Jahr über. Da die Blätter locker übereinander liegen, halten sich seine frühe Sorten nur einige Tage im Kühlschrank, spätere (da robuster) 3 Wochen im kühlen Keller.

Rosenkohl (4) kommt meist ab September auf den Markt, oft aus Frankreich, England und den Niederlanden. Er schmeckt am besten nach dem ersten Frost. Dann hat er mehr Zucker gebildet und ist zarter. Nach 3 Tagen Kühlschrank wird er welk. Also lieber vorher essen. Oder auch blanchieren und bis zu 9 Monaten einfrieren.

Würzig-süßer **Kohlrabi** (5) mit fester grüner oder violetter Schale kommt von Juni–Oktober aus dem Freiland, das Jahr über zu zart und meist hellgrün aus dem Gewächshaus; kleinere Exemplare einer Sorte sind zarter. Im Gemüsefach hält Treibhaus-Kohlrabi etwa 1 Woche, der vom Freiland bis zu 3 Wochen.

Pak Choi (6), nach Chinakohl (Seite 57) das bekannteste chinesische Kohlgemüse, wird bis in den späten Herbst meist aus Holland geliefert und nicht nur in Asia-Läden verkauft. Er schmeckt als Salat oder kurz gegart als Gemüse. Pak Choi hält sich im Kühlschrank 1–2 Wochen.

Rotkohlsalat mit Trauben
Ganz schön lecker

Für 4 zum Sattessen oder
für 8 als Beilage:
1 kleiner Rotkohl (600 g)
1 unbehandelte Orange
5 EL Himbeer- oder Rotweinessig
Salz, Pfeffer aus der Mühle
4 EL Traubenkernöl
2 EL Walnussöl
50 g Walnusskerne
200 g blaue Weintrauben

1 Vom Rotkohl äußere Blätter ablösen, den Kopf durch den Strunk vierteln und jeweils den Strunk abschneiden. Die Viertel in feine Streifen schneiden. Orange heiß waschen, von der Schale 1/2 TL abreiben. Dann die Orange schälen und filetieren, den austretenden Saft dabei auffangen.

2 Orangensaft und -schale, Essig, Salz, Pfeffer und beide Öle gründlich verschlagen. Rotkohl und Orangenfilets mit der Sauce mischen, zudecken und für 30 Minuten in den Kühlschrank stellen.

3 In der Zwischenzeit Walnüsse hacken. Trauben waschen, halbieren, entkernen. Walnüsse und Trauben unter den Rotkohl mischen. Abschmecken. Fertig!

So viel Zeit muss sein: 50 Minuten
Das schmeckt dazu: Baguette
Kalorien pro Portion: 220

Chinesische Krautröllchen
Kann man bis zu 3 Tage vorher machen

Für 4 als Vorspeise oder Beilage:
1 Weißkohl (man braucht ihn aber nicht ganz), Salz
1 rote Paprikaschote
1 Bund Frühlingszwiebeln
2 rote Chilischoten
1 Stück frischer Ingwer (etwa 2 cm)
3 EL Öl, 2 EL Zucker, 4 EL Reisessig

1 Vom Kohl äußere Blätter ablösen und den Strunk trichterförmig rausschneiden. In einem großen Topf reichlich Salzwasser zum Kochen bringen. Kohl darin ungefähr 8 Minuten garen. Abschrecken, abtropfen lassen und 12 große Blätter vorsichtig ablösen, davon 8 Blätter halbieren.

2 Paprikaschote und Frühlingszwiebeln waschen, putzen und in feine Streifen schneiden. Und die 4 ganzen Kohlblätter auch, mit den Paprika- und Zwiebelstreifen mischen. Die halbierten Kohlblätter auf dem Brett ausbreiten, mit ein paar Gemüsestreifen belegen, Seiten einklappen und fest aufrollen, Röllchen in eine Schale legen.

3 Chilischoten waschen, entstielen und in dünne Ringe schneiden. Ingwer schälen und in feine Streifen schneiden. Beides mit 100 ml Wasser, Öl, Zucker, Salz und Reisessig aufkochen. Über die Röllchen gießen, abdecken, 1–3 Tage marinieren.

So viel Zeit muss sein: 25 Minuten
(+ bis 3 Tage Marinierzeit)
Kalorien pro Portion: 135

Kohlköpfe putzen
- Das muss immer gemacht werden: äußere Blätter ablösen.
- Will man den Kohl im Ganzen garen, mit einem scharfen Messer den Strunk wie einen Trichter aus dem Kohlkopf rausschneiden.
- Soll der Kohl klein geschnitten werden, den Kopf durch den Strunk vierteln und den Strunk jeweils davon abschneiden.

Kohlrabi putzen
- Die Blätter abschneiden, zarte Blätter aufheben, die restlichen wegwerfen.
- Den Kohlrabi schälen – am härteren Stielansatz etwas mehr als am feineren oberen Ende. Man spürt beim Schneiden, welche Stellen holzig sind und weg sollten.

Kohlrabi-Möhren-Rohkost
Streifchenweise

Für 4 als Vorspeise oder Beilage:
2 EL Rosinen, 2 EL Kürbiskerne
2 zarte Kohlrabi, 2 Möhren
3 Frühlingszwiebeln
4 EL Weißweinessig, 1 TL Honig
Salz, Pfeffer aus der Mühle
4 EL Sonnenblumenöl
2 EL Kürbiskernöl (Sonnenblumenöl geht auch)
1 Bund Rucola

1 Rosinen in etwas heißem Wasser einweichen. Kürbiskerne grob hacken. Gemüse putzen oder schälen, zarte Kohlrabiblättchen nicht wegwerfen! Kohlrabi und Möhren rapseln oder in feine Stifte schneiden. Die Frühlingszwiebeln schräg in dünne Ringe schneiden. Gemüse mischen.

2 Den Essig mit Honig verquirlen, salzen und pfeffern, das Öl drunterschlagen. Die Vinaigrette über die Rohkost gießen. Die Rosinen gut abtropfen lassen, mit Kürbiskernen dazugeben, alles vermischen.

3 Vom Rucola welke Blätter aussortieren, dicke Stiele abknipsen. Blätter waschen, trockenschleudern und auf großen Tellern ausbreiten. Die Rohkost-Mischung und die Kohlrabiblättchen darauf verteilen.

So viel Zeit muss sein: 25 Minuten
Kalorien pro Portion: 230

Wirsing-rouladen
Krautwickel all' italiana

Für 4 zum Sattessen:
Salz, 8 schöne Wirsingblätter
2 Zwiebeln, 1 Knoblauchzehe
3 EL Olivenöl, 400 g Schweinemett
50 g frisch geriebener Parmesan
4 in Öl eingelegte Sardellenfilets
10 entsteinte schwarze oder grüne Oliven
Pfeffer aus der Mühle
1 große Dose Tomaten (800 g Inhalt)
2 EL Tomatenmark
2 EL Aceto balsamico

1 In einem breiten Topf 1 l Salzwasser zum Kochen bringen. Darin die Wirsingblätter ungefähr 8 Minuten kochen lassen. Vorsichtig mit der Schaumkelle herausheben, abschrecken und abtropfen lassen.

2 Zwiebeln und Knoblauch schälen, fein hacken. 1 EL Öl in einer Pfanne heiß werden lassen, Zwiebeln und Knoblauch bei mittlerer Hitze andünsten. Abkühlen lassen. Mit dem Mett und dem Parmesan mischen. Sardellenfilets und Oliven fein hacken und gut unterkneten. Übriges Öl dazu, pfeffern und nur leicht salzen.

3 Tomaten samt Saft in einen Topf schütten, klein schneiden und erhitzen, Tomatenmark einrühren. Offen bei mittlerer Hitze etwas einköcheln lassen. Mit Salz, Pfeffer und Balsamico abschmecken.

4 Wirsingblätter auf die Arbeitsfläche legen und die Rippen flacher schneiden. Die Füllung in 8 längliche Portionen teilen und auf die Blätter legen, seitliche Ränder einschlagen, aufrollen. Mit Küchengarn festbinden. In die Tomatensauce setzen und die Rouladen darin zugedeckt 30 Minuten bei schwacher Hitze schmoren lassen.

So viel Zeit muss sein: 45 Minuten
(+30 Minuten Schmorzeit)
Das schmeckt dazu: knuspriges Weißbrot oder Risotto
Kalorien pro Portion: 450

Variante:

Gratinierte Wirsingspalten

1 Wirsing (etwa 800 g) putzen, der Länge nach achteln, den Strunk wegschneiden. In Salzwasser 7 Minuten kochen. Abgießen, etwas Sud auffangen, Wirsing abschrecken und abtropfen lassen. 200 g Steinpilze oder Egerlinge putzen und in Scheiben schneiden. 2 Schalotten schälen, würfeln und in 1 EL Butter andünsten. Pilze 2–3 Minuten mitbraten. Mit Salz, Pfeffer und 2 TL Thymianblättchen würzen. Wirsing nebeneinander in eine hitzebeständige Form setzen, Pilze darauf verteilen. 100 Hartkäse (z. B. Greyerzer oder Emmentaler) grob raspeln und mit 3 EL Semmelbröseln mischen, darüber streuen. Mit 1 EL Butterflöckchen belegen. Im 200 Grad heißen Ofen (Mitte, Umluft 180) 15–20 Minuten backen.

Rotkohl, Rotkraut, Blaukraut
Unentbehrlich

Für 4 als Beilage:
1 kleinerer Rotkohl (etwa 750 g)
1 große Zwiebel
2 säuerliche Äpfel oder Quitten
2 EL Butter, 1 EL Zucker
4 EL Rotweinessig
1/8 l Rotwein (ersatzweise Wasser)
2 Lorbeerblätter
2 Gewürznelken
2 Wacholderbeeren
Salz, Pfeffer aus der Mühle
2 EL Johannisbeer- oder Quittengelee

1 Vom Rotkohl äußere Blätter ablösen, den Kopf durch den Strunk vierteln und jeweils den Strunk abschneiden. Die Viertel quer in feine Streifen schneiden. Zwiebel schälen und klein würfeln. Die Äpfel oder Quitten waschen, vierteln, schälen, entkernen und in Schnitze schneiden.

2 Butter in einem großen Topf zerlassen, Zucker reinstreuen und bei starker Hitze schmelzen lassen. Zwiebel, Äpfel oder Quitten und Kohlstreifen dazurühren. Kräftig durchmischen. Essig, der hilft die Farbe vom Kohl zu erhalten, Wein und 1/4 l Wasser dazugießen, Lorbeerblätter, Nelken und Wacholderbeeren untermischen. Den Kohl salzen und pfeffern.

3 Die Hitze auf mittlere Stufe schalten, Deckel drauf. Kohl ungefähr 45 Minuten schmoren. Immer mal wieder den Deckel abheben und den Kohl gut durchrühren. Wenn es nötig wird, noch etwas Wasser dazugeben. Wenn der Kohl weich ist, das Gelee untermischen und den Kohl abschmecken. Vielleicht kann er noch ein bisschen Essig vertragen.

So viel Zeit muss sein: 30 Minuten
(+ 45 Minuten Schmorzeit)
Das schmeckt dazu: Gänsebraten, bayerischer Schweinsbraten, Schupfnudeln oder Kartoffelschmarrn
Kalorien pro Portion: 170

Basic Tipp

Großmutters Wissen ist sehr oft kein Schnee von gestern. Dass Blaukraut aufgewärmt noch mal so gut schmeckt, gehört zu den Dingen, die wir ihr unbedingt glauben sollten. Weil es einfach stimmt! Und deshalb auch gleich mehr machen und einen Teil vom Kraut einfrieren.

Feines Sauerkraut
Nicht nur zu Bratwurst

Für 4 als üppige Beilage:
2 Schalotten, 2 Knoblauchzehen
2 säuerliche Äpfel, 2 EL Butter
750 g Sauerkraut
400 ml trockener Cidre (ersatzweise Gemüsebrühe und Apfelsaft gemischt)
2 Wacholderbeeren
Salz, Pfeffer aus der Mühle
1 TL edelsüßes Paprikapulver
1 TL Zucker, 3 EL Crème fraîche

1 Schalotten und Knoblauch schälen und fein hacken. Die Äpfel vierteln, schälen, entkernen und klein würfeln.

2 Butter im Topf zerlassen. Vorbereitete Zutaten darin bei mittlerer Hitze anbraten. Sauerkraut zerpflücken und untermischen. Cidre und Wacholderbeeren dazugeben. Mit Salz, Pfeffer, Paprika, Zucker würzen. Deckel drauf, Hitze klein stellen und das Kraut etwa 1 Stunde schmoren lassen. Dabei immer mal durchrühren und noch etwas Flüssigkeit nachgießen, falls es nötig wird. Zum Schluss Crème fraîche untermischen, abschmecken und in eine Schüssel füllen.

So viel Zeit muss sein: 15 Minuten
(+ 1 Stunde Schmorzeit)
Das schmeckt dazu: gebratene Entenbrust, Bratwürste, Fischfilets wie Lachs oder Waller, Schupfnudeln oder Kartoffelpuffer
Kalorien pro Portion: 190

Rosenkohlsuppe
Herbstlich

Für 4 zum Sattessen:
500 g Rosenkohl
1 Zwiebel
1 große Kartoffel (mehlig kochende Sorte)
1 EL Butter
1 l Fleischbrühe
80 g durchwachsener Speck in dünnen Scheiben
1 Bund Schnittlauch
100 g Crème fraîche
Salz, Pfeffer aus der Mühle
frisch geriebene Muskatnuss

1 Rosenkohl waschen und welke Blätter abzupfen, Strunkansatz abschneiden. Den Rosenkohl durch den Strunk vierteln. Die Zwiebel schälen und fein hacken. Kartoffel schälen, waschen und klein würfeln.

2 Die Butter im Suppentopf zerlassen, Zwiebel darin bei starker Hitze andünsten. Kartoffel und Rosenkohl kurz mitbraten. Die Brühe dazuschütten und aufkochen lassen. Die Hitze auf mittlere Stufe schalten, den Deckel drauf, Suppe 20 Minuten garen, bis der Kohl weich ist.

3 Kurz vorher schon mal den Speck in feine Streifen schneiden. Eine Pfanne heiß werden lassen, den Speck hineinlegen und bei mittlerer bis starker Hitze braten, bis er schön knusprig ist. Den Schnittlauch abbrausen, trockenschütteln und in feine Röllchen schneiden.

4 Die Suppe im Topf mit dem Stabmixer pürieren, Crème fraîche unterrühren. Die Suppe mit Salz, Pfeffer und Muskat würzen. In Teller schöpfen. Auf jede Portion ein paar Speckstreifen und Schnittlauch legen.

So viel Zeit muss sein: 35 Minuten
Das schmeckt dazu: dunkles Bauernbrot oder Brezen
Kalorien pro Portion: 690

Noch mehr Rezepte mit Kohl (Seite)

Chinesische Hühnerbrühe mit Gemüse und Pilzen (143)
Couscous-Eintopf mit Erdnüssen (84)
Gado Gado (238)
Gemüse und Tofu in Kokosmilch (309)
Muschelsuppe mit Curry (223)
Reispapierröllchen (307)

Kräuter

engl.: herbs; franz.: herbes; ital.: erbe; span.: yerbas

Haben Kräuter magische Kräfte? Druiden glaubten fest daran. Alte Geschichten? Nehmen wir das Ende eines grauen, anstrengenden, sehr heutigen Tages: Schnell geht's noch zum Einkaufen, ganz unten auf dem Zettel steht »Grün«. Also zum Griechen, Basilikum geschnappt und dann noch… Aah, dieser Duft. Wie an einem supersonnigen Morgen in der Ägäis. Möwen kreischen, das Meer leckt ans Ufer, irgendwo schlägt träge ein Segel gegen den Mast. Und das mitten auf einem Großstadtbürgersteig. Logisch? Oder doch eher ein bisschen magisch?

Frische Kräuter haben bis heute eine faszinierende Wirkung auf uns, obwohl sie doch neben all den Kostbarkeiten der Hochleistungsküche und Kunststücken der Lebensmittelindustrie einen eher unscheinbaren Eindruck machen. Gerade das ist ihr Geheimnis. Denn sie bringen in die seelenloseste Einbauküche wieder ein Stück Natur und Ursprünglichkeit – wenn sie gut sind.

Und so ist für viele Genießer ein Butterbrot mit Schnittlauch frisch von der Fensterbank mehr wert als das Gänseleber-Canapé. Mit ihrem frischen, vielfältigen Aroma und ihrem erstaunlichen Einfluss auf Geschmack und Bekömmlichkeit eines Gerichts sind Kräuter eine belebende Würze im Alltag.

Gute Kräuter…

…sind grün, frisch, kraftvoll (am besten Freiland) mit festem Stängel und Blatt
…duften betörend, erst recht beim Zerkleinern
…schmecken wie sie duften, und das lange

Schlechte Kräuter…

…sind gelb, welk und dürr
…sind hochgedüngt (oft die im Supermarkttöpfchen)
…riechen und schmecken nach Gras, und das lange

Wie machen die das nur mit ihren paar Blättchen? Es sind vor allem die ätherischen Öle, die Kräutern neben den Scharf- und Bitterstoffen ihre Note geben. Diese sind wie im Parfüm sehr komplex in der Zusammensetzung, und wie Parfüm haben sie die Eigenart, auf jedem »Körper« anders zu wirken. So besitzt jedes Kraut seine ganz typische Geschmacksbalance, die bei richtiger Zubereitung optimal auf Zutaten und Gericht übergeht. So wie Basilikum auf Tomaten mit Olivenöl, wie Petersilie auf Butterkartoffeln, wie Rosmarin auf gebratenem Speck. Und manchmal stehen sie einfach für sich – wie in Pesto, Grüner Sauce oder Kerbelsuppe. Immer aber regen ihre Wirkstoffe die Verdauung an und reinigen nebenbei den Körper gleich mit. Magisch.

Aufheben

Vor allem zarte Kräuter verlieren schnell ihre Wirkung. Wer selber ernten kann, tut's kurz vor dem Kochen. Ansonsten behalten Kräuter – möglichst luftdicht und locker in Folie, Tüte oder Box gepackt – im Gemüsefach des Kühlschranks 2–3 Tage ihr Aroma. Selber Einfrieren: Blätter ganz frisch lose tiefkühlen, dann luftdicht verpacken und zurück in den Froster geben.

Die Typen

Kräuter lassen sich in zwei große Gruppen teilen: **Salatkräuter** wie die Petersilie mit zarten, roh leckeren Blättern, die schnell und intensiv wirken, aber Hitze nicht lange vertragen. Und **Kochkräuter** wie Thymian, deren festere Blätter erst in der Hitze ihr Aroma entfalten und einige Zeit halten. Bei beiden Gruppen gibt es Kräuter, die eher feines Aroma verleihen und solche, die fast schon Gewürz sind. Und manche stehen schon mit dem ersten Duft für eine bestimmte Regional- bis Nationalküche.

Die Standards: Petersilie (1) und Schnittlauch (2) kann man in jedem Laden und Kräutergarten finden, und für jeden Menügang gibt es ein Rezept mit ihnen: grüne Salate, klare Suppen, Gemüse in Butter oder Olivenöl, aromatische Saucen zu Fisch und Fleisch. Der Dill als Dritter im Standard-Kräuterbund wurde inzwischen vom Basilikum (3) verdrängt – perfekter Partner zu zart Mediterranem. Für längeres, würziges Garen nach deftiger, französischer wie Mittelmeer-Art sind Thymian (4) und Lorbeer (5) Standard. Schmorgerichte und auch Eintöpfe profitieren besonders davon.

Die Speziellen: Kommen Estragon (6), Kerbel (7) oder Dill (8) an ein kaltes oder zum Schluss an ein warmes Gericht (besonders mit Fisch, hellem Fleisch, Ei, Rahm), schmeckt das wunderbar und meistens edel. Mag trotzdem nicht jeder. Schnittknoblauch (9) und Kresse (10) bringen die würzig-wilde Spezialnote ins Essen, die Bodenständigem wie Nudeln, Kartoffeln oder Brot neuen Schwung gibt.

Die Aromatischen: Was Basilikum und Petersilie noch dezent andeuten, wird durch Oregano (11), Rosmarin (12) und Salbei (13) so richtig eindeutig – gutes Essen schmeckt nach Mittelmeer. Wie z. B. gedünstete Ratatouille, gegrillter Fisch oder in Rotwein geschmortes Fleisch mit diesen Kräutern. Wer's lieber exotischer will, streut Koriandergrün (14) in den Wok oder den mexikanischen Eintopf (Einsteiger aufpassen – schmeckt ungewohnt) oder peppt Salate, Suppen, Saucen mit Minze (15) auf – je nach Kombination geht es dann in Richtung Thailand, Orient oder Mittelamerika.

Grüne Sauce
Fast wie in Hessen

Für 4–6 dazu:
1 Bund Schnittlauch
1/2 Bund Petersilie
1 Hand voll Kerbel
2–3 Stängel Borretsch
4 Sauerampferblätter
5 Stängel Pimpinelle
5 Stängel Zitronenmelisse
2 hart gekochte Eier
200 g Crème fraîche
350 g Dickmilch, 50 g Mayonnaise
1 TL mittelscharfer Senf
etwas Worcestersauce
Salz, Pfeffer aus der Mühle

1 Alle Kräuter abbrausen und trockenschütteln, harte Stängel wegschneiden. Die Kräuter mit einem großen Messer auf einem großen Brett fein hacken. Nicht im Mixer zerkleinern, denn dann schmeckt's bitter.

2 Eier schälen und klein würfeln. Mit den Kräutern und übrigen Zutaten mischen, abschmecken, 1 Stunde durchziehen lassen.

So viel Zeit muss sein: 30 Minuten
(+ 1 Stunde Durchziehzeit)
Das schmeckt dazu: Salzkartoffeln, Pellkartoffeln, gekochtes Rindfleisch, Fisch
Kalorien pro Portion (bei 6): 255

Variante:

Salsa Verde – Italiens grüne Sauce

Die 2 hart gekochten Eier sind auch hier richtig – außerdem 1 Hand voll Kräuter, am besten glatte Petersilie. Damit's nach Sonne und Süden schmeckt, kommen noch 5–6 in Öl eingelegte Sardellenfilets, 2 geschälte Knoblauchzehen, 3–4 EL Kapern und mindestens 5 EL Olivenöl dazu. Zuerst nur das Eigelb mit Petersilie, Sardellen, Knoblauch, Öl und Kapern im Mixer pürieren. Dann mit 1–2 EL Weißweinessig, Salz und Pfeffer abschmecken. Eiweiß fein hacken und untermischen. Schmeckt toll zu gebratenem Fisch, Garnelen und Mittelmeer-Gemüse.

Pesto
Vorrat anlegen!

Für 8 oder 2-mal für 4 zum Sattessen:
4 Bund Basilikum
2 Knoblauchzehen
100 g Pinienkerne
100 ml bestes Olivenöl
50 g frisch geriebener Parmesan
Salz, Pfeffer aus der Mühle
1 kg oder 2-mal 500 g Nudeln (Linguine, Trenette und alle anderen langen und nicht zu breiten Nudelsorten)

1 Das Basilikum nicht waschen, sondern die Blättchen nur von den Stängeln zupfen. Wenn die Blättchen nicht ganz sauber sind, mit einem Stück Küchenpapier abreiben. Den Knoblauch schälen.

2 Wer jetzt Zeit hat und tapfer ist, holt den Mörser aus dem Schrank und zerstampft Basilikum, Knoblauch und Pinienkerne darin. Alle anderen holen Mixer oder Pürierstab raus: Basilikum, Knoblauch und Pinienkerne rein und bei mittlerer Stufe fein zerkleinern.

3 Dann nach und nach das Öl einfließen lassen und unterrühren. Den Käse druntermischen, salzen und pfeffern. Fertig!

4 Zwischendurch die Nudeln nach Packungsaufschrift al dente kochen. In jedem Essteller 2 TL Pesto mit 1 EL Kochwasser verrühren. Nudeln abgießen, dazumischen und ganz schnell essen.

So viel Zeit muss sein: 15 Minuten (mit Mixer oder Pürierstab)
Kalorien pro Portion: 640

TIPP:
Es gibt Leute, die meinen, Pesto schmeckt nur, wenn man es wie ein echter Italiener in mühevoller Kleinarbeit im Mörser zerstampft. Wir überlassen die Kleinarbeit Mixer oder Pürierstab und sind genauso zufrieden. Probiert's doch einfach aus.

Varianten:

Bärlauch-Pesto
100 g Bärlauch abbrausen, trockenschütteln und grob zerkleinern. Mit 50 g Pinienkernen oder gehäuteten Mandeln und 7 EL Olivenöl im Mixer fein pürieren. 2 EL frisch geriebenen Parmesan untermischen, mit Salz abschmecken.

Spinat-Pesto
150 g jungen Blattspinat und 1 Bund Rucola verlesen, waschen und trockenschleudern, dicke Stiele abknipsen. Mit 1 geschälten Knoblauchzehe, 50 g Pinien- oder Sonnenblumenkernen und 50 ml Olivenöl im Mixer pürieren. 50 g frisch geriebenen Parmesan dazu, mit Salz, Pfeffer und 1–2 TL Aceto balsamico abschmecken.

Kräuter-Relish
Sommerlich würzig

Für 4 dazu:
2 Bund Petersilie
1 Bund Rucola
1 Bund Minze
1 Bund Frühlingszwiebeln
2 Nektarinen
4–5 EL Zitronensaft
Salz, Pfeffer aus der Mühle
4 EL Olivenöl
2 TL Kapern

1 Kräuter abbrausen, trockenschütteln und dicke Stängel abzwicken. Die Blättchen nicht zu fein hacken. Von den Frühlingszwiebeln die Wurzelbüschel abschneiden und die welken Teile auch. Zwiebeln waschen und in dünne Ringe schneiden.

2 Die Nektarinen waschen, halbieren, entsteinen und klein würfeln. Zitronensaft, Salz, Pfeffer und Öl verrühren. Nektarinen, Kräuter, Zwiebeln und Kapern untermischen.

So viel Zeit muss sein: 35 Minuten
Das schmeckt dazu: geröstetes Fladenbrot oder Toastbrot, Tomaten oder Gurken
Kalorien pro Portion: 145

Schnittlauchsauce
Zu gekochten Eiern, Gemüse und Tafelspitz

Für 6 dazu:
2 Eier
2 altbackene Brötchen (vom Vortag)
etwa 1/8 l Fleischbrühe (am besten gleich die vom Tafelspitz auf Seite 272)
80 ml Öl
1–2 EL Weißweinessig
2 Bund Schnittlauch
Salz, Pfeffer aus der Mühle

1 Eier mit kaltem Wasser aufsetzen und nach dem Aufkochen noch 7–8 Minuten köcheln lassen. Abschrecken und abkühlen lassen. Die Brötchen grob würfeln, mit der Brühe mischen und weich werden lassen.

2 Eier schälen, das Weiße ablösen und bei einer anderen Gelegenheit verwenden (schmeckt z. B. in kleinen Würfeln in der Salatsauce von Seite 59). Die Eigelbe mit Brötchen, Öl, Essig und eventuell noch etwas Brühe im Mixer fein pürieren.

3 Den Schnittlauch abbrausen, trockenschütteln, in feine Röllchen schneiden und unter die Sauce rühren. Mit Salz und Pfeffer abschmecken.

So viel Zeit muss sein: 20 Minuten
Das schmeckt dazu: Tafelspitz oder anderes gekochtes Fleisch
Kalorien pro Portion: 180

Kräuterquark
So richtig schön sahnig

Für 4 als Beilage oder für 2 mit Kartoffeln:
250 g Sahnequark (gehaltvoller Quark hat einfach mehr Aroma)
150 g Naturjoghurt, 1 TL mittelscharfer Senf
2 TL Oliven- oder Leinöl
je 1/2 Bund Basilikum, Schnittlauch, Petersilie und Zitronenmelisse (auch sehr fein: Bärlauch, Basilikum und Rucola gemischt)
Salz, Pfeffer aus der Mühle, 1 Prise Zucker

1 Den Quark mit Joghurt, Senf und dem Öl in einer Schüssel glatt verrühren. Die Kräuter abbrausen, trockenschütteln und die Blättchen sehr fein hacken. Unter die Quarkmischung rühren, mit Salz, Pfeffer und Zucker abschmecken.

So viel Zeit muss sein: 15 Minuten
Das schmeckt dazu: Brot, gebratenes Gemüse wie Zucchini oder Auberginen (als Vorspeise) und zu Pellkartoffeln
Kalorien pro Portion (bei 4): 140

Varianten:

Quark mal anders
Statt Joghurt saure Sahne oder sogar mal Crème fraîche nehmen. Zusätzlich klein gewürfelte Tomaten, Radieschen oder Sellerie untermischen. Oder Oliven und getrocknete, in Öl eingelegte Tomaten – beides gehackt.

Waschen
Das Kräuterbund unter dem kalten Wasserstrahl kurz abbrausen und gut trockenschütteln. Empfindliche Kräuter, wie z. B. Basilikum, besser nicht waschen, sondern falls nötig nur mit einem Stück Küchenpapier trocken abreiben.

Putzen
Die Blättchen von den Stängeln zupfen. Bei harten Zweigen, wie z. B. bei Thymian, kann man sie auch abstreifen – immer gegen die Wuchsrichtung.

Zerkleinern
Kräuterblättchen auf ein großes Brett legen und mit einem großen Messer hacken. Basilikumblätter nur zerzupfen, das Aroma ist dann stärker. Schnittlauchstängel in Röllchen schneiden.

Kerbelsuppe
Auch gut mit Rucola, Petersilie, Basilikum, gemischten Kräutern

Für 4 als Vorspeise:
200 g Kerbel
1 Zwiebel, 30 g Butter
30 g Mehl
1 l Fleisch- oder Gemüsebrühe
125 g Sahne
Salz, Pfeffer aus der Mühle
ein paar Spritzer Zitronensaft

1 Den Kerbel abbrausen, trockenschütteln und die dicken Stängel abknipsen. Kerbel ganz fein hacken. Die Zwiebel schälen und ebenfalls sehr fein hacken.

2 Die Butter im Suppentopf schmelzen. Zwiebel reinrühren und bei starker Hitze dünsten, bis sie glasig ist. Das Mehl dazurühren und braten, bis es schön goldgelb aussieht. Nach und nach die Brühe dazugießen, dabei weiterrühren.

3 Hitze auf mittlere Stufe schalten und die Suppe 5–10 Minuten köcheln lassen. Sahne und Kerbel untermischen und noch einmal aufkochen. Mit Salz, Pfeffer und Zitronensaft abschmecken.

So viel Zeit muss sein: 25 Minuten
Das schmeckt dazu: in Butter geröstete Weißbrotwürfel obendrauf oder einfach Brot dazu
Kalorien pro Portion: 230

Rosmarinkartoffeln
Machen jeder Bratkartoffel Konkurrenz

Für 4 als Beilage:
700 g Kartoffeln (vorwiegend fest kochende Sorte)
2 Zweige Rosmarin
4–6 EL Olivenöl
Salz

1 Die Kartoffeln waschen, in einen Topf geben und knapp mit Wasser bedeckt aufkochen. 1 TL Salz dazugeben, zugedeckt bei mittlerer Hitze in 20–35 Minuten gar kochen. Abgießen, nur kurz abkühlen lassen und noch ziemlich heiß schälen. Auskühlen lassen.

2 Die Kartoffeln der Länge nach vierteln. Rosmarin abbrausen, trockenschütteln und die Nadeln abzupfen.

3 Öl in einer großen Pfanne heiß werden lassen. Kartoffeln rein, am besten nebeneinander, und bei mittlerer Hitze braun braten. Wenden, den Rosmarin dazu, salzen, pfeffern und noch knapp 5 Minuten braten.

So viel Zeit muss sein: 20 Minuten
(+ bis 35 Minuten Kochzeit und die Abkühlzeit)
Das schmeckt dazu: Lammkeule aus dem Ofen (Seite 205), kräftige Fischgerichte
Kalorien pro Portion: 210

Noch mehr Rezepte mit Kräutern (Seite)

Apfel-Zwiebel-Gemüse mit Salbei (35)
Arabischer Bulgursalat (83)
Blumenkohlsalat mit Kapern (65)
Bohnencreme (71) • Coq au vin (147)
Couscous mit Fleisch und Gemüse (84)
Couscous-Eintopf mit Erdnüssen (84)
Crostini mit Olivencreme (77)
Eiersalat mit Kresse (93) • Entencurry (88)
Fenchelgemüse mit Rucola (108)
Frühlingsgemüse (66)
Gänsebraten mit Äpfeln (101)
Gebeizter Lachs (119)
Gefüllte Artischocken (41)
Gemüse-Risotto (264)
Guacamole (47)
Gurken-Dill-Gemüse (132)
Kohlrabi-Möhren-Rohkost (187)
Kräuteromelett (93)
Kräuter-Vinaigrette (58)
Lamm-Carpaccio (202)
Lammkeule aus dem Ofen (205)
Marinierte Pilze (258) • Nudelsalat (228)
Ofenfisch mit Tomaten (122)
Pfifferlinge mit Tomaten und Kräutern (260)
Saltimbocca (152) • Spargelfrittata (95)
Tabouleh (83)
Tintenfischsalat mit Basilikum (303)
Toskanischer Brotsalat (79)
Türkische Pizza (139)

Kürbis

engl.: pumpkin, (winter)squash; franz.: courge;
ital.: zucca; span.: calabaza

Kürbissorten gibt es viele, aber eigentlich nur solche und solche: Solche, die gegart eine weiche, eher aromalose Masse ergeben, welche mit den richtigen Zutaten durchaus Geschmack annehmen kann. Und solche, die für sich fein sind – nussig, süßlich, sahnig. Salz, Pfeffer, ein bisschen Butter oder gutes Öl reicht ihnen zur Vollkommenheit.

Da ein Kürbis durchaus die gesamte Kleinküche belegen kann, freut man sich über die vielen Zubereitungsmöglichkeiten: Süßsauer einlegen oder Suppe draus kochen – kennt man. Aber man kann ihn auch braten, wokken, grillen, backen oder wunderbar in Currys und andere Eintöpfe sowie Salate einbauen. Italienliebhabern schmeckt der Kürbis gewürfelt im Risotto und zwischen Lasagneblättern, gehobelt auf der Pizza und püriert in Tortellini. Kleinere Kürbisse, gefüllt und überbacken, ersetzen die Auflaufform. Und wer will, kann dünne Kürbisscheiben zu Chips ausbacken.

Kürbis braucht ausgewählte Begleiter, die sein Aroma hervorlocken oder ihm welches verleihen. Eine gute Brühe, ein aromatisches Öl, Muskat, Kreuzkümmel, Curry sowie auch Zucker, Zimt oder Honig schaffen das. Um herauszufinden, was er genau liebt, probiert man ihn roh. Schmeckt er nussig und etwas nach Gurke, dann nicht überwürzen. Dill und Koriander reichen. Hat er Süße? Ingwer, milden Curry oder Zimt dazu! Schmeckt er nach gar nichts? Dann der Kreativität einfach freien Lauf lassen und das gegarte Püree zum Spiel mit Gewürzen nutzen.

Typische Kürbisse, das sind für uns vor allem die aus der Gruppe Riesen- oder Speisekürbisse mit harter, oft leuchtend oranger Schale. Sie sind schön zum Anschauen vor allem als Halloween-Laterne, für die Küche eher nichts. Die Bearbeitung ist mühsam, das Aroma schwach – ausgenommen die kleinen (nur die!) Hokkaidos: toller Farbton, genialer Geschmack. Interessanter sind da schon Moschuskürbisse, zu denen etwa der helle, birnenförmige Butternuss- und der dunkelgrüne Muskatkürbis zählen. Diese Kürbisse werden ausgewachsen von Herbst–Januar verkauft. Schon ab Juli gibt es Gartenkürbisse, zu denen flache Patissons, kugelrunde Rondinis, Spaghettikürbisse und übrigens auch Zucchini (siehe Seite 322) zählen.

Aufheben

Ein ganzer Riesen- bzw. Speisekürbis kann 3 Monate und länger frostgeschützt und trocken lagern, ein Moschuskürbis auch weit länger. Dann aber ab und an prüfen, ob er nicht durchs Eigengewicht weich wird und fault. Gartenkürbisse bleiben je nach Sorte im Gemüsefach des Kühlschranks 1–2 Wochen frisch. 4 Tage halten sich dort auch in Folie verpackte Kürbisstücke. Einfrieren kann man nur Kürbispüree.

Gute Kürbisse…

…klingen hohl, wenn man auf die Schale klopft
…sind prall und fest
…haben noch ihren Stiel

Schlechte Kürbisse…

…haben braune Flecken und Druckstellen

Kürbis-cremesuppe
Schnell & gut

Für 4 zum Sattessen:
1,2 kg Kürbis
1 Zwiebel
2 EL Butter
1 l Gemüsebrühe
Salz, Pfeffer aus der Mühle
etwas Zitronensaft oder
Aceto balsamico

1 Den Kürbis in kleinere Stücke schneiden und die Kerne samt fasrigem Fruchtfleisch rausschneiden. Kürbisstücke schälen, das Fruchtfleisch klein schneiden.

2 Zwiebel schälen und fein hacken. Im großen Topf die Butter zerlaufen lassen. Zwiebel kurz andünsten, Kürbis einrühren. Brühe angießen, Deckel drauf und alles aufkochen. Bei mittlerer Hitze 10–15 Minuten köcheln, bis der Kürbis weich ist.

3 Den Kürbis im Topf mit dem Stabmixer pürieren, kräftig abschmecken mit Salz, Pfeffer, Zitronensaft oder Aceto balsamico.

So viel Zeit muss sein: 30 Minuten
Das schmeckt dazu: auch einmal abschmecken mit Ingwer, Curry, Sojasauce oder mit gerösteten Mandelblättchen bestreuen
Kalorien pro Portion: 130

Kürbis in Tamarindensauce
Süßsaure Verbindung

Für 4 zum Sattessen:
2 walnussgroße Stücke gepresste Tamarinde (Sauerdattelmark, aus dem Asia-Laden)
1 kg Kürbis
2 EL Palmzucker oder brauner Zucker
3 EL Fischsauce
6 Knoblauchzehen
2 Bund Frühlingszwiebeln
etwa 4 EL Öl
1 EL Limetten- oder Zitronensaft
Sambal oelek nach Geschmack
Salz
Koriander- oder Minzeblättchen

1 Die Tamarindenstücke in eine Schüssel legen, 200 ml lauwarmes Wasser drübergießen. 10 Minuten stehen lassen.

2 Den Kürbis in kleinere Stücke schneiden und die Kerne samt fasrigem Fruchtfleisch rausschneiden. Kürbisstücke schälen, das Fruchtfleisch in etwa 1 cm große Stücke schneiden.

3 Die Tamarindenstücke im Wasser verkneten oder mit dem Löffelrücken gut zerdrücken, dann durch ein Sieb in einen Topf streichen. Den Palmzucker oder braunen Zucker und die Fischsauce dazugeben und alles erhitzen, bis sich der Zucker löst.

4 Knoblauch schälen und fein hacken. Von den Frühlingszwiebeln die Wurzelbüschel und die welken Teile abschneiden. Zwiebeln waschen, von den grünen Teilen etwas abschneiden und für später zum Bestreuen beiseite legen, den Rest fein hacken.

5 Im Wok oder in einer großen Pfanne 1 EL Öl erhitzen. Knoblauch und die fein gehackten Zwiebeln darin bei mittlerer Hitze ein paar Minuten anbraten, dann zu der Tamarindensauce in den Topf geben.

6 Kürbis im restlichen Öl (vielleicht muss man auch noch ein bisschen mehr davon nehmen) unter Rühren ungefähr 5 Minuten braten, bis die Stücke bissfest sind. Mit der Tamarindensauce begießen, mit Zitrussaft, Sambal und Salz abschmecken und noch einmal etwa 5 Minuten schmoren lassen.

7 Beiseite gelegte Zwiebelteile in feine Ringe schneiden und mit den Kräuterblättchen über den Kürbis streuen.

So viel Zeit muss sein: 30 Minuten
Das schmeckt dazu: Reis
Kalorien pro Portion: 190

Tipp:
Tamarinde schmeckt ziemlich sauer und passt deswegen einmalig zu dem eher süßlichen Kürbis. Wenn man die saure Note des Gerichts noch intensiver betonen möchte (oder man zu wenig Tamarinde erwischt hat), einfach mit ein wenig mehr Limetten- oder Zitronensaft nachhelfen.

Kürbis-Risotto mit Shiitake-Pilzen
Feinstes Crossover

Für 4 zum Sattessen:
800 g Kürbis, 1 Zwiebel
1 Stück frischer Ingwer (etwa 2 cm)
2 EL Butterschmalz
300 g Risotto-Reis (z. B. Arborio oder Vialone nano)
Salz, Pfeffer aus der Mühle
1 Schuss trockener Weißwein
etwa 3/4 l heiße Gemüsebrühe
150 g Shiitake-Pilze oder Egerlinge
1 Bund Koriander oder Petersilie
1 EL Olivenöl
75 g frisch geriebener Parmesan
Cayennepfeffer
1–2 EL Limetten- oder Zitronensaft

1 Den Kürbis putzen und das Fruchtfleisch in 1–2 cm große Würfel schneiden. Die Zwiebel und den Ingwer schälen und in feine Würfel schneiden.

2 In einem großen Topf das Butterschmalz zerlassen. Zwiebel und Ingwer einrühren und kurz andünsten. Kürbis dazu, anbraten. Reis gründlich unter den Kürbis mischen und bei schwacher Hitze glasig werden lassen. Salzen und pfeffern. Mit Wein ablöschen. Köcheln lassen, bis er verdampft ist, dann nach und nach Brühe zum Reis gießen. Reis offen bei mittlerer Hitze in 25–30 Minuten weich köcheln lassen.

3 Die Pilze trocken abtreiben, Stiele rausbrechen, Pilzkappen in dünne Scheibchen schneiden. Kräuter abbrausen, trockenschütteln und die Blättchen abzupfen.

4 Kurz bevor der Risotto fertig ist, Öl erhitzen. Die Pilze darin 2–3 Minuten braten. Hälfte vom Parmesan und von den Kräutern unter den Reis mischen, mit Cayennepfeffer, Salz und Zitrussaft abschmecken. Pilze und übrige Kräuter drauf verteilen. Restlichen Parmesan getrennt dazu reichen.

So viel Zeit muss sein: 45 Minuten
Das schmeckt dazu: Sambal oelek
Kalorien pro Portion: 600

Putzen
Ein großes Kürbisstück zuerst in kleinere Stücke schneiden. Die Kerne mit dem fasrigen Fruchtfleisch aus der Mitte rausschneiden. Die Kürbisstücke dann mit einer breiten Schnittfläche auf ein Brett legen und die Schale Stück für Stück wegschneiden.

Richtige Menge
Wer ein Stück Kürbis von 1 kg kauft, hat nach dem Putzen noch ungefähr 750 g auf dem Schneidebrett.

Scharfer Kürbis aus dem Wok
Schön und gut

Für 4 zum Sattessen:
800 g Kürbis
2 Stangen Staudensellerie
1 Stange Lauch
2 rote oder grüne Chilischoten
1 Stück frischer Ingwer (etwa 2 cm)
1 Hand voll Walnusskerne
4 EL Sojasauce
1/8 l Gemüse- oder Hühnerbrühe
2 EL milder Essig (Reisessig oder Aceto balsamico)
4 EL trockener Sherry oder Reiswein
2 TL Zucker
1 EL Sesamöl nach Belieben
3 EL Sonnenblumenöl
Salz

1 Den Kürbis putzen und das Fruchtfleisch erst in 1/2 cm dicke Scheiben, dann in genauso dicke Stifte schneiden. Den Sellerie waschen, putzen und in dünne Scheiben schneiden. Vom Lauch das Wurzelbüschel und die welken Teile wegschneiden. Lauch der Länge nach aufschlitzen, gründlich waschen und in feine Streifen schneiden.

2 Chilischoten waschen, entstielen und in feine Ringe schneiden. Ingwer schälen und fein hacken. Nusskerne in Stücke brechen. Sojasauce, Brühe, Essig, Sherry oder Reiswein, Zucker und Sesamöl mischen.

3 Wok oder eine große Pfanne auf den Herd stellen und das Sonnenblumenöl darin richtig gut heiß werden lassen. Die Walnusskerne unter Rühren bei starker Hitze knusprig braten. Wieder rausfischen.

4 Gemüse, Chilis und Ingwer in den Wok oder die Pfannne schütten und rühren und braten, bis das Gemüse bissfest ist. Das dauert ungefähr 5 Minuten. Nüsse wieder untermischen, Sauce dazuschütten. Gemüse mit Salz abschmecken und servieren.

So viel Zeit muss sein: 30 Minuten
Das schmeckt dazu: Reis oder Glasnudeln (eingeweicht und ganz kurz in heißem Wasser gekocht)
Kalorien pro Portion: 200

Pumpkin Pie
Schmeckt nicht nur an Halloween

Für 12 Stück saftigen Pie:
Für den Belag:
850 g Kürbis
4 Eier
2 EL Crème fraîche
5 EL Zuckerrübensirup
2 TL abgeriebene unbehandelte Zitronenschale
1 Prise Zimtpulver
1 Prise gemahlene Nelken
Für den Teig:
200 g Mehl
1 EL Zucker
125 g kalte Butter
1 Prise Salz

1 Den Backofen auf 200 Grad vorheizen (auch schon jetzt: Umluft 180 Grad). Den Kürbis von Kernen und fasrigem Fleisch befreien und auf das Backblech legen. Im Ofen (Mitte) ungefähr 40 Minuten backen, bis das Kürbisfleisch weich ist.

2 Inzwischen für den Teig das Mehl mit dem Zucker, der Butter in kleinen Stücken, Salz und 1–2 EL kaltem Wasser zu einem glatten Teig verkneten. Zur Kugel formen und zwischen zwei Lagen Klarsichtfolie zu einem runden Teigstück ausrollen. Eine Tarte- oder Springform (28–30 cm Ø) damit auslegen, dabei auch einen Rand formen, ungefähr 3 cm hoch. Teig in der Form für etwa 1 Stunde kühl stellen.

Noch mehr Rezepte mit Kürbis (Seite)

Apfel-Kürbis-Gratin mit Chili (34)
Ravioli (233)

3 Kürbis aus dem Ofen holen und etwas abkühlen lassen. Ofen ausschalten. Kürbisfleisch aus der Schale löffeln und mit dem Stabmixer fein pürieren – benötigt werden 500 g Püree. Eier mit Kürbispüree, Crème fraîche, Zuckerrübensirup, Zitronenschale, Zimt- und Nelkenpulver verquirlen.

4 Den Backofen wieder auf 200 Grad (Umluft 180 Grad) schalten. Kürbismasse auf dem Teigboden verteilen und die Pie im Ofen (Mitte) etwa 40 Minuten backen, bis der Belag fest und gebräunt ist. Abkühlen lassen, aber ganz frisch servieren.

So viel Zeit muss sein: 40 Minuten
(+ etwa 2 Stunden Back- und Kühlzeiten)
Das schmeckt dazu: gut gekühlte Crème fraîche, einfach zum Draufklecksen
Kalorien pro Stück: 200

Lammfleisch

engl.: lamb; franz.: agneau; ital.: agnello; span.: cordero

»Schaf« müsste hier eigentlich stehen, doch von dem mag man bei uns nur die Milch für den Käse oder die Wolle für den Pulli. Geht's ums Fleisch, dann ist nur das Weidetier unter 12 Monaten gefragt - das Lamm eben. Sein Fleisch ist zart und bei guter Haltung trotzdem intensiv aromatisch, ohne dass es gleich was von Schafstall hat wie bei den älteren Tieren. Da man das früher nicht so genau nahm und auch »Lamm« schon mal arg hammelte, war es irgendwann so tabu wie seine älteren Verwandten. Anders als in der französischen Regionalküche, die dem Lamm einige ihrer besten Rezepte gewidmet hat.

So das Navarin vom Lamm, ein würziges Fleischragout mit Bohnen und Gemüse. Oder ein mit provenzalischen Kräutern gratiniertes Lammkarree. Es war ohnehin eher die deutsche Liebe zum Mittelmeerraum sowie zur griechischen und türkischen Esskultur im Speziellen, die das Lamm wieder zurück auf unsere Speisekarten gebracht hat – als Souvflaki- und Kebab-Spieß, als Schaschlik (ganz echt mit Lammnieren) und Cevapcici (im Original mit Lammfleisch). Inzwischen entdecken wir auch immer mehr das Lammparadies jenseits des Mittelmeers an der afrikanischen Küste. Hier wird Lammragout nicht selten mit süßen Früchten in der Tajine zum Couscous geschmort oder Lammhack mit Kreuzkümmel, Knoblauch und Minze zu Köfte abgedreht und gebraten. Die Kombination »Lamm & Minze« ist auch in Großbritannien populär, wo Schafzucht eine geliebte und gekochtes Lammfleisch mit Minzsauce eine in der übrigen Welt gefürchtete Tradition sind. Auch der schottische Shepherd's Pie – Pastete mit Lammragout samt Innereien – ist was für Spezialisten. Hoch geschätzt in allen Lamm-Kulturen sind dagegen rosa gebratene Keule oder knusprige Koteletts.

Mindestens damit hat es das junge Schaf auch in unsere Küche geschafft, als geschmackvolle und einigermaßen sichere Alternative zum übrigen Fleischangebot. Im Grunde war es ein Glück für das Lamm, dass man hier so lange nichts von ihm wissen wollte. So war es nämlich für das Massengeschäft und damit für Irr-Züchtungen uninteressant, wodurch sich seine Rassen noch eine starke Natürlichkeit erhalten haben. Die braucht das Lamm aber auch, um zu überleben. Denn nur im Stall fressend aufs Schlachten zu warten, macht es garantiert krank und damit unrentabel für Züchter. Schon auf ganz normalen Höfen gönnt man den Tieren im Verhältnis mehr Stall und Auslauf als etwa dem Rind. Und richtig gerne hat man's auf dem Bio-Hof, weil es durch seine Wolle, die Milch der Schafe und seine »Rasenmäherfunktion« eine Menge in den ökologischen Kreislauf einbringt.

Unterschieden wird zwischen Fleischwoll- (z. B. Merino) und Fleischrassen (z. B. Texel) sowie Milchschafen und robusten Landschafen wie der Heidschnucke. Ein Zeichen für die Natürlichkeit der Lämmer ist auch, dass sich ihr Lebensraum auf die Qualität ihres Fleisches auswirkt. Berühmt sind etwa die Salzwiesenlämmer Norddeutschlands oder der Bretagne, deren Fleisch besonders würzig schmeckt. Diese Futter-Fleisch-Wirkung muss nicht immer positiv sein. So kann das Öko-Idyll von friedlich in der freien Natur weidenden Schafen trügen – denn frei von Schadstoffen ist die Natur kaum noch. Deswegen dürfen Wanderschafe nur von ganz bestimmten Gräsern fressen, damit ihr Fleisch einmal Öko-Siegel-tauglich ist.

Gutes Lammfleisch…

…ist von dunklem Rosa bis leuchtendem Violett, glänzt matt
…hat cremig-helles, festes, trockenes Fett
…kann an den Knochen noch rötlich sein
…riecht würzig, aber angenehm

Schlechtes Lammfleisch…

…geht von Rot ins Braune über, ist fleckig
…ist schmierig, feucht, angetrocknet
…hat weiches, gelbes Fett
…ist braun an den Knochen mit trockenen Rändern
…riecht penetrant (nach Schafstall)

Das passt zu Lammfleisch

Basilikum, Dill, Koriander, Minze, Oregano, Petersilie, Rosmarin, Thymian

Chili, Curry, Ingwer, Knoblauch, Kreuzkümmel, Paprika, Wacholder, Zimt

Olivenöl, Pesto, Senf, Rotwein, Sojasauce, Kapern, Oliven, Sardellen

Auberginen, Bohnen, Fenchel, Hülsenfrüchte, Kohl, Lauch, Mais, Okraschoten, Paprika, Sellerie, Spinat, Tomaten, Zucchini, Zwiebeln

Geräuchertes, Joghurt, Blauschimmelkäse, Parmesan, Schafkäse, Ziegenkäse

Brot, Bulgur, Couscous, Kartoffeln, Reis

Quitten, Trockenfrüchte, Zitrusfrüchte, Mandeln, Pistazien, Walnüsse

---

Auf den Markt kommt meist das Mastlamm, das zwischen dem 8. und 12. Monat geschlachtet wird. Wenn es zu viel Kraftfutter bekommt, setzt es allerdings zu viel vom ungeliebten Fett an – auch hier hinkt die Zuchtindustrie zum Glück noch nach. Bei der Geschmacksanpassung leider nicht: Fleisch von Mastlämmern kann ohne sein Fett gegart schnell sehr neutral statt typisch schmecken. Das stimmt vielleicht die Hammelfeinde milde, zwingt echte Lammfans aber dazu, das ganz eigene Aroma mit einer Extraportion Olivenöl, Knoblauch oder Mittelmeerkräutern herauszukitzeln. Extra-Tipp: das Lammfett auslassen und das Fleisch darin anbraten.

Oder gleich das Fleisch vom Weide- bzw. Wanderlamm kaufen. Das schmeckt intensiver, da die kurz vorm oder zum Frühjahrsbeginn geborenen Tiere den größten Teil ihres Lebens auf Achse sind und saftiges Gras fressen – Bio-Lämmer fast nur von Wiesen ohne Chemie oder gar mit Öko-Grün. Sie werden meist 1–2 Monate früher als Mastlämmer geschlachtet, da ihr »bewegtes« Fleisch sonst zu grobfasrig wird.

Ganz zart ist das Fleisch von Milchlämmern – dank ihrer Ernährung aus Milch, bestem Grünfutter und nur etwas Mastfutter. Sie werden mit 6 Monaten geschlachtet. Nur mit Milch genährte »Osterlämmer« sogar schon mit 2–3 Monaten. Wer's braucht …

Aufheben

Lammfleisch ist nach 4–5 Tagen Reife am besten, fetteren Stücken bekommen noch ein paar Tage mehr. Zu Hause aus der Verpackung nehmen und in eine Schüssel mit umgedrehter Untertasse darin legen, mit Folie oder einem feuchten Tuch abdecken. So hält es im Kühlschrank über dem Gemüsefach mindestens 2 Tage, fettere Stücke halten bis zu 5 Tagen, Hackfleisch, Innereien und Geschnetzeltes 1 Tag. Tiefgefrorenes Lammfleisch aus Neuseeland und Australien beherrscht unsere Kühltruhen und ist sehr gut, da die Tiere dort fast nur im Freien leben – einzig der Weg zu uns ist weit. Hält eingefroren 10 Monate, fettes Fleisch 5 Monate. Zum Auftauen aus der Packung nehmen und in den Kühlschrank legen, dann möglichst bald garen. Das Auftauwasser wegschütten.

Die Typen

Chops zum Kurzbraten und Grillen werden aus dem ganzen Rücken / Sattel samt Knochen und meist einem Teil der abdeckenden Fettschicht geschnitten. Manchmal auch aus dem fetteren, durchwachseneren Nacken.

Koteletts werden aus dem längs geteilten Rücken – dem Karree – samt Knochen und mit möglichst wenig Fett geschnitten. Je dicker, desto besser.

Medaillons zum Kurzbraten stammen von Lammrückenfilets, wie das von den Rippen gelöste Rückenfleisch genannt wird. Es wird oft auch ganz und kurz gebraten und aufgeschnitten.

Steaks zum Kurzbraten und Grillen sowie Schnitzel sind selten, werden aus Keule und Hüfte geschnitten.

Für ganz zarte, rosa **Braten** eignet sich das Lammkarree im Ganzen (oft überbacken), auch zur Krone gebunden oder als kleine »Portionsbraten« mit je 3–4 Rippen. Für größere bis große Braten mit rosa Fleisch ist die Keule der Klassiker. Durchgegart und ein wenig kraftvoller im Geschmack sind Schulterbraten, Rollbraten aus Bauch und Rippe, gefüllte Lammbrust.

Ragouts macht man aus Keule (kurz und zart gegart), Schulter und Nacken, **Lammhaxen** werden ebenfalls meist geschmort.

Lamm-Carpaccio
Edel-Imbiss ohne Schnickschnack

Für 4 als Vorspeise:
300 g Lammrückenfilet
100 g kleine Champignons oder Egerlinge
2 EL Zitronensaft
12 Zweige Thymian
2 EL Aceto balsamico
Salz, Pfeffer aus der Mühle
5 EL bestes Olivenöl
40 g Parmesan oder Grana Padano am Stück
einige Basilikumblätter

1 Das Lammfilet in Klarsichtfolie wickeln und für etwa 1 Stunde ins Gefrierfach legen.

2 Die Pilze mit Küchenpapier trocken abreiben, Stielenden abschneiden. Pilze in dünne Scheiben schneiden und sofort mit Zitronensaft beträufeln, damit sie nicht braun werden. Thymian abbrausen, trockenschütteln und die Blättchen grob hacken.

3 Aceto balsamico mit Salz, Pfeffer und Olivenöl gründlich verquirlen, die Hälfte vom Thymian unter die Marinade rühren.

4 Das Fleisch aus der Folie wickeln und mit einem sehr scharfen Messer längs in hauchdünne Scheiben schneiden. Vier große Teller mit ein wenig Marinade einpinseln, Filetscheibchen darauf auslegen – sie sollen sich leicht überlappen.

5 Die Fleischscheiben mit den Pilzen bestreuen, übrige Marinade darüber träufeln. Den Käse mit einem Sparschäler in dünne Späne hobeln, obendrauf streuen, den übrigen Thymian und das Basilikum auch.

So viel Zeit muss sein: 25 Minuten (+ 1 Stunde Gefrierzeit)
Das schmeckt dazu: ofenfrisches Stangenweißbrot und ein Gläschen Prosecco
Kalorien pro Portion: 245

Varianten:

Carpaccio klassisch
200 g Rinderfilet in Klarsichtfolie wickeln und 1 Stunde ins Gefrierfach legen. Vier Teller dünn mit Olivenöl bepinseln. Rinderfilet in hauchdünne Scheiben schneiden und auf den Tellern auslegen. Mit etwa 5 EL Olivenöl beträufeln, salzen und mit Pfeffer übermahlen. Auch gut: Filetscheiben auf einem Bett von Rucola auslegen und mit etwas Parmesan überhobeln.

Fisch-Carpaccio
200 g superfrisches Schwertfisch-, Lachs- oder Tunfischfilet in Klarsichtfolie wickeln und kurz anfrieren. Dann in hauchdünne Scheiben schneiden. Wie das Fleisch auf geölte Teller legen und mit Olivenöl beträufeln. Mit Salz und Pfeffer aus der Mühle würzen. Zitronenschnitze dazu servieren.

Lammragout
Ganz einfach raffiniert

Für 4 zum Sattessen:
1 kg Lammfleisch (aus der Keule oder nicht zu fetten Schulter, ohne Knochen)
6 Knoblauchzehen
2 Zwiebeln
4 Zweige Rosmarin
4 Zweige Thymian
1/2 Bund Majoran oder Oregano
2 EL Butter
2 EL Olivenöl
4 EL Weißweinessig (am besten Balsamico bianco)
1/8 l trockener Weißwein
Salz, Pfeffer aus der Mühle

1 Vom Lammfleisch die größeren Fettstücke wegschneiden und so gut wie möglich auch die Sehnen. Wenn man mit dem Messer an einer Stelle drunterfährt, kann man die Sehnen ganz gut abschneiden. Das Fleisch in mundgerechte Stücke schneiden.

2 Knoblauch und Zwiebeln schälen und ganz fein schneiden. Kräuter abbrausen, trockenschütteln und die Nadeln und die Blättchen hacken. Den Schmortopf auf den Herd stellen. Neben den Herd eine Schüssel stellen und ein Sieb reinhängen.

3 In dem Topf je 1 EL Butter und Öl heiß werden lassen. Die Hälfte vom Fleisch reinwerfen und bei höchster Stufe unter Rühren braten, bis die Würfel rundherum gebräunt

sind. Mit dem Schaumlöffel rausheben und ins Sieb geben. Die zweite Portion Fett im Topf erhitzen, das übrige Fleisch genauso darin braten und ins Sieb umfüllen.

4 Den Knoblauch und die Zwiebeln im gleichen Fett kurz anbraten. Das Fleisch wieder dazugeben, Essig und Wein dazugießen, die Kräuter drunterrühren und das Fleisch leicht salzen und pfeffern.

5 Die Hitze auf schwache Stufe zurückschalten. Den Deckel auflegen und das Fleisch 1 Stunde schmoren, bis es schön weich ist. Aber nicht ganz allein lassen während dieser Zeit. Immer mal wieder den Deckel heben und umrühren. Und falls die Flüssigkeit im Topf irgendwann ganz verschwunden ist, noch etwas Wein oder einfach nur Wasser zugeben. Zum Schluss das Ragout mit Salz und Pfeffer abschmecken, im Topf auf den Tisch stellen.

So viel Zeit muss sein: 45 Minuten
(+ 1 Stunde Schmorzeit)
Das schmeckt dazu: knuspriges Weißbrot oder gebratene Polenta, Tomaten und ein leichter Rotwein
Kalorien pro Portion: 710

Lammkoteletts
Italian style – simply the best

Für 4 zum Sattessen:
4–5 Zweige Rosmarin (und für den, der mag, ein paar Rosmarinzweige für die Glut)
4 Knoblauchzehen
1 getrocknete Chilischote
1/2 unbehandelte Zitrone
6 EL Olivenöl
Salz, Pfeffer aus der Mühle
12 Lammkoteletts (jedes etwa 80 g)

1 Rosmarin abbrausen, trockenschütteln und die Nadeln grob hacken. Knoblauch schälen und in dünne Scheiben schneiden. Die Chili im Mörser zerkrümeln. Die Zitrone heiß waschen und die Schale abreiben, den Saft auspressen.

2 Alle diese Zutaten mit dem Öl verrühren, die Marinade mit Salz und Pfeffer würzen. Koteletts waschen (wegen der Knochensplitter) und trockentupfen. In eine Form legen und die Marinade darüber verteilen. Koteletts über Nacht marinieren. Wer dran denkt, dreht sie hin und wieder um.

3 Am nächsten Tag den Holzkohlengrill anheizen. Die Marinade von den Koteletts abstreifen (verbrennt sonst beim Grillen) und die Lammkoteletts bei mittlerer Glut auf jeder Seite ungefähr 4 Minuten grillen. (Für noch mehr Aroma sorgen ein paar Rosmarinzweige in der Glut.) Die Koteletts salzen und schmecken lassen.

So viel Zeit muss sein: 20 Minuten
(+ 12 Stunden Marinierzeit und
10 Minuten Grillzeit)
Das schmeckt dazu: knuspriges Weißbrot und ein gemischter Salat
Kalorien pro Portion: 560

TIPP:
Natürlich kann man die Koteletts auch braten. Genauso marinieren, dann in einer sehr heißen Pfanne (am besten aus Gusseisen) pro Seite etwa 2 Minuten braten.

Varianten:

Lammspieße
600 g Lammfleisch (aus Schulter oder Keule, ohne Knochen) in etwa 2 cm große Würfel schneiden und auf die gleiche Weise marinieren. Am nächsten Tag mit Zucchinistücken, Pilzen und Cocktailtomaten oder kleinen Zwiebeln auf Spieße stecken. Ungefähr 10 Minuten grillen oder braten, oft umdrehen.

Sauerbraten vom Lamm
Mit selbst gemachtem Serviettenknödel

Für 4–6 zum Sattessen:
Für den Braten:
1/4 l Rotweinessig
1 TL Pfefferkörner, 2 Gewürznelken
1 TL Wacholderbeeren, 2 Lorbeerblätter
1 kg Lammkeule (ohne Knochen)
Salz, Pfeffer aus der Mühle
2 Zwiebeln, 2 Bund Suppengrün
2 EL Butterschmalz
1/8 l trockener Rotwein, 2 EL Rosinen
1 EL Johannisbeer-, Quitten- oder Himbeergelee
Für den Knödel:
8 altbackene Brötchen (vom Vortag oder sogar älter), 3/8 l Milch
1 Zwiebel, 1 Bund Petersilie
4 EL Butter, 5 Eier
50 g Mehl, Salz
Außerdem:
1 große Serviette oder 1 Küchentuch

1 Essig mit 3/8 l Wasser, Pfefferkörnern, Nelken, Wacholderbeeren und Lorbeerblättern aufkochen, lauwarm abkühlen lassen. Fleisch in eine Schüssel legen, Sud drübergießen. Fleisch an einem kühlen Ort 3 Tage marinieren, zwischendurch wenden.

2 Fleisch abtropfen lassen, trockentupfen, salzen und pfeffern. Zwiebeln und Suppengrün schälen oder waschen, klein würfeln.

3 Schmalz in einem Schmortopf zerlaufen lassen. Fleisch darin rundum gut anbraten. Wieder rausholen. Zwiebeln und Gemüse im verbliebenen Fett andünsten. Marinade sieben, 1/4 l abmessen. Wein und Marinade in den Topf gießen, Fleisch wieder einlegen. Deckel drauf und das Fleisch bei schwacher Hitze so um die 2 Stunden schmoren lassen.

4 Nach etwa 30 Minuten für den Knödel Brötchen in kleine Würfel schneiden. Milch lauwarm erhitzen und drübergießen. Die Zwiebel schälen, die Petersilie abbrausen und trockenschütteln, beides fein hacken. In 1 EL Butter kurz andünsten.

5 Die Eier trennen. Die restliche Butter schaumig rühren, Eigelbe nach und nach unterschlagen. Mehl, Petersilien-Zwiebel-Mischung und Brotwürfel untermischen. Salzen. Die Eiweiße steif schlagen und mit dem Schneebesen unterheben.

6 Die Serviette oder das Küchentuch unter warmes Wasser halten und gut auswringen. Auf dem Tisch ausbreiten. Knödelmasse in der Mitte vom Tuch wie ein dickes, kurzes Baguette formen und locker in das Tuch einwickeln. Die Enden mit Küchengarn wie ein Bonbon zusammenbinden, die Garnenden lang lassen. Einen Kochlöffel über einen großen Kochtopf legen, in dem das Päckchen gut Platz hat – ideal ist ein länglicher Fischtopf. Päckchen an beiden Enden so am Löffel festbinden, dass die Knödelmasse tief im Topf hängt, den Boden aber nicht berührt. Wieder rausheben. Wasser in den Topf füllen und erhitzen. Es soll nicht kochen, höchstens kleine Bläschen dürfen drin aufsteigen. Knödel reinhängen, einfach den Kochlöffel über den Topf legen. Knödel im Wasser etwa 1 Stunde ziehen lassen.

7 Braten aus dem Topf heben, die Sauce sieben und wieder in den Topf schütten. Die Rosinen darin erwärmen. Sauce mit Salz und Gelee abschmecken. Braten in dünne Scheiben schneiden und in die Sauce legen. Knödel auswickeln und auch in Scheiben schneiden. Beides zusammen essen.

So viel Zeit muss sein: 2 1/2 Stunden
(+ 3 Tage Marinierzeit)
Das schmeckt dazu: der Rotwein, der auch in der Sauce ist
Kalorien pro Portion (bei 6): 850

Basic Tipp

Hauptsache sauer! Welches Fleisch man für den festlichen Braten nimmt, spielt gar nicht so die große Rolle. Wichtig ist, was man mag und vor allem auch, was der Metzger gerade hat. Am besten kauft man natürlich Fleisch von Tieren, die ein glückliches Leben auf einem Bio-Hof führen durften. Rind und Kalb müssen genauso lang schmoren wie das Lamm, Pute nur knapp 1 Stunde.

Lammkeule aus dem Ofen
Da sind die Beilagen gleich mit auf'm Blech

Für 6 Gäste zum Sattessen:
1 kg Kartoffeln (fest kochende Sorte)
1 kg vollreife Tomaten
6 EL Olivenöl
1/2 Bund Rosmarin
Salz, Pfeffer aus der Mühle
1 Zwiebel
5 Knoblauchzehen
1 unbehandelte Zitrone
1 Bund Petersilie
1–2 getrocknete Chilischoten
1,2 kg Lammkeule (ohne Knochen)
50 g Semmelbrösel
50 g frisch geriebener Parmesan

1 Kartoffeln schälen, waschen und in 1 cm dicke Scheiben schneiden. Aus den Tomaten den Stielansatz rausschneiden. Tomaten mit kochend heißem Wasser überbrühen, abschrecken, häuten und grob würfeln.

2 Die Fettpfanne vom Backofen (das ist das tiefe Blech) mit 1 EL Öl auspinseln, die Kartoffeln darauf verteilen, die Tomaten darauf streuen. Rosmarin abbrausen und trockenschütteln, die Nadeln abzupfen – und ebenfalls aufs Blech damit. Salzen und pfeffern nicht vergessen.

3 Zwiebel und Knoblauch schälen und ganz fein hacken. Die Zitrone heiß waschen und die Schale fein abreiben, den Saft auspressen. Die Petersilie abbrausen, trockenschütteln und die Blättchen fein hacken. Die Chili im Mörser fein zerstoßen oder mit dem Messer fein hacken.

4 Den Backofen auf 180 Grad vorheizen (Umluft ohne Vorheizen 160 Grad). Vom Lammfleisch die größeren Fettstücke wegschneiden und so gut wie möglich auch die Sehnen. Zwiebel, Knoblauch, Zitronenschale und -saft, Petersilie, Chili und Salz mit 2 EL Öl mischen. Lammkeule rundherum mit der Mischung einreiben. Auf die Kartoffeln legen. Die Fettpfanne in den Ofen (unten) schieben und das Fleisch darin 1 1/2 Stunden garen. Die Keule dabei einmal umdrehen.

5 Die Hitze auf 220 Grad (Umluft 200 Grad) hochdrehen. Semmelbrösel mit dem Käse und dem übrigen Öl verrühren. Die Paste auf der Keule verstreichen. Die Lammkeule noch einmal für ungefähr 15 Minuten in den Ofen schieben.

6 Die Fettpfanne rausholen, ein großes Stück Alufolie über die Lammkeule schlagen und 10 Minuten stehen lassen. Dann aufs Brett mit der Keule und das Fleisch in Scheiben schneiden. Die Scheiben mit den Kartoffeln und den Tomaten servieren.

So viel Zeit muss sein: 35 Minuten
(+ 1 3/4 Stunden Bratzeit)
Das schmeckt dazu: knuspriges Weißbrot und ein gehaltvoller Rotwein
Kalorien pro Portion: 650

Lamm mit Austernsauce
Chinesisch!

Für 4 zum Sattessen:
500 g Lammfleisch (aus der Keule, ohne Knochen)
1/2 EL Speisestärke
1 EL Reiswein
Salz
1 Stange Lauch
300 g Pilze (z. B. Shiitake- oder Austernpilze oder Champignons)
1 Stück frischer Ingwer (etwa 2 cm)
2 Knoblauchzehen
2 EL Sojasauce
3 EL Austernsauce
1 TL Zucker
1 TL Sesamöl
4 EL neutrales Öl

1 Das Fleisch zuerst in dünne Scheiben schneiden. Wenn man dabei auf Sehnen oder dicke Fettstücke stößt, kommen die gleich weg. Die Fleischscheiben dann in dünne Streifen schneiden. Die Stärke mit Reiswein, 1 EL Wasser und etwas Salz verrühren. Fleischstreifen untermischen und marinieren, bis der Rest vorbereitet ist.

2 Vom Lauch das Wurzelbüschel und die welken Teile abschneiden. Lauch der Länge nach aufschlitzen, gründlich waschen und in 1 cm dicke Ringe schneiden. Bei den Shiitake- und Austernpilzen die Stiele ganz abschneiden, bei den Champignons nur die Stielenden. Pilze mit Küchenpapier trocken abreiben und in Scheiben oder Streifen schneiden. Ingwer und Knoblauch schälen und fein hacken.

3 Die Sojasauce mit Austernsauce, Zucker und Sesamöl zur Sauce verrühren, bis sich der Zucker aufgelöst hat. Und jetzt kann's auch schon losgehen. Den Wok oder die Pfanne gut heiß werden lassen, neutrales Öl darin erhitzen.

4 Das Lammfleisch in den Wok geben und gleich mit dem Rühren anfangen. Nach ungefähr 1 Minute sind die Streifen nicht mehr rot. Fleisch wieder aus dem Wok nehmen. Ingwer und Knoblauch im restlichen Bratfett kurz braten, dann den Lauch und die Pilze dazugeben und noch ungefähr 2 Minuten weiterbraten und -rühren.

5 Jetzt kommt das Fleisch wieder dazu, außerdem die angerührte Sauce. Das Ganze gut durchmischen, probieren und eventuell noch nachwürzen. Und auf den Tisch damit.

So viel Zeit muss sein: 20 Minuten
Das schmeckt dazu: Reis
Kalorien pro Portion: 575

Lamm mit roten Linsen
Indisch!

Für 6 als ein Menügang oder
für 4 zum Sattessen:
400 g Lammfleisch (aus der Keule, nicht zu fetten Schulter oder Brust, ohne Knochen)
1 Aubergine
2 Zwiebeln
1 Stück frischer Ingwer (etwa 2 cm)
2 rote Chilischoten
4 Tomaten
4 EL Butterschmalz
1 TL gemahlene Kurkuma
1 TL rosenscharfes Paprikapulver
1 TL gemahlener Kreuzkümmel
150 g rote Linsen
1 EL Zitronensaft
1 TL Zucker, Salz
Garam masala zum Bestreuen

1 Das Fleisch in 2–3 cm große Würfel schneiden und dabei die dickeren Fettstücke und die Sehnen wegschneiden. Aubergine waschen und den Stielansatz abschneiden, den Rest in ebenso große Würfel schneiden. Zwiebeln und Ingwer schälen und fein schneiden. Chilischoten waschen, entstielen und in feine Ringe schneiden. Tomaten waschen, achteln, dabei die Stielansätze wegschneiden.

2 Das Schmalz im Schmortopf erwärmen. Gewürze bei starker Hitze etwa 1 Minute darin anrösten. Die Aubergine dazugeben

und kurz braten. Zwiebeln, Ingwer und die Chilis einrühren. Fleisch und Linsen untermengen und auch kurz anbraten.

3 Die Tomaten und 1/2 l Wasser untermischen, mit Zitronensaft, Zucker und Salz würzen und den Deckel auflegen. Alles ungefähr 1 Stunde schmoren – bei mittlerer Hitze –, bis das Fleisch schön weich ist. Dabei immer mal wieder durchrühren. Abschmecken, Garam masala ganz nach Geschmack darüber streuen und servieren.

So viel Zeit muss sein: 30 Minuten
(+ 1 Stunde Schmorzeit)
Das schmeckt dazu: Reis pur oder mit Mandeln und Safran
Kalorien pro Portion (bei 4): 670

Lamm-Tajine
Marokkanisch!

Für 4 zum Sattessen:
4 kleine Lammhaxen (je etwa 420 g, 2 große Haxen gehen aber auch)
2 Knoblauchzehen
2 rote Chilischoten
1 TL gemahlener Kreuzkümmel
1 Döschen gemahlener Safran oder Safranfäden
2 EL Öl
1 Stück Zimtstange
1 Glas Lammfond (400 ml, ersatzweise Rinder-, Gemüse oder Geflügelfond)
500 g Kartoffeln (fest kochende Sorte)
250 g Möhren
250 g Zucchini
2 EL Rosinen
Salz, 1 Bund Petersilie

1 Vom Lammfleisch die größeren Fettstücke wegschneiden und so gut wie möglich auch die Sehnen. Knoblauch schälen und durch die Presse drücken. Chilischoten waschen, entstielen und fein hacken (wer's nicht so scharf mag, kratzt vorher die Kerne raus). Knoblauch, Chili und Kreuzkümmel vermischen und das Fleisch damit einreiben. Den Safran mit wenig Wasser anrühren.

2 Wer einen Römertopf hat, kann den nehmen (unbedingt wässern!). Wer aber keinen hat, sucht einen großen Schmortopf (am besten aus Gusseisen) und lässt das Öl darin heiß werden. Das Fleisch rundherum bei starker Hitze gut drin anbraten. Safran

Noch mehr Rezepte mit Lammfleisch (Seite)

Auberginen-Moussaka (44)
Couscous mit Fleisch und Gemüse (84)

und Zimt dazu, Lammfond und 1/4 l Wasser dranschütten. Die Hitze klein schalten, den Deckel drauf und das Fleisch gut 1 Stunde vor sich hin köcheln lassen.

3 Kartoffeln schälen und waschen, große halbieren oder vierteln. Die Möhren schälen und in etwa 1 cm dicke Stücke schneiden. Die Zucchini waschen, putzen und genauso schneiden. Kartoffeln, Möhren und Zucchini mit den Rosinen zum Lamm geben, salzen und alles noch mal ungefähr 45 Minuten schmoren, bis die Kartoffeln weich sind.

4 Petersilie abbrausen, trockenschütteln und die Blättchen fein hacken. Über den Lammtopf streuen.

So viel Zeit muss sein: 20 Minuten
(+ 1 Stunde 45 Minuten Schmorzeit)
Das schmeckt dazu: Bulgur (auch der mit Feigen von Seite 85), Couscous oder Reis
Kalorien pro Portion: 470

Lauch

engl.: leek; franz.: poireau; ital.: porro; span.: puerro

Wir hätten auch »Porree« schreiben können. Aber so sparen wir stets einen Buchstaben und gewinnen Platz für weitere Grundsatzerklärungen. Denn der Lauch hat neben dem Namen noch anderes doppelt. Zwei Geschmacksrichtungen etwa an seinen beiden Enden: das eine weiß, fein, zart und süßlich-scharf, das andere dagegen grün, fest und kraftvoll-herb.

Da wundert's nicht, dass wir den Lauch auch nach zwei Haupterntezeiten unterscheiden. Von Juni–September kommt der mildere, zartere Sommerlauch mit langem, schmalem Schaft auf den Markt (vorher gibt es nur dünnen Bundlauch aus Frühkulturen unter Glas oder Folie). Vom September bis zum nächsten Frühjahr wird der kräftigere, härtere und schärfere Herbst- bzw. Winterlauch mit dickem, kurzem Schaft angeboten. Der Schaft bleibt deshalb weiß und zart, weil er beim Wachsen immer wieder mit Erde angehäufelt wird und nicht grünen kann. Daher gibt es also auch so viel Erdiges im Lauchinneren, was wieder rausgewaschen werden muss.

Ein Butterbrot mit Lauchringen (vom Sommerlauch, sonst wird's zu scharf) lässt das Aroma und die Kraft der Zwiebelpflanze schmecken. Diese bändigen süßliche Beigaben wie Möhren, Orangen, Äpfel oder Rosinen im Lauchsalat. Auch Hitze macht zumindest den weißen Lauchanteil milder und süßer. Wie viel Grün man vom Lauch mit abschneidet, legt die Würze des Essens fest. Im Zweifel sollten die groben Außenblätter und die dunklen Enden in die Bio-Tonne.

In Topf, Wok, Auflauf- oder Tortenform gekocht, püriert, sautiert, gratiniert sowie gebacken kommt Lauch als feines Cremesüppchen, deftiger Eintopf, asiatisches Pfannengericht oder rustikale Quiche voll zur Geltung. Ein echtes Dreamteam bilden Lauch und Kartoffel. Die zwei gehen gemeinsam durch Topf und Pfanne. Doch so eine Lauchstange mag's auch mal mit Sellerie, Tomaten, Champignons, Schinken, Geflügel – und gehört in jedes anständige Bund Suppengrün. An Kräutern stehen dem Sommerlauch Kerbel oder Estragon, dem Herbst- und Winterlauch Liebstöckel, Thymian und Lorbeer bei. Beide mögen Schnittlauch und Muskat, raffiniert schmecken sie mit mildem Curry- oder edelsüßem Paprikapulver. Auch gut: ein Schwenk in heißer Butter oder gutem Pflanzenöl.

Aufheben

Junger Lauch bleibt 5 Tage im Gemüsefach des Kühlschrankes oder im kühlen Keller frisch, Herbst- und Winterlauch wesentlich länger. Doch andere Lebensmittel gut vor seinem durchdringenden Aroma schützen! Und wie so viele andere Gemüse mag der Lauch keine Äpfel oder Tomaten neben sich, da diese ihn schneller welken lassen.

Guter Lauch…

…leuchtet weiß und grün und hat feste Blattspitzen
…ist kompakt

Schlechter Lauch…

…hat braune Stellen und schlaffe, gelbliche Blätter
…ist schlapp und locker

Hähnchen-Lauch-Salat mit Curry
Beflügelnd

Für 4 zum Sattessen:
2 Möhren
2 säuerliche Äpfel
1 Orange
3 EL Rosinen
400 g Hähnchenbrustfilet
170 ml Apfelsaft
50 ml Sojasauce
2 EL Rapsöl
1 EL Zitronensaft
150 g Naturjoghurt
Salz, Pfeffer aus der Mühle
mildes Currypulver
800 g Lauch
Salz

1 Die Möhren und Äpfel schälen, aus den Äpfeln auch die Kerngehäuse herausschneiden, beides fein raspeln. Die Orange auspressen und den Saft mit den Rosinen unter die Äpfel-Möhren-Raspel mengen. Hähnchenfleisch waschen, trockentupfen und kurz im Mix von 150 ml Apfelsaft und Sojasauce einlegen. Abtropfen lassen und im heißen Rapsöl bei mittlerer Hitze von jeder Seite so ungefähr 5 Minuten braten.

2 In der Zeit schon mal eine Salatsauce aus restlichem Apfelsaft, Zitronensaft und Joghurt rühren. Mit Salz, Pfeffer und nicht zu wenig Currypulver würzen.

3 Vom Lauch die Wurzelbüschel und die welken Teile abschneiden. Lauch der Länge nach aufschlitzen und gründlich waschen. In einem breiten Topf Salzwasser aufkochen und den Lauch darin 3–4 Minuten garen. Abtropfen lassen, klein schneiden.

4 Das Hähnchenbrustfilet – inzwischen lauwarm – in schmale Streifen schneiden, schnell mit dem auch noch lauwarmen Lauch und der Möhren-Apfel-Mischung vermengen, die Joghurtsauce darüber geben. Etwa 5 Minuten ziehen lassen, dann sofort genüsslich verspeisen.

So viel Zeit muss sein: 35 Minuten
Das schmeckt dazu: knuspriges Baguette
Kalorien pro Portion: 265

Sahnelauch
Ganz easy

Für 4 als Beilage:
3 dicke Stangen Lauch (ungefähr 1 kg)
ein paar Zweige Bohnenkraut oder Thymian
2 Knoblauchzehen, 2 EL Butter
150 ml Fleisch- oder Gemüsebrühe
1/2 unbehandelte Zitrone
150 g Sahne
Salz, Pfeffer aus der Mühle
eventuell 1 Messerspitze Tomatenmark oder Harissa (scharfe Chilipaste, ersatzweise Sambal oelek)

1 Vom Lauch die Wurzelbüschel und die welken Teile abschneiden. Lauch der Länge nach aufschlitzen, gründlich waschen und in 1 cm breite Streifen schneiden. Bohnenkraut oder Thymian abbrausen, trockenschütteln und die Blättchen fein hacken. Den Knoblauch schälen und hacken.

2 Butter im Topf zerlaufen lassen. Knoblauch und Bohnenkraut oder Thymian darin bei mittlerer bis starker Hitze anbraten. Lauch dazugeben und gut umrühren. Brühe dazugießen, die Hitze klein stellen und den Deckel auflegen. Den Lauch 15–20 Minuten schmoren lassen.

3 In der Zeit die Zitrone heiß waschen und die Schale fein abreiben. Sahne und Zitronenschale unter den Lauch mischen. Mit Salz, Pfeffer und eventuell auch dem Tomatenmark oder Harissa abschmecken. Wer mag, gibt auch noch einen Spritzer Zitronensaft dran.

So viel Zeit muss sein: 35 Minuten
Das schmeckt dazu: Fleischpflanzerl, Kartoffelgnocchi (mal eine deutsch-italienische Kombi) oder auch Nudeln
Kalorien pro Portion: 120

Laucheintopf mit Kartoffeln und Hack
Deftig, deftig

Für 4 zum Sattessen:
3 dicke Stangen Lauch (ungefähr 1 kg)
1 große rote Paprikaschote
700 g Kartoffeln (fest kochende Sorte)
4 Knoblauchzehen
2 EL Olivenöl
400 g gemischtes Hackfleisch
1/4 l Hühner- oder Gemüsebrühe
Salz, Pfeffer aus der Mühle
1 kleines Bund Petersilie
3 EL Schmand

1 Den Lauch putzen, gründlich waschen und in 1 cm breite Ringe schneiden. Paprika waschen, halbieren, putzen und in Streifen schneiden. Kartoffeln schälen, waschen und in 2–3 cm große Würfel schneiden. Knoblauch schälen und fein schneiden.

2 Das Öl im Topf erhitzen und das Hackfleisch darin bei starker Hitze braten, bis es krümelig ist und nicht mehr rot. Dabei immer mit dem Kochlöffel rühren und drücken. Lauch, Paprika und Knoblauch kurz mitbraten, Kartoffeln dazumischen.

3 Die Brühe zugeben und mit Salz und Pfeffer würzen, den Deckel auflegen. Die Hitze auf mittlere Stufe schalten und alles etwa 20 Minuten garen, bis die Kartoffeln weich sind.

4 Petersilie abbrausen, trockenschütteln und die Blättchen fein hacken. Schmand unter den Eintopf mischen und noch mal abschmecken. Mit der Petersilie bestreuen und auf den Tisch stellen.

So viel Zeit muss sein: 40 Minuten
Das schmeckt dazu: Bauernbrot oder Weißbrot
Kalorien pro Portion: 490

Putzen
Von außen schaut er oft makellos aus, aber innen ist er meistens voll Sand oder Erde – und dieser Schmutz muss raus. Also immer zuerst das Wurzelbüschel abschneiden und eventuell die äußere Blattschicht ablösen. Und dann kommt auch alles weg, was am oberen Ende welk oder zu fest aussieht. Den Rest von der Stange der Länge nach aufschlitzen, Blattschichten auseinander biegen und unter dem fließenden kalten Wasser gründlich abbrausen.

Lauchquiche
Lauwarm essen!

Für 4 oder doch für 6 zum Sattessen:
Für den Teig:
120 g kalte Butter
240 g Mehl
1 kräftig Prise Salz
Für den Belag:
600 g Lauch
400 g Champignons
1 EL Butter, 1 Bund Petersilie
200 g Crème fraîche
150 g geriebener Hartkäse
(z. B. Bergkäse)
1 Ei
Salz, Pfeffer aus der Mühle

1 Für den Teig Butter in kleinen Stücken, Mehl, Salz und etwa 2 EL kaltes Wasser zu einem glatten Teig verkneten. Zwischen zwei Lagen Klarsichtfolie rund ausrollen und eine Springform (26–28 cm Ø) damit auskleiden, dabei einen Rand formen. Den Teig in der Form etwa 1 Stunde kalt stellen.

2 Für den Belag den Lauch putzen, gründlich waschen und in feine Ringe schneiden. Pilze mit Küchenpapier trocken abreiben und die Stielenden abschneiden, die Pilze in feine Scheiben schneiden.

3 Den Backofen auf 180 Grad vorheizen (Umluft ohne Vorheizen 160 Grad). Die Butter in einer Pfanne zerlassen und Lauch und Pilze darin bei starker Hitze ungefähr 5 Minuten braten, abkühlen lassen.

4 Petersilie abbrausen, trockenschütteln und die Blättchen fein hacken. Mit der Crème fraîche, dem Käse und dem Ei unter den Lauch mischen. Mit Salz und Pfeffer abschmecken. Die Lauchmasse auf dem Teig verstreichen, die Quiche im Ofen (Mitte) etwa 40 Minuten backen. Quiche vor dem Anschneiden mindestens noch 10 Minuten stehen lassen.

So viel Zeit muss sein: 40 Minuten
(+ 1 Stunde Kühlzeit und 40 Minuten Backzeit)
Kalorien pro Portion (bei 6): 560

Überbackener Rosinenlauch
Das schmeckt richtig lecker!

Für 4 zum Sattessen oder
für 8 als Vorspeise:
2 dicke Stangen Lauch (etwa 500 g)
Salz
3 EL Rosinen
4 cl trockener Sherry
2 Eier
200 g Sahne
Pfeffer aus der Mühle
frisch geriebene Muskatnuss
80 g Cashewkerne (andere Nüsse gehen aber auch)
2 EL Butter
1 TL Currypulver

1 Lauch putzen, gründlich waschen und in 8–10 cm lange Stücke schneiden. In einem Topf 1 l Salzwasser aufkochen, Lauch darin 3 Minuten köcheln lassen, kalt abbrausen und gut abtropfen lassen.

2 Den Backofen auf 200 Grad vorheizen (auch schon jetzt: Umluft 180 Grad). Die Rosinen im Sherry einweichen und die Eier mit der Sahne verquirlen. Mit Salz, Pfeffer und Muskat würzen.

3 Die Lauchstücke nebeneinander in eine hitzebeständige Form legen und mit der Eiersahne begießen. In den Ofen (Mitte) schieben und 20 Minuten backen.

4 Die Cashews grob hacken und in einer Pfanne bei mittlerer Hitze ohne Fett kurz anrösten, bis sie gut duften. Dann 1 EL Butter dazugeben, schmelzen lassen und das Currypulver einrühren. Die Rosinen samt dem Sherry dazugießen, umrühren, einköcheln lassen.

5 Die Curry-Rosinen-Nüsse über dem Lauch verteilen, restliche Butter als kleine Flöckchen darüber verteilen und noch mal 5 Minuten weiterbacken.

So viel Zeit muss sein: 40 Minuten
Das schmeckt dazu: ofenfrisches Weißbrot
Kalorien pro Portion (bei 8): 200

Noch mehr Rezepte mit Lauch (Seite)

Apfel-Lauch-Gratin mit Gorgonzola (34)
Couscous-Eintopf mit Erdnüssen (84)
Currynudeln mit Kokosmilch (88)
Currysuppe mit Garnelen (87)
Erbsensuppe (104)
Fischfilets im Wurzelsud (125)
Folienfisch (115)
Gefüllte Kalbsbrust (154)
Jiaozi (234)
Kalbsbraten (155)
Kartoffelsuppe (163)
Lamm mit Austernsauce (206)
Maultaschen (232)
Miso-Suppe (307)
Scharfer Kürbis aus dem Wok (198)
Schweinefleisch süßsauer (292)

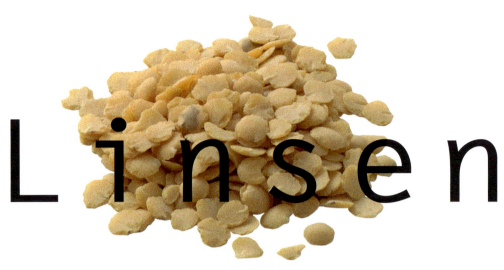

Linsen

engl.: lentils; franz.: lentilles; ital.: lenticchie;
span.: lentejas; ind.: dal

Wer bei Linsen nur an die khakifarbenen für die Suppen denkt – willkommen in der farbenfrohen weiten Linsenwelt. Hier gibt es Exemplare in Rot, Gelb, Weiß, Schwarz, Grün, Rosa-orange und Hellbraun in den Tönen würzig-erdig, nussig, süßlich bis streng. Was alle Linsen vereint, ist ihre cremig-weiche, zarte Konsistenz nach dem Garen.

Im Eintopf mag man gerne die noch ganzen Linsen, die erst nach leichtem Zubeißen ihre cremige Konsistenz offenbaren. Klassiker dafür ist unsere grüne oder braune Tellerlinse, vor allem die größeren Sorten so ab 6 mm Durchmesser. Die kleineren Linsen mit Biss sind was für rustikalere Salate oder Beilagen zu Geflügel oder Fisch. Unbedingt probieren: die delikaten Mini-Linsen mit Namen »Puy« oder »Beluga« – schön bissfest und ideal für die feine Aromaküche.

Fürs Süppchen zum Löffelablecken dürfen Linsen so lange kochen, bis sie völlig musig werden, was besonders gut bei den bunten aus dem Orient und Indien gelingt. Diese Linsen werden meist geschält, zerfallen dabei in zwei Hälften und brauchen nur kurz auf den Herd. Außer Suppen kocht man mit ihnen auch würzige, süßliche Breie, wie sie die Inder als Beilage schätzen und »dals« nennen. Musig kochende Linsen – ob braun oder bunt – sind auch die Basis für Pasten, Aufstriche, Kroketten und vegetarische Mini-Frikadellen.

Wie alle Hülsenfrüchte sind Linsen reich an wertvollem Eiweiß, dass uns besonders in Verbindung mit Getreide gut tut. Weswegen sie gemischt mit indischem Reis, schwäbischen Spätzle oder italienischen Spaghetti Volksnahrung sind. Und wenn wir schon beim Mischen sind: vielfältig sind Kombinationen von Linsen mit Geräuchertem, mit Herbstgemüse wie Kürbis, Lauch, Sellerie oder Sommerlichem wie Aubergine, Tomate, Paprika. Selbst Zitrusfrüchte harmonieren.

Was zeigt: Linsen lieben Saures. Der Schuss Essig zur Linsensuppe nach dem Kochen (vorher kann er Hülsenfrüchte hart machen) rundet den Geschmack erst ab, Aceto balsamico macht feine Linsengerichte noch feiner. Eher erdig schmeckende Linsen bevorzugen Lorbeer, Senf, Kreuzkümmel bzw. Kümmel. Ingwer, Minze und Honig passen zu den leicht süßen, roten Linsen und letzterer ist gut zum Süßen von dunklen Linsen.

Aufheben

Linsen sind am besten in einer gut verschließbaren Dose an einem kühlen Ort aufgehoben. Dort halten sich ganze Linsen mindestens 1 Jahr, geschälte 1/2 Jahr. Ältere Linsen verlieren mit der Zeit an Geschmack und müssen länger kochen, bis sie weich sind. Deshalb neu gekaufte Linsen nie mit den alten vermischen.

Die Typen

Braune und grüne **Tellerlinsen** (1) behalten ihre Form und werden erst nach längerem Kochen breiig, ergeben dann aber mit den richtigen Gewürzen noch ein gutes Püree. Es sind die Linsen für den Alltag: Für viele Rezepte gut, doch optimal eigentlich nur für den Eintopf. Darin vertragen sie sich mit vielen anderen Zutaten, weil sie selbst nur leicht nussig schmecken. Die braunen und grünen Linsen kommen meist aus Kanada, den USA und der Türkei.

Puy-Linsen (2) schmecken weniger mehlig und so nussig wie wohl kaum eine andere Linsensorte. Beim Kochen behalten diese Linsen ihren Biss – ideal also für beste Linsensalate. Ihren Namen haben sie von der Region Puy de Dôme in der Auvergne, doch baut man sie auch in Nordamerika und Italien an.

Beluga-Linsen oder **Kaviar-Linsen** (3) wurden erst vor 10 Jahren bekannt und sind neben den Puy-Linsen in der Gourmetküche daheim. Die dunklen, kleinen Linsen entwickeln beim Kochen ein feines Maronenaroma, bleiben schön fest und werden nicht mehlig. Sie glänzen und ähneln dadurch (optisch) Kaviar. Spitzenköche verwenden sie gerne, um edle Fische und Meeresfrüchte aufzupeppen. Auch geben sie sie in eine klare Brühe, machen einen exquisiten Salat daraus, streuen sie über Spaghetti und und und. Diese Linsen sind unbedingt eine Entdeckung wert.

Gelbe Linsen sind kleiner als die bei uns bekannten braunen Linsen und als »arhar dal« oder »toor dal« in der indischen Küche beliebt. Mit Schale sind sie braun, doch kommen sie meist geschält als gelbe Linsen in den Handel. Um sie zu konservieren, werden einige Sorten geölt. Ölschicht am besten mit heißem Wasser abspülen. Gelbe Linsen gibt es im Asia-Laden.

Rote Linsen (4), »masoor dal«, stammen wie die gelben aus Indien, sind ebenfalls geschält, schmecken aber süßlicher. Sie verkochen schnell cremig zu Brei und werden dabei goldgelb. Das macht sie nicht nur in Indien so beliebt als Basis für würzige Pürees, den indischen Dals. Zudem lässt sich aus ihnen eine würzige rote Linsensuppe zubereiten. Bei uns findet man sie in großen Lebensmittelabteilungen der Kaufhäuser, Naturkostläden, Reformhäusern sowie Asia- und Orient-Läden.

Linsensalat
Kost' fast nix

Für 4 als Vorspeise oder Beilage:
200 g Puy- oder Beluga-Linsen
2 Knoblauchzehen
1/2 Bund Thymian
1 getrocknete Chilischote
1 Bund Frühlingszwiebeln
1 EL grobkörniger Senf
2 EL Weißweinessig
Salz, Pfeffer aus der Mühle
4 EL Olivenöl
1 Staude Chicorée

1 Die Linsen in einen Topf schütten und gut mit Wasser bedecken. Den Knoblauch schälen, Thymian abbrausen und trockenschütteln, beides zu den Linsen in den Topf geben. Chilischote auch. Alles zum Kochen bringen. Deckel drauf, Hitze auf mittlere Stufe schalten und ungefähr 35 Minuten kochen lassen, bis die Linsen bissfest sind (vorher schon mal ein Löffelchen voll probieren). Abtropfen und abkühlen lassen.

2 Von den Frühlingszwiebeln die Wurzelbüschel und die welken Teile abschneiden. Die Zwiebeln waschen und in dünne Ringe schneiden. Den Senf mit Essig, Salz und Pfeffer verrühren. Öl kräftig mit der Gabel unterschlagen.

3 Thymianzweige, Knoblauch und Chili aus den Linsen fischen. Linsen mit Dressing und Zwiebelringen verrühren und noch mal abschmecken.

4 Vom Chicorée die äußeren Blätter abtrennen, Strunk keilförmig rausschneiden. Die Blätter ablösen, waschen, trockenschleudern und an den Rand von kleinen Schüsseln lehnen. Linsensalat einfüllen.

So viel Zeit muss sein: 20 Minuten
(+ 35 Minuten Garzeit)
Kalorien pro Portion: 270

Variante:

Linsen mit Pancetta

2 Knoblauchzehen schälen und fein hacken. Je ein paar Stängel Thymian und Salbei abbrausen, trockenschütteln und die Blättchen fein schneiden. 150 g Pancetta (italienischer Speck, durchwachsener Räucherspeck geht auch) klein würfeln und in 2 EL Olivenöl knusprig ausbraten. Knoblauch, Kräuter und 400 g braune oder grüne Tellerlinsen (am besten kleinere) dazurühren, kurz braten. Je 1/4 l Rotwein und Gemüsebrühe (oder nur Brühe) aufgießen und die Linsen bei mittlerer Hitze im geschlossenen Topf 30–50 Minuten garen, bis sie noch nicht ganz, aber fast weich sind. Derweil 600 g Tomaten entstielen, überbrühen, häuten und klein würfeln. Zu den Linsen geben und noch 10 Minuten weitergaren. Mit Salz, Pfeffer und eventuell 1 Schuss Rotweinessig abschmecken. Gut 1 Hand voll fein geschnittenes Basilikum drüberstreuen.

Linsensuppe
Die gibt's auch ohne Würstl!

Für 4 als kleines Essen:
2 Stangen Staudensellerie
2–3 Zweige Salbei
2–3 Knoblauchzehen
4–6 in Öl eingelegte Sardellenfilets
4 EL Olivenöl
200 g braune Tellerlinsen
3/4 l Gemüse- oder Fleischbrühe
1 kleine Dose Tomaten (400 g Inhalt)
Pfeffer aus der Mühle, Salz
8 kleine Scheiben Weißbrot
2 EL frisch geriebener Parmesan

1 Den Sellerie waschen und putzen, das Selleriegrün aufheben. Die Stangen in dünne Scheiben schneiden. Den Salbei abbrausen, trockenschütteln und die Blättchen in Streifen schneiden. Knoblauch schälen und mit den Sardellenfilets ganz fein schneiden.

2 Einen großen Topf auf den Herd stellen und 1 EL Olivenöl darin erwärmen. Knoblauch und die Sardellen, den Salbei und den Sellerie dazugeben und bei starker Hitze unter Rühren kurz braten. Die Linsen dazuschütten.

3 Die Brühe angießen und erhitzen. Die Tomaten in der Dose mit einem Messer kleiner schneiden und mit dem Saft in den Topf geben.

4 Suppe pfeffern, den Deckel auflegen. Alles etwa 40 Minuten bei mittlerer Hitze köcheln lassen, bis die Linsen gar sind. Immer mal wieder durchrühren. Zu stark soll die Suppe jedenfalls nicht kochen, sonst muss man noch Brühe nachgießen. Salzen und eventuell pfeffern.

5 In einer Pfanne 2 EL Öl warm werden lassen. Die Brotscheiben darin knusprig bräunen. Umdrehen und auch die zweite Seite goldbraun braten. Selleriegrün zerzupfen. Brotscheiben in tiefe Teller legen, die Suppe darüber schöpfen. Übriges Öl drauftröpfeln, etwas Parmesan und auch das Selleriegrün drüberstreuen und die Suppe schmecken lassen.

So viel Zeit muss sein: 20 Minuten
(+ 40 Minuten Garzeit)
Kalorien pro Portion: 375

Variante:

Klassische Linsensuppe
1 Bund Suppengrün und 1 Zwiebel waschen oder schälen, putzen und in kleine Würfel schneiden. 50 g durchwachsenen Räucherspeck würfeln und im Topf ausbraten. Das Gemüse dazugeben und kurz braten. 200 g braune Tellerlinsen dazu, mit 1 l Gemüseoder Fleischbrühe aufgießen. Linsensuppe etwa 40 Minuten bei mittlerer Hitze kochen lassen. Mit Salz, Pfeffer und Weinessig abschmecken. Die Hitze kleiner stellen und Wiener Würstchen (Menge nach Belieben) in der Suppe heiß werden lassen.

Indisches Dal
Gut und preiswert

Für 4 zum Sattessen:
1 große Zwiebel, 2 Knoblauchzehen
1 Stück frischer Ingwer (etwa 2 cm)
2 grüne Chilischoten
2 EL Öl, 300 g rote Linsen
je 1/2 TL gemahlener Kardamom
und Zimtpulver
2 TL gemahlene Kurkuma
1 Prise Nelkenpulver, Salz
Korianderblättchen zum Bestreuen

1 Zwiebel, Knoblauch und Ingwer schälen und fein hacken. Chilischoten waschen, entstielen und in feine Ringe schneiden.

2 Öl im Topf heiß werden lassen. Zwiebel, Knoblauch und Ingwer darin bei starker Hitze andünsten. Chili und Linsen dazugeben, die Gewürze untermischen, kurz mitbraten. 1 l Wasser dazuschütten, Hitze auf mittlere Stufe schalten.

3 Linsen ungefähr 20 Minuten kochen, bis sie ganz zerfallen sind. Zwischendurch mal umrühren und Wasser nachgießen, wenn das Ganze zu trocken ausschaut. Das Dal soll wie eine sehr dicke Suppe werden. Mit Salz würzen, Koriander darauf streuen.

So viel Zeit muss sein: 15 Minuten
(+ 20 Minuten Garzeit)
Das passt dazu: indisches Fladenbrot
(Tortillas gehen auch) und Reis
Kalorien pro Portion: 295

Basic Tipp

Original indisch gibt es dazu Chapatis, Fladenbrote. Die kann man im Indien-Laden fertig kaufen und man muss sie nur noch aufbacken. Oder aber man macht sie selber. Und das geht so: 200 g Mehl (am besten mindestens die Hälfte davon aus Vollkorn) mit 1 TL Salz, 1 EL Butterschmalz und 1/8 l lauwarmem Wasser gut und vor allem gründlich verkneten. In ein feuchtes, aber nicht nasses Tuch hüllen und 30 Minuten und länger in Ruhe lassen. Dann den Teig zu acht dünnen Fladen ausrollen und bei mittlerer Hitze in einer Pfanne ohne Fett pro Seite 1–2 Minuten backen.

Linsenbällchen mit Kokosnuss-Chutney
Frisch essen – sagt der Inder!

Für 4 zum Sattessen:
Für die Bällchen:
250 g rote Linsen
2 rote Chilischoten
1 Zwiebel, 2 Knoblauchzehen
1 Stange Zitronengras
1 TL Fenchelsamen
Salz, 1 EL Mehl
1 TL Backpulver
1 l Öl zum Frittieren
Für das Chutney:
1/2 Bund Koriander
1 kleine Zwiebel
150 g Naturjoghurt
100 g Kokosraspel
1 EL Sesamöl
2 TL schwarze Sesamsamen
Salz, 1/2 TL Chilipulver

1 Für die Bällchen die Linsen in eine Schüssel schütten, Wasser drübergießen und die Linsen über Nacht einweichen.

2 Am nächsten Tag die Linsen im Sieb abtropfen lassen. Chilischoten waschen und entstielen. Zwiebel und Knoblauch schälen und grob hacken. Zitronengras waschen und das obere Ende großzügig, das untere knapp abschneiden. Das Zitronengras grob zerkleinern.

3 Die Linsen mit Chilis, Zwiebel, Knoblauch und Zitronengras fein pürieren – im Mixer oder in der Küchenmaschine. Mit Fenchelsamen, Salz, Mehl und Backpulver zu einem Teig verarbeiten. Zwischen den Handflächen zu walnussgroßen Bällchen drehen, dabei die Hände immer wieder mit kaltem Wasser anfeuchten.

4 Für das Chutney Koriander abbrausen, trockenschütteln und Blättchen abzupfen. Die Zwiebel schälen und hacken. Beides mit Joghurt und Kokosraspeln in den Mixer geben und gründlich zu einem cremigen Püree mixen. Wenn das Ganze zu trocken aussieht, ein wenig heißes Wasser unterrühren. Das Chutney mit dem Sesamöl in einem Schälchen mischen.

5 Die Sesamsamen in einer Pfanne bei mittlerer Hitze rösten, bis sie fein duften oder bis sie anfangen zu springen. Mit dem Chutney mischen, mit Salz und Chilipulver abschmecken. Bis zum Servieren in den Kühlschrank stellen.

6 Das Frittieröl in einem Topf heiß werden lassen. Eine Platte mit einer dicken Schicht Küchenpapier auslegen. Die Linsenbällchen portionsweise im heißen Fett goldbraun frittieren. Jeweils mit dem Schaumlöffel aus dem Öl fischen, abtropfen lassen und auf das Küchenpapier legen. Wenn alle Bällchen fertig sind, mit dem Chutney essen.

So viel Zeit muss sein: 50 Minuten
(+ 12 Stunden Einweichzeit)
Das schmeckt dazu: Chapatis (Basic Tipp Seite 215) oder Reis und noch ein Chutney
Kalorien pro Portion: 660

Noch mehr Rezepte mit Linsen (Seite)

Lamm mit roten Linsen (206)

Linsen mit Schalotten
Mal nicht aus der Dose

Für 4 als Beilage oder Vorspeise:
200 g Puy- oder Beluga-Linsen
1 Lorbeerblatt, 4–5 Schalotten
5 EL Olivenöl
1/8 l trockener Weißwein
3 EL Weißweinessig
1 TL mittelscharfer Senf
Salz, Pfeffer aus der Mühle
1 Prise Zucker
2 EL Schnittlauchröllchen

1 Linsen mit dem Lorbeerblatt in einem Topf mit kaltem Wasser bedecken, aufkochen und zugedeckt bei mittlerer Hitze weich kochen (dauert je nach Alter und Sorte zwischen 40 und 60 Minuten).

2 Schalotten schälen und in feine Ringe schneiden. In 2 EL Öl bei schwacher Hitze glasig dünsten. Wein angießen, zur Hälfte einköcheln lassen. Vom Herd nehmen.

3 Die gekochten, aber noch bissfesten Linsen abtropfen lassen. Mit Schalotten mischen, Essig, übriges Öl und Senf untermengen. Mit Salz, Pfeffer und Zucker abschmecken. Schnittlauch drüberstreuen.

So viel Zeit muss sein: 15 Minuten
(+ bis 1 Stunde Garzeit)
Das schmeckt dazu: Entenbrust, Lachs
Kalorien pro Portion: 260

Würstchen mit Balsamico-Linsen
Deftig, kräftig, gut

Für 4 zum Sattessen:
1 Möhre
1 Stange Staudensellerie
1 Bund Frühlingszwiebeln
2–3 Knoblauchzehen
1 getrocknete Chilischote
1 Bund Petersilie
3 EL Olivenöl
400 g braune Tellerlinsen
etwa 1/4 l Gemüse- oder Fleischbrühe
1/4 l trockener Rotwein
1 EL Tomatenmark
8 Salsicce (etwa 700 g; roh geräucherte Schweinswürstchen aus Italien, ersatzweise andere grobe, roh geräucherte Würste nehmen, z. B. rheinische Mettwürste, aber bitte nicht mit Kümmel)
Salz, Pfeffer aus der Mühle
2 EL Aceto balsamico

1 Möhre schälen, Sellerie waschen und putzen. Von den Frühlingszwiebeln die Wurzelbüschel und die welken Teile abschneiden, waschen. Knoblauch schälen. Alles auf einem großen Brett zusammen mit der Chili ganz fein hacken. Die Petersilie abbrausen, trockenschütteln und die Blättchen auch ganz fein zerkleinern.

2 In einem breiten Topf knapp 2 EL Öl heiß werden lassen. Die Gemüsemischung darin 1–2 Minuten bei starker Hitze anbraten. Die Linsen einrühren, die Brühe und den Wein dazugießen, das Tomatenmark untermischen. Die Hitze zurückschalten – auf mittlere Stufe – Deckel drauf. Die Linsen ungefähr 30 Minuten garen, dabei immer mal wieder nachschauen, ob noch genug Flüssigkeit im Topf ist. Bei der Gelegenheit auch gleich durchrühren und eventuell etwas Brühe nachgießen.

3 Kurz bevor die Garzeit zu Ende ist, das übrige Öl in einer Pfanne erhitzen. Die Würste reinlegen und bei mittlerer Hitze von allen Seiten anbraten. Die Linsen mit Salz, Pfeffer und dem Aceto balsamico abschmecken. Die Würste drauflegen, den Deckel wieder auflegen und das Ganze noch mal etwa 10 Minuten garen, bis die Linsen weich sind, aber noch Biss haben. Zum Schluss mit noch mehr Essig oder Salz und Pfeffer abschmecken.

So viel Zeit muss sein: 30 Minuten
(+ 40 Minuten Garzeit)
Kalorien pro Portion: 890

Möhren

engl.: carrots; franz.: carottes; ital.: carote; span.: zanahorias

Möhrenbrei ist nach der Muttermilch unsere zweite süße Erfahrung mit der Welt. Keine Erinnerungen mehr daran? Einfach auffrischen mit weich gekochten Möhrchen. Die lassen sich am Gaumen zerdrücken und auf der Zunge spürt man ihre Süße und Milde. Aber auch wer ans Beißen gewöhnt ist, für den sind rohe Möhren wie geschaffen: fest, saftig, knackig. Da lohnt sich das Kauen noch.

Die Ernährungskundigen ergänzen nun, dass zu einer Möhrenrohkost immer auch etwas Fett gehört, wegen der fettlöslichen Vitamine. Recht haben sie und deshalb gibt es zu Möhrenstreifen einen Dip aus Frischkäse, Schmand oder saurer Sahne. Den Möhrensalat machen wir mit gutem Öl an, und weil Nüsse (neben Äpfeln, Sellerie, Kohlrabi) prima dazupassen, nehmen wir Nussöl. Dann werfen wir den Herd an: Wie wär's mit Suppe, Püree (ohne Lätzchen, dafür mit Ingwer) oder Beilagengemüse? Interessant sind auch Möhren gebacken, als Quiche oder Kuchen. Und braten, wokken, gratinieren – die Möhre macht's mit.

Da Möhren etwas süßlich schmecken, tun ihnen etwas Schärfe plus Süße gut: etwa mildes Currypulver und Kokosmilch zur Suppe. Ingwer, Zitrone, Koriander, auch Kreuzkümmel passen – je nach Rezept! Zu exotisch? Dann edelsüßes Paprikapulver dranrühren. Oder Möhren in Butter mit Zucker schwenken. Glasieren sagt der Koch. Toll! So lecker wie beliebt sind Möhren mit Erbsen, mit Zuckerschoten ist das fast schon wieder raffiniert. Auch nicht schlecht: Möhren mit Kürbis, Schwarzwurzeln, Kohlrabi, Brokkoli, Spargel, Paprika, Sellerie.

Gute Möhren…

…leuchten orangerot
…sind saftig
…lassen sich nicht biegen, sondern brechen sofort durch

Schlechte Möhren…

…sind schrumpelig, weich mit welkem Grün

Am süßesten schmecken junge Bundmöhren, die spitzen mit dem grünen Kraut. Es gibt sie ab Juni. Die kleinen, eher runden sind die eigentlichen Karotten, auch Pariser Karotten genannt. Auf sie stürzt sich die Konservenindustrie, weil sie gut in Dose und Glas passen und nett aussehen. Nur leider schmecken sie nach dem Erhitzen nicht mehr fein. So genannte Waschmöhren laufen nicht spitz aus, sondern ähneln zumindest in der Form eher einem Finger. Sie gibt's oft im Sack beim Kaufmann und sie sind größer und härter als Bundmöhren, daher sollte man sie besser kochen als roh essen. Von Sommer bis März (Dauermöhren) kommen sie – ohne Grün – in den Handel.

Aufheben

Werden Möhren nicht gleich gegessen, das Grün abschneiden und die Wurzeln ungewaschen im Plastikbeutel im Kühlschrank-Gemüsefach je nach Sorte 10–30 Tage lagern. Dort mögen sie es locker, also in kein eng gefülltes Fach stecken. Sehr feste, spät im Herbst geerntete Dauermöhren lassen sich über Monate im kühlen, dunklen, luftigen Keller lagern.

Scharfe Möhren-Ingwer-Sauce
Und fruchtig noch dazu

Für 4 als Beilage:
1 kleine Zwiebel
1 Stück frischer Ingwer (etwa 2 cm)
400 g Möhren, 2 EL Öl
1 TL Currypulver, 1/4 l Gemüsebrühe
1/4 TL gemahlener Kreuzkümmel
1 Prise Zucker, Chilipulver nach Geschmack
Salz, Pfeffer aus der Mühle
Saft von 1 Saftorange

1 Die Zwiebel und den Ingwer schälen und fein hacken. Die Möhren schälen und in feine Scheibchen schneiden oder hobeln.

2 In einem Topf das Öl erhitzen. Zwiebel und Ingwer 1–2 Minuten bei mittlerer Hitze andünsten, ab und zu umrühren. Möhren einrühren, das Currypulver darüber streuen und 2 Minuten unter Rühren andünsten, dann die Gemüsebrühe angießen. Mit Kreuzkümmel, Zucker und erstmal wenig Chilipulver, Salz und Pfeffer würzen.

3 Zudecken, 20 Minuten köcheln lassen. Dann den Topf vom Herd nehmen und die Möhren im Topf mit dem Kartoffelstampfer zerdrücken oder auch mit dem Pürierstab fein zerkleinern.

4 Den Orangensaft angießen, die Sauce nochmals erhitzen und kräftig durchrühren. Mit Salz, Pfeffer und eventuell mehr Chili abschmecken.

So viel Zeit muss sein: 35 Minuten
Das schmeckt dazu: Hähnchenbrust, gebraten oder gekocht, Fischfilet oder einfach nur ein Teller voll Reis
Kalorien pro Portion: 90

Möhrensalat mit Trauben
Arabisch!

Für 4 als Vorspeise oder Beilage:
250 g Trauben (blau und grün gemischt)
500 g Möhren
2 EL Olivenöl
Salz, Pfeffer aus der Mühle
2 Frühlingszwiebeln
2 Zweige Minze oder 4 Stängel Petersilie
1–2 EL Zitronensaft
je 1 Prise gemahlener Kreuzkümmel und Koriander
1/4 TL Chilipulver oder rosenscharfes Paprikapulver

1 Trauben waschen und halbieren. Wer sich an den Kernen stört, muss sie mit der Messerspitze rauspulen. Möhren schälen und in 1/2 cm dicke Scheiben schneiden.

2 In einem Topf 1 EL Öl warm werden lassen. Möhren und 2 EL Wasser dazugeben, salzen, pfeffern. Den Deckel drauf und die Möhren bei mittlerer Hitze etwa 5 Minuten dünsten. Abkühlen lassen.

3 Von den Frühlingszwiebeln die Wurzelbüschel und die welken Teile abschneiden, die Zwiebeln waschen und fein hacken. Die Minze abbrausen, trockenschütteln und die Blättchen auch fein hacken.

4 Möhren, Zwiebeln, Trauben und Minze mischen. Zitronensaft mit Salz, Pfeffer, Kreuzkümmel und Koriander verrühren, übriges Öl untermischen. Unter die Salatzutaten rühren. In eine Schüssel füllen, Chili oder Paprika drüberstäuben.

So viel Zeit muss sein: 25 Minuten
Das schmeckt dazu: Fladenbrot
Kalorien pro Portion: 105

Möhren schälen oder schaben?

• Ganz junge Möhren sind so zart, dass man sie nur unter fließendem Wasser abbürsten muss oder mit dem Messerrücken Schmutziges wegschaben kann.
• Ältere Möhren besser mit dem Sparschäler dünn abschälen.
• Der Stielansatz sollte in jedem Fall abgeschnitten werden.

Türkische Joghurtmöhren
Fürs Büffet oder Grillfest

Für 4 als Vorspeise oder Beilage:
300 g junge Möhren
2 Knoblauchzehen
1 Bund Dill
1 EL Butter
Salz
250 g Naturjoghurt (am besten aus Schafmilch)

1 Die Möhren unter fließendem Wasser gut abbürsten und den Stielansatz wegschneiden. Möhren fein raspeln – auf der Rohkostreibe. Knoblauch schälen. Den Dill abbrausen, trockenschütteln und die Spitzen fein hacken.

2 Die Butter in der Pfanne zerlassen. Möhren darin 1–2 Minuten bei mittlerer Hitze braten, dabei immer weiterrühren. Knoblauch dazupressen, Möhren mit Salz abschmecken. In eine Schüssel füllen, mit dem Dill und dem Joghurt verrühren und kalt werden lassen.

So viel Zeit muss sein: 25 Minuten
Das schmeckt dazu: Sesamfladen, die Möhren passen aber auch gut zu Fleisch und Fisch – vor allem vom Grill
Kalorien pro Portion: 60

Glacierte Möhren
Einfach fein

Für 4 als Beilage:
600 g Möhren
Salz
2–3 Stängel Petersilie oder Schnittlauch oder einige Blätter Basilikum oder Minze
50 g Butter
1 TL Zucker

1 Die Möhren schälen und längs halbieren oder vierteln, wenn sie sehr dick sind. Dann noch mal quer in etwa 3 cm lange Stücke schneiden.

2 Möhrenstücke in einer Pfanne knapp mit Wasser bedecken und leicht salzen. 5–10 Minuten bei mittlerer Hitze köcheln lassen. Die Möhren sollen auf jeden Fall noch bissfest sein.

3 Die Kräuter abbrausen (bis auf das Basilikum) und trockenschütteln und die Blättchen (auch Basilikum) hacken, den Schnittlauch fein schneiden. Jetzt die Flüssigkeit aus der Pfanne bis auf einen kleinen Rest von 1–2 EL abgießen.

4 Die Butter in kleinen Stückchen unter die Möhren mischen, Zucker drüberstreuen. Bei schwacher Hitze noch 5 Minuten dünsten und die Möhren dabei oft wenden, damit sie eine schöne Glasur bekommen. Mit den Kräutern bestreuen.

So viel Zeit muss sein: 25 Minuten
Das schmeckt dazu: Fleisch, Geflügel, Fisch
Kalorien pro Portion: 130

Variante:

Möhren in Marsalasauce

600 g Möhren schälen und längs vierteln, dann quer in etwa 4 cm lange Stücke schneiden. 2 EL Butter in einem Topf zerlassen. Möhren darin etwa 5 Minuten bei mittlerer Hitze andünsten. Fleißig umrühren. 1/8 l trockenen Marsala dazuschütten, Möhren salzen und pfeffern. Den Deckel auflegen und das Gemüse 12–15 Minuten garen, bis es bissfest ist. 1/2 Bund Petersilie abbrausen, trockenschütteln und die Blättchen fein schneiden, unter die Möhren mischen. Mit 1 TL Zitronensaft, Salz und Pfeffer würzen. Die Möhren schmecken gut zu allen Schmorbraten, zu Fisch und auch zu Geflügel.

Möhren-Sellerie-Bratlinge
Tolle Alternative

Für 4 zum Sattessen:
300 g Knollensellerie
300 g Möhren
2 EL Sonnenblumen-, Kürbis- oder Walnusskerne oder Mandeln
1/2 Bund Petersilie
2 Eier
4 EL Mehl, 2 EL Semmelbrösel
Salz, Pfeffer aus der Mühle
abgeriebene Schale von
1/2 unbehandelten Zitrone
2 EL Butterschmalz oder Öl

1 Sellerie und Möhren schälen und beides sehr fein raspeln, gut ausdrücken. Kerne oder Nüsse fein hacken. Die Petersilie abbrausen, trockenschütteln und die Blättchen fein hacken.

2 Das Gemüse mit Kernen oder Nüssen, Petersilie, Eiern, Mehl und Semmelbröseln verkneten. Mit Salz, Pfeffer und Zitronenschale würzen.

3 Das Fett in einer Pfanne heiß werden lassen. Aus der Gemüsemasse kleine Küchlein formen und diese bei mittlerer Hitze pro Seite 4–5 Minuten braten.

So viel Zeit muss sein: 40 Minuten
Das schmeckt dazu: Salat oder Gemüse, Kartoffeln oder Brot
Kalorien pro Portion: 215

Rüeblichueche
Süß – diese Schweizer!

Für 16 Stück Kuchen:
250 g junge Möhren
abgeriebene Schale und 3–4 EL Saft von 1 unbehandelten Zitrone
2 EL Kirschwasser (wer mag)
etwas Butter und Semmelbrösel für die Form
250 g gemahlene Mandeln
50 g Mehl, 2 TL Backpulver
6 Eier
160 g feiner Zucker
200 g Puderzucker
einige Marzipanmöhrchen (fertig gekauft)

1 Die Möhren unter fließendem Wasser gut abbürsten und den Stielansatz wegschneiden. Möhren fein reiben. Mit der Zitronenschale und 1 EL Zitronensaft und – wer mag – mit Kirschwasser mischen.

2 Den Backofen auf 180 Grad vorheizen (Umluft ohne Vorheizen 160 Grad). Eine Springform (26–28 cm Ø) mit der Butter einfetten und den Semmelbröseln ausstreuen. Form hin und her drehen, um die Brösel zu verteilen.

3 Die Mandeln mit Mehl und Backpulver mischen. Die Eier trennen. Eiweiße steif schlagen, dabei nach und nach den feinen Zucker einrieseln lassen. Eigelbe nacheinander unterziehen. Möhren und die Mehlmischung draufhäufen, mit dem Schneebesen untermischen.

4 Teig in die Form füllen, im Ofen (Mitte) ungefähr 40 Minuten backen. Stäbchenprobe machen (siehe Seite 240). Kuchen in der Form 5–10 Minuten stehen lassen, dann herauslösen und auf dem Kuchengitter vollkommen abkühlen lassen.

5 Den Puderzucker mit übrigem Zitronensaft verrühren und die Kuchenoberfläche damit bestreichen. Mit den Marzipanmöhrchen dekorieren.

So viel Zeit muss sein: 35 Minuten
(+ 40 Minuten Backzeit)
Kalorien pro Stück: 185

Noch mehr Rezepte mit Möhren (Seite)

Chili con carne (137)
Couscous mit Fleisch und Gemüse (84)
Couscous-Eintopf mit Erdnüssen (84)
Currysuppe mit Garnelen (87)
Erbsensuppe (104)
Erdnusssuppe mit Möhren (240)
Fischfilets im Wurzelsud (125)
Folienfisch (115)
Forellen in Weißwein (115)
Gado Gado (238)
Gebratener Reis (263)
Gefüllte Kalbsbrust (154)
Gemüseplatte mit Aioli (182)
Hackklößchen in Rotwein (138)
Hähnchen-Lauch-Salat mit Curry (209)
Kartoffelsuppe (163)
Kohlrabi-Möhren-Rohkost (187)
Lamm-Tajine (207) • Lasagne (135)
Mangold-Möhren-Gemüse (300)
Muschelsuppe mit Curry (223)
Ossobuco (153)
Semmelknödel mit Pilzsahne (81)
Sushi (120)
Überbackene Polentaschnitten (137)
Würstchen mit Balsamico-Linsen (217)

Muscheln

engl.: mussels, clams; franz.: moules, coquillage;
ital.: cozze, vongole; span.: conchas, almejas

Man liebt sie oder eben nicht. Muscheln sind Geschmackssache, egal ob Venus-, Mies- oder Jakobsmuschel. Liebe ist o.k. Aber warum diese Abneigung? Liegt's daran, dass man sie nicht so richtig gut kennt? Lässt sich ändern.

Fangen wir mit der kleinsten an. Die Venusmuschel heißt auch Herzmuschel, wird aber gerne kenntnisreich »vongole verace« oder schlicht »vongole« bzw. »verace« genannt. Der Klang verrät's, die weltweit verbreitete feine Muschel kommt zu uns hauptsächlich von den Küsten des Mittelmeers. Lieben gelernt haben wir sie meist bei unserem Lieblingsitaliener, etwa in Spaghetti vongole.

In allen mediterranen Küchen sowie an den Atlantikküsten gilt ein Berg frischer, dampfender Miesmuscheln als Festessen – auch wenn deren dunkelfarbige Schale wesentlich größer als der orangefarbene oder weißliche Inhalt ist. Auch in der Schale gratiniert sind sie ein Klassiker, ebenso in Fischtöpfen und sogar im Wok. Miesmuscheln wachsen hauptsächlich in Muschelfarmen an Pfählen (daher auch Pfahlmuscheln), Steinen oder speziellen Netzen.

Jakobsmuscheln heißen auch Pilgermuscheln, weil früher Pilger aus ihren flachen Schalen Wasser tranken. Diese feine, leicht verderbliche Muschel wird meist schon beim Fang ausgelöst und kommt entweder frisch auf Eis oder tiefgefroren bei uns an. Sie schmeckt pochiert, gebraten, gratiniert und gedünstet – alles in Kürze, sonst wird sie zäh.

Es gab mal eine Regel, die hieß: Muscheln nur in Monaten essen, die ein »r« im Namen tragen. Denn von September–April sei es kalt genug, damit die empfindlichen Tiere nicht verderben und uns dadurch vergiften. Heutzutage sind die Kühlmöglichkeiten beim Transport so optimal, dass das kein Grund mehr ist. Allerdings: Muscheln aus warmen Meeren, z.B. dem Mittelmeer, finden und fressen im Sommer mehr Algen, was sie dann nicht ganz so gut wie im Winter schmecken lässt. Gilt bei uns vor allem für Venus- und Jakobsmuscheln, während Miesmuscheln aus Nordsee oder Atlantik auch im Sommer sehr gut sein können.

Aufheben

Gute Mies- und Venusmuscheln kauft man lebend in der Schale. Die Lebendigkeit erkennt man bei diesen Meeresfrüchten daran, dass sie die Schalen fest zuhalten. Am besten aufgehoben sind sie beim Fischhändler – also ganz frisch von dort holen und maximal 1 Tag im Kühlschrank lagern. Das gilt auch für Jakobsmuscheln. Bei deren Einkauf den Händler fragen, ob sie frisch oder wenigstens frisch aufgetaut sind. Letztere bitte nicht mehr einfrieren.

Gute Muscheln…

…sind beim Einkauf geschlossen und gegart geöffnet (alle anderen wegwerfen)
…riechen frisch nach Meer
…sind ohne Schale (Jakobsmuscheln) makellos und leuchtend in der Farbe

Schlechte Muscheln…

…riechen extrem nach Meer oder gar Hafen
…kommen aus Glas oder Dose und besser nur in Notfällen aus der Tiefkühltruhe

Muschelsuppe mit Curry
Echt gut

Für 4 mit mittlerem Hunger:
1 1/2 kg Mies- oder Venusmuscheln
1/2 l Fischfond
2 Möhren, 1/4 Chinakohl
1 Bund Frühlingszwiebeln
2 EL Butter, 1 EL Currypulver
1 EL Mehl, 100 g TK-Erbsen
1 Bund Schnittlauch
100 g Sahne
Salz, Pfeffer aus der Mühle
2 TL Zitronensaft

1 Muscheln gründlich unter dem kalten Wasserstrahl bürsten, falls nötig den Bart abziehen. Fond mit 1/2 l Wasser in einen Topf schütten und aufkochen. Die Muscheln hinein, Deckel drauf und die Muscheln 3–4 Minuten kräftig kochen lassen. Mit dem Schaumlöffel aus dem Sud heben und im Sieb abtropfen lassen. Sud aufheben.

2 Die Möhren schälen und klein würfeln. Chinakohl putzen, waschen und quer in dünne Streifen schneiden. Von den Frühlingszwiebeln Wurzelbüschel und welke Teile abschneiden, Zwiebeln waschen und in feine Ringe schneiden.

3 Butter in einem großen Topf zerlassen. Zwiebelringe darin andünsten. Curry und Mehl darüber streuen und gut anbraten. Restliches Gemüse – auch die Erbsen – dazugeben. Mit dem Sud aufgießen und alles gut verrühren. Suppe zum Kochen bringen, den Deckel auflegen und alles bei mittlerer Hitze 10 Minuten garen.

4 Muschelfleisch aus den Schalen lösen, dabei geschlossene Muscheln wegwerfen. Schnittlauch abbrausen, trockenschütteln und in Röllchen schneiden.

5 Suppe mit der Sahne verfeinern, mit Salz, Pfeffer und Zitronensaft würzen. Die Muscheln darin ganz heiß werden lassen. Mit Schnittlauch bestreuen.

So viel Zeit muss sein: 40 Minuten
Das schmeckt dazu: Stangenweißbrot
Kalorien pro Portion: 500

Muscheln aus dem Ofen
Auch als Vorspeise für viele

Für 4 zum Sattessen:
2 kg Miesmuscheln
1/2 l trockener Weißwein
1 Lorbeerblatt
Salz, Pfeffer aus der Mühle
80 g altbackenes Weißbrot (vom Vortag)
3 Knoblauchzehen
1 getrocknete Chilischote, 1 Bund Petersilie
4 Tomaten, 2 Eier (Größe S)
50 g frisch geriebener Parmesan
2 EL Olivenöl

1 Muscheln gründlich unter dem kalten Wasserstrahl bürsten, falls nötig den Bart abziehen. Wein mit Lorbeerblatt, Salz und Pfeffer in einem großen Topf aufkochen. Muscheln dazu, den Deckel drauf und die Muscheln bei starker Hitze 3–4 Minuten kräftig kochen lassen.

2 Den Backofen auf 220 Grad vorheizen (auch schon jetzt: Umluft 200 Grad). Die Fettpfanne vom Ofen (das ist das tiefe Blech) bereitstellen.

3 Das Brot zerkrümeln. Den Knoblauch schälen und durch die Presse dazudrücken. Chili im Mörser fein zerkleinern. Petersilie abbrausen, trockenschütteln und die Blättchen ganz fein hacken. Tomaten waschen und sehr fein würfeln, dabei den Stielansatz wegschneiden. Zerkleinerte Zutaten mit den Eiern und dem Käse zum Brot geben, gut mischen, salzen.

4 Die Muscheln abtropfen lassen, geschlosse Exemplare wegwerfen. Von allen anderen Muscheln die leere Schalenhälfte jeweils abbrechen. Alle Schalenhälften mit Muschelfleisch in das tiefe Blech legen. Die Brotmischung wie Streusel drüberstreuen. Das Öl darüber tröpfeln. Die Muscheln im Ofen (Mitte) ungefähr 10 Minuten backen, bis die Bröselhaube leicht braun ist. Warm schmecken die Muscheln am besten!

So viel Zeit muss sein: 1 Stunde
Das schmeckt dazu: Weißbrot
Kalorien pro Portion: 330

Muscheln in Weißwein
Ganz easy

Für 4 zum Sattessen:
2 1/2 kg Muscheln (Mies- oder Venusmuscheln)
1 Zwiebel
3–4 Knoblauchzehen
1 rote Chilischote (frisch oder getrocknet)
3/4 l trockener Weißwein
1 Lorbeerblatt
Salz, Pfeffer aus der Mühle

1 Muscheln gründlich unter dem kalten Wasserstrahl waschen und bürsten, falls nötig den Bart abziehen. Zwiebel und Knoblauch schälen und grob hacken. Die frische Chili entstielen und längs halbieren, Kerne rausspülen, Rest ganz fein schneiden. (Die getrocknete Schote zerbröseln.)

2 Im sehr großen Topf Wein mit Zwiebel, Knoblauch, Chili und dem Lorbeerblatt bei mittlerer bis starker Hitze aufkochen lassen, salzen und pfeffern.

3 Die Muscheln hinein, Deckel zu und ungefähr 10 Minuten abwarten. Die meisten Muscheln haben sich nach dieser Zeit geöffnet. Eventuell alles noch 2–3 Minuten weiterköcheln lassen und schauen, was sich noch tut. Muscheln in eine große Schale umfüllen und auf den Tisch stellen.

4 Das Esswerkzeug bastelt man sich mit dem ersten Exemplar selber: Muschelfleisch aus der Schale picken, dann mit dieser jetzt freien »Muschelzange« das Fleisch aus allen weiteren offenen Gehäusen zwicken. Geschlossene Muscheln wegwerfen! Den Sud unbedingt mit Weißbrot auftunken.

So viel Zeit muss sein: 25 Minuten
Das schmeckt dazu: Weißbrot, Weißwein
Kalorien pro Portion: 200

Spaghetti vongole
Wanted: 2 große Töpfe!

Für 4 zum Sattessen:
Salz, 500 g Spaghetti
1 kg Venusmuscheln
1 große Zwiebel
3–4 Knoblauchzehen
2 kleine getrocknete Chilischoten
6 EL Olivenöl
1/4 l trockener Weißwein
1 Bund Petersilie
Pfeffer aus der Mühle

1 In einem großen Topf 5 l Wasser mit Salz für die Spaghetti zum Kochen bringen (volle Hitze, Deckel zu). Zwischendrin schon mal Muscheln waschen und bürsten. Zwiebel und Knoblauch schälen, Zwiebel halbieren und in dünne Streifen schneiden, Knoblauch hacken. Die Chilischoten zerkrümeln oder hacken.

2 Öl in einem zweiten großen Topf erhitzen. Zwiebel, Knoblauch und die Chilis rein, umrühren, 2 Minuten andünsten. Alle Muscheln dazu, den Weißwein angießen, schnuppern – und Deckel zu! Aufpassen, dass die Herdplatte nur auf mittlere Hitze eingestellt ist, es soll im Topf nicht wild, nur sanft köcheln – knappe 10 Minuten.

3 Jetzt ist auch Zeit für die Nudeln. Ins sprudelnde Wasser damit und im Auge behalten. Nach 7–8 Minuten den Al-dente-Test durchführen.

4 Petersilie abbrausen, trockenschütteln und die Blättchen fein hacken. Muscheltopf öffnen, mit Salz, Pfeffer und Petersilie würzen. Spaghetti abgießen, im Muscheltopf alles innig mischen.

So viel Zeit muss sein: 40 Minuten
Das schmeckt dazu: viel Weißbrot zum Auftunken vom Muschelsud
Kalorien pro Portion: 670

Gebratene Jakobsmuscheln
Ganz was Feines

Für 4 mit nicht allzu großem Hunger oder als üppige Vorspeise:
2 Schalotten, 1 Bund Basilikum
3 EL Butter
1/4 l trockener Weißwein oder Fischfond
200 g Sahne
12 ausgelöste Jakobsmuscheln
(nach Belieben mit oder ohne den orangen Corail)
Salz, Pfeffer aus der Mühle
1 TL Zitronensaft

1 Die Schalotten schälen und ganz fein hacken. Die Basilikumblättchen abzupfen. Ein paar Blättchen beiseite legen, den Rest ganz fein hacken.

2 In einem weiten Topf die Hälfte der Butter zerlassen. Schalotten darin hellgelb, aber nicht braun werden lassen. Gehacktes Basilikum dazugeben, mit Wein oder Fond und der Sahne aufkochen. Die Sauce unter Rühren leicht dickflüssig einkochen lassen.

3 Übrige Butter in einer Pfanne schmelzen. Muscheln kurz kalt abbrausen und trockentupfen. Salzen, pfeffern und in der Butter pro Seite 1 Minute braten. Sauce mit Salz, Pfeffer und Zitronensaft würzen. Muscheln darin noch mal 2 Minuten ziehen lassen. Mit dem übrigen Basilikum bestreuen.

So viel Zeit muss sein: 25 Minuten
Das schmeckt dazu: Reis oder einfach nur Brot und der Wein, der in der Sauce ist
Kalorien pro Portion: 285

Putzen
Muscheln gründlich unter dem kalten Wasserstrahl abbürsten, um Kalk- oder Sandreste zu entfernen. Den »Bart« (feine Fäden, mit denen sich die Muscheln am Pfahl festhalten) abziehen.

Aussortieren
Wichtig: nur die guten Muscheln sind genießbar. Und die schließen sich beim Waschen und öffnen sich beim Garen. Alle anderen in jedem Fall aussortieren und wegwerfen!

Noch mehr Rezepte mit Muscheln (Seite)

Fischsuppe (124)
Paella (265)

Basic Tipp
Bei den großen Jakobsmuscheln haftet am weißen Fleisch der so genannte Corail, der orangerote Rogen. Diesen kann man mitessen, er ist aber nicht so fein wie der Rest. Zum Testen mal beides braten und dann entscheiden, ob der Corail nächstes Mal dranbleiben darf oder nicht.

Nudeln

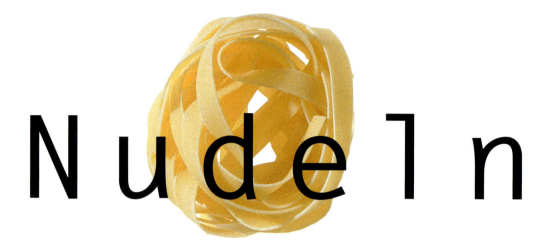

engl.: pasta, noodles; franz.: nouilles;
ital.: pasta; span.: pastas

Wahre Liebe fragt nicht nach der Vergangenheit. Deswegen sparen wir Nudelliebhaber uns die Diskussion über ihre Herkunft (Italien? China? Raviolidose?) und überhören das Gerede von ihren inneren Werten (»bringen Glück, Gesundheit, Goldmedaillen«). Uns reicht der Genuss. Fast. Denn ein bisschen möchten wir schon über unseren Darling wissen.

Mehl und Wasser waren die beiden Basics für die Ur-Nudel und sind bis heute die Zutaten der beliebtesten Nudeln der Welt. Denn um Spaghetti, Orecchiette, Rigatoni mit Biss und andere Pasta zu bekommen, verknetet man in Italien nichts als Wasser und Hartweizen, der zu feinem Grieß gemahlen ist. In Asien, wo Nudeln sich eher im großen Wok vollsaugen oder aus der Suppenschüssel flutschen sollen, geht man beim Mehl weiter. Es kann aus dem geschliffenen oder vollen Korn von hartem oder weichem Weizen oder Buchweizen gemahlen sein. Und oftmals ist es da die Stärke von Reis oder Mungobohne, die zur Nudel verarbeitet wird.

Mehl und Ei verkneten sie vom italienischen Norden bis hoch nach Mitteleuropa. Warum? Weil dort der Weizen weicher ist, also zu wenig Eiweiß und damit zu wenig Bindung für den richtigen Biss besitzt. Diesem Baufehler verdanken wir die badische Eiernudel, die schwäbischen Spätzle und die österreichischen Nockerl, aber auch einige der besten Nudeln zum Wokken. Und die Maultaschen oder Ravioli werden ebenfalls nur aus Eiernudelteig richtig gut.

Trocken und feucht heißt die Formel, nach der ein Nudelteig aus Mehl und Wasser oder Ei entsteht. Je nach Machart neigt die fertige Nudel eher dem haltbaren Trockenen oder dem frischen Feuchten zu. In Italien heißen »Pasta secca« alle Trockennudeln aus der Packung, sie werden stets aus Hartweizen und Wasser gemacht. »Pasta fresca« sind immer frische Nudeln aus Eierteig. In der übrigen Welt werden auch Eiernudeln getrocknet (Deutschland) oder Wassernudeln frisch verkauft (asiatische Reisnudeln).

Aufheben

Getrocknete Nudeln halten in der Packung problemlos 1 Jahr. Geöffnet luftdicht aufbewahren und in den nächsten Monaten verbrauchen. Frische Nudeln gibt's im Supermarkt oft wärmebehandelt in der Vakuumverpackung, sie halten Wochen bis Monate. Unbehandelt: 1–2 Tage Kühlen möglich.

Das passt zu Nudeln

Basilikum, Koriander, Oregano, Petersilie, Rosmarin, Salbei

Chili, Curry, Ingwer, Knoblauch, Paprika, Pfeffer, Safran, Sojasauce, Kapern, Oliven, Sardellen, getrocknete Tomaten, Nüsse, Kerne

Auberginen, Erbsen, Hülsenfrüchte, Lauch, Paprika, Pilze, Tomaten, Zucchini

Geräuchertes, alle Fleischsorten, Meeresfrüchte, Eier, Butter, Käse, Kokosmilch, Sahne, Olivenöl

Die Typen

Lang & dünn ist die beliebteste Nudelform der Welt, und italienische Hartweizenspaghetti (1) sind die populärsten Vertreter dieser mit Sugo wie Sud, Sahne wie Pesto idealen Pasta. Weitere Nudeln dieser Art: dünnere Spaghettini, dickere Spaghettoni, hohle Makkaroni, schmale, flache Linguine, Trenette oder Bavette.

Die **breiten Bandnudeln** sind eher was für rustikalere, üppigere Gerichte wie deftige Ragouts und werden bei uns gerne als Beilage zum Braten serviert. Das sind dann ganz oft getrocknete Eiernudeln, in denen 2–6 Eier auf 1 kg Weizengrieß stecken können. Und frische Eiernudeln sind fast immer Bandnudeln. Aus dem Norden Italiens kommen die breitesten, Pappardelle, und die Tagliatelle-Familie (2), die weiter südlich Fettuccine heißt.

Fusilli (3) sind wie Penne und deutsche Spiralnudeln oder Hörnchen typische **Kompaktnudeln,** die man mit reichlich Sauce serviert, und womit man noch lieber Salate und Aufläufe stabilisiert. Sie werden meist ohne Ei gemacht und sind immer getrocknet.

Asiatische Weizen- und **Eiernudeln** setzen sich ganz ähnlich wie die europäischen zusammen, sind jedoch durch Weichweizen und Vorbehandlung oft schneller gar (oder müssen nur quellen) und weniger bissfest. Sind bei uns meist getrocknet zu Blöcken (4) oder Nestern geformt zu haben. Für Suppen, Woks, als Unterlage für Geschmortes.

Leuchtend weiße **Reisnudeln** (5) werden aus Reisstärke und Wasser gemacht und sind fadendünn, spaghettirund, linguinebreit oder lasagnegroß Standard in der Küche Südostasiens – in Suppen, Salaten, Woks. Kochen kurz oder quellen, müssen kalt abgeschreckt werden.

Transparent-weißliche **Glasnudeln** (6) werden meistens aus Stärke der Mungobohne hergestellt, seltener mit Stärke von Pfeilwurz oder (Süß)Kartoffel. Lässt man für Suppen und Salate quellen, gibt es aber auch gekocht und kalt abgeschreckt.

Nudelsalat
Partyfood, das alle lieben

Für 6–8 Buffet-Gäste:
Salz
250 g Hörnchen- oder Spiralnudeln
200 g gekochter Schinken
150 g mittelalter Gouda
1 Bund Radieschen, 1/2 Salatgurke
1 Bund Schnittlauch, 1 Bund Dill
2–3 EL Mayonnaise
2–3 EL Naturjoghurt
2–3 EL Weißweinessig
Pfeffer aus der Mühle
2–3 EL Sonnenblumenöl

1 In einem Topf 3 l Wasser aufkochen. Salz dazugeben und die Nudeln auch. Im offenen Topf nach Packungsanweisung al dente kochen. Aber rechtzeitig schon mal probieren, damit sie nicht zu weich werden. Ins Sieb abgießen, abschrecken und gut abtropfen lassen.

2 Zwischendurch den Schinken ohne Fettrand in Streifen schneiden, den Käse grob raspeln. Radieschen vom Grün abschneiden, waschen, putzen und in dünne Scheibchen schneiden. Gurke schälen, in kleine Würfel schneiden. Kräuter abbrausen, trockenschütteln und fein schneiden.

3 Die Mayonnaise (selbst gemachte wär' natürlich der Clou – siehe Seite 92) mit dem Joghurt und dem Essig verquirlen, salzen und pfeffern. Zuletzt das Öl unterrühren.

4 Nudeln mit allen zerkleinerten Zutaten mischen, mit der Sauce begießen und durchziehen lassen (mit selbst gemachter Mayonnaise nicht zu lang!). Vor dem allgemeinen Run aufs Buffet den Salat noch mal probieren und mit Salz, Pfeffer, Essig abschmecken.

So viel Zeit muss sein: 30 Minuten
Das schmeckt dazu: alles, was sonst noch auf dem Buffet rumsteht oder einfach nur Wiener Würstchen
Kalorien pro Portion (bei 8): 310

Glasnudelsalat mit Hack und Pilzen
Dafür stand die Thai-Küche Pate

Für 4 als Vorspeise oder
für 2 als kleines Essen:
6 getrocknete Mu-Err-Pilze
100 g Glasnudeln
2 rote Chilischoten
2 Schalotten
1 Bund Schnittlauch
100 g Austernpilze oder Champignons
4 EL Fischsauce
4 EL Limetten- oder Zitronensaft
1 EL Zucker
2 EL Öl
200 g gemischtes Hackfleisch

1 Die Mu-Err-Pilze in eine Schüssel legen, warmes Wasser drübergießen und etwa 20 Minuten quellen lassen. Die Glasnudeln ebenfalls, aber nur 10 Minuten in Wasser einweichen.

2 Chilis waschen, entstielen und in feine Ringe schneiden. Die Schalotten schälen, halbieren und in dünne Streifen schneiden. Schnittlauch abbrausen, trockenschütteln und in 4–5 cm lange Röllchen schneiden. Die Austernpilze oder Champignons mit Küchenpapier trocken abreiben, Stiele abschneiden. Die Hüte in Streifen oder dünne Scheiben schneiden.

3 Mu-Err-Pilze aus dem Wasser fischen, Stiele abschneiden, Hüte kleiner schneiden. Glasnudeln abtropfen lassen und mit der Küchenschere ebenfalls kleiner schneiden.

4 Fischsauce, Zitrussaft und Zucker verrühren. Öl in einer Pfanne erhitzen. Alle Pilze darin bei starker Hitze kurz braten. Das Fleisch dazugeben und braten, bis es krümelig und nicht mehr rot ist. Chilis und Schalotten dazugeben und auch kurz braten. Nudeln untermischen, 1–2 Minuten braten. Sauce und Schnittlauch dazu, gut umrühren und den Salat in eine Schüssel füllen. Lauwarm werden lassen. Dann durchrühren, probieren und eventuell nachwürzen.

So viel Zeit muss sein: 20 Minuten
(+ 20 Minuten Quellzeit)
Kalorien pro Portion (bei 4): 300

Nudelsuppe
Wirkt Wunder bei Kummer

Für 4 zum Sattessen:
500 g Rinderknochen
Salz
600 g Suppenfleisch (z. B. Tafelspitz)
1 Bund Suppengrün
2 Zwiebeln
3 getrocknete Chilischoten (nur für die, die's scharf mögen)
einige Pfefferkörner
1 Bund Frühlingszwiebeln
Pfeffer aus der Mühle
150 g Suppennudeln (man kann auch dünne Spaghetti in kurze Stücke brechen)

1 Die Rinderknochen abbrausen, mit 2 l kaltem Wasser in einen großen Topf geben. Zugedeckt zum Kochen bringen. Salzen, Suppenfleisch hineingeben und ungefähr 1 Stunde bei ganz schwacher Hitze sieden lassen. Die sich bildende Schaumkrone immer wieder mal abschöpfen.

2 Suppengrün waschen, putzen oder schälen und grob zerschneiden. Zwiebeln schälen und vierteln, die Chilis zerbröseln. Gemüse, Chilis und Pfefferkörner in den Topf geben. Alles noch mal 1 Stunde ganz sanft weiterköcheln lassen.

3 Von den Frühlingszwiebeln die Wurzelbüschel und welken Teile abschneiden. Die Zwiebeln waschen und erst in lange Stücke, dann in schmale Streifen schneiden.

4 Fleisch aus der Brühe nehmen und klein schneiden. Die Brühe durchsieben, oben schwimmendes Fett abschöpfen oder mit Küchenpapier absaugen. Suppe wieder zum Kochen bringen, kräftig abschmecken (Salz, Pfeffer, Chili).

5 Nudeln in die kochende Suppe geben und nur wenige Minuten kochen (siehe Packung!). Für 1 Minute auch das Fleisch und die Frühlingszwiebeln noch mal in den Topf geben und erwärmen.

So viel Zeit muss sein: 30 Minuten
(+ 2 Stunden Kochzeit)
Das schmeckt dazu: Brot oder Brötchen
Kalorien pro Portion: 350

TIPP:
In die Suppe passt gut etwas Gemüse – Kohlrabistifte, Möhrenscheiben oder auch TK-Erbsen kurz mitkochen. Und auch mit Kräutern kann man Akzente setzen. Mal ein bisschen Liebstöckel ausprobieren oder Borretsch oder auch Bärlauch zum Schluss drüberstreuen.

Freischwimmer
Das Schlimmste, was man Nudeln antun kann: sie in einem zu kleinen Topf mit zu wenig Wasser zu garen. Alle Nudeln wollen frei schwimmen. Also: pro 100 g mindestens 1 l Wasser in den großen Topf schütten und aufkochen.

Salz muss sein
Perfektes Kochen reicht nicht aus. Wer kein Salz im Wasser hat, kann den salzarmen Geschmack auch mit der Sauce nicht mehr auffangen. Pro 1 l Wasser 1 TL Salz dazu.

Auf den Punkt
Nicht zu hart und nicht zu weich – eben al dente – und gleichmäßig gar sollen sie sein. Deshalb im Topf immer wieder durchrühren, damit die Pasta nicht zusammenklebt. Und schon vor der angegebenen Garzeit eine Nudel rausfischen und reinbeißen. Ist in der Mitte ein winziger weißer Kern zu sehen, ist sie ideal. Übrigens nur abschrecken, wenn man sie nicht gleich mit Sauce essen will.

Japanische Nudelsuppe
Macht Gäste glücklich

Für 4–6 als Vorspeise:
150 g TK-Blattspinat
1 Stück frischer Ingwer (etwa 2 cm)
1 Knoblauchzehe
150 ml Sojasauce
5 EL Reiswein oder Sherry
1 Sternanis oder 10 Anissamen
1 TL Zucker
4 Hähnchenbrustfilets (etwa 400 g)
2 Eier
300 g japanische Ramen-Nudeln (notfalls gehen auch nicht zu feine Suppennudeln)
2 Frühlingszwiebeln

1 Den Spinat aus der Packung nehmen, in ein Sieb legen und auftauen lassen. Den Ingwer und Knoblauch schälen und in feine Scheiben schneiden. 2 EL Sojasauce in ein Schälchen schütten, den Rest mit Ingwer, Knoblauch, Reiswein oder Sherry, Anis und Zucker verrühren.

2 Hähnchenfilets nebeneinander in einen weiten Topf oder in eine hohe Pfanne legen. Sojasaucenmischung drübergießen und dann so viel Wasser, dass das Fleisch davon bedeckt ist. Langsam erhitzen, den Deckel drauf und die Hähnchenfilets bei schwacher Hitze 15 Minuten mehr sieden als kochen lassen. Im Sud abkühlen lassen.

3 Eier mit kaltem Wasser aufsetzen und nach dem Aufkochen noch 7–8 Minuten köcheln lassen. Kalt abschrecken. Nudeln kochen, wie es auf der Packung steht, ins Sieb schütten, abschrecken und abtropfen lassen. Von den Frühlingszwiebeln Wurzelbüschel und welke Teile abschneiden. Die Zwiebeln waschen, in feine Ringe schneiden. Die Eier schälen und in dünne Scheiben schneiden. Fleisch aus dem Sud nehmen und in dünne Scheiben schneiden.

4 Sud wieder heiß machen. Hähnchen, Spinat und Nudeln darin erwärmen. Aber nicht heftig aufkochen. Mit übriger Sojasauce würzen und in Suppenschälchen füllen. Mit Ei und Zwiebelringen garnieren.

So viel Zeit muss sein: 45 Minuten (ohne Abkühlzeit)
Kalorien pro Portion (bei 6): 370

Basic Tipp

In Japan heißt der Reiswein Sake und wird aus Reis und Wasser fermentiert. Das traditionelle Getränk hat ungefähr 15% Alkohol und wird kühl und warm getrunken – und eben auch viel zum Kochen verwendet, vor allem der weniger edle, süßliche und nicht so teure Mirin. Wer ihn zu der Suppe trinken möchte, sollte ihn anwärmen. Im Wasserbad geht das am besten.

Gebratene scharfe Nudeln
Hot and easy

Für 4 zum Sattessen:
250 g chinesische Eiernudeln (Instant)
2 Stangen Zitronengras
4 rote Chilischoten
2 Knoblauchzehen, 1 Schalotte
1 Stück frischer Ingwer (etwa 2 cm)
150 g Hähnchenbrustfilet
2 EL Sojasauce
250 g Spinat (am besten Wurzelspinat)
150 g Sojabohnensprossen
1 kleine Salatgurke
5–6 EL Öl, Salz
einige Minze- oder Basilikumblättchen

1 Im Topf 3 l Wasser zum Kochen bringen, die Nudeln hinein und den Topf gleich vom Herd ziehen und die Nudeln etwa 4 Minuten im Wasser schwimmen lassen. Dann in ein Sieb schütten, kaltes Wasser drüberlaufen und gut abtropfen lassen.

2 Zitronengras waschen, die unteren und die oberen Enden abschneiden, den Rest fein hacken. Chilis waschen, entstielen und fein schneiden. Knoblauch, Schalotte und Ingwer schälen und fein hacken. Alle diese Zutaten im Mörser zur feinen Paste zerdrücken. Oder mit dem Messer fein hacken.

3 Das Hähnchenfleisch in dünne Streifen schneiden und mit der Sojasauce mischen. Spinat gut waschen, trockenschleudern, dicke Stiele abknipsen und größere Blätter kleiner zupfen. Die Sprossen waschen und abtropfen lassen. Die Gurke waschen, längs halbieren und die Kerne mit einem Löffel rauskratzen. Gurkenhälften quer in dünne Scheiben schneiden.

4 Das Öl in einer beschichteten Pfanne erhitzen. Die Nudeln darin bei starker Hitze unter Rühren kurz braten, wieder rausfischen. Huhn und die Sprossen im Öl kurz durchschwenken. Die Gurke dazugeben und kurz braten. Scharfe Paste dranrühren und 1 Minute braten, den Spinat dazu und unter Rühren weiterbraten, bis er zusammengefallen ist. Dann Nudeln wieder darunter mischen, salzen. Minze oder Basilikum draufstreuen, fertig.

So viel Zeit muss sein: 40 Minuten
Kalorien pro Portion: 380

Schinkennudeln
Ganz pur, ganz würzig oder noch reicher

Für 4 zum Sattessen:
Salz
300 g Spaghetti, Bandnudeln oder Makkaroni
200 g gekochter Schinken oder magerer geräucherter Speck
3 EL Butter
1/4 Bund Petersilie
Pfeffer aus der Mühle

Für die ganz würzige Version zusätzlich:
1 Bund Frühlingszwiebeln
1 Bund gemischte Kräuter (aber keine Petersilie)
etwas frisch geriebener Parmesan
Für die noch reichere Version zusätzlich:
3 Eier, 250 g saure Sahne

1 In einem Topf gut 3 l Wasser aufkochen. Salz dazugeben und die Nudeln auch. Im offenen Topf nach Packungsanweisung al dente kochen. Ins Sieb abgießen.

2 Schinken oder Speck in dünne Streifen schneiden. Butter in einer Pfanne schmelzen. Nudeln darin bei mittlerer Hitze leicht braun werden lassen. Schinken oder Speck dazu und kurz weiterbraten. Die Petersilie abbrausen, trockenschütteln und die Blättchen fein hacken. Nudeln mit Salz, Pfeffer und Petersilie abschmecken.

3 Für die ganz würzige Version: Die Frühlingszwiebeln putzen, waschen und in feine Ringe schneiden. Die Kräuter abbrausen, trockenschütteln und hacken. Beides mit den Nudeln anbraten, dann Schinken dazu, Parmesan darüber streuen.

4 Für die noch reichere Version: Die Eier mit der sauren Sahne verquirlen und zum Schluss unter die Schinkennudeln mischen. Weiterbraten, bis die Eier fest werden.

So viel Zeit muss sein: 15–25 Minuten
Das schmeckt dazu: Blattsalat
Kalorien pro Portion: 390 (pur), 410 (würzig), 545 (reicher)

Nudelteig

- Ob für Maultaschen oder Ravioli, ein Nudelteig wird immer auf die gleiche Art gemacht. Grundlage sind Mehl, Salz und Eier, beim italienischen Teig kommt noch Olivenöl dran, beim schwäbischen Wasser oder auch mal flüssige Butter.
- Geschmeidig soll der Teig sein, aber nicht so weich, dass er klebt. Also entsprechend mehr Flüssigkeit oder aber Mehl dazugeben, wenn er »noch nicht ganz richtig ist«. Und: Zeit nehmen zum Kneten, nur so wird er wirklich elastisch.
- Ist man im Besitz einer Nudelmaschine, übernimmt die das lange Kneten: den Teig durch die weite Walzenöffnung drehen. Immer wieder dreifach zusammenlegen und noch mal durchdrehen – mit der »offenen« Seite nach vorne –, bis der Teig schön glatt ist. Dann kann man die Walzenöffnung langsam immer enger stellen und die Nudelplatte schön dünn formen. Und Maultaschen, Ravioli oder auch Bandnudeln daraus zaubern.

Maultaschen
Aus Schwaben

Für 6–8 zum Sattessen
(es sind etwa 40 Maultaschen):
Für den Teig:
400 g Mehl
Salz
3 Eier
Für die Füllung:
6 Scheiben Toastbrot
1/4 l Milch
1 Zwiebel
1 Stange Lauch
1/2 Bund Petersilie
1 EL Butter
450 g Hackfleisch
200 g Kalbsbrät
3 Eier (Größe S)
Salz, Pfeffer aus der Mühle
frisch geriebene Muskatnuss
Zum Zusammenkleben:
1 Eiweiß

1 Für den Teig das Mehl in eine Schüssel schütten. 1 TL Salz dazugeben und auch die Eier. Alles mit den Händen oder den Knethaken des Handrührgeräts zu einem glatten geschmeidigen Teig verkneten. Damit das gut und einfach geht, nach und nach etwa 6 EL kaltes Wasser dazulöffeln.

2 Den Teig zu einer Kugel rollen, in etwas Pergamentpapier oder in ein Küchentuch einwickeln und in Ruhe lassen, bis die Füllung fertig ist. Und zwar bei Zimmertemperatur, dann quillt das Mehl am besten.

3 Für die Füllung das Toastbrot in eine flache Schüssel legen, die Milch darüber gießen und das Brot weich werden lassen. Wenn's zu wenig Flüssigkeit ist, einfach noch etwas Wasser dazugeben.

4 Die Zwiebel schälen und in kleine Würfel schneiden. Vom Lauch das Wurzelbüschel und die welken Teile abschneiden. Die Stange längs aufschlitzen und gründlich waschen. Den Lauch fein schneiden. Die Petersilie abbrausen, trockenschütteln und die Blättchen hacken.

5 Butter im Topf zerlassen, Zwiebel und Lauch darin kurz anbraten, Petersilie untermischen. Unter Rühren etwa so lange braten, bis alles nicht mehr ganz roh aussieht. In eine Schüssel umfüllen. Brot ausdrücken und in feine Stücke zerpflücken. Mit Hackfleisch, Kalbsbrät und den Eiern zur Lauchmischung geben. Kräftig mit Salz, Pfeffer und Muskat würzen und gründlich verkneten (am besten mit den Händen).

6 Den Teig noch mal durchkneten, vierteln und jeweils auf wenig Mehl dünn zu einem Rechteck ausrollen. In Stücke von 16 cm Länge und 6 cm Breite schneiden. Auf eine Hälfte der Teigrechtecke mit einem Löffel längliche Häufchen von der Füllung setzen. Den Teig rund um die Häufchen mit Eiweiß bepinseln. Die leeren Teighälften über die Füllungen klappen. Die Teigränder mit der Gabel gut zusammendrücken.

7 In einem großen Topf reichlich Salzwasser zum Kochen bringen. Maultaschen

darin portionsweise – sie sollen nicht zusammenkleben – jeweils etwa 8 Minuten kochen. Mit dem Schaumlöffel rausnehmen und nebeneinander auf das Brett, die Arbeitsfläche oder eine große Platte legen – wieder, damit sie nicht zusammenkleben.

8 Wenn alle Maultaschen gekocht sind, entscheiden: In Brühe gleich noch mal erhitzen, in Butter braten und mit gerösteten Zwiebeln und Kartoffelsalat essen oder einen Teil gleich verspeisen und den anderen Teil einfrieren und für später aufheben.

So viel Zeit muss sein: 2 Stunden
Das schmeckt dazu: Kartoffelsalat (am besten mit Gurkenscheiben drin) oder Fleischbrühe
Kalorien pro Portion (bei 8): 535

TIPP:

Wer die Maultaschen einfrieren will, muss sie in jedem Fall vorher wie beschrieben kochen. Dann aber kalt abschrecken und abkühlen lassen. Nebeneinander auf einem Brett im Gefrierschrank oder -fach etwa 1 Stunde anfrieren. Danach kann man sie in Gefrierbeutel füllen, ohne dass sie zusammenkleben. Und problemlos auch wieder stückweise rausholen. Wer sie in Brühe essen will, erhitzt sie tiefgekühlt in heißem Salzwasser und gibt sie dann in die Brühe. Wer sie braten will, lässt sie vorher auftauen.

Variante:

Ravioli
Für den Teig 400 g Mehl mit 4 Eiern, 1 EL Olivenöl und 1 TL Salz verkneten und ruhen lassen – wie beschrieben. Nun den Teig ebenfalls ganz dünn ausrollen, dann aber in etwa 6 x 6 cm große Stücke schneiden. Zur Hälfte belegen, mit Eiweiß bepinseln und zusammenklappen. Die Ränder nach dem Füllen mit den Gabelzinken zudrücken. Kochzeit: 3–4 Minuten.

Und das kann in die Ravioli rein:

Spinat-Ricotta-Füllung
1 Päckchen TK-Spinat (300 g) auftauen lassen oder nach Packungsaufschrift garen und abkühlen lassen. Gut ausdrücken und ganz fein hacken. Mit 250 g weichem Ricotta, 100 g frisch geriebenem Parmesan oder Pecorino, 1–2 durchgepressten Knoblauchzehen und 1 Ei mischen. Mit Salz und Pfeffer würzen. Statt Spinat schmecken auch Mangold oder Rucola sehr gut. Ravioli mit dieser Füllung mit geschmolzener Butter und frisch geriebenem Parmesan servieren.

Fleischfüllung
400 g Kalbfleisch, Hähnchenbrustfilet oder Kaninchenfleisch von Fett und Sehnen befreien und klein würfeln. Mit 50 g durchwachsenem Räucherspeck, 1 Möhre und 1 Zwiebel – alles klein gewürfelt – in knapp 2 EL Öl etwa 5 Minuten braten. Im Mixer pürieren, mit 1 EL weichem Ricotta oder Mascarpone oder 2 EL Sahne, 2 Eiern und 3 EL frisch geriebenem Parmesan mischen, salzen und pfeffern. Ravioli mit dieser Füllung entweder auch mit Butter und Parmesan oder mit einer leichten Tomatensauce servieren.

Kürbisfüllung
400 g gekochtes Kürbisfleisch fein zerdrücken. Mit 50 g gehackten Pinienkernen, 2 durchgepressten Knoblauchzehen, 100 g frisch geriebenem Parmesan, 1 Bund gehacktem Basilikum und 1 Ei mischen. Mit Salz und Pfeffer – und vielleicht etwas Chilipulver – abschmecken. Zu Ravioli mit dieser Füllung schmeckt eine Tomatensauce, aber auch eine leichte Sahnesauce mit etwas Salbei oder geschmolzener, brauner Butter.

Artischockenfüllung
200 g eingelegte Artischockenherzen mit dem Pürierstab fein zerkleinern. Mit 100 g Mascarpone, 50 g frisch geriebenem Parmesan oder Pecorino und 1 Ei verrühren. 1/2 Bund gehackte Petersilie und etwas unbehandelte Zitronenschale darunter mischen, salzen und pfeffern. Ravioli mit dieser Füllung mit Zitronensahne oder mit einer leichten Tomatensauce mit wenig Sahne oder Crème fraîche servieren.

Jiaozi
Ravioli aus dem Reich der Mitte

Für 4 zum Sattessen:
400 g Mehl
1 Stück frischer Ingwer (etwa 2 cm)
1 Stange Lauch
1 großes Bund Schnittlauch (am besten China-Schnittlauch)
350 g mageres Schweinehackfleisch
1 EL Reiswein
2 EL Sojasauce
2 TL dunkler Reisessig
1 EL Sesamöl
Salz
Für die Sauce:
6 EL dunkler Reisessig
6 EL Sojasauce
1 1/2 EL Sesamöl

1 Das Mehl mit 200 ml lauwarmem Wasser zu einem schön glatten und weichen Teig verkneten, der nicht an den Fingern klebt. Wenn er also zu weich ist, noch etwas Mehl drunterkneten. Wenn er aber nicht weich genug ist, muss noch etwas Wasser dran. Den Teig locker in ein feuchtes Küchentuch hüllen und etwa 30 Minuten ruhen lassen.

2 Zeit genug für die Füllung: Ingwer schälen und ganz fein hacken. Vom Lauch das Wurzelbüschel und die welken Teile abschneiden. Lauch der Länge nach aufschlitzen und gründlich waschen. Ganz fein hacken. Den Schnittlauch abbrausen, trockenschütteln und schön fein schneiden.

3 Das Hackfleisch mit Ingwer, Lauch, Schnittlauch, Reiswein, Sojasauce, Reisessig, Sesamöl und Salz in einer Schüssel mit den Händen oder den Knethaken des Händrührgeräts durchkneten, bis alles gut zusammenhält.

4 Den Teig in vier gleich große Stücke teilen und jeweils zu etwa 2 cm dicken Rollen formen. Von den Rollen ebenso lange Stücke abschneiden. Jedes Stück zu Kugeln drehen und auf etwas Mehl möglichst dünn und rund ausrollen.

5 Wenn alle Teigkugeln ausgerollt sind (ungefähr 40 Stück werden das schon), die Füllung darauf verteilen. Die Teigkreise zu Halbmonden zusammenklappen und die Ränder gut zusammendrücken.

6 In einem großen Topf reichlich Wasser zum Kochen bringen. Jiaozi hineinwerfen, Hitze auf mittlere Stufe zurückschalten und die Ravioli etwa 4 Minuten kochen lassen. Mit einem Schaumlöffel herausheben.

7 Für die Sauce Reisessig, Sojasauce und Sesamöl mischen und auf vier kleine Schälchen verteilen. Das Essen geht so: Die Jiaozi mit den Stäbchen oder der Gabel nehmen, in die Sauce tunken und in den Mund stecken. Einfach gut!

So viel Zeit muss sein: 1 1/4 Stunden
Kalorien pro Portion: 485

Basic Tipp

Ebenfalls Teigtaschen und ebenfalls chinesisch sind Wan Tan. Den Teig, aus dem sie hergestellt werden, gibt es tiefgekühlt im Asia-Laden. Es lohnt sich nicht, ihn selbst zu machen. Gefüllt werden Wan Tan wie Jiaozi. Oder auch mit Garnelen statt mit Schweinefleisch. Nach dem Füllen brät oder frittiert man sie in Öl oder gart sie im Bambuskörbchen über Wasserdampf. Wan Tan schmecken sehr fein mit einer Sauce aus Reisessig, Sojasauce und Chiliöl oder auch – nicht ganz original, aber trotzdem gut – mit süßer Chilisauce aus Thailand.

Nudelauflauf
Ziemlich italienisch

Für 4 zum Sattessen:
Salz, 250 g kurze Nudeln (z. B. Penne, Fusilli oder Rigatoni)
2 Tomaten, 100 g roher Schinken
150 g in Öl eingelegte Artischockenherzen
2 Knoblauchzehen
2 EL entsteinte schwarze Oliven
Pfeffer aus der Mühle
3 Eier, 100 g Sahne
80 g frisch geriebener Pecorino

1 In einem Topf 3 l Wasser aufkochen. Salz dazugeben und die Nudeln auch. Im offenen Topf nach Packungsanweisung al dente kochen. Ins Sieb abgießen, abschrecken und gut abtropfen lassen. Die Nudeln sollen nicht zusammenkleben.

2 Die Tomaten waschen und grob würfeln, dabei die Stielansätze wegschneiden. Den Schinken in Streifen, Artischockenherzen in Achtel oder Viertel scheiden. Knoblauch schälen und fein hacken.

3 Den Backofen auf 180 Grad vorheizen (Umluft ohne Vorheizen 160 Grad). Nudeln mit Artischocken, Tomaten, Knoblauch, Schinken und Oliven mischen, mit Salz und Pfeffer abschmecken. Die Eier mit Sahne und Käse verrühren und unterheben.

4 Nudelmasse in eine hitzebeständige Form füllen und im Ofen (Mitte) ungefähr 40 Minuten backen.

Noch mehr Rezepte mit Nudeln (Seite)

Bärlauch-Pesto (193)
Cannelloni mit Pilzfüllung (261)
Currynudeln mit Kokosmilch (88)
Lasagne (135)
Nudeln mit Avocadosauce (48)
Nudeln mit dicken Bohnen und Salami (73)
Nudeln mit Kaninchenragout (158)
Nudeln mit Schinkensahne (277)
Nudeln mit Spargel und Garnelen (295)
Nudeln mit Tomatenbröseln (78)
Nudelsuppe mit Bohnen (71)
Nudelsuppe mit Kichererbsen (179)
Pasta mit Kichererbsen (179)
Pesto (193)
Spaghetti alla Carbonara (96)
Spaghetti mit gerösteten Brotbröseln (78)
Spaghetti mit Zitronenerbsen (105)
Spaghetti vongole (225)
Sugo all'arrabbiata (315)
Sugo aurora (315)
Tomatensauce (315)

So viel Zeit muss sein: 25 Minuten
(+ 40 Minuten Backzeit)
Das schmeckt dazu: gemischter Salat oder Blattsalat oder geschmorter Radicchio
Kalorien pro Portion: 535

Nüsse & Kerne

engl.: nuts & seeds; franz.: noix & graines;
ital.: noce & semi; span.: nueze & semillas

Der Großhandel nennt das hier zum Großteil Schalenobst, der Botaniker unterscheidet zwischen Samen und Früchten, sagt zur Mandel aber auch schon mal Scheinnuss und sieht die Erdnuss klar als Hülsenfrucht. Und ist die Nuss geschält, wird diese zum Kern. Uff. Gemeint ist hier einfach das, was man entweder im Backregal oder in der Müsli-Ecke findet. Und dazu sagen wir nun mal Nüsse oder Kerne. Basta. Die Restwelt teilt eher in Nüsse und Samen – das haben wir dann bei der Übersetzung bedacht.

Nüsse und Kerne geben selbst in kleiner Menge markantes Aroma – ob in der Vollwert- oder Gemüseküche, in Omas Lieblingsplätzchen oder indonesischem Gado Gado, ob überm Trend-Salat oder im süßen Dessert. Frische, duftend angeröstete Pinienkerne machen Pesto perfekt. Und das Tütchen mit gemahlenen Haselnüssen von der vorletzten Weihnachtsbäckerei kann den besten fetten Nusskuchen ruinieren.

So klein, so mächtig: Nüsse ohne Schale (also die Kerne) enthalten bis zu etwa 60 % Fett (ungesättigte Fettsäuren), daneben eine Menge Vitamine (vor allem der B-Gruppe), Mineralstoffe, Spurenelemente und Eiweiß. Das alles macht sie wertvoll fürs Müsli, für Vollwert- und Gesundheitsfans. Nüsse liefern rasch und reichlich Energie. Deshalb knabbern Sportler sie gern und mögen Diätköche sie nicht so gern. All die anderen Köche sollten die Nusskerne für vollen Geschmack in einer beschichteten Pfanne ohne Fett anrösten, bis die Hitze ihr Aroma weckt und sie leicht zu duften beginnen. Dann lassen sie sich auch leichter hacken.

Erd-, Hasel- und Walnüsse mit Schale und Krachmandeln haben Mitte September–November Hochsaison, doch schon ab Anfang September bekommt man frische Schälnüsse (ungetrocknete Walnüsse), Nachzügler sogar bis in den Februar hinein. Haselnüsse und Mandeln gelangen meist ohne Schale in Tüten ins Supermarktregal, Mandeln teilweise auch enthäutet. Walnusskerne werden manchmal chemisch behandelt, um länger haltbar zu sein (Packungsaufschrift durchlesen). Pinienkerne und Cashewnüsse gibt's nur geschält.

Gute ist, wenn…

… man sich im Winter Nüsse zum Knabbern und Knacken in der Schale kauft
… man für die Küche geschälte ganze Nüsse und Kerne hobelt, hackt, mahlt
… alles unbehandelt ist

Schlecht ist, wenn…

… Nüsse und Kerne ranzig und muffig riechen
… sie auf Vorrat zerkleinert werden – macht sie schneller ranzig und muffig

Aufheben

Nüsse in der Schale halten im Säckchen trocken und dunkel im kühlen Keller theoretisch bis zu 1 Jahr. Praktisch gesehen sollte man sich eher davon trennen. Für Kerne in ungeöffneter Tüte oder Dose gilt das Haltbarkeitsdatum, nach dem Öffnen gleich verwenden oder für kurze Zeit in Schraubgläser umfüllen (geröstete Nüsse halten am längsten). Das gilt noch mehr für ganz frisch Geknacktes. Walnüsse (viel Fett!) werden sonst schnell ranzig, Haselnüsse muffig. Der beste Platz für sie ist eine dicht schließende Dose im Kühlschrank. Aber auch dort sind sie nur ein paar Tage richtig gut.

Die Typen

Erdnüsse (1) wachsen im Boden und sind eigentlich Hülsenfrüchte. Geröstet und gesalzen nicht nur zum Knabbern, sondern auch wunderbar für die Asia-Küche geeignet. Sie haben rund ums Jahr Saison, bei uns aber vor allem im Winter.

Walnüsse (2) dürfen eine eher dunkle, unansehnliche Schale haben, denn helle sind der schöneren Optik wegen gewaschen und gebleicht. Getrocknete stammen meist aus den Mittelmeerländern und den USA, die feinsten aus Frankreich. Passen zu Süßem und Herzhaftem, vor allem zu Käse.

Haselnüsse (3) sind ein heimisches Gewächs, reifen heute dennoch meist in Italien, der Türkei oder den USA heran. Dort werden sie in großem Stil kultiviert. Die klassische Back- und Müslizutat – auch mal zu Salat oder Pasta probieren.

Mandeln (4) aus dem Mittelmeerraum dürfen pro Päckchen auch ein paar bittere enthalten. Mandeln aus Kalifornien sind frei davon. Geschälte Mandeln mit brauner Hülle kaufen. So sind sie am allerbesten vor Verderben geschützt. Zum Häuten mit kochendem Wasser überbrühen.

Von **Cashewnüssen** (5) bekommt man bei uns nur die gerösteten leicht süßlichen Kerne, die im Studentenfutter so gut schmecken wie in Fernost-Spezialitäten.

Pinienkerne (6) wachsen in harten Schalen, die sich in den Zapfen der Schirmpinie verstecken. Prima geröstet zu süßen und pikanten Speisen, besonders gut zu Pasta und in Salaten. Wie auch **Pistazien-, Kürbis-** oder **Sonnenblumenkerne** und **Sesam**.

Gado Gado
Nicht nur in Indonesien ziemlich berühmt

Für 4 zum Sattessen oder für 6 als Imbiss:
4 Kartoffeln (fest kochende Sorte)
250 g grüne Bohnen
2 Möhren, 1/2 Weißkohl
150 g Sojabohnensprossen
Salz, 1 kleinere Salatgurke
3 Eier (nach Belieben)
150 g Tofu, 2 Zwiebeln
1/4 l Öl zum Frittieren
Für die Sauce:
1 Zwiebel
3 Knoblauchzehen
2–3 frische oder getrocknete rote Chilischoten, 2 EL Öl
200 g geröstete gesalzene Erdnüsse
1/4 l Kokosmilch
1 EL Tamarindenpaste (Sauerdattelmark; aus dem Asia-Laden, Zitronensaft geht auch)
4 EL Kecap manis (süße Sojasauce)

1 Die Kartoffeln schälen, waschen und in etwa 1/2 cm dicke Scheiben schneiden. Die Bohnen waschen, die Enden knapp abknipsen – und falls sich dabei ein feiner Faden löst, diesen ganz abziehen. Möhren schälen und in 1/2 cm dicke Scheiben schneiden. Vom Weißkohl äußere Blätter ablösen, den Kopf durch den Strunk vierteln und jeweils den Strunk abschneiden. Die Viertel in feine Streifen schneiden. Die Sojasprossen im Sieb abbrausen.

2 Reichlich Salzwasser zum Kochen bringen. Vorbereitete Zutaten nacheinander darin garen: die Kartoffeln 10 Minuten, die Bohnen 10 Minuten, die Möhren 5 Minuten, den Kohl 2 Minuten, die Sprossen 1 Minute. Jeweils mit dem Schaumlöffel aus dem Topf fischen, in ein Sieb geben und kurz kaltes Wasser drüberlaufen lassen.

3 Gurke schälen und der Länge nach halbieren. Kerne mit einem Löffel rausschaben, Gurke quer in feine Scheiben schneiden. Die Eier mit kaltem Wasser aufsetzen, nach dem Aufkochen noch 7–8 Minuten köcheln lassen. Kalt abschrecken. Tofu in dünne Scheiben schneiden, salzen. Zwiebeln schälen und in feine Ringe schneiden. Das Öl in einem Topf erhitzen und die Zwiebelringe darin in etwa 6 Minuten goldbraun frittieren. Auf Küchenpapier gut abtropfen lassen. Dann den Tofu 3 Minuten frittieren, abtropfen lassen.

4 Für die Sauce Zwiebel und Knoblauch schälen und würfeln. Frische Chilischoten waschen, entstielen und hacken, die getrockneten zerkrümeln. Zwiebel, Knoblauch und Chilis im Öl anbraten. Erdnüsse und Kokosmilch unterrühren und alles einmal aufkochen lassen. Mit Tamarindenpaste und Kecap manis abschmecken. Im Mixer pürieren, abkühlen lassen. Wenn die Sauce zu dick ist, mit etwas Wasser verdünnen.

5 Alle Gemüse, die Sprossen und den Tofu auf vier Tellern oder auf einer großen Platte anrichten. Einen Teil der Sauce darüber verteilen, den Rest getrennt dazu reichen. Eier schälen und achteln und mit den Zwiebelringen darauf verteilen. Servieren.

So viel Zeit muss sein: 1 1/2 Stunden
Das schmeckt dazu: knusprig frittiertes Krupuk (Krabbenbrot)
Kalorien pro Portion (bei 6): 455

Variante:

Erdnusssauce

2–3 EL Sonnenblumenöl in einem kleinen Topf bei mittlerer Hitze erwärmen, 2 EL gelbe oder grüne Currypaste einrühren. 1 Dose Kokosmilch (400 ml) dazugießen, gut untermischen und 1–2 Minuten sanft köcheln lassen. 150 g Erdnusscreme (mit Stücken) drunterrühren, mit 2 EL Zucker, Salz und 3 EL Reis- oder Apfelessig würzen. Noch 5–10 Minuten weiterköcheln, bis die Sauce schön sämig ist. Nochmals abschmecken. Auch sehr lecker zu Gado Gado – und zu Hühnerfleisch-Spießchen oder den Kaninchen-Saté-Spießchen von Seite 157 oder anderen asiatisch angehauchten Fleischgerichten. Ebenfalls äußerst fein zu Gemüse und Reis.

Arabische Walnusscreme
Zum Reinsetzen

Für 6 als Vorspeise:
1 große rote Paprikaschote
2 Knoblauchzehen
1 Scheibe Weißbrot (ungefähr 80 g)
60 g Walnusskerne
4 EL Olivenöl, Salz
1/2–1 TL Harissa (scharfe Chilipaste, ersatzweise Sambal oelek)

1 Die Paprikaschote waschen, halbieren und den Stielansatz und die Häutchen mit den Kernen rauslösen. Ein kleines Stück der Schote ganz fein würfeln, den Rest grob zerkleinern. Knoblauchzehen schälen. Die Rinde vom Brot abschneiden, den Rest grob zerkleinern.

2 Von den Walnusskernen 4 besonders schöne Exemplare beiseite legen. Übrige Nüsse mit den groben Paprikastücken, dem Knoblauch, dem Brot und dem Olivenöl in die Küchenmaschine füllen und gut durchmixen. Mit Salz und Harissa abschmecken und in eine kleine Schüssel füllen. Mit den Paprikawürfelchen und den beiseite gelegten schönen Walnüssen garnieren.

So viel Zeit muss sein: 15 Minuten
Das schmeckt dazu: Fladenbrot, am besten noch warm frisch aus dem Ofen
Kalorien pro Portion: 165

Scharfe Knuspernüsse
Zum Wein oder Bier

Für 4 dazu:
250 g Cashewnüsse (Mandeln schmecken übrigens auch toll)
2 EL Öl
1–2 getrocknete Chilischoten
Salz

1 Den Backofen auf 220 Grad vorheizen (auch schon jetzt: Umluft 200 Grad).

2 Die Nüsse mit dem Öl in einer hitzebeständigen Form mischen. Die Chilischoten fein zerkrümeln, am besten im Mörser, und zu den Kernen geben. Salzen und in den Ofen (Mitte) schieben.

3 Die Cashewnüsse 10–15 Minuten im Ofen rösten, dabei hin und wieder durchrühren und in jedem Fall knusprig, aber nicht zu dunkel werden lassen. Also nicht zu weit weg gehen und immer mal nachschauen. Abgekühlt essen.

So viel Zeit muss sein: 5 Minuten
(+ 15 Minuten Backzeit)
Das schmeckt dazu: ein gut gekühltes Bier oder ein kräftiger Rotwein
Kalorien pro Portion: 410

Erdnusssuppe mit Möhren
Low budget soup

Für 4 als Vorspeise oder kleines Essen:
1 Zwiebel
200 g Möhren
1 EL Öl
3/4 l Gemüsebrühe
120 g Erdnusscreme (ohne Stückchen)
Salz, Pfeffer aus der Mühle
Cayennepfeffer
1 Kästchen Gartenkresse

1 Die Zwiebel schälen und fein schneiden. Die Möhren schälen und auf der Küchenreibe grob raspeln.

2 Das Öl in einem großen Topf erhitzen. Zwiebel und Möhren darin kurz andünsten. Die Brühe angießen und aufkochen, Deckel auflegen und die Suppe etwa 20 Minuten bei mittlerer Hitze kochen lassen.

3 Die Suppe mit dem Stabmixer im Topf pürieren, die Erdnusscreme untermischen. Die Suppe mit Salz, Pfeffer und Cayennepfeffer abschmecken. Die Kresse mit der Küchenschere abschneiden, drüberstreuen.

So viel Zeit muss sein: 35 Minuten
Das schmeckt dazu: Brot aller Art
Kalorien pro Portion: 250

Fetter Nusskuchen
Wenn schon, denn schon

Für 25 Stück Nusskuchen:
2 Tafeln von der Lieblingsvollmilchschokolade (200 g)
200 g gemahlene Haselnüsse, 6 Eier
130 g Mehl, 1 TL Backpulver
1 TL Zimtpulver, 220 g weiche Butter
250 g Zucker, 1 Prise Salz
200 g Haselnussglasur (Kuvertüre geht natürlich auch)

1 Beide Tafeln Schokolade schnappen und zusammen auf der Küchenreibe grob raspeln, mit den Haselnüssen vermengen. Die Eier trennen. Das Mehl mit dem Backpulver und dem Zimt mischen.

2 Den Backofen auf 200 Grad vorheizen (Umluft ohne Vorheizen 180 Grad). 200 g Butter und Zucker mit den Quirlen des Handrührgeräts cremig rühren, dann nach und nach die Eigelbe darunter rühren. Nuss-Schoko-Mischung unter die Buttermasse mengen, die Mehlmischung locker unterrühren. Die Eiweiße mit Salz steif schlagen, unterheben.

3 Eine Kastenform (30 cm Länge) mit der übrigen Butter ausfetten und den Teig einfüllen. Kuchen nun erst 20–25 Minuten im Ofen (Mitte) backen. Und jetzt kommt's: Den Regler auf 150 (130) Grad herunterdrehen und den Kuchen weitere 20 Minuten backen lassen. Zur Sicherheit noch die Stäbchenprobe: Zahnstocher reinstecken. Wenn kein Teig mehr dranhängt, ist alles gut. Den fertigen Kuchen 10 Minuten in der Form ausdampfen lassen, dann auf ein Kuchengitter stürzen, über Nacht ganz kalt werden lassen.

4 Am nächsten Tag die Haselnussglasur nach Packungsaufschrift erhitzen und über den Kuchen gießen. Nusskuchen noch mal 15 Minuten in den Kühlschrank stellen, dann Augen schließen und genießen!

So viel Zeit muss sein: 50 Minuten
(+ 45 Minuten Backzeit)
Kalorien pro Stück: 305

Liebe Basics...

Was ist schlimmer als ein Kuchen, der nicht gelingt? Ein Kuchenrezept, das nie gelingt. Viele schlossen diesen Nusskuchen spontan ins Herz, als er damals fett aus Basic baking lachte. Wir wissen das, weil viele uns geschrieben haben. Weil dieser Kuchen entweder schwarz aus dem Ofen kam oder halbroh, wenn man ihn vorher retten wollte. Ganz anders als bei der Schwiegermutter, die wir für diesen Kuchen so lieben. Unser Fehler: Ihr Trick mit den verschiedenen Temperaturen fehlte. Jetzt passt's. Schwiegermutterehrenwort.

Baklava
Süüüüüüüß!

Für 8–10 Schleckermäuler:
1 Packung Filo- oder Yufka-Teigblätter (etwa 400 g; strudelähnlicher Teig aus Griechenland bzw. der Türkei)
100 g Butter
400 g gemischte Nusskerne (am besten Walnüsse, Mandeln und Pistazien – natürlich ungesalzen)
2 Eiweiße
4 EL Honig
1 TL Zimtpulver
1 EL Rosenwasser (aus der Apotheke, es geht aber auch ohne)
250 g Zucker
Saft von 1 Zitrone

1 Die Teigplatten vorsichtig auseinander lösen, auf die Arbeitsfläche legen und mit einem feuchten Tuch bedecken. Die Butter in Würfel schneiden, in einem Topf bei schwacher Hitze schmelzen lassen. Nicht braun werden lassen!

2 Nusskerne fein reiben, am besten in der Küchenmaschine. Eiweiße steif schlagen, Honig, Nüsse, Zimt und Rosenwasser mit dem Schneebesen vorsichtig unterziehen.

3 Den Backofen auf 200 Grad vorheizen (Umluft ohne Vorheizen 180 Grad). Eine hitzebeständige, längliche Form etwa in Größe der Teigblätter suchen oder die Teigblätter in der Größe der Form zuschneiden. Die Form mit etwas Butter bepinseln. Jetzt abwechselnd Teigblätter und Nussmasse einfüllen. Jedes Teigblatt mit Butter bepinseln. Ganz oben liegt auch ein Teigblatt. Das wird ebenfalls mit Butter bepinselt.

4 Die Form in den Ofen (Mitte) schieben und das Baklava etwa 30 Minuten backen. Zeit genug, um einen Sirup zu kochen. Zucker mit 350 ml Wasser in einen Topf schütten, erhitzen und etwa 10 Minuten kochen lassen, bis ein leicht dickflüssiger Sirup daraus wird. Richtig sirupartig soll er aber nicht werden.

5 Baklava aus dem Ofen holen, Zitronensaft unter den Sirup mischen und das heiße Gebäck nach und nach mit dem Sirup tränken. Abkühlen lassen, in Würfel schneiden.

So viel Zeit muss sein: 45 Minuten
(+ 30 Minuten Backzeit)
Kalorien pro Portion (bei 10): 610

Noch mehr Rezepte mit Nüssen & Kernen
(Seite)

Apfel-Rucola-Salat (33)
Arme-Ritter-Auflauf (80)
Bärlauch-Pesto (193)
Börek (324)
Bratäpfel (36)
Chicken-Wings (144)
Couscous-Eintopf mit Erdnüssen (84)
Crostini mit Olivencreme (77)
Dinkel-Sonnenblumen-Brot (76)
Entenpastete (99)
Erbsensuppe (104)
Gänsebraten mit Äpfeln (101)
Gebratener Tofu (309)
Gefüllte Tintenfische (305)
Geschmorter Radicchio (62)
Käsesauce (173)
Kohlrabi-Möhren-Rohkost (187)
Limettenschaum (321)
Linsenbällchen mit Kokosnuss-Chutney (216)
Mangoldgratin (301)
Mexikanische Schokoladensauce (283)
Möhren-Sellerie-Bratlinge (221)
Pesto (193)
Pomodori secchi (315)
Ravioli (233)
Reispapierröllchen (307)
Roquefort-Quark-Dip (170)
Rotkohlsalat mit Trauben (186)
Rucola mit Käse und Nüssen (61)
Rüeblichueche (221)
Sardinen aus dem Ofen (113)
Scharfer Kürbis aus dem Wok (198)
Schwarze Olivencreme (77)
Spinat mit Sesamsauce (299)
Tahini-Dip (177)
Tunfisch mit Sesamsauce (121)
Tunfisch mit Wasabi-Sauce (121)
Überbackener Rosinenlauch (211)

Obst

engl.: fruits; franz.: fruits; ital.: frutta; span.: fruta

Gibt's was Schöneres als Obst zu naschen? Gegen den Biss in eine gute Birne kommt kein Multivitaminbonbon an, auch wenn noch so viele Extras drin sind. Was da fehlt ist Frische, pure Natur, der saftige Biss eben. Und pochieren lässt sich so ein Bonbon auch schlecht.

Waschen, wenn's sein muss, und reinbeißen, schon sind auch Aprikose oder Zwetschge ein Genuss (für Äpfel, Beeren, Orangen, Zitronen gibt's Extra-Kapitel). Nektarine dazu, fertig ist der Salat. Und außer pochieren kann man Früchte auch gratinieren, pürieren, konservieren und Desserts (Pfirsich Melba) oder Torten (Schwarzwälder Kirsch) damit machen. Oder Pikantes wie Melone mit Schinken. Alltäglich ist das Kochen mit Frucht in den Tropen, von wo Exoten wie Ananas oder Mango zu uns kommen, die gerne mit Scharfem, Saurem, Salzigem kombiniert werden.

Doch es gibt einen Haken: Weil reifes Obst so frisch und saftig ist, hat es im Vergleich zu Gemüse einen kurzen Höhepunkt. Gerade Früchte aus wärmeren Ländern, die es am weitesten zu uns haben. Deswegen werden sie für den Transport oft unreif geerntet. Vielen macht das nicht so viel aus, da sie trotzdem weiterreifen. Wie Äpfel, Bananen, Birnen, Feigen, Kiwis, Mangos, Melonen, Papayas, Passionsfrüchte, ein wenig auch Aprikosen, Pfirsiche, Nektarinen, Zwetschgen. Natürlich gereift schmecken sie trotzdem besser, zumal das Nachreifen oft beschleunigt wird. Ananas, Beeren, Kirschen, Trauben, Wassermelonen, Zitrusfrüchte reifen nicht oder kaum nach. Zu früh geerntet ist alles zu spät für sie. Was tun? Erstens: Unreifes konsequent beim Händler liegen lassen, dann sagt er's auch seinem Lieferanten. Zweitens: Obst, das bei uns gut wächst, lieber in der Saison und aus der Region kaufen. Also im Juli Kirschen aus Bauers Garten statt aus der Türkei, und die aus Übersee das ganze Jahr nicht. (Dafür sind wir dann im Winter umso exotenfreundlicher.) Das fördert auch die Vielfalt, die EG-Normen und Güteklassen mit ihrer Beschränkung auf Farbe, Form, Festigkeit immer mehr einschränken. Drum öfters mal zum Bauern oder Wochenmarkt gehen, weil dort das Angebot ausgereifter und nicht von der Norm bestimmt ist. Da ist mehr Platz für rare, alte, sensible Sorten mit hohem Aroma, die im Supermarkt gegen das Kompaktobst keine Chance haben.

Aufheben

Nachreifende Früchte verströmen das Reifegas Ethylen. In Papier gehüllt reifen sie schneller, und eine Birne treibt so der Banane schnell das Grün aus. Umgekehrt lassen Nachreifer nicht reifende Früchte und Gemüse (Gurken, Kohl, Salat z. B.) schneller alt aussehen. Also trennen. Tropischen Exoten und Sommerfrüchten mit Stein ist der Kühlschrank zu kalt, weil er das Aroma bzw. Fleisch verdirbt. Kühle Keller oder Flure (10–15 Grad) sind besser für sie, kurzes Ankühlen vor dem Servieren macht manche Exoten erfrischender. Kiwi, Kaki, Karambole dürfen ins Gemüsefach, müssen aber wie die Melonen vor dem Servieren zum Aufwärmen raus.

Die Typen

Saftig-süße **Birnen** (1) sind fein für Kuchen und Desserts, aber auch gut für Deftiges. Populäre Sorten des Kernobsts sind die edle Williams Christ sowie die mattbraune Bosc und die längliche grüne Abate Fetel, die beide nachreifen müssen. Einheimische Saison ist von Juli–Oktober, Importe gibt es ganzjährig. Birnen halten 1–3 Monate in Keller- oder Flurkühle.

Nektarinen sind wie die **Pfirsiche** und **Aprikosen** Steinfrüchte. Ihr Fleisch ist fester und saurer als vom Pfirsich, gut zum Reinbeißen oder für Salate. Pfirsich schmeckt voller, weiße Sorten sind feiner im Aroma. Saison ist von Juni–November, wobei die späteren Sorten besser sind. Aprikosen sind Juli–August top. All diese Steinfrüchte halten 1–2 Tage im kühlen Keller oder Flur.

Zu den kleineren Steinfrüchten zählen **Kirschen, Zwetschgen (2), Mirabellen** – und sie eignen sich alle zum Naschen (Süßkirschen) und Backen, Einmachen (Sauerkirschen). Reife Kirschen haben glatte grüne Stiele, Zwetschgen und Mirabellen weißen Reif. Süßkirschen gibt's von Juni–August, saure vor allem in Juli/August – wie auch die Mirabellen. Zwetschgen von Juli–Oktober. Halten alle 2–3 Tage im kühlen Keller oder Flur.

Melonen teilen sich in Honigmelonen (Honeydew mit heller Schale und grünem, eher neutralem Fleisch), Kantalup-Melonen (Charentais (3) mit gelbgrüner Schale, sehr feinem orangem Fleisch), Netzmelonen (Galia mit dunkelgelber Schale, grünem Fleisch) und Wassermelonen (reif klingen sie hohl). Saison Juni–September. In der Kühle des Kellers halten Wassermelonen 1–3 Wochen, Honigmelonen 1–2 Monate. Charentais, Galia im Gemüsefach des Kühlschranks 1–2 Wochen.

Die **Ananas** (4) ist vom Exot zur »Südfrucht« gewandelt. Sie ist empfindlich, reift nicht nach und ist deswegen (sie wird fast immer zu früh gepflückt) zum Teil nicht entwickelt. Reif lassen sich die Schuppen mit den braunen Spitzen eindrücken und die Innenblätter lösen, der Stängelansatz duftet und die Schale wird gelb (außer bei Tropenfrüchten). Macht roh aufgrund des Eiweiß spaltenden Enzyms Bromelin Milch und Milchprodukte bitter, Gelatine wirkungslos. Durch Hitze verliert es diese Wirkung. Hält kellerkühl 1 Woche und länger.

Mangos (5) und **Papayas** sind typische Exoten für Desserts und Pikantes. Reife Früchte geben auf Druck leicht nach und haben keine dunklen Flecken auf der Schale (bei Papaya auch kein Grün). Halten kellerkühl 1–2 Wochen.

Mango-Chutney
Scharf, süß, köstlich

Für 4 Grillfeten oder 2 l:
3 vollreife Mangos (ungefähr 1,2 kg)
1 vollreife Ananas (1–1,2 kg)
1 rote Paprikaschote
2 rote Chilischoten
1 Stück frischer Ingwer (etwa 50 g)
50 g Rosinen
150 g Zucker, 1 EL Salz
1/4 l Obstessig
2–3 Zwiebeln
1–2 Knoblauchzehen
2 Zitronen
1 TL gelbe Senfkörner
1 TL Pimentkörner

1 Das Fruchtfleisch der Mangos am Kern entlang wegschneiden, die Stücke schälen und in etwa 1 cm große Würfel schneiden. Jetzt noch möglichst viel Fruchtfleisch von den Kernen abkratzen. Ananas schälen (siehe Kasten auf Seite 245) und auch in Würfel schneiden.

2 Paprikaschote waschen, halbieren und Stielansatz und Häutchen mit den Kernen rauslösen. Chilis waschen und entstielen. Beides in kleine Stücke schneiden. Ingwer schälen und in Scheibchen schneiden. Die Rosinen grob hacken.

3 Alle vorbereiteten Zutaten in einen Topf geben, mit Zucker, Salz und Essig mischen und zugedeckt über Nacht oder wenigstens einige Stunden ziehen lassen.

4 Dann erst Zwiebeln und Knoblauch schälen und fein hacken, Zitronensaft auspressen. Zusammen mit den Senf- und Pimentkörnern in den Topf geben und gut mit den Früchten mischen.

5 Deckel drauf, bei mittlerer Hitze zum Kochen bringen. Dann die Hitze herunterschalten und alles noch 30 Minuten ohne Deckel sanft vor sich hin köcheln lassen, bis das Chutney eingedickt ist. Dabei öfter mal umrühren und aufpassen, dass auch nichts anbrennt.

6 Wenn's für den Vorrat sein soll, ganz heiß in kochend heiß ausgespülte Gläser (mit Twist-off-Deckel) füllen und sofort verschließen. Ansonsten: abkühlen lassen und essen.

So viel Zeit muss sein: 1 Stunde
(+ 12 Stunden Marinierzeit)
Das schmeckt dazu: alles vom Grill, Geflügel, Schweinefleisch, Fisch, Reis und indische Gerichte
Kalorien (für 1 l): 1025

TIPP:
Was bei der Fete nicht gegessen wird, noch mal aufkochen und nachträglich in kleine Gläschen mit Schraubverschluss abfüllen. An einem kühlen Ort aufheben oder verschenken!

Scharfer Ananassalat
Vitaminbombe

Für 4 als Vorspeise oder Beilage:
1/2 Ananas, 1/2 Honigmelone
1 grüne Paprikaschote
1–2 rote Chilischoten
2 TL mittelscharfer Senf
2 TL Honig
3 EL Zitronensaft, Salz
5 EL Öl (ein neutrales oder gleich Olivenöl)

1 Die Ananas schälen und das Fleisch in 1–2 cm große Würfel schneiden. Den Saft, der dabei auf das Brett läuft, in ein Schüsselchen umgießen.

2 Aus der Melone die Kerne samt dem fasrigen Fleisch rauslöffeln. Den Rest schälen und auch klein würfeln. Paprika waschen, halbieren, putzen und würfeln. Die Chili(s) waschen, entstielen und ganz klein hacken. Alles mischen.

3 Senf, Honig, Zitronensaft und Salz zum Ananassaft geben und mit einer Gabel kräftig durchrühren. Das Öl dazugießen und immer gut weiterrühren. Sauce unter den Salat mischen. Abschmecken, aufessen.

So viel Zeit muss sein: 25 Minuten
Das schmeckt dazu: Lammkoteletts, Fleischpflanzerl oder ein kräftiger Fisch (Lachs, Schwertfisch oder Tunfisch) aus der Pfanne oder vom Grill
Kalorien pro Portion: 190

Ananas vorbereiten

- Erstmal vom oberen grünen Schopf und auch vom Strunkende befreien. Dazu ein großes scharfes Messer verwenden.
- Dann geht es am besten so weiter: Die Ananas mit einer der Schnittflächen aufs Brett stellen und die Schale runterschneiden.
- Jetzt sitzen im Ananasfleisch vereinzelt noch braune vertiefte Stellen, die »Augen«. Die können einfach mit der Messerspitze oder der Spitze vom Sparschäler rausgebohrt werden. Die Arbeit sollte man sich machen, denn diese Stellen sind hart und stören einfach beim Essen.
- Nun die Frucht längs vierteln oder achteln und jeweils mit einem Schnitt den harten mittleren Kern wegschneiden. (Falls dieser zart und aromatisch sein sollte, kann er aber auch dranbleiben.)
- Zum Schluss die Viertel oder Achtel je nach Bedarf kleiner schneiden.

Aprikosen-Quark-Auflauf
Süßes satt

Für 4 zum Sattessen:
1 kg vollreife Aprikosen
2 EL Saft und 1 TL abgeriebene Schale von 1/2 unbehandelten Zitrone
2 EL Marillenschnaps (wer mag)
4 Eier
100 g Zucker
500 g Quark
1 Prise Salz
50 g Hartweizengrieß
75 g Mandelblättchen
etwas Butter für die Form
etwas Mehl für die Form

1 Aprikosen waschen, halbieren und entsteinen, die Hälften in Spalten schneiden. Mit Zitronensaft und – wer mag – noch mit Marillenschnaps beträufeln, zudecken und kurz ziehen lassen.

2 Die Eier trennen. Eigelbe mit der Hälfte des Zuckers mit den Quirlen des Handrührgeräts schön hellschaumig schlagen. Nach und nach den Quark, die Zitronenschale, Salz, den Grieß und die Mandelblättchen untermischen.

3 Jetzt an den Backofen denken: auf 200 Grad vorheizen. Die Eiweiße mit dem übrigen Zucker zu steifem Schnee schlagen, mit dem Kochlöffel vorsichtig unter die Quarkmasse heben. Die Aprikosenspalten mit der Flüssigkeit untermengen.

4 Eine hitzebeständige Form mit Butter ausstreichen und mit Mehl bestäuben. Die Auflaufmasse in die Form füllen und im Ofen (Mitte, Umluft 180 Grad) in etwa 45 Minuten goldbraun backen. Eventuell mit Backpapier abdecken, falls der Auflauf zu dunkel wird.

So viel Zeit muss sein: 30 Minuten
(+ 45 Minuten Backzeit)
Das schmeckt dazu: etwas Puderzucker obendrauf
Kalorien pro Portion: 660

TIPP:

Der Auflauf ist eine ganze Mahlzeit und schmeckt auch mit anderem Obst sehr gut: Kirschen (entsteint), Zwetschgen (auch in Spalten), Stachelbeeren (ganz), Birnen (in Schnitzen) oder Trauben (auch ganz).

Knuspriger Kirschkuchen
Schmeckt immer!

Für 14 Stück Kirschkuchen:
Für den Teig:
250 g Mehl, 50 g fein geriebene Mandeln
1 Prise Salz, 70 g Zucker
125 g kalte Butter in kleinen Flöckchen
1 Ei, 1 Eigelb
Für die Füllung:
800 g frische Kirschen (am besten Sauerkirschen) + 100 g Zucker (oder 2 Gläser Sauerkirschen, abgetropft je 350 g)
1 Prise gemahlene Nelken
1 unbehandelte Zitrone
Zum Bestreichen:
1 Eigelb, 1 EL Milch

1 Für den Teig erstmal alle Zutaten in einer Schüssel mischen, bis sie schon ein bisschen zusammenhalten. Dann auf der Arbeitsplatte zu einem glatten Teig verkneten. Es sollen keine Butterstückchen mehr zu sehen sein. Den Teig zur Kugel rollen, in Folie wickeln und für 1 Stunde kühl stellen.

2 In der Zeit frische Kirschen waschen, entstielen und mit dem Kirschentsteiner entsteinen. Wer keinen hat, Kirschen aufschneiden, Stein mit den Fingern rauslösen.

3 Die frischen Kirschen mit Zucker und Nelke bei mittlerer Hitze – nicht zu heiß, sonst brennen die feinen Früchte an – ungefähr 15 Minuten köcheln lassen. Ohne Deckel, damit die Flüssigkeit soweit verdampfen kann, dass die Kirschen leicht dickflüssig werden. Zitrone heiß waschen und die Schale abreiben, zu den Kirschen rühren. (Kirschen aus dem Glas abtropfen lassen und mit Nelke und Zitronenschale mischen.)

4 Den Backofen auf 180 Grad vorheizen (Umluft ohne Vorheizen 160 Grad). Eine Tarte- oder Springform (26–28 cm Ø) aus dem Schrank holen.

5 Zwei Drittel des Teiges zur Kugel rollen. Ein Stück Klarsichtfolie auf den Tisch legen, Kugel drauf und mit einem großen Stück Folie abdecken. Teig rund und dünn ausrollen, etwas größer als die Form. Obere Folie abziehen, Teig umgedreht in die Form legen, das andere Folienstück abziehen. Den Teig in die Form drücken, dabei einen 2 cm hohen Rand formen. Mit einer Gabel mehrmals einstechen.

6 Übrigen Teig auf etwas Mehl ausrollen und in Streifen schneiden. Kirschen auf dem Teig in der Form verstreichen. Teigstreifen wie ein Gitter auflegen. Eigelb und Milch verrühren, Teigstreifen damit bepinseln. Den Kuchen im Ofen (Mitte) ungefähr 45 Minuten backen, bis er schön knusprig ist. 10 Minuten in der Form stehen lassen, dann auf dem Kuchengitter abkühlen lassen.

So viel Zeit muss sein: 1 Stunde
(+ 1 Stunde Kühlzeit und 45 Minuten Backzeit)
Kalorien pro Stück: 245

Gratinierter Obstsalat
Reste-Zauber

Für 4–6 als Dessert:
1–1 1/2 kg Obst (die Reste aus dem Obstkorb oder alles, was einen am Obststand anlacht – aber keine Zitrusfrüchte)
4 EL Zitronensaft
2 Eier
2 EL Zucker
1 Päckchen Vanillezucker
1/2 TL abgeriebene Schale von
1 unbehandelten Zitrone
2 EL Mandel- oder Orangenlikör

1 Das Obst je nach Sorte schälen oder waschen, entkernen oder entsteinen und in kleine Stücke schnipseln. Mit Zitronensaft beträufeln. Den Backofen auf 200 Grad vorheizen (auch schon jetzt: Umluft 180 Grad).

2 Die Eier in Eigelbe und Eiweiße trennen. Eigelbe mit Zucker, Vanillezucker, Zitronenschale und Likör glatt rühren. Eiweiße mit den Quirlen vom Handrührgerät sehr steif schlagen. Den Eischnee unter die Eigelbcreme heben.

3 Obst in eine hitzebeständige Form füllen, mit dem Eischaum bestreichen und im Ofen (Mitte) 10 Minuten überbacken.

So viel Zeit muss sein: 45 Minuten
Das schmeckt dazu: Löffelbiskuits
Kalorien pro Portion: 390

Mangocreme
Einfach schnell!

Für 4 als Dessert:
1 vollreife Mango (das ist wichtig, weil sie sich sonst nicht gut pürieren lässt)
200 ml Kokosmilch
50 g Zucker
1 EL Limettensaft
etwas gemahlener Kardamom

1 Das Fruchtfleisch der Mango am Kern entlang wegschneiden, die Stücke schälen und grob würfeln. Jetzt noch möglichst viel Fruchtfleisch vom Kern abkratzen.

2 Mangofleisch mit Kokosmilch und Zucker mit dem Pürierstab oder im Mixer fein pürieren.

3 Püree mit Limettensaft abschmecken, in Schälchen füllen und 1 Stunde oder auch länger kühl stellen. Dann ganz fein mit Kardamom bestäuben.

So viel Zeit muss sein: 10 Minuten
(+ 1 Stunde Kühlzeit – oder länger)
Kalorien pro Portion: 110

Pochierte Birnen
Klasse zu Käse und zu Eis

Für 4 als Dessert:
4 größere feste Birnen
1 unbehandelte Zitrone
1/4 l Birnensaft
1 Döschen gemahlener Safran
2 Gewürznelken
1/8 l Campari
1/8 l Orangensaft
50 g Zucker

1 Die Birnen längs halbieren, schälen und das Kerngehäuse herausschneiden. Zitrone heiß waschen, Schale dünn abschneiden.

2 Birnensaft mit Zitronenschale und Safran im Topf verrühren. Die Nelken dazu, dann 4 Birnenhälften in den Sud legen, erhitzen und zugedeckt bei schwacher Hitze ungefähr 15 Minuten garen, bis sie angenehm weich sind. Zerfallen dürfen sie nicht. Campari, Orangensaft und Zucker in einem anderen Topf heiß machen. Übrige Birnenhälften darin garen – ebenfalls 15 Minuten. Birnen im Sud abkühlen lassen.

3 Dann bekommt jeder eine Birnenhälfte aus dem einen und aus dem anderen Topf.

So viel Zeit muss sein: 25 Minuten
Das schmeckt dazu: Eis und Sahne oder ein kräftiger Käse, z. B. Roquefort oder Cheddar
Kalorien pro Portion: 180

Noch mehr Rezepte mit Obst (Seite)

Arme-Ritter-Auflauf (80)
Birnen, Bohnen und Speck (72)
Brot-Kirsch-Kuchen (81)
Bulgur mit Feigen (85)
Colombo (293)
Entencurry (88)
Feines Sauerkraut (189)
Gurkensalat mit Frucht (131)
Hühnersalat mit Obst und leichter Mayo (143)
Kalbfleischragout mit Trauben (150)
Kräuter-Relish (193)
Milchreis mit Birne (267)
Möhrensalat mit Trauben (219)
Panna Cotta (281)
Reissalat mit Granatäpfeln (263)
Rezepte mit Äpfeln (32–37)
Rezepte mit Beeren (52–55)
Rezepte mit Orangen (248–251)
Rezepte mit Zitronen (318–321)
Rotkohl, Rotkraut, Blaukraut (188)
Rotkohlsalat mit Trauben (186)
Schwarzwälder Kirsch (279)
Süßer Reisauflauf (267)

TIPP:
Schmeckt auch ohne Alkohol. Dann einfach die Mengen von Birnensaft, Zitronenschale und Nelken verdoppeln und alle 8 Birnenhälften darin pochieren.

Variante:

Cassis-Zwetschgen
700 g Zwetschgen waschen, halbieren und entsteinen. 1/8 l Cassis mit 1/8 l Wasser, 1 aufgeschlitzten Vanilleschote, 1 Stück Zimtstange, 2 Päckchen Vanillezucker und 1 Stück Zitronenschale 10 Minuten köcheln lassen. Zwetschgen und 1 Prise Pfeffer dazu und bei schwacher Hitze etwa 15 Minuten garen. Im Sud abkühlen lassen. Schmecken zu Käse, Kaiserschmarrn und natürlich Eis.

Orangen

früher Apfelsine (Apfel aus China);
engl. & franz.: oranges; ital.: arance; span.: naranjas

Schälen. Teilen. Genießen. Gereifte Orangen schmecken einfach fein. Ohne Schale, ohne Gewürz, ohne Rezept. Könnten sie also Kochbuchautoren arbeitslos machen?

Sie könnten – wenn sie sich nicht so kühn mit Chili und Tomaten kombinieren ließen. Sich nicht mit Sahne und Ei zur traumhaften Creme verbinden würden. Und wenn sie nicht Tunfisch oder auch Lammragout aufs Feinste säuern würden. So geben sie Kochbuchautoren noch ein Chance. Und Köchen Fruchtfleisch, Saft und fein-bittere Schale, von denen süße, saure, scharfe und pikante Gerichte nur profitieren können.

Bei rund 400 Sorten hat man die Qual der Wahl, die jedoch durch Saison und Verwendungszweck eingeschränkt wird. Zum Einfach-so-Essen eignen sich süße Salustiana aus Spanien und Marokko, aromatischere Shamouti und besonders die populäre Navel, die keine Kerne und eine eher dicke, leicht zu lösende Schale hat. Ihr Kennzeichen: eine Extra-Frucht am Blütenansatz, der »Nabel«. Vom Mittelmeerraum kommt sie von Ende November–Januar zu uns, im Sommer aus Übersee. Eine Spezialität fürs gesunde Naschen sind licht- bis dunkelrot gefärbte Blutorangen wie Sanguinelli, Moro oder Tarocco, die mit ordentlich Säure für kräftiges Aroma sorgen. Sie kommen von Dezember–März aus Südeuropa. Gut zum Auspressen: saftige Valencia, die ab März reif sind. Manche Plantagenbesitzer lassen sie sogar bis Juni am Baum, was den Orangen nicht schadet.

Dann gibt's noch ihre kleinen Schwestern, die oft alle Mandarinen genannt werden, meist aber Clementinen oder Satsumas sind. Echte Mandarinen sind sehr aromatisch, haben aber bis zu 25 Nachteile – ihre Kerne. So werden sie immer mehr von der Clementine verdrängt. Die schmeckt zwar weniger ausgeprägt, hat mehr Zucker und weniger Säure, aber kaum Kerne. Die ähnliche Satsuma eröffnet die Zitrussaison Anfang Oktober, gefolgt von Clementine und Mandarine. Außerdem gibt's die kleinen Kumquats. Sie werden mit Schale gegessen und schmecken so bitter-süß nach ätherischen Ölen.

Aufheben

Orangen mit einwandfreier Schale halten einige Tage bis Wochen, unbehandelte jeweils kürzer. Kühlschrank ist tabu, kühle Keller oder Flure sind ideal. Dort die Früchte mit Abstand nebeneinander legen, statt sie in Schalen zu stapeln. Fängt eine an zu schimmeln, steckt sie so nicht alle Nachbarn an.

Gut ist, wenn…

…wir die Früchte im Winter essen (als nicht so weit gereiste Vitaminbömbchen)
…sie eine makellose Schale haben (bei Tropenfrüchten ist Grün erlaubt)
…sie »bio« sind (nur dann garantiert unbehandelt)

Schlecht ist, wenn…

…die Früchte matschig und schrumpelig sind
…sie mehr nach Konservierungsstoffen als nach Zitrus duften
…sie sich pappig anfühlen

Tomatengemüse mit Orangen
Fruchtiges mit Feuer

Für 4 als Beilage:
2 Orangen, 500 g Tomaten
2 rote Zwiebeln
2 Knoblauchzehen
2 rote oder grüne Chilischoten
2 EL Olivenöl, Salz
1 Prise Zucker oder etwas Honig
1 TL Limetten- oder Zitronensaft
1 Hand voll gehackte Petersilie

1 Orangen schälen und filetieren, Saft auffangen. Die Tomaten mit kochend heißem Wasser überbrühen, häuten und achteln. Zwiebeln und Knoblauch schälen. Zwiebeln ebenfalls achteln, Knoblauch in dünne Scheiben schneiden. Chilis waschen, entstielen und in feine Ringe schneiden.

2 Zwiebeln und Chilis im heißen Öl unter Rühren etwa 5 Minuten bei mittlerer Hitze braten. Den Knoblauch dazugeben und kurz braten. Die Orangen und Tomaten dazu, den Orangensaft auch. Mit Salz, Zucker oder Honig und Zitrussaft abschmecken. Hitze klein stellen, Deckel drauf und 5 Minuten schmoren. Petersilie darüber streuen.

So viel Zeit muss sein: 35 Minuten
Das schmeckt dazu: Lammkoteletts, Hähnchenbrust vom Grill oder auch Steaks, würzige Fische wie Tunfisch und Schwertfisch
Kalorien pro Portion: 90

Filetieren
Von den Orangen jeweils an der Stiel- und Blütenansatzseite ein Stück Schale abschneiden. Die Orange auf eine der Schnittflächen stellen und die Schale nun Stück für Stück abschneiden. Und zwar so weit, dass auch die dünne weiße Haut mit weggeschnitten wird und der obere Teil der Fruchtfilets frei liegt. Jetzt die Filets zwischen den Trennwänden mit einem scharfen Messer herausschneiden. Saft bei Bedarf auffangen.

Fisch mit Zitrussauce
Gib dem Fisch Saures

Für 4 zum Sattessen:
2 unbehandelte Orangen
1 1/2 unbehandelte Zitronen
4 Tunfischkoteletts (je etwa 180 g, oder Heilbutt oder Kabeljau)
Salz, Pfeffer aus der Mühle
2 EL Olivenöl
100 ml trockener Marsala
(als Ersatz geht auch Weißwein)
3 EL kalte Butter

1 Orangen und Zitronen heiß waschen und die Schale von 1 Orange und den Zitronen ganz dünn abschneiden und sehr fein hacken. Beim Abschneiden darf nichts von der weißen Haut an der Schale haften bleiben, weil die bitter schmeckt. Alle Zitrusfrüchte auspressen.

2 Den Backofen auf 70 Grad vorheizen (Umluft auch schon jetzt: 50 Grad). Tunfisch mit Salz und Pfeffer kräftig würzen. Das Öl in einer großen Pfanne erhitzen. Tunfischsteaks reinlegen und bei mittlerer Hitze ungefähr 3 Minuten braten. Umdrehen und noch mal 3 Minuten braten. Aus der Pfanne heben und in den Ofen (Mitte) stellen.

3 Zitrussaft und Marsala in die Pfanne gießen, Hitze höher stellen und die Sauce leicht einkochen lassen. Die Butter in kleine Stücke schneiden, mit dem Schneebesen unter die Sauce schlagen. Das gibt ihr Bindung. Die Zitronen- und Orangenschale untermischen und die Sauce mit Salz und Pfeffer abschmecken. Über den Fisch gießen und ganz heiß essen.

So viel Zeit muss sein: 30 Minuten
Das schmeckt dazu: Weißbrot und Weißwein
Kalorien pro Portion: 580

Orangencreme
Schmeckt nach mehr

Für 6–8 als Dessert:
2 unbehandelte Saftorangen
1 unbehandelte Zitrone
6 Blatt weiße Gelatine
3 Eigelbe, 100 g Zucker
300 g Naturjoghurt
200 g Sahne
etwas weiße Schokolade (wer mag)

1 Orangen und Zitrone heiß waschen und die Schale fein abreiben. Dann die Früchte halbieren und den Saft auspressen. Die Gelatineblätter in kaltem Wasser einweichen.

2 Jetzt ein Wasserbad vorbereiten: einen großen Topf zur Hälfte mit Wasser füllen und zum Sieden bringen (also nicht kochen, sondern nur so heiß werden lassen, bis winzige Bläschen aufsteigen). Eine Metallschüssel, die in den Topf passt, bereitstellen.

3 Eigelbe und Zucker in die Schüssel geben, mit den Quirlen vom Handrührgerät glatt rühren. Die Schüssel nun in den Topf mit dem heißen Wasser setzen, Zitrussaft- und -schale (etwas Schale für die Deko aufheben) dazu und weiterrühren, bis die Masse schaumig, leicht und luftig ist. Jetzt die Schüssel schnell aus dem Topf nehmen.

4 Gelatine leicht ausdrücken, nacheinander in die Creme rühren und auflösen. Kurz abkühlen lassen, dann Joghurt untermischen. 5–10 Minuten kalt stellen.

5 Die Sahne steif schlagen, locker unterziehen. Die Creme nun in 6 oder 8 kleine Förmchen oder in eine große Form füllen und im Kühlschrank richtig kalt und fest werden lassen.

6 Wer möchte, raspelt jetzt noch etwas Schokolade über die Creme und bestreut sie mit der aufgehobenen Orangenschale.

So viel Zeit muss sein: 45 Minuten
(+ Kühlzeit)
Das schmeckt dazu: Löffelbiskuits, Kekse
Kalorien pro Portion (bei 8): 440

Orangensorbet
Einfach erfrischend

Für 8 oder 4 mit Lust auf Kaltes:
1 große unbehandelte Zitrone
4 unbehandelte Orangen
200 g Zucker
1 EL Orangenlikör (wer mag)
ein paar Minzeblättchen

1 Zitrone und 2 Orangen heiß waschen und die Schale fein abreiben. Besser funktioniert es mit dem Zestenreißer. Wer den nicht hat, schält die Schale hauchdünn mit dem Kartoffelschäler oder mit einem scharfen Messer und schneidet sie dann ganz einfach klein. Bei beiden Zitrusfrüchten wichtig: die weiße Haut nicht mit abreiben oder -schneiden, die macht das Ganze bitter.

2 Den Saft von allen Orangen und der Zitrone auspressen. Den Zucker in 350 ml Wasser auflösen. Orangen- und Zitronensaft mit den Schalen dazugeben und – wer mag – auch den Orangenlikör.

3 Alles in eine Schüssel (am besten aus Metall) füllen und für etwa 4 Stunden ins Gefrierfach stellen. Aber in der Zeit kann man sich nicht ganz auf die faule Haut legen, sondern muss die Mischung immer mal wieder durchrühren. Und je öfter man das macht, desto feiner wird das Sorbet. Übertreiben muss man aber auch nicht, so alle 30–60 Minuten reicht.

4 Das Orangensorbet in hübsche Gläser füllen und mit den Minzeblättchen nett garnieren. Sofort essen.

So viel Zeit muss sein: 25 Minuten
(+ 4 Stunden Gefrierzeit mit gelegentlichen Umrührarbeiten)
Kalorien pro Portion (bei 8): 125

Crêpes Suzette
Hauchdünne Pfann-
kuchen-Edelversion

Für 4 nach einem leichten Essen:
60 g Butter
2 Eier
150 ml Milch
1 Prise Salz, 1 EL Zucker
100 g Mehl
4 Orangen (wenigstens
1 mit unbehandelter Schale)
1 EL Vanillezucker
2 EL Orangenlikör
50 g Butterschmalz
etwas Puderzucker

1 Für den Teig 50 g Butter in einem Töpfchen schmelzen lassen, wieder vom Herd nehmen. Eier mit der Milch verquirlen, mit Salz und Zucker würzen. Mehl löffelweise dazugeben und alles zu einem glatten Teig ohne Klümpchen verrühren.

2 Den Saft von 1/2 Orange auspressen und unter die flüssige Butter rühren. Unter den Teig mischen, 30 Minuten im Kühlschrank abkühlen lassen.

3 Zweite Orangenhälfte und 1 weitere Orange auch noch auspressen. Die unbehandelte Orange heiß waschen und die Schale abreiben.

4 Von der unbehandelten und der vierten Orangen an der Stiel- und Blütenansatzseite ein Stück Schale abschneiden. Die Orangen auf eine Schnittfläche stellen und die Schale Stück für Stück samt der weißen Haut abschneiden. Dann die Filets mit einem scharfen Messer zwischen den Trennwänden rausschneiden. Den Saft, der dabei abtropft, zum anderen Saft geben.

5 Jetzt geht's an die Orangensauce: In einer Pfanne übrige Butter schmelzen. Vanillezucker einrühren, bei mittlerer Hitze ganz leicht anbräunen, dann Saft und Likör angießen, in 3–5 Minuten sirupartig einkochen. Die Orangenfilets hineinlegen und bei schwacher Hitze warm halten.

6 Eine beschichtete Pfanne mit Butterschmalz ausstreichen und erhitzen. Eine kleine Schöpfkelle voll Teig reingeben, Pfanne wenden und drehen, damit er sich gleichmäßig verteilt. Bei mittlerer Hitze 1/2–1 Minute backen, dann wenden und in 1/2–1 Minute fertig backen. Crêpe zusammenfalten, in die Orangensauce legen.

7 Alle Crêpes backen (Pfanne immer wieder mal mit etwas Butterschmalz ausstreichen), falten und in die Sauce legen. Mit Puderzucker bestäuben, gleich essen.

So viel Zeit muss sein: 1 1/4 Stunden
Das schmeckt dazu: für ganz Süße
1 Kugel Vanilleeis oder auch ein bisschen geschlagene Sahne
Kalorien pro Portion: 470

Noch mehr Rezepte mit Orangen (Seite)

Hähnchen-Lauch-Salat mit Curry (209)
Hummus mit Tunfischsteaks (178)
Marinierter Mozzarella (171)
Orangen-Fenchel-Salat (107)
Rotkohlsalat mit Trauben (186)
Scharfe Möhren-Ingwer-Sauce (219)

Paprika

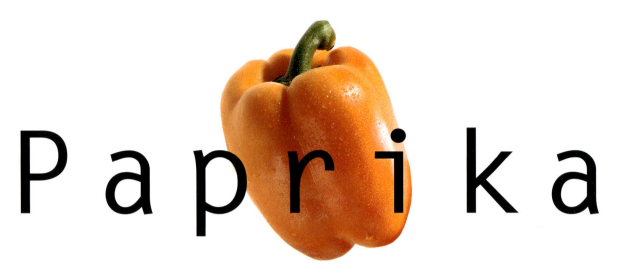

engl.: sweet pepper, capiscum; franz.: poivron;
ital.: peperone; span.: pimentón

»Süßer Pfeffer« sagen die Briten zur Paprika. Lässt sich ihr Geschmack nicht besser beschreiben? Einfach eine Paprika aufschneiden und reinbeißen. Schmeckt frisch und saftig. Sollte der »süße Pfeffer« also nicht »saftiger Pfeffer« heißen? Na ja. Vermutlich bringt es »Paprika« doch am besten auf den Punkt. So wie »Paprika im Blut haben«. Das sagt man von Leuten mit Frische, Saft, Pfeffer, süßem Charme. Typisch Paprika eben.

Keine Spur von seinem Charme verliert das bunte Gemüse, wenn es in Olivenöl mariniert oder roh in Stiften oder Streifen mit einem Dip oder Dressing serviert wird. Und auch in pikanten Salsas aus verschiedenen Früchten, scharf gewürzt als Relish sowie püriert in einer der vielen Paprikasaucen kommt sie gut zur Geltung. Sanfter, süßer schmeckt Paprika gekocht, gebraten, gegrillt, gefüllt oder überbacken, auf der Pizza oder im Auflauf. In vielen Rezepten findet sie mit der entfernt verwandten Tomate zusammen (ungarisches Lecso), gerne ergänzt durch Mittelmeergemüse und -kräuter (provenzalisches Ratatouille) bzw. Ziegen- oder Schafkäse (griechischer Salat). Und dann sind da noch die Aroma-Partner Zwiebel bzw. Knoblauch sowie Paprika- oder Chilipulver, nächste Verwandte aus der scharfen Familie der Gewürzpaprika.

Gute Paprika…

…haben eine glatte, makellos glänzende Haut und grüne, frische Stiele
…sind fest mit hellen, weichen Kerne und duften beim Aufschneiden

Schlechte Paprika…

…haben eine schrumpelige Haut, dunkle Stellen, einen fleckigen, welken Stiel
…sind weich mit verfärbten, trockenen Kernen und riechen vergoren

Gemüsepaprika gibt es in den Ampelfarben Rot, Gelb, Grün und auch mal in Basic-orange. Grüne werden in der Regel unreif geerntet, schmecken daher herber. Ausgereifte rote haben das meiste Aroma und die meisten Vitalstoffe – wir sagen nur Vitamin C! Die Freiland-Paprika kommen ab Sommer bis Herbst auf unsere Märkte, meist aus den Mittelmeerländern, zum Teil aus Südosteuropa. Zu jeder Jahreszeit beliefern uns Hollands Treibhäuser. Dort wachsen sogar violette Paprika. Die Balkanländer schicken den grünen, dünnwandigen Spitzpaprika in die Türkenläden. Im fehlt es etwas an Aroma, doch zum Füllen macht er sich gut. Sehr viel würziger ist da die aus Ungarn stammende rundliche, gerippte und fleischige Tomatenpaprika. Daraus entstehen auch die eingelegten Paprikastücke und das Paprikamark.

Aufheben

Der Kühlschrank ist für Paprika eigentlich zu kalt. Dort fühlt sie sich höchstens im nicht gar so eisigen Gemüsefach für 1 Woche wohl, eingepackt in einem Plastikbeutel mit Luftlöchern. In Kellerkühle hält sie ihr Aroma besser, verdirbt dann allerdings ein wenig schneller.

Käseprikas
Gibt's in Griechenland oft als Vorspeise

Für 4 als Vorspeise:
4 rote Paprikaschoten (am besten eher länglich als rund, dann bleibt alles drin)
1/2 Bund Petersilie
1 EL Zitronensaft
2 EL Olivenöl
Salz, Pfeffer aus der Mühle
200 g Schafkäse (Feta)

1 Paprikaschoten waschen und an der Seite mit dem Stielansatz einen Deckel abschneiden. Weiße Häutchen samt Kernen aus den Paprikaschoten zupfen. Den Deckel roh knabbern oder später einfach neben die gefüllten Schoten auf den Grill legen.

2 Petersilie abbrausen, trockenschütteln und die Blättchen fein schneiden. Mit dem Zitronensaft und dem Olivenöl vermischen und mit Salz und Pfeffer würzen. Schoten innen damit auspinseln. Den Schafkäse in 4 gleich große Stücke schneiden, jeweils 1 Stück in die Schoten legen.

3 Den Holzkohlengrill anheizen. Gefüllte Schoten (und vielleicht auch die Deckel) darauf legen und bei mittlerer Glut pro Seite etwa 10 Minuten grillen. (Oder unter den Grillschlangen des Backofens grillen.)

So viel Zeit muss sein: 20 Minuten
(+ 20 Minuten Grillzeit)
Kalorien pro Portion: 175

Scharfe Paprikakonfitüre
Super zu Käse wie Pecorino

Für 4 Gläser à 400 ml Inhalt:
1 kg rote Paprikaschoten
3 rote Chilischoten
2 kleinere säuerliche Äpfel
150 g Zucker
2 EL Aceto balsamico
1 Prise Salz

1 Die Paprikaschoten waschen, putzen und in kleine Würfel schneiden. Die Chilischoten waschen, entstielen und fein hacken. Äpfel vierteln, schälen, entkernen und ebenfalls klein würfeln.

2 Paprika, Chilis und Äpfel mit Zucker, Balsamico und Salz in einem Topf erhitzen. Deckel drauf, Mischung bei schwacher Hitze gut 1 Stunde ganz leicht köcheln lassen. Dann die Paprikakonfitüre mit dem Pürierstab im Topf grob durchmixen, noch einmal aufkochen lassen und in saubere Gläser mit Schraubverschluss füllen. Sofort verschließen und abkühlen lassen.

So viel Zeit muss sein: 25 Minuten
(+ 1 Stunde Garzeit)
Das schmeckt dazu: außer Käse auch gegrilltes oder gebratenes Fleisch oder Geflügel
Kalorien pro Glas: 225

Putzen
Zuerst die Schote unter dem fließenden Wasser sauber abreiben, dann der Länge nach halbieren, aufklappen. Den Stiel rausbrechen, die weißen Häutchen, an denen kleine Kerne hängen, rauszupfen. Wenn jetzt noch Kernchen im Inneren sind, Hälften noch mal kurz unter den Wasserstrahl halten.

Häuten
Paprika schmecken noch feiner und manche vertragen sie auch besser, wenn man die Haut ablöst. Und das geht so: Den Backofen auf 250 Grad (Umluft 220 Grad) vorheizen. Die gewaschenen Schoten halbieren, putzen, wie oben beschrieben, und mit der offenen Seite nach unten aufs Blech legen. In den Ofen (Mitte) schieben. Ca. 15 Minuten backen, bis die Haut große Blasen bekommt und fast schwarz ist. Raus aus dem Ofen und ein feuchtes Tuch darüber legen. Kurz warten, dann die Haut an den Blasen einstechen und mit dem Messer abziehen.

Marinierte Paprikaschoten
Numero uno auf dem Antipasti-Teller

Für 4 als Vorspeise:
je 2 rote und gelbe Paprikaschoten
2 Knoblauchzehen
1 EL Zitronensaft
2 EL bestes Olivenöl
Salz, Pfeffer aus der Mühle
1/2 Bund Petersilie

1 Den Backofen auf 250 Grad vorheizen (auch schon jetzt: Umluft 220 Grad). Die Paprikaschoten waschen, längs halbieren. Stiel und weiße Häutchen samt Kernen rauszupfen. Die Hälften mit der Haut nach oben auf ein Backblech legen.

2 Die Schoten im Ofen (Mitte) ungefähr 15 Minuten backen, bis die Haut große Blasen bekommt und fast schwarz ist. Mit einem feuchten Tuch bedecken, kurz warten. Haut abziehen – kleine Stückchen dürfen ruhig noch dran sein –, die Schoten in ungefähr 1 cm breite Streifen schneiden und mit dem Saft, der beim Schneiden ausgelaufen ist, in eine flache Schale füllen.

3 Den Knoblauch schälen und in ganz dünne Stifte schneiden. Mit Zitronensaft und Öl mischen, salzen und pfeffern und über die Schoten gießen. Bei Zimmertemperatur mindestens 4 Stunden marinieren. Immer mal wieder durchrühren, auf jeden Fall aber vor dem Servieren. Dann auch die Petersilie abbrausen, trockenschütteln und die Blättchen ganz fein hacken. Über die Schoten streuen.

So viel Zeit muss sein: 45 Minuten
(+ 4 Stunden Marinierzeit)
Das schmeckt dazu: knuspriges Weißbrot
Kalorien pro Portion: 60

TIPP:
Ebenfalls köstlich: 4–6 klein gehackte, in Öl eingelegte Sardellenfilets unter die Marinade mischen. Oder 1 gehackte rote Chilischote. Oder die Paprika zusätzlich mit kleinen Kapern bestreuen.

Ungarische Paprikasuppe
Rösten macht Arbeit, aber auch Aroma

Für 4 als Vorspeise oder Imbiss:
3 rote Paprikaschoten
1 Zwiebel, 2 Knoblauchzehen
1 Kartoffel (mehlig kochende Sorte)
2 EL Butter
1 TL rosenscharfes Paprikapulver
2 TL edelsüßes Paprikapulver
1/4 l trockener Weißwein
3/4–1 l Gemüse- oder Fleischbrühe
Salz, Pfeffer aus der Mühle
200 g saure Sahne

1 Den Backofen auf 250 Grad vorheizen (auch schon jetzt: Umluft 220 Grad). Die Paprikaschoten waschen, längs halbieren und putzen. Die Hälften mit der Haut nach oben aufs Blech legen und etwa 15 Minuten in den Ofen (Mitte) schieben, bis die Haut Blasen bekommt und fast schwarz ist. Kurz abkühlen lassen, häuten und klein würfeln.

2 Zwiebel und Knoblauch schälen und fein hacken. Kartoffel schälen, waschen und fein raspeln. Butter im großen Topf zerlassen. Zwiebel und Knoblauch kurz anschwitzen. Beide Paprikapulver drüberstäuben, kurz mitbraten.

3 Die Kartoffel reinrühren, Weißwein und Brühe dazugießen. Deckel drauf und die Suppe etwa 10 Minuten bei mittlerer Hitze kochen. Dann Paprikawürfel dazugeben, mit Salz und Pfeffer würzen und noch mal 10 Minuten kochen. Saure Sahne darunter mischen, abschmecken, fertig.

So viel Zeit muss sein: 30 Minuten
(+ 35 Minuten Back- und Garzeit)
Kalorien pro Portion: 220

Gefüllte Paprikaschoten
Ein »echter« Evergreen

Für 4 zum Sattessen:
100 g Langkornreis
Salz
1/2 Bund Petersilie
1 Zwiebel
2 Knoblauchzehen
2 EL Öl
1 große Dose Tomaten (800 g Inhalt)
Pfeffer aus der Mühle
300 g gemischtes Hackfleisch
1 Ei
1 EL mittelscharfer Senf
1 TL getrockneter Oregano
Cayennepfeffer nach Geschmack
4 gleich große grüne Paprikaschoten

1 Reis mit der doppelten Menge Wasser in einen Topf schütten, salzen, zudecken. Bei mittlerer Hitze ungefähr 10 Minuten köcheln lassen, dann abgießen und im Sieb gut abtropfen lassen.

2 Die Petersilie abbrausen und trockenschütteln, die Blättchen fein hacken. Die Zwiebeln und den Knoblauch schälen, in kleine Würfel schneiden oder hacken.

3 Die Hälfte der gehackten Zwiebel in einem Topf mit dem Öl andünsten. Tomaten in der Dose kleiner schneiden und mit dem Saft dazugeben. Salzen, pfeffern und zugedeckt bei schwacher Hitze köcheln lassen, ab und zu umrühren.

4 Das Hackfleisch mit übrigen Zwiebel, dem Knoblauch, Petersilie, Ei und Senf verkneten. Den abgekühlten Reis auch untermischen. Kräftig mit Salz, Pfeffer, Oregano und Cayennepfeffer würzen.

5 Paprikaschoten waschen und an der Seite mit dem Stielansatz einen Deckel abschneiden. Weiße Häutchen samt Kernen aus den Paprikaschoten zupfen. Schoten mit der Hackfleischmischung füllen, den Paprikadeckel wieder aufsetzen. Schoten in die Tomatensauce stellen, zugedeckt 45 Minuten bei mittlerer Hitze schmoren.

So viel Zeit muss sein: 30 Minuten
(+ 45 Minuten Schmorzeit)
Kalorien pro Portion: 510

Noch mehr Rezepte mit Paprika (Seite)

Arabische Walnusscreme (239)
Artischocken mit Saucen (39)
Auberginen-Kaviar (45)
Chili con carne (137)
Chinesische Krautröllchen (186)
Currynudeln mit Kokosmilch (88)
Curryreis mit Huhn (266)
Fenchelsalat mit Oliven (107)
Gazpacho (313)
Gebratener Reis (263)
Gemüse und Tofu in Kokosmilch (309)
Gemüseplatte mit Aioli (182)
Gemüse-Risotto (264)
Griechischer Hackbraten (138)
Laucheintopf mit Kartoffeln und Hack (210)
Mango-Chutney (244)
Mexikanische Schokoladensauce (283)
Paella (265)
Pizza mit Paprika und Artischocken (40)
Ratatouille (43)
Scharfer Ananassalat (244)
Schweinefleisch süßsauer (292)
Sherryhuhn (147)
Shrimps in Gemüse-Sahne-Sauce (129)
Tabouleh (83)
Tacos mit Rindfleischfüllung (270)
Toskanischer Brotsalat (79)

Pilze

engl.: mushrooms; franz.: champignons; ital.: funghi;
span.: petas; bayr. & österr.: Schwammerl

Faszinierend: Beim Champignon, Austernpilz oder Shiitake haben wir es wie bei kaum einem anderen Gewächs geschafft, das ganze Jahr über problemlos frischen Nachschub zu ernten. Dafür wehrt sich der große Rest der Pilzfamilie erfolgreicher als jedes andere Gemüse gegen unsere Zuchtversuche. Was uns zur Saison wieder zu Sammlern macht – im Wald und auf dem Wochenmarkt. Und was uns gerade die schwierigen unter den Pilzen besonders lieben lässt.

Frisch gesammelte Waldpilze, das ist Natur pur, die jeder gerne riecht und schmeckt. Erdig-warme Aromen, mal pfeffrig und fleischig, mal zart mit einem Ton von Lauch und Nuss. Jeder dieser Pilze ist unverkennbar im Geschmack – aber einige da draußen sind hochgiftig. Weil eine Verwechslung schlimm enden kann: Hände weg von Waldpilzen, die nicht 100 %ig bekannt sind.

Zum Trost für die Daheimgebliebenen und Supermarktjäger: Bei roh in feine Streifen geschnittenen Zuchtpilzen, mit Oliven- oder Nussöl sowie Salz und Pfeffer angemacht, kommt das Wildaroma auch noch etwas raus. Die Steigerung für Wild- und Zuchtpilz: Butter oder aromatisches Öl in die Pfanne und die Pilze darin schwenken – de luxe. Dazu noch etwas Sahne – prima zu Nudeln. Oder mit Brühe verkocht und mit dem Pürierstab aufgemixt – wunderbare Pilzcremesuppe. Festere Pilze (Parasolpilze, Austernpilze) lassen sich super braten, besonders Pfifferlinge schmecken dann solo am allerbesten, während Maronen, Champignons und andere sich in einer Pilzpfanne gut ergänzen. Fast alle – besonders aber Morcheln oder Steinpilze – geben cremigen Saucen den besonderen Geschmack. Zitronensaft, würzige Kräuter, Zwiebeln, Knoblauch, Geräuchertes und geriebener Käse passen zu Pilzen.

Pilzsaison ist vom Spätsommer bis Herbst, aber sehr abhängig vom Wetter. Das Sammeln ist bei uns nur für den eigenen Herd erlaubt. Wildpilze im Laden kommen oft aus östlichen Ländern, nicht selten mit höheren Schadstoffbelastungen – Stichwort Tschernobyl. Experten empfehlen daher jährlich jede Woche nur eine Portion Wildpilze – wer sie nur in der Saison isst, darf dann rein mathematisch täglich welche genießen.

Aufheben

Pilze enthalten reichlich Eiweiß, das sich in Wärme und Feuchtigkeit zersetzen und mindestens schwere Übelkeit auslösen kann. Zuchtpilze im Laden in Papier packen, damit sie nicht schwitzen, eingeschweißte Pilze zu Hause locker und luftig in Papiertüten umfüllen. Halten im Gemüsefach des Kühlschranks 2–4 Tage, Wildpilze 1–2 Tage.

Gute Pilze…

…sind fest und prall
…riechen nach Erde
…kennt man genau oder lässt sie vom Experten bestimmen

Schlechte Pilze…

…haben feuchte, dunkle Stellen
…sind trocken, schrumplig
…riechen faulig bis fischig
…sind giftig

Die Typen

Champignons (1) / **Egerlinge** (2) sind die ältesten Zuchtpilze und daher überall und immer zu haben. Die bräunlichen Egerlinge sind etwas kräftiger im Geschmack als die weißen Champignons. Beide fallen nicht durch starkes Aroma, sondern als anpassungsfähige Begleiter auf. Braten, dünsten, gratinieren, Suppe oder Salat – mit ihnen geht alles. Ideal zum Füllen: große Köpfe.

Austernpilze (3) kommen ebenfalls aus der Zucht. Sie besitzen ein festes Fleisch, das beim Braten einen leichten Kalbfleischgeschmack bekommt. Frischekennzeichen sind nach unten gebogene Hüte.

Steinpilze (4) gehören zum Besten, was der Waldboden zu bieten hat. Festes, weißes Fleisch mit Nussaroma. Der Schwamm an seiner Hutunterseite ist bei jungen Steinpilzen weiß, bei älteren grünlichbraun. Alle Versuche, Steinpilze zu züchten, sind fehlgeschlagen. Dafür kann man sie trocknen und so auch außerhalb der Saison Suppen, Saucen oder Risotti damit veredeln.

Pfifferlinge (5) lassen sich ebenso wenig züchten und dazu schlecht trocknen, weil sie dann hart werden. Einlegen in Öl hilft weiter. Je länger der frische Pilz im Boden stehen durfte, desto aromareicher und pfeffriger ist sein Fleisch. Pfifferlinge passen gut zu Wild, klassisch zu Rührei.

Shiitake-Pilze (6) sind die Champignons der Japaner, werden aber längst auch in Europa auf Holzmehl-Nährböden gezüchtet. Nach innen gewölbte Kappen zeigen an, dass der Pilz frisch ist. Stiele immer entfernen, da sie beim Garen hart bleiben. Der Geschmack ist intensiver als bei anderen Zuchtpilzen und nimmt beim Trocknen sogar noch zu.

Mu-Err oder **Wolkenohr-Pilze** (7) werden in Asien auf Holzstämmen gezüchtet. Diese dunklen Pilze haben einen sehr milden Geschmack, sind daher für viele Rezepte gut geeignet. Fast immer verwendet man die viel aromareicheren getrockneten Mu-Err-Pilze. Man lässt sie 15–30 Minuten in warmem Wasser quellen und drückt sie gut aus. Für 100 g frische Pilze rechnet man etwa 10 g getrocknete.

Marinierte Pilze
Superschnell, supereinfach

Für 4 als Vorspeise:
500 g Austernpilze
Salz, Pfeffer aus der Mühle
4 EL bestes Olivenöl
1 Bund Basilikum
3–4 Knoblauchzehen
3–4 EL Zitronensaft
2 EL trockener Weißwein (wenn gerade eine Flasche auf ist)

1 Den Grill vom Backofen vorheizen. Die Austernpilze auseinander brechen und mit Küchenpapier trocken abreiben. Die Stiele der Pilze besser abschneiden, sie sind ziemlich zäh. Pilze mit Salz, Pfeffer und dem Öl mischen und möglichst nebeneinander in eine hitzebeständige Form legen.

2 Die Pilze mit ungefähr 10 cm Abstand unter die heißen Grillschlangen schieben und 10–12 Minuten grillen. Zwischendurch die Form mal rausnehmen und die Pilze mit dem Pfannenwender umdrehen.

3 Während der Grillzeit die Basilikumblättchen abzupfen und in feine Streifen schneiden. Knoblauch schälen und durch die Presse drücken. Beides unter die Pilze mischen, noch mal etwa 2 Minuten grillen.

4 Pilze in eine Schale umfüllen, Zitronensaft und Wein in die Form, in der die Pilze gegrillt wurden, geben und rühren, bis sich der Bratsatz gelöst hat. Über die Pilze gießen und gleich essen oder die Pilze erst abkühlen lassen. Oder ein paar Stunden marinieren.

So viel Zeit muss sein: 20 Minuten (ohne die Abkühl- und Marinierzeit)
Das schmeckt dazu: ofenfrisches Weißbrot, auch ein Blattsalat, auf dem man die Pilze anrichten kann
Kalorien pro Portion: 140

Putzen
• Eins mögen Pilze gar nicht – zu viel Wasser, sie saugen sich voll, werden schwammig und verlieren an Aroma. Zum Glück wachsen Zuchtpilze wie Austernpilze, Champignons & Co. ohnehin ziemlich sauber auf, so dass man sie trocken mit Küchenpapier abwischen kann. Wenn die Pilze mal erdig sind, das Küchenpapier leicht feucht machen.
• Wildpilze (wirklich nur solche sammeln, die man kennt!) am besten gleich im Wald gründlich mit dem Messer säubern.
• Bei allen Pilzen Stielenden abschneiden, bei Austern- und Shiitake-Pilzen sogar den ganzen Stiel.

Roggenbrot mit Pilzkaviar
Kaviar für Arme? Nein, für Genießer!

Für 4 als Imbiss:
400 g Egerlinge oder gemischte Pilze
1 Zwiebel
2 EL Butter
1/2 Bund Petersilie
eventuell ein paar Blättchen Majoran
100 g Quark
50 g Frischkäse
Salz, edelsüßes Paprikapulver
4–6 dünne Scheiben Roggenbrot

1 Pilze trocken mit Küchenpapier abreiben, Stielenden abschneiden. Pilze fein hacken. Zwiebel schälen und auch fein hacken.

2 Die Butter in einer Pfanne zerlassen. Pilze und Zwiebel einrühren, die Hitze auf mittlere Stufe stellen und die Pilze etwa 10 Minuten braten. Fleißig rühren!

3 Petersilie abbrausen, trockenschütteln und die Blättchen fein hacken. Den Quark mit dem Frischkäse verrühren.

4 Abgekühlte Pilze, Petersilie und Majoran darunter rühren, mit Salz und Paprika abschmecken. Brote dick mit Pilzkaviar bestreichen, in Stücke schneiden und auf eine Platte legen.

So viel Zeit muss sein: 30 Minuten
Kalorien pro Portion: 190

Variante:
Pilz-Crostini
50 g getrocknete Steinpilze in lauwarmem Wasser 30 Minuten einweichen. Oder 400 g frische Steinpilze putzen und in schmale Scheiben schneiden. 1 Bund Petersilie abbrausen, trockenschütteln, die Blättchen fein hacken. 2 Knoblauchzehen schälen und hacken. Eingeweichte Pilze abtropfen lassen. Pilze in 2–3 EL Olivenöl ein paar Minuten braten. Petersilie und Knoblauch, abgeriebene Schale von 1/2 unbehandelten Zitrone und 3–4 EL Einweichwasser oder trockenen Weißwein dazugeben, salzen und pfeffern und 5 Minuten schmoren. Auf gerösteten Weißbrotscheiben verteilen, mit etwas Olivenöl beträufeln und heiß essen.

Gefüllte Champignons
Und die Welt steht Kopf

Für 4 als Vorspeise oder Imbiss:
400 g Chorizo (spanische Paprikawurst, als Ersatz geht auch ungarische Paprikawurst)
16 eher große Champignons oder Egerlinge
1 Zwiebel
2 Knoblauchzehen
1 Bund Petersilie
1 EL Olivenöl
2 EL trockener Sherry
1 EL Semmelbrösel
1 EL geriebener Käse (z. B. Pecorino oder Manchego)
Salz
1/2 TL edelsüßes Paprikapulver

1 Die Haut der Chorizo einritzen und abreißen. Von der Wurst 16 dünne Scheiben abschneiden, den Rest ganz fein würfeln.

2 Die Pilze trocken mit Küchenpapier abreiben. Die Stiele rausschneiden, putzen und fein hacken. Zwiebel und Knoblauch schälen und auch fein hacken. Die Petersilie abbrausen, trockenschütteln und die Blättchen hacken.

3 Den Backofen auf 220 Grad vorheizen (auch schon jetzt: Umluft 200 Grad). Pilzköpfe in eine hitzebeständige Form setzen. Das Öl in einer Pfanne erhitzen. Pilzstiele, Zwiebel und Knoblauch darin ungefähr 5 Minuten braten. Die Petersilie und die Chorizo-Würfelchen dazugeben, Sherry auch und verdampfen lassen.

4 Alles mit Semmelbröseln und Käse mischen, mit Salz und Paprika würzen und in die Pilzköpfe füllen. Für etwa 10 Minuten in den Ofen (Mitte) schieben. Mit Folie abdecken, falls die Füllung zu dunkel wird. Abkühlen lassen. Je 1 gefüllten Pilz auf 1 Wurstscheibe setzen, mit einem Spieß feststecken.

So viel Zeit muss sein: 30 Minuten
Das schmeckt dazu: Weißbrot
Kalorien pro Portion: 590

Pilzpfanne mit Currykartoffeln
Die richtige Paste macht den Meister!

Für 4 zum Sattessen:
750 g kleine Kartoffeln (fest kochende Sorte), Salz
500 g Austernpilze (Champignons gehen auch)
2–3 Knoblauchzehen
Pfeffer aus der Mühle
4 EL Olivenöl, 2 EL Zitronensaft
3 Stangen Staudensellerie
1 Bund Frühlingszwiebeln
ein paar milde rote Chilischoten (frisch oder eingelegt)
1 Bund Petersilie
1 EL Currypaste (fertig gekaufte – gibt's in vielen Varianten, und wer seinen Favoriten mal entdeckt hat, schwört drauf!)

1 Kartoffeln waschen, in einen Topf geben und knapp mit Wasser bedeckt aufkochen. 1 TL Salz dazugeben, zugedeckt bei mittlerer Hitze in 15–20 Minuten gar kochen.

2 Während die Kartoffeln köcheln, in aller Ruhe die Pilze trocken mit Küchenpapier abreiben. Dicke harte Stiele und Stielenden abschneiden. Die Pilzhüte etwas kleiner schneiden. Knoblauch schälen und fein hacken. Pilze mit Knoblauch, Salz, Pfeffer, 2 EL Olivenöl und Zitronensaft mischen und kurz marinieren.

3 Die Selleriestangen waschen, oben und unten abschneiden, was nicht mehr knackig und frisch aussieht. Stangen in sehr feine Scheibchen schneiden. Frühlingszwiebeln auch putzen und waschen: Wurzelbüschel weg, welke Teile weg. Dann die Zwiebeln schräg in feine Ringe schneiden. Frische Chilis waschen und entstielen, Chilis klein schneiden.

4 Wenn die Kartoffeln weich sind, abgießen, kurz ausdampfen lassen und noch heiß schälen. Petersilie abbrausen, trockenschütteln und die Blättchen grob hacken.

5 Eine große Pfanne oder den Wok heiß werden lassen, restliches Öl rein und kurz warten, bis es heiß genug ist. Sellerie und Frühlingszwiebeln reingeben, unter Rühren bei mittlerer bis starker Hitze 1 Minute anbraten. Etwas auf die Seite schieben, dann portionsweise die Pilze mit der Marinade in Pfanne oder Wok geben, rühren und rundum gut anbraten. Chilis einstreuen.

6 Kartoffeln halbieren oder vierteln, gut untermischen. Currypaste einrühren, alles zusammen noch 1–2 Minuten braten. Mit Salz und Pfeffer abschmecken, mit Petersilie bestreuen.

So viel Zeit muss sein: 50 Minuten
Kalorien pro Portion: 240

Pfifferlinge mit Tomaten und Kräutern
Schnell gemacht

Für 4 als Beilage oder mit Nudeln als Hauptgericht:
500 g Pfifferlinge
2–3 feste Tomaten, 1 rote Zwiebel
je 1/2 Bund Petersilie und Basilikum
3 EL Olivenöl
Salz, Pfeffer aus der Mühle

1 Von den Pfifferlingen die Stielenden und alle welken Stellen abschneiden. Die Pfifferlinge trocken mit Küchenpapier abreiben, besser nicht waschen. Kleine Pilze ganz lassen, große halbieren oder vierteln.

2 Tomaten waschen und in kleine Würfel schneiden, dabei Stielansätze gleich wegschneiden. Zwiebel schälen und in kleine Würfel schneiden. Die Petersilie abbrausen und trockenschütteln (das Basilikum nicht waschen), die Kräuterblättchen abzupfen. Einen Teil vom Basilikum beiseite legen, die restlichen Kräuterblättchen fein schneiden.

3 Eine Pfanne – am besten eine schwere aus Gusseisen – richtig heiß werden lassen. Gut eignet sich auch der Wok. Das Olivenöl und die Pilze hineingeben. Etwa 5 Minuten braten und dabei immer gut rühren. Die Zwiebel und Kräuter dazugeben und einige Minuten weiterbraten. Die Tomaten untermischen, alles mit Salz und Pfeffer würzen

und bei schwacher Hitze nochmals etwa 5 Minuten ziehen lassen. Abschmecken, übriges Basilikum draufstreuen, gleich auf den Tisch stellen.

So viel Zeit muss sein: 25 Minuten
Das schmeckt dazu: Nudeln jeder Art, Spätzle, Kartoffelgratin oder auch ein schönes Steak, Geflügel oder Wild
Kalorien pro Portion: 90

Cannelloni mit Pilzfüllung
Garantiert nichts für Faule

Für 4 zum Sattessen:
2 Zwiebeln
2 Knoblauchzehen
600 g Steinpilze oder Champignons oder Parasolpilze oder Austernpilze oder Shiitake-Pilze
1 Bund Basilikum
4 EL Olivenöl
125 g Mozzarella
150 g Mascarpone oder weicher Ricotta
1 Ei
150 g frisch geriebener Parmesan oder Pecorino
Salz, Pfeffer aus der Mühle
etwa 250 g Cannelloni-Rollen (ohne Vorkochen zu verwenden)
3 große Tomaten
1/8 l trockener Weißwein

1 Zwiebeln und Knoblauch schälen und ganz fein schneiden. Pilze trocken mit Küchenpapier abreiben. Bei den Steinpilzen, Champignons und Parasolpilzen nur die Stielenden abschneiden, bei den Austernpilzen und Shiitake-Pilzen die ganzen Stiele. Die Pilze in feine Scheiben oder Streifen schneiden. Basilikumblättchen abzupfen und in Streifen schneiden.

2 Eine große Pfanne auf den Herd stellen und heiß werden lassen. 2 EL Öl hinein und die Zwiebeln kurz darin andünsten. Dann die Pilze dazugeben, bei starker Hitze unter Rühren etwa 5 Minuten braten. Wenn sich dabei Saft bildet, so lange weiterbraten, bis er wieder verdampft ist.

3 Pilze in eine Schüssel umfüllen, leicht abkühlen lassen. Knoblauch und Basilikum untermischen. Mozzarella klein würfeln und mit Mascarpone oder Ricotta, Ei und 100 g Parmesan oder Pecorino verrühren, unter die Pilze mischen. Mit Salz und Pfeffer abschmecken, aber nicht zu viel Salz drangeben, weil der Käse schon salzig ist.

4 Die Pilzmasse jetzt in die Cannelloni füllen – am besten mit dem Löffel. Immer einen gehäuften Löffel Pilzmasse hineindrücken und noch einen weiteren Löffel nachschieben, bis die Masse weiter durchgerutscht ist. Nudelrollen nebeneinander in eine hitzebeständige Form legen.

5 Den Backofen auf 200 Grad vorheizen (Umluft ohne Vorheizen 180 Grad). Tomaten waschen und ganz klein würfeln, dabei den Stielansatz wegschneiden. Mit dem Wein, dem restlichen Käse und dem übrigen Öl verrühren, kräftig pfeffern und das Ganze über den Nudelrollen verteilen.

6 Die Form in den Ofen (Mitte) schieben und die Cannelloni etwa 35 Minuten backen. Sie sollen gebräunt sein und weich, also zur Probe mit einem Messer einstechen. Vor dem Anschneiden besser 5–10 Minuten Geduld haben, dann läuft weniger Saft aus.

So viel Zeit muss sein: 1 Stunde (+ 35 Minuten Backzeit)
Das schmeckt dazu: ofenfrisches Weißbrot und Rucolasalat
Kalorien pro Portion: 760

Noch mehr Rezepte mit Pilzen (Seite)

Chinesische Hühnerbrühe mit Gemüse und Pilzen (143)
Coq au vin (147)
Currynudeln mit Kokosmilch (88)
Feldsalat mit Speck und Champignons (60)
Folienfisch (115)
Gebratener Reis (263)
Glasnudelsalat mit Hack und Pilzen (228)
Gratinierte Wirsingspalten (187)
Kalbsgeschnetzeltes (151)
Kürbis-Risotto mit Shiitake-Pilzen (198)
Lamm mit Austernsauce (206)
Lamm-Carpaccio (202)
Lammspieße (203)
Lauchquiche (210)
Pilz-Risotto (264)
Rucola mit Pilzen und Schinken (61)
Rührei (93)
Sauerscharfe Garnelensuppe (128)
Semmelknödel mit Pilzsahne (81)
Zander im Zitronendampf (124)

Reis

engl.: rice; franz.: riz; ital.: riso; span.: arroz

Man kann mit ihm nicht backen, nicht richtig Suppe, nur mäßig Salat machen. Und eigentlich gibt es im Vergleich zur Kartoffel oder Nudel nur wenige Rezepte mit ihm. Aber eine Menge Gerichte werden mit Reis serviert. In Asien sind das fast alle, denn neun von zehn Reiskörnern auf der Erde wachsen dort. Aus dem Rest kocht sich der Rest der Welt dann Risotto, Paella oder Milchreis. Auch was Feines, oder?

Der Reis ist ein prima Mitläufer. Entweder etwas wird »mit Reis« serviert, also Thai-Curry mit Duftreis, Tandoori-Huhn mit Basmati-Reis oder gebratene Zucchini mit Naturreis. Oder er wird mit etwas gegart, dem er Substanz und das ihm Geschmack verleiht, wie im Spargel-Risotto. Und ja doch, auch Asien hat seine Klassik-Reisrezepte: gebratenen Wok-Reis (auch Nasi-goreng), Klebreiskuchen und natürlich Sushi.

Ein Naturprodukt erkennt man daran, dass es verschiedene Arten davon gibt und die ihre Eigenarten haben. So ist es auch beim Reiskorn, dem Samen eines Süßgrases. Je nach Stärkegehalt und -sorte (zum Teil auch je nach Form) kocht er verschieden. Grob gesagt gibt es zwei Formen von Reis: Rundkornreis, der immer suppig bis klebrig kocht, und Langkornreis, der gegen Westen immer lockerer, im Fernen Osten aber auch haftender garen kann. Dazwischen liegt Mittelkornreis, der vor allem in China als Beilage zum Essen mit Stäbchen serviert wird.

Aufheben

Geöffnet hält »weißer« Reis in einer luftdichten Box im Küchenschrank 1 Jahr und länger, dabei ab und zu lüften. Naturreis hat mehr Fett in sich und sollte nach 6 Monaten verbraucht sein. Den gegarten Reis rasch kühlen, sonst entwickeln sich Bakterien.

Die Typen

Patna-Reis: Der klassische Langkornreis des Westens, der ursprünglich aus Indien stammt, gart locker. Typisch als Beilage.

Basmati-Reis: Langkornreis aus Nordindien, der berauschend nussig duftet, dabei leicht, locker und körnig zart gart.

Duftreis: Langkornreis aus Südostasien, der blumig duftet und locker gart, aber leicht haftet. Jasminreis ist Duftreis.

Risotto-Reis: Italienischer Rundkornreis, der suppig mit Biss gart. Populär: Arborio, typisch: Vialone nano; erstklassig: der aus Vialone und Sushi-Reis gekreuzte Carnaroli.

Sushi-Reis: Rundkornreis aus Japan, ideal fürs Sushiformen. Kann auch Beilage sein und durch Risotto-Reis ersetzt werden.

Klebreis: Asiatischer Rund- oder Langkornreis, dessen Stärke beim Kochen so viel Klebereiweiß abgibt, dass die Körner breiig zusammenpappen. Meist für Süßes.

Milchreis: Rundkornreis, der eher breiig kocht. Für Süßspeisen.

Naturreis: Geschälter, ungeschliffener Reis mit vollem Keim. Kocht länger, gut für erdige Gerichte.

Parboiled-Reis: Körner, die mit Dampf und Druck bearbeitet wurden, so dass sie trotz Schleifen 80 % der Nährstoffe behalten.

Bio-Reis: kontrolliert-biologisch angebauter Reis.

Reissalat mit Granatäpfeln
Cool & trendy

Für 4 als Imbiss oder Vorspeise:
2 Knoblauchzehen
2 EL Öl
200 g Langkornreis
400 ml Gemüsebrühe
2 Fleischtomaten
1 Granatapfel
1 rote Chilischote
1/2 Bund Koriander
1 Frühlingszwiebel
2–3 EL Limetten- oder Zitronensaft
Salz

1 Knoblauch schälen und fein würfeln. In einem Topf im Öl andünsten. Reis einrühren, Brühe dazuschütten, aufkochen. Deckel drauf und Hitze auf schwache Stufe schalten. Den Reis 20–30 Minuten garen, bis er bissfest ist und schön körnig.

2 Tomaten waschen und winzig würfeln, dabei Stielansatz wegschneiden. Granatapfel quer halbieren, die roten Kerne mit einem Löffel rauslösen. Chilischote waschen, entstielen und in feine Streifen schneiden. Koriander abbrausen, trockenschütteln und die Blättchen abzupfen. Von der Frühlingszwiebel die Wurzelbüschel und welke Teile abschneiden, Zwiebel waschen, fein hacken.

3 Reis abkühlen lassen. Mit Tomaten, Chili, Frühlingszwiebel und den Granatapfelkernen mischen. Den Limetten- oder Zitronensaft untermischen, mit Salz würzen. Koriander draufstreuen.

So viel Zeit muss sein: 30 Minuten
Kalorien pro Portion: 170

Gebratener Reis
Typisch asiatisch

Für 4 zum Sattessen:
600 g gekochter Langkornreis
(das sind 200 g ungekochte Körner)
1 Stange Staudensellerie
1 Möhre
1 rote Paprikaschote
1 Aubergine (etwa 250 g)
150 g Austernpilze oder Bambussprossen (aus der Dose)
2 rote Chilischoten
3–4 Schalotten
2 Knoblauchzehen
6 EL Öl
2 EL Reiswein
2 EL Sojasauce
eventuell Salz
2 Eier

1 Wenn man keine Reisreste hat, den Reis jetzt kochen und erst am nächsten Tag braten. Also den Reis mit der doppelten Menge Wasser etwa 20 Minuten garen, abkühlen lassen, aus dem Topf holen, in eine Schüssel füllen und offen kühl stellen.

2 Dann alle Gemüse und die Austernpilze waschen und putzen oder schälen. Sellerie in dünne Scheiben schneiden. Die Möhre erst längs in sehr dünne Scheiben, dann in lange, feine Stifte schneiden. Die Paprikaschote in feine Streifen schneiden, Aubergine klein würfeln. Die Austernpilze oder die Bambussprossen (vorher abtropfen lassen) in Streifen schneiden.

3 Die Chilischoten waschen, entstielen und in feine Ringe schneiden. Schalotten und Knoblauch schälen und in sehr feine Scheiben schneiden.

4 Die Hälfte vom Öl im Wok oder in einer großen Pfanne heiß werden lassen. Reis darin unter Rühren 2–3 Minuten braten und wieder rausnehmen. Übriges Öl im Wok erhitzen. Knoblauch, Chilis und Schalotten darin braten, dann die Aubergine 1 Minute mitbraten. Alle anderen Gemüse und Pilze oder Sprossen dazugeben, etwa 3 Minuten braten. Dabei immer gut rühren!

5 Mit Reiswein, Sojasauce und eventuell Salz abschmecken. Reis untermischen und heiß werden lassen. Eier in eine Tasse aufschlagen und mit der Gabel durchrühren, bis Eiweiße und Eigelbe verbunden sind. Über Reis und Gemüse schütten und durchrühren, bis die Eier nicht mehr flüssig sind.

So viel Zeit muss sein: 30 Minuten
(mit Reis vom Vortag)
Das schmeckt dazu: Sambal oelek und Sojasauce, ein kühles Bier
Kalorien pro Portion: 355

Risotto
So überzeugend wie einfach!

Für 4 als Zwischengang:
1 Zwiebel, 4 EL Butter
300 g Rundkornreis (z. B. Arborio oder Vialone nano)
1/8 l trockener Weißwein
1 l heiße Fleisch- oder Hühnerbrühe
0,1–0,2 g Safran (Fäden oder Pulver)
50 g frisch geriebener Parmesan
Salz, Pfeffer aus der Mühle

1 Auch wenn's den Risotto-Koch schon in den Rührfingern juckt, zuerst muss er die Zwiebel schälen und fein würfeln. Dann in einer großen Pfanne 2 EL Butter schmelzen und darin die Zwiebel glasig dünsten.

2 In der Zwiebelbutter den Reis nun so lange rühren bis er durchscheinend und hell aussieht – bei sehr sanfter Hitze. Dann gleich den Wein und eine Kelle voll heißer Brühe angießen und fleißig weiterrühren.

3 Die Pfanne bleibt natürlich offen – wie sollte man sonst rühren. Aber auch, weil die Flüssigkeit nicht nur vom Reis geschluckt wird, sondern auch verdampfen soll und immer wieder durch einen neuen kleinen Brühe-Nachschub ersetzt wird.

4 Der Risotto-Koch freut sich, beim Rühren zu sehen, wie schön sämig plötzlich alles aussieht. Gar nicht wie die körnig-trockene Risi-e-bisi-Pfanne aus der Kantine, sondern eher wie ein göttlicher Brei. Der wird gleich noch schöner aussehen, wenn der Safran im letzten Brühe-Rest aufgelöst wird und den Reis in sattes Gelb taucht.

5 Alles in allem hat man jetzt vielleicht 20–30 Minuten am Herd gestanden. Das erste Löffelchen für den Koch, damit er spürt, ob die Reiskörner, die so weich aussehen, innen noch zarten Biss haben.

6 Den Rest der Butter und den duftenden frischen Parmesan unter den Reis mischen, noch mal mit Salz und Pfeffer abschmecken.

So viel Zeit muss sein: 40 Minuten
Das schmeckt dazu: ein leichter spritziger Weißwein
Kalorien pro Portion: 390

Varianten:

Pilz-Risotto
40 g getrocknete eingeweichte Steinpilze klein schneiden und mit der Zwiebel und je 1 gehackten Möhre und Selleriestange anbraten. Ansonsten wie beschrieben garen und das Pilzeinweichwasser mitverwenden.

Gemüse-Risotto
500 g grünen Spargel, Zucchini, Paprikaschoten oder grüne Bohnen oder 300 g Rucola oder Radicchio waschen und putzen oder schälen, klein schneiden. Mit Zwiebel und 1 durchgepressten Knoblauchzehe anbraten. Reis dazu, mit Wein (beim Radicchio Rotwein) und Brühe garen. Zum Schluss Basilikum (nicht beim Rucola und Radicchio) mit Käse und Butter untermischen.

Kochen

Langkornreis in einer Tasse abmessen, in den Topf geben. Mit derselben Tasse doppelte Menge Wasser abmessen, dazugießen, aufkochen. Salzen (die Asiaten tun dies nicht), den Deckel drauf, Hitze ganz klein schalten und Reis ungefähr 20 Minuten garen, bis das Wasser aufgesogen ist und die Körner weich sind.

Kochen & dämpfen

Langkornreis 5 Minuten in Salzwasser kochen, abgießen. Im Topf etwas Butter zerlassen, Topfboden mit ganz dünnen Kartoffelscheiben auslegen. Reis wie eine Pyramide einschichten, mit Butterflöckchen belegen. Tuch um den Deckel wickeln, dicht auflegen, bei sanfter Hitze 1-1 1/2 Stunden garen.

Dämpfen

Langkornreis auch 5 Minuten kochen, in ein mit einem Tuch ausgelegtes Sieb füllen. Im Topf etwas weniger Kochwasser erneut aufkochen, Sieb darüber hängen, zudecken. Den Reis 30 Minuten über dem Dampf garen.

Paella
Olé!

Für 6 zum Sattessen:
6 kleine Hähnchenkeulen (je 100 g)
500 g Muscheln (Herzmuscheln, Miesmuscheln, Venusmuscheln)
6 große ungeschälte rohe Garnelen
200 g feste Knoblauchwurst am Stück (z. B. Chorizo, Krakauer)
je 1 rote und grüne Paprikaschote
500 g Fleischtomaten
1 große Zwiebel
3 Knoblauchzehen
1 1/4 l Hühner- oder Fleischbrühe
8 EL Olivenöl, Salz, Pfeffer aus der Mühle
300 g TK-Erbsen
1 TL edelsüßes Paprikapulver
0,1–0,2 g Safran (Fäden oder Pulver)
500 g Rundkornreis (spanischer oder italienischer)
2 Zitronen

1 Hähnchenkeulen, Muscheln, Garnelen waschen (offene Muscheln wegwerfen) und trockentupfen. Knoblauchwurst in Scheiben schneiden. Paprikaschoten waschen, längs halbieren, putzen und in Streifen schneiden. Tomaten waschen und klein würfeln, dabei den Stielansatz wegschneiden. Zwiebel und Knoblauch schälen, fein hacken.

2 Die Brühe in einem Topf erhitzen, die Muscheln kochen, bis sich die Schalen geöffnet haben (2–3 Minuten). Rausheben, ungeöffnete Muscheln wegwerfen. Brühe heiß halten.

3 Eine riesige Pfanne oder Bratreine auf zwei Herdplatten stellen, Öl hineingießen und heiß werden lassen. Hühnerkeulen bei starker Hitze ungefähr 15 Minuten von allen Seiten anbraten, herausnehmen, salzen und pfeffern. Die Garnelen rein – aber nur 1–2 Minuten, bis sie sich schön rot färben.

4 Garnelen raus, Zwiebel und Knoblauch in die wieder freie Pfanne oder Reine rühren. Paprikastreifen, Tomaten und die Erbsen direkt aus der Packung dazugeben. Mit Salz, Pfeffer und Paprikapulver würzen. Safran in der heißen Brühe auflösen.

5 Nicht vergessen – der Reis! Der wird gut unter den Pfannen- oder Reineninhalt gemischt und gleich danach mit heißer Brühe aufgegossen. Alles auf dem Herd bei mittlerer Hitze 15 Minuten köcheln lassen, bis fast alle Flüssigkeit vom Reis aufgesogen ist. Nach 5 Minuten schon mal den Backofen auf 180 Grad vorheizen (Umluft ohne Vorheizen 160 Grad).

6 Jetzt endlich Hähnchenkeulen, Muscheln, Garnelen und Wurst auf dem Reis verteilen. (Vorher eventuell in eine hitzebeständige Form umfüllen.) Mit einem großen Stück Alufolie verschließen. Ab in den Ofen (Mitte) – und ein halbes Stündchen Zeit, um den Tisch zu decken, Flaschen zu entkorken, Zitronen in Achtel zu schneiden.

So viel Zeit muss sein: gute 2 Stunden
Das schmeckt dazu: trockener spanischer Weißwein
Kalorien pro Portion: 820

Curryreis mit Huhn
Abstecher nach Indien

Für 4 zum Sattessen:
300 g Basmati-Reis
400 g Hähnchenbrustfilet
2 Zwiebeln
1 Stück frischer Ingwer (etwa 2 cm)
1 grüne Paprikaschote
2 Tomaten
3 EL Butterschmalz
1 Stück Zimtstange
4 Gewürznelken
4 grüne Kardamomkapseln
je 1 TL gemahlene Kurkuma und rosenscharfes Paprikapulver (als Ersatz für beides 2 TL Currypulver)
50 g Naturjoghurt, Salz
2 EL Rosinen
2 EL Mandelblättchen

1 Reis in ein Sieb schütten und so lange kaltes Wasser drüberlaufen lassen, bis es klar abläuft. Den Reis gut abtropfen lassen. Das Hähnchenbrustfilet waschen, trockentupfen und klein würfeln.

2 Die Zwiebeln und den Ingwer schälen und fein würfeln. Paprikaschote waschen, putzen und in kleine Würfel schneiden. Aus den Tomaten den Stielansatz rausschneiden, die Tomaten mit kochend heißem Wasser überbrühen, abschrecken, häuten, entkernen und ebenfalls in kleine Würfel schneiden.

3 In einem Topf 1 EL Schmalz erhitzen. Filetwürfel darin rundherum gut anbraten, wieder rausheben. Noch mal 1 EL Schmalz zerlaufen lassen und alle Gewürze – egal ob ganz oder gemahlen – hineingeben und 1 Minute bei mittlerer Hitze braten.

4 Zwiebeln, Ingwer und Paprika dazugeben und kurz braten. Den Reis auch dazu und braten, bis er gleichmäßig gefärbt ist. Die Tomaten, den Joghurt und 1/2 l Wasser dazurühren. Salzen, Deckel drauf und alles zugedeckt bei schwacher Hitze ungefähr 15 Minuten garen.

5 Dann das Hühnerfleisch und auch die Rosinen dazumischen und alles noch etwa 5 Minuten garen, bis der Reis bissfest ist.

6 In der Zeit das übrige Schmalz in einem Pfännchen zerlassen. Die Mandelblättchen hineinrühren und goldgelb bräunen. Reis durchrühren und ein Löffelchen probieren. Eventuell nachwürzen. Wenn's schmeckt, Mandelblättchen drüberstreuen und auf den Tisch damit.

So viel Zeit muss sein: 40 Minuten
Das schmeckt dazu: Naturjoghurt (mit viel frisch gehackter Minze und eventuell 1 gehackten Chilischote mischen, mit Salz und gemahlenem Kreuzkümmel würzen)
Kalorien pro Portion: 575

Kokosreis
Mild und würzig

Für 4 als Beilage:
1 kleine Zwiebel, 2 Knoblauchzehen
1 Stück frischer Ingwer (etwa 2 cm)
1 EL Öl, 80 g Kokosraspel
250 g Langkornreis (am besten Basmati- oder Jasmin-Reis), 200 ml Kokosmilch
Salz, 1 unbehandelte Limette
1/4 Bund Koriander

1 Zwiebel, Knoblauch und Ingwer schälen und sehr fein hacken. Öl in einem Topf erwärmen. Zwiebel, Knoblauch und Ingwer darin bei mittlerer Hitze anbraten. Gut zwei Drittel der Kokosraspel dazugeben und kurz braten. Reis untermischen, Kokosmilch und 350 ml Wasser angießen. Salzen.

2 Hitze ganz klein schalten, Deckel drauf und den Reis ungefähr 20 Minuten quellen lassen. Zwischendurch nachschauen. Wenn er zu trocken wird, Wasser nachgießen.

3 Limette heiß waschen und die Schale dünn abschneiden und in feine Streifen schneiden. Koriander abbrausen, trockenschütteln und Blättchen fein hacken. Übrige Kokosraspel ohne Fett rösten. Reis mit der Limettenschale mischen, abschmecken und mit Koriander und Kokosraspeln bestreuen.

So viel Zeit muss sein: 30 Minuten
Das schmeckt dazu: fast alle asiatischen Gerichte
Kalorien pro Portion: 365

Noch mehr Rezepte mit Reis (Seite)

Gefüllte Paprikaschoten (255)
Kürbis-Risotto mit Shiitake-Pilzen (198)
Sushi (120)

Milchreis mit Birne
Weckt Kindheitserinnerungen

Für 4 als Dessert:
200 g Rundkornreis (Milchreis)
1 Vanilleschote
300 ml Milch
3 EL Zucker
2 Gewürznelken
4 Birnen

1 Den Reis mit 200 ml Wasser im Topf aufkochen und dann bei schwacher Hitze etwa 10 Minuten aufquellen lassen. Damit er nicht am Boden ansetzt, muss man ihn gelegentlich umrühren.

2 Die Vanilleschote längs aufschlitzen und mit der Milch, dem Zucker und den Nelken in einem anderen Topf aufkochen. Die Milch durch ein Sieb zum Reis geben und den Reis in 10 Minuten ausquellen lassen – auch bei schwacher Hitze.

3 Bleibt genug Zeit, um die Birnen zu vierteln und zu schälen, das Kerngehäuse herauszuschneiden und die Birnen selbst klein zu schneiden. Die Birnenstücke kommen ganz zum Schluss unter den heißen Reis, und müssen drin nur warm werden. Dann kann der Reis auf den Tisch.

So viel Zeit muss sein: 25 Minuten
Das schmeckt dazu: Zimtzucker
Kalorien pro Portion: 330

Süßer Reisauflauf
Schmeckt warm und kalt

Für 4 zum Sattessen:
1 unbehandelte Zitrone
1 l Milch, 1 Prise Salz
250 g Rundkornreis (Milchreis)
400 g Obst (Zwetschgen, Aprikosen, Äpfel, Kirschen, Stachelbeeren …)
80 g Butter
100 g Zucker
4 Eier
1 Prise Zimtpulver

1 Die Zitrone heiß waschen und die Schale dünn und wie eine Spirale abschneiden. Die Milch in einem Topf mit Zitronenschale und Salz zum Kochen bringen. Den Reis hineinschütten. Die Hitze auf kleine Stufe stellen, Deckel drauf und Reis in etwa 20 Minuten aufquellen lassen. Deckel runter und den Reis kühler werden lassen.

2 Das Obst waschen oder schälen, entsteinen oder entkernen – ganz nach Sorte. Zwetschgen und Aprikosen kleiner, Äpfel in dünne Schnitze schneiden. Kirschen und Stachelbeeren ganz lassen. Den Backofen auf 180 Grad vorheizen (Umluft ohne Vorheizen 160 Grad).

3 Eine hitzebeständige Form mit etwas Butter ausstreichen. Die übrige Butter mit dem Zucker mit den Quirlen des Handrührgeräts schön schaumig schlagen. Die Eier nach und nach dazurühren, Zimt auch.

4 Zitronenschale aus dem Reis nehmen, Reis mit der Eiermasse und den Früchten gut mischen und in die Form füllen. In den Ofen (Mitte) schieben und etwa 40 Minuten backen, bis die Oberfläche schön braun ist.

So viel Zeit muss sein: 30 Minuten
(+ 40 Minuten Backzeit)
Das schmeckt dazu: eventuell noch ein Kompott, der Auflauf kommt aber auch ohne Beilage aus
Kalorien pro Portion: 760

TIPP:
Man kann den Auflauf auch ohne Obst zubereiten. Dann einfach Kompott oder Apfelmus dazu essen. Auch gut: Zucker und Zimtpulver drüberstreuen. Oder den Auflauf mit Vanillesauce oder Obstsalat reichen.

Rindfleisch

engl.: beef; franz.: bœuf; ital.: manzo;
span.: carne de vaca

Lange war Rind das Größte in vielen Küchen der Welt. Madame kochte damit Bœuf a la mode, Wiener ihr Tafelspitz, Festwirte Ochs am Spieß. Cowboys und Gauchos schworen aufs Riesensteak, englische Lords auf blutiges Roastbeef, spanische Toreros auf erlegten Stier samt Edelteile. Und in Indien ist die Kuh so heilig, das man von ihr nur Joghurt nimmt und sie sonst in Ruhe lässt. Den Rest kennt man, Schlagwort BSE: Die heilige Kuh wurde zum Märtyrer, Hymnen wichen Hysterie, Rind verschwand. Hier ist es nun wieder. Denn man isst es wieder. Wir können nicht anders. So oder so.

Also erstmal so: Mit Rindfleisch lassen sich wunderbare Dinge tun. Die Pole der Rindfleischwelt sind dabei – pardon Frankreich – das US-BBQ und der Wiener Suppentopf. Beides Geräte fürs pure Garen. Weswegen die Raffinesse in der Wahl des richtigen Teils vom Rind liegt. Und das ist Kult bei BBQ-Butchers (und ihren britischen Vordenkern) wie bei Wiens Fleischhauern. Die einen schneiden T-Bone, Sirloin, Porterhouse, Oyster, wo wir gerade Entrecôte kennen, die anderen Kruspelspitz, Hüferschwanzel, Meisel, wo wir nur an Ochsenbrust denken.

Das Zentrum der Rindfleischküche liegt zwischen diesen Polen. Also in Frankreich, wo man wie stets aus dem Besten etwas noch Besseres macht (z. B. aus dem Filet das Chateaubriand) und aus dem Geringsten das Allerbeste (Consommé). Also bei uns zu Hause, wo Geschmortes wie Sauerbraten, Gulasch, Roulade ganz oben stehen. Nicht zu vergessen Burger und Tatar. Wer Fleisch mag, kommt also am Rind kaum vorbei. Und wer Rind mag, kann BSE nicht ignorieren.

Womit wir beim »oder so« wären: Auch wenn jetzt alles Böse verbrannt scheint, auch wenn sich jetzt alle mehr Mühe geben (und sei es nur bei der PR), auch wenn man fast schon wieder Fleisch isst wie früher und davon sogar noch mehr als früher beim Discounter kauft – immer noch gibt's neue BSE-Fälle und keinen einwandfreien BSE-Test. Ja, es gibt nun eine Verordnung zur Rindfleisch-Etikettierung, nach der neben Tierart, Fleischteil und Lieferant Geburts-, Aufzuchts- und Schlachtland genannt werden müssen sowie eine Nummer, mit der man den Weg des Tieres bis zur Mutterherde zurückverfolgen kann. Doch damit lässt sich nur reagieren, wenn was nicht stimmt. So wie auf BSE nur reagiert wurde, mit Verordnungen wie mit Markenprogrammen. Weswegen solche Etiketten etwa für Schweinefleisch noch nicht Pflicht sind. Noch nicht ...

Besser ist es, zu agieren. So wie Rindfleischzüchter, denen es als Erstes und das schon lange um die Qualität des Fleisches geht. Was heißt, dass sie sich mehr ums Tier kümmern müssen und so nicht dabei mitmachen können, mehr Fleisch noch billiger zu produzieren (siehe Kalbfleisch Seite 148). Solche Halter setzen eher auf langsam wachsende Fleischrassen wie Limousin oder Angus statt auf die bei uns üblichen Zweitnutzungsrassen, dem Kompromiss zwischen Milch- und Fleischvieh. Sie achten aufs richtige Maß beim Futter (im Sommer viel Grün, Kraft- und Mastfutter ohne tierisches Eiweiß) und bei der Haltung (Ställe mit Tageslicht und Auslauf, am besten ins Freie und auf die Weide). Und sie lassen den Rindern mehr Zeit zum Leben.

Für Viehbauern, -händler und Metzger sind neben dem Kalb (mehr auf Seite 148) vor allem drei »Arten« von Rindern interessant: Jungbullen (noch nicht geschlechtsreife

Das passt zu Rind

Koriander, Petersilie, Rosmarin, Schnittlauch, Thymian

Chili, Curry, Ingwer, Knoblauch, Kreuzkümmel, Paprika, Meerrettich, Nelken, Safran, Pfeffer, Wacholder, Zimt

Butter, Kürbiskernöl, Wein, Weinbrand, Ketchup, Senf, Sojasauce, Tabasco, Gewürzgurken, Oliven, Sardellen

Auberginen, grüne Bohnen, Hülsenfrüchte, Kohl, Kürbis, Lauch, Möhren, Paprika, Pilze, Sellerie, Kartoffeln, Nudeln, Reis

Geräuchertes, Sauermilchprodukte, würzige Käse, Rosinen, Zitrone, Walnüsse

Gutes Rindfleisch…

…kommt vom gut und länger gehaltenen Rind, vom Bio-Hof
…ist aus unabhängig kontrolliertem Erzeugerprogramm
…duftet animalisch frisch
…leuchtet hell bis tiefrot mit mattem Glanz
…ist elastisch, feinfasrig
…ist marmoriert, von hellem (bei Weidevieh Gelbton), festem Fett durchzogen

Schlechtes Rindfleisch…

…ist nur »kontrolliert« als Marke ohne Programm
…riecht streng, ist schmierig, angetrocknet
…ist dunkel- bis braunrot, zu weich oder zu fest
…hat viel Fett, dass bei Stallvieh gelblich ist

---

männliche Tiere, also keine Bullen), Färsen (weibliche Tiere vor dem Kalben, also keine Kühe) und Ochsen (mit etwa 6 Monaten kastrierte männliche Tiere). Jungbullen und Färsen werden normalerweise zwischen 1 1/2 und 2 Jahren geschlachtet – spät genug, um ihr Fleisch schon Rindfleisch nennen zu können, früh genug, damit sich die Hormone noch nicht regen. Züchter von langsam wachsenden Rassen können sich mehr Zeit lassen und schlachten meist mit 3 Jahren, dann schmeckt das Fleisch voller. Besonders zart und aromatisch ist Fleisch von Ochsen, die dank ihrer »Entbullung« ein ruhiges Leben frei vom Hormonstress geführt haben. Das Nonplusultra ist dann ein Ochse einer langsam wachsenden Rasse vom Bio-Hof, wo man das Rind als Motor im Öko-Kreislauf besonders schätzt und hegt.

Trotzdem gerieten auch Bio-Rinder in die BSE-Schlagzeilen. Verschwindend gering gegenüber dem üblichen Rest, aber dafür umso lauter. Womit klar ist: Wer absolut sicher vor möglichen BSE-Folgen sein will, darf kein Rind, Kalb, Lamm, keine Wurst und ganz streng auch keine Milchprodukte essen. Stufe 2 ist, auf Bio-Fleisch zu setzen, vor allem, wenn es aus einem über Jahre gewachsenen geschlossenen Kreislauf kommt (Tier nur vom eigenen Hof oder aus eigener Zucht, Tierfutter ebenso und nur pflanzlich bzw. bio). Auch Fleisch aus anspruchsvollen und neutral kontrollierten Qualitätsfleischprogrammen ist eine Alternative. Generell Vorsicht bei Innereien, Knochen (vor allem am Steak und mit Mark, was es eigentlich gar nicht mehr geben dürfte), Hände weg von Fertigbrühen, Dosenfleisch. Stufe 3: nur noch Rind aus Überseeländern essen, bei denen bisher noch keine BSE-Fälle aufgetreten sind. Für alle Stufen gilt: weniger Fleisch zu essen, aber dafür gutes und somit eher teureres – denn Billigfleisch macht nur so lange Skandal, wie wir es kaufen.

Aufheben

Rindfleisch muss reifen, um zart und aromatisch zu werden – nur Kochfleisch sollte schlachtfrisch gegart werden. Gute Metzger geben mageren Stücken wie Filet 1 gute Woche dazu, der fein durchwachsenen Hochrippe 3–4 Wochen. Meist sind es aber nur 2 Wochen. Zuhause wird das Fleisch gleich ausgepackt, in eine Schüssel mit umgedrehter Untertasse darin gepackt, abgedeckt und im Kühlschrank aufs Gemüsefach gestellt. Dort hält Fetteres bis zu 5 Tagen, Mageres 3, Gulasch 2, Hack und Geschnetzeltes 1 Tag. 8–12 Monate (Fetteres kürzer) bleibt es tiefgefroren in Ordnung.

Die Typen

Die feinsten **Steaks** zum Kurzbraten kommen vom Filet: dicke Filetsteaks aus der Mitte, Medaillons zur Spitze hin, die für Geschnetzeltes dient. Das große Chateaubriand wird aus dem Filetkopf geschnitten. Aus dem Rücken / Roastbeef werden Rumpsteaks bzw. die aus der Mitte stammenden Entrecôtes geschnitten, aus der Hochrippe (zum Nacken hin) heißt es Rib-Eye-Steak.

Knochensteaks sind in den USA top, bei uns durch BSE tabu: T-Bone-Steak wird aus der Hochrippe samt Rücken- und Filetsteak geschnitten, das Gleiche aus dem Roastbeef ist ein Porterhouse-Steak.

Für **rosa Braten** eignen sich Filet, Roastbeef, Huft, Kugel. Für **Schmorbraten** Stücke aus Oberschale, Schwanzrolle, Tafelspitz (alles Keule) sowie Schulterstücke und Brustkern.

Als **Siedefleisch** geschätzt wird Rinder- oder Ochsenbrust, Tafelspitz, Beinfleisch vor allem in Scheiben für die Samstagssuppe.

Rouladen stammen aus Oberschale, Kugel, Unterschale und dicker Schulter. **Ragouts** sind oft aus Schulterfleisch, **Gulasch** traditionell aus Rinderwade.

An **Innereien** liefert das Rind Leber, Zunge, Herz, Lunge, außerdem delikate Backen zum Schmoren. **Rippenknochen** sind ideal für Brühe, **Ochsenschwanz** für Suppe und Ragouts. Für BSE-Bedenkliche ist das alles nichts, Hirn und Mark ist für alle tabu.

Rindfleischsalat mit Kernöl
Reste-Fest

Für 4 als kleine Mahlzeit:
400 g Reste vom gekochten Rindfleisch,
z. B. Tafelspitz (Seite 272)
2 kleine Zwiebeln
2 Gewürzgurken
1 EL Kapern
2–3 EL Weißweinessig
2 EL Sonnenblumenöl
2 EL Kernöl (Spezialität aus der Steiermark – aus Kürbiskernen gepresst)
Salz, Pfeffer aus der Mühle
1 Bund Schnittlauch

1 Kaltes, gekochtes Rindfleisch in feine Streifen schneiden. Die Zwiebeln schälen und in dünne Ringe schneiden. Die Gewürzgurken sehr fein hacken. Alles mischen, die Kapern dazugeben.

2 Den Weißweinessig mit den beiden Ölen verquirlen, salzen und pfeffern. Salat damit anmachen und 30 Minuten durchziehen lassen, besser länger. Schnittlauch abbrausen, trockenschütteln und in Röllchen schneiden und drüberstreuen.

So viel Zeit muss sein: 20 Minuten
(+ 30 Minuten Durchziehzeit)
Das schmeckt dazu: knuspriges Bauernbrot, grüner Veltliner oder auch ein Bier
Kalorien pro Portion: 310

Varianten:

Thailändischer Rindfleischsalat
Die Rindfleischstreifen mit fein geschnittenen Frühlingszwiebeln – Menge ganz nach eigenem Geschmack – mischen. Eine Sauce anrühren aus 4 EL Zitronensaft, 2 EL Öl, 2–3 zerbröselten getrockneten Chilis, 2–3 fein gehackten Knoblauchzehen und 1 Prise Zucker. Salat damit anmachen und 30 Minuten ziehen lassen. Den Salat mit frischem Koriandergrün bestreuen.

Italienischer Rindfleischsalat
1 großes Bund Rucola verlesen, waschen und trockenschleudern. Vier Teller damit auslegen. Rindfleischstreifen mit 2–3 gewürfelten Tomaten, 2 EL schwarzen Oliven und 1 EL Kapern mischen. Sauce anrühren aus 2 EL mildem Weißweinessig (eventuell Balsamico bianco), 4 EL bestem Olivenöl, eventuell 1 zerbröselten getrockneten Chili, 2–3 fein gehackten Knoblauchzehen und 1 Prise Zucker. Den Salat damit anmachen und auf dem Rucola verteilen. Mit ein paar Basilikum- oder Petersilienblättchen bestreuen.

Tacos mit Rindfleischfüllung
Fingerfood

Für 4 zum Sattessen:
1/4 Kopf Eisbergsalat
4 feste Tomaten
100 g Cheddar am Stück
400 g Rinderlende
1 rote oder grüne Paprikaschote
1 Zwiebel
1 Knoblauchzehe
1 EL Öl
Salz, Pfeffer aus der Mühle
1/2 TL gemahlener Kreuzkümmel
200 g Chili- oder Taco-Sauce +
ein bisschen mehr
12 Taco-Shells
200 g saure Sahne

1 Die einzelnen Salatblätter vom Strunk ablösen, waschen und trockenschleudern. Dicke Rippen entfernen, Rest in Streifen schneiden. Tomaten waschen und klein würfeln, dabei Stielansatz wegschneiden. Den Cheddar mit dem Gurken- oder Trüffelhobel in Streifen hobeln.

2 Rinderlende in feine Streifen schneiden. Paprikaschote waschen und längs halbieren. Stiel und weiße Häute samt den Kernchen rauslösen, die Hälften klein würfeln. Die Zwiebel und den Knoblauch schälen und fein hacken. Den Backofen auf 180 Grad vorheizen (auch schon jetzt: Umluft 160 Grad).

3 Das Öl in einer Pfanne erhitzen. Fleischstreifen einlegen und bei starker Hitze unter Rühren 2–3 Minuten braten, wieder rausheben. Die Zwiebel und Paprika im Bratfett bei mittlerer Hitze etwa 5 Minuten braten. Den Knoblauch dazugeben, Fleisch wieder untermischen und alles mit Salz, Pfeffer, Kreuzkümmel und ein bisschen Chilisauce oder Taco-Sauce würzen.

4 Taco-Shells auf ein Backblech setzen und im Ofen (Mitte) in etwa 3 Minuten heiß werden lassen.

5 Fleisch, Salat, Tomaten, Käse und saure Sahne jeweils in Schälchen füllen und mit der übrigen Chilisauce oder Taco-Sauce und den Taco-Shells auf den Tisch stellen. Jeder füllt sich seine Taco-Shells ganz nach Belieben und isst sie auch gleich auf.

So viel Zeit muss sein: 30 Minuten
Das schmeckt dazu: außer der sauren Sahne und der scharfen Sauce noch Guacamole (Seite 47)
Kalorien pro Portion: 500

Rindergeschnetzeltes mit Rucola
Mal was anderes

Für 4 zum Sattessen:
600 g Rinderlende oder -filet
(Rouladenfleisch geht auch)
2 Bund Rucola
400 g Tomaten
2 Knoblauchzehen
4 EL Olivenöl
75 ml trockener Weißwein
(ersatzweise leichte Fleischbrühe)
Salz, Pfeffer aus der Mühle
1 TL Zucker
1 EL Aceto balsamico
einige Basilikumblättchen

1 Fleisch zuerst in dünne Scheiben, dann in feine Streifen schneiden. Vom Rucola alle welken Blätter aussortieren, die dicken Stiele abknipsen. Den Rucola waschen und trockenschleudern. Mit einem großen Messer grob drüberhacken. Die Tomaten waschen (oder blanchieren und häuten) und in Würfel schneiden, Stielansätze bei der Gelegenheit gleich entfernen. Knoblauch schälen und fein hacken.

2 Eine Pfanne so richtig gut heiß werden lassen und dann erst das Öl hineingießen. Das Fleisch darin in vier Portionen anbraten und jeweils wieder herausnehmen. Ein Sieb über eine Schüssel hängen und das Fleisch darin beiseite stellen.

3 Wenn das Fleisch gebraten ist, kurz den Knoblauch im Bratfett andünsten. Mit dem Wein ablöschen. Rucola und Tomaten dazugeben und etwa 10 Minuten bei schwacher bis mittlerer Hitze leicht köcheln lassen. Mit Salz, Pfeffer und Zucker abschmecken. Das Fleisch wieder untermischen und gut heiß werden lassen.

4 Das Geschnetzelte auf warme Teller verteilen. Mit dem Balsamico beträufeln und mit den Basilikumblättchen garnieren. Auf den Tisch stellen.

So viel Zeit muss sein: 30 Minuten
Das schmeckt dazu: ofenfrisches italienisches Weißbrot oder auch Nudeln oder Kartoffelgnocchi, außerdem der Weißwein, der auch in der Sauce ist
Kalorien pro Portion: 305

TIPP:
Wer gerne sahnige Saucen mag, mischt zum Schluss noch ungefähr 2 EL Crème fraîche unter das Fleisch. Sahne geht auch, aber die muss wirklich superfrisch sein, sonst kann sie durch die Säure, die in den Tomaten steckt, gerinnen.

Tafelspitz
Österreich pur

Für 6 oder 8 zum Sattessen:
6 Rindfleischknochen (Suppenknochen)
2 kg Tafelspitz
1/2 Knolle Sellerie
1 Petersilienwurzel
1 große Möhre, 1 große Zwiebel
2 Knoblauchzehen
1 TL schwarze Pfefferkörner, Salz
1 Bund Schnittlauch

1 Die Knochen waschen und in einen Topf legen, der so groß sein soll, dass Fleisch, Gemüse und 2 1/2 l Wasser auch noch genug Platz darin finden. Die 2 1/2 l Wasser dazuschütten und erhitzen.

2 Knochen im Wasser etwa 30 Minuten fast kochen, also eher ziehen lassen. Den Schaum, der sich dabei auf der Oberfläche bildet, kann man abschöpfen, wenn er einen stört. Nötig ist es aber nicht, weil er mit der Zeit ganz von selber wieder verschwindet.

3 Danach den Tafelspitz in den Topf legen, er soll ganz vom Wasser bedeckt sein. Die Hitze so einstellen, dass ab und zu mal ein Bläschen nach oben steigt. Richtig kochen soll es nicht. Den Tafelspitz in der Brühe 1 Stunde ganz sanft köcheln lassen.

4 Den Sellerie, die Petersilienwurzel und die Möhre schälen und grob schneiden. Die Zwiebel waschen und mit der Schale halbieren. Eine Pfanne gut heiß werden lassen und die Zwiebelhälften mit den Schnittflächen nach unten darin dunkel bräunen. Den Knoblauch schälen.

5 Sellerie, Petersilienwurzel, Möhre, Zwiebel und Knoblauch mit Pfefferkörnern zum Fleisch geben, die Brühe jetzt auch salzen. Das Fleisch noch etwa 2 1/2 Stunden weitergaren. Es ist fertig, wenn es sich mit einer Fleischgabel leicht einstechen lässt.

6 Den Schnittlauch abbrausen, trockenschütteln und in feine Röllchen schneiden. Fleisch aus dem Topf fischen und in ganz dünne Scheiben schneiden. Auf eine Platte legen, mit ein paar Schöpfern Brühe begießen und mit den Schnittlauchröllchen bestreuen. Gleich servieren.

So viel Zeit muss sein: 20 Minuten
(+ 4 Stunden Garzeit)
Das schmeckt dazu: Bratkartoffeln, Apfelkren und Schnittlauchsauce
(Seite 166, 32, 194)
Kalorien pro Portion (bei 8): 315

TIPPS:
• Ganz fein: In der Brühe vom Tafelspitz ein paar Blättchen Liebstöckel mitkochen. Und wer noch mehr Aroma in der Brühe will, röstet auch Sellerie, Petersilienwurzel und Möhre kurz an.
• Man muss nicht unbedingt zu acht sein, um dieses feine Fleisch zuzubereiten. Reste davon schmecken super als Salat mit Kernöl (Seite 270) oder auch in einer Suppe. Und: Für den Tafelspitz braucht man die Brühe nicht, aber sie ist natürlich viel zu schade zum Wegschütten, sie schmeckt köstlich. Also einfach sieben und im Kühlschrank ein paar Tage aufbewahren oder auch einfrieren.
• Wer mal eine gute Suppe mit Fleischeinlage kochen will, der kann statt des Tafelspitzes ein etwas preiswerteres Stück Fleisch kaufen (beim Metzger einfach nach Suppenfleisch fragen).

Saftgulasch
Vom Bacsi aus Ungarn

Für 4 oder 6 zum Sattessen:
800 g Zwiebeln
3 Knoblauchzehen
1,2 kg Rindfleisch (am besten aus der Wade, sonst aus der Schulter)
4 EL Schweineschmalz oder Öl
5 EL edelsüßes Paprikapulver
1 TL getrockneter Majoran
1 TL getrockneter Thymian
1 TL Kümmelsamen
1 EL Weißweinessig
Salz, Pfeffer aus der Mühle

1 Erstmal die Zwiebeln und die Knoblauchzehen schälen und würfeln. Hacken geht aber zur Not auch.

2 Jetzt das Fleisch schneiden – und zwar nicht zu klein. Fingerdicke, gut 4 cm lange Stücke sollten es schon sein. Dabei Fett-

stücke und Sehnen wegschneiden. Mit diesen »Blättern« (wie der Wiener sagt) hat das Gulasch gut Zeit, Kraft zu entwickeln.

3 Nun in einem schweren Topf bei gut mittlerer Stufe das Fett erhitzen. Darin die Zwiebeln andünsten, bis sie schön glasig und fast braun sind – aber nur fast!

4 3 EL Paprikapulver zusammen mit Knoblauch, Majoran, Thymian und Kümmel zu den Zwiebeln geben (der Wiener sagt »paprizieren«) und kurz andünsten. Dann kommt der Weißweinessig mit 8–10 EL Wasser dazu.

5 Jetzt, und wirklich erst jetzt, das Fleisch dazugeben. Dabei am besten nicht rühren, damit es ein wenig Farbe annehmen kann. Aber richtig braten muss es nicht, soll es sogar nicht, damit es schön zart wird.

6 Nun salzen, pfeffern, rühren, die Hitze runterschalten, Deckel drauf. Und nur ganz sanft schmurgeln lassen, damit das Fleisch wirklich schön weich wird. Kein Wasser? Kein Wasser. Die Zwiebeln und das Fleisch entwickeln ausreichend Saft. Nur wenn der fast eingekocht ist, noch ein paar Schlucke Wasser angießen.

7 Nach gut 1 1/2 Stunden ist das Fleisch fast gar. Dann wird's Zeit, das restliche Paprikapulver kurz mitzugaren und schließlich das Gulasch knapp mit Wasser zu bedecken. Nach ungefähr 15 Minuten Köcheln ist es perfekt, mal abgesehen vom Abschmecken.

So viel Zeit muss sein: 1 Stunde
(+ 1 1/2 Stunden Schmorzeit)
Das schmeckt dazu: Salzkartoffeln und Salat oder, ganz klassisch, Kaisersemmeln und Bier oder Rotwein aus Österreich, z. B. ein Blauer Zweigelt
Kalorien pro Portion (bei 6): 390

Rindsrouladen
Wie von Mama

Für 4 zum Sattessen:
4 dünne Scheiben Rinderroulade (jede 150–180 g schwer, am besten gleich beim Metzger dünn klopfen lassen)
Salz, Pfeffer aus der Mühle
4 TL mittelscharfer Senf
8 dünne Scheiben geräucherter Speck
1 große Gewürzgurke
2 Zwiebeln, 1 EL Mehl
1 Möhre
2 Stangen Staudensellerie
4 EL Öl, 2 EL Tomatenmark
1/8 l trockener Rotwein
400 ml Rinderfond oder -brühe
1 Prise Cayennepfeffer

1 Die Rouladenscheiben nebeneinander legen, leicht salzen und pfeffern. Dünn mit Senf bestreichen, mit 2 Scheiben Räucherspeck belegen. Die Gewürzgurke längs in feine Streifen schneiden. Auf dem Speck verteilen. 1 Zwiebel schälen, halbieren, in Scheibchen schneiden und darauf geben.

2 Zum Aufrollen die Längsseiten leicht nach innen schlagen, von einer Querseite her zu Rouladen rollen. Mit kleinen Spießchen feststecken, mit Mehl bestäuben.

3 Zweite Zwiebel und die Möhre schälen, klein würfeln. Sellerie waschen und oben und unten das Welke abschneiden, Rest winzig klein würfeln.

4 Den Schmortopf rausholen oder eine schwere Pfanne, wichtig ist der passende Deckel. Das Öl gut heiß werden lassen und als Erstes die Rouladen rundum scharf anbraten. Salzen, pfeffern, rausnehmen.

5 Im Bratfett das gewürfelte Gemüse bei mittlerer Hitze anbraten. Das Tomatenmark einrühren, Rotwein angießen und kräftig aufkochen lassen. Fond oder Brühe dazugießen, Rouladen in den Sud legen. Deckel drauf, ungefähr 1 Stunde bei schwacher Hitze schmoren lassen.

6 Nach 1 Stunde sind die Rouladen schön zart und im Topf hat sich eine leckere Sauce gesammelt. Damit die noch sämiger wird, die Rouladen kurz rausnehmen. Die Sauce im offenen Topf kräftig aufkochen. Dann mit Salz, Pfeffer und Cayennepfeffer würzig abschmecken. Die Rouladen zurück in den Topf geben und heiß werden lassen.

So viel Zeit muss sein: 45 Minuten
(+ 1 Stunde Schmorzeit)
Das schmeckt dazu: Kartoffelpüree oder Nudeln
Kalorien pro Portion: 500

Schmorbraten in Rotwein
Beim Italiener abgeguckt

Für 4 oder 6 zum Sattessen:
2 Knoblauchzehen
1 kg Rindfleisch zum Schmoren
(z. B. aus Bug, Oberschale, Kugel –
am besten den Metzger fragen!)
2 Stangen Staudensellerie
2 Möhren
1 Zwiebel
3 EL Olivenöl
2–3 EL Butter
Salz, Pfeffer aus der Mühle
3/8 l trockener Rotwein
2 Gewürznelken
1 Lorbeerblatt
1 kleine Dose Tomaten (400 g Inhalt)
1/4 l Fleischbrühe
frisch geriebene Muskatnuss

1 Die Knoblauchzehen schälen und in feine Stifte schneiden. Dann das Fleisch mit einem spitzen Messerchen rundum an einigen Stellen einritzen und den Knoblauch hineinstecken – das Fleisch »spicken« sagt der Profi.

2 Sellerie waschen, oben und unten wegschneiden, was nicht knackig und frisch aussieht. Möhren und Zwiebel schälen. Alles in kleine Würfelchen schneiden.

3 Einen großen Bräter auf den Herd stellen, das Öl darin heiß werden lassen. Die Butter dazu, im Öl schmelzen lassen. Das Fleisch im Bräter rundum bei mittlerer bis starker Hitze anbraten.

4 Wenn das Fleisch rundum angebräunt ist, alles klein geschnittene Gemüse dazugeben und im Bratfett anbraten. Salzen und pfeffern, den Rotwein angießen und einmal kräftig aufkochen. Nelken und Lorbeerblatt in den Sud streuen.

5 Tomaten in der Dose grob zerkleinern und mit dem Saft im Bräter verteilen. Nun noch die Brühe dazu, mit Muskat würzen, den Deckel drauf – und für 3 Stunden Pause machen! Der Braten soll jetzt ganz in Ruhe gelassen werden und bei schwacher Hitze vor sich hin schmoren, aber nicht kochen.

6 Vorm Essen den Braten aus dem Bräter nehmen, die Sauce durchsieben (nicht mit dem Nudelsieb, sondern mit einem feinen Haarsieb oder, ganz professionell, mit einem Spitzsieb). Wem die Sauce auch mit kleinen Gemüsestückchen gefällt und schmeckt, der kann sich diesen Akt natürlich sparen. Sauce auf jeden Fall noch mal aufkochen, mit Salz und Pfeffer abschmecken.

So viel Zeit muss sein: 30 Minuten
(+ 3 Stunden Schmorzeit)
Das schmeckt dazu: Polenta (einfach zubereiten, wie auf Packung angegeben), kräftiger Rotwein aus Italien, am besten der gleiche, der in der Sauce ist
Kalorien pro Portion (bei 6): 405

Scharfes Rindfleisch mit Zitronengras
Einfach sehr gut

Für 4 zum Sattessen:
600 g Rinderlende oder -filet
1 EL Sojasauce oder Fischsauce
2 Stangen Zitronengras
4 Knoblauchzehen
1 Stück frischer Ingwer (etwa 2 cm)
3 rote Chilischoten
1 Bund Frühlingszwiebeln
300 g feste Tomaten
4 EL Öl
1/8 l Asia-Fond (aus dem Glas), Hühnerbrühe oder Wasser
1 TL Zucker
1 EL Kecap manis (süße Sojasauce)
Salz
einige Korianderblättchen

1 Rindfleisch mit einem scharfen Messer in möglichst dünne Scheiben schneiden – quer zu der Richtung, in der die Fleischfasern liegen. Dann die Fleischscheiben noch ein- oder zweimal durchschneiden. Das Fleisch mit der Sojasauce oder der Fischsauce beträufeln.

2 Das Zitronengras waschen, unten und oben ein Stück abschneiden, den Rest fein schneiden. Den Knoblauch schälen und grob hacken, den Ingwer schälen und fein zerkleinern. Alles zusammen im Mörser zu einer Paste verarbeiten.

3 Die Chilischoten waschen, entstielen und in feine Ringe schneiden. Von den Frühlingszwiebeln die Wurzelbüschel und die welken Teile abschneiden. Die Zwiebeln waschen, in 4 cm lange Stücke schneiden und diese noch einmal der Länge nach durchschneiden. Die Tomaten waschen und würfeln, dabei die Stielansätze wegschneiden.

4 Öl im Wok oder in einer großen Pfanne erhitzen. Das Fleisch darin etwa 2 Minuten bei starker Hitze braten, dabei immer rühren! Wieder rausheben. Dann Zwiebelstücke und Chiliringe im Fett braten – ungefähr 1 Minute. Die Würzpaste und die Tomaten in den Wok rühren. Asia-Fond, Hühnerbrühe oder Wasser, Zucker und das Kecap manis dazu und alles vermengen. Das Fleisch wieder untermischen und gut heiß werden lassen, mit Salz abschmecken. Mit Koriander bestreuen und auf den Tisch damit.

So viel Zeit muss sein: 25 Minuten
Das schmeckt dazu: Reis oder Reisnudeln und geröstete und gehackte gesalzene Erdnüsse
Kalorien pro Portion: 320

Filetsteaks mit Rotweinzwiebeln
Dinner for two

Für 2 zum Sattessen:
2 kleine Zwiebeln
1/2 TL schwarze Pfefferkörner
2 schöne dicke Filetsteaks, gut abgehangen (jeweils 200 g)
2 EL Öl
2 EL Butter (1 EL davon kalt)
Salz
100 ml trockener Rotwein

1 Den Backofen auf niedrigster Stufe anwärmen – dort können die gebratenen Steaks später noch ein bisschen ausruhen.

2 Die Zwiebeln schälen, halbieren und in Scheibchen schneiden. Die Pfefferkörner im Mörser fein zerstoßen (wer keinen hat, nimmt einfach grob gemahlenen Pfeffer aus der Mühle).

3 Die Steaks mit Küchenpapier trockentupfen. In einer unbeschichteten Pfanne das Öl gut heiß werden lassen. Steaks reinlegen und ungefähr 2 Minuten bei starker Hitze scharf anbraten, bis die Unterseite nicht mehr hartnäckig am Pfannenboden klebt, sondern sich mit dem Pfannenwender problemlos lösen lässt. Steaks umdrehen – wirklich mit dem Pfannenwender, nicht mit den scharfen Zinken einer Gabel, sonst tritt durch die Einstiche der Fleischsaft aus!

Noch mehr Rezepte mit Rindfleisch (Seite)

Auberginen-Moussaka (44)
Carpaccio klassisch (202)
Nudelsuppe (229)

4 1 EL Butter (nicht die kalte) mit in die Pfanne geben und die Steaks in 2, 6 oder 8 Minuten fertig braten – je nachdem, ob sie innen fast roh, rosa oder durchgebraten sein sollen. Raus aus der Pfanne, salzen und pfeffern. Auf einen Teller legen und im Backofen entspannen lassen.

5 Die Zwiebeln ins heiße Bratfett in der Pfanne einrühren und anbraten. Rotwein dazugießen, kräftig aufkochen. Dann die übrige kalte Butter in kleinen Stückchen kräftig unterrühren, Sauce leicht salzen und pfeffern. Die Steaks damit begießen.

So viel Zeit muß sein: 20 Minuten
Das schmeckt dazu: Rotwein, Bratkartoffeln
Kalorien pro Portion: 410

Sahne

engl.: cream; franz.: crème; ital.: panna;
span.: crema; österr.: Obers

Ostasien-Fans dürfen die Seite überblättern. Denn Sahne kommt in ihrer Lieblingsküche nicht vor – außer sie stammt von der Kokospalme. In anderen Küchen aber hat die Sahne großen Einfluss. Die Deutschen lieben die saure und die süße, Franzosen die fette, Italiener gekochte.

Von Suppe bis Dessert: mit einem Schuss Sahne lässt sich fast alles machen. Kochen und backen. Verfeinern, auflockern, abrunden. Binden, legieren oder den entscheidenden Kick geben. Scharfes bremsen, Saures mildern, Versalzenes retten. Nur nicht Kalorien sparen. Aber dafür gibt's dann ja noch Joghurt.

Süße Sahne setzt sich auf frisch gemolkener Milch ab, heute wird sie durch Zentrifugieren in der Molkerei von ihr getrennt. Gute enthält keine Stabilisatoren. Mit ihren mindestens 28 % Fett darf sie mitkochen. Aber Vorsicht, wenn eine Sauce zu viel Säure (Wein, Zitrone) enthält, dann gerinnt die Sahne.

Je kühler und fetter Sahne ist, desto besser lässt sie sich schlagen und kann sich ab 30 % Fett Schlagsahne nennen, ab 36 % dazu noch »extra«. Ab 40 % ist's dann Crème double, die auch Säure und hoher Hitze standhält.

Beides braucht es zur Herstellung von Mascarpone – Sahne, die durch Erhitzen und Säuern andickt. Das italienische Original ist im Gegensatz zu deutschen Produkten ungesalzen und damit die beste Wahl für Tiramisu. Crème fraîche ist Sahne, die durch Milchsäurebakterien gesäuert und angedickt wird, wie auch Schmand, saure Sahne, Joghurt (dazu gleich mehr). Und das ohne Stabilisatoren oder Wärmebehandlung. Crème fraîche macht Saucen herrlich sämig, sahnig und leicht säuerlich, sie schmeckt zu Sommerbeeren und Backäpfeln, in Dips und Dressings – und passt zu vielem mehr. Mit ihren mindestens 30 % Fett darf sie ruhig mitkochen.

Der Schmand (auch Schmant) und die saure Sahne schmeckten schon unseren Großeltern, lange bevor Crème fraîche in Mode kam. Mit etwa 24 % Fettgehalt liegt Schmand zwischen dieser und saurer Sahne (mindestens 10 % Fett). Er wird – wie manchmal auch saure Sahne – nach der Säuerung wärmebehandelt, was auf dem Etikett steht. So ist er länger haltbar, verliert aber an Geschmack. Schmand darf mit mäßiger Wärme in Berührung kommen, aber nicht mitkochen, sonst flockt er aus. Und saure Sahne immer erst ins Gulasch rühren, wenn es nicht mehr kocht.

Das Gleiche gilt auch für Joghurt, wenn er in Suppen oder Ragouts gemixt wird, wie man es gerne im Orient mag. Wir kennen ihn besser in Dips und Dressings, die durch ihn erfrischend leicht und säuerlich werden. Normal ist bei Joghurt ein Fettgehalt von 3,5 % bis magere 0,1 % Fett, nach griechischer oder türkischer Art auch 10 %.

Aufheben

Milchprodukte immer in Originalverpackung im Kühlschrank aufbewahren. Joghurt, Milch und Sahne können auch nach der aufgedruckten Mindesthaltbarkeit noch in Ordnung sein. Einfach dran schnuppern, ein Löffelchen probieren. Was noch angenehm riecht und gut schmeckt, darf auch noch gegessen werden. Im Zweifelsfall aber lieber wegschütten. Sind Becher oder Milchtüte einmal angebrochen, können sich schnell Keime entwickeln. Geöffnetes also so gut wie möglich verschließen, kippsicher in den Kühlschrank stellen und zügig verbrauchen.

Joghurt-Dressing
Macht fit for fun

Für einen Salat für 4:
150 g Naturjoghurt
2 EL Zitronensaft oder Weißweinessig
1 EL Sonnenblumenöl
Salz, Pfeffer aus der Mühle
1 Bund Kräuter (z. B. Schnittlauch, Dill, Basilikum)

1 Den Joghurt mit Zitronensaft oder Weißweinessig und dem Sonnenblumenöl glatt rühren. Mit Salz und Pfeffer würzen.

2 Kräuter abbrausen (bis auf Basilikum), trockenschütteln und die Blättchen (auch Basilikum) fein hacken oder den Schnittlauch in kleine Röllchen schneiden. Die Kräuter unter das Dressing rühren. Noch mal abschmecken.

So viel Zeit muss sein: 8 Minuten
Das schmeckt dazu: Blattsalate, Tomaten, Gurken, Nudeln, gegrilltes Gemüse
Kalorien pro Portion: 45

Nudeln mit Schinkensahne
Superschnell

Für 4 zum Sattessen:
Salz
500 g Nudeln (z. B. Tagliatelle, Spaghetti, Farfalle oder Fusilli)
150 g gekochter Schinken
1 Tomate, 150 g Sahne
1/2 Bund Petersilie
Chilipulver

1 In einem Topf 5 l Wasser aufkochen. Salz dazugeben und die Nudeln auch. Im offenen Topf nach Packungsanweisung al dente kochen.

2 Fettrand vom Schinken abschneiden. Den Schinken in Würfel schneiden. Tomate waschen und auch würfeln, dabei den Stielansatz wegschneiden. Beides mit der Sahne pürieren – im Mixer oder mit dem Pürierstab und nicht zu fein.

3 Petersilie abbrausen, trockenschütteln und die Blättchen ganz fein hacken. Unter die Schinkensahne mischen und mit Salz und Chilipulver würzen.

4 Nudeln abtropfen lassen und zurück in den Topf damit. Schinkensahne unterrühren und mit den Nudeln mischen, bis sie heiß ist. In Teller verteilen und essen.

So viel Zeit muss sein: 15 Minuten
Kalorien pro Portion: 650

Schmandfisch aus dem Ofen
Ganz simpel

Für 4 zum Sattessen:
1 Zwiebel, 1 EL Butter, 1 EL Öl
700 g Fischfilet (z. B. Seelachs, Rotbarsch, Kabeljau, Viktoriabarsch)
Salz, Pfeffer aus der Mühle
1 EL Zitronensaft
200 g Schmand oder cremige saure Sahne
1–2 TL Kümmelsamen (wer mag)
1 Bund Schnittlauch

1 Die Zwiebel schälen und fein würfeln. Butter und Öl in einem Topf heiß werden lassen, die Hitze auf mittlere Stufe stellen, Zwiebel darin 12–15 Minuten braten, bis sie weich wird, dabei immer wieder umrühren. Backofen auf 200 Grad vorheizen (auch schon jetzt: Umluft 180 Grad).

2 Das Fischfilet salzen und pfeffern, in eine hitzebeständige Form legen und mit dem Zitronensaft beträufeln.

3 Zwiebeln mit Schmand oder saurer Sahne und eventuell Kümmel mischen, salzen, pfeffern und auf dem Fisch verteilen. Im Ofen (Mitte) 10–14 Minuten backen, je nach Dicke des Fischfilets. Den Schnittlauch abbrausen, trockenschütteln, in Röllchen schneiden und auf den Fisch streuen.

So viel Zeit muss sein: 35 Minuten
Das schmeckt dazu: Salzkartoffeln
Kalorien pro Portion: 290

Buttermilch-Speck-Pfannkuchen
Leichtdeftiger Mix

Für 4 zum Sattessen:
1 große Zwiebel
150 g durchwachsener Räucherspeck
1/2 Bund Petersilie, 350 g Mehl
3 Eier, 600 g Buttermilch
Salz, Pfeffer aus der Mühle
2 EL Butterschmalz oder Öl

1 Die Zwiebel schälen und in ganz kleine Würfel schneiden. Vom Speck Schwarte und Knorpel abschneiden, den Speck auch klein würfeln. Die Petersilie abbrausen, trockenschütteln und die Blättchen fein schneiden.

2 Zwiebel und Speck in einer Pfanne bei mittlerer Hitze solange braten, bis der Speck leicht braun wird. Petersilie untermischen, Pfanne vom Herd ziehen. Mehl, Eier und Buttermilch gut verquirlen, salzen und pfeffern, Speckmischung dazurühren.

3 In einer großen Pfanne etwas Fett erhitzen. Vom Teig mehrere kleine Küchlein in die Pfanne setzen und bei mittlerer Hitze 4–5 Minuten braten, umdrehen und noch einmal so lang braten. Gebackene Pfannkuchen im Ofen (50–70 Grad) warm halten.

So viel Zeit muss sein: 45 Minuten
Das schmeckt dazu: Sauerkraut oder Salat
Kalorien pro Portion: 595

Kaiserschmarrn mit Mascarpone
Statt Diät

Für 3–4 als königlicher Nachtisch:
4 Eier
1 Prise Salz
50 g Zucker
1 EL abgeriebene Schale von
1 unbehandelten Zitrone
4 EL Milch
100 g Mehl
250 g Mascarpone (ersatzweise Doppelrahm-Frischkäse und 2 EL Sahne)
2 EL Butter
etwas Puderzucker

1 Die Hälfte der Eier trennen. 2 Eigelbe in eine Rührschüssel geben, die beiden übrigen Eier aufschlagen und dazugeben. Mit Salz, dem Zucker und der Zitronenschale verquirlen.

2 Nacheinander Milch, Mehl und Mascarpone mit dem Schneebesen gründlich unterrühren. Die 2 Eiweiße mit den Quirlen des Handrührgeräts zu steifem Schnee schlagen. Nur ganz locker unter die Mascarponemasse ziehen, es soll keine gleichmäßige Creme werden, sondern ein Teig mit deutlich erkennbaren Eiweißzipfeln.

3 In einer großen Pfanne (möglichst keine beschichtete) bei mittlerer Hitze die Butter zerlassen. Den Teig 2–3 cm dick einfüllen und glatt streichen. Die untere Seite anbacken, dann mit zwei Gabeln kreuz und quer durch den Teig pflügen und ihn auf diese Weise in kleine Stücke zerrupfen.

4 Die Gabeln wieder weglegen und die Teigstückchen nun bei stärkerer Hitze mit dem Pfannenwender noch solange umschichten und wenden, bis alle rundum knusprig gebacken sind. Mit Puderzucker bestäuben – frisch essen!

So viel Zeit muss sein: 35 Minuten
Das schmeckt dazu: Apfelmus (gibt's fertig im Glas – oder einfach geschälte Apfelstücke knapp mit Zitronensaft und Wasser bedeckt weich kochen, mit Zucker und Zimt würzen), Beerenkompott oder ein Früchtekompott jeglicher Art
Kalorien pro Portion (bei 4): 555

Schwarzwälder Kirsch
Wird in der kleinen Form gebacken

Für 6 Stück Torte:
Für den Teig:
4 Eier
80 g Zucker
75 g Mehl
25 g Speisestärke
25 g Kakaopulver
Für die Füllung:
1 Glas Schattenmorellen (680 g Inhalt)
4 TL Speisestärke
1 Päckchen Vanillezucker
350 g Sahne
1/2 EL Puderzucker
2–3 EL Kirschwasser (wer mag)
Außerdem:
etwas Butter für die Form
Schokospäne zum Verzieren

1 Den Boden einer Springform (18 cm Ø) mit etwas Butter einfetten. Den Backofen auf 180 Grad vorheizen (Umluft ohne Vorheizen 160 Grad).

2 Für den Teig die Eier trennen. Zuerst die Eiweiße steif schlagen. Wenn sie schon fest sind, den Zucker, die Eigelbe und 2 TL Wasser untermischen. Mehl mit Speisestärke und Kakao mischen, drüberstäuben. Alles vorsichtig untereinander heben.

3 Den Teig in die Form füllen und glatt streichen. Im Ofen (Mitte) etwa 30 Minuten backen. Stäbchenprobe machen (siehe Seite 240). Den Tortenboden in der Form erkalten lassen, rauslösen und über Nacht stehen lassen.

4 Dann den Boden quer zweimal durchschneiden. Für die Füllung die Kirschen abtropfen lassen, Saft auffangen. Speisestärke mit wenig Saft verrühren. Übrigen Saft mit Vanillezucker in einem Topf zum Kochen bringen. Speisestärke dazugießen und unter Rühren einmal aufkochen, bis der Saft dickflüssiger wird. Vom Herd ziehen. Von den Kirschen ein paar schöne zum Verzieren aussuchen, die restlichen unter den Saft mischen. Abkühlen lassen.

5 Die Sahne mit dem Puderzucker steif schlagen. Untersten Teigboden mit der Hälfte der Kirschmasse bestreichen. Den zweiten Boden auflegen, mit Kirschwasser – wer mag – beträufeln, die restlichen Kirschen darauf verstreichen und auch schon ein bisschen Sahne. Jetzt den letzten Boden auflegen und die Torte mit der Sahne überziehen. Mit den schönen Kirschen und Schokospänen verzieren.

So viel Zeit muss sein: 35 Minuten
(+ 30 Minuten Backzeit und die Abkühlzeiten)
Kalorien pro Stück: 420

Joghurt-Kokos-Eis
Leckere Light-Version

Für 4–6 als Nachtisch:
6 Eigelbe
150 g Zucker
1 Dose Kokosmilch (400 ml)
300 g Naturjoghurt
50 g Schokoraspel
50 g Kokosraspel
eventuell etwas Kokoslikör

1 Die Eigelbe mit dem Zucker zu einer dicklichen Creme rühren. Die Kokosmilch zugeben, alles in einem Topf fast bis zum Kochen erhitzen. Dabei ständig mit einem Schneebesen rühren, dadurch wird die Masse cremig.

2 In eine Schüssel Wasser mit Eiswürfeln füllen. Topf hineinstellen und die Creme weiterrühren, bis sie kalt ist.

3 Den Joghurt, die Schokoraspel, die Kokosraspel und eventuell auch den Likör unter die Masse geben, in vier Becher oder Gläser verteilen. Ins Eisfach stellen und in etwa 4 Stunden gefrieren lassen, aber jede Stunde kurz durchrühren, dann bilden sich keine großen Eiskristalle.

So viel Zeit muss sein: 30 Minuten
(+ 4 Stunden Tiefkühlzeit)
Das schmeckt dazu: (exotische) Früchte
Kalorien pro Portion (bei 6): 340

Tiramisu
»Zieh mich hoch«

Für 6–8 nach einem nicht
zu schweren Essen:
1 große unbehandelte Zitrone
500 g Mascarpone
etwa 100 ml Milch
80 g Zucker
2 Päckchen Vanillezucker
150–200 g Löffelbiskuits (vom guten
Bäcker schmecken die besser als
vom Supermarkt, noch feiner: Basic
baking, Seite 102)
3/8 l kalter starker Espresso
2 EL Grappa
1 TL Kakaopulver
1 Prise Zimtpulver

1 Die Zitrone heiß waschen und die Schale fein abreiben, eine Hälfte auspressen. Den Mascarpone in eine Schüssel löffeln, Milch dazugeben, Zucker und Vanillezucker auch. Alles mit den Quirlen des Handrührgeräts gut durchrühren, bis die Creme streichfähig und glatt geworden ist. Zitronenschale und 1 EL Zitronensaft untermischen.

2 Eine eckige Form suchen, die etwa 5 cm hoch sein sollte. Den Boden der Form mit einer Schicht Löffelbiskuits auslegen. Den Espresso mit dem Grappa verrühren und ein wenig davon auf die Löffelbiskuits träufeln.

3 Wenn die Biskuits kaffeebraun geworden sind, ein Drittel von der Creme darüber verstreichen. Mit Biskuits belegen und wieder beträufeln. Noch mal Creme drauf, noch mal Biskuits tränken – und noch mal Creme.

4 Kakao mit Zimt mischen und durch das kleine Sieb auf die Tiramisu rieseln lassen. Und die jetzt für mindestens 8 Stunden im Kühlschrank durchziehen lassen.

So viel Zeit muss sein: 30 Minuten
(+ 8 Stunden Kühlzeit)
Kalorien pro Portion (bei 8): 490

TIPP:
Tiramisu hier ohne rohe Eier – weil man so das Immer-noch-und-immer-wieder-Lieblings-Dessert vieler auch vorbereiten kann!

Panna cotta
Erste Sahne

Für 4 Schleckermäuler:
1 Vanilleschote
500 g Sahne
50 g Zucker, 2 Blatt weiße Gelatine
3 frische vollreife Pfirsiche oder
ungefähr 400 g ungesüßte Pfirsiche
(aus der Dose) + 1 EL Puderzucker
2 EL Amaretto
1 EL Zitronensaft

1 Die Vanilleschote der Länge nach aufschlitzen, Hälften auseinander klappen. Die schwarzen Körnchen (das Mark) mit dem Messerrücken aus der Schote kratzen und in einen Topf streifen. Die Schote, die Sahne und den Zucker auch gleich dazu.

2 Die Sahne heiß werden lassen. Wenn sie kocht, die Hitze zurückdrehen und die Sahne etwa 10 Minuten köcheln lassen.

3 In der Zeit die Gelatineblätter in eine flache Schale legen und kaltes Wasser darüber schütten. Gelatine in 5–10 Minuten weich werden lassen. Und vier Förmchen raussuchen (jedes braucht Platz für ungefähr 150 ml Flüssigkeit bzw. Creme).

4 Die Vanilleschote aus dem Topf fischen. 1 Gelatineblatt mit den Fingern leicht ausdrücken und in die warme Sahne legen. Nicht kochen lassen! Solange rühren, bis das Blatt nicht mehr zu sehen ist. Das zweite Blatt genauso auflösen.

5 Sahnecreme in die Förmchen füllen, abkühlen lassen und für ungefähr 6 Stunden in den Kühlschrank stellen, damit die Creme so fest wird, dass man sie stürzen kann.

6 Während dieser Zeit irgendwann die Sauce rühren. Frische Pfirsiche waschen, halbieren, entsteinen und grob würfeln. Mit dem Amaretto in einem Topf erhitzen. Deckel drauf, Hitze auf schwache Stufe stellen und Pfirsiche in 10 Minuten weich werden lassen. Abkühlen lassen. (Oder die Pfirsiche aus der Dose abtropfen lassen, grob würfeln und mit Puderzucker und Amaretto vermischen.) Die Pfirsiche mit dem Pürierstab oder im Mixer pürieren, mit dem Zitronensaft mischen.

7 Die Panna cotta mit einem Messer vom Rand der Förmchen lösen, einen Teller drauf legen und beides zusammen mit Schwung umdrehen. Die Panna cotta steht jetzt auf dem Teller. Die Sauce außen rum gießen.

So viel Zeit muss sein: 25 Minuten
(+ 6 Stunden Kühlzeit)
Kalorien pro Portion: 480

TIPP:
Falls sich die Creme nach dem Lösen vom Rand nicht aus der Form stürzen lässt, kurz in heißes Wasser tauchen, dann müsste es klappen. Und: Wer eine Panna cotta von sehr fester Konsistenz haben will, nimmt einfach 1–2 Blatt Gelatine mehr.

Noch mehr Rezepte mit Sahne (Seite)

Apfelkompott mit Ingwercreme (35)
Apfelsauce mit Gurke (32)
Apfel-Sellerie-Cremesuppe (33)
Artischocken mit Saucen (39)
Avocado-Zitronen-Creme (49)
Blumenkohlauflauf mit Schinken (67)
Börek (324)
Currysahne (87)
Eiersalat mit Kresse (93)
Fischfilets mit Senfsauce (124)
Frische Erbsensauce (103)
Gebratene Jakobsmuscheln (225)
Gratinierter Chicorée (62)
Gurken-Raita (132)
Hasenrücken mit Wacholdersahne (159)
Hühnersalat mit Obst und leichter Mayo (143)
Indischer Kartoffelsalat (162)
Käse-Dressing (59)
Krabbencocktail (128)
Kräuterquark (194)
Lauchquiche (210)
Limettenschaum (321)
Muschelsuppe mit Curry (223)
Nudeln mit Spargel und Garnelen (295)
Orangencreme (250)
Rahmschnitzel (288)
Rosa Matjessalat (118)
Sahnelauch (209)
Semmelknödel mit Pilzsahne (81)
Shrimps in Gemüse-Sahne-Sauce (129)
Spaghetti mit Zitronenerbsen (105)
Tacos mit Rindfleischfüllung (270)
Tandoori-Huhn (145)
Tomatentarte (316)
Türkische Joghurtmöhren (220)
Tzatziki (132)
Überbackener Rosinenlauch (211)
Ungarische Paprikasuppe (255)
Zitronentarte (320)
Zwiebelkuchen (328)

Schokolade

engl.: chocolate; franz.: chocolat; ital.: cioccolato; span.: chocolate

Manchmal reicht schon das Rascheln von Silberpapier, um nüchternste Menschen in Vor-Trance zu versetzen. Schmilzt dann auf der Zunge jene hoch komplizierte Verbindung aus Kakao, Milch, Zucker sowie über 500 Aromastoffen, gibt's für viele kein Halten mehr. Dann genießen Chefsekretärin wie Tankerkapitän hemmungslos das Glück des Moments. Bis es wieder Zeit ist fürs Geschäft. Oder fürs nächste Stück Schokolade.

Schokolade hat's in sich und ist wundervoll, heute wie vor mehr als 500 Jahren. Damals waren es noch allein die Azteken, die sich mit gemahlenen Kakaobohnen gewürztes »xocolatl« anrührten, »bitteres Wasser«. Die spanischen Eroberer waren von dem Kräfte und Sinne weckenden Trank beeindruckt, doch nicht von seinem Geschmack. So nahmen sie Chili raus und taten Süßes rein, und bald gehörte Schokoladetrinken in Europa zum guten Ton. In Folge entwickelte man in Holland Kakaopulver und in der Schweiz Milchschokolade, Frankreich perfektionierte die Bitterschokolade und Belgien die Pralinen. Die größten Chocoholics wurden aber die Deutschen in Europa und die US-Amerikaner weltweit.

Auf ihrer Reise um die weite Welt hat die Schokolade in vielen Küchen mächtige Spuren hinterlassen: Mole poblano (würzigscharfe Schokosauce aus Mexiko), Mousse au Chocolat, Chocolat Cookies oder auch Schwarzwälder Kirschtorte etwa. Und das nicht nur, weil sie wirklich toll schmeckt, sondern weil sie auch praktisch wirkt. So bindet sie Saucen, umhüllt perfekt Torten und garniert Desserts, wenn man mit ihr umzugehen weiß (Seite 284). Dabei ist Kuvertüre meist die bessere Wahl als die Lieblingsschokolade, weil sie stabiler ist.

Wie gut die Schokolade werden kann, entscheidet sich bei der Mischung der Kakaosorten. Bohnen aus Ecuador, Venezuela, Jamaika oder Java gelten als sehr aromatisch, besonders die der Kategorie Criollo. Beim Mahlen der Bohnen schmilzt die Kakaobutter und es entsteht Kakaomasse, die nach dem Mischen mit anderen Zutaten gewalzt wird. Danach kommt das Kneten bzw. Conchieren: je länger es dauert (ab 8 Stunde bis 2 Tage), desto feiner wird die in Form gegossene Schokolade.

Aufheben

15 Grad sind ideal, ist's wärmer, wird die Kakaobutter langsam flüssig und setzt sich an der Oberfläche als Film ab. Rau wird Schokolade bei Feuchtigkeit und der Zucker kristallisiert (langes Liegen im Kühlschrank).

Die Typen

Dunkle Schokolade ist die beste. Sie enthält mehr Kakao und weniger Kakaobutter als Milchschokolade. Es zählt die gesamte Kakaomasse: mind. 30 % bei Haushaltsschokolade. Ab 35 % ist es Schokolade, ab 43 % Zartbitter-, ab 50 % Halbbitter- und ab 60 % Bitter- oder Herrenschokolade.

Milchschokolade enthält mehr Kakaobutter und weniger -pulver. Haushalts-Milchschokolade heißt sie ab 20 % Kakaomasse, ab 25 % Milch-, ab 30 % Vollmilch- und mit Pulver aus Alpenmilch Alpenmilchschokolade.

Edelschokolade muss mind. 40 % Criollo-Bohnen enthalten, Kuvertüre ist Schokolade mit mehr Kakaobutter. **Weiße Schokolade** enthält statt Kakaomasse nur -butter. Keine Schokolade sind die **Glasuren** oder **Schokostreusel,** da sie Pflanzenfett enthalten.

Mexikanische Schokoladensauce
Ganz schön ungewöhnlich

Für 4 dazu:
1 rote Paprikaschote
1–2 rote Chilischoten
250 g Tomaten
1 kleine Zwiebel
2 Knoblauchzehen
50 g gemahlene Mandeln oder Erdnüsse (ungesalzen)
60 g Zartbitterschokolade
1 EL Öl
1 TL Anissamen
200 ml Fleisch- oder Hühnerbrühe
Salz, Pfeffer aus der Mühle
1 Prise gemahlener Kreuzkümmel

1 Paprikaschote waschen und halbieren. Stiel und Trennwände mit den Kernen rauszupfen, Rest in kleine Würfel schneiden. Die Chilischoten waschen, entstielen und fein schneiden. Aus den Tomaten den Stielansatz rausschneiden. Tomaten mit kochend heißem Wasser überbrühen, abschrecken, häuten, entkernen und klein würfeln. Die Zwiebel und den Knoblauch schälen und fein hacken.

2 Die Mandeln oder Erdnüsse in einem Topf ohne Fett etwas anrösten, bis sie fein duften. Schokolade in Stücke brechen und mit Paprika, Chilis und Mandeln oder Erdnüssen im Mixer fein pürieren.

3 Öl im Topf erhitzen, Zwiebel, Knoblauch und Anis darin bei mittlerer Hitze anbraten. Die Tomaten dazumischen und 10 Minuten köcheln lassen. Mit dem Pürierstab im Topf pürieren. Die Schokoladenmischung und die Brühe dazugeben und erhitzen. Hitze auf kleine Stufe stellen und die Sauce etwa 15 Minuten offen köcheln lassen. Mit Salz, Pfeffer und Kreuzkümmel abschmecken.

So viel Zeit muss sein: 40 Minuten
Das schmeckt dazu: gebratenes oder gedämpftes Huhn oder Kaninchen oder Putenfleisch (kurz in der Sauce ziehen lassen), aber auch Wild
Kalorien pro Portion: 235

Mousse au chocolat
Dauerbrenner

Für 4 Genießer:
250 g Halbbitterkuvertüre
50 g Butter
5 ganz frische Eier
1 Prise Salz, 2 EL Zucker

1 Zuerst ein Wasserbad vorbereiten: einen großen Topf zur Hälfte mit Wasser füllen und zum Sieden bringen (also nicht kochen, sondern nur so heiß werden lassen, dass winzige Bläschen aufsteigen). Zwei Metallschüsseln, die beide in den Topf passen, bereitstellen.

2 Die Kuvertüre fein hacken und in eine Schüssel geben. Schüssel nun in den Topf mit dem heißen Wasser setzen und die Kuvertüre langsam flüssig werden lassen. Ab und zu umrühren.

3 Butter in einem Töpfchen schmelzen, dann lauwarm abkühlen lassen – aber so, dass sie noch flüssig bleibt. Unter die flüssige Schokolade rühren, Schüssel aus dem Wasserbad nehmen. Den Topf mit dem heißen Wasser aber gleich stehen lassen – für die Eiercreme.

4 Die Eier trennen. Eiweiße mit dem Salz zu steifem Schnee schlagen. Die Eigelbe mit dem Zucker in die zweite Metallschüssel geben, zuerst in einen Topf mit zur Abwechslung mal eiskaltem Wasser setzen und mit dem Schneebesen schaumig schlagen. Dann überwechseln zum warmen Wasserbad, die Masse dort dickcremig aufschlagen.

5 Grande Finale: Den Eierschaum mit der Schokomasse verrühren. Dann von dem Eischnee erstmal nur ein Drittel unterrühren. Den Rest vom Eischnee nur ganz locker unterheben, nicht richtig mischen, damit's schön luftig bleibt. Die Mousse in kleine Schälchen füllen und sehr gut kühlen (mindestens 3 Stunden im Kühlschrank).

So viel Zeit muss sein: 40 Minuten
(+ 3 Stunden Kühlzeit)
Kalorien pro Portion: 535

Schokoladenpudding
Schmeckt wie früher

Für 4 als Dessert oder süßer Imbiss:
100 g Zartbitterschokolade
2 Eigelbe
4 EL Zucker
1/2 l Milch
40 g Speisestärke
1 Vanilleschote

1 Die Schokolade in kleine Stücke brechen oder grob raspeln. Eigelbe und Zucker in eine Schüssel geben, mit dem Schneebesen oder den Quirlen des Handrührgeräts einige Minuten lang schön cremig aufschlagen.

2 Von der Milch 1/8 l abnehmen und mit der Stärke verrühren. Übrige Milch mit der Schokolade in einen Topf geben. Vanilleschote längs aufschlitzen, das Mark rausschaben, mit der Schote dazugeben. Alles bei mittlerer Hitze unter Rühren aufkochen.

3 Angerührte Speisestärke angießen, unter Rühren dicklich einköcheln. Vanilleschote rausnehmen, dann den Herd ausschalten. Die Eigelbcreme untermischen, aber nicht mehr aufkochen!

4 Topf vom Herd nehmen, ein bisschen weiterrühren und den Pudding leicht abkühlen lassen. Jetzt nur noch vier Förmchen oder eine größere Form (1 l Inhalt) kalt ausspülen, Pudding einfüllen, im Kühlschrank mindestens 2 Stunden durchkühlen lassen.

5 Förmchen oder Form in heißes Wasser tauchen, den Pudding am Rand mit einem Messer lösen, auf Teller stürzen.

So viel Zeit muss sein: 50 Minuten
(+ 2 Stunden Kühlzeit)
Das schmeckt dazu: Vanillesauce oder halbsteif geschlagene süße Sahne
Kalorien pro Portion: 340

Basic Tipp

Vanillesauce – echt basic: 1/2 l Milch in einem Topf mit 1 TL Speisestärke, 1 Päckchen Vanillezucker und dem Mark von 1 Vanilleschote verrühren. In einer Tasse 2 Eigelbe (oder 1 ganzes Ei) mit 3 EL Zucker verquirlen, in die Milch rühren. Dann erst erhitzen und unter viel Rühren fast, aber wirklich nur fast, zum Kochen bringen. Fertig. Schmeckt warm oder kalt – und ganz und gar nicht nur zu Schokoladenpudding.

Temperieren

Fast jeder hat es schon mal erlebt. Man überzieht den Kuchen mit Kuvertüre und nach dem Trocknen sieht sie grau und stumpf aus. So wird sie optimal: die Kuvertüre fein hacken, zwei Drittel davon in eine hitzebeständige Tasse oder Schüssel geben. Im Topf Wasser erwärmen. So heiß, dass man den Finger noch gut reinstecken kann. Gefäß reinstellen und die Kuvertüre schmelzen. Restliches Kuvertüredrittel einrühren. Gefäß aus dem Wasserbad nehmen, Kuvertüre abkühlen lassen, bis sie wieder fest ist. Dann noch mal ins warme Wasserbad stellen und auf ungefähr 30–35 Grad erwärmen (hält man den Finger rein, fühlt sich die Schokolade lauwarm an). Oder die Temperatur mit einem neuen oder gut gesäuberten Fieberthermometer messen. Jedenfalls kann die Glasur jetzt auf den Kuchen und sollte nach dem Trocknen immer noch schön glänzen.

Noch mehr Rezepte mit Schokolade (Seite)

Fetter Nusskuchen (240)
Joghurt-Kokos-Eis (279)

Chocolate Chip Cookies
Schnell gemacht

Für etwa 50 Cookies:
200 g Zartbitterschokolade
180 g weiche Butter
180 g Zucker, 1 Ei
abgeriebene Schale von
1/2 unbehandelten Orange
250 g Mehl
1 TL Backpulver
1 Prise Salz

1 Von der Schokolade 100 g in Stückchen (1/2 cm) schneiden. Die übrige Schokolade im Wasserbad schmelzen. Die Butter cremig rühren, nach und nach Zucker und Ei und Orangenschale zugeben und gut verrühren.

2 Den Backofen auf 160 Grad vorheizen (auch schon jetzt: Umluft 140 Grad). Mehl mit Backpulver und Salz mischen, zur Hälfte über die Buttermasse sieben und samt der handwarmen Schokolade darunter mengen. Die übrige Mehlmischung und die Schokostückchen darunter kneten.

3 Mit einem Teelöffel Teighäufchen in etwa 4 cm Abstand auf mit Backpapier belegte Bleche setzen und die Cookies im Ofen (Mitte) etwa 20 Minuten backen. Auf einem Kuchengitter auskühlen lassen.

So viel Zeit muss sein: 30 Minuten
(+ 20 Minuten Backzeit)
Kalorien pro Cookie: 80

Double Chocolate Mud Cake
Schokoladiger geht's nicht!

Für 16 Stück Schokotorte:
Für den Teig:
300 g Butter
300 g Zartbitterschokolade
5 Eier
5 EL Zucker
1 Prise Salz
150 g Mehl
1/2 TL Backpulver
1 EL Kakaopulver
Für Creme und Glasur:
400 g Sahne
400 g Halbbitterkuvertüre
30 g Butter

1 Backofen auf 160 Grad vorheizen (Umluft ohne Vorheizen 140 Grad). Eine Springform (26–28 cm Ø) mit Backpapier auslegen.

2 Für den Teig die Butter in einem Topf bei schwacher Hitze schmelzen lassen. Die Schokolade grob hacken, mit der Butter verrühren und zerlassen.

3 Die Eier mit dem Zucker und dem Salz schaumig schlagen. Das Mehl mit dem Backpulver mischen und samt der flüssigen Schokobutter unter die Eiercreme ziehen.

4 Den Formboden mit dem Kakaopulver bestäuben. Den Teig löffelweise in die Form geben und glatt streichen. Im Ofen (Mitte) 35–45 Minuten backen. Kuchen 15 Minuten in der Form ausdampfen lassen, dann auf ein Kuchengitter stürzen.

5 Für Creme und Glasur die Sahne bei schwacher Hitze warm werden lassen. Die Kuvertüre in Stücke schneiden und darin schmelzen lassen. Schokosahne halbieren, unter eine Hälfte die Butter rühren, bis sie geschmolzen ist. Beides wie auch den Kuchen über Nacht ruhen lassen – die pure und die buttrige Schokosahne dafür in den Kühlschrank stellen.

6 Am nächsten Tag den Kuchen quer in zwei oder drei Böden teilen (mit einem langen Messer oder mit dem Zwirn). Die pure Schokosahne steif schlagen, auf einen oder zwei Kuchenböden streichen und den übrigen Boden darauf setzen. Die buttrige Schokosahne sanft erwärmen, so dass sie gerade flüssig wird, und den Kuchen damit rundum einstreichen. Double Chocolate Mud Cake 2 Stunden gut kühlen.

So viel Zeit muss sein: 50 Minuten
(+ bis 45 Minuten Backzeit sowie
12 Stunden Ruhezeit und 2 Stunden Kühlzeit)
Kalorien pro Stück: 525

Schweinefleisch

engl.: pork; franz.: porc; ital.: maiale; span.: cerdo

Wenn Schweine könnten wie sie wollten, würden sie im Perigord oder Piemont leben bei Bohnen und Maronen, bei Eichel und Trüffel. Denn im Grunde ist das Schwein ein Feinschmecker. Weil es aber erstmal Allesfresser ist, hat der Gourmet das Feine und das Schwein getrennt: Alle Trüffel für ihn, die Reste für die Sau, die Sau fürs Volk. Aber das Volk kann schon ganz schön was, wenn es will. Und hat so aus dem Schwein Delikatessen gemacht. Die mögen jetzt auch Gourmets wieder.

Wo anfangen bei der Aufzählung delikater Schweinereien? Im Fernen Osten vielleicht, wo die Chinesen ihr Glückstier in pragmatischer Weisheit mit vielen Rezepten verehren. So wird es ähnlich wie Pekingente knusprig im Ofen gegart und ist dafür als »BBQ Pork« in den Chinatowns der Welt bekannt. Oder seine fetteren Stücke werden sanft und lange im würzig-süßen Sojasud rotgeschmort, bis sie köstlich zart und kostbar sind. Amerika? Grillt in seinem Norden famose Spareribs, brät in seiner Mitte das Schwein mit Chili in Schmalz, setzt im Süden Töpfe voller Schwein und Bohnenkerne an. Das kommt einem dann schon sehr spanisch bis französisch vor, etwa wie ein Cassoulet – Bohneneintopf mit Schweine- und anderem Fleisch aus dem Ofen. Übers Elsass mit Baeckeoffe (Schweine- und anderes Fleisch mit Kartoffeln aus dem Ofen) und Choucroute (Schwein mit Sauerkraut aus einem Topf) nähern wir uns langsam unserer eigenen Küche und einer Erkenntnis: Schwein wird sehr oft »mit etwas« im Topf gegart – weil es solo oft deftig ist und weil es so für die mit ihm vereinten Bohnen, Kartoffeln, Gemüse oder anderen Fleischstücken ein Gewinn ist.

Nun also Deutschland und Österreich, Schweinebraten und Schmalzbrot, Kasseler und Geselchtes, Strammer Max und Extrawurst. Damit sind wir in der kalten Küche angekommen. Und für diese ist das Schwein weltweit die allergrößte Bereicherung, mehr als es auf dem Grill oder im Ofen je sein wird. Um das besser zu verstehen, müssen wir ein bisschen zurückblicken – in jene Zeit, als jeder Bauer ein Schwein fürs Hausschlachten im Stall hatte, aber keinen Kühlschrank in der Küche. Damals (und in manchen Dörfern auch heute noch) wurde das Schwein zu Beginn der kalten Jahreszeit geschlachtet, damit sein Fleisch nicht so schnell verdarb. Weil so ein Schwein aber viel Fleisch fürs ganze Jahr hat, musste schlichtweg noch mehr zu seiner Konservierung getan werden.

Einsalzen bzw. pökeln mit Nitritsalz (hält das Fleisch rot) hilft da bis heute, da es dem Fleisch oder besser dessen Eiweiß das Wasser nimmt. Bleiben die so behandelten Schultern oder Rücken wie sie sind, taugen sie für würziges Kochfleisch oder Braten – wobei zu scharfe Hitze das Nitrit schädlich macht. Wird Gepökeltes aus der Keule geräuchert oder in südlicher Alpenluft getrocknet, entstehen Delikatessen wie Westfälischer Rauchschinken oder luftgetrockneter Parmaschinken. Spätestens an dem merken dann auch die Gourmets, was sie am Schwein haben.

Bei der Wurst, die ohne das Schwein gar nicht möglich wäre, scheiden sich die Geister wieder. Die Salami darf schon mal auf die feine Tafel, wenn sie luftgetrocknet ist. Aber die Hausmacher Wurst, der Aufschnitt gar? Da verraten wir mal lieber nicht, dass Schweinefett die edelsten Pasteten lockert. Und leider auch ganz offiziell in feinster Geflügel- oder Kalbsleberwurst stecken darf.

Ja, das Fett. Als man im Mittelalter noch nicht das Öl zum Braten entdeckt hatte, konnten Schweine wegen ihres Schmalzes gar nicht rund genug sein. Als wir dann plötzlich selber fett wurden, musste das Schwein immer magerer und fleischreicher zugleich werden. Man züchtete ihm noch ein paar Rippen dazu und immer mehr von seinen wärmenden, beruhigenden Polstern weg, trimmte es auf Turbowachstum. Am Ende ging Schweinefleisch den Weg allen Schlachtfleisches – es wurde zum Skandal. Allerdings: Weil Schweine besonders sensibel sind und ihr Fleisch uns immer noch das liebste ist, erwischte uns dieser Skandal ganz direkt. Nämlich jedesmal, wenn wieder ein blasses, wässriges Schnitzel oder Kotelett zischend in der Pfanne zum harten Stück Fleisch verschrumpelte. Das trifft tiefer als jede Schlagzeile.

Wohl deswegen hat sich beim Schweinefleisch am meisten getan, um seine Qualität zu bessern, und das nicht nur auf Bio-Höfen. Statt nach den üblichen 3–5 Monaten ein Turboschwein zu schlachten, lassen gute Bauern Tiere aus robusten alten Rassen wie die Schwäbisch-Hällischen 6–9 Monate am Leben. Artgerecht gehalten, entwickeln diese Schweine ein dunkleres, sehr aromatisches Fleisch, das wieder von mehr Fett umgeben und durchwachsen ist, was beim Schwein wichtig fürs stressfreie Leben ist. Handelt es sich dabei auch noch um rein weibliche Tiere (Eberfleisch kann bei fortgeschrittenem Alter und Gewicht penetrant schmecken), so bekommt man Fleisch voller Kraft und Intensität. Und wenn man brav nur noch ab und zu vom Schwein isst, fallen das Mehr an besserem Fett und der höhere Preis nicht ins Gewicht.

Aufheben

Schweinfleisch sollte nach dem Schlachten 2–3 Tage reifen, die Kotelettstücke bis zu 1 Woche. Zu Hause wird es ausgepackt und in eine mit Deckel, Folie oder feuchtem Tuch abgedeckte Schale mit umgedrehter Untertasse gelegt. So hält es über dem Gemüsefach im Kühlschrank 2–4 Tage, Koteletts bis 6 Tage, Hackfleisch, Geschnetzeltes und Innereien 1 Tag lang. Im Tiefkühler 4–10 (magere Stücke länger) Monate.

Das passt zu Schweinefleisch

Koriander, Kresse, Lorbeer, Majoran, Oregano, Thymian, Petersilie, Rosmarin

Anis, Chili, Curry, Fenchel, Ingwer, Knoblauch, Kümmel, Nelken, Paprika, Pfeffer

Butter, Essig, Olivenöl, Wein & Weinbrand, Sojasauce, Gewürzgurken, Sardellen, Kapern, Oliven

Auberginen, grüne Bohnen, Hülsenfrüchte, Kohl, Kürbis, Lauch, Mais, Möhren & Rüben, Paprika, Pilze, Sauerkraut, Kartoffeln, Nudeln

Geräuchertes, Sauermilchprodukte, Blauschimmelkäse

Ananas, Zitrusfrüchte, Birnen, Äpfel, Mangos, Stachelbeeren, Trockenfrüchte, Mandeln, Haselnüsse

Die Typen

Medaillons zum Kurzbraten werden aus dem Schweinfilet (auch Lende genannt) geschnitten, größere **Steaks** aus dem durchwachsenen Nacken (auch Kamm oder Halsgrat genannt) und aus dem eher mageren Rücken (auch Lendenstück). Ist der Knochen mit dran, wird das Steak zum Kotelett.

Schnitzel stammt aus der Hüft oder Oberschale. Einfaches Geschnetzeltes ebenso, feiner ist es aber aus dem Filet.

Typisches **Grillfleisch** sind Nackensteaks sowie Streifen von Schweinebauch und Spareribs, ebenfalls aus der Bauchgegend.

Für **Braten** wird oft Schulter, Nacken oder Oberschale genommen, seltener Rücken

Gutes Schweinefleisch

…kommt vom gut gehaltenen Schwein, vom Bio-Hof, stammt aus unabhängig kontrollierten Erzeugerprogrammen
…riecht angenehm
…ist rosa bis hellrot, glänzt matt, ist elastisch
…hat festes, weißes Fett in marmorierten Schnitzeln und durchwachsenen Stücken
…hat eine stramme Schwarte
…ist von weiblichen Tieren

Schlechtes Schweinefleisch…

…ist nur »kontrolliert«, als Marke ohne Programm
…riecht streng, nach Urin
…ist blass, weich, wässrig bzw. dunkel, fest, trocken
…hat weiches, gelbes Fett, eine gewellte Schwarte
…ist vom Metzger eingelegt
…ist Eberfleisch

oder Filet. Regional beliebt: gebratene Haxen, gefüllte oder gerollte Brust, auch Rollbraten vom Bauch und natürlich das Spanferkel: ein 3–8 Wochen altes Ferkel, das um die 10 kg und mehr wiegt und im Ganzen am Spieß oder im Bräter gebraten wird.

Pökelfleisch stammt aus Rücken (Kasseler, grüner Speck), Schulter (Schäufelchen), Haxe (Eisbein), Keule (Schinken), Bauchspeck (Rippchen, durchwachsener Speck).

Für **Schmorbraten** sind Schulter, Brust (gefüllt) und Bauch (sanft und lange) geeignet, für Ragouts Schulter und Nacken.

An **Innereien** können je nach Region Leber, Zunge, Herz, Nieren, außerdem auch Ohren, Backen, Pfoten, Schwanz verwendet werden.

Rahmschnitzel
Ruft Erinnerungen wach

Für 4 zum Sattessen:
4 Schweineschnitzel (jedes etwa 180 g)
Salz, Pfeffer aus der Mühle
2 große Zwiebeln
1 EL Öl
1 EL Butter
1/8 l Fleischbrühe
100 g Sahne
1 Messerspitze Tomatenmark
1/2 TL edelsüßes Paprikapulver
1/2 Bund Petersilie

1 Die Schnitzel mit dem Handballen oder der platten Seite des Fleischklopfers etwas flacher drücken oder vorsichtig klopfen, dann mit Salz und Pfeffer würzen. Zwiebeln schälen und ganz fein würfeln.

2 Öl und Butter in einer großen Pfanne (mit Deckel) warm werden lassen. Zwiebeln darin 5 Minuten bei mittlerer Hitze unter Rühren braten und an den Pfannenrand schieben. Die Schnitzel im Fett von beiden Seiten kurz und kräftig anbraten, bis sie braun sind, rausheben. Brühe und Sahne in die Pfanne geben, die Sauce mit Salz, Pfeffer, Tomatenmark und Paprika würzen.

3 Schnitzel wieder in die Sauce legen, Deckel drauf und Hitze auf kleine Stufe schalten. Schnitzel ungefähr 8 Minuten schmoren. Die Petersilie abbrausen, trockenschütteln und die Blättchen sehr fein hacken. Auf die Schnitzel streuen.

So viel Zeit muss sein: 35 Minuten
Das schmeckt dazu: Bandnudeln, Reis oder Kartoffelpüree
Kalorien pro Portion: 415

Klopfen oder nicht

Für unsere Großmütter war das ganz selbstverständlich: ein Schnitzel wurde richtig gut geklopft - mit der gezackten Seite des Fleischklopfers. Danach war es dünner und es wurde beim Braten viel zarter. Irgendwann hieß es dann, bloß nicht klopfen, das macht die Fleischfasern kaputt. Und heute? Ja heute drücken und klopfen wir wieder, aber vorsichtig. So wird das Fleisch schön dünn und das Bindegewebe gelockert, aber nicht zerstört. Also die Fleischscheiben mit der platten Seite des Fleischklopfers oder mit dem Handballen flacher drücken.

Koteletts mit Tomatensauce
Würziges aus Italien

Für 4 zum Sattessen:
4 nicht zu dicke Schweinekoteletts
(je 180 g; Schnitzel gehen aber auch)
Salz, Pfeffer aus der Mühle
1/2 Bund Majoran oder Oregano
4 Knoblauchzehen
1 kleine Dose Tomaten (400 g Inhalt)
3 EL Olivenöl
1/8 l trockener Rotwein
1 EL Tomatenmark
1 EL Kapern (wer mag)

1 Von den Koteletts eventuell vorhandene Knochensplitter abbrausen, trockentupfen. Mit Salz und Pfeffer würzen. Die Kräuter abbrausen, trockenschütteln und die Blättchen abzupfen, größere Blätter noch zerzupfen. Knoblauch schälen, fein schneiden. Die Tomaten in der Dose klein schneiden.

2 In einer Pfanne 2 EL Öl heiß werden lassen. Die Koteletts bei mittlerer Hitze von beiden Seiten kurz und kräftig anbraten, bis sie braun sind. Aus der Pfanne heben und auf einen Teller legen.

3 Das übrige Öl in die Pfanne schütten. Knoblauch darin kurz anbraten. Die Kräuter, die Tomaten, den Wein und das Tomatenmark dazurühren, alles mit Salz und Pfeffer würzen und ohne Deckel etwa 5 Minuten kochen lassen, bis die Sauce ein wenig dicker wird.

4 Die Koteletts in die Sauce legen und ein bisschen Sauce darüber löffeln. Die Hitze runterschalten, Deckel drauf und die Koteletts ungefähr 15 Minuten schmoren. Wer will, rührt vor dem Servieren noch die Kapern in die Sauce. Fertig!

So viel Zeit muss sein: 30 Minuten
(+ 15 Minuten Schmorzeit)
Das schmeckt dazu: Rosmarinkartoffeln (Seite 195) oder ofenfrisches Weißbrot
Kalorien pro Portion: 310

Spareribs
Knabbern macht Spaß

Für 4 zum Sattessen:
1 Zwiebel
4–6 Knoblauchzehen
5 EL Honig
10 EL Ketchup
2 EL Aceto balsamico
3 TL mittelscharfer Senf
etwas Tabascosauce
Salz, Pfeffer aus der Mühle
2 kg Spareribs (ja, so viel muss es wirklich sein, ist ja fast nur Knochen)

1 Zwiebel und Knoblauch schälen und ganz fein hacken. Beides mit Honig, Ketchup, Balsamico und Senf in einem Topf mischen, erhitzen. Etwa 15 Minuten bei schwacher Hitze sanft köcheln lassen. Mit Tabasco, Salz und Pfeffer abschmecken.

2 Die Spareribs so teilen, dass immer 2–3 Rippen zusammenhängen. Abbrausen, damit Knochensplitter entfernt werden und trockentupfen.

3 Grill anheizen – Holzkohlengrill oder auch den vom Backofen. Die Spareribs über der mittleren Glut 10–20 Minuten (je nach Hitze des Grills) grillen. Oder im Ofen etwa 15 cm von den Grillschlangen entfernt etwa 30 Minuten grillen. Und währenddessen immer wieder mit der Glasur bepinseln. Und natürlich auch immer wieder umdrehen.

So viel Zeit muss sein: 25 Minuten
(+ bis 30 Minuten Grillzeit)
Das schmeckt dazu: knuspriges Weißbrot
Kalorien pro Portion: 490

TIPP:
Glasur mit Zucker drin – und Honig ist ja nichts anderes – verbrennt leicht. Deshalb soll die Hitze der Glut nicht auf dem Höhepunkt sein oder der Abstand zur Glut bzw. den Grillstangen ausreichend groß.

Schweinebraten
Echt bayerisch, echt gut!

Für 6–8 zum Sattessen:
1 1/2 kg Schweinebraten (ohne Knochen, aber mit Schwarte; 500 g Knochen trotzdem mitgeben lassen – wichtig für die Sauce!)
1/2 TL Kümmelsamen
3 Knoblauchzehen
2 EL Öl
1 TL edelsüßes Paprikapulver
Salz, Pfeffer aus der Mühle
2 Zwiebeln
2 Möhren
1 Stück Knollensellerie (etwa 150 g)
1 Lorbeerblatt
etwas helles Bier (wer mag)

1 Die Schwarte vom Schweinebraten mit einem scharfen Messer rautenförmig ein-, aber nicht durchschneiden.

2 Den Kümmel etwas kleiner hacken, 1 Knoblauchzehe schälen und fein hacken. Beides mit Öl und Paprika verrühren. Den Braten rundum kräftig damit einreiben, in Folie wickeln und über Nacht kühl stellen.

3 Gut 3 Stunden vor dem geplanten Essen den Backofen auf 250 Grad vorheizen (auch schon jetzt: Umluft 220 Grad).

4 Den Schweinebraten aus der Folie wickeln, rundum salzen und pfeffern. Mit der Schwartenseite nach unten in einen großen Bräter legen. Auf der unteren Schiene in den Ofen schieben und anbraten. Danach auch von allen anderen Seiten kurz und kräftig anbraten. Das Fleisch aus dem Bräter nehmen und die Knochen ins Bratfett geben und anrösten. Dann das Fleisch wieder dazugeben – mit der Schwarte nach oben.

5 Nun 30 Minuten braten lassen, ab und zu mit dem Bratfett begießen. Inzwischen Zwiebeln, Möhren und Sellerie schälen und klein würfeln. Übrigen Knoblauch schälen.

6 Ofen auf 180 (160) Grad zurückdrehen, alles Gemüse und das Lorbeerblatt mit in den Bräter geben. Einen Schuss Wasser (oder auch helles Bier) übers Fleisch, und jetzt dauert's noch mal 1 1/2 Stunden, bis das Fleisch außen knusprig und innen zart ist. Ab und zu mit Bratsud begießen, falls nötig, auch Wasser (oder Bier) nachgießen.

7 Dann den Bräter auf den Herd stellen, den Schweinebraten rausholen, auf eine hitzebeständige Platte legen und im ausgeschalteten Backofen nachziehen lassen, bis die Sauce fertig ist.

8 Die Sauce durch ein Sieb in einen Topf gießen und eventuell etwas einköcheln lassen. Abschmecken, zum Braten servieren.

So viel Zeit muss sein: 45 Minuten
(+ 12 Stunden Marinierzeit und
2 Stunden Garzeit)
Das schmeckt dazu: Klöße
Kalorien pro Portion (bei 8): 390

Arista-Schweinebraten
Mit schönen Grüßen nach Bayern!

Für 6 Toskana-Freunde:
6 Zweige Rosmarin
1 große unbehandelte Zitrone
4 Knoblauchzehen
1–2 TL Fenchelsamen
Salz, Pfeffer aus der Mühle
frisch geriebene Muskatnuss
4 EL Olivenöl
1,2 kg Schweinebraten (ohne Knochen und Schwarte; am besten den Metzger bitten, dass er ihn in Form bindet)
1/4 l trockener Weißwein

1 Rosmarin abbrausen, trockenschütteln und von 3 Zweigen die Nadeln abzupfen. Die Zitrone heiß waschen und die Schale dünn abschneiden. Den Knoblauch schälen.

2 Rosmarinnadeln, Knoblauch und Zitronenschale mit dem Fenchel auf einem Brett zusammen sehr fein hacken. In einem Schälchen mit Salz, Pfeffer, Muskat und 2 EL Öl mischen. Das Fleisch von allen Seiten mit der Würzmischung einreiben. Und jetzt kann man entweder gleich weitermachen oder den Braten noch ein paar Stunden an einen kühlen Ort stellen.

3 Den Backofen auf 180 Grad vorheizen (Umluft ohne Vorheizen 160 Grad). Einen großen Bräter aus dem Schrank holen, am besten einen aus Gusseisen. Den Bräter auf

dem Herd heiß werden lassen, das übrige Öl hineingeben. Braten darin gut anbraten – und zwar von allen Seiten. Wenn er schön braun ist, den Bräter in den Ofen (unten) schieben. Die Rosmarinzweige zum Braten legen, 45 Minuten braten.

4 Dann den Wein in den Bräter gießen und den Braten noch mal 1 1/4 Stunden im Ofen schmoren. Immer mal wieder mit dem Wein begießen und zwischendurch auch mal umdrehen. Vor dem Anschneiden auf jeden Fall 10 Minuten ruhen lassen.

So viel Zeit muss sein: 30 Minuten
(+ 2 Stunden Bratzeit)
Das schmeckt dazu: Rosmarinkartoffeln
Kalorien pro Portion: 615

TIPP:
Wenn vom Braten was übrig bleibt, den Rest in dünne Scheiben schneiden und kalt essen. Oder aber ein feines Panino (italienisches Brötchen) oder eine Baguettesemmel damit belegen: Panino oder Semmel dünn mit Butter, dann mit mittelscharfem Senf bestreichen. Mit einem Salatblatt und ein paar Tomatenscheiben belegen, schließlich mit dünnen Bratenscheiben. Zweite Brötchenhälfte draufklappen, abbeißen!

Schweinefilet mit Senfkruste
Einfach und gut

Für 4 zum Sattessen:
2 EL Olivenöl
1/2 Bund Petersilie
ein paar Stängel Zitronenmelisse oder Estragon (wer mag)
4 Knoblauchzehen
2 EL mittelscharfer Senf
5 EL Semmelbrösel, 1 Ei
Salz, Pfeffer aus der Mühle
1 Schweinefilet (ungefähr 650 g)

1 Den Backofen auf 180 Grad vorheizen (Umluft ohne Vorheizen 160 Grad). Das Backblech oder eine hitzebeständige Form mit 1 EL Öl ausstreichen.

2 Kräuter abbrausen, trockenschütteln und die Blättchen sehr fein hacken. Knoblauch schälen, durch die Presse drücken. Kräuter und Knoblauch mit restlichem Öl, Senf, Semmelbröseln und Ei gut verrühren und mit Salz und Pfeffer würzen.

3 Größere Fettstücke und dicke Sehnenstränge von dem Schweinefilet mit einem scharfen Messer abschneiden. Schweinefilet quer halbieren, salzen, pfeffern und nebeneinander in die Form oder auf das Blech legen. Senfpaste darauf verstreichen.

4 Filets im Ofen (Mitte) etwa 30 Minuten braten, dann 10 Minuten im abgeschalteten Ofen nachziehen lassen.

5 Die Schweinefilets mit einem scharfen Messer in ungefähr 1 cm dicke Scheiben schneiden und auf eine vorgewärmte Platte oder einen großen Teller legen. Auf den Tisch stellen.

So viel Zeit muss sein: 20 Minuten
(+ 40 Minuten Garzeit)
Das schmeckt dazu: Bratkartoffeln und grüne Bohnen als Gemüse oder Salat
Kalorien pro Portion: 320

TIPP:
Wer mag, kann dem Filet auch eine Blätterteighülle verpassen. Dazu 4 TK-Blätterteigplatten auftauen lassen und auf wenig Mehl dünn ausrollen. Gesalzene und gepfefferte (eventuell auch mit Senfpaste bestrichene) Filethälften mit gekochten oder rohen Schinkenscheiben belegen und in den Teig einwickeln. Aufs Blech legen und im Backofen 40 Minuten backen. Nach der Hälfte der Zeit mit einer Mischung aus 1 Eigelb und 1 EL Milch bepinseln.

Schweinefleisch süßsauer
Klassiker aus dem China-Restaurant

Für 4 zum Sattessen:
700 g mageres Schweinefleisch
2 EL Speisestärke
4 EL Reiswein
1 Ei, Salz
1 rote Paprikaschote
1 Stück Salatgurke (etwa 10 cm)
1 Stange Lauch
1 Stück frischer Ingwer (etwa 2 cm)
2 Knoblauchzehen
3 EL Zucker
3 EL heller Reisessig
2 EL Sojasauce
2 EL passierte Tomaten oder Ketchup
1/2 l Öl zum Frittieren und Braten

1 Schweinefleisch in knapp 1 cm dicke Scheiben, dann in ebenso breite Streifen schneiden. Speisestärke mit 2 EL Reiswein anrühren, mit Ei und Salz verquirlen. Zum Fleisch schütten und alles gut vermengen.

2 Für die Sauce Paprikaschote waschen, längs halbieren und Stiel und weiße Häutchen samt Kernen rauszupfen. Paprika in Rauten schneiden. Die Gurke waschen und der Länge nach halbieren. Kerne mit einem Löffel rausschaben, Gurke quer in dünne Scheiben schneiden. Vom Lauch das Wurzelbüschel und die welken Teile abschneiden. Den Lauch der Länge nach aufschlitzen, gründlich waschen und in schmale Streifen schneiden. Ingwer und Knoblauch schälen und fein hacken oder auch durch die Presse drücken.

3 Zucker mit Reisessig, übrigem Reiswein, Sojasauce und passierten Tomaten oder dem Ketchup zu einer Sauce verrühren, bis sich der Zucker gelöst hat.

4 Den Backofen auf 100 Grad (auch schon jetzt: Umluft 80 Grad) vorheizen. Eine hitzebeständige Platte mit einer dicken Schicht Küchenpapier belegen. Das Öl im Wok oder in einem Topf richtig heiß werden lassen. Die Fleischstreifen portionsweise ins Öl legen und ungefähr 3 Minuten frittieren. Mit dem Schaumlöffel rausholen, auf die Platte mit dem Küchenpapier legen und im Ofen heiß halten.

5 Wenn alle Fleischstreifen gebraten sind, Öl bis auf einen dünnen Film aus Wok oder Topf gießen (erst einmal in einen anderen Topf und abkühlen lassen, dann gesiebt wieder in eine Flasche füllen und später noch mal verwenden). Die Paprika im Fett 1 Minute braten. Lauch, Gurke, Ingwer und Knoblauch dazugeben, 1 Minute braten. Die Sauce dazuschütten und heiß werden lassen. Alles rasch mit dem Fleisch mischen und gleich servieren, damit die Teighülle des Fleisches auch wirklich knusprig bleibt.

So viel Zeit muss sein: 35 Minuten
Das schmeckt dazu: Reis
Kalorien pro Portion: 485

Geschmortes Anisschwein
Und wieder chinesisch!

Für 4 zum Sattessen:
10 getrocknete Shiitake-Pilze
800 g nicht zu fetter Schweinebauch (ohne Schwarte)
1 Stück frischer Ingwer (etwa 4 cm)
4 Knoblauchzehen
4 Schalotten
4 EL Öl
4 EL brauner Zucker
1/8 l Sojasauce
1/8 l Reiswein
4 Sternanise
3 Stangen Zimt
4 Frühlingszwiebeln
Salz
etwas Sesamöl

1 Pilze in eine Schüssel legen, mit heißem Wasser übergießen und etwa 20 Minuten quellen lassen, damit sie weich werden.

2 In der Zeit schon mal den Rest vorbereiten. Schweinebauch in etwa 2 cm große Stücke schneiden. Ingwer, Knoblauch und Schalotten schälen und in feine Scheiben schneiden. Wenn die Pilze weich sind, abtropfen lassen, Stiele rausschneiden.

3 Das Öl im Wok oder in einer Pfanne sehr heiß werden lassen. Das Fleisch darin in zwei Portionen jeweils sehr gut anbraten und wieder rausheben. Den Zucker ins Fett streuen, unter Rühren schmelzen lassen.

Noch mehr Rezepte mit Schweinefleisch
(Seite)

Birnen, Bohnen und Speck (72)
Wirsingrouladen (187)
Würstchen mit Balsamico-Linsen (217)
Wurstsalat mit Zwiebeln (327)

4 Sojasauce und Reiswein angießen, Bratensatz mit dem Kochlöffel ablösen. Das Fleisch mit Ingwer, Knoblauch und Schalotten dazugeben. Pilze, Sternanise und Zimt und so viel Wasse zugießen, dass die Zutaten in Wok oder Pfanne davon bedeckt sind.

5 Deckel auflegen, Hitze auf schwache Stufe schalten und alles etwa 2 Stunden schmoren, bis das Fleisch sehr schön weich und die Flüssigkeit um mindestens die Hälfte weniger geworden ist.

6 Dann von den Frühlingszwiebeln die Wurzelbüschel und die welken Teile abschneiden. Zwiebeln waschen und in feine Ringe schneiden. Das Fleisch mit Salz abschmecken. Falls nötig, die Sauce noch mehr einkochen lassen – offen und bei starker Hitze. Vor dem Servieren mit den Zwiebelringen bestreuen und mit Sesamöl beträufeln.

So viel Zeit muss sein: 40 Minuten
(+ 2 Stunden Schmorzeit)
Das schmeckt dazu: Reis und frische Gurkenscheiben
Kalorien pro Portion: 755

Colombo
Kein Krimi! Keine Stadt! Schweinsragout, und zwar karibisch!

Für 4 zum Sattessen:
800 g Schweineschulter
6 Knoblauchzehen
1 rote Chilischote
2 unbehandelte Zitronen
2 Zwiebeln
1 Salatgurke
1 Mango (möglichst unreif)
2 EL Öl
1 EL getrockneter Thymian
4 EL Currypulver
1 EL Mehl
Salz
1 Bund Petersilie

1 Fleisch in mundgerechte Stücke würfeln. 4 Knoblauchzehen schälen, fein würfeln. Chilischote waschen, entstielen und klein schneiden. 1 Zitrone heiß waschen und die Schale abreiben, Saft auspressen. Alles mischen und über Nacht marinieren.

2 Dann Zwiebeln und übrigen Knoblauch schälen, fein hacken. Gurke schälen, der Länge nach vierteln, in 1 cm dicke Stücke schneiden. Das Fruchtfleisch der Mango am Kern entlang wegschneiden, die Stücke schälen und genauso groß würfeln.

3 Das Fleisch trockentupfen. Öl in einer großen Schmorpfanne (mit Deckel) bei mittlerer Hitze erhitzen. Das Fleisch in zwei Portionen kräftig drin anbraten, rausnehmen. Zwiebeln, Knoblauch und Thymian ins Fett rühren. Fleisch, Curry und Mehl dazugeben, noch mal kurz anbraten. Marinade und so viel Wasser angießen, dass das Fleisch gerade damit bedeckt ist. Salzen, den Deckel drauf, Hitze reduzieren und alles etwa 15 Minuten köcheln lassen.

4 Gurke und Mango dazu, alles noch mal 30 Minuten garen. In der Zeit die zweite Zitrone so schälen, dass die weiße Haut mit entfernt wird. Zitrone in kleine Stücke schneiden, dabei auch gleich entkernen. Petersilie abbrausen, trockenschütteln und die Blättchen fein hacken.

5 Wenn das Fleisch weich ist, Zitronenstückchen und Petersilie unterrühren, abschmecken und in eine Schüssel füllen.

So viel Zeit muss sein: 1 1/4 Stunden
(+ 12 Stunden Marinierzeit)
Das schmeckt dazu: Reis
Kalorien pro Portion: 345

Spargel

engl.: asparagus; franz.: asperge; ital.: asparagi; span.: esparrago

»Kirschen rot, Spargel tot«, sagt der Volksmund. Das jähe Ende des bleichen Gemüsekönigs findet traditionell am 24. Juni statt. Allerdings haben wir dann schon zwei Monate mit ihm verbracht, dank Importen vielleicht sogar mehr. Seinen grünen Bruder gibt es zum Glück noch länger.

Weiße Bleichgesichter sollen sie für uns Mitteleuropäer sein, die feinen Gemüsestangen bzw. Wurzelsprossen. Und das bleiben sie nur unter der Erde im Dunkel. Damit sie dort möglichst lange verharren, häufen unsere Spargelbauern die Erde über den Stangen auf. Kaum trauen sich die Spitzen drüber raus, färbt das Licht sie erst bläulichviolett, dann grün, wie man's in Frankreich oder Südeuropa schätzt. Der gute deutsche Spargelstecher sieht den Zeitpunkt vor dem Durchbruch am feinen Riss in der Erde und sticht dann mit einem Spezialgerät tief ins Erdreich, um die kostbare Ernte unverletzt herauszuholen.

Anders beim grünen Spargel, der sich rasant über der Erde auswächst. Er schmeckt herzhafter als der feine weiße, hat noch mehr Vitamine, ist leichter zu ernten und produziert weniger Abfall – man hat eigentlich mehr auf dem Teller für weniger Geld. Doch die Frage, ob weiß oder grün, bleibt Geschmackssache. Mit der Sorte hat das fast nie was zu tun, denn fast aus jeder kann weißer oder grüner Spargel werden.

Einst verschrieb man Spargel (bis Ende des 19. Jahrhunderts nur in Grün), um den Stoffwechsel anzuregen und den Körper innerlich zu reinigen. Das tut er bis heute und ist dazu reich an Mineralstoffen wie Kalium und Vitaminen von A bis C. Essen kann man ihn roh (fein geschnitten), frittiert, gebraten, in Folie gebacken oder klassisch gekocht. Weißer gart in 10–15 Minuten bissfest, grüner braucht selten länger als 8 Minuten. Gerne steht er dabei gebündelt im Spargeltopf. Dann brechen die Spitzen nicht ab und werden nicht zu weich. Und: Aus 500 g weißem Spargel werden nach dem Putzen 400 g.

Aufheben

Ganz frisch schmeckt Spargel am besten, aber in ein feuchtes Tuch gewickelt bleibt er im Gemüsefach des Kühlschranks 4 Tage lang so gut wie frisch. Weißer hält geschält so eingepackt und verstaut noch länger, wenn auch auf Kosten der Vitamine. Profi-Trick für längere Frische: Spargel zum Kühlen in Tüten verschweißen. Der grüne Spargel sollte möglichst nicht länger als 2 Tage aufgehoben werden.

Guter Spargel…

…hat feste, geschlossene Köpfe und pralle, eher gerade Stangen
…hat frische Schnittstellen
…quietscht beim Aneinanderreiben und hat im Bund gleich dicke Stangen

Schlechter Spargel…

…riecht muffig
…hat zu dünne und zu krumme Stangen
…hat trockene aufgerissene Anschnitte
…hat graue, gelbe Stellen

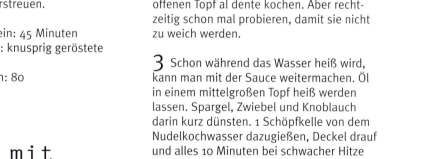

Spargelcremesuppe
Wie zu Omas Zeiten

Für 4 als üppige Vorspeise:
500 g weißer Spargel (das kann Bruchspargel sein oder ganz normaler, es dürfen aber auch nur die Spitzen sein)
Salz
1 Prise Zucker
1 Bund Frühlingszwiebeln (für ganz Nostalgische: 1 normale Zwiebel)
1 EL Butter
1 knapper EL Mehl
2 EL Crème fraîche oder saure Sahne
Pfeffer aus der Mühle
1 EL Zitronensaft
1 EL Schnittlauchröllchen

1 Den Spargel waschen. Ganze Stangen schälen und kleiner schneiden, die Enden dabei wegschneiden. In einen Topf knapp 1 l Wasser gießen, salzen, zuckern und aufkochen. Spargel darin zugedeckt in etwa 20 Minuten gut weich kochen.

2 Inzwischen Frühlingszwiebeln putzen: also alles Welke und das Wurzelbüschel abschneiden, die Zwiebeln waschen und in feine Ringe schneiden, ein paar weglegen.

3 Spargel in ein Sieb abgießen und abtropfen lassen, den Sud auffangen. Den Spargel mit dem Pürierstab pürieren. Butter im Topf schmelzen, das Mehl drüberstreuen und bei mittlerer Hitze anschwitzen, bis es schön sattgelb ist. Die Zwiebelringe untermischen. Jetzt kommt nach und nach der Spargelsud dazu. Aber: Immer gut rühren, am besten mit dem Scheebesen, damit es keine Klümpchen gibt.

4 Das Ganze jetzt noch 10 Minuten vor sich hin köcheln lassen. Dann das Spargelpüree dazurühren, die Crème fraîche oder saure Sahne rein und die Suppe mit Salz, Pfeffer und Zitronensaft abschmecken. Schnittlauch drüberstreuen.

So viel Zeit muss sein: 45 Minuten
Das schmeckt dazu: knusprig geröstete Weißbrotcroûtons
Kalorien pro Portion: 80

Nudeln mit Spargel und Garnelen
Einfach elegant

Für 4 zum Sattessen:
400 g grüner Spargel
1 Zwiebel
2 Knoblauchzehen
150 g geschälte gegarte Garnelen
Salz
500 g Tagliatelle oder Linguine
1 EL Olivenöl
100 g Sahne
Pfeffer aus der Mühle
frisch geriebene Muskatnuss

1 Die Spargelstangen waschen und die Enden so weit abschneiden, dass nichts mehr holzig ist. Stangen in 1 cm breite Stücke schneiden. Zwiebel und Knoblauch schälen und ganz fein schneiden. Die Garnelen grob zerschneiden.

2 Im größten Topf des Hauses 5 l Wasser aufkochen. Salz dazugeben und die Nudeln auch gleich. Nach Packungsanweisung im offenen Topf al dente kochen. Aber rechtzeitig schon mal probieren, damit sie nicht zu weich werden.

3 Schon während das Wasser heiß wird, kann man mit der Sauce weitermachen. Öl in einem mittelgroßen Topf heiß werden lassen. Spargel, Zwiebel und Knoblauch darin kurz dünsten. 1 Schöpfkelle von dem Nudelkochwasser dazugießen, Deckel drauf und alles 10 Minuten bei schwacher Hitze schmurgeln lassen.

4 Deckel abheben, Sahne dazurühren und die Hitze noch mal hochdrehen, damit die Sahne leicht einkochen kann. Die Garnelen untermischen und erwärmen. Mit Salz, Pfeffer und Muskat abschmecken.

5 Die Nudeln ins Sieb abgießen, ganz kurz abtropfen lassen und mit der Sauce vermischen. Sofort essen. Ohne Käse!

So viel Zeit muss sein: 25 Minuten
Kalorien pro Portion: 610

Spargel, weiß und grün
Im Mai ein Muss!

Für 4–6 zum Sattessen:
1 kg weißer Spargel
Salz, 1 Prise Zucker
120 g Butter
1 kg grüner Spargel
1 kg kleine Kartoffeln (fest kochende Sorte)
4 EL Aceto balsamico
Pfeffer aus der Mühle
6 EL Olivenöl
1 EL Kapern
einige Basilikumblättchen
etwas abgeriebene unbehandelte Zitronenschale

1 Den weißen Spargel schälen und die Stangenenden abschneiden. Spargel in einen breiten Topf legen, mit Wasser bedecken, salzen, zuckern und 1 EL Butter dazugeben. Zugedeckt zum Kochen bringen, bei mittlerer Hitze 15–20 Minuten garen.

2 Den grünen Spargel waschen und die Stangenenden so weit abschneiden, dass nichts mehr holzig ist. Spargel in einen breiten Topf legen, mit Wasser bedecken, salzen, aufkochen. Dann bei mittlerer Hitze zugedeckt 8–10 Minuten garen.

3 Die Kartoffeln waschen und knapp mit Salzwasser bedeckt in 20–35 Minuten bei mittlerer Hitze weich kochen. Übrige Butter zerlassen, heiß und flüssig halten.

4 Grünen Spargel abtropfen lassen, auf eine Platte legen. Essig, Salz, Pfeffer und Öl verschlagen und die warmen Spargelstangen damit begießen. Mit Kapern, Basilikum und Zitronenschale bestreuen. Den weißen Spargel abtropfen lassen, auf eine zweite Platte legen. Mit Pellkartoffeln und heißer Butter servieren.

So viel Zeit muss sein: 1 1/2 Stunden
Das schmeckt dazu: Schinken, Lachs oder Kalbssteaks, Pfannkuchen und Sauce Hollandaise
Kalorien pro Portion (bei 6): 345

Schälen
• Zum Schälen von weißem Spargel sollte unbedingt ein nicht zu altersschwacher oder stumpfer Sparschäler im Haus sein, sonst macht's wirklich keinen Spaß! Also: Den scharfen Sparschäler (es gibt auch einen extra Spargelschäler, mit dem normalen geht es aber genauso gut) knapp unterhalb des Spargelkopfs ansetzen und nach unten ziehen – die Stange drehen und rundum bis unten abschälen. Den holzigen (das spürt man beim Schneiden) unteren Teil der Spargelstangen ganz abschneiden. Nicht knausern: Wer zu viel dran lässt, hat beim Essen lästige Fasern zwischen den Zähnen und verdirbt sich den echten Spargelgenuss!
• Und beim grünen Spargel? Meist reicht es, wenn man die Enden großzügig abschneidet. Spürt man beim Schneiden noch Widerstand, das untere Drittel der Stangen dünn schälen.

Spargelquiche
Vegetarisch

Für 4 zum Sattessen:
Für den Teig:
120 g kalte Butter
240 g Mehl, 1 kräftige Prise Salz
Für den Belag:
500 g grüner Spargel, Salz
400 g Fleischtomaten
1/2 Bund Basilikum
250 g Mozzarella
50 g geriebener Hartkäse (z. B. Bergkäse oder Emmentaler)
1 EL Crème fraîche
Pfeffer aus der Mühle

1 Für den Teig die Butter in kleinen Stücken mit den übrigen Zutaten zu einem geschmeidigen Teig verkneten, dabei nach und nach etwa 2 EL kaltes Wasser dazugeben. Teig in eine Spring- oder Tarteform (26–30 cm Ø) geben und mit den Händen flach drücken, dabei einen 2–3 cm hohen Rand formen. Etwa 1 Stunde kühl stellen.

2 Inzwischen den Spargel waschen und die Stangenenden so weit abschneiden, dass nichts mehr holzig ist. Spargel in ungefähr 3 cm lange Stücke schneiden und in 1/2 l Salzwasser 3–4 Minuten kochen. In ein Sieb abschütten und abschrecken. Aus den Tomaten den Stielansatz rausschneiden. Tomaten mit kochend heißem Wasser überbrühen, abschrecken, häuten, entkernen und klein würfeln. Basilikumblättchen abzupfen und fein hacken.

3 Den Backofen auf 180 Grad vorheizen (Umluft ohne Vorheizen 160 Grad). Den Mozzarella klein würfeln. Den Spargel mit Tomaten, Basilikum, Mozzarella, Hartkäse und Crème fraîche mischen. Mit Salz und Pfeffer würzen.

4 Spargelmischung auf dem gekühlten Teig verteilen. Quiche im Ofen (Mitte) etwa 45 Minuten backen, bis sie gebräunt ist.

So viel Zeit muss sein: 1 Stunde 10 Minuten (+ 45 Minuten Backzeit)
Das schmeckt dazu: ein feiner Salat mit Rucola
Kalorien pro Portion: 615

Spargel aus dem Wok
Mal was anderes

Für 4 als Vorspeise oder Beilage:
1 kg weißer Spargel
1/2 unbehandelte Zitrone
1 Hand voll Kerbel oder feine Petersilie
1 Bund Frühlingszwiebeln
4 EL Öl (kann gut Olivenöl sein)
Salz, Pfeffer aus der Mühle
1–2 EL Crème fraîche (wer mag)

1 Den Spargel schälen und die Stangenenden abschneiden. Spitzen abschneiden und die Stangen schräg in 1/2 cm dicke Scheiben schneiden.

Noch mehr Rezepte mit Spargel (Seite)

Frühlingsgemüse (66)
Gemüse-Risotto (264)
Spargelfrittata (95)

2 Zitrone heiß waschen und die Schale dünn abschneiden und fein hacken. Kräuter abbrausen, trockenschütteln und die Blättchen fein hacken. Die Wurzelbüschel und die welken Teile von den Frühlingszwiebeln abschneiden, die Zwiebeln waschen und in feine Ringe schneiden.

3 Den Wok heiß werden lassen (zur Not geht auch eine große Pfanne) und das Öl hinein. Den Spargel dazugeben und bei mittlerer Hitze unter Rühren bissfest braten, das dauert ungefähr 5 Minuten. Zitronenschale und Zwiebelringe 1 Minute mitbraten, Kräuter untermischen und mit Salz und Pfeffer würzen. Wer mag: zum Schluss die Crème fraîche dranrühren.

So viel Zeit muss sein: 30 Minuten
Das schmeckt dazu: ein kleiner Salat als feine Vorspeise, Nudeln als Hauptgericht oder auch ein Stück gebratenes Fleisch, z. B. ein Steak
Kalorien pro Portion: 145

Spinat & Mangold

engl.: spinach & chard; franz.: épinard & cote de bettes;
ital.: spinaci & bietola; span.: espinaca & acelga, cardo

Einmal Spinat und schon wuchsen Popeye Riesenkräfte. Toll! Und dann die Spitzenköche, die den Spinat als würzig-feines Blattgemüse wieder entdeckten. Lecker! Beides zusammen machte möglich, was Mama nie schaffte: Spinat wurde zu mehr als nur zum ungeliebten Püree. Der Mangold hat es da einerseits zwar leichter (weniger Vorurteile), andererseits aber auch schwerer (weniger bekannt). Das sollte sich ändern!

Spinat landet in Europa, Asien, Amerika wie Australien im Topf – nur leider viel zu oft tiefgekühlt. Dabei gibt's ihn meist vorgewaschen und schon in wenigen Minuten ist er gar. Angeboten wird er als blattweise geernteter Blattspinat und als Wurzelspinat, für den die ganze Pflanze vom Acker geholt wird. Von Frühjahr–August gibt es den zarten Früh- bis Sommerspinat, ab September gröberen Winterspinat. Vom Freiland kommt er bei uns von April–Oktober. Spinat mundet roh im Salat und gegart (z.B. mit Olivenöl und Knoblauch), vor allem zarter Blattspinat hat roh eine feine nussige Note.

Mangold schmeckt kräftiger als Spinat (roh ist er nicht die Wucht) und am besten, wenn er noch nicht zu groß ist. Blatt- oder Schnittmangold hat zarte kleinere Blätter, die zerkleinert oder im Ganzen verwendet werden. Bei uns gibt es vor allem Stiel- oder Rippenmangold mit schön fleischigen Stielen und größeren Blättern. Vor dem Garen werden die Blätter von den Stielen getrennt, da die Stiele mit etwa 8 Minuten länger garen als die Blätter (4–6 Minuten). Von sehr großen Blättern zieht man auch noch die Haut ab. Angeboten wird Mangold bei uns von Frühjahr–Herbst, aus dem Freiland von Mai–Oktober. Am besten schmeckt er gedünstet, gebraten und gebacken.

Beide Gemüse enthalten frisch ziemlich viele Vitamine, hauptsächlich der Marke C, und Mineralien. In Spinat kann – vor allem ab Herbst – ordentlich Oxalsäure stecken (macht stumpfe Zähne), die die Kalzium- und Eisenaufnahme hemmt und auf die Nieren gehen kann. Kochen in reichlich Wasser und eine extra Portion Milch oder Milchprodukte helfen.

Gut ist, wenn…

…beide bio sind – weniger Düngung bedeutet weniger Nitrat
…beide knackig frische Blätter haben
…Mangoldstiele hell und ohne Flecken sind

Schlecht ist, wenn…

…beide schlappe, fleckige Blätter haben bzw. der Spinat gelbe Ränder hat
…Mangoldstiele fleckig, Spinatstiele faulig-dunkel sind

Aufheben

Am besten gar nicht. Zur Not aber in einer Plastiktüte verpackt bis zu 1 Tag im Gemüsefach vom Kühlschrank. Besser: die Blätter blanchieren, kalt abschrecken, ausdrücken und einfrieren. Gegarten Spinat nur ein paar Stunden später nochmals aufwärmen, sonst wird sein Nitrat zum ungesunden Nitrit.

Spinat mit Sesamsauce
Kommt uns ziemlich japanisch vor

Für 4 als Vorspeise oder Beilage:
500 g Wurzel- oder Blattspinat, Salz
2 EL helle Sesamsamen
1 EL helle Miso-Paste (aus vergorenen Sojabohnen, kommt aus Japan)
1 EL Sojasauce
1 EL Mirin (süßer japanischer Reiswein)
2 TL Zucker

1 Spinat verlesen, dicke Stiele abknipsen, waschen und abtropfen lassen. In einem großen Topf Wasser zum Kochen bringen, leicht salzen. Spinat darin 2–3 Minuten heftig kochen lassen. Ins Sieb abschütten, kaltes Wasser drüberlaufen lassen und dann gut abtropfen lassen.

2 Den Sesam in einer Pfanne ein bisschen anrösten. Aber Vorsicht: Die Samen fangen irgendwann an zu springen. Dann einfach den Deckel auflegen und warten, bis es aufhört. Sesam im Mörser ganz fein zerdrücken oder in der Gewürzmühle mahlen.

3 Miso mit Sojasauce, Mirin, Sesam und Zucker verrühren. Spinat auf Schälchen verteilen, dabei große Spinatblätter in Streifen schneiden und etwas auseinander lösen. Die Sauce darüber gießen. Kalt essen.

So viel Zeit muss sein: 35 Minuten
Kalorien pro Portion: 70

Spinat putzen

Erstmal die welken Blätter aussortieren und ganz dicke Stiele abknipsen. Kaltes Wasser ins Spülbecken laufen lassen und Spinat darin hin und her schwenken. Abtropfen lassen, noch mal in frischem Wasser waschen. Das so oft wiederholen, bis das Wasser im Spülbecken sauber bleibt. Dann trockenschleudern oder sehr gut abtropfen lassen.

Mangold putzen

Das Strunkende abschneiden. Blätter samt Stielen ablösen und unter dem fließenden kalten Wasser waschen, abtropfen lassen. Blätter von den Stielen abschneiden und kleiner schneiden. Von den Stielen alles Welke und braune Stellen entfernen, dann die Stiele ebenfalls kleiner schneiden.

TIPP:
Miso und Mirin gibt es in guter Qualität in großen Naturkostläden.

Spinat mit Zitrone
Einfach gut!

Für 4 als Beilage:
750 g Wurzel- oder Blattspinat
Salz
1/2 unbehandelte Zitrone
2 Knoblauchzehen
2 EL Olivenöl
Pfeffer aus der Mühle

1 Spinat verlesen, dicke Stiele abknipsen, waschen und abtropfen lassen. Wasser mit Salz aufkochen. Den Spinat hineingeben, Deckel drauf und Spinat 1 Minute kochen lassen, abschütten und kalt abschrecken.

2 Die Zitronenhälfte heiß waschen, die Schale abschneiden und fein hacken. Saft auspressen. Knoblauch schälen.

3 Das Öl im Topf warm werden lassen. Spinat mit Zitronenschale und -saft reingeben, Knoblauch dazupressen. Spinat salzen, pfeffern und ganz heiß werden lassen.

So viel Zeit muss sein: 20 Minuten
Das schmeckt dazu: Fleisch und Fisch
Kalorien pro Portion: 75

Ricotta-Nockerl mit Spinat
Saftig und locker

Für 4 zum Sattessen:
1 Packung fein gehackter TK-Spinat (450 g)
1 Bund Petersilie
250 g weicher Ricotta
2 Eier
100 g frisch geriebener Pecorino
100 g Mehl
Salz, Pfeffer aus der Mühle
frisch geriebene Muskatnuss
2 EL Butter
1 EL Olivenöl
ein paar Salbeiblättchen

1 Den Spinat aus der Packung nehmen und in einem Sieb mit einem tiefen Teller oder einer Schüssel drunter auftauen lassen. Das dauert fast den halben Tag. Also am besten den Spinat schon morgens aus dem Tiefkühler holen.

2 Nach dem Abtropfen ist der Spinat aber noch zu feucht zum Weiterverarbeiten. Also zwischen den Händen zusammendrücken, bis keine Flüssigkeit mehr rausläuft. Petersilie abbrausen, trockenschütteln und die Blättchen fein hacken.

3 Den Ricotta mit Eiern und Pecorino verrühren. Spinat, Petersilie und das Mehl untermischen. Die Nockerlmasse soll weich, aber formbar sein. Mit Salz, Pfeffer und Muskat abschmecken.

4 Im großen Topf reichlich Wasser zum Kochen bringen. Während das Wasser heiß wird, schon mal mit zwei Teelöffeln aus der Nockerlmasse Klößchen formen. Die Masse soll zusammenhalten, einen Schönheitspreis müssen die Nockerl nicht gewinnen. Ein Brett mit Mehl bestreuen, die geformten Nockerl nebeneinander darauf setzen.

5 Wenn alle Nockerl geformt sind, vom Brett aus ins Wasser rollen lassen. Hitze zurückschalten und die Klößchen ungefähr 10 Minuten garen, bis sie an der Oberfläche schwimmen.

6 Die Butter mit dem Öl erhitzen (das Öl sorgt dafür, dass die Butter nicht so leicht verbrennt). Die Salbeiblättchen darin bei mittlerer Hitze leicht anbraten.

7 Ricotta-Nockerl mit dem Schaumlöffel aus dem Wasser holen, in tiefe Teller füllen und mit der Salbeibutter beträufeln.

So viel Zeit muss sein: 40 Minuten
(+ etwa 4 Stunden Auftauzeit)
Das schmeckt dazu: geriebener Pecorino
Kalorien pro Portion: 410

Tipp:
Wer frischen statt tiefgekühlten Spinat nehmen will: 600–700 g Blattspinat verlesen und die dicken Stiele abknipsen. Die Blätter gut waschen, abtropfen lassen. Im großen Topf 2–3 cm hoch Wasser aufkochen, salzen. Spinat darin zugedeckt zusammenfallen lassen. Spinat ins Sieb gießen, kaltes Wasser drüberlaufen und den Spinat abtropfen lassen. Und: ohne Salbei, nur mit der Öl-Butter und Käse schmecken die Nockerl auch super!

Mangold-Möhren-Gemüse
Ein Gedicht in Farbe und Geschmack

Für 4 als Beilage:
400 g Möhren
1 Staude Mangold (etwa 600 g)
1 große Zwiebel
2 EL Olivenöl
2 EL Rosinen
50 ml trockener Weißwein, Marsala oder Gemüsebrühe
Salz, Pfeffer aus der Mühle
Cayennepfeffer
1–2 EL Crème fraîche (wer mag)

1 Die Möhren schälen und in 1/2 cm dicke Scheiben schneiden. Vom Mangold das Strunkende abschneiden, die Blätter samt Stielen ablösen und waschen. Blätter von den Stielen abschneiden und grob hacken, Stiele in Streifen schneiden. Zwiebel schälen, halbieren und in Streifen schneiden.

2 Das Öl im Topf heiß werden lassen, Zwiebel mit Mangoldstielen in den Topf werfen und bei mittlerer Hitze unter Rühren etwa 2 Minuten braten. Möhren

und Mangoldblätter dazugeben, Rosinen und Weißwein, Marsala oder Brühe untermischen. Das Gemüse mit Salz, Pfeffer und Cayennepfeffer würzen. Den Deckel drauf und alles 10 Minuten schmoren.

3 Wer mag, rührt jetzt die Crème fraîche unter. Das Gemüse abschmecken und auf den Tisch stellen.

So viel Zeit muss sein: 30 Minuten
Das schmeckt dazu: Huhn, Lamm oder auch einfach Bratkartoffeln, außerdem geröstete Pinienkerne obendrauf
Kalorien pro Portion: 130

Mangoldgratin
Evergreen von morgen

Für 4 als Vorspeise:
Salz
1 kg Mangold
2 rote Chilischoten (mittelscharfe Sorte)
2 EL Olivenöl
Pfeffer aus der Mühle
2 TL Zitronensaft
250 g Mozzarella (Büffelmozzarella ist am besten!)
2 EL Pinienkerne

1 Einen Topf mit reichlich Wasser füllen, salzen. Deckel drauf und das Wasser aufkochen lassen. Vom Mangold das Strunkende abschneiden, die Blätter samt Stielen ablösen und waschen. Die Blätter von den Stielen abschneiden. Große Mangoldblätter grob zerschneiden, die Hälfte der Stiele quer in feine Streifen schneiden (übrige Stiele z. B. für eine Suppe verwenden). Die Chilis waschen, entstielen und in feine Streifen schneiden.

2 Mangoldstiele im kochenden Wasser 3–4 Minuten garen. Mangoldblätter rein, einmal aufkochen lassen. Abgießen, abschrecken und abtropfen lassen.

3 Den Backofen auf 250 Grad vorheizen (auch schon jetzt: Umluft 220 Grad). Eine hitzebeständige Form mit 1 EL Olivenöl einpinseln, Mangoldblätter und -stiele drin verteilen, salzen und pfeffern und mit dem Zitronensaft beträufeln. Chilis draufstreuen. Mozzarella in Scheiben schneiden und auf das Gemüse legen. Pinienkerne darüber streuen, übriges Öl drüberträufeln.

4 Das Gratin in den Ofen schieben (Mitte) und etwa 10 Minuten backen, bis der Käse gerade zerläuft.

So viel Zeit muss sein: 30 Minuten
Das schmeckt dazu: Tomatensalat und Kartoffeln, wenn es doch ein Hauptgericht werden soll
Kalorien pro Portion: 250

Noch mehr Rezepte mit Spinat & Mangold (Seite)

Chinesische Hühnerbrühe mit Huhn und Spinat (143)
Gebratene scharfe Nudeln (231)
Gefüllte Blätterteigtaschen (172)
Gemüse und Tofu in Kokosmilch (309)
Grünes Gemüse (105)
Japanische Nudelsuppe (230)
Kalbsröllchen mit Spinat (152)
Ravioli (233)
Spinat-Pesto (193)
Zander im Zitronendampf (124)

Tintenfisch

im Einzelnen: Sepia, Kalmar, Oktopus;
engl.: sepia, calamary, poulp bzw. octopus; franz.: seiche, calmar, poulpe;
ital.: seppia, calamaro, polpo; span.: sepia, calamares, pulpo

Als kleine Ringe sind sie in das Leben der meisten von uns getreten – außen knusprig und innen manchmal wie Gummi. Und dann haben wir sie eines Tages im Original zu sehen bekommen: Beutel mit langen dünnen Ärmchen bis wuchtigen Saugnapfgreifern dran. Igitt! Aber geschmeckt haben sie auf einmal, so unfrittiert: gefüllt, geschmort, gebraten, gegrillt, mariniert. Lecker!

Was ist nun Tintenfisch? Eigentlich der Familienname von vielen sich ähnelnden Meerestieren mit den drei wichtigsten Vornamen Sepia, Kalmar und Oktopus. Fragt man den Fischhändler schlicht nach Tintenfisch, wird er höchstwahrscheinlich den Sepia in die Hand nehmen, auch als gemeiner Tintenfisch bekannt. Der hat viel Körper und nur kurze Fangarme plus zwei lange helle. Große Sepien kann man in Stücke schneiden, kurz blanchieren und dann für Salat fertig garen sowie -braten oder auch -grillen. Kleine Sepien – von den Italienern »seppioline« genannt – dürfen einfach so gegrillt, gebraten, geschmort und auch mal gefüllt werden. Sepia-Tinte würzt Pasta und Risotto herrlich kräftig »nach Meer« und färbt dabei alles schwarz – auch die Zähne. Sie gibt es entweder gleich zur Sepia dazu oder extra im Beutel.

Dann der Kalmar – er steckt unter der Panade der anfangs erwähnten frittierten Ringe, die man meist unter der schlichten Bezeichnung »calamari« beim Italiener am Eck bestellen kann. Die Ringe werden aus seinem ziemlich langen schlanken Körper geschnitten, der am Ende zwei segelartige Schwanzflossen und vorne Fangarme in dreierlei Form hat: gewöhnliche und kurze mit Saugnäpfen sowie lange ohne. Er wird auch gerne zum Füllen genommen, ganz oder zerkleinert geschmort oder als Salat angemacht. Vorbereitung wie bei der Sepia.

Der Oktopus heißt auch Krake, wird von allen Tintenfischen am größten und sieht aus wie eine flache Kugel mit langen, beeindruckenden Fangarmen mit zweireihigen Saugnäpfen dran. Große Oktopusse klopft man zwar nach dem Fangen etwas weich, sie müssen aber trotzdem länger garen, bis sie richtig zart werden. Antonio, der Fischer aus Kalabrien, rät: Erstmal einfrieren, das macht ihn beim Garen gleich um einiges weicher. Und dabei einen mit Rotwein voll gesogenen Korken mit ins Wasser werfen – das Tannin darin soll auch helfen. Lässt er sich leicht mit dem Messer einstechen, ist er gar – für Salat, im Ragout. Und wen der rötlichviolette Belag am Oktopus stört, der kann den nach dem Garen abschrubben.

Aufheben

Wie Fisch: 1–2 Tage im Kühlschrank. Dazu immer aus dem Plastikbeutel nehmen, in eine Schüssel legen und mit einem Teller oder Folie abdecken.

Guter Tintenfisch…

…riecht frisch und angenehm
…hat eine glänzende Haut

Schlechter Tintenfisch…

…riecht extrem nach Meer
…sieht matt und schlapp aus

Tintenfischsalat mit Basilikum
Erfrischendes aus Thailand

Für 4 als Vorspeise:
1 rote Zwiebel
1 Bund Basilikum (am besten Thai-Basilikum)
2 Knoblauchzehen
1 Stück frischer Ingwer (etwa 1/2 cm)
2–3 rote Chilischoten
1 Stange Zitronengras
500 g Tintenfische (bitte zu den größeren Exemplaren greifen)
Salz, 3 EL Fischsauce
3 EL Limettensaft, 1 TL Zucker

1 Die Zwiebel schälen, halbieren und in Streifen schneiden. Basilikumblättchen von den Zweigen zupfen und noch ein wenig kleiner zupfen, aber nicht hacken.

2 Knoblauch und Ingwer schälen, die Chilischoten waschen und entstielen. Vom Zitronengras das obere und das untere Ende großzügig wegschneiden, die äußere Schicht ablösen und wegwerfen. Alles zusammen ganz fein hacken.

3 Die Tintenfische waschen und der Länge nach durchschneiden. Das Innere der Beutel mit den Fingern abtasten. Da ist wahrscheinlich noch eine »Gräte« (sieht aus wie ein durchsichtiger Spieß) oder sonst etwas Härteres zu spüren. Und das kann man ablösen oder muss es abschneiden. Tintenfische dann in gut 1 cm breite und nicht zu lange Stücke schneiden. Wasser mit Salz zum Kochen bringen. Den Tintenfisch dazu, noch mal aufkochen und 1 Minute sprudelnd kochen lassen. Ein Stückchen Tintenfisch herausangeln und probieren. Wenn es noch nicht weich ist, noch kurz weitergaren.

4 Inzwischen Fischsauce mit Limettensaft und Zucker zur Sauce verrühren. Tintenfisch in ein Sieb abgießen, kurz kaltes Wasser drüberlaufen lassen, abtropfen lassen. Die Sauce mit fein gehackten Zutaten, Zwiebel und Basilikum mischen, Tintenfische auch dazurühren. Salat lauwarm essen.

So viel Zeit muss sein: 30 Minuten
Das schmeckt dazu: Krupuk (Krabbenbrot)
Kalorien pro Portion: 110

Gegrillter Tintenfisch
Purer Genuss

Für 4 zum Sattessen:
700 g küchenfertige größere Tintenfischtuben (Beutel)
6 Zweige Thymian
2 getrocknete Chilischoten
1 TL Fenchelsamen (auch gut: Anissamen)
3 EL Zitronensaft
6 EL Olivenöl
Salz, Pfeffer aus der Mühle
Zitronenschnitze zum Servieren

1 Die Tintenfischtuben waschen und in Stücke von etwa 4 cm Breite und 10 cm Länge schneiden. Die Stücke auf beiden Seiten mit einem sehr scharfen Messer in großem Abstand rautenförmig leicht einschneiden.

2 Thymian abbrausen, trockenschütteln und die Blättchen abstreifen. Chilischoten zerkrümeln. Die Fenchelsamen auf ein Brett legen. Ein großes Messer nehmen und mit der breiten Seite auf die Samen drücken. Sie geben dann mehr Aroma her.

3 Thymian, Chilis und Fenchel mit dem Zitronensaft und dem Öl verrühren, salzen und pfeffern. Die Mischung auf den Tintenfischstücken verteilen, abdecken und im Kühlschrank mindestens 4 Stunden durchziehen lassen.

4 Grill anheizen, am besten den Holzkohlengrill, aber der Backofengrill geht auch. Tintenfischstücke nah an der Glut oder den Grillstäben pro Seite etwa 5 Minuten grillen. Mit Zitronenschnitzen servieren.

So viel Zeit muss sein: 30 Minuten
(+ 4 Stunden Marinierzeit)
Das schmeckt dazu: ein würziger gemischter Salat, z. B. mit Radicchio, und ein knuspriges Brot, außerdem ein Weißwein
Kalorien pro Portion: 255

Tintenfischkringel
Wie beim Lieblingsgriechen

Für 4 zum Sattessen:
600 g küchenfertige frische oder tiefgekühlte Kalmaretuben (das sind die Beutel)
Salz, Pfeffer aus der Mühle
2 EL Zitronensaft
2 EL Olivenöl
2 Eier
150 g Mehl
1/8 l Mineralwasser
etwa 500 g Butterschmalz oder
1/2 l neutrales Öl zum Frittieren
2 Zitronen

1 Tiefgekühlte Tintenfische rechtzeitig auftauen lassen. Dann in einem großen Topf 2 l Salzwasser aufkochen. Tintenfischbeutel dazu und 1 Minute sprudelnd kochen lassen. Ins Sieb abgießen, kalt abbrausen und am besten mit einem Küchentuch gut trockentupfen.

2 Tintenfischbeutel mit einem scharfen Messer in 1 cm breite Ringe schneiden. Mit Salz, Pfeffer, Zitronensaft und dem Olivenöl mischen, kurz durchziehen lassen (können aber auch ein paar Stunden sein).

3 Die Eier trennen. Das Mehl mit den Eigelben, 1 Prise Salz und dem Mineralwasser kräftig verquirlen. Etwa 15 Minuten stehen lassen, damit der Teig aufquellen kann. Dann die Eiweiße steif schlagen, mit einem Löffel unter den Teig rühren, aber nicht zu lange und nicht zu gleichmäßig – am besten einfach nur locker unterheben.

4 Im großen Topf (oder natürlich in der Fritteuse oder auch im Wok) das Schmalz oder das neutrale Öl richtig heiß – so um die 180 Grad – werden lassen. Mit einem Küchenthermometer messen oder einen Holzkochlöffelstiel reinhalten. Wenn um den Stiel sofort kleine Bläschen tanzen, ist das Fett heiß genug.

5 Die Tintenfischringe einzeln mit einer Gabel durch den Teig balancieren, aber so, dass auch rundum Teig hängen bleibt, und dann gleich ab damit ins heiße Fett.

6 Goldgelb frittieren, zwischendurch mal mit dem Kochlöffel im Fett bewegen, damit die Kringel rundum gleich schön werden. Nach 2–3 Minuten sind sie fertig, dann mit dem Schaumlöffel rausheben, auf Küchenpapier abtropfen lassen.

7 Zitronen rasch in Achtel schneiden und mit den superfrischen und heißen Tintenfischkringeln auf den Tisch stellen.

So viel Zeit muss sein: 50 Minuten
Das schmeckt dazu: Tzatziki (Seite 132) oder Aioli, Weißbrot, Salat
Kalorien pro Portion: 500

Tintenfischragout
Die Prise Zimt macht's erst interessant!

Für 4 zum Sattessen:
800 g küchenfertige Tintenfische
2 rote Chilischoten
4 Knoblauchzehen
1 Zwiebel
1 großes Bund Basilikum
4 EL Olivenöl
1 kleine Dose Tomaten (400 g Inhalt)
100 ml trockener Rotwein oder
Fischfond
Salz
1 Prise Zimtpulver

1 Die Tintenfische waschen und trockentupfen. Wenn kleine Exemplare dabei sind, ganz lassen. Große Tintenfische in Stücke schneiden oder auch in Ringe, das hängt von der Art der Fische ab. Die Stücke sollen einfach gut auf eine Gabel passen.

2 Die Chilischoten waschen, entstielen und längs aufschneiden. Und jetzt stellt sich mal wieder die Frage: sehr scharf oder weniger scharf? Weniger scharf heißt, alle Kerne mitsamt den Häutchen, an denen sie sitzen, rauszupfen und die Schoten dann erst ganz fein hacken. Für die superscharfe Version Chilischoten mit Kernen und Häutchen fein zerkleinern. In beiden Fällen Hände gut waschen, weil die jetzt auch »verschärft« sind! Und keinesfalls damit die Augen reiben, das brennt höllisch.

Noch mehr Rezepte mit Tintenfischen
(Seite)

Fischsuppe (124)

3 Den Knoblauch und die Zwiebel schälen und ganz fein schneiden. Die Basilikumblättchen abzupfen, ein paar Blättchen für später weglegen, den Rest fein hacken.

4 Öl warm werden lassen. Chilischoten, Knoblauch, Zwiebel und das gehackte Basilikum drin bei mittlerer bis starker Hitze anbraten. Tintenfische zufügen und auch kurz anbraten.

5 Tomaten in der Dose klein schneiden. Mit dem Wein zu den Tintenfischen schütten. Das Ragout mit Salz und Zimt würzen, die Hitze auf schwache Stufe zurückschalten und den Deckel drauflegen. Das Ragout etwa 1 Stunde schmurgeln lassen, bis die Tintenfische schön weich sind. Ein Stückchen rausfischen und probieren. Und vielleicht die Sauce noch mit ein bisschen Salz oder sogar Zimt abschmecken. Zum Schluss die weggelegten Basilikumblättchen kleiner zupfen und drüberstreuen.

So viel Zeit muss sein: 20 Minuten
(+ 1 Stunde Schmorzeit)
Das schmeckt dazu: knuspriges Weißbrot oder Nudeln und Rotwein, weil der gut zur Schärfe passt
Kalorien pro Portion: 270

Gefüllte Tintenfische
Echt italienisch

Für 4 zum Sattessen:
1 altbackenes Brötchen (vom Vortag)
1 kg küchenfertige Tintenfischtuben
(das sind die Beutel; am besten mittelgroß und am besten vorbestellen und dazusagen, dass man sie füllen möchte)
1/2 unbehandelte Zitrone
1–2 EL Pinienkerne
2 Knoblauchzehen
1 Bund Petersilie
6 in Öl eingelegte Sardellenfilets
4 EL Olivenöl
1 Eiweiß
Salz, Pfeffer aus der Mühle
1/8 l trockener Weißwein

1 Das Brötchen in eine Schüssel legen und lauwarmes Wasser darüber gießen. Etwa 10 Minuten einweichen. Tintenfische waschen und etwa 200 g davon in kleine Stückchen schneiden.

2 Brötchen ausdrücken und zerpflücken. Die Zitrone heiß waschen und die Hälfte der Schale fein abreiben, den Saft auspressen. Die Pinienkerne grob hacken. Knoblauch schälen und ebenfalls hacken. Petersilie abbrausen, trockenschütteln und ein paar Blättchen abzupfen und für später beiseite legen, Rest der Blättchen sehr fein hacken.

3 Brötchen mit Tintenfischstückchen, Knoblauch, Sardellen und 2 EL Öl im Mixer fein pürieren. Gehackte Petersilie, Zitronenschale, Pinienkerne und das Eiweiß untermischen und alles mit Salz und Pfeffer würzen. Die Masse in die Tintenfischtuben füllen und die Enden mit Zahnstochern verschließen.

4 Das restliche Öl in einem Topf gut heiß werden lassen. Die Tintenfische darin rundherum bei mittlerer Hitze anbraten. Mit Wein und Zitronensaft ablöschen. Hitze klein stellen, Deckel drauf und Tintenfische ungefähr 30 Minuten schmoren, bis sie weich sind. Übrige Petersilienblättchen fein hacken, drüberstreuen.

So viel Zeit muss sein: 20 Minuten
(+ 30 Minuten Garzeit)
Das schmeckt dazu: Blattspinat und ofenfrisches Weißbrot oder auch Bratkartoffeln
Kalorien pro Portion: 375

Tofu

japanisch für »Sojaquark«

»Juwel Asiens, Retter der Menschheit, Lebensmittel der Zukunft. Kurz: Tofu.« Moment mal, reden wir von derselben Sache? Von diesen weißen Blöcken aus dem Bio- und Asia-Laden, die gutes Gewissen versprechen, aber nach wenig schmecken?

Wir reden von derselben Sache. Aber jetzt hört mal eine Minute zu. Langsam wird es Zeit, das Gute an Tofu zu entdecken, statt immer nur dasselbe darüber zu reden. Offen gesagt – mit unseren Fleischskandalen haben wir eigentlich nichts zu lachen über so was wie Soja (die Basis von Tofu). Nein, jetzt geht's nicht um Fleischfresser gegen Vegetarier oder ums Aufrechnen von Proteinen. Es geht um so was Schönes wie Miso-Suppe. Wer mal das Glück hatte, beim Japaner eine richtig gute Version dieser Brühe zu kosten und dabei erlebt hat, wie sich darin Seidentofu in Aromabömbchen verwandelte – der ahnte vielleicht etwas von der verborgenen Kraft der Hülsenfrucht Soja. Und wer einmal mit Kokosmilch geschmorten Tofu probiert hat, weiß es wohl schon längst. Noch ein Beweis für die Vielseitigkeit und Tiefgründigkeit des Unscheinbaren: Milch, Mehl, Öl, Mayo, Sprossen, Räucherwaren, Frühstücksflocken, Bohneneintopf, Schokolade – geht alles mit Soja. Was nicht immer toll und asiatisch ist, aber auf jeden Fall verblüffend.

Um Tofu zu machen, werden Sojabohnen eingeweicht, gemahlen und die Milch ausgepresst. Diese wird aufgekocht und mit Gips – korrekt: Kalziumsulfat – oder Meersalzextrakt zum Gerinnen gebracht. Die Masse kommt wie für Quark in Körbchen, wo sie gepresst abtropft und sich zum Tofublock formt. Der ist schnittfest und hat eine Konsistenz zwischen weichem Feta und festem Mozzarella. Teils vorgegart gut zum Wokken, Braten, Grillen, Schmoren, Frittieren, Backen. Durch mehr Pressen entsteht festerer, trockener Tofu. Für geleeartigen Seidentofu wird Sojamilch kalt mit Gerinnungsmittel abgefüllt und in der Packung erhitzt und gestockt. Gut für Suppen, Gedünstetes, Salate, Dessert. Außerdem gibt es Tofu geräuchert, frittiert und eingelegt.

Die Sojabohne ist Lieblingsobjekt für Gen-Veränderungen, dazu beliebt als Viehfutter und für die Lebensmittelchemie. So wird sie oft großzügig mit Düngen und Spritzen zum Wachsen getrieben. Wem das alles zu unsauber ist, kauft Soja-Produkte besser im Bio-Laden oder Reformhaus.

Aufheben

Frischer oder geöffneter Tofu wird wie im Laden in einer Deckelbox in täglich frisch gewechseltem Wasser aufbewahrt. Bleibt so 4–5 Tage o.k., Seidentofu lieber schon früher genießen.

Guter Tofu…

…kommt am besten frisch von nicht weit her
…ist frei von Schadstoffen, nicht aus genveränderten Sojabohnen (ist bei Bio-Tofu garantiert)
…ist makellos weiß und liegt in täglich frisch gewechseltem Wasser

Schlechter Tofu…

…ist konserviert und weitgereist
…ist trocken und fleckig

Reispapier-röllchen
Zartes aus Vietnam

Für 4 als Vorspeise:
16 Reispapierblätter (22 cm Ø)
8 Kopfsalatblätter, 250 g Tofu
1 EL Fischsauce, Chilipulver
100 ml Öl zum Frittieren
4 Weißkohlblätter
1 Hand voll Sojabohnensprossen
1 Bund Minze, 1/2 Bund Koriander
Für die Sauce:
1 rote Chilischote, 2 Knoblauchzehen
1 Stück frischer Ingwer (etwa 2 cm)
2 EL geröstete gesalzene Erdnüsse
4 EL Fischsauce
1–2 EL heller Reisessig, 1 TL Zucker

1 Eine Schüssel mit lauwarmem Wasser füllen. Die Reispapierblätter nacheinander eintauchen, bis sie biegsam sind. Nebeneinander auf die Arbeitsplatte legen und mit einem feuchten Küchentuch bedecken.

2 Die Salatblätter waschen und trockentupfen, die dicken Rippen flach schneiden. Den Tofu in 1 cm dicke Streifen schneiden und mit Fischsauce und Chilipulver würzen. Öl in einer Pfanne erhitzen und den Tofu darin rundherum braun frittieren. Rausheben und auf Küchenpapier abfetten lassen.

3 Kohlblätter, Sprossen und Kräuter abbrausen und abtropfen lassen oder trockenschütteln. Den Kohl in Streifen schneiden, Kräuterblättchen von den Stängeln zupfen.

4 Je 2 Reispapierblätter aufeinander legen, je 1 Salatblatt darauf geben und die übrigen vorbereiteten Zutaten in der Mitte verteilen. Blattränder leicht über die Füllung klappen und Reispapierblätter wie Frühlingsrollen aufrollen. Auf eine Platte legen.

5 Für die Sauce Chili waschen und entstielen, Knoblauch und Ingwer schälen und alles wie die Erdnüsse ganz fein hacken. Fischsauce, Essig und Zucker verrühren, die gehackten Zutaten untermischen und die Sauce in vier Schälchen verteilen. Die Reispapierröllchen in die Sauce tunken.

So viel Zeit muss sein: 50 Minuten
Kalorien pro Portion: 285

Miso-Suppe
Die gibt's in Japan schon zum Frühstück

Für 4 als kleine Einlage:
250 g Tofu, 2 zarte Stangen Lauch
3/4 l Dashi-Brühe (nach dem Basic Tipp rechts oder Instant-Dashi)
80 g mitteldunkle Miso-Paste (aus vergorenen Sojabohnen, kommt aus Japan)

1 Tofu in 2 cm große Würfel schneiden. Vom Lauch die Wurzelbüschel und die welken Teile abschneiden. Lauch längs aufschlitzen, gründlich waschen und leicht schräg in ganz dünne Ringe schneiden.

2 Dashi-Brühe in einem Topf erwärmen, aber nicht kochen lassen. Miso durch ein Sieb dazugeben und gründlich unterrühren. Kochen darf die Brühe auch jetzt nicht, sonst trennen sich Brühe und Miso wieder.

3 Tofu und Lauch in die Suppe legen und etwa 1 Minute darin ziehen lassen, bis beides gut warm ist. Miso-Suppe servieren.

So viel Zeit muss sein: 10 Minuten
Das schmeckt dazu: eine Schale Reis
Kalorien pro Portion: 100

Basic Tipp

Für die Dashi-Brühe 1 Stück Kombu (Seetang, etwa 10 g) und 2 getrocknete Shiitake-Pilze kleiner schneiden. Mit 1 l Wasser langsam zum Kochen bringen. Wenn der Sud kocht, Kombu und Pilze rausfischen. Einen Schuss kaltes Wasser dazuschütten, damit der Sud nicht mehr brodelt. Dann 20 g Bonito-Flocken (feinste geräucherte luftgetrocknete Tunfischspäne) dazu und einmal aufkochen lassen. Vom Herd nehmen, kurz ziehen lassen und durch ein feines Sieb gießen.

Tofu auf Art der Ma Po
Die Chinesen haben's einfach drauf

Für 4 zum Sattessen:
1 Stück frischer Ingwer (etwa 2 cm)
2 Frühlingszwiebeln
4 Knoblauchzehen
500 g Tofu, 3 EL Öl
200 g Schweinehackfleisch (gemischtes Hackfleisch geht auch)
2–3 EL scharfe schwarze Bohnensauce (siehe auch Basic Tipp rechts)
etwa 1/4 l Hühnerbrühe oder Wasser
Sojasauce zum Abschmecken
Sesamöl zum Beträufeln und am besten auch noch Chiliöl

1 Ingwer schälen und in feine Streifen schneiden. Von den Frühlingszwiebeln Wurzelbüschel und welke Teile abschneiden, die Zwiebeln waschen und in Ringe schneiden. Knoblauch schälen und fein hacken. Den Tofu in 1 cm große Würfel schneiden.

2 Das Öl im Wok oder in einer Pfanne heiß werden lassen. Ingwer, Zwiebeln und Knoblauch darin bei starker Hitze kurz anbraten. Hackfleisch dazugeben und unter Rühren braten, bis es leicht gebräunt und schön krümelig geworden ist.

3 Bohnensauce dazulöffeln und unterrühren. Brühe oder Wasser angießen und heiß werden lassen. Dann den Tofu in die Sauce legen und etwa 5 Minuten lang darin erhitzen. Mit Sojasauce abschmecken und servieren. Beim Essen nach Belieben mit Sesam- und Chiliöl beträufeln.

So viel Zeit muss sein: 20 Minuten
Das schmeckt dazu: Reis
Kalorien pro Portion: 245

Basic Tipp

Bohnensauce wird aus fermentierten schwarzen Bohnen gemacht. In der scharfen stecken noch reichlich Chilis, Knoblauch und Sesamöl. Die milde Version gibt es mit und ohne Knoblauch.
Wer keine fertige Sauce verwenden will, hackt 30 g fermentierte schwarze Bohnen. Dazu kommen Ingwer, Frühlingszwiebeln und Knoblauch aus dem Rezept. Alles wie in Punkt 2 braten, mit Brühe aufgießen. 2 TL Speisestärke (mit 1 EL kaltem Wasser verrührt) dazugießen. Mit Sojasauce und Reiswein würzen,

Noch mehr Rezepte mit Tofu (Seite)

Chinesische Hühnerbrühe mit Huhn und Spinat (143)
Currynudeln mit Kokosmilch (88)
Gado Gado (238)

Gebratener Tofu
Ganz simpel

Für 4 zum Sattessen:
500–600 g Tofu (je nach Packungsgröße)
1 Stück frischer Ingwer (etwa 2 cm)
2 Knoblauchzehen
4 EL Sojasauce
2 EL Reiswein (trockener Sherry geht auch)
2 EL Sesamöl
1–2 getrocknete Chilischoten (wer mag)
6 EL helle Sesamsamen
4 EL neutrales Öl, eventuell Salz

1 Den Tofu in knapp 1 cm dicke Scheiben schneiden. Nebeneinander in eine flache Schale legen.

2 Ingwer und Knoblauch schälen, beides durch die Knoblauchpresse drücken. Mit Sojasauce, Reiswein und dem Sesamöl verrühren. Chilis zerkrümeln und untermischen – wer mag. Über den Tofu gießen und mindestens 4 Stunden ziehen lassen.

3 Eine große Pfanne erhitzen. Tofu abtropfen lassen, im Sesam wenden. Neutrales Öl in der Pfanne heiß werden lassen. Tofu darin von jeder Seite 2–3 Minuten bei starker Hitze braten. Eventuell leicht salzen.

So viel Zeit muss sein: 15 Minuten
(+ 4 Stunden Marinierzeit)
Das schmeckt dazu: Reis und Sojasauce oder thailändische süße Chilisauce
Kalorien pro Portion: 305

Gemüse und Tofu in Kokosmilch
Bringt auch Tofuhasser auf den Geschmack

Für 4 zum Sattessen:
200 g Tofu
1 Aubergine
200 g Blattspinat
1 rote Paprikaschote
100 g Weißkraut oder Chinakohl
200 g Zuckerschoten
100 g Sojabohnensprossen
3 Schalotten
1 Stück frischer Ingwer (etwa 2 cm)
2 Knoblauchzehen
400 ml Öl zum Frittieren und Braten
1 Dose Kokosmilch (400 ml)
1 TL gemahlener Koriander, Salz

1 Den Tofu in knapp 1 cm dicke Scheiben, dann in 1 cm breite Streifen schneiden. Mit Küchenpapier trockentupfen, damit er später im heißen Öl nicht spritzt.

2 Alle Gemüse waschen und putzen. Die Aubergine etwa 2 cm groß würfeln, vom Spinat dicke Stiele abzwicken. Paprika und Kraut oder Kohl in feine Streifen schneiden, Zuckerschoten ganz lassen. Sprossen abbrausen und abtropfen lassen. Schalotten, Ingwer und Knoblauch schälen, fein hacken.

3 Öl im Wok oder in einer Pfanne gut heiß werden lassen. Einen hölzernen Kochlöffelstiel ins Fett halten. Wenn rundherum viele kleine Bläschen auftauchen, ist das Öl heiß genug. Tofu mit dem Schaumlöffel reingeben und etwa 4 Minuten frittieren, bis er schön knusprig ist. Einen Teller mit einer dicken Lage Küchenpapier auslegen. Tofu mit dem Schaumlöffel aus dem Öl heben, auf dem Küchenpapier abfetten lassen.

4 Öl bis auf einen dünnen Film aus Wok oder Pfanne gießen. (Am besten in einen anderen Topf schütten. Wenn es kalt ist, kann man es dann wieder in eine Flasche füllen und später noch mal verwenden.)

5 Zuerst die Aubergine im Öl anbraten, dann die Zuckerschoten, den Kohl oder das Kraut und die Paprika dazugeben. Ingwer, Knoblauch und Schalotten unterrühren. Den Spinat und die Sprossen kommen jetzt auch noch in den Wok. Weiterrühren, bis die Spinatblätter zusammenfallen. Kokosmilch angießen, alles mit Koriander und Salz würzen, offen etwa 5 Minuten köcheln lassen. Tofu untermischen und erhitzen.

So viel Zeit muss sein: 1 Stunde
Das schmeckt dazu: Reis oder dünne Reisnudeln, Sojasauce zum Nachwürzen
Kalorien pro Portion: 230

Tomaten

engl.: tomatoes; franz.: tomates; ital.: pomodori; span.: tomates

Aus Tomaten werden Lieblingsgerichte: Tomatensuppe, Spaghetti mit Tomatensauce, Ratatouille, Guacamole oder Pommes mit Ketchup. Doch das vielleicht Schönste, was sich mit einer guten Tomate machen lässt, ist – einfach reinbeißen. Erst knackt es leicht, dann schmeckt es nach ganz viel Saft und Sonne. Genauer: Die Zunge spürt diese feine Balance zwischen Säure und Süße, wie sie nur im Saft einer sonnengereiften Tomate stecken kann. Dazu der intensive Duft des Tomatengrüns und eine Prise Salz plus Schärfe durch Pfeffer – runder schmeckt kaum was.

Wir können nun solch eine gute Tomate in Scheiben schneiden und mit Essig, Öl und Zwiebeln zum Salat verwandeln. Oder wir legen die Scheiben auf ein Butterbrot und streuen Salz und Pfeffer darauf. Hmm. Daraus könnte auch ein Sandwich werden. Oder ein Toast mit Mozzarella drauf. Dafür würden wir dann den Ofen einschalten.

Und ab da geht es erst richtig los mit der Entdeckung der Tomate, die eigentlich für alles in und auf dem Herd zu haben ist. 1001 Suppen und Saucen lassen sich mit ihr kochen, sie taugt zum Dünsten wie zum Schmoren sowie in Scheiben zum Braten und im Ganzen zum Grillen, sie kann gefüllt im Ofen gebacken oder einfach nur mit etwas Käse gratiniert werden.

Alles Tomate also, überall und zu jeder Zeit. Doch für diese Allgegenwärtigkeit müssen wir einen Preis zahlen – wie so oft, wenn man vom Guten zu viel will. Eigentlich schmecken Tomaten nur dann richtig gut, wenn sie in der Sonne am Strauch reif und rot werden dürfen. Weil sie dann aber beim Transport schnell zu Matsch werden können, kriegt man so was nur zur Saison aus dem eigenen Garten, vom Bauern in der Nähe oder auf Urlaub in einem Tomatenland. Der ganz große Rest wird grün geerntet und gerade rechtzeitig für den Laden zum Rotreifen gebracht. Ob sie nun aus dem Glashaus, vom Freiland oder Bio-Bauern kommen.

Die meisten Freiland-Tomaten erhalten wir ab Frühjahr aus dem sonnigen Süden und Südosten Europas, auf den Kanaren werden sie bis in den Winter hinein geerntet. Hochsaison bei uns ist von Juni/Juli–September – dann schmecken auch Mittelmeertomaten besonders gut. Aus Holland und Belgien kommen vor allem Treibhaus-Tomaten, in die inzwischen einiges an Sonnenaroma hineingezüchtet wurde – zum echten Ersatz für gute Freiland-Tomaten nicht ausreichend.

Muss auch nicht sein. Denn die Tomate ist eines der wenigen Gemüse, dem Konservieren gut bekommt. Manchmal sogar zu unserem Vorteil wie bei den italienischen Dosen-Pelati – die werden nämlich immer schön rot und reif unter der Sonne geerntet, weswegen sie vor allem im Winter mehr Kraft in Suppen, Saucen und Schmorgerichte bringen als normale Tomaten. Es gibt sie auch in Stücken oder als passiertes und dick gekochtes Püree in Pack und Dose (mehr zur Dosentomate auf Seite 313). Wird das Püree noch dicker eingekocht, ist's Tomatenmark: das einfach konzentrierte enthält um die 80 % Wasser und ist gut für tomatige Gerichte, zweifach (um die 70 % Wasser) und vor allem dreifach konzentriertes (60–65 %) ist eher was zum Ansetzen von dunklen Saucen und Schmorgerichten. Tomatenmark aus Norditalien (z. B. Parma) gilt als hochwertiger, weil dafür extra Tomaten angebaut werden, während im Süden des Landes auch der Ausschuss von Dosentomaten konzentriert werden kann.

Die feinste Tomatenkonserve sind getrocknete Tomaten, für die traditionell Flaschentomaten halbiert und eingesalzen werden, so dass der austretende Saft in der Sonne verdampft und sein Aroma sich in der hart getrockneten Tomate konzentriert. Heute macht man das in Trockenanlagen. Meist werden diese Tomaten fertig in feines Öl eingelegt verkauft.

Das passt zu Tomaten

Basilikum, Estragon, Minze, Koriander, Lorbeer, Oregano, Petersilie, Rosmarin, Thymian, Schnittlauch

Chili, Curry, Ingwer, Knoblauch, Kreuzkümmel, Paprika, Pfeffer, Wacholder, Safran

Aceto balsamico, Gin, Olivenöl, Pesto, Rotwein, Senf, Sardellen, Kapern, Oliven

Auberginen, Bohnen, Fenchel, Gurken, Lauch, Mais, Kohl, Paprika, Spargel, Spinat, Zucchini, Zwiebeln

Muscheln, Garnelen, Tintenfische, gebratener Fisch

Hähnchen, Steaks, Koteletts, Schnitzel sowie Braten und Geschmortes von Kalb, Lamm, Schwein, Geräuchertes

Kartoffeln, Pasta, Reis

Ananas, Äpfel, Birnen, Melonen, Nektarinen, Zitrusfrüchte

Mandeln, Pinienkerne

Emmentaler und ähnlicher Hartkäse, Feta, Mozzarella, Parmesan, Ziegenkäse

Gute Tomaten…

…reifen unter der Sonne heran und werden rot und damit ausgereift geerntet
…kriegt man so fast nur an der Quelle
…können, aber müssen nicht tomatig duften – oft sind das nur Blatt oder Stiel
…sind fest, eher zu klein als zu groß für ihren Typ
…dürfen Knubbel haben
…haben grünes Grün

Schlechte Tomaten…

…sind noch zu grün (zumindest unter der Schale) und damit zu sauer
…haben Falten, dunkle Stellen oder hellen Schorf auf der Haut
…sind alt, also runzlig und riechen muffig bis säuerlich-verdorben
…schmecken mehlig und wenig saftig oder saftig, aber wässrig (zu schnell bei zu wenig Sonne gereift)

Aufheben

1–2 Wochen lang bleibt eine gerade reife Tomate frisch und lecker, wenn sie bei etwa 12–15 Grad lagert – also an einer kühlen Stelle in der Wohnung oder im Keller. Kühlschrankluft macht sie fest und fad, auf dem Kühlschrank reift sie schnell nach, was nur bei zu viel Grün gut ist. Achtung: Tomaten verströmen beim Reifen Äthylen, das Salat, Bananen, Gurken schnell altern lässt. Gegentrick: Äpfel neben unreife Tomaten legen. Sie geben auch Gas und spornen so beim Reifen an. Übrige Dosenware umfüllen und kühlen – Pelati halten so gut 1 Woche. Tomatenmark aus der Dose glatt streichen und dünn mit Öl bedecken, damit es nicht austrocknet. Noch besser: Tube kaufen.

Die Typen

Die gängigsten sind die runden **Normaltomaten,** wie sie in unseren Gärten, unter Hollands Glasdächern oder auf den Kanaren wachsen. Sind sie gut, sind sie knackig, saftig und eher säuerlich. Für Salate und alles, bei dem Tomate in Form bleiben soll.

Die gedrungeneren, unförmigeren **Fleischtomaten** arbeiten daran, ihren guten Ruf als Idealtomaten für Saucen, Suppen und Geschmortes wieder zurückzubekommen. Den hatten sie sich einst mit viel aromatischem Fleisch und wenigen Kernen verdient – bis sie leider zu mehligen, unreifen Brummern fürs Massenkochen mutierten. Die besten erhalten wir im Sommer aus dem Süden.

Eier- oder **Flaschentomaten** kommen von Haus aus aus dem Mittelmeerraum und werden dort wegen ihres dicken Fruchtfleischs und der Süße sowohl in Salaten geliebt als auch für Saucen verwendet. Auch in Resteuropa werden sie immer beliebter (und gehen inzwischen zum Teil denselben Weg wie einst die Fleischtomate). Weltberühmt sind sie als geschälte Dosentomaten.

Die **Kirschtomate** ist mittlerweile für viele Tomatenfans die Nr. 1 als Alternative zur Einheitstomate, weil sie in ihrer kleinen Hülle noch das saftige süß-saure Aroma der Ur-Tomate konzentrieren kann. Das gilt auch bei den Nährstoffen. Dazu lässt sich ganz schnell und leicht was mit ihr machen.

Noch am Zweig hängende **Strauchtomaten** gibt es von allen Sorten. Ihr Vorteil: Sie sind nicht ganz so empfindlich und können deswegen eher rötlich geerntet werden.

Unreife, also **grüne Tomaten** enthalten wie grüne Kartoffeln das giftige Solanin und können einem den Magen verderben. Manchmal werden sie angeboten, um sie nach italienischer Art einzumachen. Sind es aber grün reifende Sorten (noch sehr selten), können sie Salaten und Salsas eine herbe Note geben. Ist nicht sicher, ob es sich um solche Spezialsorten handelt, lieber rot-grüne Früchte nehmen – die sind unbedenklich. Grüntomaten in mexikanischen Rezepten sind oft kirschtomatengroße Tomatillos – bei uns kaum zu kriegen.

Tomatensuppen
Mal 12 Minuten, mal 12 Stunden

Für 4 ungeduldige Suppenkasper:
1 Zwiebel, 2 EL Öl
1 große Dose Tomaten (800 g Inhalt)
1/2 l Fleischbrühe oder Rinderfond
100 g Roquefort
Salz, Pfeffer aus der Mühle
1/2 TL Sambal oelek

1 Zwiebel schälen, fein hacken. Im heißen Öl andünsten. Tomaten mit dem Saft dazugießen, im Topf zerkleinern. Die Brühe oder den Fond dazugießen. In 5 Minuten sehr heiß werden lassen, den Käse in kleinen Stückchen einrühren. Mit Salz, Pfeffer und Sambal abschmecken.

Für 4 geduldige Suppenkasper:
2 Zwiebeln, 2 Knoblauchzehen
1 kg vollreife Tomaten
1 EL gehacktes Basilikum
Salz, Pfeffer aus der Mühle
50 g gekochter Schinken
4 EL Olivenöl, 2 TL Tomatenmark
3/4 l Hühnerbrühe
1 Prise Zucker
2–3 EL Gin, 4 EL Sahne

1 Zwiebeln und Knoblauch schälen, fein hacken. Tomaten waschen, grob würfeln, dabei Stielansatz wegschneiden. Mit Zwiebeln, Knoblauch, Basilikum, Salz, Pfeffer mischen, 12 Stunden zugedeckt kühl stellen.

2 Den Schinken würfeln, im heißen Öl bei schwacher Hitze anbraten. Die Tomatenmischung und das Tomatenmark einrühren, Brühe angießen. 5 Minuten sanft köcheln lassen, mit Salz, Pfeffer, Gin abschmecken. Sahne leicht schlagen und einrühren.

So viel Zeit muss sein: 12 Minuten oder 12 Stunden
Das schmeckt zu beiden: Knoblauchcroûtons (Weißbrotwürfel in heißer Butter mit gehacktem Knoblauch knusprig braten)
Kalorien pro Portion: 180 (für Ungeduldige), 185 (für Geduldige)

Eierblumensuppe mit Tomaten
Überzeugend einfach

Für 4 zum Sattessen oder 6 als Vorspeise:
1 Stück frischer Ingwer (etwa 1 cm)
4 Frühlingszwiebeln
400 g Tomaten
1 EL Öl, 1 EL Zucker, 3/4 l Hühnerbrühe
3–4 Limettenblätter (ersatzweise
1 Stück unbehandelte Zitronenschale)
2–3 Stängel Koriander
3 Eier
Salz, Sesamöl zum Beträufeln

1 Ingwer schälen und fein schneiden. Die Zwiebeln putzen und waschen, hellgrüne Teile in Ringe schneiden und weglegen, Rest längs halbieren, in Streifen schneiden. Aus den Tomaten den Stielansatz rausschneiden. Tomaten mit kochend heißem Wasser überbrühen, abschrecken, häuten, entkernen und in Streifen schneiden.

2 Zwiebelstreifen und Ingwer im Öl anbraten. Zucker drüberstreuen und weiterbraten, bis alles karamellfarben wird. Die Brühe und die Tomaten dazu, die Limettenblätter hinein und heiß werden lassen. Alles etwa 20 Minuten leise köcheln lassen.

3 Koriander abbrausen, trockenschütteln und die Blättchen abzupfen. Eier verquirlen, salzen und langsam in die Suppe laufen lassen. Etwa 1/2 Minute drin ziehen lassen, dann mit den Stäbchen kräftig durchrühren. Suppe mit Salz abschmecken, mit Zwiebelringen und Korianderblättchen bestreuen und mit etwas Sesamöl beträufeln.

So viel Zeit muss sein: 15 Minuten
(+ 20 Minuten Kochzeit)
Kalorien pro Portion (bei 6): 330

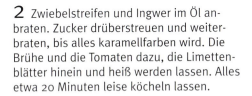

Liebe Basics…

Wer die Eierblumensuppe aus Asian Basics kennt, hat es wohl schon gemerkt: Im Text stand zwar, wie man die Tomaten vorbereitet, aber verwendet wurden sie nachher nicht mehr. Sorry, hatten wir einfach übersehen. Aber jetzt sind die Tomatenstreifen bei Punkt 2 wieder drin.

Gazpacho
Schmeckt nach Sonne und Andalusien

Für 4 Hungrige während einer Hitzewelle:
750 g vollreife Tomaten
1 Salatgurke
1 grüne Paprikaschote
2 Zwiebeln
3 Knoblauchzehen
3 Scheiben Weißbrot
1–2 EL Rotweinessig
3 EL Olivenöl
Salz, Pfeffer aus der Mühle
1 EL Butter

1 Für später 2–3 Tomaten auf die Seite legen. Aus den übrigen Tomaten den Stielansatz rausschneiden. Tomaten mit kochend heißem Wasser überbrühen und abschrecken, dann die Haut abziehen. Die Tomaten entkernen und ein wenig kleiner schneiden.

2 Die Gurke waschen und halbieren, eine Hälfte zur Seite legen. Den Rest schälen und in grobe Stücke schneiden. Paprikaschote waschen, längs halbieren und die weißen Häute samt den Kernchen rauszupfen, den Stiel wegbrechen. Eine Schotenhälfte grob würfeln.

3 1 Zwiebel schälen und klein schneiden, den Knoblauch schälen. Beides mit dem zerkleinerten Gemüse im Mixer fein pürieren. 2 Weißbrotscheiben mit dem Essig

Die Dosentomate – das ist sie

• in 400-g- oder 800-g-Dosen verpackter Schlager für Suppen und Saucen
• reif geerntet, mit kochend heißem Wasser überbrüht und gehäutet
• im Ganzen, gestückelt, püriert oder passiert
• manchmal auch in der Schachtel
• zum Kochen oft die bessere Basis als sonnenarme Frischtomaten

und 150 ml Wasser beträufeln. Mit dem Olivenöl dazugeben und cremig pürieren. Salzen, pfeffern und 2–3 Stunden kühl stellen, dabei abdecken.

4 Dann alles übrige Gemüse in sehr feine Würfelchen schneiden. Das übrige Brot würfeln, in der Butter knusprig braten. Die Gemüse- und Brotwürfel in die kalte Suppe streuen.

So viel Zeit muss sein: 45 Minuten
(+ bis 3 Stunden Kühlzeit)
Kalorien pro Portion: 200

Tomatensauce
Mal frisch, mal schnell

Für 4 zum Sattessen:
Für die Sauce aus frischen Tomaten:
500 g vollreife, knallrote Tomaten
1 kleine Möhre
1 Stange Staudensellerie
1 Zwiebel, 2 Knoblauchzehen
1 TL Rosmarinnadeln, 2 EL Olivenöl
Salz, Pfeffer aus der Mühle
1 Bund Basilikum
Für die Sauce aus Dosentomaten:
1 große Dose Tomaten (800 g Inhalt)
1 Zwiebel, 2 Knoblauchzehen
2 TL getrocknete italienische Kräuter
1 EL Olivenöl
Salz, Pfeffer aus der Mühle
Für beide Saucen:
500 g Nudeln (eigentlich alle Sorten)
Salz

1 Für die frische Variante: Die Tomaten mit heißem Wasser überbrühen, häuten und entkernen, Fruchtfleisch klein würfeln. Die Möhre schälen, den Sellerie waschen und putzen. Beides sehr klein würfeln. Zwiebel und Knoblauch schälen und ganz klein schneiden. Den Rosmarin grob hacken.

2 Zwiebel und Knoblauch im Olivenöl andünsten. Möhre und Sellerie kurz mitdünsten. Tomaten und Rosmarin dazu, salzen, pfeffern, 20 Minuten bei mittlerer Hitze köcheln lassen. Immer wieder umrühren! Und wenn die Sauce zu dick wird, wenig Wasser unterrühren.

3 Für die schnelle Variante: Die Tomaten aus der Dose abtropfen lassen und kleiner schneiden. Zwiebel und Knoblauch schälen und fein hacken. Beides mit Kräutern (vorher zwischen den Fingern zerreiben) im Öl andünsten. Tomaten dazu, salzen, pfeffern, 10 Minuten köcheln lassen.

4 Für beide Saucen gilt: die Sauce wartet auf die Nudeln, niemals umgekehrt! Also zwischendurch 5 l Wasser aufkochen, Salz dazugeben. Die Nudeln auch und nach Packungsanweisung al dente kochen. Umrühren nicht vergessen.

5 Die Sauce ist jetzt auch fertig, nur Salz und Pfeffer fehlen noch – und bei der frischen Sauce die Basilikumblätter in Streifen. Die Nudeln abgießen, gleich mit der Sauce mischen und in tiefe Teller verteilen.

So viel Zeit muss sein: 45 Minuten (frische Sauce), 20 Minuten (schnelle Sauce)
Das schmeckt dazu: frisch geriebener Parmesan
Kalorien pro Portion (gilt für beide Saucen): 530

Schneiden
Die Tomatenhaut ist so glatt, dass sich ein normales Messer schon mal schwer tut, sie durchzutrennen. Besser: Messer mit gezacktem Rand, die säbeln sich problemlos durch die Haut.

Häuten
- Zuerst den Stielansatz entfernen: einfach mit einem spitzen, gezackten Messer wie einen kleinen Keil herausschneiden.
- Tomaten in einen Topf legen und so viel kochend heißes Wasser drübergießen, dass sie darin schwimmen. Kurz warten, bis sich die Haut an den angeschnittenen Stellen aufbiegt.
- Ins Sieb schütten, kalt abbrausen und die Haut abziehen.
- Sollen die Kerne auch noch weg, schneidet man die Tomate quer durch, nimmt sie in die Hand und quetscht sie leicht. Das drückt die Kerne heraus und man kann sie mit dem Messer ganz leicht abstreifen.

Varianten:

Sugo aurora
Tomatensauce nur aus Tomaten, Knoblauch und Öl köcheln. Zum Schluss 100 g ganz frische Sahne und etwa 1/2 Bund gehacktes Basilikum oder Rucola unterrühren. Mit frisch gekochten Orechiette mischen.

Sugo all'arrabbiata
Sauce mit Zwiebel und Knoblauch und zusätzlich mit 1–3 getrockneten, im Mörser zerriebenen Peperoni zubereiten. Zum Schluss gehackte Petersilie unterrühren. Mit frisch gekochten Penne mischen.

Pomodori secchi
12 getrocknete, in Öl eingelegte Tomaten in Streifen schneiden. 2 EL Pinienkerne in 2 EL Olivenöl goldgelb anrösten. Tomaten mit 1–2 TL Kapern und 1 Bund fein gehackter Petersilie dazugeben, salzen, pfeffern. Mit frisch gekochten Spaghetti mischen.

Tomatendip
Macht Ketchup Konkurrenz

Für 4 zum Dippen:
1 kleine Dose Tomaten (400 g Inhalt)
1 Zwiebel
2 Knoblauchzehen, 1 EL Öl
Saft von 1 Limette
Salz, Chilipulver
1 Prise Zucker

1 Die Tomaten in ein Sieb geben und gut abtropfen lassen, dann in grobe Würfel schneiden. Zwiebel und Knoblauch schälen, fein hacken und im Öl andünsten. Tomaten dazugeben, 10 Minuten bei mittlerer Hitze köcheln lassen.

2 Tomaten mit dem Pürierstab pürieren, mit Limettensaft, Salz, Chili und Zucker abschmecken. Abkühlen lassen.

So viel Zeit muss sein: 15 Minuten
Das passt dazu: Tortillachips
Kalorien pro Portion: 35

Tomaten aus dem Ofen
Fürs Picknick einpacken

Für 4 als Vorspeise oder kalte Beilage:
8 kleine vollreife Tomaten
Salz, Pfeffer aus der Mühle
1 Bund Petersilie
2 Knoblauchzehen
50 g Semmelbrösel
50 g frisch geriebener Parmesan oder Pecorino
6 EL Olivenöl

1 Den Backofen auf 200 Grad vorheizen (Umluft ohne Vorheizen 180 Grad). Tomaten waschen, quer halbieren. Aus der oberen Hälfte Stielansatz rausschneiden. Tomaten mit Salz und Pfeffer bestreuen und nebeneinander in eine hitzebeständige Form legen – Schnittflächen nach oben.

2 Petersilie abbrausen, trockenschütteln und die Blättchen fein schneiden. Knoblauch schälen und dazupressen. Semmelbrösel, Käse und Öl dazurühren.

3 Bröselmischung auf den Tomaten verteilen und leicht andrücken. Die Tomaten etwa 30 Minuten im Ofen (Mitte) backen, bis die Haube schön braun ist. Vorm Essen abkühlen lassen.

So viel Zeit muss sein: 15 Minuten
(+ 30 Minuten Backzeit)
Kalorien pro Portion: 250

Tomatentarte
Erfrischend und saftig

Für 4 zum Sattessen:
Für den Teig:
230 g Mehl, Salz
115 g kalte Butter
Für den Belag:
500 g feste, eher kleinere Tomaten
1/2 Bund Petersilie
2 Knoblauchzehen
150 g Gorgonzola
250 g weicher Ricotta
2 Eier
100 g Crème fraîche oder Sahne
50 g frisch geriebener Parmesan
Salz, Pfeffer aus der Mühle
1 Prise Zucker

1 Mehl und Salz auf die Arbeitsfläche häufeln, Butter in kleinen Stückchen darauf legen und alles mit den Händen gründlich miteinander verkneten. Wenn das zu mühsam ist, weil der Teig trocken bleibt, muss etwas eiskaltes Wasser dazu (etwa 2 EL). Und wer lieber die Knethaken nimmt, gibt das Ganze in eine Schüssel.

2 Wenn der Teig schön glatt ist und keine Butterstücke mehr zu sehen sind, kann er in die Form. Eine Tarteform (30 cm Ø) oder eine Springform (26–28 cm Ø) sind ideal. Den Teig aber erst zu einer Kugel formen, zwischen zwei Lagen Klarsichtfolie betten und schon mal ein bisschen ausrollen, möglichst rund. Dann in die Form legen und mit den Händen drücken und verteilen, bis der Teig die Tarteform ganz oder die Springform mit einem 2–3 cm hohen Rand ausfüllt. Teig in der Form ungefähr 1 Stunde kühl stellen.

3 Nach gut der Hälfte der Zeit Belag vorbereiten: Tomaten waschen, Stielansatz keilförmig rausschneiden, Tomaten quer halbieren. Petersilie abbrausen, trockenschütteln, Blättchen abzupfen. Knoblauch schälen und mit der Petersilie schön fein hacken. Den Gorgonzola in kleine Würfel schneiden. Wenn er am Messer klebt, taucht man es zwischendurch in kaltes Wasser.

4 Den Ricotta mit Eiern, Crème fraîche oder Sahne und dem Parmesan mit dem Schneebesen verquirlen. Den Backofen auf 180 Grad vorheizen (auch schon jetzt: Umluft 160 Grad). Die Form in den Ofen (Mitte) stellen und den Teig 10 Minuten vorbacken.

5 Petersilie, Knoblauch und Gorgonzola unter die Ricottacreme mischen und mit Salz, Pfeffer und dem Zucker würzen. Die Creme auf dem Teigboden verteilen. Die Tomaten mit der Schnittfläche nach oben auf die Creme legen und leicht reindrücken. Die Tarte in den Ofen (Mitte) schieben und etwa 50 Minuten backen, bis sie schön braun ist. Am besten schmeckt sie, wenn man ihr dann auch noch etwa 15 Minuten Ruhe lässt.

So viel Zeit muss sein: 35 Minuten
(+ 1 Stunde Kühlzeit, 1 Stunde Backzeit und eventuell 15 Minuten Ruhezeit)
Kalorien pro Portion: 825

Salat aus gegrillten Tomaten
Hitverdächtig

Für 4 als Vorspeise oder Beilage:
400 g kleinere Tomaten
ein paar Zweige Thymian (Rosmarin oder Petersilie schmecken auch)
6 EL Olivenöl
Salz, Pfeffer aus der Mühle
1 Bund Rucola, 1 EL kleine Kapern
1 EL schwarze Oliven
2 EL Aceto balsamico
2 TL Honig
1/2 TL mittelscharfer Senf

1 Den Backofengrill schon mal anstellen. Tomaten waschen, Stielansatz keilförmig rausschneiden, Tomaten quer halbieren. Mit den Schnittflächen nach oben in eine hitzebeständige Form legen. Den Thymian abbrausen, trockenschütteln und die Blättchen fein hacken. 2 EL Öl mit Salz und Pfeffer mischen. Auf die Tomaten streichen, den Thymian draufstreuen.

2 Tomaten unter die heißen Grillschlangen schieben (mit gut 10 cm Abstand) und etwa 10 Minuten grillen, bis sie braun werden. Aber besser immer wieder nachschauen, damit sie nicht verbrennen.

3 Vom Rucola welke Blätter aussortieren und alle dicken Stiele abknipsen. Den Rest waschen, trockenschleudern und eine

Noch mehr Rezepte mit Tomaten (Seite)

Arabischer Bulgursalat (83)
Auberginen-Kaviar (45)
Auberginen-Moussaka (44)
Blumenkohlsalat mit Kapern (65)
Bohnencreme (71) • Bruschetta (77)
Chili con carne (137)
Entencurry (88) • Fischsuppe (124)
Frühlingsgemüse (66)
Gefüllte Artischocken (41)
Gefüllte Paprikaschoten (255)
Gratinierter Fenchel (109)
Griechischer Hackbraten (138)
Guacamole (47)
Hackklößchen in Rotwein (138)
Kalbsröllchen mit Spinat (152)
Kichererbsensalat (177)
Koteletts mit Tomatensauce (289)
Lammkeule aus dem Ofen (205)
Lammspieße (203) • Lasagne (135)
Linsen mit Pancetta (214)
Linsensuppe (214)
Muscheln aus dem Ofen (223)
Nudeln mit Avocadosauce (48)
Nudeln mit Kaninchenragout (158)
Nudeln mit Tomatenbröseln (78)
Nudelsuppe mit Bohnen (71)
Ofenfisch mit Tomaten (122)
Ossobuco (153) • Paella (265)
Panini mit Mozzarella (173)
Pasta mit Kichererbsen (179)
Pfifferlinge mit Tomaten und Kräutern (260)
Pizza mit Paprika und Artischocken (40)
Provenzalische Kartoffelsuppe (163)
Ratatouille (43)
Rucola, immer wieder Rucola (61)
Rucolasalat mit Avocado und Feta (47)
Shrimps in Gemüse-Sahne-Sauce (129)
Spargelquiche (297)
Tacos mit Rindfleischfüllung (270)
Tintenfischragout (304)
Tomatengemüse mit Orangen (249)
Tomaten-Vinaigrette (58)
Toskanischer Brotsalat (79)
Überbackene Polentaschnitten (137)
Weißer Bohnensalat (70)
Wirsingrouladen (187)

Platte damit auslegen. Die Tomaten darauf setzen und mit den Kapern und den Oliven bestreuen.

4 Den Balsamico mit Honig, Senf, Salz und Pfeffer verrühren, das übrige Öl unterschlagen. Die Sauce über die Tomaten und den Rucola träufeln. Am besten schmeckt der Salat lauwarm.

So viel Zeit muss sein: 25 Minuten
Das schmeckt dazu: ofenfrisches knuspriges Weißbrot
Kalorien pro Portion: 160

Liebe Basics…

Die Anregung für den frischen Tomatensalat haben wir von Jeanette, die sich schon 2000 für Basic cooking (»endlich ein Kochbuch für Dumme«) bedankt hat. Sie macht aus den Zutaten allerdings einen Dip – alles ganz fein gehackt und ohne Öl angemacht –, der dann am besten zu Tortilla-Chips schmeckt. Als Dankeschön bekommt sie in diesem Buch das Rezept für den Tafelspitz (Seite 272). Das wollte sie nämlich gern haben. Gutes Gelingen wünschen wir.

Frischer Tomatensalat
Fast der schnellste

Für 4 als Vorspeise oder Beilage:
1–2 rote Zwiebeln
2 Knoblauchzehen
1/2 Bund Koriander
1 Limette
Salz
3 EL Olivenöl
600 g vollreife, aber feste Tomaten

1 Die Zwiebeln und den Knoblauch schälen und sehr fein hacken. Den Koriander abbrausen und gut trockenschütteln. Die Blättchen von den Stängeln abzupfen und fein hacken.

2 Die Limette auspressen und den Saft mit Salz verrühren. Das Olivenöl mit einer Gabel so lang kräftig unterschlagen, bis die Sauce cremig ist. Zwiebeln und Knoblauch untermischen.

3 Die Tomaten waschen und in größere Würfel schneiden, dabei die Stielansätze wegschneiden. Die Tomaten mit der Sauce und dem Koriander mischen, fertig.

So viel Zeit muss sein: 20 Minuten
Das schmeckt dazu: Tortillas (beim Mexikaner oder im Supermarkt fertig kaufen und backen)
Kalorien pro Portion: 85

Zitronen & Limetten

engl.: lemons & limes; franz.: citrons & lime(tte)s;
ital.: limoni & lim(ett)e; span.: limónes & limas

»Gibt's auf der ganzen Welt und im Laden am Eck. Taugt fürs Kochen, Backen, Mixen, Verzieren und sogar zum Spülen. Ihr Saft ist spritzig, hebt das Aroma.« (Basic cooking, 1999) »Und ihre Schale hat Aroma für zehn Kuchen.« (Basic baking, 2000) »Wenn's so was nicht schon gäbe – wir würden die Zitrone glatt auf den Titel setzen.« (Italian Basics, 2000). Muss man mehr sagen? Na gut.

Ist das Ei das Ur-Basic für erste Schritte beim Kochen, so ist die Zitrone das Top-Basic für die letzten Kicks. Ein Spritzer an die Butter zum Fisch, etwas Schale ans Lammragout – gleich noch mal so gut. Dann die Klassiker: Scaloppine al limone. Oder Zitronentarte – die schönste Verbindung von Saft und Schale außer der Zitrone selbst.

Der herrliche Duft der Zitrone kommt von den ätherischen Ölen in der Schale. Jedoch: Da Zitronen nach der Ernte schmutzig sind, werden sie gewaschen, was ihre Schutzschicht zerstört. Damit sie länger halten, wird wieder Wachs aufgetragen – »gewachst« steht dann auf Schild oder Etikett. Dazu können Konservierungsstoffe verwendet werden – muss auch vermerkt werden, allerdings mit Ausnahmen. Und »Schale zum Verzehr geeignet« oder »unbehandelt« sind keine kontrollierten Begriffe. Im Zweifel kann ein Ausnahme-Konservierungsstoff drin stecken, in der Praxis manchmal mehr. Sicher sind Bio-Zitronen, halten aber kürzer. Auch wenn Zitronen nicht nachreifen, gewinnt ihr Saft nach der Ernte an Frucht, bis die Zitrone »entwickelt« ist. Problem: Oft kommt sie früher in den Laden. Die Farbe ist nur zum Teil ein Hinweis darauf, denn Tropen-Zitronen dürfen grün sein, der Rest kann »entgrünt« worden sein – durch Behandlung mit dem Reifegas Ethylen. Bleibt nur probieren und Geschmack trainieren.

Limette ist die betörend exotische Schwester der Zitrone und gibt mehr Saft als diese. Der ist zwar saurer, wirkt aber durch sein Aroma milder und verleiht Drinks, Salaten, Fisch oder Desserts das gewisse Etwas.

Zitronen gibt es das ganze Jahr, ihre beste Zeit ist im Winter. Spanien: ganzjährig. Türkei: Oktober–April. Italien: November–Juli. Übersee: März–Oktober. Limetten kommen aus Mexiko, Brasilien und Spanien ebenfalls ganzjährig zu uns.

Aufheben

Zitronen halten bei 10–15 Grad (kühler Keller oder Flur) je nach Sorte 1–5 Monate und mehr, wenn sie nicht zu dicht beieinander und fern von nachreifenden Früchten wie Äpfeln liegen. Kühlschrankkälte bekommt ihnen nicht. Die Limetten können 2–3 Wochen im Gemüsefach (Kühlschrank) oder auch 1–2 Woche wie Zitronen lagern.

Gut ist, wenn…

…Zitronen richtig entwickelt und gelb sind (außer den tropischen)
…Limetten ins Gelbe gehen
…die Früchte fest, trocken und relativ schwer sind

Schlecht ist, wenn…

…Früchte braun gefleckt sind
…sie weich bzw. »hohl« sind
…die Schale vertrocknet, schrumpelig ist

Kalbsschnitzel mit Zitronensauce
Echt basic

Für 4 Klassikfans:
4 dünne Kalbsschnitzel (jedes so ungefähr 150 g)
Salz, Pfeffer aus der Mühle
2 EL Mehl
2 EL Butter, 2 EL Olivenöl
6 EL Zitronensaft

1 Den Backofen auf 70 Grad einschalten und eine Platte oder einen großen Teller reinstellen. Die Schnitzel brauchen nämlich nach dem Braten einen warmen Platz, damit sie nicht gleich wieder kalt werden, während man sich um die Sauce kümmert.

2 Die Schnitzel quer halbieren und mit dem Handballen etwas flacher drücken. Schnitzel auf beiden Seiten salzen und pfeffern. Das Mehl in einen Teller schütten, die Schnitzel darin wenden. Sie sollen aber nur einen dünnen Mehlüberzug bekommen, also zu viel des Guten wieder abklopfen.

3 Eine große Pfanne auf den Herd stellen. 1 EL Butter mit Öl darin richtig heiß werden lassen. Schnitzel reinlegen, pro Seite nur 1 Minute braten. Im Backofen warm stellen.

4 Zitronensaft und 1 EL Wasser in die Pfanne schütten und mit dem Holzlöffel gut umrühren, bis sich alles, was sich beim Braten am Pfannenboden angesetzt hat, in der Sauce löst. Übrige Butter in Stückchen schneiden und einrühren, die Sauce mit Salz und Pfeffer würzen, über die Schnitzel gießen und gleich essen!

So viel Zeit muss sein: 30 Minuten
Das schmeckt dazu: Spinat oder Salat und ofenfrisches Weißbrot
Kalorien pro Portion: 250

Fischfilets mit Zitronen-Kapern-Butter
Nur für Zitroholics

Für 4 zum Sattessen:
800 g Fischfilet (z. B. Rotbarsch, Kabeljau, Seelachs, Viktoriabarsch)
Salz, Pfeffer aus der Mühle
1/2 Bund Petersilie
1 unbehandelte Zitrone
1–2 EL Butterschmalz
3 EL Mehl
3–4 EL kalte Butter
1 EL Kapern
1 Prise Zucker

1 Das Fischfilet in Portionsstücke teilen, mit Salz und Pfeffer würzen. Die Petersilie abbrausen, trockenschütteln und die Blättchen sehr fein hacken. Zitrone heiß waschen und die Schale abreiben, Saft auspressen.

2 In einer großen beschichteten Pfanne Butterschmalz zerlassen. Das Mehl in einen Teller schütten, den Fisch darin wenden und leicht abklopfen, damit nicht zu viel hängen bleibt.

3 Filets in das heiße Butterschmalz legen und bei starker Hitze 1 Minute braten. Dann Hitze auf schwach einstellen, die Filets vorsichtig wenden und noch mal 2–4 Minuten braten, bis sie innen nicht mehr glasig sind. Raus aus der Pfanne, abdecken.

4 Bratreste aus der Pfanne abgießen, mit Küchenpapier kurz auswischen. Dann den Zitronensaft rein und die Butter mit dem Kochlöffel in kleinen Portionen unterrühren. Zitronenschale, Kapern und Petersilie einrühren. Mit Salz, Pfeffer und Zucker abschmecken. Die Fischfilets noch mal kurz zum Aufwärmen in die Sauce legen.

So viel Zeit muss sein 30 Minuten
Das schmeckt dazu: Pellkartoffeln
Kalorien pro Portion: 265

Zitronentarte
Nur noch gut!

Für 8–10 als Dessert:
Für den Teig:
200 g Mehl, 60 g Zucker
100 g kalte Butter
1 TL abgeriebene unbehandelte
Zitronenschale
1 TL gemahlene Vanille
1 Eigelb
Für die Füllung:
2 1/2 unbehandelte Zitronen
4 Eier, 1 Eigelb
200 g Zucker
125 g Sahne
1 EL Puderzucker
Außerdem:
getrocknete Hülsenfrüchte
zum Blindbacken

1 Für den Teig das Mehl mit dem Zucker in eine Schüssel füllen. Die Butter in kleine Stücke schneiden und mit Zitronenschale, Vanille und Eigelb dazugeben.

2 Die Hände kalt abwaschen, damit der Teig kühl bleibt, dann alles nur so lange verkneten, bis keine Butterstückchen mehr im Teig zu sehen sind. Den Teig zwischen zwei Schichten Klarsichtfolie rund ausrollen, eine Tarteform (30 cm Ø) damit auslegen. Den Teig in der Form 1 Stunde kühl stellen.

3 Dann den Backofen auf 180 Grad vorheizen (auch schon jetzt: Umluft 160 Grad). Den Teig in der Form mit einem Stück Backpapier belegen und mit den Hülsenfrüchten beschweren. Den Teig im Ofen (Mitte) etwa 10 Minuten blindbacken.

4 Für die Füllung Zitronen heiß waschen und die Schale abreiben. Saft auspressen. Die Eier, das Eigelb und den Zucker mit den Quirlen des Handrührgeräts sehr schaumig schlagen. Zitronenschale und -saft dazugeben. Sahne steif schlagen und unterziehen.

5 Hülsenfrüchte und Papier vom Teig nehmen, Zitronencreme auf den Teig gießen. Tarte jetzt bei 150 Grad (Umluft 130 Grad) 50 Minuten backen, bis die Creme fest ist.

6 Die Tarte auskühlen lassen. Vor dem Servieren den Backofengrill vorheizen. Die Tarte mit Puderzucker bestäuben und unter den Grillschlangen (10 cm Abstand) bräunen. Vorsicht, das kann ganz schnell gehen!

So viel Zeit muss sein: 35 Minuten
(+ 1 Stunde Kühlzeit, 1 Stunde Backzeit)
Kalorien pro Portion (bei 10): 340

Liebe Basics...

Nicht nur einem ist es aufgefallen, vielen Dank für die zahlreichen Hinweise: Der Zucker für die Füllung stand zwar bei den Zutaten, wurde dann aber nicht mehr erwähnt – und das im Basic cooking und im baking. Jetzt ist er drin und die Tarte noch immer eins unserer Lieblingsrezepte.

Zitroneneis
Frisch und fruchtig

Für 4 Sommerfrischler:
200 g Zucker, 4 Zitronen
einige Minzeblättchen

1 Zucker und 200 ml Wasser in einem Topf verrühren. Langsam zum Kochen bringen, dann nicht mehr rühren. Die Flüssigkeit soll bei mittlerer Hitze etwa 10 Minuten leicht köcheln, bis sie dickflüssig wird und leicht hellbraun. Und das nennt man dann Zuckersirup. Und den lässt man abkühlen.

2 Bis der soweit ist, die Zitronen heiß waschen und die Schale fein abreiben. Den Saft auspressen. Eine Metallschüssel suchen, die ins Gefrierfach passt.

3 Zitronensaft und -schale unter den kalten Sirup rühren, in die Metallschüssel umfüllen. Schüssel ins Tiefkühlfach stellen und den Inhalt in etwa 4 Stunden zum Eis gefrieren lassen. Je öfter man es in dieser Zeit durchrührt, desto feiner wird's.

4 Das Zitroneneis in Gläser füllen und mit den Minzeblättchen (und vielleicht auch Zitronenscheiben) garnieren. Aufessen, bevor es schmilzt.

So viel Zeit muss sein: 25 Minuten
(+ 4 Stunden Gefrierzeit)
Das schmeckt dazu: Schlagsahne
Kalorien pro Portion: 210

Limettenschaum
Erfrischend!

Für 4–6 zum Schlemmen:
4 unbehandelte Limetten
1 Vanilleschote
1 EL Pistazienkerne (ungesalzen!)
120 g Zucker
3 Blatt weiße Gelatine
350 g Sahne

1 2 Limetten heiß waschen. Von 1 Limette die Schale abreiben, von der anderen sehr schmale Streifen abschneiden (geht am besten mit dem Zestenreißer, aber auch mit einem scharfen Messer). Alle Limetten auspressen. Die Vanilleschote der Länge nach aufschlitzen, aufklappen und das schwarze Mark mit dem Messerrücken rauskratzen. Die Pistazien sehr fein hacken.

2 Zucker mit Limettensaft, 50 ml Wasser und Vanilleschote in einen Topf füllen und aufkochen. Das Ganze etwa 5 Minuten köcheln lassen, dann die Vanilleschote rausfischen und die Mischung in eine Schüssel umfüllen. Inzwischen Gelatine 10 Minuten in kaltem Wasser einweichen.

3 Gelatineblätter nacheinander aus dem Wasser holen, abtropfen lassen und im heißen Zuckersaft auflösen. Die geriebene Limettenschale und das Vanillemark untermischen. Die Sahne steif schlagen und mit den Pistazien unterziehen. Die Masse in kleine Schälchen füllen und mindestens 4 Stunden in den Kühlschrank stellen.

4 Die übrige Limettenschale in Streifen auf die schaumige Limettencreme streuen. Auf den Tisch stellen und aufessen.

So viel Zeit muss sein: 35 Minuten
(+ 4 Stunden Kühlzeit)
Das schmeckt dazu: knusprige Nusskekse
Kalorien pro Portion (bei 6): 280

Noch mehr Rezepte mit Zitronen (Seite)

Avocado-Zitronen-Creme (49)
Fisch mit Zitrussauce (249)
Spaghetti mit Zitronenerbsen (105)
Spinat mit Zitrone (299)
Tandoori-Huhn (145)
Zander im Zitronendampf (124)
Zitronenhähnchen (144)
Zuckerschoten mit Zitronenbutter (103)

Zucchini

heißen fast weltweit so – Ausnahme Frankreich: courgettes;
in der Einzahl ist es der Zucchino

Zucchini sind bescheiden. Sie machen mit. Sie passen sich an. Sie drängeln sich nicht in den Vordergrund – weder in der Frittata noch im Börek, weder in Ratatouille noch im Couscous-Gemüse. Doch kleine zarte Sommerzucchini dürften ruhig mal etwas unbescheidener sein. Denn schon ein Hauch von Olivenöl macht sie mit ihrem feinen Aroma zu Glanzstücken.

Zucchinos Schwäche ist seine Stärke: Er hat keinen markanten Eigengeschmack, kann deshalb gut kombiniert werden – mit frischen Kräutern vor allem der mediterranen Art, Knoblauch, Fenchelsamen, mit Fisch oder Fleisch, Gemüse oder Blattsalat. Zitrone und Zucker passen ebenso gut wie Sojasauce, Curry & Co. oder Koriander. Zucchini schmecken gefüllt, gegrillt, gebraten, frittiert oder kurz gedünstet. Aber auch im süßen Kuchen oder zum Dippen. Und kalorienarm wie sie sind, darf man sie auch bei einer Diät reichlich genießen.

Dabei gilt stets: je kleiner, desto feinwürziger. Misst der beliebteste Spross aus der Familie Kürbis erstmal 20 cm oder wiegt 200 g, ist seine beste Zeit vorbei. Dann birgt er oft fades Fruchtfleisch – egal ob lang, birnenförmig oder rund. Gelbe, lind- und dunkelgrüne Zucchini unterscheiden sich vor allem in der Farbe, nicht im Geschmack. Im Frühjahr haben die Früchte große, leuchtend gelbe Blüten, die sich raffiniert füllen und garen oder in Teig hüllen und frittieren lassen. Hängt noch ein Baby-Zucchino an der Blüte, ist es ein »Weibchen«. Die Blüten ohne Frucht sind männlich und werden von Gourmets bevorzugt. Beide Geschlechter liefern mildes Kürbisaroma.

Ursprünglich stammen Zucchini aus Mittelamerika. Importe aus Spanien, Italien und Frankreich gibt's für wenig Geld das ganze Jahr im Supermarkt. Bei uns werden Freiland-Zucchini von Juli–Oktober geerntet.

Aufheben

Frische, feste Zucchini halten sich in einer Plastiktüte 1–2 Wochen im Gemüsefach des Kühlschranks. Altern schneller in der Nachbarschaft von Obst oder Tomaten. Zucchiniblüten welken rasant. Also am besten einkaufen und sofort zubereiten.

Gute Zucchini …

… sind fest mit glatter, makelloser Haut und frischem Stielansatz
… sind jung, zart und damit um die 15 cm lang sowie etwa 100 g schwer
… können zum Füllen auch dicker, größer und bis 200 g schwer sein

Schlechte Zucchini …

… sind riesig und dick, gehen in Richtung Kürbis
… haben ledrige, schrumpelige Haut mit Löchern und Flecken und einen trockenen Stielansatz
… haben schwammig weiches Fruchtfleisch mit großen Kernen

Zucchinisalat
Aus Gegrillten

Für 4 als Vorspeise oder Beilage:
600 g junge Zucchini
6 EL Olivenöl
200 g milde Zwiebeln
4 Knoblauchzehen
Salz, Pfeffer aus der Mühle
1 EL Kapern, 1 Bund Petersilie
2 EL Zitronensaft
Dazu nach Belieben:
100 g roher Schinken in dünnen Scheiben, Tomatenwürfel, eingelegte Paprikaschoten, in Öl oder Sud eingelegter Tunfisch

1 Den Backofengrill anheizen. Zucchini waschen, putzen und quer oder längs in knapp 1 cm dicke Scheiben schneiden. Das Backblech leicht mit Öl einpinseln, die Zucchinischeiben nebeneinander darauf legen. Zwiebeln und Knoblauch schälen, vierteln und zwischen den Zucchini verteilen. Gemüse mit wenig Öl einpinseln, salzen und pfeffern.

2 Blech in den Ofen schieben (etwa 10 cm von den Grillstäben entfernt). Gemüse etwa 10 Minuten grillen. Aber zwischendurch mal nachschauen, dass nichts verbrennt. Und die Zucchini auch umdrehen.

3 Die Kapern grob hacken. Petersilie abbrausen, trockenschütteln und die Blättchen ganz fein hacken. Zitronensaft mit Salz, Pfeffer und übrigem Öl verrühren. Kapern und Petersilie untermischen.

4 Zucchini, Zwiebeln und Knoblauch auf eine Platte füllen. Sauce darüber verteilen und nach Wunsch auch eine oder mehrere der Nach-Belieben-Zutaten. Salat warm, lauwarm oder kalt essen.

So viel Zeit muss sein: 20 Minuten
Das schmeckt dazu: ofenfrisches Weißbrot
Kalorien pro Portion: 330

Putzen
Kaum ein Gemüse ist so unkompliziert wie Zucchini. Einfach waschen und beide Enden knapp abschneiden.

Füllen
Die Zucchini der Länge nach halbieren. Das Fruchtfleisch mit einem kleinen Löffel rauskratzen. Immer einen Rand von etwa 1 cm stehen lassen, damit die Hülle nicht zerfällt.

Würzen
Zucchini schmecken mild, also immer gut würzen, z. B. mit Kräutern, Knoblauch, Chili, Curry oder Koriander.

Gebratene Zucchini
Mediterrane Anfänger-Übung

Für 4 als Vorspeise oder Beilage:
500 g Zucchini
2 Knoblauchzehen
3 EL Olivenöl
Salz, Pfeffer aus der Mühle
1 EL Zitronensaft
1 EL Aceto balsamico

1 Die Zucchini waschen, putzen und in Scheiben schneiden, größere noch mal halbieren oder alle Scheiben in Stifte schneiden.

2 Knoblauch schälen und fein hacken. Das Olivenöl in einer Pfanne heiß werden lassen. Die Zucchini reingeben und bei mittlerer Hitze anbraten. Dann Knoblauch dazu, Zucchini wenden, 5 Minuten weiterbraten. Mit Salz und Pfeffer, Zitronensaft und Aceto balsamico abschmecken.

So viel Zeit muss sein: 20 Minuten
Das schmeckt dazu: Gegrilltes, Lamm
Kalorien pro Portion: 70

TIPP:
Lecker auch mit 1 TL Pesto (aus dem Glas) – einfach zum Schluss untermischen.

Börek
Türkische Feinkost, geht ganz einfach

Für 6 zum Sattessen:
500 g junge Zucchini
4 Knoblauchzehen
2 rote Chilischoten
je 1 Bund Dill, Petersilie und Minze
400 g Schafkäse
300 g Naturjoghurt
3 Eier
50 g Pinienkerne
Salz, Pfeffer aus der Mühle
3 EL Olivenöl
5–10 Filo- oder Yufka-Teigblätter (strudelähnlicher Teig aus Griechenland bzw. der Türkei)
1 Eigelb

1 Für die Füllung die Zucchini waschen, beide Enden abschneiden. Zucchini der Länge nach durchschneiden, dann quer in dünne Scheiben. Knoblauch schälen und hacken. Chilis waschen und entstielen. Schoten der Länge nach aufschlitzen und die Samen entfernen. Schoten in feine Streifen schneiden. Und sofort die Hände gründlich waschen und trotzdem noch ein paar Stunden lang nicht in den Augen reiben. Die Schärfe haftet nämlich noch an den Fingern und kann höllisch brennen.

2 Kräuter abbrausen, trockenschütteln und fein hacken. Käse grob zerbröckeln, mit Joghurt und Eiern in die Küchenmaschine oder den Mixer füllen und mixen. Wer keins von beiden hat, zerdrückt den Schafkäse mit einer Gabel und verrührt ihn mit Joghurt und Eiern. Von den Pinienkernen 1 EL zur Seite legen, den Rest mit Zucchini, Knoblauch, Chilis und Kräutern unter die Käsecreme rühren, salzen und pfeffern.

3 Den Backofen auf 200 Grad vorheizen (Umluft ohne Vorheizen 180 Grad). Eine große und hitzebeständige Form aus dem Schrank holen, leicht einölen.

4 Teigblätter aus der Packung nehmen und vorsichtig auseinander lösen. Eine oder zwei Teigplatten (das hängt von der Größe ab) in die Form legen. Mit Öl bepinseln. Etwas Käsemasse darauf verstreichen, mit Teig bedecken, ölen. So weitermachen, bis die letzte Teigschicht aufliegt. Eigelb mit dem übrigen Öl verrühren und auf den Teig pinseln, übrige Pinienkerne draufstreuen.

5 Börek im Ofen (Mitte) 25–30 Minuten backen, bis er gebräunt ist. Vor dem Anschneiden 10 Minuten warten.

So viel Zeit muss sein: 25 Minuten
(+ 30 Minuten Backzeit)
Das schmeckt dazu: Salat oder Spinat mit Zitrone und ein kräftiger Rotwein, vielleicht sogar ein türkischer
Kalorien pro Portion: 380

Gefüllte Zucchini
Schmecken sogar kalt

Für 4 zum Sattessen:
4 größere Zucchini (jede ungefähr 230 g)
Salz, Pfeffer aus der Mühle
2 Scheiben Weißbrot (etwa 80 g)
250 g Tomaten
1 Bund Frühlingszwiebeln
2 Knoblauchzehen
1 Bund Petersilie
1 EL Walnusskerne (wer mag)
200 g Roquefort oder Gorgonzola
2 EL Butter

1 Die Zucchini waschen und die Enden abschneiden. Zucchini der Länge nach durchschneiden. Jede Hälfte mit einem Teelöffel so aushöhlen, dass ein Rand von 1 cm stehen bleibt. Zucchinihälften salzen und pfeffern, das ausgehöhlte Fruchtfleisch in kleine Würfel schneiden.

2 Vom Weißbrot die Rinde abschneiden, den Rest fein zerkrümeln. Tomaten waschen und ganz klein würfeln, dabei den Stielansatz wegschneiden. (Wer mag, kann sie auch vorher häuten.) Von den Frühlingszwiebeln die Wurzelbüschel und die dunkelgrünen Teile abschneiden, Rest waschen und ganz fein schneiden. Knoblauch schälen und fein hacken. Die Petersilie abbrausen, trockenschütteln und fein hacken. Walnusskerne mit den Fingern kleiner brechen. Den Käse in kleine Würfel schneiden.

3 Den Backofen auf 180 Grad vorheizen (Umluft ohne Vorheizen 160 Grad). Weißbrot mit Tomaten, Frühlingszwiebeln, Petersilie, Walnüssen, Käse, Knoblauch und 4 EL Zucchiniwürfel mischen und mit Salz und Pfeffer abschmecken. In die Zucchinihälften füllen, leicht andrücken.

4 Übrige Zucchiniwürfel in eine hitzebeständige Form geben. Die Butter in kleine Stückchen schneiden und die Hälfte davon auf die Würfelchen streuen. Zucchinihälften draufsetzen und mit der übrigen Butter belegen. Im Ofen (Mitte) etwa 40 Minuten backen, bis die Füllung schön braun ist.

So viel Zeit muss sein: 25 Minuten
(+ 40 Minuten Backzeit)
Das schmeckt dazu: Salzkartoffeln oder Brot
Kalorien pro Portion: 370

TIPP:

Wer eine Fleischfüllung lieber mag, nimmt die von den gefüllten Gurken (Seite 133), mischt sie mit 1 gewürfelten Tomate und 2 EL frisch geriebenem Käse und füllt sie in die Zucchinihälften. Backen wie oben.

Zucchinikuchen
Gemüse mal anders

Für 25 Stück Kuchen:
200 g junge kleinere Zucchini
120 g Kürbiskerne
1 unbehandelte Orange oder Zitrone
4 Eier
1 Prise Salz
200 g brauner Zucker
1 Prise Nelkenpulver
1 Prise gemahlener Anis
1 TL Zimtpulver
100 g Mehl
1 TL Backpulver
etwas Puderzucker

1 Die Zucchini waschen, putzen und fein reiben. Die Kürbiskerne fein hacken. Die Orange oder Zitrone heiß waschen und die Schale abreiben.

2 Den Backofen auf 180 Grad vorheizen (Umluft ohne Vorheizen 160 Grad). Eine Kastenform (30 cm Länge) mit Backpapier auslegen.

3 Die Eier trennen. Eiweiße und Salz mit den Quirlen des Handrührgeräts gut steif schlagen. Mit denselben Quirlen Eigelbe und Zucker zu einem schönen Schaum aufschlagen. Nelken, Anis und Zimt dazu. Das Mehl mit Backpulver mischen und mit den Zucchini und Kürbiskernen unterrühren. Zum Schluss kommt der Eischnee: die eine Hälfte unterrühren, die andere Hälfte ganz locker unterheben.

Noch mehr Rezepte mit Zucchini (Seite)

Avocado-Fisch-Salat im Wrap (49)
Couscous mit Fleisch und Gemüse (84)
Gemüse-Risotto (264)
Griechischer Hackbraten (138)
Lachstramezzini (118)
Lammspieße (203)
Lamm-Tajine (207)
Ratatouille (43)
Shrimps in Gemüse-Sahne-Sauce (129)

4 Teig in die Form füllen, glatt streichen. Im Ofen (unten) etwa 50 Minuten backen. Dann noch kurz in der Form stehen lassen, herauslösen. Auskühlen lassen und mit Puderzucker bestäuben.

So viel Zeit muss sein: 30 Minuten
(+ 50 Minuten Backzeit)
Kalorien pro Stück: 85

Zwiebeln

engl.: onions; franz.: oignons; ital.: cipolle; span.: cebollas

Die Stars sind die anderen. Zwiebeln spielen oft Nebenrollen. Sind zu gewöhnlich. Bleiben am Boden. Lassen alles mit sich machen. Dabei haben Zwiebeln das Zeug zum Hauptdarsteller: auf Zwiebelkuchen, in Balsamico eingelegt oder als klassische Zwiebelsuppe.

Für jeden Partner und jede Küche gibt's die richtige Zwiebel. Die braunen sind die preiswerten Alleskönner, die ihr pikant-scharfes Aroma vor allem beim Dünsten und Schmoren zeigen, jung auch gehobelt im Salat fein. Sie werden gern mit Fleisch und kräftigem Gemüse kombiniert, passen zu Scharfem, Saurem, Deftigem. Milde weiße lassen sich gut füllen, grillen oder schmoren. Und sie schmecken fein geschnitten ebenfalls im Salat – wie die aromatischen roten aus Italien, die Marinaden oder Broten eine mildwürzige, leicht süßliche Note geben.

Die kleinen, länglichen edlen Schalotten sind mit intensiv-würzigem Aroma in der französischen Küche ein Muss für Saucen, Salate, Confits. Milder sind Mini-Zwiebeln wie italienische Cipollini, die gerne eingelegt oder in Ragouts mitgeschmort werden.

Frühlingszwiebeln haben eine weiße Knolle und Grün, das mitverwendet werden darf. Heißen auch Lauchzwiebeln – was eher zu denen ohne Knolle in Form von dünnen Lauchstangen passt. Roh sind sie was für Salate, Quark, Dips und Dressings oder zum Wokken. Für das spezielle Aroma und die gesunde Wirkung der Zwiebel (in ihrer orientalischen Heimat sind sie Heilpflanzen) sind ätherische Öle verantwortlich, die beim Schneiden die Tränen in die Augen treiben.

Auch wenn es fast alle Sorten rund ums Jahr (vor allem aus Holland, Italien, Ägypten) in unseren Geschäften gibt: am besten sind die Knollen im Sommer und Frühherbst, wenn bei uns Saison ist.

Aufheben

Zwiebeln brauchen Luft, also nicht in Plastik verpacken. Im Küchendunst schimmeln sie. Ideal: ein kühler, luftiger, dunkler, trockener Platz im Vorratsraum. Weiße Zwiebeln und Schalotten halten dort mehrere Wochen, braune bis zu 6 Monaten. Rote und Frühlingszwiebeln machen fixer schlapp. Sie lagert man im Gemüsefach des Kühlschranks und verbraucht sie innerhalb 1 knappen Woche – rote Zwiebeln halten etwas länger.

Gute Zwiebeln…

…sind prall, fest, trocken
…haben keine grünen Triebe
…haben nur als Frühlingszwiebeln kräftig-sattes Grün
…lassen einen kräftig weinen (schön frisch)
…schmecken süß und scharf

Schlechte Zwiebeln…

…haben zerfledderte, vertrocknete Schalen
…haben dunkle Stellen unter der Schale
…sind weich, matschig, schrumpelig
…haben als Frühlingszwiebeln welkes und vergilbtes Grün
…schmecken vergoren, bitter, streng

Wurstsalat mit Zwiebeln
Nicht nur für den Biergarten

Für 4 als Brotzeit:
400 g Fleischwurst oder Regensburger
2 rote Zwiebeln
1 Bund Frühlingszwiebeln
1 Bund Schnittlauch
2 EL Essig (z. B. Malz-, Bier- oder Apfelessig)
1 TL mittelscharfer oder süßer Senf
Salz, Pfeffer aus der Mühle
1 TL Kümmelsamen, 2 EL Öl

1 Die Haut von der Wurst einschneiden und abzupfen. Die Wurst in schön dünne Scheiben schneiden. Die Zwiebeln schälen, längs halbieren, in feine Streifen schneiden. Von den Frühlingszwiebeln Wurzelbüschel und alle welken Teile abschneiden, den Rest waschen und in feine Ringe schneiden. Schnittlauch abbrausen, trockenschütteln und in Röllchen schneiden.

2 Den Essig mit Senf, Salz, Pfeffer und dem Kümmel verrühren. Das Öl kräftig unterschlagen. Wurst mit Zwiebeln, Frühlingszwiebeln und Schnittlauch mischen. Dressing unterheben und den Salat noch einmal abschmecken.

So viel Zeit muss sein: 15 Minuten
Da schmeckt dazu: Bauernbrot oder Brezen
Kalorien pro Portion: 360

TIPP:
Zum »Schweizer« wird der Wurstsalat, wenn man noch Emmentaler in Streifen untermischt. Nur: In der Schweiz kennt diesen Salat niemand.

Schälen/putzen
• Wurzelansatz der Zwiebel knapp abschneiden, äußere Schicht einfach abziehen. Wer weniger weinen will, wäscht sie dann kurz.
• Bei Frühlingszwiebeln die Wurzelbüschel abschneiden und am anderen Ende alles, was welk und schlapp ist. Waschen und, falls nötig, die äußere Schicht abziehen.

Würfeln
Zwiebel längs durch den Wurzelansatz halbieren, der hält die Schichten zusammen. Mit der Schnittfläche nach unten aufs Brett legen. Bis zum Wurzelansatz ein-, aber nicht durchschneiden. Jetzt quer fein schneiden - und die Streifen zerfallen in kleine Würfel.

Zwiebeln in Balsamessig
Mal echt gut!

Für 4 als Vorspeise oder Beilage:
500 g kleine rote Zwiebeln
5–10 Salbeiblättchen
2 EL Olivenöl
4 EL Aceto balsamico
50 ml trockener Rotwein
2 TL Honig
1 getrocknete Chilischote (wer mag)
Salz, schwarzer Pfeffer aus der Mühle

1 Zwiebeln schälen und der Länge nach in Viertel teilen. Salbei abbrausen, trockentupfen und in feine Streifen schneiden.

2 Öl in einem weiten Topf heiß werden lassen. Zwiebeln und Salbei dazu und 1–2 Minuten andünsten.

3 Balsamico, Rotwein und 50 ml Wasser mischen, zu den Zwiebeln gießen. Honig und Chili – wer mag – dazugeben. Salzen und pfeffern, Deckel drauf. Etwa 10 Minuten bei mittlerer Hitze köcheln lassen.

4 Die Essigzwiebeln in eine Schüssel umfüllen und abkühlen lassen. Zugedeckt mindestens 8 Stunden marinieren.

So viel Zeit muss sein: 20 Minuten
(+ 8 Stunden Marinierzeit)
Das schmeckt dazu: geröstetes Weißbrot
Kalorien pro Portion: 110

Zwiebelsuppe
Très français

Für 4 als Vorspeise:
400 g Zwiebeln
2 EL Butter, 1 EL Olivenöl
1 1/2 EL Mehl, 1 l Fleischbrühe
8 Scheiben Baguette, 2 Knoblauchzehen
8 EL frisch geriebener Greyerzer
(ungefähr 100 g)

1 Die Zwiebeln schälen und in Ringe schneiden. Die Butter im Öl in einem Topf zerlassen. Zwiebeln dazu, Hitze auf mittlere Stufe stellen und die Zwiebeln ungefähr 15 Minuten dünsten. Immer wieder durchrühren.

2 Mehl darüber streuen und unterrühren. Weiterbraten, bis es goldgelb ist. Mit der Brühe aufgießen und zum Kochen bringen. Etwa 10 Minuten köcheln lassen. Den Backofen auf 250 Grad (auch schon jetzt: Umluft 220 Grad) vorheizen.

3 Und jetzt gibt es zwei Möglichkeiten. Die erste: Brot im Ofen etwa 5 Minuten rösten. Knoblauch schälen und die Brote damit einreiben. Brot mit der heißen Suppe übergießen. Käse extra dazu servieren. Die zweite: die Suppe in hitzebeständige Tassen füllen. Je 2 Brotscheiben hineinlegen, Knoblauch draufpressen, Käse draufstreuen. Im Ofen etwa 5 Minuten gratinieren.

So viel Zeit muss sein: 40 Minuten
Kalorien pro Portion: 980

Zwiebelkuchen
Dick und fett und saftig

Für 1 Backblech und 8 Hungrige:
Für den Teig:
350 g Mehl
1/2 TL Salz
1 Prise Zucker
etwa 180 ml Milch
1/2 Würfel frische Hefe (21 g)
50 g weiche Butter
1 Ei
Für den Belag:
1 kg Zwiebeln
100 g durchwachsener Räucherspeck
1 EL Öl
125 g saure Sahne
3 Eier, Salz
1 TL Kümmelsamen (wer mag)
Fürs Blech:
etwas Butter

1 Für den Teig Mehl mit Salz und Zucker mischen. Milch lauwarm werden lassen. Hefe zwischen den Fingern zerkrümeln und in der Milch gut verrühren. Mit Butter und Ei unter das Mehl kneten. Es soll ein eher weicher Teig werden, der sich aber vom Schüsselrand löst. Teig in der Schüssel zugedeckt ungefähr 1 Stunde ruhen lassen – an einem warmen Ort. Er soll etwa doppelt so groß werden.

2 Inzwischen geht's um den Belag. Zuerst mal auf die Suche gehen nach der Ski- oder Taucherbrille. Mit ihr versorgt, kann man tonnenweise Zwiebeln schälen und vor allem schneiden, ohne nachher schwer nach Liebeskummer auszuschauen. Also Zwiebeln schälen und in Würfel schneiden. Vom Speck die Schwarte abschneiden und den Rest klein würfeln.

3 Öl in einer Pfanne erhitzen. Zwiebeln und Speck darin bei mittlerer Hitze ungefähr 10 Minuten dünsten, dabei immer wieder umrühren. Jetzt kann die Brille wieder weg. Zwiebelmischung leicht abgekühlt mit saurer Sahne und Eiern verrühren, mit Salz und Kümmel würzen.

4 Den Backofen auf 200 Grad vorheizen (Umluft ohne Vorheizen 180 Grad). Das Backblech mit Butter einfetten. Den Teig noch mal durchkneten. Auf dem Blech mit dem Nudelholz gleichmäßig dünn ausrollen. An den Seiten einen kleinen Rand hochziehen. Zwiebelmasse schön gleichmäßig darauf verteilen.

5 Zwiebelkuchen im Ofen (Mitte) in ungefähr 35 Minuten braun backen. Leicht abkühlen lassen und in Stücke schneiden.

So viel Zeit muss sein: 40 Minuten
(+ 1 Stunde Gehzeit und 35 Minuten Backzeit)
Das schmeckt dazu: klassisch Federweißer, also junger Wein, es schmeckt aber auch ein älterer Jahrgang
Kalorien pro Portion: 390

Gefüllte Zwiebeln
Gut und günstig

Für 4 zum Sattessen:
Salz
8 größere Zwiebeln (etwa 1,2 kg)
2 Scheiben altbackenes Weißbrot (vom Vortag)
2 EL entsteinte schwarze Oliven
250 g Salsicce (rohe Schweinsbratwürstchen; ersatzweise gehen aber auch Kalbsbrät und Hackfleisch gemischt)
50 g frisch geriebener Parmesan
2 Eier
Pfeffer aus der Mühle
Chilipulver
150 ml trockener Weißwein (ersatzweise Zwiebelkochbrühe)
2 EL Olivenöl

1 In einem großen Topf reichlich Wasser mit Salz zum Kochen bringen. Die Zwiebeln schälen, ab in den Topf, Deckel drauf und ungefähr 15 Minuten kochen lassen. Zwiebeln in ein Sieb schütten, dabei Brühe auffangen, kurz kaltes Wasser drüberlaufen lassen und die Zwiebeln abtropfen lassen.

2 Die Rinde vom Brot abschneiden, Brot mit Wasser begießen und weich werden lassen. Die Oliven fein hacken. Die Wurstmasse aus der Haut drücken und mit der Gabel zerpflücken. Brotscheiben abtropfen lassen und gut ausdrücken und ebenfalls zerpflücken.

3 Von jeder Zwiebel einen Deckel abschneiden und aus jeder Zwiebel so viele Innenschichten rauslösen, dass nur noch 2–3 Schichten (je nach Dicke) als Rand übrig bleiben. Das ausgehöhlte Zwiebelfleisch fein hacken.

4 Den Backofen auf 180 Grad vorheizen (Umluft ohne Vorheizen 160 Grad). Die Wurstmasse mit dem Brot, den Oliven, dem Käse, den Eiern und 5 EL gehackte Zwiebel mischen und mit Salz, Pfeffer und Chili abschmecken. In die Zwiebeln füllen.

5 Die übrigen gehackten Zwiebeln mit dem Wein oder der Brühe mischen, salzen und in einer hitzebeständigen Form verteilen. Die gefüllten Zwiebeln hineinsetzen, das Olivenöl darüber träufeln. Im Ofen (Mitte) etwa 35 Minuten backen, bis die Füllung gebräunt ist.

So viel Zeit muss sein: 30 Minuten (+ 35 Minuten Backzeit)
Das schmeckt dazu: Kartoffeln oder einfach nur knuspriges Brot
Kalorien pro Portion: 430

Noch mehr Rezepte mit Zwiebeln (Seite)

Apfel-Zwiebel-Gemüse mit Salbei (35)
Arabischer Bulgursalat (83)
Auberginen-Kaviar (45)
Auberginen-Moussaka (44)
Chili con carne (137) • Coq au vin (147)
Entenbrust auf Peking Art (100)
Filetsteaks mit Rotweinzwiebeln (275)
Frühlingsgemüse (66)
Gänsebraten mit Äpfeln (101)
Gedämpfter Ingwerfisch (114)
Gemüseplatte mit Aioli (182)
Griechischer Hackbraten (138)
Grünes Gemüse (105)
Kalbsleber mit Zwiebeln (155)
Kräuter-Relish (193)
Kürbis in Tamarindensauce (197)
Lammspieße (203)
Linsen mit Schalotten (217)
Linsensalat (214)
Muschelsuppe mit Curry (223)
Nudelsuppe (229) • Ratatouille (43)
Saftgulasch (272) • Schinkennudeln (231)
Schmandfisch (277)
Spargelcremesuppe (295)
Türkische Pizza (139)
Würstchen mit Balsamico-Linsen (217)
Zucchinisalat (323)
Zwiebeln aus dem Ofen (109)
Zwiebel-Vinaigrette (58)

Register von A - Z

A

Aioli: Gemüseplatte mit Aioli 182
Ananassalat, Scharfer 244
Anis
    Fenchelsuppe mit Anis und Pernod 108
    Anisschwein, Geschmortes 292
Aperitif 27
Äpfel
    Apfelkompott mit Ingwercreme 35
    Apfelkren 32
    Apfel-Kürbis-Gratin mit Chili 34
    Apfel-Lauch-Gratin mit Gorgonzola 34
    Apfel-Rucola-Salat 33
    Apfelsauce mit Gurke 32
    Apfel-Sellerie-Cremesuppe 33
    Apfel-Zwiebel-Gemüse mit Salbei 35
    Apple Crumble 37
    Gänsebraten mit Äpfeln 101
    Marinierte Apfelscheiben 32
    Versunkener Apfelkuchen 36
Aprikosen-Quark-Auflauf 245
Arabische Walnusscreme 239
Arabischer Bulgur-Salat 83
Arista-Schweinebraten 290
Arme-Ritter-Auflauf 80
Artischocken
    Artischocken mit Saucen 39
    Artischocken mit Vinaigrette und Parmesan 39
    Gebratene Artischocken 40
    Gefüllte Artischocken 41
Auberginen
    Auberginen, Gegrillte 43
    Auberginen-Kaviar 45
    Auberginen-Moussaka 44
Austernsauce: Lamm mit Austernsauce 206
Avocado
    Avocado-Fisch-Salat im Wrap 48
    Avocadosuppe 48
    Avocado-Zitronen-Creme 49
    Rucolasalat mit Avocado und Feta 47
    Rucolasalat mit Avocado und Garnelen 61

B

Backhendl: Wiener Backhendl 146
Baguette 76
Baked beans 72
Baklava 241
Balsamessig
    Zwiebeln in Balsamessig 327
    Beeren mit Balsamico 54
    Würstchen mit Balsamico-Linsen 217
Banane Klappe hinten
Bärlauch-Pesto 193
Basilikum Klappe hinten
    Tintenfischsalat mit Basilikum 303
Beeren mit Balsamico 54
Bier 26
    Brot- oder Brezensuppe mit Bier 79
Birnen
    Birnen, Bohnen und Speck 72
    Milchreis mit Birne 267
    Pochierte Birnen 247
Blätterteigtaschen, Gefüllte 172
Blaukraut, Rotkohl, Rotkraut 188
Blueberry Muffins 53
Blumenkohl
    Blumenkohlauflauf mit Schinken 67
    Blumenkohlcurry 66
    Blumenkohlsalat mit Kapern 65
Bohnen
    Bohnen, Getrocknete 70
    Bohnencreme 71
    Bohnensalat mit Tunfisch 70
    Bohnensuppe mit Nudeln 71
    Grüner Bohnensalat 70
    Weißer Bohnensalat 70
Börek 324
Bowle 27
Brasse mit Kartoffeln 122
Bratäpfel 36
Bratkartoffeln 166
Bratlinge: Möhren-Sellerie-Bratlinge 221
Brezensuppe mit Bier, Brot- oder 79
Brokkoli in Vinaigrette 65
Brot
    Brot- oder Brezensuppe mit Bier 79
    Brot-Kirsch-Kuchen 81
    Brotsalat, Toskanischer 79
Brühe 10
Brühe-Einlagen 143
    Fleischbällchen und Nudeln 143
    Gemüse und Pilze 143
    Huhn und Spinat 143
    Nudeln und Huhn 143
Bruschetta 77
Buletten, Frikadellen, Pflanzerl…! 136
Bulgur
    Arabischer Bulgur-Salat 83
    Bulgur mit Feigen 85
Butter Klappe vorne
    Fischfilets mit Zitronen-Kapern-Butter 319
    Zuckerschoten mit Zitronenbutter 103
Buttermilch-Speck-Pfannkuchen 278

C

Caesar's salad 61
Cannelloni mit Pilzfüllung 261
Carpaccio
    Carpaccio klassisch 202
    Fisch-Carpaccio 202
    Lamm-Carpaccio 202
Cassis-Zwetschgen 247
Champignons
    Champignons, Gefüllte 259
    Feldsalat mit Speck und Champignons 60
Chicken-Wings 144
Chicorée, Gratinierter 62
Chili 11
    Apfel-Kürbis-Gratin mit Chili 34
    Chili con carne 137
    Chili-Dressing 58
Chinesische Hühnerbrühe 142
Chinesische Krautröllchen 186
Chocolate Chip Cookies 285
Chutney
    Linsenbällchen mit Kokosnuss-Chutney 216
    Mango-Chutney 244
Cidre 26
Colombo 293
Cookies: Chocolate Chip Cookies 285
Coq au vin 147
Couscous
    Couscous mit Fleisch und Gemüse 84
    Couscous-Eintopf mit Erdnüssen 84
Crème brûlée 97
Crème caramel 96
Crêpes Suzette 251
Crostini mit Olivencreme 77
Crostini: Pilz-Crostini 259
Curry
    Blumenkohlcurry 66
    Currynudeln mit Kokosmilch 88
    Currypulver 89
    Curryreis mit Huhn 266
    Currysahne 87
    Currysuppe mit Garnelen 87
    Grüne Currypaste 89
    Hähnchen-Lauch-Salat mit Curry 209
    Nudelsuppe mit Curry 223

Pilzpfanne mit Currykartoffeln	260	
Rote Currypaste	89	
Scharfe Currysauce	87	

D
Dal, Indisches	215
Der schnellste Lachs der Welt	123
Dicke Bohnen: Nudeln mit Dicken Bohnen und Salami	73
Die 80-Grad-Entenbrust	99
Digestif	27
Dill: Gurken-Dill-Gemüse	132
Dinkel-Sonnenblumen-Brot	76
Double Chocolate Mud Cake	285

Eier
Eierblumensuppe mit Tomaten	312
Eier-Dressing	59
Eiersalat mit Kresse	93
Gefüllte Eier mit Mango	95
Kopfsalat mit Ei und Krabben	63

Eis
Joghurt-Kokos-Eis	279
Zitroneneis	321

Ente
Die 80-Grad-Entenbrust	99
Entenbrust auf Peking Art	100
Entencurry	88
Entenpastete	99

Erbsen
Erbsenpüree	104
Erbsensuppe	104
Frische Erbsensauce	103
Erdbeermarmelade	54

Erdnüsse
Couscouseintopf mit Erdnüssen	84
Erdnusssauce	239
Erdnusssuppe mit Möhren	240
Essig	Klappe vorne

F
Falafel	178
Feigen: Bulgur mit Feigen	85
Feines Sauerkraut	189
Feldsalat mit Speck und Champignons	60

Fenchel
Fenchelgemüse mit Rucola	108
Fenchelsalat mit Oliven	107
Fenchelsuppe mit Anis und Pernod	108
Gratinierter Fenchel	109
Kaninchen mit Fenchel	158
Orangen-Fenchel-Salat	107
Fetter Nusskuchen	240
Filetsteaks mit Rotweinzwiebeln	275

Fisch
Fisch in Knoblauchöl	183
Fisch mit Zitrussauce	249
Fisch-Carpaccio	202
Fischfilets im Wurzelsud	125
Fischfilets mit Kokos	123
Fischfilets mit Senfsauce	124
Fischfilets mit Zitronen-Kapern-Butter	319
Fischsuppe	124
Folienfisch	115
Forellen in Weißwein	115
Ofenfisch mit ganzen Fischen	122
Fleisch: Couscous mit Fleisch und Gemüse	84
Folienfisch	115
Fondue: Käse-Fondue	174
Forellen in Weißwein	115
Frikadellen, Pflanzerl, Buletten...!	136
Frische Erbsensauce	103
Frischer Tomatensalat	317
Frittata: Spargelfrittata	95
Frucht: Gurkensalat mit Frucht	131
Frühlingsgemüse	66

G
Gado Gado	238
Gänsebraten mit Äpfeln	101
Ganzer Fisch im Salzmantel	112

Garnelen
Currysuppe mit Garnelen	87
Nudeln mit Spargel und Garnelen	245
Rucolasalat mit Avocado und Garnelen	61
Sauerscharfe Garnelensuppe	128
Gazpacho	313
Gebackener Knoblauch	181
Gebackenes Rotbarschfilet	123
Gebeizter Lachs	119
Gebratene Artischocken	40
Gebratene Jakobsmuscheln	225
Gebratene Rotbarben	113
Gebratene scharfe Nudeln	231
Gebratene Zucchini	323
Gebratener Reis	263
Gebratener Tofu	309
Gedämpfter Ingwerfisch	114
Gefüllte Artischocken	41
Gefüllte Blätterteigtaschen	172
Gefüllte Champignons	259
Gefüllte Eier mit Mango	95
Gefüllte Gurken	133
Gefüllte Kalbsbrust	154
Gefüllte Paprikaschoten	255
Gefüllte Tintenfische	305
Gefüllte Zucchini	324
Gefüllte Zwiebeln	329
Gegrillte Auberginen	43
Gegrillte Tomaten, Salat aus	316
Gegrillter Tintenfisch	303

Gemüse
Couscous mit Fleisch und Gemüse	84
Frühlingsgemüse	66
Gemüse und Tofu in Kokosmilch	309
Gemüseplatte mit Aioli	182
Gemüse-Risotto	264
Grünes Gemüse	105
Mangold-Möhren-Gemüse	300
Shrimps in Gemüse-Sahne-Sauce	129
Geschmorter Radicchio	62
Geschmortes Anissschwein	292
Getrocknete Bohnen	70
Gewürz	11
Glacierte Möhren	220
Glasnudelsalat mit Hack und Pilzen	228
Gnocchi: Kartoffelgnocchi	164
Gorgonzola: Apfel-Lauch-Gratin mit Gorgonzola	34
Granatapfel: Reissalat mit Granatapfel	263

Gratin
Apfel-Kürbis-Gratin mit Chili	34
Apfel-Lauch-Gratin mit Gorgonzola	34
Kartoffelgratin	166
Mangoldgratin	301
Gratinierte Wirsingspalten	187
Gratinierter Chicorée	62
Gratinierter Fenchel	109
Gratinierter Obstsalat	246
Griechische Kartoffelcreme	162
Griechischer Hackbraten	138
Grüne Currypaste	89
Grüne Sauce	192
Grüner Bohnensalat	70
Grünes Gemüse	105
Grütze: Rote Grütze	53
Guacamole	47
Gulasch: Saftgulasch	272

Gurken
Gefüllte Gurken	133
Gurken-Dill-Gemüse	132
Gurken-Raita	132
Gurkensalat mit Frucht	131
Gurkensalat	131

Hackfleisch
Glasnudelsalat mit Hack und Pilzen	228
Griechischer Hackbraten	138
Hackklößchen in Rotwein	138
Laucheintopf mit Kartoffeln und Hack	210
Hähnchen-Lauch-Salat mit Curry	209
Hasenrücken mit Wacholdersahne	159

Heidelbeeren: Blueberry Muffins	53	
Heringssalat	118	
Himbeeren: Trifle	55	
Hollandaise	92	
Honig	10	
Knoblauch in Honigmarinade	181	
Hühnerfleisch		
Chinesische Hühnerbrühe	142	
Curryreis mit Huhn	266	
Hühnerbeine	144	
Hühnersalat mit Obst und leichter Mayo	143	
Indisches Hühnercurry	89	
Hummer	Klappe hinten	
Hummus mit Tunfischsteaks	178	

I

Indischer Kartoffelsalat — 162
Indisches Dal — 215
Indisches Hühnercurry — 89
Ingwer — 10
  Apfelkompott mit Ingwercreme — 35
  Gedämpfter Ingwerfisch — 114
  Scharfe Möhren-Ingwer-Sauce — 219
Innereien — Klappe hinten
Italienische Kichererbsensuppe — 179
Italienischer Rindfleischsalat — 270

J

Jakobsmuscheln, Gebratene — 225
Japanische Nudelsuppe — 230
Jiaozi — 234
Joghurt
  Joghurt-Dressing — 277
  Joghurt-Kokos-Eis — 279
  Türkische Joghurtmöhren — 220

K

Kaffee — 27
Kaiserschmarrn mit Mascarpone — 278
Kalbfleisch
  Gefüllte Kalbsbrust — 154
  Kalbfleischragout mit Trauben — 150
  Kalbsbraten — 155
  Kalbsgeschnetzeltes — 151
  Kalbsleber mit Zwiebeln — 155
  Kalbsröllchen mit Spinat — 152
  Kalbsschnitzel mit Zitronensauce — 319
Känguru — Klappe hinten
Kaninchen
  Kaninchen mit Fenchel — 158
  Kaninchen-Saté-Spießchen — 157
Kaper — 10
  Blumenkohlsalat mit Kapern — 65
  Fischfilets mit Zitronen-
  Kapern-Butter — 319

Kartoffeln
  Griechische Kartoffelcreme — 162
  Indischer Kartoffelsalat — 162
  Kartoffelgnocchi — 164
  Kartoffelgratin — 166
  Kartoffelpüree — 165
  Kartoffelsalat — 162
  Kartoffelschmarrn — 167
  Kartoffelsuppe — 163
  Laucheintopf mit Kartoffeln
  und Hack — 210
  Provenzalische Kartoffelsuppe — 163
  Rosmarinkartoffeln — 195
Käse
  Käse-Dressing — 59
  Käse-Fondue — 174
  Käsekuchen — 175
  Käsepaprikas — 253
  Käsesauce — 173
  Käsesoufflé — 173
  Käsespätzle — 174
  Pizza quattro formaggi — 171
  Rucolasalat mit Käse und Nüssen — 61
Keks — 11
Kerbelsuppe — 195
Kernöl: Rindfleischsalat mit Kernöl — 270
Kichererbsen
  Italienische Kichererbsensuppe — 179
  Kichererbsensalat — 177
Kirschen
  Brot-Kirsch-Kuchen — 81
  Knuspriger Kirschkuchen — 246
  Schwarzwälder Kirsch — 279
Klassische Linsensuppe — 215
Knoblauch
  Gebackener Knoblauch — 181
  Knoblauch in Honigmarinade — 181
  Knoblauchgarnelen — 129
Knuspernüsse, Scharfe — 239
Knuspriger Kirschkuchen — 246
Kohlrabi-Möhren-Rohkost — 187
Kokosnuss — 10
  Currynudeln mit Kokosmilch — 88
  Fischfilets mit Kokos — 123
  Gemüse und Tofu in Kokosmilch — 309
  Joghurt-Kokos-Eis — 279
  Kokosreis — 266
  Kokossuppe mit Huhn — 143
  Linsenbällchen mit Kokosnuss-
  Chutney — 216
Kompott: Topfenknödel mit Kompott — 52
Kopfsalat mit Ei und Krabben — 63
Koteletts
  Koteletts mit Tomatensauce — 289
  Lammkoteletts — 202

Krabben
  Kopfsalat mit Ei und Krabben — 63
  Krabbencocktail — 128
Kräuter
  Kräuteromelett — 92
  Kräuterquark — 194
  Kräuter-Relish — 193
  Kräuter-Vinaigrette — 58
  Pfifferlinge mit Tomaten und Kräutern — 260
Kresse: Eiersalat mit Kresse — 93
Krautröllchen, Chinesische — 186
Kürbis
  Apfel-Kürbis-Gratin mit Chilis — 34
  Kürbis in Tamarindensauce — 197
  Kürbiscremesuppe — 197
  Kürbis-Risotto mit Shiitake-Pilzen — 198
  Scharfer Kürbis aus dem Wok — 198

L

Lachs
  Der schnellste Lachs der Welt — 123
  Gebeizter Lachs — 119
  Lachstramezzini — 118
Lammfleisch
  Lamm mit Austernsauce — 206
  Lamm mit roten Linsen — 206
  Lamm-Carpaccio — 202
  Lammkeule aus dem Ofen — 205
  Lammkoteletts — 203
  Lammragout — 202
  Lammspieße — 203
  Lamm-Tajine — 207
Lasagne — 135
Lauch
  Apfel-Lauch-Gratin mit Gorgonzola — 34
  Lamm mit roten Linsen — 206
  Laucheintopf mit Kartoffeln und Hack — 210
  Lauchquiche — 210
Limettenschaum — 321
Limonade — 26
Linsen
  Klassische Linsensuppe — 215
  Lamm mit roten Linsen — 206
  Linsen mit Pancetta — 214
  Linsen mit Schalotten — 217
  Linsenbällchen mit Kokosnuss-Chutney — 216
  Linsensalat — 214
  Linsensuppe — 214

M

Mais — Klappe hinten
Mango
  Gefüllte Eier mit Mango — 95
  Mango-Chutney — 244
  Mangocreme — 247

Mangold
- Mangoldgratin — 301
- Mangold-Möhren-Gemüse — 300
- Marinierte Apfelscheiben — 32
- Marinierte Paprikaschoten — 254
- Marinierte Pilze — 258
- Marinierter Mozzarella — 171
- Marmelade: Erdbeermarmelade — 54
- Marsala: Möhren in Marsalasauce — 220
- Mascarpone: Kaiserschmarrn mit Mascarpone — 278
- Matjessalat, Rosa — 118
- Maultaschen — 232

Mayonnaise
- Hühnersalat mit Obst und leichter Mayo — 143
- Mayo – hausgemacht! — 92
- Mehl — Klappe vorne
- Meerrettich: Apfelkren — 32
- Mexikanische Schokoladensauce — 283
- Milch — 27
- Milchreis mit Birne — 267
- Miso-Suppe — 307

Möhren
- Erdnusssuppe mit Möhren — 240
- Glacierte Möhren — 220
- Möhren in Marsalasauce — 220
- Möhren-Ingwer-Sauce, Scharfe — 219
- Möhrensalat mit Trauben — 219
- Möhren-Sellerie-Bratlinge — 221
- Mojo: Spanische Mojo — 181
- Moussaka: Auberginen-Moussaka — 44
- Mousse au chocolat — 283

Mozzarella
- Marinierter Mozzarella — 171
- Panini mit Mozzarella — 173
- Muffins: Blueberry Muffins — 53

Muscheln
- Muscheln aus dem Ofen — 223
- Muscheln in Weißwein — 224
- Muschelsuppe mit Curry — 223

N

Nockerl: Ricotta-Nockerl mit Spinat — 300

Nudeln
- Bohnensuppe mit Nudeln — 71
- Currynudeln mit Kokosmilch — 88
- Gebratene scharfe Nudeln — 231
- Japanische Nudelsuppe — 230
- Nudelauflauf — 235
- Nudeln mit Avocadosauce — 48
- Nudeln mit Dicken Bohnen und Salami — 73
- Nudeln mit Kaninchenragout — 158
- Nudeln mit Schinkensahne — 277
- Nudeln mit Spargel und Garnelen — 295
- Nudeln mit Tomatenbröseln — 78
- Nudelsalat — 228
- Nudelsuppe mit Kichererbsen — 179
- Nudelsuppe — 229
- Nudelteig — 232
- Pasta mit Kichererbsen — 179

Nüsse
- Fetter Nusskuchen — 240
- Rucola-Salat mit Käse und Nüssen — 61

O

- Obatzda — 170
- Obstsalat, Gratinierter — 246
- Ofenfisch mit ganzen Fischen — 122
- Ofenfisch mit Goldbrasse — 122
- Ofenfisch mit Tomaten — 122
- Ofenkartoffeln — 165
- Öl — Klappe vorne

Olive — 11
- Crostini mit Olivencreme — 77
- Fenchelsalat mit Oliven — 107
- Olivencreme: Artischocken mit Saucen — 39
- Oliven-Vinaigrette — 59
- Schwarze Olivencreme — 77

Orangen
- Orangencreme — 250
- Orangen–Fenchel-Salat — 107
- Orangensorbet — 250
- Ossobuco — 153

P

- Paella — 265
- Pancetta: Linsen mit Pancetta — 214
- Panini mit Mozzarella — 173
- Panna cotta — 281

Paprika
- Gefüllte Paprikaschoten — 255
- Marinierte Paprikaschoten — 254
- Paprika-Mayo: Artischocken mit Sauce — 39
- Pizza mit Paprika und Artischocken — 40
- Scharfe Paprikakonfitüre — 253
- Ungarische Paprikasuppe — 255
- Parmesan: Artischocken mit Vinaigrette und Parmesan — 39
- Pasta mit Kichererbsen — 179
- Pastete: Entenpastete — 99
- Pellkartoffeln — 165
- Pernod: Fenchelsuppe mit Anis und Pernod — 108

Pesto — 10, 193
- Bärlauch-Pesto — 193
- Spinat-Pesto — 193

Pfannkuchen — 94
- Buttermilch-Speck-Pfannkuchen — 278
- Pfeffer — Klappe vorne
- Pfifferlinge mit Tomaten und Kräutern — 260
- Pflanzerl, Buletten, Frikadellen…! — 136
- Pie: Pumpkin Pie — 199
- Pikante Stachelbeersauce — 55

Pilze
- Glasnudelsalat mit Hack und Pilzen — 228
- Marinierte Pilze — 258
- Pilz-Crostini — 259
- Pilzpfanne mit Currykartoffeln — 260
- Pilz-Risotto — 264
- Rucolasalat mit Pilzen und Schinken — 61
- Semmelknödel mit Pilzsahne — 81

Pizza
- Pizza mit Paprika und Artischocken — 40
- Pizza quattro formaggi — 171
- Türkische Pizza — 139
- Pochierte Birnen — 247
- Polenta-Schnitten, Überbackene — 137
- Pomodori secchi — 315
- Provenzalische Kartoffelsuppe — 163
- Pudding: Schokoladenpudding — 284
- Pumpkin Pie — 199
- Punsch — 26
- Pute — Klappe hinten

Q

Quark
- Aprikosen-Quark-Auflauf — 245
- Quark mal anders — 194
- Roquefort-Quark-Dip — 170
- Topfenknödel mit Kompott — 52

Quiche
- Lauchquiche — 210
- Spargelquiche — 297

R

- Radicchio, Geschmorter — 62
- Rahmschnitzel — 288
- Raita: Gurken-Raita — 132
- Ratatouille — 43

Ravioli
- Ravioli mit Artischockenfüllung — 233
- Ravioli mit Fleischfüllung — 233
- Ravioli mit Kürbisfüllung — 233
- Ravioli mit Spinat-Ricotta-Füllung — 233

Reis
- Gebratener Reis — 263
- Reispapierröllchen — 307
- Reissalat mit Granatäpfeln — 263
- Süßer Reisauflauf — 267
- Relish: Kräuter-Relish — 193

Rhabarber
- Erdbeermarmelade — 54
- Topfenknödel mit Kompott — 52
- Ricotta-Nockerl mit Spinat — 300

Rindfleisch
   Italienischer Rindfleischsalat   270
   Rindergeschnetzeltes mit Rucola   271
   Rindfleischsalat mit Kernöl   270
   Rindsrouladen   273
   Scharfes Rindfleisch mit Zitronengras   274
   Thailändischer Rindfleischsalat   270
Risotto   264
   Gemüse-Risotto   264
   Kürbis-Risotto mit Shiitake-Pilzen   198
   Pilz-Risotto   264
Roggenbrot mit Pilzkaviar   259
Rohkost: Kohlrabi-Möhren-Rohkost   187
Roquefort-Quark-Dip   170
Rosa Matjessalat   118
Rosenkohlsuppe   189
Roséwein   26
Rosine   10
Rosinenlauch, Überbackener   211
Rosmarinkartoffeln   195
Rösti   167
Rotbarben, Gebratene   113
Rotbarschfilet, Gebackenes   123
Rote Currypaste   89
Rote Grütze   53
Rote Linsen mit Lamm   206
Rotkohl, Rotkraut, Blaukraut   188
Rotkohlsalat mit Trauben   186
Rotwein   27
   Coq au vin   147
   Filetsteaks mit Rotweinzwiebeln   275
   Hackklößchen in Rotwein   138
   Schmorbraten in Rotwein   274
Rouladen
   Rindsrouladen   273
   Wirsingrouladen   187
Rucola
   Apfel-Rucola-Salat   33
   Fenchelgemüse mit Rucola   108
   Rucola, immer wieder Rucola   61
   Rucolasalat mit Avocado und Feta   47
   Rucolasalat mit Avocado und Garnelen   61
   Rucolasalat mit Käse und Nüssen   61
   Rucolasalat mit Pilzen und Schinken   61
Rüeblichueche   221
Rührei   93

Saft   26
Saftgulasch   272
Sahne
   Currysahne   87
   Hasenrücken mit Wacholdersahne   159
   Sahnelauch   209
   Semmelknödel mit Pilzsahne   81
   Shrimps in Gemüse-Sahne-Sauce   129
Salami: Nudeln mit Dicken Bohnen und Salami   73
Salat aus gegrillten Tomaten   316
Salsa Verde   192
Saltimbocca   152
Salz   Klappe vorne
Salzmantel: Ganzer Fisch im Salzmantel   112
Sardelle   11
Sardinen aus dem Ofen   113
Saté: Kaninchen-Saté-Spießchen   157
Sauerbraten vom Lamm   204
Sauerkraut, Feines   189
Sauerscharfe Garnelensuppe   128
Schalotten: Linsen mit Schalotten   217
Scharfe Currysauce   87
Scharfe Knuspernüsse   239
Scharfe Möhren-Ingwer-Sauce   219
Scharfe Nudeln, Gebratene   231
Scharfe Paprikakonfitüre   253
Scharfer Ananassalat   244
Scharfer Kürbis aus dem Wok   198
Scharfes Rindfleisch mit Zitronengras   274
Schinken
   Blumenkohlauflauf mit Schinken   67
   Nudeln mit Schinkensahne   277
   Rucolasalat mit Pilzen und Schinken   61
   Schinkennudeln   231
Schmandfisch aus dem Ofen   277
Schmorbraten in Rotwein   274
Schneebesen   16
Schnelle Baked beans   73
Schnittlauchsauce   194
Schnitzel
   Rahmschnitzel   288
   Wiener Schnitzel   153
Schokolade   27
   Mexikanische Schokoladensauce   283
   Schokoladenpudding   284
Schupfnudeln   164
Schwarze Olivencreme   77
Schwarzwälder Kirsch   279
Schweinefleisch
   Arista-Schweinbraten   290
   Schweinebraten   290
   Schweinefilet mit Senfkruste   291
   Schweinefleisch süßsauer   292
Sekt   26
Sellerie   Klappe hinten
   Apfel-Sellerie-Cremesuppe   33
   Möhren-Sellerie-Bratlinge   221
   Semmelknödel mit Pilzsahne   81

Senf   11
   Fischfilets mit Senfsauce   124
   Schweinefilet mit Senfkruste   291
Sherryhuhn   147
Sesam
   Spinat mit Sesamsauce   299
   Tunfisch mit Sesamsauce   121
Shrimps in Gemüse-Sahne-Sauce   129
Sojasauce   10
Sorbet: Orangensorbet   250
Soufflé: Käsesoufflé   173
Spaghetti
   Nudeln mit Avocadosauce   48
   Spaghetti alla carbonara   96
   Spaghetti mit gerösteten Brotbröseln   78
   Spaghetti mit Zitronenerbsen   105
   Spaghetti vongole   225
Spanische Mojo   181
Spareribs   289
Spargel
   Spargel aus dem Wok   297
   Spargel, weiß und grün   296
   Spargelcremesuppe   295
   Spargelfrittata   95
   Spargelquiche   297
Spätzle: Käsespätzle   174
Speck   10
   Birnen, Bohnen und Speck   72
   Buttermilch-Speck-Pfannkuchen   278
   Feldsalat mit Speck und Champignons   60
   Linsen mit Pancetta   214
Spinat
   Kalbsröllchen mit Spinat   152
   Spinat mit Sesamsauce   299
   Spinat mit Zitrone   299
   Spinat-Pesto   193
Stachelbeersauce, Pikante   55
Sugo all'arrabbiata   315
Sugo aurora   315
Sushi   120
Süßer Reisauflauf   267

Tabouleh   83
Tacos mit Rindfleischfüllung   270
Tafelspitz   272
Tahini-Dip   177
Tajine: Lamm-Tajine   207
Tamarinde: Kürbis in Tamarindensauce   197
Tandoori-Huhn   145
Tarte
   Tomatentarte   316
   Zitronentarte   320
Tee   26
Teriyaki-Ente   100

Thailändischer Rindfleischsalat	270
Tintenfisch	
Gefüllte Tintenfische	305
Gegrillter Tintenfisch	303
Tintenfischkringel	304
Tintenfischragout	304
Tintenfischsalat mit Basilikum	303
Tiramisu	280
Tofu	
Gebratener Tofu	309
Tofu auf Art der Ma Po	308
Tomaten	
Frischer Tomatensalat	317
Koteletts mit Tomatensauce	289
Nudeln mit Tomatenbröseln	78
Ofenfisch mit Tomaten	122
Pfifferlinge mit Tomaten und Kräutern	260
Tomaten aus dem Ofen	315
Tomatendip	315
Tomatengemüse mit Orangen	249
Tomatensauce	314
Tomatensuppen	312
Tomatentarte	316
Tomaten-Vinaigrette	58
Topfenknödel mit Kompott	52
Tortilla	166
Toskanischer Brotsalat	79
Tramezzini: Lachstramezzini	118
Trauben	
Kalbfleischragout mit Trauben	150
Möhrensalat mit Trauben	219
Rotkohlsalat mit Trauben	150
Trifle	55
Tunfisch	
Avocado-Fisch-Salat im Wrap	48
Bohnensalat mit Tunfisch	70
Hummus mit Tunfischsteaks	178
Tunfisch mit Sesamsauce	121
Tunfisch mit Wasabi-Sauce	121
Tunfischdip	119
Vitello tonnato	150
Türkische Joghurtmöhren	220
Türkische Pizza	139
Tzatziki	132
Überbackene Polenta-Schnitten	137
Überbackener Rosinenlauch	211
Ungarische Paprikasuppe	255
Vanille	11
Versunkener Apfelkuchen	36
Vinaigrette	58
Brokkoli in Vinaigrette	65

Kräuter-Vinaigrette	58
Oliven-Vinaigrette	59
Tomaten-Vinaigrette	58
Zwiebel-Vinaigrette	58
Vitello tonnato	150
Wacholder: Hasenrücken mit Wacholdersahne	159
Walnusscreme, Arabische	239
Wasabi: Tunfisch mit Wasabi-Sauce	121
Wasser	Klappe vorne, 27
Weißer Bohnensalat	70
Weißwein	26
Forellen in Weißwein	115
Muscheln in Weißwein	224
Wiener Backhendl	146
Wiener Schnitzel	153
Wirsingrouladen	187
Wirsingspalten, Gratinierte	187
Wok	
Scharfer Kürbis aus dem Wok	198
Spargel aus dem Wok	297
Wrap: Avocado-Fisch-Salat im Wrap	48
Wurst	11
Würstchen mit Balsamico-Linsen	217
Wurstsalat mit Zwiebeln	327
Wurzelsud: Fischfilets im Wurzelsud	125
Zabaione	96
Zander im Zitronendampf	124
Zitronen	
Avocado-Zitronen-Creme	49
Fisch mit Zitrussauce	249
Spaghetti mit Zitronenerbsen	105
Zander im Zitronendampf	249
Zitroneneis	321
Zitronenhähnchen	144
Zitronentarte	320
Zuckerschoten mit Zitronenbutter	103
Zitronengras: Scharfes Rindfleisch mit Zitronengras	274
Zucchini	
Gebratene Zucchini	323
Gefüllte Zucchini	324
Zucchinikuchen	325
Zucchinisalat	323
Zucker	Klappe vorne
Zuckerschoten mit Zitronenbutter	103
Zwetschgen, Cassis-	247
Zwiebeln	
Apfel-Zwiebel-Gemüse mit Salbei	35
Filetsteaks mit Rotweinzwiebeln	275
Gefüllte Zwiebeln	329

Wurstsalat mit Zwiebeln	155
Zwiebelkuchen	328
Zwiebeln aus dem Ofen	109
Zwiebeln in Balsamessig	327
Zwiebelsuppe	328
Zwiebel-Vinaigrette	58

Noch mehr Rezepte mit…

Register sind eine feine Sache, wenn man etwas Bestimmtes sucht. Rezepte in diesem Kochbuch z. B. Wobei dieses Buch schon ein Register für sich ist mit seinen 54 Zutaten-Kapiteln von A–Z. Allerdings gibt es Gerichte, in denen mehrere Zutaten den Ton angeben und die deswegen für mehr als ein Stichwort taugen. Kräuter-omelett oder Käsepaprikas z. B. Die stehen im Kapitel »Ei« oder »Paprika«. Aber auch wer unter »Kräuter« oder »Käse« nachschaut, findet sie gleich. Und zwar in einem solchen Kasten, der am Ende von jedem Kapitel platziert ist – mit einer Übersicht aller Rezepte in diesem Buch, in denen die jeweilige Zutat auch noch verwendet wird.

Liebe Basics…

Aus den uns über die Jahre gesandten Wunschmails, Fragefaxen und Liebesbriefen könnten wir locker ein Buch machen. Wir haben lieber persönlich geantwortet und in diesem Buch Taten sprechen lassen. Immer da, wo dieser Kasten steht, haben unsere Leser das Gute verbessert. Daher bitte weiter schreiben: Adressen auf Seite 336.

Impressum

Das Big-basic-cooking-Team

Birgit Rademacker — Redaktionsleitung

Anne Taeschner — Idee & Konzept, Redaktion, Bildredaktion & Produktion

Sabine Sälzer — Idee & Konzept der Reihe

Sebastian Dickhaut — Idee & Konzept, Autor des Know-how-Teils und der Warenkunde
Mitarbeit: Susanne Bodensteiner, Friedrich Bohlmann
E-mail: sdickhaut@t-online.de

Cornelia Schinharl — Idee & Konzept, Autorin der Rezeptseiten
E-mail: cornelia.schinharl@t-online.de

Redaktionsbüro Christina Kempe — Lektorat, Satz/DTP, Gestaltung

Barbara Bonisolli — Foodfotografie
Hans Gerlach — Foodstyling
Claudia Juranits — Mitarbeit im Studio
Christine Kranzfelder — Mitarbeit im Studio

Alexander Walter — Peoplefotografie und »Action«-Bilder

Thomas Jankovic — Layout
Sybille Engels — Layout

Susanne Mühldorfer — Herstellung

Weitere Rezeptautoren:
Die besten Rezepte aus den bereits erschienenen Basic-Titeln Basic cooking und Natural Basics stammen zum Teil auch von Friedrich Bohlmann, Martina Kittler und Sabine Sälzer.

Die Models:
Christian Finger, Daniel Griehl, Alexander Klingholz, Annika Möller, Markus Röleke, Janna Sälzer, Pina Sälzer, Verena Scheibe, Jan Schmedes, Gabie Schnitzlein, Kai Schröter

Schlusskorrektur: Mischa Gallé
Repro: Fotolitho, Longo, Bozen
Druck: Appl, Wemding
Bindung: Großbuchbinderei Monheim, Mohnheim

Das Original mit Garantie

IHRE MEINUNG IST UNS WICHTIG.
Deshalb möchten wir Ihre Kritik, gerne aber auch Ihr Lob erfahren, um als führender Ratgeberverlag für Sie noch besser zu werden. Darum: Schreiben Sie uns! Wir freuen uns auf Ihre Post und wünschen Ihnen viel Spaß mit Ihrem GU-Ratgeber.

UNSERE GARANTIE:
Sollte ein GU-Ratgeber einmal einen Fehler enthalten, schicken Sie uns bitte das Buch mit einem Hinweis und der Quittung innerhalb von sechs Monaten nach dem Kauf zurück. Wir tauschen Ihnen den GU-Ratgeber gegen einen anderen zum gleichen oder ähnlichen Thema um.

Ihr Gräfe und Unzer Verlag
Redaktion Kochen
Postfach 86 03 25
81630 München
Fax: 089/41981-113
E-mail: leserservice@graefe-und-unzer.de

Bildnachweis:

Barbara Bonisolli: S. 5 (Chili), 8, 9, 14, 15, 24, 25, 51, 57, 111, 117, 127, 169, 185, 191, 213, 227, 237, 243, 257, 265 (Reis kochen), 266 (Kokosmilch), 285 (Temperieren)
Alexander Walter: S. 5, 9 (Gewürze), 24 (Apfel), 25 (Kaffee, Schokolade), 28, 41, 55 (Stachelbeere), 93 und 97 (Eierkartons), 194 (Schnittlauch), 203 (Baguette), 211 (Lauch), 245 (Aprikosen), 253 (Paprika putzen), 274 (Knoblauch)
Teubner Foodfotografie: S. 30, 38, 42, 46, 50, 56, 64, 68, 74, 82, 86, 90, 98, 102, 106, 110, 113 (Fisch filetieren), 116, 120, 129 (Garnelen putzen), 130, 134, 140, 148, 156, 160, 168, 176, 180, 184, 190, 196, 200, 208, 212, 222, 226, 229 (Freischwimmer), 236, 242, 248, 252, 256, 262, 268, 276, 282, 286, 294, 298, 302, 306, 310, 318, 322, 326
Michael Brauner: S. 328 (Zwiebelsuppe)
Peter von Felbert: Peoplefotografie S. 63, 101, 109, 317
Manfred Manke: S. 126, 133 (Gurke putzen), 218
Jörn Rynio: S. 174 (Käsefondue)
Reiner Schmitz: S. 313 (Dosentomaten)

© 2003 Gräfe und Unzer Verlag GmbH, München. Alle Rechte vorbehalten.
Nachdruck, auch auszugsweise, sowie Verbreitung durch Film, Funk, Fernsehen und Internet, durch fotomechanische Wiedergabe, Tonträger und Datenverarbeitungssysteme jeglicher Art nur mit schriftlicher Genehmigung des Verlages.

ISBN: 3-7742-5729-9

Auflage	4.	3.	2.	1.
	2006	2005	2004	2003

Ein Unternehmen der
GANSKE VERLAGSGRUPPE